LA JURISPRUDENCIA DEL TRIBUNAL EUROPEO DE DERECHOS HUMANOS EN TORNO AL DERECHO DE LIBERTAD RELIGIOSA EN EL ÁMBITO LABORAL

Agustín Motilla
(Coordinador)

La jurisprudencia del Tribunal Europeo de Derechos Humanos en torno al derecho de libertad religiosa en el ámbito laboral

Granada, 2016

Editorial Comares, S.L.
Polígono Juncaril
C/ Baza, parcela 208
18220 Albolote (Granada)
Tlf.: 958 465 382
http://www.editorialcomares.com • E-mail: libreriacomares@comares.com
https://www.facebook.com/Comares • https://twitter.com/comareseditor

ISBN: 978-84-9045-395-7 • Depósito legal: Gr. 313/2016

FOTOCOMPOSICIÓN, IMPRESIÓN Y ENCUADERNACIÓN: COMARES

SUMARIO

CAPÍTULO II

VESTIMENTA Y SÍMBOLOS RELIGIOSOS EN EL ÁMBITO LABORAL

ISABEL CANO RUIZ
Universidad de Alcalá

CAPÍTULO III

LIBERTAD SINDICAL EN EL SENO DE LAS CONFESIONES RELIGIOSAS

JUAN GONZÁLEZ AYESTA
Universidad Internacional de La Rioja (UNIR)

CAPÍTULO IV
CUESTIONES DEL TRABAJO DE LOS MINISTROS DE CULTO PARA LA PROPIA CONFESIÓN

Marcos González Sánchez
Universidad Autónoma de Madrid

CAPÍTULO V
DESPIDO DEL TRABAJADOR, POR CONFESIÓN RELIGIOSA O INSTITUCIÓN DEPENDIENTE DE ELLA, DEBIDO A ACTOS O CONDUCTAS DOCTRINALMENTE DIVERGENTES

Lourdes Ruano Espina
Universidad de Salamanca

CAPÍTULO VI

DERECHO DE LAS CONFESIONES RELIGIOSAS A LA SELECCIÓN DEL PERSONAL POR LAS CREENCIAS RELIGIOSAS

Andrés-Corsino Álvarez Cortina
Universidad de Oviedo

CAPÍTULO VII

LA PROTECCIÓN SOCIAL DE MINISTROS DE CULTO

Miguel Rodríguez Blanco
Universidad de Alcalá

CAPÍTULO VIII

EL RECONOCIMIENTO DE LA OBJECIÓN DE CONCIENCIA EN EL ÁMBITO LABORAL: DERECHO DE LIBERTAD IDEOLÓGICA/RELIGIOSA *VERSUS* DERECHO A LA ORGANIZACIÓN DE LA EMPRESA DEL EMPRESARIO

JOSÉ M.ª MARTÍ SÁNCHEZ
Universidad de Castilla-La Mancha

CAPÍTULO IX

LIMITACIONES A LA LIBRE CIRCULACIÓN DE TRABAJADORES DE ORGANIZACIONES RELIGIOSAS POR MOTIVOS DE ORDEN PÚBLICO

SANTIAGO CATALÁ
Universidad de Castilla-La Mancha

PRESENTACIÓN

En los orígenes de la institución en donde se incardina el órgano judicial cuyas decisiones y resoluciones serán objeto de estudio y comentario en el libro que el lector tiene entre sus manos, el Tribunal Europeo de Derechos Humanos, se encuentra la idea de crear un foro de diálogo, defensa y extensión de los valores propugnados en la Europa que se construye tras la Némesis de la Segunda Guerra Mundial. La visión que algunos estadistas tuvieron de que sólo un proyecto pan-europeo evitaría la destrucción, próxima a la aniquilación, de los dos estallidos bélicos acaecido en el siglo XX, efecto de los antagonismos y nacionalismos extremos de los viejos pueblos que habitan el Continente, necesitaba avanzar no sólo en la unión económica —en la unión de los mercaderes— germen de la entonces Comunidad Económica del Carbón y del Acero y, más adelante, Comunidad Económica Europea. También era imprescindible complementar ésta con pasos decisivos hacia la unión política y axiológica. Como cimiento de un nuevo espíritu basado en el liberalismo democrático, y seña de identidad frente a los países del «otro lado», los regímenes comunistas del este. Esta visión de lo que, con el tiempo, cristalizó en el Consejo de Europa estaba presente en la mente de políticos como, por ejemplo, Winston Churchill. En una carta que escribió en 1942 a su Ministro de Asuntos Exteriores, Anthony Eden, prefiguraba las difíciles relaciones con los vecinos de más allá del telón de acero y señalaba, a tal fin, los fines y propósitos que habría de cumplir la futura institución pan-europea: «Debo admitir que mis pensamientos se fundamentan principalmente en Europa, en el resurgimiento de la gloria de Europa… sería una catástrofe de proporciones inconmensurables que el bolchevismo ruso borrara la cultura y la independencia de los antiguos Estados europeos. Por difícil que hoy resulte decirlo, confío que la familia europea pueda actuar unida, como una única entidad, bajo la presidencia de un Consejo de Europa»[1].

Acabada la contienda, en el Congreso del Movimiento para la Unidad Europea celebrado en La Haya en mayo de 1948 se creó el Consejo de Europa con una finalidad ciertamente modesta: servir de foro para el diálogo. Éste se inauguró al año siguiente en la ciudad donde encontraría su sede definitiva, Estrasburgo. En agosto de 1949 se reunieron en la bella ciudad alsaciana delegados de Gran Bretaña, Francia, los países del Benelux, Italia, Suecia, Dinamarca y Noruega. En noviembre de 1950 el recién creado Consejo de Europa promulgó el texto que condensa gran parte de los quehaceres de la institución y, a su vez, es seña de identidad expresiva de los valores de la nueva Europa: el Convenio Europeo de Derechos Humanos. La originalidad de la proclamación en torno a la cual se reinventará y estructurará el propio Consejo no versa tanto en los derechos humanos incluidos como en la creación de un orden jurisdiccional, el Tribunal Europeo de Derechos Humanos, ante el cual las personas físicas o jurídicas de los Estados miembros del Consejo y que se sometan a su jurisdicción pudieran reclamar la violación de los derechos mencionados.

Una vez nos hemos referido, al menos sucintamente, a la historia de los orígenes de la institución cuyas resoluciones se analizarán a lo largo de los capítulos que conforman el volumen, una ulterior aclaración es necesaria para precisar aún más el objeto de estudio: el tratamiento que para el Tribunal merece el derecho de libertad religiosa.

El Tribunal Europeo de Derechos Humanos, en la interpretación y aplicación del art. 9 del Convenio Europeo, ha calificado el derecho a la libertad de pensamiento, conciencia y religión como uno de los principios constitutivos o fundacionales de la sociedad democrática[2]. Es propósito de las páginas del libro contrastar las grandes declaraciones del órgano judicial del Consejo de Europa con los supuestos concretos en que el Tribunal ha tenido que equilibrar el derecho contemplado en el art. 9 del Convenio con otros derechos e intereses en conflicto. No de otra manera podremos conocer el grado de protección que otorga Estrasburgo a ese calificado «fundamento de los sistemas democráticos» de los Estados que se someten a la jurisdicción del Tribunal.

La primera conclusión que se extrae del estudio de la jurisprudencia de Estrasburgo, y que justifica de por sí el volumen que tiene el lector entre sus manos, es la multiplicación exponencial de los conflictos resueltos por el Tribunal Europeo en

[1] Citada en JUDT, Tony, *Postguerra. Una Historia de Europa desde 1945*, (trad. J. Cuéllar-V. E. Gordo del Rey), Taurus, Madrid, 2006, p. 237.

[2] Así, en *Kokkinakis v. Grecia*, de 25 de mayo de 1993, párrafo 31.º; *Ivanova v. Bulgaria*, de 12 de abril de 2007, párrafo 77.º.

torno a la vulneración del derecho a la libertad de pensamiento, conciencia y religión. Varios factores pueden explicar este hecho constatable. Por un lado, la evolución de la sociedad occidental hacia lo que se ha denominado «multiculturalismo»: la pluralidad de creencias y convicciones presentes que fragmentan —y, también, ponen en cuestión— los principios y valores en que se asientan nuestras democracias. Fenómenos como la irrupción de nuevos movimientos religiosos o sectas vertebradas por una visión radical y dogmática de una religión que difícilmente acepta compromisos con las concepciones mayoritarias. O, más recientemente, la deriva fundamentalista e intransigente de un sector del Islam, que polariza y, a la vez, divide a la religión de El Profeta. Por otro, el vacío axiológico que deja la caída de los sistemas comunistas en Europa y la evolución hacia regímenes democrático-pluralistas, concede espacio a la vuelta de los valores tradicionales que sustentaban el nacionalismo histórico y, entre ellos, a la religión como fundamento cívico, y, consigo, a una posición de privilegio de las iglesias mayoritarias —singularmente, dada la conformación sociológica de la religión en esos países, de la Iglesia ortodoxa nacional— en detrimento de la posición de las minorías religiosas foráneas que pretenden asentarse en el país.

Otro acontecimiento de relevancia en la vida del Tribunal fue la desaparición, verificada en 1998, de la Comisión Europea de Derechos Humanos; el análisis de sus decisiones en torno a la admisibilidad de las demandas que pasarán a ser resueltas por el Tribunal arroja la conclusión de la interpretación excesivamente restrictiva sobre el derecho a la libertad ideológica y religiosa —y la correlativa concepción expansiva de los límites de este derecho— que tuvo la Comisión en su función de filtro de las causas presentadas al órgano judicial.

La conjunción de los factores históricos e institucionales contribuye a explicar la evolución de la jurisprudencia del Tribunal en torno a la admisión y el número de decisiones condenatorias de Estados por la violación del art. 9 del Convenio. Hasta 1965 la Comisión rechazó todos los recursos fundamentados en la violación del derecho de libertad religiosa. En 1993 se dicta la primera Sentencia que condena a un Estado, Grecia, aplicando el art. 9 del Convenio: el conocido asunto *Kokkinakis*. Desde ese año y hasta 1998 el Tribunal dicta otras cinco sentencias de condena de Grecia y, a partir de 1999, hasta veinticinco condenas de diferentes países, la mayoría Estados que provienen de antiguas repúblicas comunistas. Es decir, tras una larga etapa en la que los órganos jurisdiccionales muestran un prolongado desinterés en apreciar la conculcación del derecho a la libertad de pensamiento, conciencia y religión, a partir de 1993 el Tribunal centra su atención en torno a una cuestión concreta: la prohibición del proselitismo en Grecia. De la lectura de los supuestos de hecho y considerandos de Derecho de las resoluciones se extrae la conclusión de que la legislación antiproselitista es utilizada como cauce jurídico para restringir, o incluso impedir, las actividades de ciertas minorías religiosas —singularmente de los Testigos de Jehová—, favoreciendo, así, a la mayoría ortodoxa de la nación.

Coincidencia o no, es también la posición privilegiada de la Iglesia ortodoxa la que se intenta preservar en los países excomunistas que inician su transición hacia la democracia, en perjuicio de las minorías religiosas foráneas. El Tribunal, en un número significativo de sentencias, considera que la actitud de los Estados tomando partido a favor de una confesión, o facción de la misma, u obstaculizando el libre desenvolvimiento de las minorías, viola los *standards* mínimos de libertad religiosa exigidos en el Convenio.

En el ámbito material se puede observar, asimismo, un significativo cambio de actitud en la jurisprudencia del Tribunal Europeo de Derechos Humanos. En los primeros casos resueltos en aplicación del art. 9, siendo Grecia el Estado demandado, el órgano jurisdiccional, aun condenando las prácticas de la Administración griega discriminatorias de las minorías, elude entrar en la valoración de las leyes nacionales en las que se sustenta la actividad administrativa. Años después, y respecto a los antiguos Estados excomunistas, no se duda en criticar las leyes que regulan los sistemas de reconocimiento de las confesiones y los efectos derivados de la no obtención del estatuto de grupo reconocido, lo cual, inevitablemente, conlleva la obligación de los Estados de modificarlas para cumplir las condiciones de libertad exigidas por el art. 9 del Convenio.

El volumen se centra en una esfera en donde los conflictos en materia de libertad de creencias y religión son singularmente fecundos: el ámbito de las relaciones laborales. Aunque nos situamos en un plano horizontal o de relaciones entre particulares, la competencia del Tribunal Europeo de Derechos Humanos surge desde el momento en que los tribunales de los Estados parte del Consejo no han procedido a la salvaguarda debida de los derechos humanos de los trabajadores y siempre, claro está, que se incida en uno de los derechos incluidos en el Convenio.

Permítaseme, antes de presentar los distintos capítulos que conforman el libro, realizar algunos comentarios de orden general en torno a las resoluciones del Tribunal.

Conflictos en torno a las distintas religiones, en otros tiempos inexistentes, se plantean con frecuencia ante los tribunales nacionales, e incluso llegan a Estrasburgo. El ámbito en que se desenvuelven las relaciones laborales es singularmente propicio a esa conflictividad. Los ejemplos de ello son de lo más dispares: prendas y vestimentas con significación religiosa, símbolos que manifiestan las creencias de los trabajadores, obligaciones laborales contrarias a las conciencias de estos y su posible dispensa, las identificaciones, certificados y demás documentos requeridos por el empleador, o el respeto del descanso o de la conmemoración de las festividades prescritas por las diferentes confesiones.

Muchas de las resoluciones que estudiaremos, y que marcan la línea doctrinal que asumirá el Tribunal, son emanadas por un órgano al que nos referimos líneas atrás: la Comisión Europea, encargada de decidir sobre la admisibilidad de las demandas. Este órgano estudiaba con carácter previo las demandas dirigidas al Tribunal. Tenía la facultad de rechazar, sin posibilidad de recurso, aquéllas que no hubieran agotado las instancias posibles ante los tribunales estatales, y las que estén manifiestamente mal fundadas[3]. En este último supuesto redactaba una motivación, a modo de sentencia sobre el fondo, que suele ser íntegramente aceptada por el Tribunal, basándose en ellas para resolver los casos. De ahí que se haya calificado sus funciones de cuasi-judiciales: en esencia, la argumentación jurídica en la que fundamentaba sus decisiones viene a equipararse a la doctrina del Tribunal; el órgano jurisdiccional no sólo las eleva a fallo definitivo, sino que, además, sigue en sus resoluciones citando a la Comisión como si fueran las sentencias del propio Tribunal.

Una última aclaración que estimo pertinente. Sería un error pretender encontrar en las decisiones del Tribunal una auténtica jurisprudencia que pueda ser sistematizada de forma coherente y segura[4]. Hay que tener en cuenta que el margen de libre apreciación que deja Estrasburgo a los Estados permite a éstos, dentro de ciertos límites, resolver las cuestiones conforme a los Derechos internos —plurales y distintos según las condiciones históricas y sociológicas de sus respectivos ordenamientos jurídicos— en materia de derechos fundamentales. No olvidemos que las decisiones del órgano judicial tratan de no dañar el consenso de los Estados sobre el que se construye el Consejo de Europa y la propia aceptación de aquellos de la jurisdicción del Tribunal[5]. Por otro lado, el fallo del Tribunal se halla condicionado, como no podría ser de otra forma, por los detalles concretos de los casos que las partes plantean ante él. Su función es declarar posibles violaciones del Convenio por parte de los Estados; como todo tribunal, no ha de escribir tratados o manuales de Derecho, lógicos, coherentes y sistemáticos, sino resolver controversias. Lo cual no quiere decir que no se marquen líneas generales en la interpretación de los artículos del Convenio, que ilustran sobre el sentido que han de seguir futuros y eventuales fallos.

¿Qué valor tienen las decisiones del Tribunal Europeo en los ordenamientos nacionales? Fijémonos en el supuesto de España. Como ha señalado el Tribunal Constitucional en, por ejemplo, la Sentencia 245/1991, del Convenio Europeo no se deduce que las sentencias de Estrasburgo tengan una eficacia ejecutiva -en el sentido que sean capaces de anular o modificar las decisiones internas del Estado-; el Tribunal no representa una instancia superior supranacional capaz de revisar o controlar las sentencias españolas que pudieran vulnerar los derechos del Convenio. La eficacia es declarativa, estableciendo una satisfacción equitativa (una indemnización) frente

[3] Si la Comisión aprecia la posible existencia de una violación de los derechos humanos del Convenio, intentará una conciliación entre las partes y, si no diera resultado, redacta un informe que envía al Comité de ministros, que decidirá sobre la remisión de la demanda al Tribunal.

[4] En este sentido, *vid.*, DUFFAR, Jean, «Religion et travail sans la jurisprudente de la Cour de Justice des Communautés Europeénnes et des organs de la Convention Européenne des Droits de l'Homme», *Church and Labour Law in the EC countries*, Giuffré Editore, Milán, 1993, p. 33.

[5] Señalado por GARCÍA-PARDO, David, *La Protección Internacional de la Libertad Religiosa*, Servicio de Publicaciones de la Universidad Complutense, Madrid, 2000, p. 98.

a tal violación. Lo cual no debe ser infraestimado. Esa satisfacción entra en juego siempre y cuando el Derecho interno no permita la reparación perfecta de la sentencia del Estado. Declarada la violación de un derecho del Convenio, y de la Constitución Española, por parte del Tribunal Europeo, el Tribunal Constitucional ha de valorar «si en el plano de nuestro Derecho interno existen medidas para poder corregir y reparar satisfactoriamente la violación de ese derecho fundamental, en especial cuando la violación sigue siendo actual y por ello no puede ser reparada por su equivalente económico».

A los criterios sentados por Estrasburgo, a los hilos discursivos que se aprecian a lo largo de las resoluciones de la Comisión y de las sentencias del Tribunal en materia de salvaguarda de la libertad de ideología y religión dentro de las relaciones laborales, dedicaremos nuestra atención. Se han estudiado las siguientes materias inscritas en el objeto principal de estudio: el derecho a conmemorar las festividades y el descanso semanal (capítulo I), la vestimenta y los símbolos religiosos (capítulo II), la libertad sindical en el seno de las confesiones religiosas (capítulo III), el trabajo de los ministros de culto para la propia confesión (capítulo IV), el despido de los trabajadores contratados por las confesiones o por instituciones dependientes de éstas (capítulo V), el derecho de las confesiones a la selección de las personas que trabajan para ellas (capítulo VI), el derecho a la pensión de los ministros de culto y religiosos (capítulo VII), el reconocimiento de la objeción de conciencia en el ámbito laboral (capítulo VIII), y las limitaciones a la libertad de circulación de los trabajadores de organizaciones religiosas (capítulo IX). Los autores que hemos redactados los capítulos somos todos profesores de Derecho Eclesiástico en universidades públicas con una amplia experiencia docente e investigadora en las materias que se analizan[6].

AGUSTÍN MOTILLA

[6] Este trabajo se ha realizado en el marco del Proyecto de Investigación DER2013-45649-P, del Ministerio de Economía y Competitividad, sobre «*Religión y Derecho en el marco de las relaciones laborales*», que dirige Miguel Rodríguez Blanco —Catedrático de Derecho Eclesiástico en la Universidad de Alcalá—.

CAPÍTULO I

DERECHO A CONMEMORAR LAS FESTIVIDADES Y DESCANSO SEMANAL

AGUSTÍN MOTILLA

Universidad Carlos III de Madrid

1. MARCO NORMATIVO: EL DERECHO EN LOS CONVENIOS INTERNACIONALES DE TUTELA DE LOS DERECHOS HUMANOS

El art. 9 del Convenio Europeo no se refiere expresamente al derecho a conmemorar las festividades religiosas sino que, en general, señala, como una de las libertades derivadas, la de «manifestar su religión o sus convicciones individual o colectivamente, en público o en privado, por medio del culto, la enseñanza, las prácticas y la observancia de los ritos». Es común entre la doctrina científica —y en el propio Tribunal de Estrasburgo— señalar que el tenor del artículo, que sigue de cerca lo declarado en los arts. 18 de la Declaración Universal de Derechos Humanos y del Pacto Internacional de Derechos Civiles y Políticos[1], pone de relieve un elenco de

[1] «Toda persona tiene derecho... a manifestar su religión o sus creencias, individual o colectivamente, tanto en público como en privado, por... la práctica, el culto y la observancia» (Párrafo 1.º).

manifestaciones no exhaustivo sino ejemplificativo: otras muchas expresiones de lo religioso son protegidas como casos particulares de «culto», «prácticas» u «observancia». ¿Entran dentro de ellas la conmemoración de los días sagrados de cada religión, reservados al culto o a la latría a la divinidad? El análisis de los textos que desarrollan o interpretan los tratados-marco arroja una respuesta categóricamente afirmativa.

En el ámbito universal, la Declaración, de 25 de noviembre de 1981, sobre la eliminación de todas las formas de intolerancia y discriminación fundadas en la religión o las convicciones[2], declara comprendido en el derecho a la libertad de pensamiento, conciencia y religión, la libertad de «a) practicar el culto o de celebrar reuniones en relación con la religión o las convicciones», y más concretamente, «h) la de *observar días de descanso y de celebrar festividades y ceremonias* de conformidad con los preceptos de una religión o convicción» (art. 6). En el mismo sentido, la Observación general n.º 22, de 20 de julio de 1993, del Comité de Derechos Humanos sobre el art. 18 del Pacto, precisa que «el concepto de culto se extiende a los actos rituales y ceremoniales con los que se manifiestan directamente las creencias, así como las diversas prácticas que son partes integrantes de tales actos, comprendidas... la *observancia de las fiestas religiosas y los días de asueto...*» Las organizaciones especializadas en la ONU, como la Organización Internacional del Trabajo (OIT), reiteran la proclamación del derecho a la consagración de las fiestas religiosas. El descanso semanal suele coincidir con el día señalado por la religión mayoritaria como dedicado a Dios. El Convenio n.º 14 de la OIT, de 17 de noviembre de 1921, sobre el descanso semanal en las empresas industriales, señala que el preceptivo descanso de, como mínimo, 24 horas consecutivas en cada período de siete días «coincidirá, siempre que sea posible, con los días consagrados por la tradición o las costumbres del país o de la región» (art. 2.3). Lo cual no ha de significar la relegación o el olvido de las creencias religiosas de los trabajadores pertenecientes a grupos minoritarios. El Convenio de la OIT, de 1 de julio de 1949, sobre trabajadores inmigrantes, prescribe que estos recibirán un trato igual de favorable que los nacionales del Estado en la profesión y en la práctica de su libertad religiosa (art. 6.1) —mandato que reitera la prohibición a discriminar por, entre otras muchas causas personales, la religión de las personas, reiteradamente afirmada por los textos y tratados de Naciones Unidas—. En concreto, y por lo que se refiere al derecho a conmemorar las festividades por parte de las minorías étnicas y religiosas, la Convención de la OIT, de 26 de junio de 1957, sobre el descanso semanal en el comercio y en los oficios, matiza la declaración del Convenio de 1921 de coincidencia del día de descanso con el de la tradición o los usos del país —en resumidas cuentas, aquél fijado por la mayoría—, estableciendo que, en los límites de lo posible, «el período de descanso semanal será... acordado al mismo tiempo por

[2] Proclamada por la Asamblea General de las Naciones Unidas el 25 de noviembre de 1981 (Resolución 36/55).

todos los interesados en su establecimiento» (punto 6.2) y que, en todo caso, «las tradiciones y los usos de las minorías serán respetados».

Según el tenor del art. 6. h. de la Declaración de 1981, el derecho a conmemorar las fiestas tiene una doble vertiente: el de observar los días de descanso —que algunas religiones imponen con carácter absoluto[3]—, y el de celebrar las festividades y ceremonias conforme con los preceptos de una religión —el rezo comunitario del viernes de los musulmanes, la misa dominical de los cristianos...—. Esta última faceta vincula, en una relación dialéctica, el derecho objeto de estudio con el culto, «que se extiende a los actos rituales y ceremoniales con los que se manifiestan directamente las creencias...»[4]. Expresión de las diferentes finalidades que persiguen las confesiones al prescribir los distintos ceremoniales que conforman y estructuran el culto —de impetración, latría, expiación... o, en general, de ayuda espiritual—, los informes del Relator especial sobre la intolerancia y la discriminación fundadas en la religión o las convicciones ponen de relieve la amplitud con la que este órgano unipersonal, encargado de estudiar y manifestar ante el Consejo de Derechos Humanos el grado de aplicación de la Declaración en los distintos Estados miembros de la ONU[5], interpreta el término «culto» y los ceremoniales propios de él: además de aquellos directamente vinculados al culto religioso, también se extiende a actos prescritos por las confesiones con efectos espirituales, tales como las peregrinaciones, los rituales relacionados con la entrada en la comunidad religiosa —el bautismo, la

[3] Por ejemplo, aquellas que prescriben el descanso bíblico del *sabbath*, como los judíos ortodoxos, los adventistas del séptimo día, los testigos de Jehová u otros grupos minoritarios de raíz cristiana.

[4] Cfr., Observación general n.º 22, de 20 de julio de 1993, del Comité de Derechos Humanos.

[5] Entre los mecanismos de la extinta Comisión, el Consejo ha continuado con el sistema de procedimientos públicos especiales, a través de los cuales un conjunto de órganos investigan las violaciones de los derechos humanos, bien de carácter geográfico o temático, y cuyo fin es ofrecer al Consejo una información objetiva, imparcial y veraz para evaluar la situación de los mismos y sobre la cual formular sus decisiones.

En materia de libertad de pensamiento, conciencia y religión, la Comisión, dentro de los procedimientos especiales de ámbito temático, creó, por Resolución de 10 de marzo de 1986, el procedimiento especial sobre la intolerancia y la discriminación fundadas en la religión o las convicciones. La Comisión optó por llevar a cabo el cometido del procedimiento mediante la constitución de un órgano unipersonal, el Relator especial (punto 2.º). El Relator ha de examinar los «incidentes y actividades de los gobiernos que tienen lugar en todas las partes del mundo y que no están conformes con las disposiciones de la Declaración para la eliminación de todas las formas de intolerancia y discriminación fundadas en la religión o las convicciones», así como proponer recomendaciones de «medidas correctivas, incluida, cuando convenga, la promoción de un diálogo entre las comunidades de religión o credo y sus gobiernos» (punto 2.º). A tal fin habrá de presentar «un informe acerca de sus actividades sobre las cuestiones relativas a la aplicación de la Declaración, en particular de la frecuencia y la extensión de los incidentes y actividades conformes con las disposiciones de la Declaración, junto con sus conclusiones y recomendaciones» (punto 1.º). Los informes del Relator especial en materia de intolerancia y discriminación fundados en la religión o las convicciones son debatidos en el seno del Consejo —antes de la Comisión— y, en su caso, pueden dar lugar a la adopción de resoluciones.

circuncisión…—, y otros con especial relevancia en el devenir vital —el matrimonio, los funerales, el enterramiento…— conforme a las plurales creencias religiosas[6]. También señalan las dificultades que se plantean en la realidad social y política para que las minorías vean reconocidas y garantizadas sus festividades[7].

En el ámbito regional europeo, las organizaciones internacionales con competencias, directas o indirectas, en la protección de los derechos humanos siguen la misma línea.

En el Consejo de Europa se admite que el día de descanso semanal coincida con el consagrado en el Cristianismo, el domingo. Pero sin relegar la práctica del culto de las minorías no cristianas y los días de observancia religiosa señalados por sus religiones. En la Convención europea sobre el estatuto de los trabajadores inmigrantes, adoptada en Estrasburgo el 24 de noviembre de 1977, las partes contratantes se obligan a asegurar que éstos y sus familias tengan la libertad de practicar el culto que profesan, facilitando, en la medida de lo posible, tal práctica (punto 10.3). Prescripción que se reitera en la regulación de trabajos concretos. El Acuerdo europeo sobre la definición y armonización de las condiciones que rigen la colocación *au pair*, aprobado el 24 de noviembre de 1969, insiste en la obligación de los Estados de garantizar a las personas extranjeras que trabajan temporalmente en las familias realizando determinados servicios de darles la oportunidad de asistir a los cultos religiosos —especialmente en las festividades consagradas por su religión— si así lo desean (art. 8). Los tratados internacionales citados se inscriben en las iniciativas de los órganos del Consejo de Europa a fin de promover las condiciones de igualdad en una sociedad pluralista. Así, por ejemplo, la Recomendación de la Asamblea Parlamentaria, de 1999, sobre la democracia[8] invita a los Estados miembros a «salvaguardar el pluralismo religioso de todas las religiones desarrollando idénticas condiciones de ejercicio» (punto 13. i. a.). Específicamente aboga por «facilitar, en los límites del art. 9 del Convenio Europeo, la observancia de los ritos religiosos, por ejemplo

[6] *Vid.*, una exposición de los informes del Relator especial al respecto, en TAYLOR, Paul M., *Freedom of Religion. UN and European Human Rights Law and Practice*, Cambridge University Press, Cambridge, 2005, pp. 282 ss.

[7] Ya en los trabajos preparatorios del párrafo h. del art. 6 de la Declaración de 1981 que hace alusión a la observancia de las fiestas religiosas, se puso de relieve cómo los días de descanso que coinciden con las fiestas religiosas de las mayorías pueden resultar coercitivas para el resto de la población —por ejemplo si ello significa paralizar el transporte público, o imponer una dieta obligatoria en los edificios públicos, como en el día del *sabbath* en Israel—, y se abogó porque exista un equilibrio, en las sociedades multi-religiosas, entre el número de fiestas públicas que puedan declararse y la variedad de creencias observantes, cada una de ellas, de diferentes festividades. Cfr., *ibidem*, pág. 281.

[8] Citada en FAHLBECK, Reinhold, «"Ora et Labora". On Freedom of Religion at the Work Place: A Stakeholder «cum» Balancing Factors Model», *The International Journal of Comparative Labour Law and Industrials Relations* (en adelante IJCLIR), vol. 20, 1 (2004), pp. 53-54.

en relación a [entre otras manifestaciones] los días de fiesta (con el fin de regular su observancia)» (punto 13. i. b.).

Por lo que se refiere a la Unión Europea, la Carta Social Europea, en correspondencia con las Convenciones de la OIT citadas en anteriores líneas, requiere el acuerdo de las partes para «garantizar un día de descanso semanal que debe, si fuera posible, coincidir con el día reconocido con la tradición o costumbre del país o región como día de descanso» (art. 2.5). En una Directiva del Consejo Europeo de 1993[9] se determinó que el período mínimo de descanso debe incluir, en principio, el domingo. Ante una demanda del Reino Unido, el Tribunal de Justicia de las Comunidades Europeas consideró inapropiada la referencia al domingo: el Consejo no ha explicado por qué, dada la diversidad cultural, étnica y religiosa, el domingo es el día más apropiado para el descanso, en aras de garantizar la salud y la seguridad de los trabajadores, y no otros días de la semana[10]. Una posterior Directiva del Consejo del año 2006[11] modifica la anterior eliminando la referencia al domingo: serán los Estados-parte los que determinen el día de descanso. No obstante, en la mayoría de los países de la Unión Europea se sigue manteniendo el domingo como día general de descanso semanal, sujeto a algunas excepciones en relación a ciertos trabajos y sectores de actividad[12].

Si bien es cierto que el descanso dominical puede estimarse que favorece a la religión mayoritaria en Europa frente a otras minoritarias con distintos días de observancia religiosa —el sábado, por ejemplo, para los judíos, o el viernes para los musulmanes— (lo cual es extensible a otras muchas festividades de origen religioso decretadas por las autoridades como no laborales), también lo es que este hecho queda atenuado por dos circunstancias. La primera, la tendencia progresiva de la compleja sociedad moderna hacia la distribución del trabajo en turnos que ocupan las veinticuatro horas los siete días de la semana. La presión de la competencia y el facilitar las compras a los consumidores hacen que, sobre todo en sectores como el comercio, las tiendas permanezcan abiertas los domingos. Las consecuencias se comprueban, como veremos, en la jurisprudencia de Estrasburgo. No sólo son ya las minorías religiosas las que acuden al Tribunal alegando sufrir una discriminación

[9] 93/104/EC, de 23 e noviembre, sobre organización del trabajo.

[10] Párrafo 37.º de la Sentencia Reino Unido v. Consejo (citada en FLEMING, Hazel, «Working, Praying and Sunday Rest. Has the Law Struck the Right Balance?», *Edimburgh Law Review*, 9 (2005), p. 325.

[11] 2000/34/EC, de 22 de junio.

[12] Informe de la Comisión Europea sobre la aplicación de la Directiva del Consejo 93/104/EC, modificada por la 2000/34/EC, de 1 de diciembre. El Parlamento Europeo, en Resolución de 12 de diciembre de 1996, justifica la determinación del día del domingo libre de trabajo; en ella se hace un llamamiento a «tener en cuenta la tradición cultural, social, religiosa y familiar de los ciudadanos y reconocer el carácter especial del domingo como día de descanso».

al no recocérseles el descanso o la observancia de las festividades. También son los cristianos los que ponen reparos a trabajar los domingos por motivos religiosos o de conciliación familiar. La segunda razón es efecto directo de la imparable tendencia hacia una sociedad plural en el ámbito de las convicciones y las creencias religiosas. En algunos Estados se intentan acomodar las fiestas públicas no sólo a las de la religión tradicional; también se tienen en cuenta festividades de minorías religiosas con especial implantación en el país. Así, en Gran Bretaña se reconocen en los calendarios laborales oficiales dos fiestas judías y otras tantas islámicas[13].

Basten estas rápidas pinceladas para comprobar el reconocimiento del derecho a la observancia de las festividades religiosas en el Derecho internacional, universal y europeo. A continuación nos adentraremos en el objeto de estudio, la jurisprudencia de Estrasburgo sobre el particular, ofreciendo al lector un breve resumen de los casos resueltos por el Tribunal Europeo para profundizar, a continuación, en los aspectos que me parecen más relevantes de la doctrina que puede inducirse de las argumentaciones jurídicas contenidas en los fallos de la Comisión o del Tribunal.

2. EL DERECHO A CONMEMORAR LAS FESTIVIDADES EN EL ÁMBITO LABORAL: LOS *CASE LAW* DEL TRIBUNAL EUROPEO

2.1. Delimitación del objeto de estudio

Los dos términos de la ecuación que definen el ámbito de análisis, la observancia de festividades religiosas y las relaciones laborales, nos obligan, de entrada, a excluir de nuestra exposición algunos supuestos o situaciones que han sido objeto de fallo por parte de los órganos jurisdiccionales del Consejo de Europa —ya sea la Comisión o el Tribunal—. Dejaremos a un lado casos que, por su amplitud, sólo están indirectamente relacionados con el cumplimiento de los preceptos religiosos en los días sagrados, como el despido de una trabajadora por pertenecer a una creencia o confesión religiosa[14]. Tampoco serán contemplados los supuestos de los trabajos, esporádicos o forzados, de los reclusos en las prisiones, alejados del ámbito de la autonomía de la voluntad que rige las relaciones laborales[15]. O, en fin, aquellos trabajos sometidos

[13] Este dato se pone de relieve en EVANS, Carolyn, *Freedom of Religion under the European Convention of Human Rights*, Oxford University Press, Oxford-New York, 2001, p. 194.

[14] Baste señalar que éste es el caso que se plantea en la Sentencia del Tribunal Europeo *Ivanova v. Bulgaria*, de 12 de abril de 2007. Una trabajadora en una escuela pública es despedida por su pertenencia al grupo, de creencias evangélicas, *Word of Life*, acusada por las autoridades de practicar proselitismo. El Tribunal considera que el despido se debió a sus convicciones religiosas, ya que nunca se probó que realizara proselitismo abusivo. Tal acto supuso una flagrante violación del art. 9 del Convenio.

[15] Supuesto, por ejemplo, que se resuelve en la Decisión de la Comisión Europea *X v. República Federal Alemana* 3566/68. Un detenido en prisión, de religión Sikh, se niega a limpiar la celda por considerarlo contrario a su derecho de libertad religiosa. La Comisión examina el caso desde el punto

a un régimen especial que los hacen singulares —por sus condiciones o regulación jurídica— del resto de las ocupaciones laborales, como el de los miembros de las Fuerzas Armadas, sometidos a la rígida jerarquía y disciplina militar[16]. Asimismo se evitará, en la medida de lo posible, tratar directamente aspectos de la cuestión relacionados con capítulos abordados por otros autores en la monografía: el trabajo de los ministros de culto en el seno de las confesiones, o las relaciones laborales en las empresas de tendencia.

Realizadas estas precisiones, abordaremos la descripción de los *case-law* de Estrasburgo en las líneas generales en que se plantearon las demandas y éstas fueron resueltas por la Comisión o por el Tribunal, dividiendo la materia en tres diferentes apartados: las reivindicaciones de los trabajadores de empresas públicas al descanso y la observancia de ritos religiosos en las fiestas prescritas por una confesión; los mismos planteamientos de empleados de empresas privadas, cuando la práctica religiosa ha de equilibrarse con las necesidades de la institución y el derecho a la organización de la empresa del empleador; y la colisión entre los deberes sagrados asumidos por las personas y el cumplimiento de ciertos actos que se encuentran obligados a realizar por razón de su profesión o intereses particulares. Este último supuesto se ha verificado en la jurisprudencia del Tribunal en el caso de señalamientos o emplazamientos judiciales en días consagrados al descanso o a la celebración de los ritos y las ceremonias prescritos por una determinada religión para ciertas festividades. En los tres apartados seguiremos un orden cronológico en la exposición de las resoluciones. Creo que así se aprecia mejor una eventual evolución —si la hubiera— en las líneas doctrinales marcadas por la jurisprudencia de Estrasburgo.

Un caso relacionado con las festividades se aparta del esquema de tratamiento propuesto: cuando, por motivos religiosos, se pretende ser eximido de la obligación de conmemorar las festividades públicas. Empezaremos por la exposición del supuesto de hecho y los argumentos jurídicos del Tribunal en tal situación, planteada y resuelta en la Sentencia *Valsamis v. Grecia*, de 18 de diciembre de 1996.

2.2. El derecho a no conmemorar festividades: el caso Valsamis

Aunque estrictamente las condiciones *de facto* de Valsamis lo situarían fuera de la crónica de jurisprudencia que se realiza, puesto que se da en el ámbito escolar y no

de vista de las condiciones especiales de las prisiones y del art. 5 del Convenio, rechazando la demanda, por cuanto el demandante no demuestra que su rechazo a cumplir el trabajo penitenciario constituya una manifestación de sus convicciones o prácticas religiosas en el sentido del art. 9.

[16] El Tribunal justificó el licenciamiento de un juez militar acusado de tener estrechas relaciones con movimientos fundamentalistas islámicos, al considerar las especiales normas de régimen interno y la disciplina del estamento militar, que el demandante voluntariamente aceptó al unirse al Ejército (Sentencia *Kalac v. Turquía*, de 1 de julio de 1997).

en las relaciones laborales, se justifica su inclusión por el interés que tiene al abordar el único caso en que se ha pronunciado el Tribunal en torno a un hipotético derecho a no conmemorar las festividades públicas por causas religiosas.

Victoria, una niña de doce años, es hija de padres pertenecientes a la confesión Testigos de Jehová. El día 28 de octubre, fiesta nacional en Grecia a fin de conmemorar el estallido de la guerra entre este país y la Italia fascista de Mussolini en el año 1940, se celebran desfiles públicos a los que están obligados a participar todos los alumnos del colegio en el que se encuentra cursando sus estudios Victoria. Los padres piden con antelación suficiente que se exima a su hija de la asistencia a tal acto: el pacifismo es un aspecto fundamental de sus creencias religiosas, lo cual les impide formar parte activa en lo que consideran es un acontecimiento de significación militar. El Colegio rechaza excusarla por estimar que es una actividad de la institución el celebrar los eventos nacionales y patrióticos. Aun así, Victoria no asiste. La institución, de acuerdo con la autoridad educativa, le impone la sanción de suspensión de un día sin colegio.

En esencia, lo que pretenden los padres es que se les reconozca la objeción de conciencia a que su hija participe imperativamente en el desfile nacional; esto es, rechazan, por motivos de conciencia, que Victoria se someta a una conducta jurídicamente exigible —el desfile público el día de la fiesta nacional— y ello no de pié a represalias o sanciones. Dado que el Convenio no reconoce directamente el derecho a la objeción de conciencia, plantean el fundamento de su demanda por la violación del art. 2 del protocolo 1.º: el derecho de los padres a la educación religiosa y moral de los hijos de acuerdo con su religión o convicciones. El Tribunal considera que las creencias de los testigos de Jehová tienen el grado de coherencia, seriedad e importancia para ser protegidas por el citado art. 2. Ahora bien. Desestima la demanda porque, en el mismo sentido que el Gobierno griego, la conmemoración de dicha festividad no tiene un sentido bélico ni glorifica la guerra: el día nacional posee un fin pacifista y de interés público, por lo que la participación de la hija en el desfile —que, en todo caso, Estrasburgo califica de sorprendente imposición a los estudiantes de obligaciones fuera de la escuela y en día de fiesta— no puede ofender las ideas pacifistas de los padres. Además, no se impide a los progenitores que puedan enseñar y explicar a Victoria sus creencias sobre la significación que para ellos tienen el día de la fiesta nacional. Por lo que, concluye el Tribunal, la sanción del Colegio no vulneró el derecho de los padres a la educación de su hija conforme a sus convicciones religiosas.

El fallo del Tribunal plantea la tendencia de la Corte europea a la interpretación, cuando no sustitución, de la voluntad de los demandantes otorgándole un sentido distinto del que ellos manifiestan. Como pone de relieve el voto particular que acompaña a la Sentencia[17], la percepción de los padres del simbolismo del desfile no es

[17] Voto disidente de los jueces Vilhjalmsson y Jambrek.

irrazonable y debe ser aceptada por el Tribunal. Además, el desfile del Colegio no es un acto neutral, ni es parte de la educación curricular de los niños y jóvenes, por lo que debe afirmarse que la sanción por la incomparecencia no es necesaria en una sociedad democrática, aunque el evento tenga significación nacional. En un posterior epígrafe tendremos ocasión de reflexionar sobre el sujeto, en la jurisprudencia de Estrasburgo, que determina las creencias o las prácticas que se consideran vulneradas.

2.3. **Observancia de festividades en empresas públicas**

Los casos de trabajos desarrollados en empresas o instituciones públicas plantean unos perfiles diferenciados respecto de aquellas pertenecientes al sector privado. La neutralidad que han de mantener frente a las creencias y convicciones sociales lleva a que, *a priori*, puedan ser más receptivas a permitir las prácticas y manifestaciones religiosas de sus empleados[18]. No obstante, el desarrollo de servicios públicos imprescindibles para la sociedad también podría servir de fundamento razonable para limitar aquellas.

Acompasaremos la exposición a los distintos momentos por los que discurre el contrato en instituciones públicas.

2.3.1. ***Acceso***

En este apartado se sitúa la única Sentencia del Tribunal de Justicia de las Unión Europea (entonces denominado de las Comunidades Europeas) en la que se plantea la observancia de festividades religiosas en las pruebas de selección de cargos comunitarios: la célebre *Prais v. Consejo de las Comunidades Europeas*, de 27 de octubre de 1976. Aunque, naturalmente, el Tribunal de Justicia falla la demanda conforme al Derecho comunitario, nosotros atenderemos a los aspectos relacionados con la libertad religiosa de la aspirante al puesto que, *mutatis mutandis*, puedan ampararse también en el art. 9 del Convenio.

[18] Y, con más razón, el acceso a los cargos públicos sin discriminación por la religión o el estatus de las personas dentro de las confesiones. Por eso son difícilmente comprensibles los razonamientos y el fallo de la Sentencia del Tribunal *Demeester v. Bélgica*, de 8 de octubre de 1981, por la que un abogado en ejercicio de nacionalidad belga, y que a la vez es clérigo de la Iglesia católica, plantea ante la Corte europea la violación de los arts. 9 y 14 del Convenio que supone la prohibición del ordenamiento del Estado de que los ordenados *in sacris* accedan al cargo de juez, y por la cual el Ministerio de Justicia le denegó que ocupara el puesto de juez sustituto de primera instancia. Utilizando lo que podría ser calificado de sofisma, el Tribunal afirma que el derecho de libertad religiosa no ha sido violado porque nada impide que el clérigo-demandante pueda practicar su religión —lo cual lleva a que tampoco se aprecie discriminación en aplicación del 14—, y, respecto a su derecho a ser juez, reafirma que el Convenio no garantiza el derecho a acceder a cargos públicos. Por lo que rechaza la demanda.

Vivien Prais es una mujer de religión judía que decide presentarse al cargo de traductor y experto en Derecho y lingüística en general, que posean el inglés como lengua materna, convocado por el Secretariado del Consejo. El concurso se basa en un *test* que requiere, por el principio de igualdad, que sea el mismo para todos los candidatos. Por carta de 23 de abril se le cita para la prueba, que se realizará el 16 de mayo. Ella contesta, a los dos días, que su religión le impide que ese día, en que se celebra la fiesta del *Shavuot*, pueda viajar y escribir. Pide que se le dé una fecha alternativa. El Consejo deniega la solicitud, alegando que las pruebas, que se celebrarán simultáneamente en Bruselas y en Londres, exigen que sean iguales para todos los candidatos.

En la demanda ante el Tribunal Prais pide la nulidad de los resultados de la prueba y la publicación de una nueva convocatoria a la que pueda concurrir, por haberse producido una discriminación en razón de sus creencias y la violación de su derecho de libertad religiosa. El Tribunal rechaza la discriminación alegada, dado que el Consejo trató a la demandante de igual forma que a los demás concursantes. Reconoce la necesidad, invocada por el Consejo, de que la prueba fuera igual para todos los candidatos. Aunque tal condición debe equilibrarse con el derecho a no hacer el examen los días que, por motivos religiosos, un concursante no pudiera: «si un candidato comunica a la autoridad convocante que por razones religiosas ciertas fechas son imposibles para él, dicha autoridad debe tenerlo en cuenta a la hora de fijar las fechas de los *test* escritos y ha de esforzarse en evitar tales fechas»[19]. A *sensu contrario*, si no se avisa con un tiempo prudencial, el Consejo está justificado en rechazar la petición, especialmente si existen otras personas convocadas a realizar el *test*. Este es el motivo que encuentra el Tribunal comunitario para rechazar la demanda: Prais debió notificar en su formulario de petición que era judía y los días en que, por motivos religiosos, no podría realizar las pruebas: una vez convocado el día del *test*, el Consejo estaba legitimado para rechazar la solicitud de que se efectuasen en un día diferente. Pero si se hubiera informado con un tiempo prudencial la dificultad de asistir por causas religiosas —reitera el Tribunal en el fundamento 19.º—, el Consejo estaría obligado a adoptar las medidas razonables para evitar la realización del *test* en las fechas en que le resulte imposible acudir al peticionario.

2.3.2. *Ejercicio del puesto de trabajo sin sufrir sanciones*

Uno de los casos resueltos por la Comisión que más trascendencia ha tenido, como veremos, en la jurisprudencia posterior del Tribunal Europeo —por lo que se le puede calificar de *leading case*— es la Decisión 8160/78, de 12 de marzo de 1981, *X v. Reino Unido* (también conocido, por el nombre del proceso en el Derecho interno

[19] Párrafo 16.º.

británico, *Ahmad v. Inner London Education Authority* —ILEA—[20]). El supuesto de hecho es el siguiente. Un ciudadano británico, de procedencia de la India y devoto musulmán, está contratado a tiempo completo como maestro de primaria por la autoridad educativa de Londres, la ILEA. El horario de trabajo, de lunes a viernes, es el habitual de 9.30 horas de la mañana a 4.30 de la tarde, con un descanso para comer de una hora y media —de 12.30 a 2 p.m.—. En su primer destino, a las afueras de Londres y lejos de una mezquita, cumplió el horario sin pedir permiso de ausencia para asistir a los rezos comunitarios del viernes. Cuando es trasladado a otra escuela cerca de la mezquita, pide a la Dirección que le permita volver 45 minutos más tarde los viernes —a las 3 p.m.— recuperando el tiempo en los descansos para comer de los restantes días de la semana. Sus compañeros de trabajo no se oponen. La Dirección, tras ciertos titubeos, le deniega al fin la autorización argumentando que su ausencia aumenta la carga lectiva de los demás. A pesar de ello, Ahmad se ausenta. Puesto en conocimiento el caso de la autoridad de la ILEA, ésta resuelve modificarle el contrato convirtiéndolo en uno a tiempo parcial —trabajo de cuatro días y medio—, con la consiguiente rebaja de sueldo y disminución de las posibilidades de promoción. Ahmad abandona el trabajo. Pero, luego, pide la readmisión aceptando las nuevas condiciones.

Tras perder los pleitos ante la jurisdicción laboral inglesa, interpone demanda ante el Tribunal alegando la violación del derecho a la libertad de pensamiento, conciencia y religión del art. 9, así como la discriminación por sus creencias del art. 14: a su entender, el sistema laboral británico de fiestas, que privilegia a los cristianos, impone a los musulmanes fieles a sus convicciones una reducción de salario y de promoción al obligarles a firmar contratos a tiempo parcial y no completo.

La Comisión, además de otras interesantes consideraciones *obiter dicta* que serán analizadas más adelante, rechaza la demanda por «manifiestamente mal fundada» en razón a una serie de argumentaciones que sintetizaremos a continuación. El derecho de libertad religiosa tiene límites; uno de ellos es la situación, voluntariamente aceptada por el demandante, que le obligaba en razón del contrato laboral a cumplir con un horario en la enseñanza. El demandante no informó de sus necesidades religiosas al ILEA ni en el momento de la firma del contrato ni en los siguientes seis años —hasta que se verificó su primer traslado—. La autoridad educativa, ante la ausencia parcial del trabajador, tuvo en cuenta tanto sus necesidades religiosas —durante un tiempo se le permitió ausentarse, a pesar de los trastornos que producía—, como las del sistema educativo. La propuesta de rebajarle el horario y modificar su contrato a tiempo parcial es, para la Comisión, equilibrada. En todo caso, «siempre fue el demandante

[20] Sobre sus precedentes en el Derecho inglés, *vid.*, entre otros, VICKERS, Lucy, «Approaching Religious Discrimination at Work: Lessons from Canada», *IJCLIR*, vol. 20, 2 (2004), pp. 186 ss.; FLEMING, Hazel, «Praying and Sunday Rest...», cit., pp. 321 ss.

libre de renunciar al trabajo para cumplir con su religión»[21]. La Comisión Europea, en resumen, no apreció ni violación del art. 9 del Convenio, ni del 14, por cuanto fue tratado igual que el resto de los trabajadores; el hecho de que los días de descanso y las festividades coincidan con las de las creencias mayoritarias de la población puede considerarse de normal.

El caso *Koteski v. República Yugoeslava de Macedonia*, fallado por Sentencia del Tribunal de fecha 13 de abril de 2006, plantea un comportamiento del demandante que pone en duda su buena fe a la hora de cumplir su contrato laboral, lo que, en definitiva, motiva la resolución desestimatoria de Estrasburgo.

Un trabajador de una empresa pública de electricidad no comparece a su puesto durante toda una jornada, conociendo que existía sobrecarga de trabajo y que la Empresa necesitaba a todo el personal. El motivo de Koteski fue que ese día era una fiesta religiosa para los musulmanes (el Festival de Bayran), que la ley macedonia reconocía como festividad pública a todos los ciudadanos de esa religión. El Comité disciplinario de la Empresa castiga la ausencia sin permiso con un descuento del 15% del sueldo durante tres meses. Los distintos recursos que Koteski interpone ante las instancias administrativas y judiciales no dan el resultado de anular la decisión. Se deniega su pretensión en el hecho de que no aporta una prueba cierta de que sea musulmán: antes no había pedido permiso para otras fiestas islámicas, el día de la ausencia no acudió a la mezquita, y en años anteriores también celebró fiestas cristianas. Él alega que no está obligado a probar su religión, y que, a pesar de haber sido bautizado en la Iglesia ortodoxa, cambió sus creencias convirtiéndose al Islam —de hecho, en los sucesivos censos cambió tres veces de creencias: ateo (1994), ortodoxo (2002) y luego musulmán—.

El Tribunal de Estrasburgo rechaza la demanda utilizando parte de los argumentos esgrimidos por el Gobierno macedonio: el demandante no ha demostrado ser musulmán, al contrario, existen pruebas indirectas de no practicar su fe o, al menos, no hacerlo colectivamente. No es irrazonable, a juicio del Tribunal, que si se pide un derecho especial —el derecho declarado en la ley de Macedonia de disfrutar de un día de fiesta por ser musulmán— se deban acreditar pruebas sobre la pertenencia religiosa; esto ni va contra la libertad religiosa ni es opresivo. Y, consecuentemente, si no se sustancian las evidencias de la pertenencia, o si se deniega el permiso por razones de la necesidad del suministro de un servicio público, está justificada la imposición de multas disciplinarias. No se aprecia, por tanto, la violación del derecho a la libertad de pensamiento, conciencia y religión consagrado en el art. 9. Tampoco del 14. Como ha declarado reiteradamente Estrasburgo, este artículo no tiene existencia autónoma sino sólo cuando se demuestra la violación de otro derecho fundamental. En

[21] Párrafo 15.º.

todo caso, a la alegación del demandante de haber sido discriminado por ser el único musulmán al que se exige probar su adhesión al Islam, opone el Tribunal la misma argumentación utilizada para rechazar la eventual violación de la libertad religiosa: la diferencia de tratamiento está justificada porque deseaba disfrutar de la exención de un deber general —observar una festividad y no trabajar— que no se extiende a los demás ciudadanos. La aplicación de un privilegio, reitera Estrasburgo, justifica la prueba de pertenencia a una comunidad religiosa.

2.3.3. *Cesación: el despido por la observancia de festividades*

En la Decisión 24949/94 *Konttinen v. Finlandia*, de 3 de diciembre de 1996, la Comisión se pronuncia sobre el despido de un trabajador de una empresa pública por causa de sus ausencias en días y horas prescritos por su religión como de descanso absoluto. Konttinen trabajaba para los ferrocarriles estatales fineses, en una estación de mercancías. En 1991 se convierte en adventista del séptimo día, fieles observantes del *sabbath*, que comienza tras la puesta del sol del viernes hasta la del sábado. Su horario laboral se prolonga, de lunes a viernes, hasta las 6 horas 39 minutos de la tarde. Sábados y domingos descansa. Los viernes del año en que el sol se pone antes de dicha hora se marcha del trabajo antes de terminar la jornada, informando a la Empresa de ello. Ésta, con el visto bueno del Consejo de empleados públicos, le impone como sanción disciplinaria un aviso de despido. El trabajador continúa ausentándose previamente a la hora de salida al menos durante cinco viernes más, comunicando que lo hace por motivos religiosos, para respetar el *sabbath*, aunque está dispuesto a recuperar el tiempo trabajando los domingos o los días de verano en que la puesta del sol se produce después de las 6.39 p.m. Finalmente es despedido por incumplimiento grave y reiterado de sus obligaciones laborales, tras ser advertido de ello varias veces.

La demanda ante el Tribunal se argumenta en la violación de los consabidos arts. 9 y 14 del Convenio. Su derecho a la libertad de creencias se ha visto vulnerado por un despido que supone una represalia por cumplir con sus obligaciones religiosas, a pesar que su decisión de ausentarse durante el comienzo del *sabbath* ni afectara al derecho de los otros trabajadores, ni a los intereses de la Empresa. Además, y amparado en el mismo art. 9, pide que se le reconozca su derecho a la objeción de conciencia y, por ello, a rechazar aquellas obligaciones que sean contrarias a su religión. La discriminación por razón de sus creencias se produce al fijar la Empresa el día de descanso el domingo y, con ello, beneficiar a los cristianos que lo designan como día sagrado.

La Comisión reitera que la Convención no ampara el derecho a optar o a mantener un empleo público; no obstante, el despido de un funcionario cae bajo el escrutinio del Tribunal, como el de otro empleo privado, que ha de valorar si se han infringido los derechos garantizados. En el caso de Konttinen, fue despedido no por sus creencias religiosas, sino por no respetar las horas de trabajo y, así, incumplir el contrato laboral. Aunque, reconoce la Comisión, el motivo fue observar los preceptos de su confesión que le imponen el descanso del *sabbath*, el despido ni le presiona para no manifestarlos ni le impide hacerlo: «… habiendo encontrado que sus horas de trabajo entraban en conflicto con sus convicciones, el demandante es libre de dejar el puesto de trabajo. La Comisión considera que ésta es la última garantía de su derecho de libertad religiosa. En suma —concluye—, nada indica que el despido del demandante interfiera en el ejercicio del derecho a la libertad religiosa del art. 9»[22]. Razón por la que también rechaza la discriminación por motivos religiosos, que no puede estimarse de manera aislada sino en relación con el disfrute de otro derecho humano. Además, el descanso dominical no impide en la ley finesa que las minorías celebren otros días sagrados.

2.4. **Observancia de festividades en la empresa privada**

Un caso antiguo de la Comisión que versa sobre este supuesto fue resuelto por la Decisión 850/60, de 17 de marzo de 1961, *X v. República Federal de Alemania*[23]. Un ciudadano alemán, adventista del séptimo día, es en 1937 despedido de una fábrica de zapatos por haberse negado a trabajar en sábado. Se dedica, entonces, al comercio libre. El régimen nazi le confisca la mercancía, le retira la licencia y le somete a trabajos forzados —también los sábados— como represalia por sus creencias religiosas. Tras la contienda mundial, pide una indemnización por los daños que le causaron a la Oficina de reparaciones alemana. Es desestimada en las sucesivas instancias administrativas y judiciales. La Comisión rechaza la demanda por motivos formales: no se agotaron los recursos del Derecho interno, y la incompetencia del Tribunal, al no ser Alemania parte del Convenio en el tiempo en que se produjeron los hechos —recuerda, en todo caso, que el Convenio Europeo no reconoce el derecho a obtener indemnizaciones a las víctimas del nazismo—.

Entrando en los supuestos en que la Comisión sí se pronuncia sobre el fondo del asunto, el marco de las decisiones podría ser distinto en las empresas privadas. Cuando el conflicto entre las creencias individuales y las obligaciones laborales se produce en aquéllas, el equilibrio se plantea entre el derecho a la libertad de pensamiento, conciencia y religión de los trabajadores, y el derecho de la empresa empleadora a la organización del trabajo conforme a los objetivos de producción marcados. En todo caso, y como veremos, los criterios de la Comisión no cambian respecto de los casos de trabajo en la empresa pública: la fidelidad y el estricto cumplimiento de lo pactado en el contrato laboral prevalecen sobre cualquier pretensión del empleado de ausentarse para conmemorar las fiestas o el descanso por motivos religiosos. Por

[22] Párrafo 1.º *in fine*.

[23] No publicado oficialmente. *Vid.*, el relato de los hechos y el fallo de la Comisión, en MARGIOTTA BROGLIO, Francesco, *La Protezione Internazionale della Libertá Religiosa nella Convenzione Europea del Diritti dell'uomo*, Giuffré Editore, Milano, 1967, pp. 194-195.

consiguiente, los fundamentos de Derecho expresados en las Decisiones Ahmad y Kottinen se convierten en los principios-guía en la resolución del caso que se encuadra en este apartado: la Decisión 29107/95, de 9 de abril de 1997, *Stedman v. Reino Unido*, que tiene la peculiaridad de presentar la demanda una persona perteneciente a la «mayoría social» que objeta trabajar los domingos.

Louis Stedman está empleada en una agencia de viajes desde 1990. Al año siguiente se le requiere para que trabaje los domingos. Así lo hace hasta mayo de 1992, que comunica a la Empresa que por motivos familiares y por asistir al culto religioso no concurrirá a su puesto de trabajo los domingos. La Empresa le propone una modificación contractual a fin de que trabaje los domingos con carácter rotatorio con sus compañeros, garantizándosele, a cambio, el descanso de dos días distintos de la semana. Al negarse a suscribir el nuevo contrato, es despedida. Los tribunales de Inglaterra rechazan sus demandas y apelaciones: según el Derecho inglés, los comercios tienen derecho a abrir los domingos y, consecuentemente, los empleados pueden imponer tal condición a sus empleados.

Stedman acude a Estrasburgo argumentando la violación de tres derechos: su derecho a la libertad religiosa, por cuanto el trabajo le impide manifestar sus creencias asistiendo al culto dominical; su derecho a la vida privada y familiar, puesto que, por el trabajo de su marido, sólo puede estar con él los domingos; y la discriminación a la que fue sometida por la Empresa al despedirla en el momento en que se negó a firmar el nuevo contrato.

La Comisión recuerda que el Convenio es aplicable también a las personas privadas: los derechos proclamados vinculan a todos. Además, desde el momento en que los tribunales del Estado no reparan en el Derecho interno las hipotéticas lesiones, son igualmente responsables. Sentado esto, rechaza la posible vulneración del derecho de libertad religiosa. Al igual que en el caso Konttinen, la demandante no fue despedida por sus creencias, sino por negarse a trabajar los domingos y firmar un nuevo contrato que le comprometía a ello. Siempre fue libre para practicar su culto. Bastaba para ello despedirse de la Empresa —como, al final y contra su voluntad, así acaeció—. Tampoco fue discriminada respecto a sus compañeras: nada da a suponer que fuera tratada de manera distinta a otros empleados con distintas creencias. Ni trabajar el domingo interfiere gravemente en su vida privada y familiar. Por lo cual la Comisión rechaza la admisión de la demanda como «manifiestamente mal fundamentada».

2.5. **Observancia de festividades y obligaciones profesionales o personales**

En los supuestos que se inscriben en este apartado el individuo que invoca su derecho a la manifestación de sus convicciones no se encuentra vinculado por obligaciones que nacen de un contrato de trabajo, sino por señalamientos de comparecencias judiciales, igualmente de obligado cumplimiento, que ha de atender. En unos casos la incomparecencia puede acarrear perjuicios económicos personales. En otros supone la desatención de los intereses de los clientes, cuya defensa es encomendada a profesionales del Derecho como los abogados o los procuradores. En estos últimos casos la ausencia por guardar las festividades religiosas sí tiene consecuencias en el ámbito profesional, en el contrato de representación o de asesoramiento jurídico suscrito con el cliente, por lo que directamente caen en la esfera del objeto del presente trabajo.

En el primer supuesto señalado —particulares que asumen la propia defensa de sus intereses ante la magistratura— se enmarca un antiguo caso resuelto por la Comisión, la Decisión 625/59, de 14 de diciembre de 1961, *X v. República Federal de Alemania*[24]. Un ciudadano alemán, judío ortodoxo, es condenado a seis meses de cárcel. El tribunal de primera instancia apreció la comisión como autor de los delitos de fraude, juramento en falso y falsificación. Interpuesto recurso de apelación, el tribunal señala la comparecencia en una fecha que coincide con una festividad hebraica que impone el descanso absoluto y la celebración a través de un cierto ritual y oraciones. El señalamiento judicial para tal día, unido a las consecuencias que acarrea la no asistencia, violan —según alega— sus derechos a la libertad religiosa y a la tutela judicial efectiva, así como le discrimina respecto a sus conciudadanos de otras religiones. Interpuesta demanda por la vulneración de los mencionados derechos amparados en los arts. 6, 9 y 14 del Convenio, la Comisión rechaza la demanda sin referirse al fondo del asunto: la causa de la inadmisibilidad fue que el demandante no agotó todos los medios dispuestos en el Derecho interno, ya que tales violaciones no se suscitaron ante el tribunal de apelación[25].

Un caso similar, aunque suscitado ante la jurisdicción civil, es el contemplado en la Decisión de la Comisión Europea 18960/91, de 13 de enero de 1993, *S. H. Y H. V. v. Austria*. Unos propietarios de apartamentos en Viena, judíos de religión, reciben la demanda de sus inquilinos reclamando una rebaja de las rentas conforme a la ley austriaca y que se les devuelva lo cobrado de más. El tribunal de distrito fija la vista pública para el 4 de octubre de 1990; coincide con el primer día de la fiesta judía de los Tabernáculos. La notificación del emplazamiento la realiza el juzgado el 30 de mayo. El 25 de septiembre —esto es, apenas diez días antes de la celebración de la vista— los demandados comunican al tribunal que, siendo judíos observantes, deberán cumplir con la fiesta mosaica y, por tanto, no podrán acudir, solicitando al órgano jurisdiccional que fije una nueva fecha para la vista. Petición que éste rechaza alegando que ello repercutiría negativamente en la celeridad del proceso: el tribunal debería, en ese caso, volver a citar a siete partes. Además, el cambio de fecha era im-

[24] *Ibidem*, págs. 195-196.

[25] Margiotta, al hilo de este caso, opina que el derecho de libertad religiosa no implica adaptar las normas procesales y los señalamientos a las exigencias de las creencias de las partes; dada la diversidad religiosa, ello acarrearía obstáculos y retrasos injustificados en una función pública tan sensible como es la administración de justicia. *Ibidem*, pág. 196.

posible habiendo comunicado la incomparecencia con tan poco tiempo. Por otro lado, los caseros judíos no pueden ser representados, porque ello lo prohíbe su religión. Tras ser condenados a la rebaja de las rentas y al pago de los alquileres indebidamente cobrados, las sucesivas apelaciones en el Derecho interno rechazan sus pretensiones justificándolo, además de en la razón apuntada en primera instancia, en que los apelantes siempre pudieron dirigirse al tribunal y defender su posición por escrito.

La demanda a Estrasburgo se basa en los mismos preceptos que en la Decisión anterior: en la violación de los arts. 6, 9 y 14. En realidad la Comisión sólo analiza el primero, el derecho a un proceso justo, a cuyo resultado vincula la resolución de los otros dos.

La Comisión Europea reconoce que la ausencia de los demandantes en la vista les perjudicó, y que dicha incomparecencia estuvo motivada en la práctica de su religión, ya que la observancia de la fiesta judía les prohíbe tanto asistir al juicio como que sean representados en él. Pero también ha de tenerse en cuenta la complejidad de la organización de la vista, a la que estaban convocadas siete partes, dándosele aviso de ella cuatro meses antes. Dada la gran importancia para los demandantes que tenía la fiesta judía —concluye este órgano del Tribunal—, debieron pedir una nueva fecha lo antes posible, para evitar inconvenientes. Al no hacerlo, solicitándolo con tan sólo diez días, no dieron tiempo al cambio del señalamiento de la vista; luego no fue irrazonable que el tribunal rechazara su pretensión de fijar un día posterior al notificado. Por lo que se rechaza la demanda como manifiestamente mal fundamentada.

De lo afirmado por la Comisión puede deducirse[26] que, a *sensu contrario* y en sentido similar a lo sentado por el Tribunal de Justicia en el caso Prais, si el juzgado hubiera sido informado antes de que existen problemas para la comparecencia basados en razones religiosas, debería haber fijado una nueva fecha en aras de equilibrar los derechos de libertad religiosa y de tutela judicial efectiva.

No parece haberlo interpretado así el Tribunal Europeo, a juzgar por la fundamentación jurídica del caso *Sessa v. Italia*, de 3 de abril de 2012.

Un abogado de religión judía ejerciente en Nápoles representa a una de las partes de la acusación particular contra ciertos bancos en un proceso penal. El juez que lleva el proceso les cita para un incidente probatorio dando a elegir entre dos fechas: el 13 y el 18 de octubre de 2005. El demandante contesta, en tiempo y forma, poniendo de relieve que ambas coinciden con fiestas de la religión hebraica (*Yom Kippur* y *Sukkot*), por lo que, dadas sus obligaciones como miembro de la comunidad judía, no podrá asistir. El juez no lo tiene en cuenta y la vista se lleva a cabo el día 13. Los sucesivos recursos del abogado son rechazados en las distintas instancias: según la ley procesal italiana son causa de suspensión de la vista la imposibilidad de comparecencia del

[26] Así se interpreta en el voto particular que interponen los jueces Tulkens, Popovii y Keller a la Sentencia del Tribunal Europeo *Sessa v. Italia*, de 3 de abril de 2012 (*vid.* párrafo 12.º).

Ministerio Fiscal y de los abogados de los acusados, pero no de aquellos de la acusación, por lo que debería haberse hecho reemplazar por un compañero.

La demanda ante el Tribunal se fundamenta en la violación del art. 9 del Convenio: la fecha en que se fija la causa impide al demandante cumplir con sus obligaciones religiosas y, a la vez, el no acudir a la vista supone una merma en la defensa de las posiciones de su representado. El Gobierno italiano, por el contrario, justifica las decisiones de la judicatura en el principio superior de la administración de justicia sin retrasos indebidos.

El Tribunal rechaza la demanda, considerando que no se ha producido una violación del derecho de libertad religiosa de Sessa consagrado en el art. 9. Ni siquiera estima que la fijación de la vista haya interferido en el mencionado derecho, ya que el demandante pudo manifestar sus convicciones observando la festividad —nadie le presionó para impedirle que lo hiciera—, y, ante el conocimiento de la ley italiana que tenía, pudo haberse hecho sustituir en la vista para que la defensa de su cliente no sufriera merma[27]. Aunque hubiera existido tal interferencia —concluye el Tribunal—, también se encontraría justificada en la defensa de los derechos de los terceros implicados en el proceso a ser juzgados en un tiempo razonable, y en los de la administración de justicia a la celeridad del pleito, resultando la medida proporcionada a los fines perseguidos y a los medios empleados[28].

A la Sentencia se acompaña el voto particular de los jueces Tulkens, Popovii y Keller discrepante con la mayoría. No es cometido del Tribunal, en su opinión, juzgar si era obligatoria o no la presencia del demandante —si está obligado a ir o no pertenece al derecho de defensa individual—, ni exigir a éste probar que fue presionado para no manifestar sus creencias religiosas asistiendo al pleito. Luego sí existió una interferencia al derecho de libertad religiosa de Sessa, y ésta no se justificó en los límites que establece el párrafo 2.º del art. 9: la medida no resulta proporcionada porque las autoridades públicas italianas no optaron por la acción menos restrictiva de los derechos fundamentales, ni trataron de acomodar los derechos en conflicto. Dado que el demandante alegó su imposibilidad de asistencia cuatro meses antes de la fecha señalada, la administración de justicia tuvo tiempo suficiente para realizar esa acomodación razonable organizando el calendario para asegurar los derechos en conflicto. Por el contrario, no queda demostrado que atender a la petición del demandante hubiera podido producir una disrupción o una traba a la justicia italiana: un cambio de fecha comunicado a todas las partes no parece un gravamen muy severo si consideramos que con ello se asegura el ejercicio del derecho de libertad religiosa. Por lo que, en conclusión, el Tribunal debería haber estimado que se dio una violación del art. 9 del Convenio.

[27] Párrafo 37.º.

[28] Párrafo 38.º.

2.6. Síntesis conclusiva: criterios generales sentados por el Tribunal

De la exposición de los casos que anteceden y su resolución por parte de la Comisión o el propio Tribunal podemos inducir una serie de afirmaciones que, en conjunto, constituyen los criterios de los órganos judiciales del Consejo de Europa en la cuestión objeto de examen. Pasaré a resumirlos de manera numerada; síntesis que tiene como finalidad el fijar lo que podríamos denominar «la doctrina» del Tribunal, cara a una posterior valoración —y crítica— de la misma.

1. Aunque el Convenio no ampara el derecho a obtener un puesto de trabajo público —o privado—, el Tribunal sí se encuentra obligado a controlar si en el momento de acceso, mantenimiento o cesación en él se han vulnerado algunos de los derechos reconocidos.
2. Si el trabajador pretende que el empleador tenga en cuenta sus necesidades religiosas, debe informar a éste de las exigencias que conllevan antes de la firma del contrato.
3. La vinculación a un contrato de trabajo genera una situación, voluntariamente adquirida por el trabajador, que limita el ejercicio de sus derechos fundamentales y, entre ellos, del derecho a la libertad de pensamiento, conciencia y religión, y a la posibilidad de manifestar sus creencias. En principio, su obligación a cumplir el contrato no puede ponerse en tela de juicio invocando hipotéticas necesidades religiosas. Si atendiera a éstas incumpliendo el contrato y, como resultado de ello, fuera sancionado o despedido, estos actos se justifican en tal incumplimiento y no en las creencias religiosas del trabajador.
4. En todo caso, cabe excluir la posibilidad de conflictos entre las obligaciones laborales y religiosas porque estas últimas siempre pueden ser observadas por el trabajador abandonando el puesto de trabajo. Es decir, para el Tribunal la libertad de dejar el trabajo —*opting out*— es la última garantía de la libertad religiosa, la válvula de escape de la que dispone el empleado en caso de conflicto.
5. Es lícito, y ajustado al Convenio, exigir la prueba de la pertenencia a una confesión religiosa y la práctica u observancia de sus preceptos a la persona que pretende beneficiarse de un privilegio o una excepción contemplada en la ley interna a su favor.
6. La coincidencia de los días de descanso y las festividades con las creencias y religiones de la mayoría de la población puede considerarse normal y no discrimina, de por sí, a las minorías.
7. En los casos de empleos o comparecencias públicas, el Tribunal de Justicia de la Unión Europea está dispuesto a admitir que si el candidato o afectado avisa con suficiente tiempo de las dificultades de asistencia por razón de su religión, los poderes públicos deben hacer lo posible para cambiar las fechas que coincidan con los días consagrados según sus creencias y fijar un nuevo

emplazamiento. (En menor medida podría afirmarse que el Tribunal Europeo de Derechos Humanos admite posibles cambios por motivos religiosos comunicados con antelación).

3. *EXCURSUS:* EL TRATAMIENTO DEL DERECHO A CONMEMORAR LAS FESTIVIDADES EN EL TRABAJO EN DERECHO COMPARADO

Como fácilmente entenderá el lector, no intentaremos en este apartado exponer de una manera exhaustiva un análisis del Derecho comparado en la materia. Tarea que excede ampliamente el propósito del trabajo y que, sin duda, distraería la atención del objeto principal: explicar y valorar la jurisprudencia del Tribunal en el tema de la observancia de festividades y días de descanso en el ámbito laboral. Tampoco se quieren ocultar las inexactitudes en las que incurrimos al incluir en el título del epígrafe el término «Derecho comparado»; se es consciente de que los diversos contextos culturales y legales en los que operan los Derechos extranjeros dificultan el estudio de tales, hasta el punto de que la pretendida comparación resulte imposible, o pierda sentido.

Con todo, hemos considerado que presentar, aunque sea en gruesas pinceladas, el tratamiento que se da en otros ordenamientos a los problemas que plantean los conflictos entre la organización del trabajo y las creencias de los trabajadores, constituye un referente de interés a la hora de valorar cómo han resuelto tal cuestión la Comisión y el Tribunal Europeo. Por otro lado, a favor de la validez de la extrapolación de las conclusiones se encuentra la constatable tendencia que existe en materia de derechos humanos a la unificación de los diversos criterios de los Derechos nacionales a los estándares marcados por los organismos internacionales.

Hemos elegido, como ejemplos de tales ordenamientos, los paradigmas de los Derechos norteamericano, canadiense e inglés. Terminaremos el epígrafe realizando una breve referencia, como no podría ser de otra manera, al Derecho español.

3.1. Estados Unidos y Canadá

Nos hallamos ante los dos ordenamientos que históricamente han sido los dos más abiertos a tener en cuenta los derechos de las minorías; no por menos su población procede de la continua inmigración de razas y culturas desde los demás continentes del orbe. Esa característica conformación multicultural de su sociedad, así como la presencia e impulso que tanto en Estados Unidos como en Canadá ha tenido y tiene la doctrina de los derechos del hombre, elemento constituyente del nacimiento y devenir histórico de ambas naciones, explican la sensibilidad y el grado de protección que alcanzan sus ordenamientos en cuanto al derecho a la libertad de pensamiento, conciencia y religión. Sensibilidad que se refleja en los llamados *sabbatarian cases*.

La jurisprudencia de los dos Estados parte de la base de que es el individuo quien determina lo que es esencial en sus creencias, sean estas distintas, o incluso contrarias, a las de las religiones mayoritarias. El derecho a la disidencia religiosa se protege, así como la igualdad entre las religiones y cosmovisiones de raíz no religiosa.

En el ámbito de las festividades, obligar a trabajar a un empleado en los días sagrados en su religión constituye una injerencia en su derecho de libertad religiosa que debe resolverse teniendo en cuenta dos principios: el de la buena fe y el del acomodo razonable de las partes. Lo cual requiere las siguientes conductas[29]: el empleado debe poner en conocimiento, y demostrar, que su religión exige tiempo libre para cumplir con los preceptos religiosos —y no meramente están inspirados en las creencias—; en ese caso, el empleador ha de intentar un acomodo razonable (*reasonable accomodation*) de esas creencias, y el trabajador debe mostrarse flexible en adaptarse a las soluciones ofrecidas —incluso aceptando soportar un cierto coste—. El límite de la obligación de acomodar del empleador es que ésta constituya una carga o gravamen excesivo (*undue hardship*) en cuanto a la realización del trabajo, o la relación con los otros trabajadores; por ejemplo, que interfiera gravemente en las operaciones que se realizan, o que conlleve un coste económico excesivo al empleador[30]. En esos casos, se podrá exigir al trabajador que elija entre continuar en la empresa o abandonarla para ejercer su libertad religiosa.

El *test* que plantean los tribunales a los *sabbatarian cases* en Estados Unidos y Canadá se aplica tanto en los casos que se presentan en las empresas privadas como en las públicas; en estas últimas, también en el acceso a empleos públicos a través de oposiciones y concursos. El punto nuclear en los casos bascula en torno al juicio que se tenga de la conducta seguida por el empleador a fin de realizar una adaptación razonable de las necesidades religiosas puestas de manifiesto por el trabajador. Lo cual cambia radicalmente la perspectiva del asunto, y el sentido de la resolución del mismo, respecto a los supuestos planteados en el Tribunal Europeo. Baste, como botón de muestra, exponer el caso fallado por el Tribunal Supremo canadiense *O'Malley v. Simpson Sears Ltd.*, de 1985[31]. Un trabajador convertido a la confesión de los Adventistas del Séptimo Día solicita ausentarse del trabajo desde la caída del sol del viernes hasta el sábado. El empresario no accede. Ante sus incomparecencias reiteradas durante esas horas es despedido; y, más adelante, es recontratado a tiempo parcial, con un salario menor. Las similitudes con los casos Ahmad y Kottinen fallados por la Comisión son evidentes. Pues bien. El Tribunal Supremo decretó la obligación de la empresa de indemnizarle económicamente por la pérdida de salario:

[29] *Vid.*, VICKERS, Lucy, «Approaching Religious Discrimination at Work: Lessons from Canada», *IJCLIR*, vol. 22, 2 (2004), p. 192.

[30] Aunque la jurisprudencia reciente canadiense ha admitido que el empleador pueda asumir y soportar un cierto coste en aras a de salvaguardar la libertad religiosa de sus empleados. *Ibidem*, pp. 191 ss.

[31] Una exposición del mismo en TAYLOR, Paul M., *Freedom of Religion. UN and European Human Rights Law and Practice*, Cambridge University Press, Cambridge, 2005, p. 281, nota 430.

el empresario no intentó una acomodación razonable de las pretensiones de O´Malley basadas en sus creencias religiosas, ni probó que aquélla fuera imposible por causar un daño excesivo. El despido y, luego, la bajada de sueldo, supuso una discriminación indirecta del trabajador. La argumentación del Supremo canadiense y su fallo es diametralmente opuesta a los criterios que, como hemos visto, utiliza el Tribunal Europeo en la resolución de los *sabbatarian cases.*

Las diferencias de la doctrina sentada por los tribunales en Canadá y la aplicada en Europa —o, incluso, en Estados Unidos— se plantean asimismo en la consideración que se tiene del domingo como día de descanso y de las fiestas tradicionales. En la concepción europea y norteamericana el hecho de que su origen sea cristiano no afecta a la igualdad con las minorías que consagran otras festividades, por cuanto puede decirse que se han secularizado al ser designados, convencionalmente, como días de descanso no laborales. La jurisprudencia canadiense, por el contrario, otorga relevancia al hecho, evidente, de que el calendario se inspira en el pasado cristiano y, por tanto, beneficia a las personas de esa religión y puede indirectamente discriminar a las personas de otras religiones. Este hecho justifica que no puedan ser tratados todos los creyentes por igual; antes bien, los poderes públicos deben reforzar los mecanismos para que las minorías no cristianas puedan observar los descansos y celebrar las festividades religiosas de manera similar a la mayoría cristiana. Es decir, han de aplicar un criterio sustancial de la igualdad a través de acciones positivas a favor de las minorías.

3.2. **Reino Unido**

En línea de principio, la jurisprudencia del Reino Unido establece la primacía de las obligaciones contractuales sobre los posibles deberes de naturaleza religiosa puestos de manifiesto por un trabajador a sus empleadores. De tal manera que las represalias de éstos frente a incumplimientos derivados de la práctica religiosa —disminución del salario, dificultades para la promoción... o incluso el despido—, son consideradas consecuencias lógicas de un mero incumplimiento contractual, abstrayendo la causa que la origina —derive ésta o no de motivos de conciencia—. No se exige al empleador, pues, una acción de acomodar las creencias del trabajador, dentro de las posibilidades de la empresa. Por consiguiente, los razonamientos jurídicos de la jurisprudencia británica se alinean y, a la vez, se ven reforzados con los expresados por la doctrina sentada por la Comisión y el Tribunal Europeo. No olvidemos que importantes casos presentados ante los órganos jurisdiccionales del Consejo de Europa provenían de Inglaterra —por ejemplo, Ahmad o Stedman— y, en ellos, la Comisión rechaza la demanda utilizando argumentos de los tribunales británicos[32].

[32] Lo cual no significa que la postura de los jueces ingleses fuera unánime. En *Ahmad v. Inner London Education Authority* el juez Scarman critica que sus colegas oculten, o no tengan en cuenta, los

Supuestos anteriores y posteriores planteados ante los tribunales confirman la línea señalada.

En *Esson v. United Transport Executive*, de 1975, un conductor del transporte de Londres se niega a trabajar los sábados porque es contrario a sus creencias religiosas como miembro de los adventistas del séptimo día. En su contrato de trabajo no se garantizaba el descanso de los sábados, pero se le permite cambiar los turnos con un compañero. Ante la reiterada ausencia a su puesto laboral ese día de la semana, es despedido. Los tribunales ingleses consideran el despido lícito, porque incumplió su contrato de trabajo al no encontrar reemplazos con sus compañeros, a los que sus ausencias obligaban a trabajar los sábados. En ningún momento se le exige a la empresa llevar a cabo acción alguna de acomodo de las necesidades religiosas del trabajador.

La doctrina sentada en Esson se reafirma, con matices, en un caso fallado treinta años después, *Copsey v. WBB Devon Clays Ltd.*, de 2005[33]. Un trabajador de una cantera que dirige a un equipo de once personas cumple con un horario laboral normal: de lunes a viernes y, ocasionalmente, algún sábado. A partir del año 1999, y por necesidades de producción —que debe ser incrementada dada la demanda—, la empresa organiza turnos de doce horas los siete días de la semana. Copsey rechaza trabajar los domingos porque su religión no se lo permite. La Empresa lo acepta y, con el beneplácito del trabajador, limita sus turnos a seis días, aunque se le rebaja el sueldo. Esta solución no dura en el tiempo. La demanda sigue creciendo y la Empresa vuelve a requerirle que se acoja al horario de los demás trabajadores, aunque se le ofrecen algunas alternativas por las que estaría obligado a ocupar su puesto menos domingos. Copsey sigue negándose a trabajar cualquier domingo. Es despedido. Para los tribunales la extinción unilateral del contrato por parte de la Empresa fue lícita; ésta hizo lo posible por acomodar la postura del trabajador, que se mostró inflexible en una postura que perjudicaba a sus compañeros, obligados a trabajar más domingos. No se plantea, según los jueces británicos, una violación del derecho de libertad religiosa de Copsey, porque, ante el cambio de circunstancias y la novación del contrato, siempre tuvo abierta la posibilidad de dejar el trabajo y buscar otra alternativa compatible con sus creencias.

---

motivos de conciencia del demandante; el fallo tiene el efecto de que los musulmanes que se tomen en serio su religión no podrán firmar contratos a tiempo completo, teniéndose que conformar con estipular a tiempo parcial y cobrar menos sueldo. Lo cual constituye para Scarman una evidente discriminación por razón de la religión de la persona. *Vid.*, al respecto, FLEMING, Hazel, «Working, Praying and Sunday Rest...» cit., p. 321.

[33] *Ibidem*, p. 322. Un comentario extenso de Copsey, *vid.*, GARCÍA OLIVA, Javier, «Comentario a la Sentencia Copsey v. WWB Devon Clays Ltd., de la Corte de Apelación inglesa (objeción de conciencia al trabajo en domingo) [2005] EWCA CIV 932», *Revista General de Derecho Canónico y Derecho Eclesiástico del Estado (iustel.com)*, 10 (2006).

El cierto cambio que se constata en Copsey respecto a Esson, el exigir una conducta activa al empresario de acomodar las necesidades nacidas de auténticas prescripciones religiosas que vinculan la conciencia del empleado, se constata con mayor claridad cuando los tribunales británicos tienen en cuenta, aplicando la Ley de 1976 sobre relaciones racionales, el componente étnico de la persona. Esta norma declara ilegal cualquier discriminación, directa o indirecta, por el color, la raza, nacionalidad o etnia de la persona. Así pues, se protegen aquellas creencias religiosas que se sustentan en un claro factor étnico o racial. En el caso de las creencias en el ámbito laboral, se protegen las manifestaciones por la procedencia nacional o racial; si se trata de musulmanes, se justifica la discriminación en el origen paquistaní o bengalí de la persona, y no porque sea de naturaleza religiosa. Esta consideración explica el sentido del fallo en el caso *Walker v. Hussain*, de 1996[34]. En una Empresa donde la mitad de los trabajadores son de procedencia paquistaní e india, la Dirección comunicó a los empleados que se suspendían las vacaciones de verano por coincidir éstas con el período de mayores ventas. Ello suponía que los musulmanes no pueden asistir al festival de *Eid* el 11 de junio, y piden a la Empresa un día libre. En anteriores años se les había concedido, pero en ese año la Empresa rechaza tal posibilidad. Los musulmanes, entre ellos Walker, no van a trabajar el 11 de junio y reciben, por ello, una amonestación de despido. Planteada la demanda, los tribunales británicos aceptan que se ha producido una discriminación indirecta conforme a la Ley de relaciones raciales: la medida del Empresario perjudicó a los trabajadores indo-paquistaníes y no estaba justificada en el negocio, por cuanto en otros años se les concedió el día libre sin quebranto de la actividad empresarial.

Una puerta hacia el reconocimiento de las discriminaciones indirectas por razón de religión, y no meramente porque el individuo pertenezca a colectivos étnicos especialmente protegidos —judíos, *sikhs*, indo-paquistaníes...—[35], se abre tras la trasposición en el ordenamiento inglés de la Directiva de la Unión Europea sobre la igualdad en el empleo y la ocupación, recibida a través de la Ley de igualdad en el empleo, que entró en vigor el 2 de octubre de 2000, y la Ley de igualdad del año 2006[36]. Las leyes de igualdad en el empleo y su repercusión en la jurisprudencia del Tribunal Europeo serán analizadas en un posterior epígrafe, incluido en el capítulo dedicado a los posibles elementos normativos capaces de corregir la restrictiva doctrina de Estrasburgo en materia de reconocimiento del derecho a la observancia de las festividades religiosas en las relaciones laborales.

[34] *Vid.*, FLEMING, Hazel, «Working, Praying and Sunday Rest...» cit., p. 320.

[35] Como se ha apuntado, en el caso Walker si los musulmanes fueran europeos blancos, o pertenecieran a diferentes etnias no protegidas por la Ley de 1976, probablemente los tribunales no hubieran apreciado la discriminación indirecta. Cfr., *ibidem*.

[36] Así se apunta en VICKERS, Lucy, «Approaching Religious Discrimination at Work...» cit., pp. 185 ss.

3.3. **España**

En los límites de espacio que nos hemos propuesto, y centrándonos en la jurisprudencia de los tribunales, la decisión que marca el criterio jurídico en los casos de conflictos entre las creencias religiosas y sus prácticas, y las obligaciones laborales, en torno a las festividades y días de descanso, es la Sentencia del Tribunal Constitucional 19/1985, de 13 de febrero. Resolución que no sólo condiciona los fallos en otras instancias judiciales, sino que también ha influido en la legislación en la materia[37].

Una trabajadora en una industria solicita a la Empresa que se le cambie el turno de trabajo por motivos religiosos: su conversión a la Iglesia Adventista del Séptimo Día le prohíbe trabajar los viernes después de la caída de sol. Además de estar dispuesta a cualquier cambio con sus compañeros siempre que no incluya trabajar los viernes por la tarde, acepta que se le permita ausentarse rebajándole el sueldo proporcionalmente a las horas de descanso. La Empresa le niega el permiso sin mayores explicaciones. Tras ausentarse del trabajo varios viernes, se despide a la trabajadora. La Magistratura de Trabajo confirma, en sucesivas instancias, la procedencia del despido por incumplir reiteradamente las obligaciones laborales asumidas en el contrato de trabajo.

El recurso de amparo se plantea por violación del derecho a la libertad religiosa —al despedir a la demandante por practicar sus creencias religiosas— y discriminación —se le obliga a descansar el domingo y no el día prescrito por sus creencias religiosas—.

La Sentencia pone el acento, siguiendo muy de cerca los argumentos empleados por la Comisión y el Tribunal Europeo que tuvimos ocasión de exponer líneas atrás, en las obligaciones de carácter contractual contraídas voluntariamente, que no pueden variarse aunque sea por motivo del lícito ejercicio de los derechos fundamentales. Estos no pueden ser invocados «... por una de las partes contratantes para imponer a la otra las modificaciones de la relación contractual que considere oportunas»[38]. Lo que se pretende, en definitiva, es forzar a un cambio del contrato a la otra parte derivado de la modificación de las creencias religiosas, y que de ello no se derive el despido. Lo cual es contrario al principio de seguridad jurídica consagrado en la Constitución. Además, la Empresa no ha seguido una actuación coercitiva para impedirle cumplir con sus obligaciones religiosas; simplemente le ha exigido trabajar

[37] La redacción de los respectivos arts. 12 de los Acuerdos de 1992 con evangélicos, judíos y musulmanes —dedicado a la observancia del descanso semanal y las festividades religiosas de las confesiones y comunidades integradas en las Federaciones— se modificó, a instancias del Dictamen sobre los Acuerdos evangélico y judío del Consejo de Estado, de fecha 31 de enero de 1991, para adecuarlo a los fundamentos de Derecho de la Sentencia del Tribunal Constitucional 19/1985.

[38] Fundamento jurídico 1.º.

los viernes conforme a las cláusulas libremente suscritas por la empleada. Luego no existe violación de su derecho a la libertad religiosa.

En cuanto al efecto discriminatorio que tiene la imposición del domingo como día de descanso, el Constitucional recuerda que la elección de ese día, aun teniendo un origen cristiano, es hoy una institución secular y laboral, que coincide con los usos y costumbres tradicionales[39]. Las partes pueden modificar el día de descanso, pero sólo de común acuerdo: en el supuesto planteado, es la demandante la que, en la opinión del Tribunal, pretende imponer unilateralmente la determinación de tal día.

En ningún momento se plantea nuestro Constitucional si la Empresa hizo algún intento de acomodar las creencias de la trabajadora, o si el rechazo de las propuestas de ésta se hizo por motivos de producción, de reparto equitativo de la carga laboral, o sin razón alguna.

Algo más en cuenta se tiene el derecho del empleado a practicar su religión en la Sentencia del Tribunal Supremo de 20 de abril de 1988 que, si bien cita y se inspira en la decisión del Constitucional, la *specie facti* lleva al Supremo a decretar la improcedencia del despido. A un trabajador adventista del séptimo día la Empresa le autoriza a descansar los sábados en vez de los domingos. A los tres meses la Dirección cambia de criterio y, unilateralmente, ordena al empleado que se incorpore al trabajo ese día. El trabajador se ausenta varios sábados. La Empresa le sanciona y, al final, le despide. El Supremo entiende que la autorización del cambio de día de descanso dada por la Empresa supuso una novación del primitivo contrato de trabajo por acuerdo de las partes. La posterior supresión, que ha de calificarse de acto unilateral del empresario, unido a las motivaciones religiosas del trabajador, atenúan las faltas en las que incurrió al no presentarse los sábados. Lo cual hace improcedente, por excesivo, el despido.

Una Sentencia reciente del alto Tribunal, de fecha 6 de julio de 2015, a mi entender, supone un giro de ciento ochenta grados en la doctrina del Constitucional. Si bien se plantea en otro ámbito, la celebración de oposiciones para en ingreso en las Administraciones públicas, sus argumentos podrían influir también en la esfera de las relaciones laborales privadas.

En ella se resuelve la pretensión de una opositora al cuerpo de maestros de enseñanza infantil excluida del proceso selectivo al no concurrir a una prueba fijada en un día prescrito por su religión para el descanso y la oración. Fijémonos con más detenimiento en el supuesto de hecho, relevante en el sentido en el que se pronuncia el órgano jurisdiccional.

Ya en la presentación de la solicitud de admisión a la oposición la candidata advirtió que, por ser miembro de la Iglesia Adventista del Séptimo Día, no podría

[39] Fundamento jurídico 4.º.

realizar ejercicios en los días de descanso semanal sabático por motivos religiosos. La Junta de Galicia, no obstante, convocó el examen de gallego el sábado a las 11 de la mañana. La opositora recurrió la fijación de la fecha alegando el precepto religioso y pidiendo que se le fijara otro día para realizarla. La Junta, por Resolución de 15 de junio de 2011, denegó la solicitud argumentando que la igualdad entre los opositores requiere una prueba de único llamamiento en unidad de acto. Al no comparecer a la prueba, fue declarada excluida del procedimiento. Interpuesto recurso contencioso-administrativo, el Tribunal Superior de Galicia, en Sentencia de fecha de 19 de marzo de 2014, confirmó la validez de la Resolución de la Junta.

El recurso de amparo se funda en la violación del derecho de libertad religiosa de la candidata a la plaza de maestro, invocando los arts. 16.1 de la Constitución española, 2 de la Ley Orgánica de libertad religiosa y 12 del Acuerdo con la Federación Evangélica. A mayor abundamiento, se trae a colación la Sentencia del Tribunal de Justicia de las Comunidades Europeas *Prais v. Gran Bretaña* en un supuesto similar, así como la práctica seguida por otras instituciones públicas como el Ministerio de Sanidad o la Universidad Nacional de Educación a Distancia cuando se pone en conocimiento la imposibilidad de asistencia por motivos religiosos.

El Tribunal Supremo, en los fundamentos de Derecho de la Sentencia, parte de la indudable relación que existe entre la incomparecencia y las creencias religiosas de la opositora; luego la decisión de la Junta afectó a su derecho fundamental de libertad religiosa. Sentado esto, el Supremo se pregunta si este derecho debe ceder frente al motivo esgrimido para rechazar el cambio de fecha: el llamamiento único y la unidad de acto, exigidos por la igualdad debida a todos los opositores que concursaban. Es directamente aplicable a este supuesto lo regulado en el art. 12 del Acuerdo con la Federación Evangélica: en su número 1 se recuerda el descanso sabático de los Adventistas, estableciendo el número 3 del precepto que en el caso de exámenes o pruebas selectivas para el ingreso en las Administraciones públicas a celebrarse en días o fechas de descanso religioso, «serán señalados en una fecha alternativa para los fieles de las Iglesias… cuando no haya causa motivada que lo impida». A juicio del Supremo, el precepto afirma claramente que la regla será el señalamiento del día alternativo, y la excepción, que ha de interpretarse restrictivamente, el motivo para no hacerlo (lo cual coincide con el principio de la interpretación más favorable de los derechos fundamentales en nuestro ordenamiento). En opinión del Supremo, «la Junta de Galicia no ha identificado una causa que posea la entidad necesaria para imponer la solución que el legislador ha considerado como excepción. No lo ha hecho porque, tal como resulta de los elementos presentes en el proceso, es evidente que existen soluciones alternativas que permiten conciliar los derechos en conflicto: la práctica seguida por la UNED de ofrecer la posibilidad de examinarse en fechas distintas y con exámenes diferentes, muestra que pueden evaluarse los conocimientos aun con pruebas distintas del mismo nivel de exigencia, práctica que es técnicamente viable y una realidad admitida legalmente y utilizada en todos aquellos procesos selectivos en los que, por ejemplo, se prevén pruebas orales consistentes en la respuesta a temas elegidos. O la observada por el Ministerio de Sanidad [convocar a los opositores a la misma hora, encerrarlos y realizar la prueba al finalizar el *sabath*]»[40]. El llamamiento único no posee en sí ni la entidad ni la fuerza suficiente para hacerlo prevalecer sobre un derecho fundamental. Luego, concluye el Tribunal, procede reconocer el motivo del recurso, anular las resoluciones y sentencias contrarias y declarar el derecho de la actora a seguir en el proceso selectivo y, de superarlo, a que se proceda a su nombramiento como maestra de educación infantil.

4. ANÁLISIS CONCEPTUAL DE LAS RESOLUCIONES DEL TRIBUNAL EUROPEO

4.1. El ámbito de las creencias protegidas; la conmemoración de las festividades como forma de manifestación de las creencias

El art. 9 del Convenio protege tanto la intangibilidad de las convicciones frente a presiones o coacciones externas, como la manifestación de las creencias. En la primera faceta, en el fuero interno, la doctrina del Tribunal Europeo suele inclinarse por exigir a los Estados una garantía absoluta: en caso de, por ejemplo, intentos de adoctrinamiento en la escuela a través de la obligatoriedad de los contenidos de asignaturas con una carga ideológica o religiosa, el Tribunal ha declarado que ello constituye una violación del derecho consagrado en el art. 9[41]. Las creencias de los individuos, en cuanto determinación interna adoptada por su voluntad, no deben ser limitadas.

El problema, que singularmente afecta al tema escogido, se plantea en torno al fuero externo, esto es, respecto al concepto que se dé a la expresión «manifestar su religión o sus convicciones». ¿Protege ésta la conmemoración y la observancia de las festividades?

Como vimos líneas atrás, los convenios, declaraciones y resoluciones de los organismos internacionales, ya de ámbito universal o regional-europeo, reconocen el derecho a las festividades —en su doble faceta de descanso y de conmemoración a través de ceremonias y actos de culto— como parte esencial de las manifestaciones de la religiosidad y, por tanto, protegido dentro del ámbito del derecho a la libertad de pensamiento, conciencia y religión ¿Siguen este planteamiento los órganos jurisdiccionales del Consejo de Europa?

El problema gira en torno a la hermenéutica de los conceptos indeterminados de «manifestación» y de «práctica» de la religión del art. 9. Una interpretación amplia protegería todo acto dictado por la religión o las creencias que el individuo perciba

[40] Fundamento jurídico 6.º.

[41] Así, *vid.*, las Sentencia *Folguero v. Noruega*, de 29 de junio de 2007 y *Zenguin v. Turquía*, de 9 de octubre de 2007.

—subjetivamente— como necesario para ser fiel a sus convicciones particulares. Por el contrario, cabe reducirlo a aquellos directamente relacionados con el culto o los actos ordenados de manera imperativa por las confesiones. Esta perspectiva dejaría fuera de la tutela del derecho a la libertad de pensamiento, conciencia y religión actos permitidos pero no obligados por las confesiones, poniendo el acento en la doctrina de éstas más que en los dictámenes íntimos de la conciencia de la persona.

Los criterios de la Comisión Europea, asumidos por el Tribunal, se acercan a la segunda línea expuesta; esto es, a una interpretación restrictiva del término «práctica». La resolución que marcó doctrina fue la Decisión 7050/75, de 12 de octubre de 1985, *Arrowsmith v. Gran Bretaña*. Una ciudadana británica que milita en movimientos pro derechos civiles, de convicción pacifista, repartió folletos delante de un cuartel de las Fuerzas Armadas británicas en Irlanda del Norte en los que se animaba a los soldados a abandonar el ejército a fin de evitar más matanzas, y se les aconseja cómo realizar la deserción. Es acusada y condenada por un delito de incitación a la desafección a dieciocho meses de prisión. La Comisión considera que las convicciones pacifistas de la demandante constituyen una filosofía de vida arraigada en sus actos y en sus conductas, que está protegida como creencia en el ámbito del art. 9 del Convenio. Ahora bien. La práctica de tales creencias no cubre todos los actos «meramente motivados o influenciados por las creencias y las religiones»[42], sino tan solo aquellas manifestaciones necesarias, que resultan obligadas por esas convicciones. En el caso planteado, concluye la Comisión, los panfletos repartidos por Arrowsmith incitaban a la deserción y no rechazaban totalmente la violencia: no tienen una inspiración pacifista, por lo que no representa la acción de la demandante una manifestación de pacifismo amparada en el art. 9.

La distinción de Arrowsmith, que supone la clave de bóveda en la jurisprudencia del Tribunal[43], entre «actos meramente inspirados o motivados en las creencias» y «actos necesarios y obligados por las religiones o las convicciones», permitirá a Estrasburgo controlar —y rechazar— gran número de las variadas y plurales reclamaciones presentadas ante él bajo la pretensión de ser manifestaciones de la religión. Así, caen fuera de la protección del art. 9 actos sólo permitidos pero no obligados por las respectivas religiones, como el matrimonio islámico con una menor de edad[44], la creación de una asociación legal[45], el que un budista encarcelado envíe artículos a una revista de su religión[46], que un judío se niegue a entregar la carta de

[42] Párrafo 71.º.

[43] Así, TAYLOR, Paul M., *Freedom of Religion*... cit., p. 211.

[44] Decisión de la Comisión 11579/85, *Khan v. Gran Bretaña.*

[45] Decisión de la Comisión 8652/79, *X v. Austria*, ante la denegación de ese país de reconocer como asociación legal a la Iglesia de la Unificación.

[46] Decisión de la Comisión 5442/72, *X v. Gran Bretaña.*

repudio o *guett* a su mujer para permitirle contraer nuevo matrimonio tras el divorcio[47], o el esparcir las cenizas de un difunto sobre la tierra[48]. Incluso ha afectado a la consideración de la Comisión del controvertido tema del pañuelo islámico: en la Decisión 16278/90, de 1993, *Karaduman v. Turquía* se considera que la negativa de una Universidad a otorgar el título de graduada a una estudiante que desea llevar el pañuelo en la fotografía que la identifica no supone una restricción de su derecho a manifestar su religión.

No cabe duda que la línea seguida tanto por la Comisión como por el Tribunal, que se separa del más amplio reconocimiento de las manifestaciones religiosas que impera entre los órganos e instituciones de Naciones Unidas[49], tiene algunos efectos negativos en cuanto al grado de protección del derecho de libertad de pensamiento, conciencia y religión.

En primer lugar, y como señalara el juez Opsahl en el voto particular que realizara en la Decisión Arrowsmith, la distinción entre actos «motivados» o «necesarios», cara a que constituyan manifestaciones protegidas, no es clara. Deja un amplio halo de incertidumbre que abre la discrecionalidad al sentido de las resoluciones de la Comisión —y, con ello, aumenta el margen de libre apreciación de los Estados— en detrimento de la seguridad jurídica y las expectativas de tutela de los individuos. Para Opsahl debería bastar que los actos, motivados u obligados, sean realizados conforme a convicciones arraigadas y genuinas de las personas.

Por otro lado, proteger sólo los actos obligados favorece a las confesiones, y a la ortodoxia dentro de ellas, frente a las personas, especialmente aquellas disidentes o con ideas propias. Esto es, a las mayorías, o a las posturas mayoritarias, frente a las minorías heterodoxas. Además, ¿qué solución se ha de adoptar en los casos de religiones sin jerarquías, o confesiones que priman la conciencia individual?[50]

Lo cual nos introduce en un tercer factor derivado de Arrowsmith que juzgamos pernicioso en la tutela de los derechos humanos individuales. De alguna manera la doctrina del Tribunal, al poner el acento en el aspecto objetivo de la religión —son las autoridades o los líderes quienes determinan lo necesario u obligado de los mandatos sobrenaturales— y no subjetivo o de la conciencia del individuo, acaba suplantando o soslayando las creencias de los demandantes que creen que se les ha conculcado su derecho a la libertad religión.

En materia de celebración de festividades religiosas u observancia del descanso el Tribunal sigue expresamente citando y asumiendo la distinción marcada en

[47] Decisión de la Comisión 10180/82, *D v. Francia.*

[48] Decisión de la Comisión 8741/79, *X v. República Federal de Alemania.*

[49] Así se pone de relieve en, entre otros, EVANS, Carolyn, *Freedom of Religion*... cit., pp. 125 ss; TAYLOR, Paul M., *Freedom of Religion*... cit., pp. 220 ss.

[50] Estas preguntas se plantean en EVANS, Carolyn, *Freedom of Religion*... cit., pp. 121-122.

Arrowsmith[51], aunque la principal consecuencia de su aplicación es cómo determina Estrasburgo la obligatoriedad, o mera influencia o motivación, del acto: ¿admite las motivaciones subjetivas de los demandantes, o tan sólo cuando éstas se corresponden con la doctrina oficial de la comunidad religiosa a la cual pertenece? De la lectura de las resoluciones de los órganos jurisdiccionales del Consejo de Europa no podemos extraer una respuesta clara.

El Tribunal suele admitir, y tener en cuenta, la opinión de los dirigentes religiosos recabada por los jueces nacionales a la hora de decidir una cuestión relacionada con las creencias y manifestaciones de religiones consolidadas; así, es frecuente encontrar, entre la descripción de los supuestos de hecho, las declaraciones de líderes de comunidades islámicas, rabinos judíos, o personas que ocupan cargos destacados en las iglesias protestantes o en la católica. Sus dictámenes suelen tener relevancia en el análisis de un primer ámbito que debe contrastarse a fin de que la conducta seguida por el demandante quede amparada en el art. 9: que las creencias tengan un mínimo nivel, requerido por Estrasburgo, de coherencia, seriedad y sinceridad. La carga de la prueba recae sobre el demandante y el hecho de que se exija no vulnera, de por sí, el derecho de libertad religiosa de éste.

Tal es la cuestión central en el caso *Kosteski v. República Yugoeslava de Macedonia*. El Tribunal considera legítimo que las autoridades públicas de Macedonia exijan una prueba de pertenencia religiosa al demandante para poder disfrutar de un privilegio —ausentarse del trabajo durante la conmemoración de una fiesta islámica—; y que indicios en sentido contrario —algunos recabados entre la comunidad islámica, como la inasistencia de Kosteski al rezo del viernes, el modo de vida que lleva o el conocimiento de la fe musulmana— lleven a considerar lícita la sanción impuesta por la empresa por no acudir a trabajar[52].

Una vez confirmada la sinceridad y coherencia de las creencias, problema distinto es dilucidar si éstas prevalecen, o no, sobre la postura «oficial» de las autoridades religiosas; es decir, si se ha de atender, cara a la protección del derecho que brinda el art. 9, la perspectiva subjetiva de la conciencia individual que empuja a la persona a obrar en un sentido, o la objetiva determinada por la doctrina ortodoxa de la confesión enunciada por sus dirigentes.

[51] Así en las Sentencias *Kosteski v. República Yugoeslava de Macedonia*, de 13 de abril de 2006 (párrafo 37.º) y *Sessa v. Italia*, de 3 de abril de 2012 (párrafo 34.º).

[52] También relacionada con la sinceridad de las creencias, y la importancia de la opinión de los líderes religiosos al respecto, está la Decisión de la Comisión 5112/71 (no publicada oficialmente; se cita en MARTÍNEZ TORRÓN, Javier, «El derecho de libertad religiosa en la jurisprudencia en torno al Convenio Europeo de Derechos Humanos», *Anuario de Derecho Eclesiástico del Estado*, vol. II (1986), p. 425, nota 71). La Comisión rechaza la demanda de un recluso musulmán que afirma que en la cárcel no se le deja practicar la religión basándose en las declaraciones, en sentido contrario, del imán de la prisión.

En línea de principio, la dimensión individual del derecho consagrada en los textos internacionales llevaría a otorgar primacía a las convicciones personales sobre las comunitarias. En materia de conmemoración de festividades esa parece ser la opción que adopta la Declaración, de 25 de noviembre de 1981, sobre la eliminación de todas las formas de intolerancia cuando prescribe que el derecho a observar días de descanso o consagrar días festivos se realiza «de conformidad con los preceptos de una religión o *convicción*» (art. 6. h.)[53].

Las resoluciones del Tribunal Europeo se muestran, no obstante, contradictorias y poco claras en esta cuestión.

En el caso Ahmad (Decisión 8160/78, de 12 de marzo de 1981, *X v. Gran Bretaña*) la Dirección del colegio público estimó que satisfacía las necesidades religiosas del maestro, que solicitaba tiempo libre para acudir a los rezos del viernes en la mezquita más próxima, dejándole una sala donde podría realizar el culto individualmente. La Comisión es concluyente en un aspecto: el derecho invocado se incluye en el «derecho a manifestar la religión a través del culto comunitario»; es parte esencial del ejercicio del derecho de libertad religiosa individual o colectivamente, «que no han de ser excluyentes o dejar la decisión a las autoridades»[54]. Ahora bien. Ante la cuestión controvertida de si ir a la oración el viernes es, como defiende Ahmad, necesaria para todo musulmán observante, o, según la argumentación esgrimida por el Gobierno inglés, el Islam permite la ausencia motivada en el cumplimiento de obligaciones laborales, la Comisión guarda silencio[55].

En *Valsamis v. Grecia* el fiel de la balanza parece inclinarse hacia la preponderancia de la concepción impuesta por las autoridades públicas, que hace suya el órgano del Consejo de Europa, frente a las motivaciones de conciencia de los demandantes. Recordemos sucintamente el caso en lo que se refiere a la cuestión tratada. El Tribunal considera que no viola el art. 2 del Protocolo adicional 1.º del Convenio —derecho de los padres a la educación religiosa y moral de acuerdo con sus convicciones— el imponer a una niña la asistencia a un desfile que se realiza en la fiesta nacional, lo cual los progenitores, testigos de Jehová, juzgan contrario a sus arraigadas creencias pacifistas. Niega, en el mismo sentido que lo hiciera el Gobierno griego, que la conmemoración tenga la finalidad de ensalzar o glorificar la guerra; al contrario, posee un fin pacifista y de interés público, que legitima a las autoridades a obligar a los escolares la asistencia a tales actos. Con ello, como pone de relieve el voto par-

[53] Cursiva propia. Taylor enfatiza, basándose en este artículo, la importancia de la libertad personal en materia de celebraciones ceremoniales, que no puede ser sustituida por autoridad alguna. Cfr., TAYLOR, Paul M., *Freedom of Religion*... cit., p. 286.

[54] Párrafo 5.º.

[55] En realidad resuelve la demanda acudiendo al argumento de la limitación voluntaria asumida por Ahmad al firmar el contrato laboral.

ticular que se adjunta a la Sentencia[56], el Tribunal, a pesar de reconocer la seriedad y la firmeza de las convicciones pacifistas de los demandantes, sustituye la visión de éstos otorgándole un sentido distinto, e impone la versión «oficial» por encima de la percibida por las creencias individuales.

Cabe concluir, pues, la inexistencia de criterios objetivos en cuanto a la aproximación y resolución de esta cuestión en la jurisprudencia del Tribunal.

4.2. **Los límites al derecho a conmemorar las festividades: las obligaciones laborales o profesionales**

La doctrina del Tribunal mantiene, como tuvimos ocasión de comprobar, que, además de los límites genéricos al derecho a la libertad de pensamiento, conciencia y religión del párrafo 2.º del art. 9 del Convenio, la situación especial en que se encuentra la persona también puede constituir una limitación *ad casum* o relativa a su derecho a la libertad religiosa; sea aquella forzosa —por ejemplo, la reclusión en una cárcel— o voluntariamente asumida por el individuo. En estos últimos casos, la disciplina inherente a ciertas profesiones —ser miembro de las Fuerzas Armadas—, o trabajos sujetos a las normas particulares de una organización de tendencia, o aquellos de naturaleza religiosa, modalizan, para el Tribunal, el ejercicio de los derechos consagrados en el Convenio.

En el supuesto de las relaciones laborales, la doctrina de la Comisión fue perfilada en un primer momento al resolver casos de ministros de culto de confesiones que, por el estatus privilegiado que ocupa la Iglesia en su país, ostentaban la condición de funcionarios públicos[57]. Tras afirmar que el Convenio no protege el derecho a obtener o mantener un puesto de funcionario público, la Comisión dictamina que, en los casos de discrepancias entre el ministro de culto y la Iglesia, el derecho a la libertad religiosa del primero se ejerce dejando el puesto de trabajo o, incluso, abandonando la Iglesia (*opting out*).

Esa misma solución se traslada, como vimos líneas atrás, a los conflictos que puedan surgir entre el cumplimiento de obligaciones religiosas —como conmemoración de festividades religiosas o descanso sabático— y las de naturaleza laboral. Las Decisiones Ahmad, Kottinen o Stedman, entre otras, constituyen buenos ejemplos. La observancia del contrato suscrito y la buena fe obligan al trabajador, además de a informar al empleador de sus necesidades religiosas antes de la firma del contrato, a cumplir con sus deberes laborales aun por encima de las exigencias que deriven de sus creencias. Si no lo hiciera y, por tanto, se ausentara sin permiso, la sanción o el

[56] De los jueces Vilhjalmsson y Jambreck.

[57] Así, *vid.*, Decisión 7374/76, de 8 de marzo de 1976, *X v. Dinamarca*; 11045/85, de 8 de marzo de 1985, *Knudsen v. Noruega;* y 12356/86, de 8 de septiembre de 1988, *Karlsson v. Suecia*.

despido de la empresa se justifican por el incumplimiento, y no suponen una violación de su libertad religiosa. En todo caso, este derecho del trabajador, limitado por las cláusulas contractuales, siempre puede ser ejercido a través de la posibilidad de dejar el puesto de trabajo.

La visión, que podría ser calificada de estrecha, de los órganos jurisdiccionales del Consejo de Europa y que, en definitiva, hace prevalecer el contrato, público o privado, sobre los derechos fundamentales de la persona, merece ser analizada con algún detenimiento. Al fin y al cabo en su argumentación descansa el principal motivo del Tribunal para rechazar las demandas que invocan el derecho a conmemorar las festividades en el ámbito laboral.

Uno de los fundamentos en los que se basa el Tribunal para considerar como manifiestamente mal planteadas las pretensiones de los trabajadores y, consecuentemente, negar la violación de su derecho de libertad religiosa es la igualdad de las partes en la relación laboral y la supuesta voluntariedad del empleado al vincularse a todas y cada una de las cláusulas del contrato de trabajo. Afirmación que, en nuestra experiencia, y en la de las legislaciones nacionales es, hasta cierto punto, falaz. La superioridad del empleador es un hecho constatable que motiva que históricamente se hayan desarrollado instituciones de tanta importancia como los sindicatos, o una extensa normativa en el Estado social a fin de, precisamente, proteger los derechos de los trabajadores por cuenta ajena. Aun así, los contratos laborales son algo parecidos a contratos de adhesión para el trabajador: las necesidades laborales y los altos índices de paro convierten su estipulación para el aspirante al puesto en algo parecido a «lo tomas o lo dejas».

Desde esta perspectiva, la afirmación de Estrasburgo de que el empleado siempre puede cumplir con sus obligaciones religiosas abandonando el puesto de trabajo, o aceptando una rebaja del sueldo y peores condiciones de promoción, resulta, considerando la crisis económica y la pobreza a la que arrastran unos altos índices de paro como los de nuestro país, cruel. El trabajo hoy más que nunca es un bien preciado; y el paro y la búsqueda de empleo una maldición que puede sumir, al parado y a su familia, en la desesperación y la impotencia. En el supuesto concreto que se estudia, la doctrina sentada por la Comisión, elevando el contrato y su cumplimiento a dogma incontrovertido, pone al trabajador ante un dilema: o aceptar los términos de aquél y limitar sus derechos fundamentales; o no aceptarlos y acabar en el desempleo durante un tiempo más o menos largo[58].

En resumidas cuentas, los criterios de Estrasburgo no se compadecen con la finalidad del Convenio ni del propio Consejo de Europa: «la protección y el desarrollo de

[58] Cfr., QUINN, Gerard, «Conscientious objection in labour relations (civil service and liberal professions)», *Freedom of Conscience. Council of Europe*, 107 (1993), p. 117.

los derechos humanos y de las libertades fundamentales»[59]. El derecho al descanso sabático y a conmemorar las festividades acaba siendo sacrificado ante la postura del Tribunal de que el trabajador, incluso cuando la empresa modifica unilateralmente las condiciones —como, por ejemplo, en el caso Stedman—, ha de cumplir las condiciones del contrato. La argumentación de que la sanción o el despido no afecta a su derecho de libertad religiosa sino que es consecuencia derivada del incumplimiento de una obligación contraída, es un verdadero sofisma que desconoce —o ignora— la motivación de naturaleza religiosa que subyace en la acción del demandante. Y, dada la natural y, hasta cierto punto, lógica coincidencia entre los días de descanso y de fiesta con aquellos de la religión mayoritaria, la consecuencia directa de las directrices sentadas por los órganos jurisdiccionales de Estrasburgo es que las minorías religiosas quedan en peor situación[60]. El ejemplo del caso Ahmad es claro. El hecho de que, al no otorgársele permiso para ausentarse 45 minutos los viernes y asistir a la mezquita, fuera despedido y, luego, readmitido con menor sueldo y oportunidades de promoción, lleva a la conclusión de que todos los musulmanes observantes, o no pueden acceder al puesto por impedirlo el cumplimiento de sus obligaciones de conciencia, o deban hacerlo en peores condiciones sociales que los cristianos[61].

No se trata de no tener en cuenta o de relegar factores que, ciertamente, han de ser protegidos: los legítimos intereses del empresario en la organización y dirección del negocio, los de los otros trabajadores, la importancia del contrato y la asunción del principio *pacta sunt servanda*, la buena fe y la lealtad en las relaciones laborales... Pero no hasta el punto de desconocer lo que hoy constituye un principio ético y normativo de la máxima importancia, que justifica la existencia del Tribunal: la protección de los derechos y libertades individuales también en la esfera de las relaciones de trabajo. Se pretende, en definitiva, encontrar los modos y mecanismos para *equilibrar* los derechos en conflicto: las necesidades religiosas del trabajador y los intereses de la empresa; equilibrio que, a mi modo de ver y según hemos razonado, no consigue el Tribunal Europeo. En el epígrafe siguiente intentaremos apuntar algunas líneas que pueden ayudar al deseado equilibrio y, por ende, a una más amplia protección de los derechos fundamentales del trabajador.

[59] Párrafo 3.º del preámbulo de la Convención Europea.

[60] Hecho señalado en EVANS, Carolyn, *Freedom of Religion*... cit., pp. 131-132.

[61] El que Estrasburgo no corrija estas diferencias puede llevar a pensar que la jurisprudencia del Tribunal Europeo es más protectora de las prácticas de las confesiones de tradición cristiana que de otras minorías y, en especial, del Islam —las diferencias entre los criterios de decisión del caso *Lautsi v. Italia*, fallado por Sentencia de la Gran Cámara de 18 de marzo de 2011, y la postura en los múltiples supuestos del pañuelo islámico o, más recientemente, del *burqa* (Sentencia *S. A. S. V. Francia*, de 1 de julio de 2014), parecen confirmar esta idea—.

5. CONSIDERACIONES FINALES; PROPUESTAS DE CORRECCIÓN DE LA JURISPRUDENCIA DEL TRIBUNAL

La finalidad del presente epígrafe es la de indicar algunas directrices a través de las cuales pudieran corregirse las líneas restrictivas marcadas por la jurisprudencia del Tribunal Europeo en materia de conmemoración y observancia de festividades. Esto es, potenciar la salvaguarda del derecho a la libertad de pensamiento, conciencia y religión, en su naturaleza de libertad de primer orden; en la convicción de que, desde el punto de vista de los ordenamientos de los Estados democrático-pluralistas, las resoluciones de Estrasburgo difícilmente encajan en un sistema constitucional donde la libertad contractual debe someterse a los intereses superiores de los derechos fundamentales[62]. Dicha perspectiva arroja una nueva luz —y unos nuevos criterios de resolución— de los conflictos que puedan surgir entre las creencias de los trabajadores y las obligaciones laborales en la celebración de festividades o en los *sabbatarian cases*.

1. Los órganos jurisdiccionales de Estrasburgo, así como los tribunales de los Estados-parte, han de reconocer que la libertad religiosa del trabajador puede verse afectada por los contratos de trabajo —especialmente en casos de novación de estos que se refieran a los días de descanso—; es, de ahí, incorrecto excluir *a priori* el análisis de la interferencia que podría darse en el derecho reconocido en el art. 9 del Convenio Europeo.
2. Determinada la interferencia en un derecho fundamental, el Tribunal debe establecer cómo se equilibran los intereses en conflicto con base a los siguientes criterios: la intensidad de la limitación a la libertad del Convenio, el rango jerárquico y la importancia del fin perseguido para justificar tal limitación, y el significado específico del contenido del derecho para las partes, en relación al conflicto de intereses[63].

No cabe duda que, especialmente en el Derecho continental, la *legislación del Estado* en apoyo del reconocimiento del derecho de libertad de conciencia en los lugares de trabajo constituye un importante factor en la garantía del derecho, y en su efectivo ejercicio —ante unos empleados vulnerables e, incluso, reluctantes a ejercer sus derechos fundamentales por miedo a perder el cauce de sus ingresos—. Dicha

[62] Cfr., FAHLBECK, Reinhold, « *«Ora el Labora». On Freedom of Religion at the Work Place...*» cit., p. 56.

[63] *Ibidem*, pp. 54-55, elevando a criterio general de actuación el razonamiento empleado por la Sentencia del Tribunal Constitucional Federal alemán de 30 de julio de 2003, en el caso de una musulmana despedida de unos grandes almacenes por llevar el pañuelo islámico. Sobre esta Sentencia y la jurisprudencia de otros países europeos en torno a tal cuestión, *vid.*, MOTILLA, Agustín, «La libertad de vestimenta: el velo islámico», *Los Musulmanes en España. Libertad religiosa e identidad cultural* (coordinador A. Motilla), Editorial Trotta, Madrid, 2004, pp. 128 ss.

legislación laboral puede limitar el contenido de los contratos de trabajo, impidiendo que contengan cláusulas contrarias a la libertad de conciencia o que subordinen ésta a lo pactado. En la materia que tratamos, la acción pública en defensa de los derechos de los trabajadores ha de establecer, como señala Quinn[64], el marco general para el desarrollo de tres estrategias: incentivar que el empresario permita un espacio de flexibilidad en donde se desarrolle la actividad del empleado, la cual favorezca el ejercicio de sus derechos fundamentales —en el caso de las festividades, otorgándole un tiempo flexible para cumplir con sus obligaciones religiosas—; proteger al trabajador frente a posibles represalias si ejerce su derecho a la libertad de pensamiento, conciencia y religión; y posibilitar que pueda acceder a las prestaciones por desempleo si decide dejar el trabajo por motivos de conciencia.

Una vía de solución razonable que ofrece el Derecho comparado a fin de equilibrar los intereses en conflicto es la de los Derechos estadounidense y canadiense a la que nos referimos líneas atrás: la ingerencia en la libertad religiosa que supone obligar al empleado a trabajar un día sagrado ha de resolverse bajo los principios de la buena fe de las partes y, singularmente, del *acomodo o adaptación* de las legítimas exigencias del trabajador dentro del plan de la empresa. Sólo cuando el empleador pueda demostrar que el acomodo constituye un gravamen excesivo —económico, operacional o en relación a la carga de los demás trabajadores— estará justificada la negativa del empresario. La buena fe y la lealtad del empleado también le obligan a poner en conocimiento con la debida antelación sus necesidades religiosas, y adaptarse, en la medida de lo posible, a las alternativas conciliadoras que se le presenten.

Es evidente que tal planteamiento se encuentra lejos de los criterios jurídicos utilizados por Estrasburgo para solventar los casos presentados ante su jurisdicción[65]. Como tuvimos ocasión de apreciar, en ningún momento la Comisión o el Tribunal requieren a las empresas contratantes la prueba de los esfuerzos realizados para acomodar las

[64] Cfr., QUINN, Gerard, «Conscientious objection in labour relations...» cit., pp. 111-112.

[65] Lo cual no significa que esté del todo ausente. En el voto particular de los jueces Tulkens, Popovii y Keller a la Sentencia *Sessa v. Italia*, se discrepa del parecer de la mayoría por, entre otras razones, estar en desacuerdo con la valoración que los demás jueces hacen de la proporcionalidad de la medida —recordemos: no modificar la fecha de la comparecencia ante un tribunal en la que uno de los abogados, Sessa, de religión judía, no podía asistir por coincidir con una fiesta de esa religión—. La proporcionalidad requiere, para Tulkens y los otros dos jueces, que las autoridades públicas opten por la medida que menos restrinja los derechos fundamentales, así como buscar la acomodación razonable en la situación dada (punto n.º 9).

También en la Sentencia del Tribunal de Justicia de las Comunidades Europeas *Prais v. Consejo de las Comunidades* está presente la exigencia de acomodar, en lo posible, las necesidades religiosas de los trabajadores —en el caso, de una opositora al ingreso en un cuerpo de la Unión Europea—. Si el demandado fuera informado con la suficiente antelación de las dificultades de asistir por las razones de naturaleza religiosa expuestas por la demandante, habría estado obligado a adoptar las medidas razonables para evitar la incomparecencia (punto 19.º).

legítimas —en tanto que basadas en verdaderos motivos de conciencia— pretensiones de sus trabajadores o, en su caso, los obstáculos (*undue hardship*) para no hacerlo.

Una puerta abierta en los Derechos de los Estados de la Unión Europea hacia la implantación de criterios próximos a los de la acomodación razonable y, por ende, al acercamiento en la protección del derecho de libertad religiosa en el ámbito laboral entre los ordenamientos norteamericanos y europeos, lo representa la legislación comunitaria en materia de *lucha contra la discriminación*. La principal Directiva que afecta a la cuestión tratada, la 2000/78/CE, del Consejo, de 27 de diciembre de 2000, relativa al establecimiento de un marco general para la igualdad de trato en el empleo y la ocupación, define como discriminación indirecta «aquella en que una disposición, criterio o práctica aparentemente neutros pueda ocasionar una desventaja particular a personas de una religión o convicción» (art. 2.2). Desde esta perspectiva, puede considerarse que leyes aparentemente neutrales, como las que establecen el descanso dominical o las festividades cristianas, pueden limitar —justificada o injustificadamente— el derecho de las minorías religiosas. Planteado el conflicto entre las necesidades religiosas de los trabajadores y los imperativos de la organización empresarial —en materia de vestimentas, comidas... u observancia de días sagrados—, el empresario tiene la obligación, según la legislación comunitaria traspuesta a los Derechos nacionales, de esforzarse por encontrar una adecuada acomodación de estas prácticas; el rechazo a satisfacerlas sólo puede justificarse objetivamente en una finalidad legítima y siempre que los medios para la consecución de esa finalidad sean proporcionados —por ejemplo, cuando afecta gravemente a la producción, o al reparto del trabajo entre los empleados, o tiene costes inasumibles—. Serán los tribunales los que juzguen el esfuerzo del empresario por acomodar las solicitudes fundadas en motivos religiosos de sus empleados, y el grado de justificación en la imposibilidad de hacerlo[66].

Es de esperar que la jurisprudencia de Estrasburgo, que ya ha citado y tenido en cuenta en Sentencias recientes la Directiva europea de igualdad en otros aspectos relacionados con el ámbito laboral[67], la aplique también en materia de conmemoración

[66] En el Derecho español, la Directiva, traspuesta al ordenamiento principalmente por Ley 62/2003, de 30 de diciembre, de medidas fiscales, administrativas y de orden social, introduce una modificación en la legislación laboral procesal por la cual si una parte alega, con fundados indicios, ser discriminado por, entre otras condiciones personales o sociales, sus creencias, el demandado y supuesto causante ha de aportar la justificación objetiva y razonable, suficientemente probada, de las medidas adoptadas y de su proporcionalidad.

[67] Así, en la cuestión de la actividad laboral desarrollada para confesiones religiosas o instituciones dependientes de ellas, *vid.*, las Sentencias del Tribunal Europeo de Derechos Humanos *Schüth v. República Federal de Alemania*, de 23 de septiembre de 2010 (párrafo 42.º), *Obst v. República Federal de Alemania*, de igual fecha (párrafo 51.º), y *Siebenhaar v. República Federal de Alemania*, de 3 de febrero de 2011. En materia de profesores de Religión Católica que trabajan en colegios públicos, se cita la Directiva europea en la primera Sentencia *Fernández Martínez v. España*, de 15 de mayo de 2012 (párrafo 87.º).

de festividades y de descanso sabático. Sin duda abrirá una nueva perspectiva más favorable a la íntegra protección del derecho a la libertad de pensamiento, conciencia y religión de los trabajadores por cuenta ajena y en las ocupaciones profesionales[68].

6. ANEXO: RELACIÓN DE RESOLUCIONES DEL TRIBUNAL EUROPEO DE DERECHOS HUMANOS CITADAS

6.1. Sentencias del Tribunal Europeo de Derechos Humanos

Demeester v. Bélgica, de 8 de octubre de 1981
Kokkinakis v. Grecia, de 25 de mayo de 1993
Valsamis v. Grecia, de 18 de diciembre de 1996
Kalac v. Turquía, de 1 de julio de 1997
Koteski v. República Yugoeslava de Macedonia, de 13 de abril de 2006
Ivanova v. Bulgaria, de 12 de abril de 2007
Folguero v. Noruega, de 29 de junio de 2007
Zenguin v. Turquía, de 9 de octubre de 2007
Schüth v. República Federal de Alemania, de 23 de septiembre de 2010
Obst v. República Federal de Alemania, de 23 de septiembre de 2010
Siebenhaar v. República Federal de Alemania, de 3 de febrero de 2011
Lautsi v. Italia, de 18 de marzo de 2011
Sessa v. Italia, de 3 de abril de 2012
Fernández Martínez v. España, de 15 de mayo de 2012
S. A. S. v. Francia, de 1 de julio de 2014

6.2. Decisiones de la Comisión Europea de Derechos Humanos

X v. República Federal de Alemania, 850/60, de 17 de marzo de 1961
X v. República Federal de Alemania, 625/59, de 14 de diciembre de 1961
X v. República Federal Alemana, 3566/68, de 15 de diciembre de 1969
X v. Gran Bretaña, 5442/72, de 20 de diciembre de 1974
X v. Dinamarca, 7374/76, de 8 de marzo de 1976
X *v*. República Federal de Alemania, 8741/79, de 10 de marzo de 1981
X v. Reino Unido, 8160/78, de 12 de marzo de 1981
X v. Austria, 8652/79, de 15 de octubre de 1981
D v. Francia, 10180/82, de 6 de diciembre de 1983
Knudsen v. Noruega, 11045/85, de 8 de marzo de 1985
Arrowsmith v. Gran Bretaña, 7050/75, de 12 de octubre de 1985
Khan v. Gran Bretaña, 11579/85, de 7 de julio de 1986
Karlsson v. Suecia, 12356/86, de 8 de septiembre de 1988
S. H. Y H. V. v. Austria, 18960/91, de 13 de enero de 1993

[68] En el primer caso, diversos autores han señalado que la Decisión de la Comisión en el caso Ahmad (8160/78, de 12 de marzo de 1981, *X v. Gran Bretaña*) hubiera sido resuelta de manera diferente de haber tenido en cuenta las Directivas de la Unión Europea: la Empresa hubiera tenido que demostrar que hizo un esfuerzo por acomodar la solicitud del maestro, aspecto que, en opinión de estos autores, no fue exigido por la Comisión. En este sentido, *vid.*, FLEMING, Hazel, «Working, Praying and Sunday Rest. Has the Law Struck the Right Balance?...» cit., p. 324; VICKERS, Lucy, «Approaching Religious Discrimination at Work...» cit., p. 186.

Karaduman v. Turquía, 16278/90, de 3 de mayo de 1993

Konttinen v. Finlandia, 24949/94, de 3 de diciembre de 1996

Stedman v. Reino Unido, 29107/95, de 9 de abril de 1997

CAPÍTULO II

VESTIMENTA Y SÍMBOLOS RELIGIOSOS EN EL ÁMBITO LABORAL

ISABEL CANO RUIZ

Universidad de Alcalá

SUMARIO: 1. CONSIDERACIONES PREVIAS. 2. ASUNTOS DAHLAB, EWEIDA Y CHAPLIN: 2.1. Resumen de los hechos. 2.2. Argumentos de las partes. 2.3. Valoración del Tribunal Europeo de Derechos Humanos. 3. LA SIGNIFICACIÓN RELIGIOSA O ARRELIGIOSA DE UN SÍMBOLO. 4. NEUTRALIDAD ESTATAL Y SIMBOLOGÍA RELIGIOSA. 5. IMAGEN CORPORATIVA Y SIMBOLOGÍA RELIGIOSA. 6. SEGURIDAD PERSONAL, SALUD PÚBLICA Y SIMBOLOGÍA RELIGIOSA. 7. PRINCIPIOS HERMENÉUTICOS DEL TRIBUNAL EUROPEO DE DERECHOS HUMANOS: SIMBOLOGÍA RELIGIOSA Y RELACIONES LABORALES. 8. A MODO DE REFLEXIÓN FINAL.

1. CONSIDERACIONES PREVIAS

Las relaciones laborales constituyen una de las inagotables parcelas en las que la identidad religiosa de cada conjunto social incide de modo directo. Esa interacción ha ido creciendo en el curso de las últimas décadas, abriendo nuevos escenarios de encuentro y, a la vez, de desencuentros. Respecto de estos últimos, históricamente las posibles controversias entre las prácticas religiosas y las obligaciones laborales eran difícilmente posibles, toda vez que en el individuo coincidían la faceta de creyente y trabajador o empresario y, por lo tanto, ambas buscaban acomodarse de forma recíproca[1]. El problema comienza cuando esas sociedades homogéneas comienzan a resquebrajarse[2], debido a la proliferación de movimientos de carácter religioso por la emergencia de nuevas o no tradicionales religiones y creencias religiosas de heterogéneo origen y por los intensos flujos migratorios procedentes de países extracomunitarios[3], lo cual provoca la entrada de personas con creencias diferentes a las de la mayoría de la población. Es en ese momento cuando aparecen los primeros

[1] ROSSELL, J., *La no discriminación por motivos religiosos en España*, Ministerio de Trabajo y Asuntos Sociales, Madrid, 2008, p. 87.

[2] *Ibidem*.

[3] VALDÉS DAL-RÉ, F., «Libertad religiosa y contrato de trabajo», en CASAS BAAMONDE, M. E., DURÁN LÓPEZ, F., CRUZ VILLALÓN, J. (coords.), *Las transformaciones del Derecho del Trabajo en el marco de la Constitución Española*, La Ley, Madrid, 2006. pp. 576-577.

conflictos, que no son sino consecuencia de la necesidad, bien del trabajador, bien del empresario, de ejercer su derecho de libertad religiosa dentro del ámbito laboral[4].

A pesar de estos cambios, a día de hoy, la proyección de la libertad religiosa en el ámbito de las relaciones laborales cuenta con importantes vacíos de regulación en los ordenamientos internos, a lo que hay que añadir que igualmente existen múltiples diferencias entre las legislaciones laborales nacionales[5], por lo que es de esperar que las colisiones entre religión y trabajo, se vean incrementadas en los próximos años[6].

En nuestros días es el trabajador el que puede sentir perturbada su libertad religiosa en el marco de una relación laboral, siendo el derecho oponible, como límite al ejercicio de esta libertad, no un derecho fundamental, sino un derecho económico: la libertad de empresa[7].

La celebración de un contrato de trabajo implica una prestación personalísima por parte del trabajador, en la que su persona está intrínsecamente implicada. En la relación laboral, los derechos fundamentales del trabajador resultan condicionados o influidos por la inserción en la organización productiva ajena y por la posición jurídica activa del empleador como acreedor del trabajo, más que en ningún otro contrato privado[8]. De ahí que el trabajador no deba sufrir limitaciones injustificadas de sus derechos fundamentales y libertades públicas[9]. Por ello dispone de las garantías arbitradas por el ordenamiento para la defensa de tales derechos.

Las limitaciones que puede experimentar el trabajador en el ejercicio de su derecho de libertad religiosa pueden afectar tanto a la vertiente interna como a la vertiente externa. Los sistemas jurídicos, sin embargo, no protegen con la misma intensidad esas posibles perturbaciones[10]. En la dimensión interna, el respeto por parte del empresario de la creencia religiosa o no religiosa del trabajador es un derecho absoluto de este último: ni admite restricciones ni tolera modulaciones, de manera que el empresario no puede oponer frente a aquel derecho ningún otro, ni siquiera el de su propia libertad religiosa. Por consiguiente, y cuando el trabajador reclama la protección de su derecho, no sólo no se está ante un conflicto entre derechos fun-

[4] ROSSELL, J., *op. cit.*, p. 87.

[5] LÓPEZ AHUMADA, J. E., «La libertad religiosa en las relaciones laborales conforme a la reciente jurisprudencia del Tribunal Europeo de Derechos Humanos», *Anuario de Derecho Eclesiástico del Estado*, vol. XXX, 2014, p. 490.

[6] VALDÉS DAL-RÉ, F., *op. cit.*, p. 582.

[7] *Ibidem*, pp. 582-583.

[8] GARCÍA GONZÁLEZ, G., «Descanso semanal y festividades religiosas en el ámbito laboral: un análisis desde la jurisprudencia del Tribunal Europeo de Derechos Humanos», en CANO RUIZ, I. (ed.), *Identidad religiosa y relaciones de trabajo. Un estudio de la jurisprudencia del Tribunal Europeo de Derechos Humanos*, Comares, Granada, 2015, p. 196.

[9] CAÑAMARES ARRIBAS, S., *Libertad religiosa, simbología y laicidad del Estado*, Aranzadi, Navarra, 2005, pp. 52-53.

[10] VALDÉS DAL-RÉ, F., *op. cit.*, p. 588.

damentales. No hay, ni tan siquiera, conflicto entre derechos. Bien diferente es la situación predicable en los supuestos de invocación, por el trabajador, del derecho a exteriorizar, en el marco del contrato de trabajo, su credo religioso. Ese ejercicio incide en la ejecución de la prestación laboral, provocando, esta vez sí, una colisión entre derechos: de un lado, el derecho del trabajador a la observancia de las prácticas relacionadas con su credo religioso, y del otro, el interés del empresario al desarrollo de su actividad económica con arreglo a sus opciones de eficiencia, esto es, la libertad de empresa. Por lo tanto, cabe afirmar que el fuero externo del derecho de libertad religiosa del trabajador no goza de una tutela absoluta en el ámbito de su relación laboral sino que puede experimentar restricciones y limitaciones[11].

La asistencia a un acto de culto, la observancia de un descanso o conmemoración de una fecha de carácter religioso pueden verse así obstaculizadas por un régimen de horarios, turnos o descansos marcados por la empresa. Pero también lo puede ser la utilización de símbolos o vestimentas, como signo de identidad religiosa del trabajador, que pueden ser incompatibles con decisiones organizativas, códigos de uniformes o códigos de conducta establecidos por la propia empresa. Nos encontramos, pues, ante un debate jurídico sumamente complejo en el que no tiene cabida una solución general para todos los casos, máxime cuando el derecho de libertad religiosa viene caracterizado por su eficacia transversal, incidiendo en múltiples derechos y deberes, y por constituirse en fuente de numerosa problemática jurídica heterogénea y de difícil solución uniforme[12].

Buena muestra de ello la constituyen los tres casos que a continuación vamos a analizar emanados de la jurisprudencia del Tribunal Europeo de Derechos Humanos (TEDH) y centrados en la utilización de vestimentas o símbolos de naturaleza religiosa: casos *Dahlab contra Suiza*, *Eweida contra Reino Unido* y *Chaplin contra Reino Unido*[13]. Trataremos de enfatizar aquellos aspectos que consideramos relevantes de

[11] *Ibidem*, p. 589.

[12] Catalá Rubio, S., «Algunos límites a la libertad religiosa en España», *Seminario Permanente de Ciencias Sociales UCLM-Cuenca, Documento de Trabajo*, n.º 14, 2010, p. 4.

[13] Nuestro análisis se centra en estos tres casos, pues se ciñen exclusivamente al ámbito laboral: *Dahlab contra Suiza*, Dec. Admon. n.º. 42393/98, de 15 de febrero de 2001; *Eweida y otros contra Reino Unido*, SSTEDH 48420/10 y 59842/10, de 15 de enero de 2013. No es objeto de análisis el caso *Kurtulmus contra Turquía*, Dec. Admon. n.º 65500/01, 24 enero 2006, una demanda también declarada inadmisible, al igual que Dahlab, por manifiesta falta de fundamento. En esta ocasión la demandante era una profesora asociada de Economía en la Universidad de Estambul, la cual, por persistir en llevar el velo islámico, sería sometida a procedimiento disciplinario y posterior cese por no someterse a las normas de vestimenta de funcionarios, que imponían a las mujeres llevar la cabeza descubierta en su lugar de trabajo. Partiendo de que la regulación en materia de atuendo constituía una injerencia en el derecho de la demandante a manifestar su religión, el TEDH entenderá que esa restricción era «necesaria en una sociedad democrática», teniendo en cuenta la discreción que han de mostrar los docentes de un centro público respecto a la expresión de sus creencias, especialmente en un contexto en que la laicidad aparece

estos casos, poniendo de manifiesto las posibles incoherencias o aciertos de los razonamientos y soluciones vertidas por el TEDH.

2. ASUNTOS DAHLAB, EWEIDA Y CHAPLIN

2.1. Resumen de los hechos

La señora Dahlab es maestra en una escuela primaria de Ginebra desde el año 1989[14]. En 1991 abandona la religión católica y se convierte al Islam, comenzando a utilizar el velo islámico y una túnica larga hasta los pies, al considerar que así respetaba la prescripción coránica que aconseja a las mujeres a cubrirse la cabeza ante los adultos de sexo masculino y púberes. En 1995 el inspector de la zona escolar donde presta su actividad informa que la señora Dahlab porta el velo en la escuela de manera regular, sin que este hecho haya provocado en ningún caso la protesta de los padres o tutores de los estudiantes. Un año después la Dirección General de Enseñanza Primaria insta a la demandante a que no lleve el velo en sus actividades profesionales por ser incompatible con lo establecido en la Ley de Instrucción Pública, la cual prescribe establecer un modelo ostensible de identificación impuesto por el profesor a los alumnos, prohibido en un sistema escolar público y laico.

La señora Dahlab impugna esta decisión ante el Consejo de Estado de Ginebra, la cual es rechazada, entre otros motivos, porque la enseñanza en una escuela pública debe estar presidida por una estricta obligación de neutralidad confesional, la cual no es respetada al portar la recurrente una vestimenta con un mensaje claramente religioso, cual es el velo islámico. La recurrente considera que en su caso se han violado los artículos 9 y 14 del Convenio Europeo de Derechos Humanos (CEDH) e interpone recurso ante el Tribunal Federal, el cual confirma la decisión adoptada por el Consejo de Estado.

En los dos siguientes asuntos que vamos a resumir el TEDH resuelve en una única sentencia cuatro demandas planteadas por los ciudadanos británicos Nadia Eweida, ShirLey Chaplin, Lillian Ladele y Gary McFarlane contra el Reino Unido, en las que se alega la falta de tutela del ordenamiento al derecho a la libertad religiosa en

---

como un principio fundacional del Estado turco. El margen de apreciación estatal para la imposición de restricciones merecía, a juicio del Tribunal, más respeto que el ejercicio del derecho fundamental a la libertad de religión. Sobre la misma, *vid.* MARTÍNEZ-TORRÓN, J., «La cuestión del velo islámico en la jurisprudencia de Estrasburgo», *Derecho y Religión*, n.º 4, 2009, p. 101; MARTÍN-RETORTILLO BAQUER, L., *La afirmación de la libertad religiosa en Europa: de guerras de religión a nuevas cuestiones administrativas. Un estudio de la jurisprudencia del Tribunal Europeo de Derechos Humanos en materia de libertad religiosa*, Aranzadi, Cizur Menor, 2007, pp. 82-86.

[14] Un análisis detallado de este caso en PARISI, M., «Simboli e comportamenti religiosi all'esame degli organi dei Strasburgo», en PARISI, M. (a cura di), *Simboli e comportamenti religiosi nella societá plurale*, ESI, Napoli, 2006, pp. 155 y ss.

el ámbito laboral. Centraremos nuestro análisis en los dos primeros casos, ya que en los dos restantes (Ladele y MacFarlane), si bien el conflicto atañe también al ámbito laboral, no se plantean con motivo de la utilización de símbolos o vestuario religioso.

La señora Eweida es practicante del cristianismo copto y trabajadora desde 1999 en la empresa privada British Airways Plc. Esta empresa obligaba a los empleados que estuvieran en contacto con el público a llevar un uniforme que obedecía a un código establecido por aquélla y que señalaba que cualquier accesorio o prenda de vestir que el empleado, por motivos religiosos, esté obligado a llevar, debe en todo momento estar cubierto por el uniforme. Si esto es imposible dada la naturaleza del objeto y la forma en que debe ser usado, entonces se solicitará la aprobación a través de la jefatura local en cuanto a la idoneidad del diseño para garantizar el cumplimiento de las normas del uniforme, a menos que dicha aprobación ya figure en la guía del uniforme.

Dentro de esta normativa interna hay que destacar que, entre los artículos de vestuario considerados por British Airways como obligatorios en algunas religiones y que no podían ocultarse bajo el uniforme, se permitía que los hombres *sijs* llevasen un turbante blanco o azul oscuro y mostrasen la pulsera *sij* en verano si obtenían autorización para usar una camisa de manga corta. Las mujeres musulmanas del personal de tierra fueron autorizadas a llevar el *hijab* en colores aprobados por British Airways. En el año 2004 la compañía modifica el uniforme de las mujeres, que consiste en pasar de llevar una blusa de cuello alto a una blusa de cuello abierto.

Dos años después de la implantación del nuevo uniforme, en 2006, la señora Eweida comenzó a llevar una cruz a la vista como muestra de compromiso con su fe. Se le pidió que se la quitara o que al menos la ocultara, petición a la cual se negó, siendo suspendida de empleo y sueldo el 20 de septiembre de 2006. Posteriormente, se le ofreció un trabajo en otro puesto que no requería uniforme ni contacto con la gente, pero lo rechazó. En noviembre de ese año, British Airways revisó la política de uniformes permitiendo exhibir símbolos religiosos previa autorización. La cruz de la trabajadora fue autorizada y volvió a su puesto el 3 de febrero de 2007, pero la compañía se negó a indemnizarle por el sueldo no pagado durante su ausencia.

Esta trabajadora decide comenzar un proceso judicial que, tras pasar ante el Tribunal Laboral, el Tribunal de Apelación Laboral y el Tribunal Supremo de Reino Unido, finalmente, se acaba planteando ante el TEDH, solicitando una indemnización por los ingresos perdidos y basándose en una discriminación indirecta contraria a la regla 3 de la igualdad en el empleo del Reglamento 2003 y denunciando también una violación de su derecho a manifestar su religión contraria al artículo 9 del CEDH.

En lo que respecta a la señora Chaplin, nos encontramos con una enfermera empleada por un organismo de naturaleza pública, el Royal Devon and Exeter NHS Foundation Trust, desde 1989 a 2010. Dentro de la política de uniformes del hospital se establecía que el uso de ciertas joyas debía reducirse al mínimo, así como que en el caso de que estas se llevaran por razones religiosas o culturales, se debía plantear la cuestión ante el superior jerárquico para aprobar o desaprobar su uso de forma justificada.

Desde hace muchos años la señora Chaplin había llevado un crucifijo unido a una cadena alrededor de su cuello, considerando que quitárselo supondría una violación de su fe. En el año 2007 el código de conducta al que nos hemos referido fue modificado y el hospital requirió a la señora Chaplin que se abstuviese de llevar la cadena con el crucifijo. Con anterioridad, el hospital había pedido a otra enfermera cristiana que se quitase una cruz y una cadena y se había comunicado a dos enfermeros *sijs* que no podían portar su *kirpan* o *kara*. Por otra parte, se permitió a dos doctoras musulmanas que llevasen un *hijab*, pero solamente si se trataba de un modelo especialmente diseñado para actividades deportivas.

La señora Chaplin y su superior jerárquico intentaron llegar a una solución satisfactoria para ambas partes, pero fracasaron en el intento. El hospital estaba preocupado por los riesgos que esta cruz podría conllevar para la salud de los pacientes y de la propia enfermera, pues al no estar fija, podría entrar en contacto con heridas abiertas o ser arrancada del cuello. Así, sugirieron que la señora Chaplin debería unir la cruz y la cadena al colgante que contenía su identificación personal. Sin embargo, la enfermera rechazó tal sugerencia.

En consecuencia, la señora Chaplin no pudo continuar ejerciendo sus funciones y fue trasladada a una posición diferente a la de enfermera, que dejó de existir en el año 2010. Por ello, la señora Chaplin alegó frente al Tribunal de Empleo que había sido discriminada, tanto directa como indirectamente, por motivos religiosos. Este Tribunal sostuvo que no había discriminación religiosa directa, puesto que la posición del empresario se basaba en consideraciones de salud e higiene, en lugar de en motivos de naturaleza religiosa, y mantuvo que tampoco se trataba de discriminación indirecta, puesto que no había evidencia alguna de que la demandante hubiese sido sometida a una situación de desventaja. En cualquier caso el hospital, en opinión del Tribunal de Empleo, había respondido de manera apropiada y proporcionada a la petición de la señora Chaplin de poder llevar el crucifijo. Finalmente, se le advirtió que a raíz del asunto de la señora Eweida, una apelación no tendría previsión de éxito, desistiendo de ello.

2.2. **Argumentos de las partes**

En el asunto Dahlab el TEDH declaró inadmisible la demanda al estimar que no hubo violación del artículo 9 del CEDH. La señora Dahlab consideró que la medida adoptada por las autoridades suizas de prohibirle llevar el velo islámico durante su actividad docente violaba su derecho a manifestar su religión (artículo 9 del CEDH), así como una discriminación por razón de sexo contraria al artículo 14 del mismo cuerpo legal. Basó su posición en cuatro argumentos:

a) Su vestimenta, que consta de artículos que se pueden comprar en el hipermercado, debe ser tratada no como un símbolo religioso, sino en la misma forma que cualquier otras prendas perfectamente inofensivas que un profesor podrá decidir llevar por sus propias razones, principalmente por razones estéticas o para resaltar u ocultar parte de su anatomía (una bufanda alrededor del cuello, una chaqueta, un sombrero, por ejemplo).

b) La restricción impuesta no tiene una base legal suficiente al basarse en una limitación muy genérica.
c) No existen razones de interés público para la limitación de su derecho.
d) La adopción de la medida no respeta el principio de proporcionalidad.

Frente al primer argumento el Tribunal consideró que el uso de un pañuelo en la cabeza y la ropa suelta indica lealtad a una fe en particular y el deseo de comportarse de acuerdo con los preceptos establecidos por esa fe. Tales prendas incluso puede decirse que constituyen un símbolo religioso «exterior fuerte», esto es, una señal de que es inmediatamente visible para los demás y proporciona una clara indicación de que la persona en cuestión pertenece a una religión en particular.

En lo relativo a la existencia de una base legal suficiente, en Ginebra, el artículo 6 de la Ley de Educación Pública cantonal de 1940, establece: «En el sistema de educación pública se asegurará de que las creencias políticas y religiosas de los alumnos y los padres se respeten». También se desprende de los artículos 164 y siguientes de la Constitución cantonal que hay una clara separación entre la Iglesia y el Estado en el cantón y el Estado es laico. En el sistema educativo, esta separación se da efecto práctico por la Ley de Educación Pública, que establece: «Los funcionarios públicos deben ser laicos; excepciones a esta disposición se permitirá sólo en el respeto del profesorado universitario». Se estima que los funcionarios están sometidos a una relación de especial sujeción, de la que participan libre y voluntariamente y en la que pueden encontrar una limitación al ejercicio de sus derechos, siempre que en su contenido esa restricción esté motivada por la finalidad y la organización de la institución que la justifica. En este sentido, esa restricción o limitación puede estar contenida en una norma genérica y no tan precisa[15].

[15] Respecto a esta cuestión, es interesante traer a colación la jurisprudencia contradictoria que ha emanado de los tribunales ordinarios alemanes. Como señala Vidal Fueyo, mientras que el Tribunal Administrativo de Stuttgart resolvió, en sentencia de 24 de marzo de 2000, que no es admisible que una profesora porte el *hijab* durante las clases, el Tribunal Administrativo de Lübeck falló todo lo contrario el 16 de octubre del mismo año. Jurídicamente la cuestión se plantea como un conflicto entre derechos fundamentales y valores constitucionalmente reconocidos. El Tribunal Administrativo de Stuttgart considera que, a pesar de que el hecho de ostentar distintivos religiosos está protegido por el derecho a la libertad religiosa garantizado en el artículo 4.1 de la Ley Fundamental de Bonn, en el caso concreto que se analiza prima el deber de todo profesor funcionario de respetar y cumplir con la obligación constitucional de neutralidad que corresponde al Estado. Según este Tribunal *«que la intención de la profesora no fuese la de realizar una labor de apostolado mediante la exhibición de su pañuelo, nada obsta al valor y simbolismo objetivo que comporta ese elemento islámico»*. Por el contrario, la argumentación del Tribunal de Lübeck en un caso similar es radicalmente opuesta: da prioridad a la libertad de conciencia de la maestra y a su derecho de acceso a los cargos públicos, sin discriminación

Para el Tribunal existe un interés público para establecer una limitación de este tipo. Y no es otro que la idea de «paz religiosa» en el propio centro educativo, pues la utilización del velo islámico en la escuela puede interferir con las creencias religiosas de sus propios alumnos, de otros alumnos de la escuela y de los padres de los alumnos. Es cierto que no se produjeron quejas de los padres o de los alumnos hasta la fecha, pero eso no significa que no existiera inquietud en los mismos. Por lo tanto, sí existe un interés público, que no es otro que el proteger las convicciones religiosas de los alumnos y de sus padres, así como mantener la paz religiosa del centro educativo, que en algunos aspectos todavía es frágil.

En cuanto a si la limitación respeta el principio de proporcionalidad, se trataría de contrastar el respeto a los mandatos que su religión impone a la señora Dahlab, con el interés que puedan tener los alumnos y los padres en no verse influenciados en sus convicciones religiosas, así como el mantenimiento de la paz religiosa en el centro educativo.

Por último, considera el TEDH que no se produce violación del artículo 14 —discriminación por razón de sexo— porque la limitación afectaría igualmente a un maestro que vistiese con un símbolo religioso ostensible[16].

Pasemos ahora a resumir las alegaciones de las partes en los asuntos Eweida y Chaplin. El TEDH admitió totalmente las quejas por vulneración del artículo 9 del CEDH de forma aislada o en relación con el artículo 14 del mismo documento legal de la señora Eweida y sólo parcialmente la de la señora Chaplin, puesto que no agotó la vía interna para recurrir la decisión sobre su reclamación de discriminación directa[17].

---

alguna por motivos religiosos. Para este segundo Tribunal, la vestimenta religiosa únicamente podría ser prohibida si implicase una agresión directa a la paz escolar, argumentando que *«la escuela, sujeta a la misión de ser un lugar de intercambio abierto a los más diferentes modos de pensar, no es un campo propicio para una transposición del principio de neutralidad que convierta al maestro en un agente sujeto a una «neutralidad absoluta (...), manteniendo lejos de la escuela cualquier orientación o manifestación religiosa de los profesores»* . Vidal Fueyo, M.C., «Cuando el derecho a la libertad religiosa colisiona con el derecho a la educación», en *Revista Jurídica de Castilla y León*, enero, 2004, pp. 321-322. La sentencia del Tribunal Administrativo de Stuttgart dio lugar a la famosa sentencia del caso Ludin dictada por el Tribunal Constitucional Federal Alemán el 24 de septiembre de 2003. Un análisis más detallado puede verse en Martí Vida, M.ª.A., Müller-Grune, S., «¿Puede una maestra portar durante sus clases en una escuela pública un pañuelo en la cabeza por motivos religiosos?», *Revista Española de Derecho Constitucional*, n.º 70, 2004, pp. 313-337; Rossell, J., «La cuestión del velo islámico y la vestimenta religiosa en la República Federal de Alemania», en Motilla, A. (coord.), *El pañuelo islámico,* Marcial Pons, Madrid, 2009, pp. 186 y ss.

[16] Bueno Salinas, S., «La protecció de la llibertat religiosa i la manifestació religiosa en el Dret i la jurisprudència europeus», en Seglers, A. (coord.), *Pluralismo confessional i laïcitat. Els reptes de la llibertat religiosa en les societs modernes, IDEES*, n.º 26, 2005, p. 52.

[17] Recordemos que para acudir al TEDH resulta imprescindible que el denunciante haya agotado todos los recursos internos, tanto judiciales como administrativos, del Estado presunto autor de la

Argumentó el Gobierno que lo que no sea una práctica de una religión generalmente reconocida queda fuera del ámbito de protección del artículo 9 del CEDH, afirmando que llevar una cruz no es una práctica religiosa en una forma generalmente reconocida, y que aunque lo fuera, no había habido injerencia porque se plantearon alternativas. Asimismo, razonó que en el caso de la señora Eweida, empleada por una compañía privada, no se había de reclamar una injerencia directa del Estado, sino que no se hizo todo lo que se debía para garantizar que sus empresarios les permitieran expresar sus creencias religiosas en el trabajo.

Por último, discutió que la señora Eweida no plantease su objeción al nuevo uniforme, sino que directamente infringió el código; además se le ofreció reubicarla en otro puesto de trabajo y prefirió no acudir a trabajar. Por otra parte, en el caso de la señora Chaplin, se trataba de fines legítimos y los medios fueron proporcionales a esos fines.

La señora Eweida afirmó que el uso de la cruz sí era una forma generalmente reconocida de practicar el cristianismo, pero que aun así, llevar a la práctica la prueba de la afirmación del Gobierno era inviable por entrar en debates teológicos. Defendía la demandante que el hecho de impedir que mostrara la cruz a causa del nuevo uniforme sí supuso una injerencia en su derecho, negándole protección la legislación nacional.

La señora Chaplin declaró, al igual que la señora Eweida, que llevar a la vista una cruz sí era una práctica generalmente reconocida, pero que esa afirmación hecha por el Gobierno implicaba que estarían más protegidas aquellas religiones que dispusieran de reglas específicas frente a las que no tuvieran pautas similares. Señaló también que no se había demostrado que el uso de la cruz pudiera causar problemas de salud y seguridad. Por último, consideró una vulneración del artículo 14 en relación con el artículo 9 del CEDH por diferencia de trato de las autoridades sanitarias en comparación con compañeros practicantes de otras religiones.

2.3. Valoración del Tribunal Europeo de Derechos Humanos

En el asunto Dahlab el TEDH, si bien reconoce que el derecho de la docente a llevar el velo islámico está protegido por el derecho a manifestar las creencias religiosas, sin embargo considera que la medida que prohíbe su uso en la escuela pública tiene

violación antes de presentar la reclamación internacional. Esta exigencia pone de manifiesto el carácter subsidiario de los mecanismos internacionales de protección de los derechos humanos. Sobre esta cuestión *vid.* LÓPEZ MARTÍN, A.G., «Los requisitos de admisibilidad de las reclamaciones individuales por violación de derechos humanos. Examen comparativo del sistema del Consejo de Europa y del sistema de Naciones Unidas», en ESCOBAR HERNÁNDEZ, C. (dir.) y PASTOR PALOMAR, A. (coord.), *Los derechos humanos en la sociedad internacional del siglo XXI*, vol. 1, Ministerio de Asuntos Exteriores y de Cooperación, Madrid, 2008, pp. 179-184.

plena fundamentación en los límites establecidos en el apartado 2 del artículo 9 del CEDH. Concluye el Tribunal que la prohibición de símbolos religiosos «ostensibles» no excede el margen de apreciación discrecional que tienen los Estados para aplicar restricciones a la libertad religiosa. De modo que se limitó el derecho de libertad religiosa de la docente, con aplicación del principio de proporcionalidad, fundamentado en la finalidad legítima de protección de los derechos de los alumnos a través de una neutralidad religiosa y transmisión de los valores de una sociedad democrática.

Asimismo, explicita que no se puede conciliar el mensaje de tolerancia y de igualdad entre los sexos con la imposición del uso del velo por parte del Corán a las mujeres. De ahí su prohibición por lo que representa y por su posible efecto proselitista, máxime en alumnos de corta edad más influenciables que otros más mayores.

En el caso Eweida, el primer problema jurídico que se plantea consiste en determinar si el hecho de llevar una cruz por fuera constituye una manifestación del derecho de libertad religiosa, con el objeto de determinar si ha habido una injerencia o limitación o no de su derecho a manifestar su religión recogido en el artículo 9 del CEDH. Tras realizar un juicio de ponderación entre el derecho de la señora Eweida a manifestar sus creencias religiosas y el deseo de la empresa de proyectar una imagen corporativa, el TEDH concluyó que no se protegió debidamente el derecho de la demandante, puesto que a pesar de que el interés de la empresa era legítimo, no había pruebas de que otras prendas de vestir religiosas autorizadas tuvieran efectos negativos en la imagen o marca de British Airways, además del hecho de que posteriormente se modificara la política de uniformes fue una muestra de que no era un aspecto fundamental.

Sin embargo, en el caso Chaplin, el TEDH afirmó que la injerencia de la autoridad pública era necesaria en una sociedad democrática para perseguir uno de los objetivos del artículo 9.2 del CEDH, puesto que la salud y la seguridad de pacientes y enfermeras eran razones suficientes para tal injerencia. Explicó también que ya se habían dado dos casos similares con dos enfermeras *sijs* y que, además, se le ofreció una alternativa adecuada al caso a la demandante y que esta rechazó, por lo que consideró, atendiendo a todas estas razones, que no hubo lesión del artículo 9 del CEDH.

3. La significación religiosa o arreligiosa de un símbolo

La primera vez que la Comisión Europea de Derechos Humanos abordó la cuestión del velo islámico fue en 1993, decretando la inadmisibilidad en los asuntos *Karaduman contra Turquía* y *Bulut contra Turquía*. Ambas decisiones se refirieron a hechos idénticos: dos estudiantes que no pudieron obtener el certificado de sus estudios universitarios tras concluir su licenciatura porque facilitaban una fotografía con el rostro cubierto por el velo islámico. La negativa por parte de las autoridades universitarias se fundaba en una normativa interna tendente a eliminar símbolos visibles del Islam en la universidad pública.

La jurisprudencia de Estrasburgo sobre la utilización de vestimenta o simbología religiosa se ha centrado especialmente en el velo o pañuelo islámico y dentro del ámbito educativo o escolar[18]. Así, por ejemplo, los asuntos *Leyla Sahin contra Turquía, Kervanci contra Francia, Dogru contra Francia*, todos ellos relativos a la prohibición del velo islámico en el ámbito universitario y centros educativos de grado inferior, y en los que sus portadoras se encuentran en una situación de especial sujeción[19].

Es cierto que el velo islámico puede tener una interpretación religiosa o meramente cultural. En cualquier caso, su uso está amparado en principio por libertades públicas: la libertad religiosa, en el primer caso; la libertad de expresión o el derecho a la propia imagen, en el segundo. Así, no puede ser prohibido mientras no exista peligro para el orden público o para los derechos de terceros. Desde luego, debe interpretarse el orden público en su sentido estricto y material, y no como forma de proteger una cultura mayoritaria[20].

Es curioso cómo en el caso Dahlab es la propia docente la que minimiza el valor religioso de la indumentaria que porta —en este caso, el velo islámico—, ya que sostiene que debe ser tratada de la misma forma que otras prendas perfectamente inofensivas o inocuas que cualquier profesor quiera llevar, bien por razones estéticas, bien otras razones. El hecho de prohibirle llevar el velo equivale a prohibir a los profesores, sin justificación suficiente, a vestirse como les guste o convenga a su propia imagen. En el caso Eweida, por el contrario, es la propia empresa la que resta la naturaleza religiosa al símbolo.

Así, mientras que la señora Dahlab considera que su vestimenta se puede comparar con prendas que para nada se relacionan con postulados religiosos, para los tribunales internos se emplea, no por razones estéticas, sino con una clara justifi-

[18] Hacemos referencia al velo islámico (hijab o chador) y no al velo integral (niqah o burka). Sobre la trascendencia del análisis del problema que representa el uso del hijab o de otras vestimentas de significación religiosa, MOTILLA, A. (coord.), *El pañuelo islámico..., op. cit.*, y ADDISON, N., *Religious discrimination and hatred law*, Routledge Cavendish, London and New York, 2007. Sobre el velo integral, pueden verse, entre otros, ALÁEZ CORRAL, B., «Reflexiones jurídico-constitucionales sobre la prohibición del velo islámico integral en Europa», en GUTIÉRREZ, I. y PRESNO, M.A. (eds.), *La inclusión de los otros: símbolos y espacios de la multiculturalidad*, Comares, Granada, 2012, pp. 121-162; CAMARERO SUÁREZ, V., *El velo integral y su respuesta jurídica en democracias avanzadas europeas*, Tirant lo Blanch, Valencia, 2012; ARECES PIÑOL, M.ª T., *La prohibición del burka en Europa y en España*, Aranzadi, Pamplona, 2014. Para un planteamiento sociológico del tema, INNERARITY, C., *Estrategias de gestión de la diversidad religiosa en Europa. Un contexto común, distintos estilos nacionales*. Disponible en <http://www.fes-sociologia.com/sociologia-de-las-migraciones/congress-workgroups/25/> [Fecha de consulta: 14/08/2015].

[19] SSTEDH *Leyla Sahin contra Turquía*, de 29 de junio de 2004, *Kervanci contra Francia* y *Dogru contra Francia*, ambas de 4 de diciembre de 2008.

[20] ARLETTAZ, F., *Religión, esfera pública, mundo privado. La libertad religiosa y la neutralidad del Estado en las sociedades secularizadas*, Prensas de la Universidad de Zaragoza, Zaragoza, 2015, p. 217.

cación religiosa que manifiesta la pertenencia y adhesión a una confesión religiosa determinada, pues constituye un símbolo religioso inmediatamente perceptible para los terceros[21].

Conviene señalar que el símbolo puede entenderse con una doble concepción[22]. Por un lado, corresponde a la propia persona determinar si algo es un símbolo religioso para ella. De otro, los símbolos de carácter religioso son los que son tomados y aceptados como tales por la sociedad en la cual son mostrados. Bien sea por la sociedad en general, cuando se trata de un símbolo de una religión conocida, o por un grupo concreto —por ejemplo, una confesión— en el caso de que el símbolo sea ajeno a la cultura de un determinado contexto social[23]. Atendiendo a su naturaleza, un símbolo no es más que un código que requiere una previa interpretación y dicha interpretación puede ser muy distinta según el contexto, por tanto, puede suponer un error pretender atribuir a un símbolo un mismo significado en los diversos contextos en los que puede ser empleado.

El símbolo está construido por la propia interpretación de su contenido, por la convención sobre su significado y es fruto de la capacidad de los seres humanos, que como función es creativa en un momento previo a la fijación del símbolo en la fase de elaboración del mismo. Lo propio y específico del símbolo es significar, ya que el símbolo y a través del símbolo no sólo se hace mera referencia a otra cosa, sino que se hace presente, se representa y en cuanto esta representación se hace real, se realiza una verdadera participación de lo significado.

Lo que sorprende en el asunto Dahlab es la premisa de la que parte el TEDH respecto del velo: es una prenda que se identifica con el Islam y la religiosidad radical e intolerante y la desigualdad de sexos[24]. Compartimos con Motilla el prejuicio que

[21] El velo islámico es calificado en este caso de símbolo religioso «fuerte» y reconocible. Estamos con Ciravegna cuando sostiene que «risulta di tutta evidenza la paradossale conseguenza cui condurrebbe una simile impostazione interpretativa, alla quale conseguirebbe inevitabilmente un trattamento differenziato tra simboli religiosi diffusamente riconoscibili, passibili di restrizione, e simboli religiosi non riconoscibili, di cui non verrebbe limitato il porto. Si arriverebbe cosi ad un differente tratamento delle confessioni religiose di maggioranza rispetto a quelle di minoranza, che non pare compatibile con il principio di non discriminazione sancito dalla Convenzione medesima. CIRAVEGNA, M., «La nozione di "segno esteriore forte" tra problema di definizione e presunzione de lesività: la sentenza "Dahlab c. Svizzera"», en MAZZOLA, R. (a cura di), *Diritto e religione in Europa. Rapporto sulla giurisprudenza della Corte europea dei diritti dell'uomo in materia di libertà religiosa*, Il Mulino, Bologna, 2012, p. 142.

[22] ALÁEZ CORRAL, B., «Símbolos religiosos y derechos fundamentales en la relación escolar», *Revista Española de Derecho Constitucional*, n.º 67, 2003, p. 97.

[23] MARTÍN SÁNCHEZ, I., «Uso de símbolos religiosos y margen de apreciación nacional en la jurisprudencia del Tribunal Europeo de Derechos Humanos», *Revista General de Derecho Canónico y Derecho Eclesiástico del Estado*, n.º 35, 2014, p. 5.

[24] La propia Comisión Europea de Derechos Humanos ya había utilizado esta asimilación en el asunto *Karamudan y Bulut contra Turquía. Cfr.* MARTÍNEZ-TORRÓN, J., *op. cit.*, pp. 91-92.

late en esta sentencia hacia la religión islámica, al considerarla una amenaza contra la tolerancia y la laicidad del sistema político. En su opinión, esto se expresa con la «identificación que se hace del pañuelo islámico con posiciones integristas, y la consiguiente conclusión de convertir el signo religioso en sinónimo de intolerancia y discriminación de la mujer, ocultando el correcto enfoque del problema desde el punto de vista de las constituciones nacionales y del CEDH: el velo, como todo otro símbolo ideológico o religioso, es expresión de la libertad individual de manifestar las propias creencias»[25]. En efecto, considerar que el velo es un símbolo provocador y ostentoso que incita al ejercicio de todas aquellas prácticas no deseables que se vienen relacionando con el Islam por uno u otro motivo, es una identificación errónea e injusta[26].

Como erróneo sería admitir que todos los actos motivados por una creencia están bajo la protección del artículo 9 del CEDH, puesto que muchas religiones —e incluso sistemas éticos y no religiosos— influyen en cada aspecto de la vida del creyente. En teoría, prácticamente cada acción podría estar vinculada con las creencias, por lo que un enfoque excesivamente amplio sería contraproducente[27]. Por ello, el TEDH afirma que el acto debe estar íntimamente relacionado con la religión o creencia, es decir, que debe existir un nexo suficientemente estrecho y directo entre el acto y la creencia subyacente[28].

No podemos olvidar que la dimensión externa de la libertad religiosa consiste en la libertad de actuar de acuerdo con la propia religión o creencia. Así, las distintas formas que puede tomar la manifestación de una religión son el culto[29], el estudio y discusión colectiva de textos religiosos por parte de los miembros de un grupo[30], la

[25] MOTILLA, A., «El problema del velo islámico en Europa y en España», *Anuario de Derecho Eclesiástico del Estado*, vol. XX, 2004, pp. 114-115.

[26] En el Informe del Observatorio Europeo del Racismo y la Xenofobia, *Musulmanes en la Unión Europea: discriminación e islamofobia*, se recoge que una cuestión que se ha debatido públicamente en estos últimos años en muchos Estados miembros es la relativa al uso del pañuelo, que a menudo es interpretado por los no musulmanes como un símbolo de opresión y subordinación. La cuestión del pañuelo es compleja y tiene muchos aspectos. Efectivamente, es posible que muchas mujeres musulmanas lleven el pañuelo en contra de su voluntad a causa de la presión social de la familia o incluso del acoso de su propio grupo, pero otras deciden llevarlo bien sea por motivos religiosos, bien como una afirmación de su identidad musulmana o bien como un signo de modestia culturalmente definido. *Musulmanes en la Unión Europea: discriminación e islamofobia*, edición en español, Casa Árabe-Instituto Internacional de Estudios Árabes y del Mundo Musulmán, Madrid, 2007, p. 20.

[27] HALL, H. y GARCÍA OLIVA, J., «Simbología religiosa en el ámbito laboral. A propósito del caso Chaplin y sus implicaciones en el derecho británico», *Revista General de Derecho Canónico y Derecho Eclesiástico del Estado,* n.º 32, 2013, p. 13.

[28] STEDH 48420/10, 59842/10, 51671/10 y 36516/10, de 15 de enero de 2013, párr. 82.

[29] Dec.CEDH 20747/92, de 18 de febrero de 1993.

[30] STEDH 184/02, de 11 de enero de 2007.

enseñanza, las prácticas y la observancia de los ritos[31], acceder a lugares de culto[32], poseer locales abiertos a los fieles[33], el vestir unas prendas de carácter religioso[34], la apariencia física que exija una convicción o religión, recibir a un sacerdote en un centro penitenciario[35], el empleo de un determinado lenguaje, la elección de los líderes religiosos, la manera cómo se entierran los muertos o la forma de un cementerio[36], entre otras. En definitiva, todas las formas que hacen visible, en privado o en público, una religión o creencia[37].

En el caso Eweida los tribunales británicos trataron de buscar una salida fácil al explicar que únicamente aquellos actos que estaban obligados a llevar a cabo los empleados debido a su fe podían ser considerados como manifestaciones de las creencias religiosas. Esto significaba que los trabajadores *sijs* estaban protegidos porque estaban obligados a llevar un turbante, mientras que los empleados cristianos, que deseaban portar un crucifijo, no lo estaban[38].

Sin embargo, el TEDH puso en práctica el argumento que acabamos de comentar, consistente en la existencia de una relación íntima entre el acto y la religión o creencia y, por consiguiente, consideró que llevar una cruz queda bajo el manto de protección del artículo 9 del CEDH[39].

Estamos de acuerdo con lo sostenido por el TEDH en este asunto, ya que no tenemos duda alguna de que la unión entre llevar un crucifijo de forma visible, símbolo central de la fe cristina, y el dogma al que la solicitante se adhiere, es lo suficientemente fuerte como para suponer una manifestación de su creencia religiosa[40], razón por la cual disentimos de la explicación de los tribunales internos, que consideraron que el hecho de que la señora Eweida empezara a llevar la cruz de forma visible respondía a una decisión personal[41].

Para reforzar el planteamiento de que la empleada comenzara a llevar la cruz por sus creencias y no como un simple adorno, cabe afirmar que las personas experi-

[31] STEDH 27417/95, de 27 de junio de 2000.

[32] STEDH 25781/94, de 10 de mayo de 2001.

[33] Dec.CEDH 17522/90, de 10 de enero de 1992.

[34] STEDH 72881/01, de 5 de octubre de 2006.

[35] STEDH 38812/97, de 29 de abril de 2003.

[36] Dec.TEDH 41754/98, de 10 julio de 2001.

[37] ROLLAND, P., «Ordre publiques et practiques religieuses», en FLAUS, J. F. (ed.), *International protection of religious freedom*, Bruylant, Bruselas, 2002, p. 239.

[38] MCILROY, D. H., «A marginal victory for freedom of religion», *Oxford Journal of Law and Religion*, n.º 1, 2013, p. 211.

[39] STEDH 48420/10, 59842/10, 51671/10 y 36516/10, de 15 de enero de 2013, párr. 89.

[40] *Ibidem*, voto particular de los jueces Bratza y David Thór Björgvinsson, párr. 2(a).

[41] HILL, M., «Religious symbolism and conscientious objection in the workplace: an evaluation of Strasbourg's Judgment in Eweida and others v United Kingdom», *Ecclesiastical Law Journal,* n.º 15, 2013, p. 196.

mentan cambios espirituales e ideológicos a lo largo de su vida, pueden convertirse a una fe distinta o, como le sucedió a la señora Eweida, pueden decidir manifestar su fe de manera diversa[42].

En el asunto Chaplin, al igual que en Eweida, el TEDH entendió que la determinación de la señora Chaplin de llevar la cruz y la cadena a trabajar era una manifestación de su creencia religiosa. El rechazo de su empresario a permitirle llevarlas y continuar al mismo tiempo con sus funciones como enfermera fue, consiguientemente, una interferencia de los derechos reconocidos en el artículo 9 del CEDH. En este sentido, no hay nada que podamos añadir, pues ya manifestamos en el análisis del caso anterior que el crucifijo es el símbolo central del cristianismo.

4. NEUTRALIDAD ESTATAL Y SIMBOLOGÍA RELIGIOSA

La neutralidad del Estado no implica que las autoridades deban ser indiferentes a las consecuencias que se derivan del ejercicio de libertad religiosa, o que deban ignorar por completo las elecciones individuales en este área de la racionalidad humana. Por el contrario, la neutralidad significa que las autoridades del Estado no pueden juzgar sobre la verdad o falsedad de los dogmas o principios de las diversas religiones. Sin embargo, la actuación del Estado sí puede tomar en consideración los efectos predecibles de las doctrinas morales, especialmente en aquellos casos en los que esas doctrinas y comportamientos entran en conflicto con el Derecho o con valores que el ordenamiento jurídico considera esenciales[43].

El TEDH ha señalado que en Francia, en Turquía o en Suiza, la laicidad es un principio constitucional, fundador de la República, a la que el conjunto de la población se adhiere y cuya defensa parece primordial, particularmente en el colegio. El Tribunal reitera que una actitud que no respete este principio no será necesariamente admitida como parte de la libertad de manifestar la religión, y no se beneficiará de la protección que garantiza el artículo 9 del CEDH. En consecuencia, teniendo en cuenta el margen de apreciación que debe dejarse a los Estados miembros, la libertad religiosa así reconocida y limitada por los imperativos de la laicidad se reconoce legítima con respecto a los valores subyacentes al Convenio.

En el asunto Dahlab, la exigencia de neutralidad —en este caso en la escuela— tiene por objeto garantizar el respeto de la sensibilidad de los alumnos de distintas convicciones, ostentando en este aspecto un papel decisivo el comportamiento de los profesores en cuanto proyectan una influencia muy importante sobre ellos, pues representan un modelo respecto al que los alumnos son especialmente receptivos.

[42] HALL, H. y GARCÍA OLIVA, J., *op. cit.*, pp. 18-19.

[43] PALOMINO, R., *Neutralidad del Estado y espacio público*, Thomson-Aranzadi, Cizur Menor, 2014, p. 16.

Además, en el caso de un funcionario público como lo es un profesor de una escuela pública, debe ser especialmente cuidadoso en la manifestación de sus creencias, sobre todo en los niveles de educación primaria. Lo interesante es determinar si frente al imperativo de la neutralidad y laicidad del Estado se ha producido una anulación del derecho de libertad religiosa de la profesora o si esta prohibición supone una solución proporcional al conflicto entre los elementos de confrontación[44].

Compartimos la opinión de Martínez-Torrón cuando sostiene que, en este caso, el TEDH mostró un respecto excesivo por el margen de apreciación otorgado a Suiza. El quebrantamiento de la calificada como «paz religiosa» en la escuela pública no sufrió ningún menoscabo por la utilización del velo islámico en la persona de la señora Dahlab, máxime si tenemos en cuenta que esta persona lo portó durante cinco años antes de que le fuera prohibido y no hubo ninguna queja por parte de los padres de los alumnos. Asimismo, resultaba un tanto discutible una interpretación del principio de laicidad de acuerdo con la cual fuera necesario, en un país como Suiza, donde no existían tensiones religiosas notables, que los profesores eliminasen los símbolos religiosos de su vestimenta personal. «Más bien podría pensarse que una laicidad entendida como neutralidad debería impulsar a que los estudiantes pudieran ver en su propio colegio las mismas expresiones de pluralismo religioso que encuentran en la sociedad suiza extramuros de la escuela (…). Mientras que los profesores respeten las creencias de sus alumnos y no adopten una actitud proselitista o adoctrinadora, la visibilidad del pluralismo religioso parece más coherente con la posición de un Estado neutral, y quizá más educativa para los alumnos, que la ausencia ficticia de creencias religiosas por parte del personal docente»[45]. Es decir, que frente a la libertad religiosa positiva del docente, se encuentra la libertad religiosa negativa del alumno. Esta libertad negativa, protegida en la misma medida que la libertad positiva, supone el derecho a mantenerse alejado de actos de culto o de símbolos de una creencia religiosa que no se profesa. Obviamente ello no implica, en una sociedad en la que diversas convicciones religiosas tienen cabida, el derecho a no ser expuesto en absoluto a ningún símbolo religioso o a que todos ellos queden ocultos.

El TEDH ha utilizado una concepción temerosa del derecho de libertad religiosa, subordinado y dependiente del principio de neutralidad estatal en su concepción estricta, que demanda el confinamiento de las creencias a la esfera privada[46]. Buena prueba de ello es el asunto Dahlab —a partir de esta sentencia se va a adoptar esta

[44] CAÑAMARES ARRIBAS, S., «Las manifestaciones externas de religiosidad en el ordenamiento jurídico español: el empleo de la simbología religiosa», en DE LA HERA, A., MOTILLA, A., PALOMINO, R., *El ejercicio de la libertad religiosa en España. Cuestiones disputadas*, Ministerio de Justicia, Secretaría Técnica, Madrid, 2004, pp. 206-207.

[45] MARTÍNEZ-TORRÓN, J., *op. cit.*, pp. 48-49.

[46] CAÑAMARES ARRIBAS, S., «Símbolos religiosos en un Estado democrático y plural», *Revista de Estudios Jurídicos*, n.º 10, 2010, p. 16.

concepción que exponemos—, donde se da por sentado que la neutralidad está mejor garantizada cuando la religión no está presente o es invisible, lo que le lleva a legitimar restricciones a las manifestaciones individuales de las creencias[47]. El principio de neutralidad estatal así concebido se desvirtúa de su significado originario, consistente en garantizar la tutela y el ejercicio del derecho de libertad religiosa, para convertirse en fundamento de la represión y la prohibición de ejercerlo[48].

Hay que recordar que el Dictamen del Comité de Derechos Humanos de la ONU, de 5 de noviembre de 2005, estableció que la libertad religiosa reconocida en el artículo 18 del Pacto Internacional de Derechos Civiles y Políticos ampara el uso de vestimenta religiosa. Este instrumento internacional debe ser puesto en relación con la posterior Recomendación del Consejo de Europa 1927/2010, sobre Islam, Islamismo e Islamofobia en Europa, que instaba a los estados miembros a «no establecer una prohibición general del velo completo o de cualquier otra ropa religiosa o especial sino cuando esta prohibición sirva para proteger a las mujeres de toda coacción física y psicológica», exhortando por otro lado la protección de la libertad de elección «para usar ropa religiosa o especial y garantizar la igualdad de oportunidades para las mujeres musulmanas a participar en la vida pública y llevar a cabo actividades de educación y profesionales».

Respecto a este último aspecto, el profesional, nos parece interesante traer a colación un caso producido en 2009 España y que está pendiente de resolución por parte del TEDH. La demandante, una abogada, se quejaba en particular sobre su expulsión de un tribunal porque llevaba el velo islámico. Alega que los reglamentos sobre la materia no prohíben explícitamente el uso de esta prenda. La Corte notificó la demanda al Gobierno español y formuló preguntas a las partes de conformidad con los artículos 6.1 (derecho a un juicio justo), 8 (derecho al respeto de la vida privada y familiar) y 9 (libertad de pensamiento, de conciencia y religión) de la Convención,

[47] MORENO ANTÓN, M., «Los recelos de Europa ante la realidad multicultural: hiyab y TEDH», *Derecho y Religión*, vol. IX, 2014, p. 188.

[48] MARTÍNEZ-TORRÓN, J., «Universalidad, diversidad y neutralidad en la protección de la libertad religiosa en la jurisprudencia de Estrasburgo», en MARTÍNEZ-TORRÓN, J., MESEGUER VELASCO, S, PALOMINO LOZANO, R. (coords.), *Religión, Matrimonio y Derecho ante el siglo XXI. Estudios en homenaje al profesor Navarro-Valls*, vol. I, Iustel, Madrid, 2013, pp. 288 y ss.

En el año 2004 se aprueba en Francia una ley de símbolos ostensibles, prohibiendo el uso del velo en centros educativos no universitarios. Su entrada en vigor se produce apenas tres meses antes de la STEDH, caso *Leyla Shain contra Turquía*, de 29 de junio de 2004, cuyos fundamentos conformarán los límites al uso de símbolos religiosos como ejercicio del derecho a la libertad religiosa en centros públicos. El TEDH, con base en el caso *Dahlab contra Suiza*, avanzó en esta línea doctrinal y consideró que el Estado podía limitar ciertos símbolos religiosos si, además de su previsión legal, quedaba acreditado su uso en detrimento de la protección de los derechos y libertades ajenos, del orden y de la seguridad pública.

y de conformidad con el artículo 1 (prohibición general de la discriminación) del Protocolo n.º 12 del CEDH.

La letrada, a la que ni el Consejo General del Poder Judicial, ni el Tribunal Supremo, ni el Tribunal Constitucional (que denegó su petición por cuestiones formales) le dieron la razón[49], aseguraba que, con esa decisión, el presidente de ese tribunal le habría discriminado respecto al resto de abogados personados en el juicio y habría atentado contra su derecho a la libertad religiosa. En efecto, en la vista, el magistrado no permitió que la señora Barik permaneciera en estrados con su pañuelo en la cabeza. La abogada alegó que había asistido a otros muchos juicios sin que se hubiera producido ningún problema. Sin embargo, al no obedecer al magistrado, tuvo que seguir el juicio desde los bancos reservados al público. La abogada de religión musulmana no representaba a ninguna de las partes, sino que prestaba apoyo a un compañero.

La normativa sobre la indumentaria que los letrados deben llevar en los procesos no prohíbe expresamente el velo o *hijab*. La abogada ha alegado también ante el TEDH que se la discriminó respecto al resto de los letrados presentes en el juicio que, vestidos con la toga, como ella, pero sin pañuelo islámico, sí pudieron asistir al juicio. Por su parte, en su escrito de alegaciones al Consejo General del Poder Judicial, el magistrado justificó la expulsión de Barik invocando el artículo 37 de Estatuto General de la Abogacía. Ese precepto obliga a los abogados a vestir toga en los juicios y «potestativamente» birrete[50]. De esa norma, el magistrado deducía que «la regla es que no pueden llevarse prendas en la cabeza, de ahí que tenga que mencionar expresamente el birrete. La ley no puede definir en negativo lo que no se puede llevar, no se puede decir: no se podrá llevar mantilla, sombrero cordobés, barretina catalana, txapela vasca, etcétera», defendía en su escrito.

Ante el Tribunal Supremo, Barik alegó que los jueces de Ceuta y Melilla sí permitían el uso del *hijab* en estrados. También se refirió a los ordenamientos jurídicos de otros países de nuestro entorno. Así, aseguró que los jueces británicos autorizan el turbante para los abogados de religión *sij* y los de Estados Unidos permiten usar

[49] Sentencia del Tribunal Supremo de 2 de noviembre de 2010.

[50] De acuerdo con el artículo 37 del Real Decreto 658/2001, de 22 de junio, por el que se aprueba el Estatuto General de la Abogacía Española: «1. Los abogados comparecerán ante los Tribunales vistiendo toga y, potestativamente, birrete, sin distintivo de ninguna clase, salvo el colegial, y adecuarán su indumentaria a la dignidad y prestigio de la toga que visten y al respeto a la Justicia.

2. Los abogados no estarán obligados a descubrirse más que a la entrada y salida de las Salas a que concurran para las vistas y en el momento de solicitar la venia para informar».

Conforme al artículo 33 del Reglamento 2/2005 de Honores, Tratamiento y protocolo en la Actos judiciales solemnes: «(...) Fiscales, Secretarios, Abogados del Estado, Abogados y Procuradores en actos solemnes judiciales y actos jurisdiccionales que tengan lugar en los estrados, usarán toga y, en su caso, placa y medalla. En todo acto jurisdiccional llevarán traje o vestimenta acorde con la solemnidad del acto».

kipa a los letrados judíos[51]. La abogada también consideraba vulnerado su derecho al honor, la intimidad y la propia imagen porque «iba vestida en consonancia con sus convicciones religiosas o culturales» sin molestar o dañar a nadie por ello.

Para Aláez Corral existe en este supuesto ciertas limitaciones que están justificadas constitucionalmente en la medida en que coadyuvan al correcto funcionamiento de la Administración de Justicia y a la protección del derecho a la tutela judicial efectiva de los ciudadanos, lo que habría que apreciar en cada caso o situación concreta. Para el autor, «(...) uno y otro bien constitucional se podrían ver comprometidos por la apariencia de parcialidad ideológica o religiosa, así como por la merma en sus capacidades cognitivas para la dirección del proceso y la emisión de una resolución que experimentarían las juezas o magistradas portadoras del velo islámico (integral o no) en la Sala. Pero también se verían comprometidos por la merma en la capacidad comunicativa con el órgano jurisdiccional y con las propias partes —incluido su defendido— que experimentarían las abogadas ataviadas con un velo integral, o en fin por la dificultad de valorar la veracidad del testimonio aportado en un procedimiento penal por una testigo ataviada con un velo islámico integral, lo que además comprometería el derecho a la presunción de inocencia, que implica el derecho a no ser condenado sin suficientes pruebas de cargo. De ahí que en una relación de sujeción especial, como es la que se entabla con ocasión del ejercicio de la función jurisdiccional o de la colaboración con la Administración de Justicia, los participantes en la misma puedan ver limitada temporalmente de forma más intensa una de las facultades que forman parte de su libertad religiosa/derecho a la propia imagen, sin perjuicio, eso sí, de que los órganos jurisdiccionales o administrativos que deduzcan esa prohibición limitativa de las libertades constitucionales de quienes ejercen o colaboran con la función jurisdiccional la apliquen respetando el principio de proporcionalidad»[52].

No compartimos la opinión de que ir ataviada con un símbolo religioso, en este caso un velo, comprometa la imparcialidad de su portadora a la hora de dictar una resolución, ni mucho menos suponga una limitación de sus capacidades cognitivas. Cosa distinta es que deba ofrecer una imagen «neutral» si es funcionaria de la Administración pública. Consideramos que el principio de proporcionalidad es la piedra de toque para admitir a personas con velo islámico o con cualquier otro símbolo religioso en las salas de audiencia y en sus actuaciones ante los tribunales. Como certeramente señala Elósegui Itxaso, «se da el caso de que el abogado de los países europeos que intervinieron apoyando al recuso presentado por Italia ante la Gran Sala del TEDH

[51] Desde el año 2013, por primera vez en casi 90 años, las funcionarias turcas que lo deseen pueden acudir a su lugar de trabajo llevando el velo islámico. La medida se aplica a todas las mujeres que trabajan para el Estado con la excepción de las jueces y fiscales y de las que pertenezcan a cuerpos uniformados, como la policía y el ejército.

[52] ALÁEZ CORRAL, B., *op. cit.*, p. 518.

en el asunto Lautsi fue un letrado judío de Nueva Cork ataviado con kippá, lo cual ofrece una lectura muy significativa por su parte de tolerancia; un judío practicante actuando como abogado defensor de la presencia del crucifijo en la escuela, como contraste con la indebida injerencia de algunos magistrados»[53].

5. IMAGEN CORPORATIVA Y SIMBOLOGÍA RELIGIOSA

De los tres casos analizados, tanto en el asunto Eweida como en Chaplin existe un código interno de la empresa que recoge expresamente la posibilidad o no de portar algún símbolo o vestimenta de naturaleza religiosa.

Es por todos conocido que algunas religiones prescriben o aconsejan la utilización de ciertas prendas de vestir o símbolos, los cuales, además de la significación religiosa que puedan tener, identifican a la persona con una determinada creencia o convicción: *hijab* para las mujeres musulmanas, la cruz para los cristianos, los *dreadlocks*[54] para los rastafaris, la estrella de David y la *kippa* para los judíos, entre otros.

Los motivos que pueden dar lugar al enfrentamiento entre la empresa y el trabajador por la utilización de estos elementos son muy variados, pudiendo venir provocados por el uniforme pactado en el convenio colectivo, o impuesto unilateralmente por el propio empresario o bien por una orden concreta e individual del empleador a un trabajador para que modifique su imagen externa[55].

Cuando el uso de vestimenta o uniforme durante la prestación de la jornada laboral venga impuesto por un código de la propia empresa, esta obligación aparecerá avalada por el poder de dirección empresarial. Esto significa que el empleador tiene derecho a imponer códigos de vestimenta particular o *the house-style* y, en caso de incumplimiento, la conducta podrá ser sancionada con un despido disciplinario[56]. Y esto es más evidente en aquellas profesiones para las que sea necesario un rápido reconocimiento de la empresa para la cual presta sus servicios el trabajador o las funciones por él desempeñadas, como ocurre con los auxiliares de vuelo o los guardas de seguridad, donde la pronta identificación forma parte de la propia actividad obligada del trabajador.

En el caso Eweida no existía ninguna resistencia a utilizar el uniforme de la empresa, sino la inclusión de un elemento: una cruz cristiana. Respecto al código de

[53] ELÓSEGUI ITXASO, M., *El concepto jurisprudencial de acomodamiento razonable. El Tribunal Supremo de Canadá y el Tribunal Europeo de Derechos Humanos ante la gestión de la diversidad cultural y religiosa en el espacio público*, Aranzadi, Cizur Menor, 2013, p. 327.

[54] Tipo de peinado formado por trenzas enmarañadas.

[55] FERNÁNDEZ FERNÁNDEZ, R., TASCÓN LÓPEZ, R., ÁLVAREZ CUESTA, H., QUIRÓS HIDALGO, J.G., *Inmigración, religión y trabajo en Andalucía. Reflexiones sobre las implicaciones laborales derivadas de la pluralidad religiosa*, Consejo Económico y Social de Andalucía, Sevilla, 2007, p. 49.

[56] *Ibidem.*

uniforme implantado por British Airways, efectivamente, la empresa puede establecer en base a la organización de la actividad laboral la obligación de uniformidad de sus trabajadores[57], especialmente en el sector servicios, ya que la relación entre la empresa y el cliente pasa por el trabajador que aparece como imagen de la compañía, ya que los clientes forman su opinión a partir del comportamiento y del vestido de los empleados[58]. No obstante, ello no es motivo suficiente para prohibir de forma general la utilización de signos o símbolos religiosos, incluso cuando estos son visibles[59].

Como los actos denunciados no eran directamente atribuibles al Estado demandado, la cuestión era ver si el Estado había incumplido las obligaciones positivas para asegurar los derechos del artículo 9 del CEDH a través de su sistema legal. Las restricciones al ejercicio de la libertad religiosa de trabajador no tendrán amparo cuando no resulten estrictamente imprescindibles para satisfacer el legítimo interés empresarial. Por el contrario, se justificarán las limitaciones cuando el comportamiento del trabajador, amparado en su derecho a manifestar sus convicciones y creencias, suponga perjuicios o sacrificios empresariales desproporcionados. De este modo, el empresario está obligado a salvaguardar los derechos fundamentales del trabajador, pero no hasta el punto de sufrir un sacrificio personal o incluso económico apreciable. Sin embargo, si la actividad empresarial no se ve perjudicada ni existen criterios objetivos que permitan demostrar los eventuales perjuicios que la conducta del trabajador pueda irrogar, no será justificable la limitación del derecho a la libertad religiosa de los empleados. Se opta, en definitiva, por el criterio de armonización razonable entre intereses empresariales y el derecho a la libertad religiosa en su dimensión externa de los trabajadores[60].

El TEDH realizó este análisis y consideró que, mientras que el objetivo empresarial era sin duda alguna legítimo, los tribunales nacionales le concedieron demasiado peso. La cruz de la señora Eweida era discreta y no se deterioraba su aspecto profesional. Ciertamente, dados los antecedentes, se proyectan importantes dudas respecto al tratamiento paritario de los trabajadores, ya que la empresa llegó a tolerar el uso de símbolos religiosos que aparentemente podían tener una mayor incidencia en la imagen corporativa de empresa, como turbantes o velos, sin que hubiesen causado un impacto negativo en la marca o imagen de British Airways[61]. Además, el hecho de que la compañía fuese capaz de modificar el código de vestimenta para permitir

[57] LÓPEZ AHUMADA, J. E., *op. cit.*, p. 504.

[58] WILLIAMSON, E., «Moving past hippies and harassment: a historical approach to sex, appearance, and the workplace», *Duke Law Journal*, n.º 56, 2006, p. 701.

[59] LÓPEZ AHUMADA, J. E., *op. cit.*, p. 504.

[60] GARCÍA GONZÁLEZ, G., «Relaciones laborales y libertad religiosa: su integración a partir de la jurisprudencia del Tribunal Europeo de Derechos Humanos», en RODRÍGUEZ BLANCO, M., GONZÁLEZ AYESTA, J. (coords.), *Religión y Derecho internacional*, Comares, Granada, 2013, p. 359-360.

[61] HILL, M., *op. cit.*, p. 201.

que se pudiera llevar de forma visible joyería con simbología religiosa, demuestra que la prohibición previa no era de crucial importancia. Por tanto, la autorización y excepción al uso del símbolo religioso debería igualmente haberse producido en el caso de la señora Eweida, pudiéndose calificar la suspensión de empleo y sueldo como una medida desproporcional[62].

Esta sentencia ofrece una buena muestra de la aplicación del principio de proporcionalidad en los casos de vestimenta del trabajador. La imposición de uniforme a los trabajadores es un medio idóneo para trasladar una determinada imagen corporativa. Pero no es necesario que impida su levísima alteración cuando el trabajador desea ejercer su libertad religiosa portando prendas u objetos de carácter religioso que no impiden el fin normal pretendido por el uniforme[63].

Un claro ejemplo, en el ámbito español, de esta última reflexión lo constituye el caso de un conductor de la Empresa Municipal de Transportes, practicante de la religión judía, que acude todos los días a su puesto de trabajo cubriéndose la cabeza con gorra, siendo sancionado por la empresa tras la incoación de un expediente disciplinario[64].

La orden empresarial de vestir una determinada ropa no puede lesionar la dignidad y honor del trabajador o cualquiera de los derechos fundamentales y libertades públicas constitucionalmente consagrados, por lo que si usar gorra constituye un acto prescrito por la religión en señal de respeto a la divinidad, se plantea conflicto entre el derecho de la empresa a dirigir la actividad laboral y el derecho fundamental a la libertad religiosa de uno de sus empleados.

Subraya el Tribunal que es preciso ponderar hasta qué punto el comportamiento del trabajador obligado por sus convicciones religiosas resulta inocuo para los intereses de la empresa. Por lo que si estos no sufren en absoluto, no existe razón que justifique en derecho una decisión del empleador rayana en el autoritarismo que hiere sin provecho para sí los sentimientos religiosos de uno de sus empleados constitucionalmente tutelados, máxime si hablamos de una empresa perteneciente al sector público, más comprometida que las de puro carácter privado con el cumplimiento efectivo de los valores constitucionales[65].

6. SEGURIDAD PERSONAL, SALUD PÚBLICA Y SIMBOLOGÍA RELIGIOSA

Como hemos mencionado líneas atrás, el uso de una vestimenta o símbolo de naturaleza religiosa entra en el ámbito de protección del derecho de libertad religiosa en su

[62] LÓPEZ AHUMADA, J. E., *op. cit.*, p. 505.

[63] CÁMARA BOTÍA, A., «La libertad de vestir del trabajador», *Aranzadi Social*, n.º 6, 2013, p. 17.

[64] Sentencia del Tribunal Superior de Justicia de Baleares, de 9 de septiembre de 2002, rec. n.º 390/2002.

[65] Demanda *Barik Edidi contra España* (n.º 21780/13), comunicada al Gobierno español el 2 de septiembre 2013.

dimensión externa. Conviene señalar que el TEDH ha tenido siempre clara esta distinción cuando se ha invocado este derecho: el ámbito interno, que incluye la libertad de tener o no una determinada creencia religiosa, tiene un carácter absoluto, mientras que la dimensión externa, que implica la manifestación individual o colectiva de la creencia profesada, tiene, por su propia naturaleza, un carácter relativo que puede ser limitado en consideración a los parámetros establecidos en el artículo 9.2 del CEDH[66]. En el ámbito laboral, las colisiones que se producen entre el cumplimiento de los deberes derivados de la relación contractual y el derecho a la libertad religiosa tienen como escenario siempre la esfera externa de este último, puesto el *agere licere* no sólo es objeto de protección constitucional, sino que dota de contenido al derecho mismo de libertad religiosa[67].

La naturaleza jurídica del derecho de libertad religiosa implica que no se pueden admitir injerencias indebidas por parte del Estado y, si las hubiere, sólo estarán justificadas cuando sean necesarias para el mantenimiento del orden público, entendiendo este concepto como el admisible en una sociedad democrática y que está integrado por los derechos de los demás, la seguridad, la salud y la moralidad públicas.

En efecto, el propio CEDH utiliza una fórmula abierta para limitar los derechos contenidos en su texto: «que la medida sea necesaria en una sociedad democrática»[68]. Y, en consonancia con esta cláusula genérica, el TEDH articula esta protección en torno al «estándar mínimo de protección», dejando a los Estados un amplio margen de apreciación[69].

El límite del orden público —en especial los elementos de la salud y la seguridad pública— ha sido invocado en numerosas ocasiones por la jurisprudencia de Estrasburgo: obligatoriedad del uso del casco y la implícita prohibición del turbante *sijs* por los motocilistas[70]; la obligatoriedad de identificarse con la cabeza descubierta para obtener servicios administrativos como la expedición de un diploma universitario y la obligatoriedad de descubrir la cabeza en los controles de seguridad aeroportuarios[71]; o, a la entrada de los consulados sin un turbante o un velo, a fin de ser sometido a tales

[66] En este sentido, STEDH *Kokkinakis contra Grecia*, de 25 de mayo de 1993, apartado 33.

[67] SALAS PORRAS, M., «Ponderación y modulación del ejercicio del derecho a la libertad religiosa en el contexto obligacional laboral: una mirada a la jurisprudencia española», *Revista Crítica de Historia de las Relaciones Laborales y de la Política Social*, n.º 9, noviembre 2014. En línea <www.eumed.net/rev/historia/09/religion.htm> [Fecha de consulta: 30 de septiembre de 2015].

[68] Sobre este punto *vid.* RENUCCI, J.F., *L'article 9 de la Convention Europeenne des Droits de l'homme. La liberté de pensée, de consciencie et de religion*, Editions du Conseil de l'Europe, Strabourg, 2004, pp. 43 y ss.

[69] Sobre el margen de apreciación en el TEDH, *vid.* GARCÍA ROCA, J., *El margen de apreciación nacional en la interpretación del Convenio Europeo de Derechos Humanos: soberanía e integración*, Civitas, Madrid, 2010.

[70] Asunto *X contra Reino Unido*, Dec. CEDH, de 27 de julio de 1978.

[71] Asunto *Kamarandu contra Turquía*, Dec. CEDH, de 3 de mayo de 1993 y *Phull contra Francia*, STEDH, de 11 de enero de 2005.

controles por no constituir una afectación desproporcionada al ejercicio del derecho de libertad religiosa[72].

En el caso Chaplin debemos tener presente que su puesto de trabajo era de enfermera en la unidad geriátrica de un hospital público. Existe una decisión del hospital —restringir el uso de joyería, incluidos los símbolos religiosos— que tiene como fundamento la protección de la salud y la seguridad de los pacientes y del personal, por el riesgo de que un paciente pudiera coger la cadena lesionándose a sí mismo o al personal sanitario o que se produjera un contacto de la cruz con una herida abierta. Existe también un derecho de libertad religiosa de una trabajadora manifestado a través de la exhibición de una cruz portada en el cuello en su centro de trabajo. Conviene señalar que esta regla no afectaba sólo a símbolos cristianos sino también a *sijs* y musulmanes. Además, se ofreció a la enfermera la posibilidad de llevar la cruz a modo de broche o bajo una camiseta de cuello alto.

Consideramos que en este ámbito las cuestiones de salud y seguridad suponen una razón convincente y proporcionada para una restricción en su libertad religiosa en su vertiente externa. La prevención de riesgos laborales puede constituir una restricción objetiva a la mencionada libertad, en especial cuando existe una incompatibilidad para portar un símbolo religioso y un equipo de protección obligatoria o un aumento de riesgos por el uso del símbolo —riesgos mecánicos, riesgos químicos, riesgos personales—[73].

Al igual que en el caso de la señora Eweida, la determinación de la señora Chaplin de llevar la cruz y la cadena a trabajar se consideró, en sí misma, una manifestación de su creencia religiosa, tras el examen del artículo 9 del CEDH.

El TEDH estimó, al efectuar la ponderación de los derechos concurrentes, que la finalidad alegada por el hospital —la protección de la salud y seguridad de trabajadores y pacientes— era de mayor importancia que la presentada en el asunto Eweida —imagen corporativa de la empresa—[74].

Se aprecia que el TEDH otorga una mayor importancia a las restricciones de símbolos religiosos cuando lo que está en juego es la protección de la salud o la seguridad pública, que cuando está en juego la imagen corporativa[75], por lo que esto supondrá una mayor reticencia por parte del Tribunal a interferir en las conclusiones alcanzadas por las autoridades nacionales. Ciertamente, en los trabajos de atención y cuidado a los enfermos de una unidad de geriatría es razonable evitar el uso de collares o acceso-

[72] Asunto *El Morsli contra Francia*, de 4 de marzo de 2008.

[73] Auvergnon, P., «L'expression des convictions religieuses sur le lieu du travail», en *Droit et religión en Europe. Etudes en l'honneur de Francis Messner*, Presses universitaires de Strasbourg, Strasbourg, 2014, p. 43.

[74] Cámara Botía, A., *op. cit.*, p. 17.

[75] Hall, H. y García Oliva, J., *op. cit.*, p. 16.

rios, tengan o no contenido religioso[76]. A nuestro juicio, creemos que lo que pretendía el TEDH era tratar de preservar en todo momento los derechos de los usuarios de los servicios públicos, prefiriendo limitar el ejercicio de los derechos de los trabajadores cuando los usuarios se encontraban en una situación frágil o de dependencia, como ocurría en los centros sanitarios[77]. No cabe duda de que este es un campo donde a las autoridades nacionales se les debe permitir un amplio margen de apreciación: las cuestiones de seguridad en los hospitales son de vital importancia y resulta innegable que los hospitales son autoridades en mejor posición que los tribunales para tomar este tipo de decisiones, especialmente cuando el TEDH no ha tenido acceso a evidencia directa[78].

A pesar de que el fallo es contrario a la señora Chaplin, late en el tribunal una vocación de reconocimiento del factor religioso. La Corte de Estrasburgo ha mandado un mensaje muy poderoso señalando que el artículo 9 del CEDH no debería ser de menor aplicación o tratado de manera menos seria que otros derechos de la Convención[79].

7. Principios hermenéuticos del Tribunal Europeo de Derechos Humanos: simbología religiosa y relaciones laborales

Como ha quedado reflejado, el TEDH ha conocido asuntos en los que los trabajadores, con fundamento en su derecho de libertad religiosa, han solicitado el desarrollo

[76] López Ahumada, J. E., *op. cit.*, p. 507.

[77] Labaca Zabala, M. L., «La prohibición de llevar símbolos religiosos en los centros de trabajo públicos por parte de los agentes-empleados/as en Francia». Disponible en <http://www.ambito-juridico.com.br/site/index.php?n_link=revista_artigos_leitura&artigo_id=6013> [Fecha de consulta: 28 de noviembre de 2015].

Al margen de la protección de la seguridad en el ámbito clínico, consideramos que no habría ningún problema en que una enfermera portase un velo islámico durante su actividad profesional. De lo contrario, habría que interpretar que negar su uso, mientras que en el mismo hospital, por ejemplo, se dispensa la libertad de vestimenta religiosa a miembros de congregaciones católicas presentes en el organigrama del centro con idénticas funciones auxiliares a aquéllas, resultaría, además de discriminatorio, contrario a la Directiva 2000/78/CE, de 27 de noviembre, relativa al establecimiento de un marco general para la igualdad de trato en el empleo y la ocupación, prohibiendo la discriminación por razones de religión o convicciones, entre otras. Marabel Matos, J.J., «El uso de simbología religiosa dinámica en espacios públicos sanitarios», *Revista de Derecho UNED*, n.º 12, 2013, p. 436.

No podemos olvidar que la «cofia», elemento típico del vestuario de esta profesión, tiene su origen en la Edad Media, cuando las religiosas católicas se convirtieron en las primeras «profesionales» de la enfermería. Conocemos que está a la espera de resolución la demanda de *Ebrahimian contra Francia* (demanda núm. 64846/11). La demandante es una trabajadora social contratada en una unidad de consulta y tratamiento de un hospital. El gerente del hospital le informó de la no renovación de su contrato al negarse a quitar el velo islámico que había estado portando, tras las quejas por parte de algunos pacientes del centro. La trabajadora alega que el despido ha supuesto una violación de su derecho a manifestar su religión o creencia.

[78] STEDH 48420/10, 59842/10, 51671/10 y 36516/10, de 15 de enero de 2013, párr. 99.

[79] Hall, H. y García Oliva, J., *op. cit.*, pp. 15-16.

de su actividad profesional portando un símbolo de naturaleza religiosa. En el ámbito de las relaciones laborales nos encontramos ante un marco jurídico obligacional en el que el empleado inserta sus derechos y libertades fundamentales que, si bien no le priva de los mismos, en ocasiones puede matizar su ejercicio.

Con el asunto *Eweida y otros contra el Reino Unido* se produce un importante cambio en la postura tradicional mantenida por el TEDH y la propia Comisión en relación con el conflicto entre las manifestaciones de la libertad religiosa y las obligaciones derivadas de la relación contractual. Esa postura tradicional consideraba que la libertad religiosa no permitía excluir sin más la responsabilidad contractual que estuviera justificada por los incumplimientos que, en el marco de dicha relación laboral y del conjunto obligacional del contrato, hubieran pretendido justificarse por necesidades ligadas al ejercicio del derecho de libertad religiosa[80]. Esto es, esos incumplimientos que darían como resultado el despido del trabajador no estarían motivados por la libertad religiosa del empleado, sino por su rechazo a cumplir con unas obligaciones contractuales voluntariamente aceptadas, pudiendo además el trabajador en todo momento dimitir y, por tanto, retomar el pleno ejercicio de este derecho, voluntariamente limitado cuando se aceptaron las obligaciones contractuales que se pretenden incumplir o alterar.

El TEDH abandona la perspectiva de alegar la previa voluntad individual y del posible restablecimiento del ejercicio del empleado mediante la dimisión, para exigir con el asunto *Eweida y otros contra Reino Unido* el análisis y justificación de esas limitaciones desde el principio de proporcionalidad. La consecuencia evidente, «es que a partir de estos momentos, toda empresa, ya sea esta pública o privada, deberá alegar, al exigir esta vestimenta o prestación que pueda entrar en conflicto con la libertad religiosa del empleado, no sólo un interés legítimo, sino también que dicha exigencia sea proporcionada. Ello supone que allí donde poderes empresariales y derechos fundamentales de los trabajadores (incluida ya la libertad religiosa) se encuentren, no bastará la simple alegación de la voluntad contractual de las partes, sino que será necesario por el empresario alegar una finalidad legítima, la adecuación entre la medida y dicha finalidad, y la existencia de un adecuado equilibrio entre los respectivos intereses enfrentados»[81].

La *summa divisio* en esta cuestión viene establecida por la simbología dinámica o activa, o sea, la que llevan como parte de su vestuario los ciudadanos como manifes-

[80] Baste como ejemplo el abandono del puesto de trabajo por la necesidad de acudir el viernes a rezar a la mezquita (Dec. CEDH, asunto *X contra Reino Unido*, de 12 de marzo de 1981) o la negativa a la petición de un abogado para que determinados actos procesales no se colocaran en festividades judías que le impidieran su participación (Asunto *Sessa contra Italia*, de 3 de abril de 2012).

[81] CALVO GALLEGO, J., *Libertad religiosa, códigos de vestimenta y objeción de conciencia en la más reciente doctrina del TEDH.* Disponible en <http://grupo.us.es/sej322/otros-trabajos/TEDH-vestimenta-objecion-conciencia.html> [Fecha de consulta: 25 de noviembre de 2015].

tación también de su identidad religiosa; y la simbología estática o pasiva, la que se asocia a algún elemento de la identidad del Estado. Esta división no es sólo externa, por así decir, a la estructura del derecho fundamental de libertad religiosa, sino que sitúa la cuestión de los símbolos religiosos a ambos lados del espectro establecido por dicho derecho fundamental: la libertad religiosa negativa, del lado de la simbología estática; la libertad religiosa positiva, del lado de la simbología dinámica o vestuario de carácter religioso[82].

Es complicado establecer unos parámetros de actuación del TEDH en relación con la vestimenta y símbolos religiosos en el ámbito laboral, ya que dependerán del tipo de relación contractual y del puesto de trabajo concreto, del ámbito de desarrollo del puesto de trabajo, de los principios estatales que presiden las relaciones entre el Estado y las confesiones religiosas o de los intereses generales del ordenamiento jurídico en cuestión. Estos elementos resultan determinantes para aceptar o no modular la manifestación externa de la libertad religiosa a través de la simbología dinámica. No obstante, y tomando como basamento los tres casos estudiados, podemos extraer algunas orientaciones sobre la materia.

a) Si el puesto de trabajo que se desempeña guarda relación con funciones estatales y se pretende trasmitir hacia los administrados la neutralidad o imparcialidad del Estado, el TEDH aboga por una regla prohibitiva de vestuario religioso visible. Tal regla parece incluso más rígida en el ámbito de la enseñanza para la educación primaria, donde los menores de edad resultarían más sensibles al proselitismo o al adoctrinamiento —caso Dahlab—. Por lo tanto, la connotación pública de la persona o del lugar es tenida en cuenta por el TEDH para restringir el derecho fundamental de libertad religiosa, restricción necesaria en una sociedad democrática desde la perspectiva del deber de neutralidad e imparcialidad del Estado[83].

En este sentido, es recurrente la postura del TEDH de acudir al papel del Estado como organizador neutral e imparcial de la convivencia de las diversas creencias religiosas y a la importancia de este papel en la contribución de garantizar el orden público, la paz religiosa y la tolerancia en una sociedad democrática. También lo es la consideración de que tal deber de neutralidad sea incompatible con la posibilidad de manifestar juicios de valor sobre las creencias y sus formas de manifestación. Por último, y no menos importante, que la ordenación de las distintas formas con las que

[82] PALOMINO, R., «Identidad, cultura y cultos», *Anuario de la Facultad de Derecho de la Universidad Autónoma de Madrid*, n.º 17, 2013, pp. 272-273.

[83] A diferencia de lo que ocurre en el derecho español en el que la neutralidad se concreta en el ámbito educativo en la prohibición de adoctrinamiento al profesor y, por tanto es la función que desempeña la que tiene que ser neutral. En el caso suizo, la neutralidad de extiende a la persona, no sólo a la función. *Cfr.* CASTRO JOVER, A., «Símbolos religiosos, ceremonias, manifestaciones religiosas y poderes públicos», en FERREIRO GALGUERA, J., *Jornadas jurídicas sobre libertad religiosa en España*, Ministerio de Justicia, Secretaría General Técnica, Madrid, 2008, pp. 816-817.

garantizar esa pacífica convivencia, salvaguardar el orden público y el respeto a las creencias de los demás, debe ser dejada a los Estados —pues son los que mejor conocen las específicas exigencias internas— a través de un amplio margen de apreciación.

b) Si el puesto de trabajo que se desarrolla tiene un código de uniformidad en el vestuario por razones de seguridad en el específico trabajo o de salubridad e higiene, dichos intereses prevalecen sobre el derecho de libertad religiosa. En el caso Chaplin existía un interés de terceros —el de los propios pacientes y el de la propia trabajadora— que justificaría la exigencia empresarial y la consiguiente limitación del derecho de libertad religiosa del trabajador. Es la importancia de esta finalidad legítima la que justificaría dicha limitación y la haría proporcional.

c) Si el puesto de trabajo que se desempeña exige uniformidad en el vestuario por razones de imagen corporativa o *the house-style*, la manifestación de la libertad religiosa a través del vestuario o el símbolo prevalece sobre el poder de dirección y organización empresarial. La imagen corporativa deja de tener un valor absoluto y puede ser objeto de modulaciones o acomodamientos. Así, en el caso Eweida, el TEDH sostuvo que había que valorar, por un lado, el derecho de la demandante a manifestar su religión y, por otro, los derechos de imagen de la compañía. British Airways alegaba que el crucifijo de la demandante podía afectar a su imagen de marca. No obstante, el TEDH observó que otros empleados de la compañía recibieron autorización para llevar vestimentas religiosas, como turbantes y velos. Por ello, el TEDH consideró que no se ha respetado un justo equilibrio entre los intereses en conflicto y se ha violado el derecho a la libertad religiosa de la demandante.

Consideramos que en este caso se ha aplicado correctamente el juicio de proporcionalidad, el cual deber orientar la hermenéutica en este tipo de conflictos, a fin de que la limitación del vestuario o de la simbología de naturaleza religiosa no sea menoscabada ante la necesaria salvaguarda de otro bien jurídico que demanda su restricción. El asunto Eweida es un buen ejemplo del acercamiento del TEDH a la sensibilidad de la jurisprudencia canadiense y norteamericana en la acomodación de las creencias religiosas del trabajador en el ámbito laboral[84].

Ejemplo paradigmático de acomodo razonable es el conocido como caso *Multani*, ocurrido en Québec y juzgado finalmente por la Corte Suprema de Canadá en el año 2006. En este caso entraban en conflicto la inconveniencia y prohibición de portar armas en un centro educativo con el deseo de una familia *sij* de permitir que su hijo portara un *kirpan* o daga ceremonial, tal y como prescriben sus creencias. Ante la disyuntiva planteada, la solución simple habría sido la de aplicar la normativa general sin acomodar en modo alguno la situación, al entender que el riesgo para la seguridad de los estudiantes hacia no razonable un ajuste que permitiera la presencia del

[84] *Cfr.* NAVARRO-VALLS, R., MARTÍNEZ-TORRÓN, J., *Conflictos entre conciencia y ley. Las objeciones de conciencia*, Iustel, Madrid, 2012, p. 420.

puñal en las aulas. Sin embargo, la solución final condujo a un auténtico acomodo razonable, puesto que en virtud del respeto a la libertad religiosa de un estudiante se consintió una excepción a la norma que prohíbe portar armas a los centros educativos, pero ello asegurando una serie de garantías adicionales. Estas consistían básicamente en obligar al estudiante a portar el *kirpan* en un bolsillo cerrado y no accesible, de manera que el arma no pudiera ser utilizada en ningún caso más allá de su finalidad de expresar una determinada adscripción religiosa. Las garantías creadas hacían segura la situación, por lo que los argumentos de la no razonabilidad del acomodo desaparecían, permitiéndose en este caso un acomodo de la vestimenta que, a través de una innovadora solución, permitía satisfacer los diferentes intereses en juego[85].

8. A MODO DE REFLEXIÓN FINAL

A menudo se defiende que los acomodamientos requeridos por las minorías son incompatibles con los derechos de la mayoría y obligan a ésta última a modificar su forma de vida para adaptarla a la de las minorías. Cuando las conductas y las manifestaciones religiosas en cuestión poseen iniciativa individual, normalmente esta acusación no está fundada, ya que tanto las minorías como las mayorías tienen, entonces, derechos compatibles e incluso convergentes. Permitir el *hijab* y el *kirpan* no solamente no es incompatible con el hecho de permitir llevar la cruz, sino que uno exige el otro, a causa del principio de no discriminación; llevar los propios símbolos, en el caso de las minorías, no tiene un efecto negativo sobre la forma de vida de la mayoría[86].

El distinto significado y alcance que tiene el principio de neutralidad estatal emanado a través de los criterios jurisprudenciales que las instancias judiciales han aplicado cuando entran en conflicto la dimensión positiva de la libertad religiosa —que implica el derecho de manifestar públicamente una creencia y de vivir y actuar de acuerdo a ella—, y la libertad negativa —que incluye, entre otras, la libertad de no soportar los actos de proselitismo ajenos o de no participar en actos de culto—, se proyecta en el derecho de manifestar la propia religión o creencias a través de símbolos religiosos o también de rechazar determinados símbolos que sean expresión de una confesión religiosa, lo cual origina no pocas controversias que, en el ámbito jurisprudencial, tanto nacional como de derecho comparado, han tratado de resolverse atendiendo a ciertos principios que distan mucho de ser homogéneos.

[85] RUIZ VIEYTEZ, E.J., *Las prácticas de armonización como instrumento de gestión pública de la diversidad religiosa*, Observatorio del Pluralismo Religioso en España, Madrid, 2012, p. 36.

[86] WOEHRLING, J., «La libertad de religión, el derecho al acomodamiento razonable y la obligación de neutralidad religiosa del Estado en el derecho canadiense», *Revista catalana de dret public*, n.º 33, 2006, pp. 20-21.

El TEDH ha explicado que para que un acto motivado por una creencia se encuentre bajo el manto de protección del artículo 9 del CEDH, debe existir un nexo suficientemente estrecho y directo entre el acto realizado y la creencia seguida. Esta afirmación causa dos efectos: por un lado, consigue dar la misma protección a manifestaciones de religiones no preceptivas, como llevar una cruz cristiana colgada al cuello, que a manifestaciones de religiones preceptivas, como un turbante que porta un profesante del *sijismo*. Por otro, logra desechar la idea de que cualquier manifestación impulsada por una creencia tenga que ser necesariamente protegida.

Implantar un código de uniforme por parte de una empresa es totalmente legítimo y puede haber razones prácticas para hacerlo. Ahora bien, que el empresario obligue a todos sus empleados a vestir de manera uniforme no es motivo suficiente para prohibir de forma general el portar simbología religiosa. Deberán valorarse las circunstancias de cada caso para decidir en consecuencia. No es lo mismo prohibir estos elementos si el objetivo empresarial es tratar de dar una imagen corporativa, en cuyo caso, y siempre y cuando no suponga un grave perjuicio para la empresa, será ilícito, a si lo hacen las autoridades de un hospital con un interés fundamentado en la protección de la seguridad y la salud de pacientes y personal sanitario, situación en la que será razonable la restricción.

Con el asunto *Eweida y otros contra Reino Unido* se ha mitigado un principio muy arraigado en el TEDH, según el cual si una persona puede renunciar a su puesto de trabajo para evitar una limitación a su derecho de libertad religiosa, entonces no hay lesión de tal derecho. Lo más adecuado será sopesar si la restricción fue proporcionada o no. Se pone de manifiesto, además, el claro interés del TEDH por destacar la importancia que se le debe asignar al derecho de libertad religiosa. La mejor señal es la aproximación del TEDH en la aplicación de la doctrina norteamericana de la acomodación razonable, por la cual se han de tomar medidas razonables para armonizar una acción con una determinada pretensión de ejercer un derecho, salvo que cause una carga excesiva; en concreto, la acomodación de la organización empresarial a la libertad religiosa del trabajador, basándose para ello en el indudable interés público que tiene el derecho de libertad religiosa[87].

[87] Sobre la doctrina del acomodo razonable, además de la obra citada de Elósegui Itxaso, *vid.* BRIBOSIA, E., RORIVE, I. (dirs.), *L'accommodement de la diversitè religieuse. Regards croisés-Canada, Europe, Belgique*, Peter Lang, Bruxelles, 2015; GORROTXATEGI AZURMENDI, M., «El interculturalismo quebequés en la encrucijada. De la crisis de los acomodamientos razonables a la Comisión Bouchard-Taylor», *Revista de Estudios Políticos*, n.º 150, 2010, pp. 175-223.

CAPÍTULO III

LIBERTAD SINDICAL EN EL SENO DE LAS CONFESIONES RELIGIOSAS

JUAN GONZÁLEZ AYESTA

Universidad Internacional de La Rioja (UNIR)

1. INTRODUCCIÓN

El presente trabajo se mueve en un ámbito poco tratado: la libertad sindical en el seno de las confesiones religiosas. Es cierto que, ya desde hace años, en varios países de Europa existen sindicatos que operan dentro de las confesiones religiosas. Sin embargo, no se trata de un fenómeno frecuente y, hasta tiempos muy recientes, ninguna controversia en esta materia había sido tratada por el Tribunal Europeo de Derechos Humanos.

De hecho, la primera y única demanda en esta materia que ha llegado hasta ese Alto Tribunal, fue la planteada por un grupo de sacerdotes de la Iglesia Ortodoxa de Rumanía a finales de 2008. Los demandantes pretendían constituir un sindicato para la defensa de sus derechos, pero la Iglesia Ortodoxa Rumana se opuso. Se abrió así un proceso judicial ante los tribunales rumanos que finalmente concluyo con la negativa, por parte del Estado, al reconocimiento de ese nuevo sindicato. Ante esta negativa, los promotores decidieron acudir al Tribunal Europeo de Derechos Humanos, por violación del derecho de libertad sindical reconocido en el art. 11 CEDH.

En un primer momento, la Sección Tercera del TEDH dio la razón a los demandantes, pero el fallo fue apelado por Rumanía, pasando entonces a la Gran Sala. Esta última, revisó la decisión inicial y consideró que la negativa a inscribir el sindicato, aun constituyendo una injerencia en la libertad sindical de los demandantes, no había supuesto una violación del art. 11 del Convenio[1].

La parte más importante del presente trabajo se propone precisamente en analizar los dos pronunciamientos del TEDH en ese caso, poniendo de relieve los aspectos centrales de sus respectivas motivaciones y tratando de explicar por qué la Sección Tercera y la Gran Sala llegaron a conclusiones distintas. Ahora bien, para entender a fondo el contexto en el que se colocaba la controversia y las implicaciones de la decisión finalmente adoptada, resulta imprescindible abordar previamente dos cuestiones de carácter más general: por un lado, el reconocimiento y alcance de la libertad sindical; y, por otro lado, la propia evolución de la jurisprudencia del TEDH en esa misma materia.

2. LA LIBERTAD SINDICAL: RECONOCIMIENTO Y CONTENIDO

La libertad sindical es una forma específica de libertad de asociación orientada hacia la defensa de los derechos de los trabajadores en el ámbito de las relaciones de trabajo. En este sentido, ha sido descrita diciendo que «se identifica con el derecho fundamental de los trabajadores a agruparse en organizaciones estables para la defensa, ordenación y promoción de sus intereses profesionales, económicos y sociales»[2]. A lo largo de este apartado, trataremos explicar brevemente algunos aspectos relativos al reconocimiento, el contenido y los límites de ese derecho, en la medida en que interesa para el propósito de nuestro trabajo.

[1] Sentencia TEDH 2330/09 (Sección Tercera), *Sindicatul «Păstorul Cel Bun» c. Rumanía*, 31 de enero de 2012; Sentencia TEDH 2330/09 (Gran Sala), *Sindicatul «Păstorul Cel Bun» c. Rumanía*, 9 de julio de 2013.

[2] TOROLLO GONZÁLEZ, Francisco Javier, Voz «Libertad sindical», en SEMPERE NAVARRO, A.V. - PÉREZ DE LOS COBOS ORIHUEL, F. - AGUILERA IZQUIERDO, R., *Enciclopedia laboral básica «Alfredo Montoya Melgar»*, Thomson Reuters-Aranzadi, Pamplona, 2009, p. 853.

No obstante, antes de abordar dicha cuestión, conviene hacer una observación preliminar. Para entender y captar en profundidad el significado y la relevancia de la libertad sindical, es preciso recordar que esta libertad surge y se ejerce en un concreto contexto. Ese contexto no es primordialmente el contexto jurídico formal del reconocimiento de los derechos, sino el contexto de lo que en ocasiones se designa como el «sistema de relaciones industriales»[3]. Dicho sistema es un entramado de aspectos jurídicos, políticos y económicos, en el que intervienen tres protagonistas principales: por un lado, los trabajadores y sus organizaciones; por otro lado, los empresarios y las suyas; y, finalmente, el propio Estado, bien mediante su actividad legislativa y reguladora, bien a través de organismos especializados. Un contexto en el que subyacen dinámicas internas de conflicto y poder que no conviene perder de vista si se quiere comprender a fondo el fenómeno sindical y sus mecanismos de tutela y protección[4].

2.1. Reconocimiento y protección del derecho de libertad sindical

El reconocimiento efectivo del derecho de libertad sindical ha sido un proceso largo, conectado históricamente con el movimiento obrero[5]. Por lo que al ámbito europeo se refiere, en un primer momento, existían en diversos países normas que

[3] Para una primera aproximación a la cuestión del «sistema de relaciones industriales», puede verse OJEDA AVILÉS, Antonio, *Derecho Sindical*, 8.ª ed., Madrid 2003, pp. 88-100.

[4] Hay unas palabras de Monereo que pueden ayudar a entender mejor lo que se acaba de señalar. La cita es un poco larga, pero vale la pena transcribirla por su claridad: «La realidad y la explicación del sistema de relaciones industriales [...] radica existencialmente en el gobierno del conflicto industrial, que es inherente y consustancial al modo de producción del capitalismo en sus distintas etapas de desarrollo (incluido el capitalismo organizado del presente). El Derecho Sindical es el subsistema jurídico-institucional del sistema general de relaciones industriales o laborales. Un subsistema integrado por un conjunto sistemático de normas y principios jurídicos que ordenan los sujetos colectivos y las relaciones colectivas de trabajo o relaciones sindicales. Las diversas expresiones de la autonomía colectiva son manifestaciones de una compleja trama de valoraciones cuya dinámica se basa en una subyacente mentalidad de fuerza y de poder. Esta realidad y sus implicaciones, que tiene especial relevancia para el conocimiento integral de los fenómenos de las relaciones sindicales, se escapan a los analistas que se sitúen frente a los mismos desde un punto de vista estrictamente formalista y estatalista. Ello implica la necesidad de conocer la realidad sindical desde un enfoque más amplio que el aportado por una simple captación formalista del Derecho, esto es, a través de un enriquecimiento conseguido por la utilización de un método más complejo de explicación del fenómeno sindical y su lógica interna de acción colectiva» (MONEREO PÉREZ, José Luis, «Modelos sindicales: Función del sindicato y mayor representatividad sindical», en *IDEM* (dir.), *Los derechos de libertad sindical y de negociación colectiva en una perspectiva comparada*, Granada, 2011, pp. 4-5).

[5] Para una breve síntesis de la historia del asociacionismo obrero, se puede consultar: RIVAS VALLEJO, Pilar, «Lección 1: Cuestiones generales e introductorias, el sindicato en España», en GARCÍA NINET, J. I. (dir.), *Manual de Derecho Sindical*, 2.ª ed., Barcelona 2007, pp. 27-84; interesa en particular, el apartado titulado «La Conquista de la libertad sindical. Historia del sindicalismo», pp. 31-42.

prohibían expresamente la creación de cualquier tipo de agrupaciones orientadas a la defensa de intereses profesionales. Posteriormente, se fue pasando de manera progresiva a una situación de permisión o tolerancia fáctica, en la que no se prohibían ya tales asociaciones, si bien tampoco se las reconocía jurídicamente. Fue hacia mediados del siglo XX cuando se produjo realmente el reconocimiento del derecho de libertad sindical. Concretamente, suele señalarse como punto de inflexión decisivo la aprobación, a finales de los años cuarenta, de dos Convenios extremadamente importantes en esta materia por la Organización Internacional del Trabajo [en adelante, OIT]: el Convenio n. 87, sobre libertad sindical y la protección del derecho a sindicarse (1948) y el Convenio n. 98, sobre aplicación de los principios del derecho de sindicación y negociación colectiva (1949)[6].

Desde esa misma época, se sucedieron nuevos reconocimientos de la libertad sindical como un derecho fundamental en numerosos textos e instrumentos internacionales, tanto en el ámbito de las Naciones Unidas (Declaración Universal de Derechos Humanos y Pactos de Nueva York)[7], como en el ámbito europeo (Convenio Europeo de Derechos, Carta Social Europea y Carta de Derechos Fundamentales de la Unión Europea)[8].

En todo caso, el desarrollo de la libertad sindical ha estado especialmente vinculado con la labor llevada a cabo por la OIT, tanto a través de sus Convenios y Recomendaciones, como por medio del Comité de Libertad Sindical. Por lo que respecta a los Convenios, además de los ya señalados, cabe mencionar también el Convenio n. 151, sobre protección del derecho de sindicación y condiciones de empleo en las administraciones públicas y el Convenio n. 154, sobre el fomento de la negociación

[6] En relación con la evolución del tratamiento por parte del Estado de lo que se podría denominar como el «hecho sindical» o el «fenómeno sindical» y los diferentes modelos jurídico-sindicales, *vid.* MONEREO PÉREZ, José Luis - MOLINA NAVARRETE, Cristobal - MORENO VIDA, María Nieves, *Manual de Derecho Sindical*, 8.ª ed., Comares, Granada, 2013, pp. 22-32.

[7] El art. 23.4 de la Declaración Universal de Derechos Humanos (1948) señala que «toda persona tiene derecho a fundar sindicatos y a sindicarse para la defensa de sus intereses». Por su parte, en art. 22 del Pacto Internacional de Derechos Civiles y Políticos (1966), se proclama que esa misma libertad de fundar sindicatos forma parte del más amplio derecho de asociación y que no puede ser objeto de restricciones indebidas. En la misma línea, el art. 8.1 del Pacto Internacional de Derechos Económicos Sociales y Culturales da un paso más y, junto al derecho que toda persona tiene de fundar sindicatos y de afiliarse al de su elección, señala otros elementos que integran la libertad sindical en su vertiente colectiva: el derecho de los sindicatos a formar federaciones o confederaciones; a funcionar sin obstáculos ni limitaciones, salvo que se consideren necesarias, y al derecho de huelga, de acuerdo con lo previsto en las leyes de cada país.

[8] Cabe mencionar específicamente el art. 11 del Convenio Europeo de Derechos Humanos (1950), que menciona expresamente la libertad de fundar sindicatos en el contexto de las libertades de asociación y de reunión, así como el art. 5 de la Carta Social Europea (1961) y, en tiempos ya mucho más recientes, el art. 12 y los arts. 27 y 28 de la Carta de Derechos Fundamentales de la Unión Europea, proclamada en el año 2000 y, nuevamente, en el año 2007, tras el Tratado de Lisboa.

colectiva. En cuanto al Comité de Libertad Sindical, cabe decir que fue creado con la finalidad de recoger quejas relativas a violaciones de la libertad sindical por parte de los Estados y que ha ejercido su función de manera rigurosa y objetiva, de modo que sus informes han gozado de notable prestigio, conformado un importante cuerpo de doctrina[9].

Puede pues afirmarse que la normativa y la doctrina que ha ido configurando la OIT constituyen la base jurídica de la libertad sindical tal y como hoy en día es reconocida en los sistemas democráticos. Así lo hace Monereo, quien sostiene que «el modelo jurídico-sindical en los sistemas democráticos-sociales toma como punto de partida el modelo internacional establecido a través de la doctrina de la OIT fijada en los Convenios internacionales. De este modo se garantiza plenamente la libertad sindical en todas sus manifestaciones, tanto en la libertad individual de afiliación o no al sindicato de sus elección como en la libertad colectiva de fundación de sindicatos, lo que conlleva el reconocimiento del pluralismo sindical»[10]. A continuación trataremos de estas distintas manifestaciones de la libertad sindical, distinguiendo adecuadamente su dimensión individual y su dimensión colectiva.

2.2. Contenido de la libertad sindical: dimensión individual y dimensión colectiva

La libertad sindical presenta una doble dimensión, individual y colectiva, que es preciso tener presente a la hora de delimitar su contenido. Dado que no es posible abordar esta cuestión más que en términos muy generales, me limitaré a señalar solo los aspectos que considero más relevantes a efectos del desarrollo de este trabajo[11]. En particular, trataré de mostrar la íntima relación entre el contenido de la dimensión colectiva y los rasgos propios de todo sindicato.

[9] Una síntesis del papel jugado por la OIT en relación con el reconocimiento y tutela de la libertad sindical pueden verse, entre otros, en: GOLDFLUS, Sandra, «La tutela jurídica de la libertad sindical (ámbitos nacional e internacional)», en MONEREO PÉREZ, J. L. (dir.), *Los derechos de libertad sindical y de negociación colectiva en una perspectiva comparada*, Granada, 2011, pp. 173-179; BAYLOS GRAU, Antonio, Voz «Libertad sindical», en BAYLOS GRAU, A. - FLORENCIO THOMÉ, C. - GARCÍA SCHWARZ, R. (coords.), *Diccionario Internacional de Derecho del trabajo y de la seguridad social*, Valencia, 2014, pp. 1329-1331.

[10] MONEREO PÉREZ, José Luis, «Modelos sindicales: Función del sindicato...», ob. cit., p. 7.

[11] Para una breve exposición de conjunto sobre la titularidad, los contenidos y límites de la libertad sindical, pueden verse, por ejemplo: TOROLLO GONZÁLEZ, Francisco Javier, Voz «Libertad sindical», ob. cit., pp. 853-855; REY GUANTER, Salvador del - LUQUE PARRA, Manuel, Voz «Libertad sindical», en OJEDA AVILÉS, A. y GORELLI HERNÁNDEZ, J. (coords.), *Diccionario Jurídico Laboral*, Granada, 1999, pp. 415-419; GOLDFLUS, Sandra, «La tutela jurídica de la libertad sindical...», ob. cit., pp. 164-169.

Bajo la perspectiva individual, la libertad sindical se despliega y ejerce principalmente en tres ámbitos: a) derecho a constituir sindicatos; b) derecho a afiliarse o no a un sindicato, así como a cesar en la afiliación; c) derecho a participar en la vida y actividad del sindicato. El ejercicio de la libertad sindical en todos esos ámbitos es efectivamente de carácter individual, ya que se realiza mediante decisiones voluntarias y libres de cada trabajador, si bien en el caso de la fundación de sindicatos resulta evidente la insuficiencia de la mera voluntad de un solo individuo, siendo necesario el concurso de varios.

Desde el punto de vista colectivo, esa misma libertad se concreta en una serie de derechos que ya no son de los trabajadores singularmente considerados, sino de los propios sindicatos u organizaciones sindicales. Esos derechos pueden reconducirse esencialmente a los siguientes: a) derecho a organizarse según sus propias normas; b) derecho a constituir federaciones, confederaciones y organismos internacionales sindicales; c) derecho al libre ejercicio de su actividad en defensa de los intereses de los trabajadores. En todos estos casos, estamos ante derechos cuyo ejercicio corresponde a cada organización en cuanto tal, de acuerdo con los procedimientos para la toma de decisiones que estén previstos en sus Estatutos o normas internas de funcionamiento.

En España, la Ley Orgánica de Libertad Sindical adopta esta doble perspectiva. Constituye pues un ejemplo claro de regulación de la libertad sindical tanto en su vertiente individual, como colectiva, de acuerdo con los estándares internacionales anteriormente señalados. Concretamente, en su artículo 2 establece lo siguiente[12]:

1. La libertad sindical comprende: a) El derecho a fundar sindicatos sin autorización previa, así como el derecho a suspenderlos o a extinguirlos, por procedimientos democráticos. b) El derecho del trabajador a afiliarse al sindicato de su elección con la sola condición de observar los estatutos del mismo o a separarse del que estuviese afiliado, no pudiendo nadie ser obligado a afiliarse a un sindicato. c) El derecho de los afiliados a elegir libremente a sus representantes dentro de cada sindicato. d) El derecho a la actividad sindical.
2. Las organizaciones sindicales en el ejercicio de la libertad sindical, tienen derecho a: a) Redactar sus estatutos y reglamentos, organizar su administración interna y sus actividades y formular su programa de acción. b) Constituir federaciones, confederaciones y organizaciones internacionales, así como afiliarse a ellas y retirarse de las mismas. c) No ser suspendidas ni

[12] Ley Orgánica 11/1985, de 2 de agosto, de Libertad Sindical. En la Exposición de motivos de esa Ley se dice: «El artículo 2.º fija el contenido del derecho de libre sindicación sistematizado en dos niveles: el contenido de la libre sindicación de los trabajadores, positiva y negativa, y el contenido de la libertad sindical de las organizaciones sindicales o sindicatos de trabajadores en términos que la Ley utiliza como sinónimos. En este precepto se recoge exhaustivamente la doctrina internacional más progresista sobre contenido, independencia y libertad de actuación de los sindicatos».

disueltas sino mediante resolución firme de la Autoridad Judicial, fundada en incumplimiento grave de las Leyes. d) El ejercicio de la actividad sindical en la empresa o fuera de ella, que comprenderá, en todo caso, el derecho a la negociación colectiva, al ejercicio del derecho de huelga, al planteamiento de conflictos individuales y colectivos [...].

Cuanto acabamos de ver es suficiente para advertir la importancia que la dimensión colectiva asume en relación con la libertad sindical, especialmente si se adopta una perspectiva funcional. Los sindicatos surgen como un tipo peculiar de asociaciones, con una finalidad específica y bien definida, que es la defensa de los intereses de los trabajadores, precisamente en cuanto trabajadores. Y eso exige contar con unos peculiares medios de actuación, sin los cuales esa tarea difícilmente podría ser eficaz. De ahí la importancia de instrumentos como la negociación colectiva de las condiciones de trabajo o el recurso a medidas de conflicto colectivo, en particular a la huelga, que forman parte del contenido esencial de la libertad sindical. De ahí también la relevancia que para la acción sindical tiene la búsqueda de formas de participación en los procesos de decisión que afecten a los trabajadores, tanto a nivel de empleadores, como a nivel institucional.

En este sentido, la noción misma o concepto de sindicato no está vinculada solo con la defensa de los intereses económicos y profesionales de sus miembros —cosa que podrían legítimamente hacer otro tipo de asociaciones—, sino que está vinculada precisamente con la posibilidad de su defensa mediante un tipo peculiar de actividad, amparada por la libertad sindical colectiva, que incluye la presión sobre los empleadores[13]. Por eso resulta difícilmente concebible, desde la experiencia histórica y los estándares internacionales antes vistos, un sindicato cuya actuación se basase solo en fórmulas de composición de intereses renunciando al recurso a los instrumentos antes mencionados.

Nuestro Tribunal Constitucional expresa de otro modo esa misma idea al afirmar que «la actividad sindical de representación y defensa de los intereses de los traba-

[13] Puede resultar significativo a este respecto un caso resuelto por el Tribunal Constitucional de nuestro país en 2001. Se sustanciaba un recurso de amparo contra la negativa a inscribir la modificación de los estatutos de una asociación denominada «Hermandad de Personal Militar en Situación Ajena al Servicio Activo». La negativa se había basado en considerar que dicha asociación tenía fines reivindicativos y, por tanto, materialmente constituía un sindicato de militares, contrario a lo dispuesto en el art. 28.1 de la Constitución Española. El TC, en su sentencia, hizo ver que perseguir la satisfacción de intereses económicos, sociales o profesionales de sus miembros, no era algo exclusivo de los sindicatos, ya que eso podían hacerlo asociaciones de otro tipo. Y, a ese respecto, señalaba que la noción misma de sindicato se caracteriza además por otros rasgos, que no se pueden pasar por alto: «Entre tales rasgos o caracteres figura, muy destacadamente, su esencial vinculación con la acción sindical que, según hemos declarado en numerosas sentencias [...] se plasma en el ejercicio del derecho de huelga (art. 28.2 CE), en la negociación colectiva (art. 37.1 CE) y en la adopción de medidas de conflicto colectivo (art. 37.2 CE)» (cfr. STC 219/2001; la cita textual es del FJ 10).

jadores es una actividad caracterizada por la autotutela de esos intereses; no puede olvidarse que los sindicatos se hallan objetivamente en una posición dialéctica de contrapoder respecto de los empleadores y que la defensa de sus objetivos no se basa en fórmulas de composición de intereses o de colaboración, sino de autodefensa...»[14].

En definitiva, la libertad sindical no solo tiene una dimensión individual, sino también una dimensión colectiva, de la que forman parte una serie de derechos como la huelga, la negociación colectiva y los conflictos colectivos, que son en cierto modo inseparables de la noción misma de sindicato y de su peculiar posición y función. Y, a la hora de poner en relación la libertad sindical con la autonomía de las confesiones religiosas, ambas dimensiones han de ser valoradas y tenidas en cuenta.

3. Evolución de la jurisprudencia del Tribunal Europeo de Derechos Humanos en materia sindical

3.1. Carácter peculiar de la libertad sindical respecto a otras formas de asociacionismo

La libertad sindical, cuyo contenido acabamos de examinar, está reconocida en el Convenio Europeo de Derechos Humanos dentro del marco de las libertades de reunión y asociación. En efecto, bajo la rúbrica de «Libertad de reunión y asociación», el texto del art. 11.1 del Convenio garantiza que: «Toda persona tiene derecho a la libertad de reunión pacífica y a la libertad de asociación, incluido el derecho de fundar con otras sindicatos y de afiliarse a los mismos para la defensa de sus intereses».

Desde esta perspectiva, podría parecer que la tutela de la libertad sindical no presenta especiales peculiaridades respecto a la protección de otras formas de asociacionismo. En consecuencia, la garantía esencial de dicho derecho consistiría en evitar cualquier actuación de los poderes públicos contraria al derecho individual a formar sindicatos o a afiliarse a un sindicato. En cambio, la protección de la acción sindical, aunque tenida en cuenta, podría quedar relegada a un segundo plano.

La realidad, en cambio, es que la verdadera tutela de la libertad sindical requiere tomar en consideración la dimensión funcional de la acción sindical, de carácter colectivo, y no simplemente la libertad individual de crear sindicatos o de afiliarse a ellos. Ya en una importante sentencia del año 1975, el TEDH, a la vez que constataba que el art. 11 presentaba la libertad sindical como una de las formas o modos especiales del derecho de asociación, hacía notar también la trascendencia de la cláusula «para la defensa de sus intereses», presente en el texto de ese mismo artículo. Para el Tribunal, esas palabras muestran la protección que el Convenio otorga a la defensa de

[14] STC 134/1994, FJ 4. Afirmaciones similares pueden encontrarse en otras sentencias posteriores: cfr. STC 94/1995, FJ 5; STC 3/2006, FJ 6.

los intereses profesionales de los miembros de un sindicato mediante la propia acción sindical; acción que los Estados no solo deben permitir, sino también hacer posible[15].

De todas formas, ha sido desde hace algo más de una década, cuando la jurisprudencia del Tribunal Europeo de Derechos Humanos ha tenido más presente este aspecto, desplegando progresivamente y con creciente intensidad las potencialidades ofrecidas por la cláusula «para la defensa de sus intereses», contribuyendo así a una más eficaz tutela de la libertad sindical. Para llevar a cabo esta labor, el Tribunal ha avanzado de manera simultánea en una triple dirección[16]:

a) Reconocer que la defensa de los intereses de los trabajadores solo puede hacerse mediante instrumentos específicos que respondan a la propia naturaleza de los sindicatos y que, por tanto, tales instrumentos deben ser también objeto de protección. Una protección, apoyada en los textos internacionales y en las prácticas comunes de los Estados y no solo en el propio texto del Convenio. De ese modo, «el Tribunal ha superado los aspectos meramente políticos del art. 11 CEDH, y ha tomado en consideración los aspectos socioeconómicos y laborales del fenómeno sindical como instrumento de autotutela colectiva de los intereses del trabajo y ha utilizado como referentes en la interpretación del art. 11 CEDH, los instrumentos de Naciones Unidas y de la Organización Internacional del Trabajo y en especial la Carta Social Europea así como la doctrina de los respectivos órganos de control»[17].

[15] «These words, clearly denoting purpose, show that the Convention safeguards freedom to protect the occupational interests of trade union members by trade union action, the conduct and development of which the Contracting States must both permit and make possible. [...] What the Convention requires is that under national law trade unions should be enabled, in conditions not at variance with Article 11 (art. 11), to strive for the protection of their members interests» (Sentencia TEDH 4464/70, de 27 de octubre de 1975, *Case of National Union of Belgian Police v. Belgium*, § 40; ver también el § 39).

[16] Sigo en este punto el interesante análisis sobre la jurisprudencia del TEDH en materia sindical que hacen: Rodriguez-Piñero Bravo-Ferrer, Miguel y Rodriguez-Piñero Royo, Miguel, «Libertad sindical, derecho a la negociación colectiva y derecho de huelga en la jurisprudencia reciente del Tribunal Europeo de Derechos Humanos», en *Relaciones Laborales* (2009) II, pp. 727-736.

[17] *Ibidem*, p. 732. Por lo demás, la interpretación del CEDH a la luz de otros instrumentos internacionales, entre los que se incluyen en particular los Convenios de la OIT y la Carta Social Europea, aparece tratada en particular en la sentencia del caso *Demir y Baykara contra Turquía*. En esa sentencia, sobre la que luego volveremos, el TEDH hace una serie de afirmaciones importantes, entre las que destacan las siguientes: 1.º) el CEDH se ha de interpretar y aplicar de modo que los derechos sean reales y efectivos y no algo teórico o ilusorio; 2.º) el marco de referencia en la interpretación del CEDH no se limita al propio Convenio, sino que hay que tener presentes otras reglas y principios del derecho internacional aplicables entre las Partes Contratantes; 3.º) el CEDH es un texto vivo, que se ha de interpretar a la luz de las circunstancias y teniendo presente la evolución de las normas nacionales e internacionales (Cfr. Sentencia TEDH 34503/97, *Demir y Baykara c. Turquía*, 12 de noviembre 2008, §§ 66-68).

b) Limitar las restricciones a la libertad sindical, reduciendo el margen de apreciación de los Estados en esta materia. Para ello, a la hora de valorar si una determinada medida estatal que restrinja la libertad sindical cuenta con una base legal suficiente, persigue unos fines legítimos y es necesaria en una sociedad democrática, no solo se va a tener en cuenta la legislación interna del Estado en cuestión, sino que se tendrán presentes unos estándares internacionales comunes. Y, sobre esa base, se valorará la motivación de la medida restrictiva y si resulta proporcionada o no en orden a alcanzar el fin pretendido.

c) Imponer a los Estados deberes en esta materia, impulsándoles a desarrollar una acción positiva que facilite el ejercicio de los derechos sindicales, sin limitarse a no entorpecer dicho ejercicio. Ahora bien, a diferencia de lo que sucede con las restricciones, en este caso parece que los Estado gozan de un mayor margen de apreciación para determinar el modo de llevar a cabo esa actuación[18].

3.2. **Algunas sentencias recientes de especial importancia en materia de libertad sindical**

No es preciso en este momento detenerse en un repaso de las decisiones que el Tribunal Europeo de Derechos Humanos ha adoptado en materia sindical, cuyo análisis sería más propio de un estudio específico sobre tales cuestiones y que nos llevaría demasiado lejos[19]. Para nuestro propósito en este momento, es suficiente poner de relieve que las sentencias en el caso *Sindicatul «Păstorul Cel Bun»* se colocan en el álveo de una serie de sentencias que dicho Tribunal ha dictado en los últimos años.

[18] «In the area of trade union freedom and in view of the sensitive character of the social and political issues involved in achieving a proper balance between the respective interests of labour and management, and given the wide degree of divergence between the domestic systems in this field, the Contracting States enjoy a wide margin of appreciation as to how the freedom of trade unions to protect the occupational interests of their members may be secured» (Sentencia TEDH 52562/99 y 52620/99, de 11 de enero de 2006, *Case of Sørensen and Rasmussen v. Denmark*, § 58, que recoge varios pronunciamientos en el mismo sentido).

[19] Un listado de sentencias relevantes en materia sindical, clasificadas por ámbitos temáticos (finalidad de los sindicatos, derecho a la negociación colectiva, derecho a afiliarse a un sindicato, derecho a la huelga y a la manifestación pacífica, derecho a la inscripción de sindicatos, derecho de los sindicatos a contar con sus propias reglas y a elegir a sus miembros y derechos sindicales en el sector público), puede encontrarse en la Hoja informativa (*Factsheet*) publicada por la Sala de Prensa del propio TEDH, en abril de 2014 (Acceso en http://www.echr.coe.int/Documents/FS_Trade_union_ENG.pdf [Fecha de consulta: 2 de octubre de 2015]). Para una primera aproximación puede verse también: Martín Huertas, María Ascensión, «Las sentencias del Tribunal Europeo de Derechos Humanos relativas a partidos políticos y a sindicatos», *Cuestiones constitucionales: revista mexicana de derecho constitucional*, n. 23, 2010, pp. 90-102. En la nota 14, esta autora remite, a su vez, a: Lasagabaster Herrarte, Iñaki, «Comentario al artículo 11. Libertad de reunión y asociación», en *Idem* (dir), *Convenio Europeo de Derechos Humanos, Comentario sistemático*, Madrid, Civitas 2009, pp. 567-617.

Sentencias con las que, siguiendo las líneas antes señaladas, el TEDH ha contribuido a reforzar la libertad sindical en ámbitos muy señalados. De esas sentencias interesa recordar ahora tres en particular:

a) *La sentencia del caso* Tüm Haber Sen y Çinar c. Turquía, *de 21 de febrero de 2006*[20]

En esta causa, el problema de fondo era la disolución de un sindicato de funcionarios, sobre la base de que estos últimos no tenían derecho a sindicarse. El tribunal señaló, por una parte, que el Estado en cuanto empleador está obligado a respetar la libertad sindical de sus empleados, con independencia de que sus relaciones con estos últimos estén sujetas al derecho público o al derecho privado (cfr. § 29). Por otra parte, el Tribunal recordó que solo razones convincentes e imperiosas pueden justificar restricciones de la libertad sindical y que, en tales casos, el margen de apreciación es limitado y queda sujeto a un riguroso control europeo, tanto sobre la ley que las establece, como sobre las decisiones que las aplican (cfr. § 35)[21]. Finalmente, determinó que tales requisitos no se habían verificado en el caso concreto, llamando en causa el Convenio n. 87 de la OIT y el art. 5 de la Carta Social Europea (cfr. §§ 37-40).

b) *La sentencia del caso* Demir y Baykara c. Turquía, *de 12 de noviembre de 2008*[22]

La cuestión que aquí se ventilaba, nació a consecuencia de la anulación, con efectos retroactivos, de un convenio colectivo acordado entre un sindicato y una administración local, acompañada de la prohibición a los demandantes, que eran funcionarios municipales, de formar sindicatos. El Tribunal consideró que ambas cosas constituían una violación del art. 11 del CEDH.

En relación con el problema de si los funcionarios podían sindicarse, el Tribunal ratificó en esa misma sentencia la doctrina ya antes señalada, relativa al criterio restrictivo de las excepciones, y confirmó el derecho que les asistía (cfr. §§ 97-105). Para ello se apoyó, por un lado, en que el Convenio n. 87 de la OIT garantiza ese derecho; y, por otro lado, en que la Carta Europea de Derechos Fundamentales afrontó la cuestión de manera amplia, subrayando en su artículo 12 § 1 que el derecho a fundar sindicatos para la defensa de sus intereses corresponde a «toda persona».

20 Sentencia TEDH 28602/95, *Tüm Haber Sen y Çinar c. Turquía*, 21 de febrero de 2006.

21 «... [I]t must also be borne in mind that the exceptions set out in Article 11 are to be construed strictly; only convincing and compelling reasons can justify restrictions on such parties' freedom of association. In determining whether a necessity within the meaning of Article 11 § 2 exists, the Contracting States have only a limited margin of appreciation, which goes hand in hand with rigorous European supervision embracing both the law and the decisions applying it, including those given by independent courts...» (*Ibidem*, § 35).

22 Sentencia TEHDH 34503/97, *Demir y Baykara c. Turquía*, 12 de noviembre 2008.

En relación con el derecho a la negociación colectiva, el Tribunal hizo un repaso a su propia jurisprudencia en la materia constatando una progresiva evolución, tendente a asegurar ese derecho como parte importante de la libertad sindical (cfr. §§ 142-144). Inicialmente, el Tribunal entendió que la negociación colectiva no era un elemento necesariamente inherente de la libertad sindical garantizada por el Convenio (cfr. Caso *Sindicato Sueco de Conductores de Locomotoras c. Suecia*, de 6 de febrero de 1976, §§ 39-40). Años después, sin embargo, el Tribunal consideró que la negociación colectiva, aún sin ser indispensable, constituía uno de los medios usados por los sindicatos para la defensa de los intereses de sus miembros y que, por tanto, aquellos debían gozar de libertad para acudir a ese mecanismo, libertad que el Estado debía garantizar (cfr. Caso *Wilson, Sindicato Nacional de Periodistas y otros c. el Reino Unido*, de 2 de julio de 2002, §§ 44-46). Finalmente, en la sentencia *Demir y Baykara c. Turquía*, de la que venimos hablando, la Gran Sala da un giro importante a la doctrina hasta entonces sostenida por el Tribunal, afirmando que, de acuerdo con la evolución en materia de Derecho del trabajo, tanto a nivel nacional como internacional, y teniendo en cuenta la praxis de los Estados, el derecho a la negociación colectiva ha pasado a ser, en principio y salvo excepciones, uno de los elementos esenciales del derecho reconocido en el art. 11 del Convenio (cfr. § 154).

c) *La sentencia del caso* Associated Society of Locomotive Engineers & Firemen (ASLEF) c. Reino Unido, *de 27 de febrero de 2007*[23]

El fondo del problema, en este caso, era la existencia de un conflicto entre el sindicato demandante y uno de sus miembros, que había sido expulsado del mismo. Los tribunales del Reino Unido, con arreglo a la normativa doméstica en materia sindical, consideraron la expulsión contraria a derecho, en particular por derivarse de la pertenencia a un partido político. En efecto, el motivo de la expulsión había sido la pertenencia del afiliado a un partido político de derechas, muy radicalizado y con una ideología opuesta a la del propio sindicato; pertenencia que, además, se había traducido en concretas actuaciones del expulsado. El sindicato, no conforme con la decisión judicial, recurrió ante el TEDH, alegando violación de su libertad sindical.

El Tribunal, en esta sentencia, hizo notar que cuando las asociaciones están formadas por personas que comparten valores e ideales particulares y que persiguen objetivos comunes, como es el caso de los sindicatos, resultaría contrario a la misma

[23] Sentencia TEDH 11002/05, *Associated Society of Locomotive Engineers & Firemen (ASLEF) c. Reino Unido*, 27 de febrero de 2007. En las Actas de la 96.ª Conferencia Internacional del Trabajo, del año 2007, se califica esta sentencia como una decisión importante del TEDH (Cfr. CONFERENCIA INTERNACIONAL DEL TRABAJO, *Actas: sesión plenaria, informes de las comisiones, instrumentos adoptados, resoluciones, índice alfabético de oradores, delegaciones*, Ginebra: Oficina Internacional del Trabajo, 2007, 22 Parte II/41).

libertad protegida que no tuviesen ningún control sobre la pertenencia de sus miembros. Por tanto, los sindicatos deben conservar la libertad de decidir sobre asuntos relativos a la adhesión o expulsión de sus miembros, de acuerdo con sus propias reglas (cfr. § 39)[24].

De acuerdo con esto, el Tribunal advierte la existencia de un conflicto entre dos derechos protegidos por el art. 11 del CEDH: por un lado, la libertad del sindicato a expulsar a un afiliado (que sería manifestación de la libertad sindical colectiva); y, por otro lado, la libertad individual de pertenencia a un partido político, también protegida por ese mismo artículo. La cuestión era entonces hasta dónde debía intervenir el Estado en este conflicto para proteger al afiliado frente a las medidas adoptadas contra él por el sindicato. La conclusión del Tribunal fue que el Reino Unido no hizo una adecuada ponderación de los derechos en conflicto y otorgó excesiva protección al afiliado frente a la organización sindical, excediendo los márgenes de apreciación aceptables (cfr. §§ 50-53).

Cuanto hemos venido diciendo a lo largo de todo este tercer apartado resulta de interés para nuestro estudio por dos razones, al menos. En primer lugar, porque nos ayudará a ver que las dos sentencias dictadas en el caso *Sindicatul «Păstorul Cel Bun»* se sitúan en el contexto de una jurisprudencia evolutiva en materia de libertad sindical, favorable a una interpretación amplia del art. 11, a la luz de diversos instrumentos internacionales[25]. En segundo lugar, porque, al haber puesto de relieve la importancia de la dimensión colectiva de la liberad sindical, resultará más fácil advertir los posibles conflictos entre esta última y la autonomía de las confesiones religiosas, que es precisamente una de las cuestiones centrales de dicho caso.

4. El caso del Sindicato «Păstorul Cel Bun»

En los dos apartados precedentes hemos visto el contexto general en el que se mueve la libertad sindical y la evolución de la jurisprudencia del TEDH en esa materia. Ahora vamos ahora a adentrarnos en las únicas sentencias dictadas hasta ahora por

[24] En este mismo caso, el Tribunal recordaba además que los sindicatos no son organizaciones neutras, sino que a menudo están imbuidas de ideología y tienen opiniones sobre cuestiones sociales y políticas: «Historically, trade unions in the United Kingdom, and elsewhere in Europe, were, and though perhaps to a lesser extent today are, commonly affiliated to political parties or movements, particularly those on the left. They are not bodies solely devoted to politically-neutral aspects of the well-being of their members, but are often ideological, with strongly held views on social and political issues» (*Ibidem*, § 50).

[25] En realidad, esas dos sentencias se sitúan también en el contexto general de una jurisprudencia del TEDH tendente a hacer más efectiva la protección de los derechos humanos individuales en el seno de los grupos religiosos. Una aproximación a esa otra perspectiva, que trasciende con mucho los límites de este estudio, puede verse, por ejemplo, en CISMAS, Ioana, *Religious Actors and International Law*, Oxford, 2014, pp. 140-144.

ese mismo Tribunal sobre libertad sindical en el marco de una organización religiosa: las del caso *Sindicatul «Păstorul Cel Bun»* contra Rumanía. Este caso fue juzgado inicialmente por la Sección Tercera y, después, por la Gran Sala. Aun partiendo de unos mismos hechos, una y otra instancia llegaron a conclusiones muy diferentes. En primer lugar, expondremos los hechos que suscitaron la controversia y, después, analizaremos la distinta visión que del problema tuvieron la Sección Tercera y la Gran Sala.

4.1. **Origen y desarrollo de la controversia**

En el año 2008, un grupo de 35 sacerdotes rumanos, junto con algunos pocos laicos, se reunieron para formar un sindicato[26]. Todos ellos pertenecían a la Iglesia Ortodoxa Rumana y, más concretamente, a la Metropoli de Oltenia, de la que forma parte la Archidiócesis de Craiova. La finalidad del sindicato, de acuerdo con lo señalado por sus Estatutos, era precisamente la de representar a sus miembros ante las autoridades eclesiásticas y civiles en orden a defender, ante estas mismas autoridades, los derechos e intereses profesionales y económicos de sus afiliados.

Los mismos Estatutos, en congruencia con su finalidad, señalaban de manera concreta una serie de objetivos a alcanzar y de medios para lograrlo[27]. En primer lugar, hablaban de velar por los derechos fundamentales de los miembros en materia laboral, incluido lo relativo a vacaciones, descanso, remuneración, beneficios sociales, etc., así como de vigilar el cumplimiento de la normativa laboral y de otras normas civiles y eclesiásticas aplicables a la Iglesia Ortodoxa de Rumanía[28]. En segundo lugar, señalaban una serie de medios propiamente dichos, como: la negociación de acuerdos colectivos con el Arzobispo y la Metrópoli, el recurso a la protesta y la huelga, la interposición de acciones judiciales cuando fuese necesario y la protección

[26] Para todo este apartado 4.1, salvo que se indique otra cosa, he tomado como fuente la información contenida en las dos sentencias sobre este caso indicadas en la nota 1: concretamente, los §§ 6-20 de la Sentencia de la Sala Tercera y los §§ 10 a 26 de la Sentencia de la Gran Sala. Una síntesis de los hechos centrales de este mismo caso y de las dos sentencias puede verse en: LÓPEZ AHUMADA, Eduardo, «La libertad religiosa en la relaciones laborales conforme a la reciente jurisprudencia del Tribunal Europeo de Derechos Humanos», en *Anuario de Derecho Eclesiástico del Estado*, 30 [2014], p. 548-555.

[27] Una parte de los Estatutos del Sindicato *«Păstorul Cel Bun»* están recogidos como Anexo al final de este trabajo (ver, *infra*, apartado 6).

[28] Cfr. Anexo, *Estracto de los Estatutos del Sindicato «Păstorul Cel Bun»*, en particular, ver las letras a), b), c), e), f) l) y m). Llama especialmente la atención lo indicado bajo la letra d), donde se habla entre otras cosas de: «promover la libertad de expresión entre sus miembros». Llama la atención porque una proclamación tan genérica del derecho de libertad de expresión puede resultar problemática en el contexto de una organización religiosa. Concretamente lo sería siempre que entrase en conflicto con la lealtad debida por un ministro sagrado hacia la doctrina de su Iglesia o con el respeto hacia sus superiores.

de los dirigentes y representantes sindicales, durante y después de su mandato[29]. En tercer lugar, recogían otra serie de actividades a realizar, por el Sindicato: poner en marcha fondos asistenciales propios, crear instituciones culturales, educativas o de otro tipo en beneficio de sus miembros, contar con publicaciones para informar a sus miembros y organizar actividades religiosas[30]. En cuarto y último lugar, se señalaban una serie de medios orientados a actuar e influir en el seno de la Iglesia Ortodoxa de Rumanía: asegurar la presencia del sindicato en todos los niveles e instancias de decisión, hacer propuestas para las elecciones en las estructuras locales de la Iglesia, proponer a un sacerdote del sindicato para formar parte del Santo Sínodo de la Iglesia Ortodoxa Rumana y solicitar información de la Archidiócesis sobre temas económicos y presupuestarios[31].

En definitiva, los medios y objetivos recogidos en los Estatutos del Sindicato apuntaban en cuatro direcciones, todas ellas relacionadas entre sí: 1.º) protección de los derechos laborales fundamentales de sus miembros y vigilancia del cumplimiento de la legalidad laboral; 2.º) acción sindical colectiva mediante el recurso a la negociación colectiva y la huelga; 3.º) realización de actividades y constitución de fondos en beneficio de sus miembros; 4.º) control sobre las actuaciones eclesiásticas y presencia en los centros de decisión de la Iglesia Ortodoxa Rumana.

De acuerdo con lo establecido en la legislación rumana, para que un sindicato adquiera personalidad jurídica no basta el acto fundacional (acta de constitución), sino que hay que solicitar su inscripción como tal sindicato ante el tribunal del lugar en el que tenga su sede. Ese tribunal, tras comprobar si se cumplen o no los requisitos que la ley exige para inscribir un nuevo sindicato (número mínimo de miembros, contenido de los estatutos, órganos de gobierno electos, etc.), concederá o denegará la inscripción solicitada[32].

En conformidad con esa prescripción, el presidente electo del nuevo sindicato hizo la correspondiente solicitud ante el Tribunal de Primera Instancia de Craiova y se dio así inicio al procedimiento para su reconocimiento e inscripción. A través de la Archidiócesis de Craiova, la Iglesia Ortodoxa intervino en dicho proceso como parte afectada, oponiéndose al reconocimiento e inscripción del sindicato. El motivo principal alegado por la Archidiócesis era que las normas internas de la Iglesia Ortodoxa, aprobadas por el

[29] Cfr. *Idem*, letras g), j), k) y h). Como puede verse, estos medios son los propios de todo sindicato como estructura autónoma de contrapoder, independiente respecto al empleador y que actúa en defensa de los trabajadores, tal y como tuvimos oportunidad de ver anteriormente (cfr. *supra*, apartado 2.2).

[30] Cfr. *Idem*, en particular, ver las letras n), o), p), q) y s). Estos aspectos son más bien accidentales y no plantean en su conjunto mayores dificultades.

[31] Cfr. *Idem*, letras i), ş), t) y ţ).

[32] Cfr. Arts. 14, 15 y ss. de la LEGE nr. 54 din 24 ianuarie 2003, Legea sindicatelor [Ley n. 54 de 24 de enero de 2003, Ley de Sindicatos]. Disponible en: http://legislatie.just.ro/Public/DetaliiDocument/41621 [acceso: 15/10/2015].

Gobierno, prohibían la creación de cualquier forma de asociación sin la aprobación previa del arzobispo[33]. En cambio, el representante del Sindicato entendía que los requisitos establecidos en la Ley de Sindicatos no prohibían que el grupo profesional afectado en este caso constituyese un sindicato. La fiscalía, por su parte, era también favorable a conceder lo solicitado, entendiendo que la inscripción del sindicato era conforme a la ley y que la normativa interna de la Iglesia no podía prohibirla.

Finalmente, el Tribunal de Primera Instancia de Craiova, mediante sentencia de 22 de mayo de 2008, dictó resolución favorable a la inscripción del sindicato. El razonamiento de este Tribunal puede sintetizarse brevemente en los siguientes puntos: 1.º) La Ley de Libertad Religiosa de Rumanía (Ley 489/2006) permitía a las organizaciones religiosas actuar con independencia, pero con ciertos límites, entre los que estaba el respeto de los derechos y libertades fundamentales. 2.º) Todos los miembros del sindicato solicitante tenían contrato de trabajo con la Iglesia Ortodoxa de Rumanía y, por tanto, derecho a sindicarse. 3.º) Ese derecho, garantizado por la normativa laboral, no podía quedar sujeto al previo consentimiento del empleador. 4.º) El hecho de que los sacerdotes tuviesen un deber de subordinación y obediencia respecto a su empleador con arreglo al Estatuto de la Iglesia, tampoco justificaba una restricción de ese derecho. 5.º) Por último, no se apreciaba que la creación del sindicato fuese manifestación de una facción disidente dentro de la Iglesia, que menoscabase su jerarquía y sus tradiciones.

Contra la decisión del Tribunal de Primera Instancia, la Archidiócesis interpuso recurso de apelación ante el Tribunal del Condado de Dolj. Se aducía que la libertad religiosa y la autonomía de los grupos religiosos estaban protegidas por la Constitución de Rumanía y que el reconocimiento de ese nuevo sindicato era una interferencia estatal en la organización tradicional de la Iglesia, contraría a esa autonomía[34].

[33] En el art. 123.8 de los Estatutos de la Iglesia Ortodoxa de Rumanía, aprobados mediante Decreto del Gobierno (Decreto 53/2008 de 16 de enero), se dice que: «Sin la bendición del obispo del lugar, a los sacerdotes, diáconos y monjes no se les permite fundar, ser miembros o participar en asociaciones, fundaciones u organizaciones de cualquier índole» (HOTĂRÂRE nr. 53 din 16 ianuarie 2008 *privind recunoaşterea Statutului pentru organizarea şi funcţionarea Bisericii Ortodoxe Române* [Decreto no. 53 de 16 de enero de 2008, *sobre el reconocimiento de la organización y el funcionamiento de la Iglesia Ortodoxa de Rumania*. La traducción del texto del artículo citado es propia]). El término «bendidión» (*binecuvântarea*) asume en esos Estatutos sentidos diversos y puede ser equivalente a «aprobación» (*aprobarea*), como en el art. 14, letra w; o bien ser equivalente a consentimiento (*acordul*), como en el art. 120. En todo caso, indica siempre la idea de un requisito previo exigido para proceder de manera legítima o acorde a las reglas internas de funcionamiento eclesial.

[34] El art. 29 de la Constitución de Rumanía, tras reconocer la libertad de pensamiento, de expresión y la libertad religiosa, señala expresamente que: «Las confesiones religiosas serán libres y se organizarán según sus propios estatutos, de acuerdo con lo establecido por la ley». El texto original en rumano dice: «Cultele religioase sunt libere şi se organizează potrivit statutelor proprii, în condiţiile legii». La expresión «în condiţiile legii» es una cláusula de estilo que aparece en otros muchos artículos

El Tribunal del Condado acogió en lo sustancial los argumentos de la Archidiócesis y, en julio de 2008, falló definitivamente en contra de la solicitud de registro del sindicato[35]. Los elementos sobre los que pivotó esta decisión pueden resumirse del siguiente modo: 1.º) Tanto la Constitución Rumana como la Ley de libertad religiosa garantizan la autonomía de las comunidades religiosas y el derecho a organizarse libremente según sus normas propias. 2.º) Dentro de la Iglesia Ortodoxa Rumana, la creación, organización y disolución de asociaciones está sujeta a la aprobación del Santo Sínodo, conforme a lo dispuesto en sus propios Estatutos (cfr. art. 14,w.) y, además, en ellos no hay referencia alguna a la noción de sindicato. 3.º) La prohibición de constituir asociaciones sin el permiso de la jerarquía se justifica por la necesidad de mantener la tradición cristiana ortodoxa y sus principios fundamentales. 4.º) Si se estableciese el sindicato, la jerarquía estaría obligada a colaborar con un cuerpo nuevo ajeno a la tradición y a las normas canónicas sobre los procesos de decisión[36].

Esta negativa definitiva, que impedía dar vida al sindicato, sin posibilidad ya de un ulterior recurso interno en el marco del ordenamiento jurídico rumano, llevó a una parte de los miembros del sindicato a recurrir ante el TEDH. La causa fue examinada primeramente por la Sección Tercera, que falló a favor de los demandantes, como seguidamente veremos.

4.2. Existencia de una injerencia contraria a la libertad sindical, según la Sección Tercera del Tribunal Europeo de Derechos Humanos

Para la Sección Tercera del Tribunal Europeo de Derechos Humanos, la negativa a inscribir el Sindicato «Păstorul Cel Bun» constituyó una violación por

de la Constitución de Rumanía (cfr., por ejemplo, los artículos 9, 16.3, 18, 19, 23.6, etc.), que indica que algo ha de hacerse en conformidad con la ley, según lo previsto en la ley, en los términos que la ley establezca o con los requisitos que señalen las leyes. El texto constitucional puede consultarse en: http://legislatie.just.ro/Public/DetaliiDocument/47355. La traducción que ofrezco es propia.

35 En ocasiones anteriores a la que estamos examinando, se habían formado sindicatos de sacerdotes en la Iglesia Ortodoxa de Rumanía, que sí fueron civilmente reconocidos. Pero, como señala Martucci, la actitud de las autoridades religiosas fue paulatinamente volviéndose cada vez más reticente ante este tipo de estructuras (cfr. MARTUCCI, Laura Sabrina, «Libertà sindacale nelle confessioni religiose. Spunti comparativi», en *Stato, Chiese e pluralismo confessionale*, Rivista telemática 39 (2014), p. 12, nota 43). Por otro lado, la aprobación de los Estatutos de la Iglesia Ortodoxa Rumana, en 2008, supuso un cambio importante en la normativa aplicable.

36 El Tribunal del Condado añadía, además otros dos argumentos, de diferente índole: en primer lugar, señalaba que los sacerdotes de la Iglesia Ortodoxa Rumana tenían un deber de obediencia y no podían comparecer en juicio sin el permiso escrito de sus superiores; en segundo lugar, recordaba que, según la Ley de Sindicatos vigente en Rumanía, quienes ejercían funciones directivas (cfr. art. 4 Ley 54/2003) no podían crear sindicatos y que los sacerdotes estarían sujetos a esa prohibición, por encargarse de la dirección de sus parroquias. Como luego veremos, ni la Sala Tercera ni la Gran Sala prestaron atención a este último argumento, considerándolo una mera cuestión de hecho, no relevante para el fondo del asunto (*vid.*, *infra*, apartado 4.3.1., letra b, y nota 53).

parte de Rumanía del art. 11 del CEDH. Concretamente supuso una injerencia contraria al derecho de libertad sindical de los demandantes. Injerencia que, aun encontrando un cierto apoyo en las leyes internas de ese Estado y persiguiendo un fin legítimo, no resultaba necesaria, a juicio de la Sala, en el marco de una sociedad democrática.

Para llegar a esta conclusión, el razonamiento de la Sección Tercera siguió dos pasos o momentos bien diferenciados: a) el primero, que era condición *sine qua non* del sucesivo, consistió en mostrar que el derecho de libertad sindical reconocido en el art. 11 del CEDH resultaba aplicable a este caso concreto, donde los demandantes eran sacerdotes al servicio de una Iglesia; b) el segundo, se centró en mostrar que la restricción del derecho de libertad sindical de los demandantes, concretada en la negativa a inscribir su sindicato, no estaba suficientemente justificada.

4.2.1. *Aplicabilidad del derecho de libertad sindical al caso concreto*

En este primer paso, la sentencia de la Sección Tercera comenzaba por señalar algunos principios fundamentales en materia de libertad sindical (cfr. §§ 57-59)[37]. A continuación, y en directa conexión con tales principios, se afirmaba que el mero hecho de que la legislación de un Estado prohibiese a ciertas categorías de trabajadores formar sindicatos —como podrían ser precisamente los clérigos adscritos al servicio de una Iglesia— no era suficiente para justificar una restricción tan radical (cfr. §§ 60-61). De ese modo, se situaba ya en línea con la doctrina del propio TEDH en materia de libertad sindical, de la que antes hemos hablado[38].

Seguidamente, la Sección Tercera consideraba clave preguntarse si, desde la óptica del art. 11 CEDH y teniendo en cuenta la específica situación de la Iglesia Ortodoxa Rumana, los clérigos y laicos empleados por dicha Iglesia podían gozar de los derechos sindicales en la misma medida que los demás trabajadores. La respuesta ofrecida es afirmativa, sobre la base de tres argumentos: a) el propio tenor del art. 11 CEDH, que solo contempla restricciones de la libertad sindical respecto de los

[37] Concretamente, en esos §§ 57 a 59, la Sentencia de la Sección Tercera recuerda: a) que el Estado debe abstenerse de injerencias arbitrarias que limiten los derechos protegidos en el art. 11 CEDH y que, además, está obligado a garantizar su efectivo disfrute; b) que los sindicatos debe gozar de libertad para procurar la protección de los intereses de sus miembros; c) que, si como consecuencia de la negativa a inscribir un sindicato, el Estado faltase a su obligación de garantizar los derechos protegidos por el art. 11, eso mismo constituiría una violación de dicho artículo; d) que los principios en juego son los mismos tanto para analizar si el Estado ha cumplido con su deber positivo, como para valorar si una injerencia que limita o restringe la libertad sindical resulta justificada a tenor del parágrafo segundo del art. 11 CEDH.

[38] De hecho, en el § 61, la Sentencia de la Sala Tercera remite a los casos *Tüm Haber Sen y Çinar contra Turquía* y *Demir y Baykara contra Turquía*, colocándose en una línea aperturista y favorable a ampliar el derecho a sindicarse, como ya tuvimos oportunidad de ver (cfr., *supra*, apartado 3.2).

miembros de las fuerzas armadas, de los cuerpos de policía y de la administración del Estado; b) que en la Iglesia Ortodoxa Rumana, tanto los sacerdotes como el personal laico ejercen sus funciones con base en un contrato individual de trabajo; c) que una relación basada en un contrato de trabajo no puede ser «clericalizada» hasta el punto de quedar al margen de todas las normas civiles[39].

Finalmente, la Sección Tercera, una vez sentado que los sacerdotes de la Iglesia Ortodoxa Rumana no podían quedar excluidos del derecho a sindicarse[40], consideró que cualquier restricción a tal derecho debía ajustarse a lo establecido en el artículo 11 § 2 del CEDH. Según este artículo, el ejercicio de la libertad de reunión, de asociación y de la libertad sindical «no podrá ser objeto de otras restricciones que aquellas que, previstas por la ley, constituyan medidas necesarias, en una sociedad democrática, para la seguridad nacional, la seguridad pública, la defensa del orden y la prevención del delito, la protección de la salud o de la moral, o la protección de los derechos y libertades ajenos». Por tanto, cualquier eventual limitación de esas libertades debería cumplir tres notas características: 1.º) estar prevista por ley; 2.º) perseguir una finalidad legítima, 3.º) ser una medida necesaria en una sociedad democrática.

De este modo se abría la puerta al segundo momento del que antes hablábamos: el de excluir que, en el caso del Sindicato «Păstorul Cel Bun», la restricción de la libertad sindical de los demandantes estuviese suficientemente justificada.

4.2.2. *Restricción injustificada de la libertad sindical de los demandantes*

La cuestión, por tanto se centraba ahora en examinar si la negativa por parte de las autoridades rumanas de inscribir el sindicato demandante se ajustaba o no a esos requisitos o notas que acabamos de señalar y que pasamos a examinar seguidamente.

39 A mi juicio, el razonamiento que hace la Sección tercera en los §§ 62-65, sigue una lógica excesivamente formalista y algo reductiva. Formalista porque entiende las excepciones contempladas en el art. 11 CEDH de manera cerrada, como si ninguna otra pudiera encontrar justificación. Reductiva, porque parece centrar la problemática en que los demandantes habían firmado contratos individuales de trabajo con la Iglesia Ortodoxa Rumana, sin prestar suficiente atención al contexto religioso de esa relación y a la relevancia de la autonomía reconocida a las comunidades religiosas. En este sentido, puede verse la crítica a la sentencia de la Sección Tercera que hace SCHOUPPE, Jean-Pierre, «L'identité et l'autonomie des groupements religieux ne sont pas des notions indéfiniment flexibles: Sindicatul Pastorul Cel Bun c. Roumanie», en *Droits et Religions*, 7 (2013-2014), Tomo II, pp. 744-746. En sentido opuesto, favorable a la línea seguida por la Sección Tercera, puede verse el parecer de: DORSSEMONT, Filip, «Is a prohibition of a trade union of clergymen promoting democratic values truly necessary in a democratic society?, *Annuaire Droits el Religions,* 7 (2013-2014), Tomo II, p. 751-757.

40 La cuestión de si los sacerdotes tenían derecho a sindicarse resulta de la máxima importancia y la sentencia de la Sección Tercera no pareció prestarle toda la atención debida. Quizás por ello, la Gran Sala analizó esa problemática con mucho más detalle, como tendremos oportunidad de ver más adelante (*vid.*, *infra*, apartado 4.3.1).

a) *Si la negativa a inscribir el sindicato podía considerarse establecida por ley y perseguía un fin legítimo*

El Tribunal no prestó especial atención a estos dos primeros requisitos a los que apenas dedicó dos breves párrafos (cfr. §§ 67-68). Para la Sección Tercera, la denegación de la inscripción del sindicato demandante encontraba apoyo suficiente en la normativa interna de Rumanía, concretamente en Ley Sindical, la Ley de Libertad Religiosa y los Estatutos de la Iglesia Ortodoxa Rumana. Por otro lado, dado que dicha negativa pretendía evitar discrepancias entre la ley y su aplicación judicial, en lo referido a la creación de sindicatos por el personal de la Iglesia, el Tribunal aceptó también que la medida miraba a defender el orden público, que incluye la libertad y la autonomía de las comunidades religiosas[41].

b) *Si la negativa a inscribir el sindicato era o no una medida necesaria en una sociedad democrática*

La Sección Tercera prestó mucha mayor atención, en cambio, al tema de si la negativa a inscribir el sindicato podía o no considerarse necesaria en una sociedad democrática (cfr. §§ 69 y ss.). Para llevar a cabo esta valoración, la Sección Tercera se propuso, desde la óptica del art. 11 CEDH y de las peculiares circunstancias del caso, examinar dos puntos en particular: por un lado, si existía una necesidad social imperiosa; por otro lado, si las razones dadas para justificar la medida fueron relevantes y suficientes, al tiempo que proporcionadas respecto al legítimo fin perseguido.

En relación con la existencia o no de la necesidad social imperiosa, la respuesta fue negativa (cfr. §§ 73-76). En efecto, la Sección Tercera consideró que los Estatutos del sindicato demandante no contenían nada contrario o crítico hacia la fe de la Iglesia, ni había tampoco constancia de que sus dirigentes o miembros hubiesen hecho comentarios irrespetuosos contra ella; al contrario, las pretensiones del sindicato se limitaban, a juicio del Tribunal, a la defensa de los derechos e intereses económicos, sociales y culturales de sus miembros. Por todo ello, la Sección Tercera concluyó que la denegación de inscripción del sindicato no había respondido verdaderamente a una necesidad social imperiosa: nada en los estatutos del sindicato o en la actuación de

[41] Como veremos después, la Gran Sala prefirió no situar el problema en el ámbito de la noción de orden público y acudió directamente a la protección de los derechos ajenos, en particular, de la legítima autonomía de la Iglesia Ortodoxa (cfr., *infra*, apartado 4.3.2). Para Hervieu, que hace un interesante análisis de la sentencia de la Sección Tercera, el intento de situar la problemática en el ámbito del orden público, remitiendo al precedente del caso *Negrepontis-Giannisis contra Grecia*, resultaba forzado y, de hecho, califica la referencia a ese precedente como *extensiva* y *creativa* (cfr. HERVIEU Nicolas, «Liberté syndicale (art. 11 CEDH): conflit entre le droit de fonder un syndicat et le principe d'autonomie des communautés religieuses», en *Stato, Chiese e pluralismo confessionale*, Rivista telemática, marzo de 2012, p. 4).

sus miembros resultaba incompatible con una sociedad democrática o representaba una amenaza para la democracia.

En definitiva, parece como si afirmase que, puesto que el sindicato no era una facción disidente dentro de la Iglesia, no debería haber habido problema alguno para el Estado en reconocerlo. Y, en consecuencia, la denegación de la inscripción no constituía una medida necesaria. Ahora bien, entonces habría que concluir que si en los Estatutos del sindicato o en el comportamiento de sus miembros o dirigentes hubiese habido algo contrario a la fe o a la jerarquía de la Iglesia, entonces la situación hubiese sido distinta. En este último supuesto, la inscripción del sindicato podría haberse entendido como un aval del Estado a favor de las tesis críticas y, por tanto, para mantener la neutralidad podría haber sido necesario denegar la inscripción[42].

Acerca de si las razones dadas para justificar la medida fueron relevantes y suficientes, al tiempo que proporcionadas respecto al legítimo fin perseguido, la respuesta fue igualmente negativa (cfr. §§ 77-86). La Sección Tercera afirmó claramente que el Tribunal del Condado de Dolj no cumplió con el deber que tenía de justificar adecuadamente su decisión de rechazar la inscripción del sindicato demandante, ni llevó a cabo una adecuada ponderación de los intereses en juego. Para la Sección Tercera, la decisión del Tribunal doméstico se basó exclusivamente en motivos religiosos.

En este contexto, la Sentencia de la Sección Tercera introdujo además la problemática relativa a las limitaciones de ciertos derechos de los empleados cuando estos trabajan para empleadores con una ética basada en la religión[43]. Se recordaba a este respecto que el empleador puede imponer a sus empleados obligaciones de lealtad específicas y que estos, al firmar el contrato de trabajo, pueden aceptar ciertas limitaciones en sus derechos[44]. Pero, incluso en estos casos, si se llegase a producir un

[42] También Hervieu, en su análisis de la Sentencia de la Sección Tercera, advierte ese modo de razonar y su consecuencia inmediata (cfr. HERVIEU Nicolas, «Liberté syndicale…», ob. cit, p. 5). Sobre esta cuestión volveremos más adelante (cfr. *infra*, apartado 4.3.2, letra b).

[43] La sentencia de la Sección Tercera en el caso *Sindicatul «Păstorul Cel Bun» c. Rumanía* sigue, en sus §§ 79-82, una línea argumental similar a la seguida por propio TEDH en el caso *Schüt contra Alemania*. Pero, parece claro que la situación de hecho de este último caso —el despido de un organista de una parroquia católica por convivir con una mujer que no era su esposa y tener un hijo con ella— resulta muy distinta de la que subyace en el presente caso del sindicato rumano. Entre otras razones, porque en el caso alemán el conflicto tenía una dimensión pura y exclusivamente individual (la lealtad de un solo trabajador en relación con la ética del empleador), mientras que en el caso de Rumanía, la constitución de un sindicato introducía en escena un nuevo sujeto colectivo, dotado de derechos sindicales propios. Y eran los derechos de este último sujeto, y no solo los de sus miembros individualmente considerados, los que podían entrar en conflicto con el *ethos* del empleador. Tal podría ser el caso, por ejemplo, de la libertad de expresión sindical, recogida en los Estatutos del Sindicato demandante. Sobre este último aspecto, *vid.*, *supra*, nota 28 y también HERVIEU Nicolas, «Liberté syndicale…», ob. cit, p. 5-6 y p. 9.

[44] Lo que no se aceptaba, es que esas limitaciones contractuales llegasen a incluir la renuncia del derecho a sindicarse: «As regards the contention that signing the employment contract gave rise

conflicto de trabajo, los tribunales estatales deberían realizar una adecuada ponderación de los intereses en juego, sin limitarse únicamente a invocar la autonomía del empleador. Pues bien, a juicio de la Sección Tercera, el Tribunal rumano del Condado de Dolj no realizó adecuadamente esa ponderación, puesto que solo tomó en cuenta la prohibición establecida en el Estatuto de la Iglesia Ortodoxa de Rumanía.

Finalmente, para la Sección Tercera, el hecho de que anteriormente los tribunales rumanos hubiesen admitido la inscripción de otros sindicatos similares de clérigos, reforzaba la idea de que la motivación dada por el Tribunal del Condado de Dolj para justificar la negativa en el presente caso no resultaba adecuadamente fundada (cfr. §§ 84-85)[45].

En definitiva, para la Sección Tercera del TEDH, las razones dadas por el Tribunal del Condado de Dolj para justificar el rechazo de la solicitud de inscripción del sindicato no fueron suficientes. Por tanto, no habiendo una necesidad social imperiosa, ni adecuados motivos para el rechazo de la solicitud, la negativa a inscribir el sindicato se consideró una medida desproporcionada e innecesaria y, en consecuencia, una violación de la libertad sindical reconocida en el art. 11 del CEDH.

A mi juicio, la decisión final de la Sección Tercera del TEDH resulta poco convincente y no siempre queda clara la línea argumental seguida. Por un lado, no afrontó en profundidad una de las cuestiones centrales de todo este caso, que se refería específicamente a si los sacerdotes tenían o no derecho a sindicarse. Por otro lado, tampoco pareció tener suficientemente en cuenta la autonomía de la Iglesia Ortodoxa Rumana y aceptó, quizás demasiado acríticamente, que la creación del sindicato no ponía en peligro dicha autonomía[46]. Como veremos enseguida, la Gran Sala examinó con mayor profundidad y atención estas cuestiones, dando un enfoque distinto a la controversia y llegando, finalmente, a una conclusión distinta de la adoptada por la Sección Tercera.

---

to an implicit limitation of the right to organise, the Court considers that such a limitation cannot be accepted as valid since it would strike at the very substance of the freedom guaranteed by Article 11 of the Convention» (Sentencia TEDH [Sección Tercera], *Sindicatul «Păstorul Cel Bun» c. Rumanía*, § 81). La cuestión de las cláusulas contractuales es objeto de otro trabajo en este mismo volumen, por lo que basta dejar mencionada esta problemática, en la que ahora no podemos detenernos.

45 No obstante, en los casos precedentes, se trataba de sindicatos creados con anterioridad a la entrada en vigor del Estatuto de la Iglesia Ortodoxa de 2008, como ya antes señalamos (*vid.*, *supra*, nota 35). La Sección Tercera quizás no tuvo suficientemente en cuenta este dato en su sentencia, como se pone de relieve en el n. 4 del Voto particular disidente conjunto de los jueces Ziemele y Tsotsoria, que acompaña a esa misma sentencia.

46 En sentido parcialmente contrario, se pronuncia Hervieu, quien concluye su análisis afirmando que: «Contrairement à ce que soulignent les juges auteurs de l'opinion dissidente, la Cour a donc bien «examiné le principal problème soulevé par les faits, à savoir le conflit entre le principe de l'autonomie des communautés religieuses, protégée par les articles 9 et 11, et le droit de fonder un syndicat, protégé par l'article 11»» (Hervieu Nicolas, «Liberté syndicale…», ob. cit, p. 9).

4.3. Decisión final de la Gran Sala: no hubo violación del art. 11 del Convenio Europeo de Derechos Humanos

La Sentencia de la Sección Tercera fue apelada por el Gobierno de Rumanía y sometida a un nuevo examen, a cargo de la Gran Sala del TEDH. La conclusión final a la que llegó el Alto Tribunal en esta segunda sentencia, fue que no había existido violación del artículo 11 del CEDH. La primera impresión podría ser la de un abierto contraste u oposición entre ambas decisiones, situadas en polos opuestos[47]: por un lado, la Sección Tercera, alineada con las tesis del sindicato demandante y con la decisión del Tribunal de Primera Instancia de Craiova; por otro lado, la Gran Sala, alineada con el Tribunal de Apelación del Condado de Dolj, favorable a las tesis de la Iglesia Ortodoxa de Rumanía y del propio Gobierno de ese país. Pero, como iremos viendo, las cosas no son quizás tan lineales y es necesario proceder con cautela[48].

En su parte más sustantiva —la de aplicación de las normas y principios generales al caso concreto (§§ 139-173)—, la Sentencia de la Gran Sala se propone dilucidar dos cosas: «El Tribunal determinará, teniendo en cuenta su condición de miembros del clero, si los miembros del sindicato demandante pueden invocar el artículo 11 del Convenio y, si es así, si la denegación del registro del sindicato vulneró la misma esencia del derecho a la libertad de asociación»[49].

La Gran Sala siguió pues un esquema similar al que vimos anteriormente al comentar la decisión de la Sección Tercera. En primer lugar, examinó si el art. 11 del CEDH era aplicable al caso concreto y, como veremos, la conclusión fue afirmativa.

[47] Este parece ser, por ejemplo, el punto de vista de Martucci, que dice: «Il contrasto di decisioni tra le sentenze interne si è riprodotto anche tra le due pronunce della Corte europea dei diritti umani, adita dal sindacato una volta passata in giudicato la sentenza dipartimentale di diniego. Invero, mentre la sezione semplice condannava la Romania confermando la motivazione di Craiova, la Grande Camera l'assolveva, allineandosi alla sentenza d'appello e risolvendo, secondo consolidato orientamento, la questione in favore dell'autonomia confessionale» (MARTUCCI, Laura Sabrina, «Libertà sindacale nelle confessioni...», ob. cit, p. 13).

[48] Por ejemplo, en lo que se refiere al carácter laboral de la relación entre los sacerdotes del sindicato demandante y la Iglesia Ortodoxa de Rumanía, la Gran Sala sigue la misma línea que la Sección Tercera (cfr. DORSSEMONT, Filip, «Is a prohibition of a trade union...», ob. cit., p. 753). Otra prueba, en ese mismo sentido, es que el voto particular en la Sentencia de la Gran Sala, es solo parcialmente contrario a la decisión de la mayoría; concretamente no lo es en lo que se refiere a la aplicabilidad del art. 11 del CEDH a los sacerdotes. El voto particular no aparece en la traducción española, pero sí en la versión oficial en ingles: TEDH (Grand Chamber) *Case of Sindicatul «Păstorul Cel Bun» v. Romania: Joint partly dissenting opinion of Judges Spielmann, Villiger, López Guerra, Bianku, Møse and Jäderblom*. No obstante, las diferencias entre uno y otro pronunciamiento son también muy evidentes, en cuanto al fondo y en cuanto al uso de la propia jurisprudencia del TEDH (sobre este último punto, se puede ver, por ejemplo, el análisis de TILKIN, Gerald, «Les arrêts Sindicatul Pastorul cel Bun c. Roumanie de Chambre et de Grande Chambre», en *Droits et Religions*, 7 [2013-2014], Tomo II, pp. 764-766).

[49] Sentencia TEDH (Gran Sala), *Sindicatul «Păstorul Cel Bun» c. Rumanía*, § 139.

Luego, pasó a valorar si la injerencia estatal en la libertad sindical de los demandantes —concretada en la negativa de inscribir el sindicato— estaba prevista en la ley, perseguía una finalidad legítima y era una medida necesaria en una sociedad democrática. También aquí la respuesta fue afirmativa, concluyendo entonces que no hubo violación del art. 11 del Convenio en el caso concreto.

¿Qué fue lo que llevó a la Gran Sala a entender que la injerencia estatal estaba justificada? Esta es la pregunta clave y la respuesta a dicha pregunta es la que marca la principal diferencia entre una y otra decisión. De ello nos ocuparemos más tarde. Antes resulta de interés exponer las razones por las que la Gran Sala consideró que los sacerdotes miembros del sindicato demandante tenían derecho a fundarlo.

4.3.1. *Derecho de los sacerdotes a fundar un sindicato*

Ante todo, la Gran Sala examinó si lo dispuesto en el art. 11 del CEDH era aplicable o no a los miembros del clero (cfr. §§ 140-149). Dicho de otro modo, se preguntó si los sacerdotes tenían o no derecho a fundar sindicatos conforme a lo dispuesto en dicho artículo. Se trata, sin duda, de una de las partes más densas de la sentencia y con mayor interés para el conjunto del presente estudio, en la medida en que conecta de manera directa con la libertad sindical y la interpretación que de ella ha venido haciendo el TEDH en los últimos años.

a) *Argumentos contrarios a ese derecho esgrimidos por el Gobierno de Rumanía*

Para entender correctamente el razonamiento de la Gran Sala, es preciso partir de los argumentos alegados ante ella por el Gobierno Rumano, que se recogen en los §§ 95 a 109 de la Sentencia y, por lo que ahora interesa, especialmente en los §§ 95 a 99. En este último parágrafo, como corolario de las razones señaladas hasta ese momento, se dice: «Por todo ello, el Gobierno expresa sus dudas acerca de la aplicabilidad del artículo 11 al presente caso, puesto que las normas de derecho laboral no eran aplicables a los miembros del sindicato». En último término, lo que se planteaba era si la relación de los sacerdotes con la Iglesia era realmente de tipo laboral o más bien de otra naturaleza.

Un examen más detenido de la cuestión, desvela dos grandes líneas en la argumentación del Gobierno. Una primera línea, más de fondo, se refería precisamente al peculiar tipo de relación existente entre los miembros del clero y la Iglesia Ortodoxa Rumana; la segunda, algo más accidental, se proyectaba sobre el hecho de que los sacerdotes ejercían funciones directivas en sus parroquias, lo que les impediría formar sindicatos.

En relación con la primera cuestión, el Gobierno adujo ante la Gran Sala que la relación de los clérigos con la Iglesia consistía en una relación pastoral ajena al ámbito de aplicación del derecho laboral y que era un servicio ejercido en conformidad con unos votos de fe y de obediencia. Ya anteriormente, en sus alegaciones ante la

Sección Tercera, el Gobierno había recordado que los clérigos asumen libremente, mediante juramento, una misión o vocación religiosa[50]. Cuestión, esta última, que conecta directamente con la lealtad cualificada, que los miembros del clero deben a su iglesia y de la que podría derivarse una implícita renuncia a ciertos derechos, incluido el derecho a sindicarse[51]. En todo caso, el fondo del razonamiento del Gobierno era que la relación de los sacerdotes con la Iglesia Ortodoxa no estaba sujeta al derecho laboral y legislación laboral no les era aplicable. Tesis que encontró numerosos apoyos entre las terceras partes intervinientes en la causa[52].

La segunda línea argumental se presentaba como alternativa a la primera y se centraba en el tipo de funciones que desempeñaban los sacerdotes. Se decía, en este sentido que los sacerdotes eran los responsables de la gestión de sus parroquias y, por tanto, desempeñaban funciones de dirección (cfr. § 98), lo que no les permitía tomar parte en actividades sindicales, de acuerdo con lo establecido por la legislación rumana en materia de sindicatos, como ya antes mencionamos (*vid.*, *supra*, nota 36).

b) *Apreciaciones de la Gran Sala sobre esta cuestión*

Una vez expuestas las razones aducidas por el Gobierno para fundamentar sus dudas respecto a la aplicabilidad del art. 11 del Convenio a este caso en particular, podemos ahora examinar la respuesta dada por la Sala. Ante todo hay que decir que

[50] Cfr. Sentencia TEDH (Sección Tercera), *Sindicatul «Păstorul Cel Bun» c. Rumanía*, § 48. El texto oficial en francés de esa sentencia dice: «à leur entrée dans l'Eglise, les membres du clergé ont prêté un serment par lequel ils acceptaient librement *une mission religieuse*»; el texto oficial en inglés es ligeramente distinto: «on entering the church, member of the clergy took an oath by which they freely assumed their *religious vocation*». Los dos subrayados son míos.

[51] «El Gobierno señala que de acuerdo con su condición, los sacerdotes que pertenecen al sindicato demandante están sujetos a un deber de lealtad de mayor entidad hacia la Iglesia Ortodoxa. No existe el derecho a la discrepancia: los sacerdotes descontentos pueden abandonar la Iglesia en cualquier momento, pero mientras elijan quedarse en ella, aceptan libremente la sujeción a sus normas y renuncian a algunos de sus derechos» (Sentencia TEDH [Gran Sala], *Sindicatul «Păstorul Cel Bun» c. Rumanía*, § 106).

[52] Efectivamente, en esta misma línea argumental se movían, de una manera u otra los gobiernos e instituciones que intervinieron en la causa como terceras partes: el Gobierno Griego, que consideraba la función de los sacerdotes como esencialmente religiosa (cfr. § 112); el Gobierno Polaco, que alegaba la naturaleza especial de la relación entre las Iglesias y su clero (cfr. § 115); el Patriarcado de Moscú, que subrayaba la naturaleza especial de las relaciones jerárquicas en las comunidades religiosas (cfr. §§ 122 y 123); el Centro Europeo para el Derecho y la Justicia, para el cual los sacerdotes no eran trabajadores (cfr. § 125); el Fondo Becket y el Centro Internacional para Estudios de Derecho y Religión, que recordaban la «excepción eclesiástica» invocada en casos similares por el Tribunal Supremo de Estados Unidos para negar la aplicabilidad del derecho laboral a los empleados de las comunidades religiosas (cfr. §127). En doctrina, pueden verse, por ejemplo, las consideraciones de Schouppe sobre la peculiar naturaleza de las relaciones entre una iglesia y sus sacerdotes (cfr. SCHOUPPE, Jean-Pierre, «L'identité et l'autonomie...», ob. cit., pp. 745-746).

la respuesta parece centrarse exclusivamente en la primera de las líneas argumentales expuestas, sin siquiera entrar a considerar la segunda.

En efecto, la Gran Sala no entró a valorar si efectivamente los sacerdotes en la Iglesia Ortodoxa de Rumanía ejercían funciones de dirección o no, criterio que, desde la óptica del Tribunal, resultaba coherente. Puesto que lo que se debatía era si el derecho recogido en ese art. 11 era o no aplicable al caso, no resultaba preciso a tales efectos revisar las posibles restricciones establecidas por la legislación nacional. «La tarea del Tribunal no consiste —afirmaba la Gran Sala en su Sentencia— en resolver la discrepancia entre los miembros del sindicato y la jerarquía de la Iglesia sobre la naturaleza precisa de las funciones que aquéllos ejercen. La única cuestión es si estas funciones, dejando de lado sus características especiales, pueden ser calificadas como una relación laboral que implique la aplicabilidad del derecho a fundar un sindicato de acuerdo con el artículo 11»[53].

¿Cómo respondió pues la Gran Sala a los argumentos esgrimidos por el Gobierno de Rumanía relacionados con la misión o vocación religiosa de los sacerdotes y, por tanto, con su especial deber de lealtad hacia la Iglesia, como posibles motivos para excluirles de ámbito de aplicación del art. 11 del Convenio?

En orden a determinar si se estaba ante una relación laboral o no, el Tribunal tomó como punto de referencia los instrumentos internacionales en la materia (cfr. § 142). Los instrumentos a los que acudió fueron tres en particular: a) la Recomendación n.º 198 de la OIT sobre la relación de trabajo; b) el Convenio de la OIT n.º 87; c) la Directiva del Consejo 78/2000/CE. Ahora bien, de estos tres textos, solo el primero parece referirse directamente a la cuestión llamada en causa, es decir a los criterios para determinar la naturaleza laboral de una relación. Los otros dos textos, en cambio, parecen dar por supuesta la existencia de una relación de ese tipo y, una vez que existe, se limitan a señalar que todos los trabajadores tienen derecho a asociarse o que el especial deber de lealtad de ciertos trabajadores no excluye que puedan formar sindicatos[54].

[53] Sentencia TEDH (Gran Sala), *Sindicatul «Păstorul Cel Bun» c. Rumanía*, § 141. La Sección Tercera tampoco quiso, en su momento, detenerse a considerar esta cuestión de las funciones directivas. Se limitó a señalar que era uno de los motivos por los que el Tribunal del Condado de Dolj había denegado la inscripción, señalando seguidamente que se trataba de una mera cuestión de hecho sobre la que las partes no estaban de acuerdo y que era de importancia secundaria para el fondo del asunto: «la Cour constate que l'exercice par les prêtres de fonctions de direction fait l'objet d'une controverse entre les parties. Quoi qu'il en soit, elle n'estime pas nécessaire de trancher cette question de fait qui lui semble secondaire en l'occurrence pour prendre sa décision» (TEDH [Sección Tercera], caso *Sindicatul «Păstorul Cel Bun» c. Rumanía*, §§ 71-72; la cita textual es de este último parágrafo).

[54] En efecto, de los textos del Convenio n.º 87 citados en la Sentencia, el más relevante es el del art. 2, según el cual: «Los trabajadores y empleadores, sin ninguna distinción y sin autorización previa, tienen el derecho de constituir las organizaciones que estimen convenientes, así como el de afilarse a estas organizaciones, con la sola condición de respetar los estatutos de las mismas». Por su parte, la

La Recomendación n.º 198 de la OIT sobre la relación de trabajo, es pues el único texto que realmente afronta el problema en su raíz, mientras que los otros dos textos son menos relevantes en orden a la finalidad perseguida. Concretamente, en dicha Recomendación se dice que entre los indicios que permiten determinar la existencia de una relación de trabajo podrían tenerse en cuenta, entre otros, los siguientes:

«(a) el hecho de que el trabajo: se realiza según las instrucciones y bajo el control de otra persona; que el mismo implica la integración del trabajador en la organización de la empresa; [...] y

«(b) el hecho de que se paga una remuneración periódica al trabajador; de que dicha remuneración constituye la única o la principal fuente de ingresos del trabajador; de que incluye pagos en especie tales como alimentación, vivienda, transporte, u otros; de que se reconocen derechos como el descanso semanal y las vacaciones anuales [...]»[55].

Sobre el trasfondo de lo dispuesto en esa Recomendación de la OIT, la Sentencia de la Gran Sala afirma que las funciones realizadas por los miembros del sindicato demandante presentaban muchos rasgos propios de las relaciones laborales (cfr. § 143). Y entre ellas mencionaba concretamente las siguientes: a) el hecho de ejercer sus funciones bajo la supervisión del obispo, que al nombrarlos establecía sus derechos y obligaciones; b) que esas funciones no se limitaban a los ritos litúrgicos y a las relaciones con los fieles, sino que incluían también la gestión de los bienes de las parroquias y a la venta de objetos litúrgicos; c) que se trataba de una labor remunerada, con parte de financiación estatal y parte de los salarios pagados por la Iglesia Ortodoxa Rumana; d) que los sacerdotes pagaban impuestos, contribuían a la seguridad social y tenían derecho a las prestaciones sociales disponibles para los trabajadores ordinarios (asistencia médica, pensión de jubilación o prestación por desempleo).

En conclusión, todos estos elementos constituían para la Gran Sala indicios suficientes, de acuerdo con los estándares internacionales, para determinar que, en el caso

---

Directiva 78/2000 CE establece en su art. 4 reglas peculiares respecto los requisitos para el trabajo al servicio de una iglesia y los especiales deberes de lealtad que eso comporta, sin ninguna referencia específica al ámbito sindical. Referencia que sí aparece, con carácter previo en el Considerando n. 5, en el que se dice que: «La presente Directiva se entenderá sin perjuicio de la libertad de asociación, incluido el derecho de fundar, con otros, sindicatos y a afiliarse a estos para defender sus intereses». Pero tampoco en este caso se señala ningún elemento de análisis respecto al carácter laboral de las funciones desempeñadas por los sacerdotes.

[55] *Recomendación n.º 198 sobre la relación de trabajo*, adoptada en Ginebra el 15 junio 2006, n. 13. [Fecha consulta: 12/12/2015]. Disponible en: http://www.ilo.org/dyn/normlex/es/f?p=NORMLEXPUB:12100:0::NO::P12100_ILO_CODE:R198.

La Sentencia de la Gran Sala recoge esos criterios o indicios en el § 57, junto con los textos del n. 11 de esa misma Recomendación n.º 198. La Sentencia de la Sala Tercera, en cambio, no mencionaba entre la normativa aplicable ningún texto de la OIT, ni la Recomendación 198, ni el Convenio 87.

concreto, existía una relación laboral entre los sacerdotes integrantes del sindicato demandante y la Iglesia Ortodoxa de Rumanía[56].

Ahora bien, el propio Tribunal reconoce de inmediato que se trata de una relación que presenta innegables singularidades (cfr. § 144). En efecto, siguiendo algunas de las observaciones hechas por el Gobierno de Rumanía, la Gran Sala señala una serie de características peculiares del trabajo desempeñado por los clérigos. En particular, pueden reseñarse las siguientes: a) se trata de una labor con un propósito espiritual; b) realizada en el seno de una organización que goza de un cierto grado de autonomía; c) que da lugar a unas especiales obligaciones asumidas mediante un juramento personal e irrevocable y, por consiguiente, a un reforzado deber de lealtad hacia la institución.

Como decíamos, a pesar de estas peculiaridades, la Gran Sala afirma claramente que en el caso en cuestión estamos ante una verdadera relación laboral: «a pesar de sus características especiales, los miembros del clero ejercen sus funciones en el seno de una relación laboral y, por tanto, se encuentran dentro del ámbito de aplicación del artículo 11 del Convenio»[57].

4.3.2. *Conflicto de derechos y respeto de la autonomía de la confesión religiosa*

Hasta ahora hemos visto las razones por las que la Gran Sala entendió que los sacerdotes miembros del sindicato demandante no quedaban excluidos del ámbito de aplicación del art. 11 del CEDH. Dicho de otro modo y en positivo: que eran también ellos titulares del derecho fundamental de libertad sindical recogido en ese artículo. La cuestión es entonces preguntarse por qué, a pesar de ese reconocimiento, la decisión final de la Gran Sala concluyó que la denegación de la inscripción del Sindicato demandante no constituyó una violación del Convenio.

Entramos aquí en el ámbito en el que la decisión de la Gran Sala se apartó de la orientación seguida por la Sección Tercera. Para ésta última, la denegación de la inscripción del sindicato había constituido una injerencia estatal en el derecho de los demandantes. Injerencia que si bien estaba prevista por la ley y perseguía una finalidad legítima —relacionada con la salvaguardia del orden público—, no resultaba, sin embargo, una medida ni necesaria, ni justificada.

[56] Es interesante advertir la importancia capital de los elementos y circunstancias del caso concreto, para valorar el carácter laboral o no de la relación. Comentando este aspecto de la sentencia que ahora nos ocupa, López de Ahumada dice: «En cualquier caso, todo dependerá, pues, de la realidad analizada, del tipo de comunidad religiosa y de sus estatuto organizativo. Y, sobre todo, del carácter jurídico laboral o no de los promotores del propio sindicato. Si las relaciones tienen naturaleza laboral no cabe duda de que se aplica el derecho de libre constitución y fundación de las organizaciones sindicales (art. 11 CEDH y Recomendación num. 198 OIT, sobre relación de trabajo)» (LÓPEZ AHUMADA, Eduardo, «La libertad religiosa en la relaciones laborales…», ob. cit., p. 552).

[57] Sentencia TEDH (Gran Sala), *Sindicatul «Păstorul Cel Bun» c. Rumanía*, § 148.

La Gran Sala admitió en su sentencia que la denegación de la inscripción estaba prevista por la ley, en la medida en que encontraba suficiente fundamento en la normativa rumana. Concretamente, encontraba apoyo en las previsiones contenidas en el Estatuto de la Iglesia Ortodoxa de Rumanía. Admitió, igualmente, que la medida de denegar la inscripción del sindicato perseguía una finalidad legítima. Ahora bien, esa finalidad legítima no miraba a la salvaguardia del orden público, sino a la protección de los derechos y libertades ajenas. Esta cuestión, que resulta de la máxima importancia, aparece sintetizada en la sentencia de la siguiente manera: «Finalmente, la Gran Sala está de acuerdo con las partes en que la injerencia perseguía una finalidad legítima de acuerdo con el párrafo 2 del artículo 11, concretamente la protección de los derechos y libertades ajenas, y específicamente los de la Iglesia Ortodoxa Rumana. A diferencia de la Sección Tercera, la Gran Sala no encuentra ninguna razón para tomar en consideración la finalidad adicional de proteger el orden público»[58].

Decimos que esta cuestión resulta de la máxima importancia, porque al centrar la cuestión en la protección de los derechos de terceros, el problema se recondujo, a mi juicio, a su verdadero ámbito: un conflicto entre la vertiente colectiva de dos derechos de libertad individual. Por un lado, la libertad religiosa, de la cual se deriva el derecho a la legítima autonomía de la Iglesia Ortodoxa Rumana; por otro lado, la libertad sindical de los sacerdotes de dicha Iglesia, de la que se deriva el derecho a crear un sindicato. Y, entre medias, el ordenamiento jurídico del Estado como garante de esos dos derechos fundamentales enfrentados.

a) *Nuevo enfoque de la cuestión: el conflicto de derechos*

Situada ya en este terreno, la Sentencia de la Gran Sala se movió con mayor soltura y coherencia que la sentencia de la Sección Tercera, para delimitar si la injerencia estatal —es decir la denegación de la inscripción del sindicato demandante—, podía considerarse una medida necesaria en una sociedad democrática. Concretamente, el nuevo enfoque de la Gran Sala se puede sintetizar en los siguientes puntos (cfr. §§ 159 y 160):

1.º Los tribunales nacionales han de asegurar tanto el derecho a la libertad de asociación como el derecho a la propia autonomía de las comunidades religiosas.

2.º Estos derechos pueden entrar en conflicto, bien porque la autoridad religiosa considere que determinadas actuaciones colectivas de sus miembros, amparadas por la libertad de asociación, resultan contrarias a su autonomía; o bien porque los miembros de una comunidad religiosa consideren que las medidas adoptadas para proteger la autonomía de la comunidad a la que pertenecen, restringen indebidamente su legítimo derecho a la libertad de asociación.

[58] Sentencia TEDH (Gran Sala), *Sindicatul «Păstorul Cel Bun» c. Rumanía*, § 158.

3.º Las comunidades religiosas tienen derecho a opinar sobre cualquier actividad colectiva de sus miembros que consideren contraria a su autonomía y, por lo general, su parecer ha de ser respetado por las autoridades nacionales.

4.º Ahora bien, para que una injerencia que limite la libertad sindical sea compatible con el art. 11 CEDH no basta que la comunidad religiosa alegue un daño real o potencial para su autonomía. En estos casos, se debe exigir algo más. Concretamente, la comunidad religiosa debe demostrar que se dan una serie de condiciones:

a) El riesgo que se alega es real y sustancial: no meramente potencial y, además, consistente, es decir, de entidad, de relevancia.
b) La injerencia en el ejercicio del derecho a la libertad de asociación no va más allá de cuanto es necesario para evitar el riesgo.
c) No se persigue ninguna otra finalidad diferente, que no esté relacionada con la protección de la autonomía de la comunidad religiosa.

5.º Los tribunales estatales, por su parte, antes de limitar la libertad sindical han de asegurarse de que tales condiciones se cumplen, ponderando adecuadamente todos los intereses en juego[59].

Hecho este planteamiento general, la Gran Sala, en lugar de considerar la cuestión desde la óptica del sindicato que sostenía que la negativa a inscribirlo había supuesto una violación de la libertad sindical, analizó la cuestión desde la óptica de la comunidad religiosa, según la cual la inscripción del sindicato hubiese sido contraria a su autonomía (cfr. §§ 161-167). En el fondo, se entendía que la solución final del conflicto no debía ser diferente según que la cuestión se afrontase desde una u otra óptica[60].

b) *Respeto de la autonomía de la Iglesia Ortodoxa y deber de neutralidad del Estado en materia religiosa*

El punto de partida adoptado es que el principio de autonomía ocupa un lugar central en las relaciones entre el Estado y las comunidades religiosas en Rumanía. En virtud de ese principio, las confesiones religiosas pueden aprobar sus propias normas internas y gozan de libertad para decidir sobre su funcionamiento, su personal y, en

[59] Todo este nuevo enfoque y, en particular, lo señalado en los números 4.º y 5.º, conectan con la perspectiva que mencionábamos anteriormente sobre protección de los derechos humanos en el seno de los grupos religiosos (ver, *supra*, nota 25 y la referencia bibliográfica allí citada).

[60] A este respecto, se dice concretamente lo siguiente: «A pesar de que el Estado goza de un amplio margen de apreciación en casos como el presente en los cuales se debe ponderar entre intereses privados enfrentados o diferentes derechos reconocidos en el Convenio [...], el resultado de la demanda no debe ser distinto, como regla general, en función de si fue presentada ante el Tribunal por una persona cuyo derecho a la libertad de asociación fue restringido de acuerdo con el artículo 11 del Convenio, o de si fue presentada por una comunidad religiosa que se queja de que su autonomía fue socavada de acuerdo con los artículos 9 y 11 del Convenio» (Sentencia TEDH [Gran Sala], Caso *Sindicatul «Păstorul Cel Bun» c. Rumanía*, § 160).

particular, sobre las relaciones con sus ministros de culto (cfr. §§ 163, que remite, a su vez, al § 25).

Según la Gran Sala, al aceptar la autonomía de las comunidades religiosas, el Estado acepta que estas comunidades pueden oponerse, en conformidad con sus propias normas e intereses, a cualquier discrepancia interna que atente contra su unidad (cfr. § 165). Lo cual implica, a su vez, que el Estado debe abstenerse de mediar en los conflictos entre las comunidades religiosas y las facciones que puedan surgir en su seno y mantener, en cambio, una posición de neutralidad.

En el caso concreto que ahora nos ocupa, la Gran Sala tuvo muy en cuenta algunas de las finalidades perseguidas por el Sindicato «Păstorul Cel Bun», tal y como figuraban en los propios Estatutos de dicho sindicato: «promover la iniciativa, la competitividad y la libertad de expresión entre sus miembros, asegurar que uno de sus miembros forme parte del Santo Sínodo, solicitar un informe anual al arzobispo y utilizar huelgas u otras medidas para defender los intereses de sus miembros»[61]. Sobre la base de estos elementos, la Gran Sala admitió la tesis —defendida por la Archidiócesis de Craiova y por el Gobierno Rumano— de que la constitución del sindicato implicaba un peligro real y no hipotético para autonomía de la Iglesia Ortodoxa Rumana[62]. Por eso mismo, entendió igualmente que habían existido motivos razonables para denegar la inscripción del sindicato y que, al hacerlo, el Estado había simplemente cumplido con su deber de neutralidad de acuerdo con el artículo 9 del Convenio, evitando involucrarse en aspectos relativos a la organización interna de esa Iglesia (cfr. § 166).

c) *Adecuada ponderación de los intereses en juego y margen de apreciación del Estado*

Finalmente, como conclusión de sus razonamientos, la Gran Sala negó que los tribunales domésticos —concretamente el Tribunal del Condado de Dolj— hubiesen

[61] Sentencia TEDH (Gran Sala), *Sindicatul «Păstorul Cel Bun» c. Rumanía*, § 164. La Sala Tercera, en cambio, no había detectado en los Estatutos del sindicato nada contrario a la fe o a la doctrina: ver §§ 73, 75 y había aceptado los puntos de vista del propio sindicato en tal sentido (cfr. Sentencia TEDH [Sección Tercera], *Sindicatul «Păstorul Cel Bun» c. Rumanía*, §§ 38, 73 y 75).

[62] Dorssemont hace una dura crítica, a mi juicio poco consistente, de este posicionamiento de la Gran Sala: «It is in fact hard to see how a piece of paper of a trade union could directly affect the Constitution of the Church. Indeed, the union is not a part of the organization of the Church. The mere registration of the union can therefore not provoke a threat to the autonomy of that distinct structure. To the contrary, the refusal by the State to register a trade union is a text book example of a violation of the autonomy of the union. Even if the union through collective action would be able to convince the Church to alter its constitution, this modification would still have to be considered as the exercise of the internal autonomy by the very same Church» (DORSSEMONT, Filip, «Is a prohibition of a trade union…», ob. cit., p. 757).

tenido solo en cuenta razones exclusivamente religiosas para fundamentar su decisión, sin ponderar adecuadamente los intereses en juego. Para la Gran Sala, si el Tribunal del Condado denegó la inscripción del sindicato demandante, fue porque los miembros de éste último no respetaron el Estatuto de la Iglesia y, en particular, porque no siguieron el procedimiento previsto para constituir una asociación de clérigos. En el fondo, el Tribunal del Condado de Dolj fue respetuoso con el derecho de la Iglesia Ortodoxa a decidir sobre su propia organización y regirse de acuerdo con los preceptos de su propio Estatuto (cfr. § 168).

En efecto, para la Gran Sala, la autorización del sindicato, a la luz de las finalidades que éste perseguía, hubiese interferido ilegítimamente en los procesos consultivos y de toma de decisiones dentro de la propia Iglesia, tal y como los contemplaban las normas canónicas. La cuestión hubiese sido distinta si se hubiese tratado de constituir una asociación de tipo sindical que persiguiese fines compatibles con el Estatuto de la Iglesia Ortodoxa y que no cuestionase ni su organización jerárquica tradicional, ni sus procesos de toma de decisiones[63].

En último término, la Gran Sala decidió, por 11 votos contra 6, que el Estado Rumano actuó dentro del margen de apreciación que tenía para valorar si la creación del sindicato atentaba o no contra la autonomía de la Iglesia Ortodoxa y que la medida adoptada —la denegación de la inscripción— no fue desproporcionada, por lo que no hubo violación del convenio (cfr. §§ 171-173)[64].

5. VALORACIÓN CONCLUSIVA

Las dos sentencias del TEDH en el caso del sindicato «Păstorul Cel Bun» se sitúan en el contexto de una jurisprudencia evolutiva en materia de libertad sindical, favorable a una interpretación amplia del art. 11 en esta materia. Concretamente, como hemos visto, la interpretación que el TEDH ha venido haciendo de ese artículo, ha tomado como punto de referencia diversos instrumentos internacionales, incluidos los Convenios de la OIT y la doctrina que los acompaña. Esta es una clave de lectura que ayuda a entender la postura del Tribunal acerca de la naturaleza laboral

[63] Así se desprende de algunas de las afirmaciones contenidas en los §§ 169 y 170 de la Sentencia. Ahora bien, cabe preguntarse a la luz de lo visto en el apartado 2 de este estudio, si en esas condiciones un sindicato sería realmente tal. Sobre este último punto, sí me parece acertada la siguiente reflexión de Dorssemont: «The Court does not seem to grasp that a trade union is essentially a countervailing power which needs to be independent from the employers' side. This independence is more than a mere consequence of trade union rights which the employer is supposed to respect. An association that does not meet the requirements of independence, just cannot be considered to be a trade union» (*Ibidem*, p. 756).

[64] Sobre el tema del margen de apreciación y su aplicación a este caso de acuerdo con la Sentencia de la Gran Sala, se pueden ver las interesantes observaciones de TILKIN, Gerald, «Les arrêts Sindicatul Pastorul cel Bun...», ob. cit., pp. 760-764.

de las relaciones de servicio en el seno de una confesión religiosa y, en particular, de las relaciones entre los sacerdotes miembros del sindicato demandante y la Iglesia Ortodoxa de Rumanía.

Ahora bien, tal afirmación no significa que el régimen jurídico que deba regir ese tipo de relaciones haya de ser necesariamente el régimen laboral común vigente en cada Estado. En efecto, una cosa es que determinadas relaciones puedan considerarse laborales con arreglo a los estándares internacionales de la OIT y otra cosa distinta es el régimen jurídico aplicable a tales relaciones de trabajo, que podría ser un régimen especial. La problemática del carácter laboral o no de quienes están al servicio de los grupos religiosos debe valorarse con cautela, atendiendo a las circunstancias propias de cada situación concreta (naturaleza de la comunidad religiosa, tipo de actividad condiciones en las que se desarrolla, etc.). No sería pues adecuado pretender extraer de estas sentencias que hemos venido analizando conclusiones demasiado generales.

Por lo que respecta propiamente a la libertad sindical en el seno de las confesiones religiosas, resulta decisivo advertir que, en ese ámbito, tan importante es la dimensión individual del derecho protegido, como su dimensión colectiva. Esta última comprende una serie de derechos de los que no son titulares quienes libremente fundan un sindicato o se afilian a él, sino la misma organización sindical. Este aspecto introduce un factor muy relevante a la hora de valorar cómo opera la libertad sindical en el marco de las confesiones religiosas. Un factor que, sin duda, ha influido en la sentencia definitiva dictada por la Gran Sala en caso *Sindicatul «Păstorul Cel Bun» contra Rumanía*.

En efecto, los sindicatos tienen derecho a servirse de los medios propios de la acción sindical, que se colocan en una lógica de contrapoder, como tuvimos oportunidad de ver en el apartado segundo de este trabajo. Concretamente, tienen derecho a servirse de la negociación colectiva, sin la que en ocasiones resultaría difícil poder cumplir su finalidad de defensa de los intereses de sus miembros. Por otro lado, las organizaciones sindicales no tiene por qué ser neutrales, sino que pueden tener una ideología propia y ejercer un cierto control sobre sus afiliados. Teniendo todo esto presente, no resulta difícil advertir los numerosos problemas a los que podría dar lugar la creación de sindicatos dentro de las estructuras de determinados grupos religiosos.

En el caso que hemos examinado, la Gran Sala entendió finalmente que la constitución del Sindicato «Păstorul Cel Bun» hubiese supuesto un peligro cierto para la autonomía de la Iglesia Ortodoxa Rumana, porque hubiese alterado los procesos de toma de decisión e introducido un cuerpo extraño, ajeno a las tradiciones y normas de esa Iglesia. Pues bien, dados los principios que presiden la propia dinámica de la acción sindical, este mismo riesgo parece plausible en cualquier conflicto similar en el seno de otras iglesias jerárquicamente estructuradas. Y, probablemente, algo parecido podría decirse si se considerase la cuestión desde el punto de vista de la libertad de expresión y de acción sindical: una y otra podrían fácilmente colisionar con los postulados doctrinales y disciplinares de las iglesias.

Así pues, la existencia de sindicatos en el seno de iglesias o confesiones religiosas, cuando es contrario a la normativa interna de estas últimas, se presenta como una cuestión particularmente compleja y delicada. Más aún si se tiene en cuenta que el Estado podría verse abocado a tener que hacer de mediador en tales conflictos «sindicales», inmiscuyéndose en ámbitos religiosos completamente ajenos a su competencia. No se puede olvidar, a este respecto, que el papel de mediación que juega el Estado en los conflictos laborales entre empleadores y empleados, dentro del marco de las relaciones industriales de las que hablábamos al inicio de este estudio, resulta difícilmente trasladable al contexto de las relaciones entre el Estado y los grupos religiosos.

Quizás haya quienes piensen que estos peligros no deberían siquiera considerarse y que la promoción de la libertad sindical supondría un gran avance en el proceso de democratización de determinadas comunidades religiosas, especialmente de las iglesias con una fuerte estructura jerárquica. De ese modo, se lograría, al menos en apariencia, un mayor respeto de los derechos humanos en el seno de esos grupos religiosos. Pero, a mi juicio, cualquier intento o pretensión de promover o facilitar, aunque fuese indirectamente, transformaciones o cambios en las iglesias o comunidades religiosas sería un claro error y un atentado contra la legítima autonomía de estas últimas y contra el verdadero respeto de la libertad religiosa. La sentencia de la Gran Sala parece haber evitado ese peligro y ha tratado de mantener el equilibrio entre el respeto de los derechos individuales en juego, por un lado, y la legítima autonomía de del grupo religioso, por otro. Veremos qué sucede en adelante.

6. ANEXO

6.1. Extracto de los Estatutos del Sindicato «Păstorul Cel Bun»[65]

«La finalidad de la unión sindical del clero y los trabajadores laicos que trabajan en las parroquias situadas bajo la jurisdicción administrativa y territorial de la Ciudad de Oltenia ha sido determinada libremente. Ésta consiste en la representación y la protección de los derechos e intereses profesionales, económicos, sociales y culturales de sus miembros, tanto del clero como de los laicos, ante la jerarquía de la Iglesia y el Ministerio de Cultura y Asuntos Religiosos.

Para alcanzar la mencionada finalidad, el sindicato:

(a) velará por el respeto de los derechos fundamentales de sus miembros al trabajo, a la dignidad, a la protección social, a la seguridad en el trabajo, al descanso, a la seguridad social, al subsidio por desempleo, a las pensiones y a otros derechos que establezca la legislación en vigor en cada momento;

(b) velará para que cada uno de sus miembros pueda trabajar de acuerdo con su capacidad y formación profesionales;

(c) velará por el cumplimiento de las normas sobre vacaciones y días de descanso;

[65] Textos tomados de la Sentencia TEDH 2330/09 (Gran Sala), Caso *Sindicatul «Păstorul Cel Bun» contra Rumanía*, § 10.

(d) promoverá la capacidad de innovación, la competitividad y la libertad de expresión entre sus miembros;
(e) velará por la implementación y la observancia estricta de las normas sobre protección del empleo y los derechos que se deriven de las mismas;
(f) velará por la plena aplicación de las normas previstas en la Ley n.º 489/2006 sobre libertad religiosa y el reconocimiento jurídico de las confesiones religiosas, en el Estatuto de la Iglesia Ortodoxa Rumana y en los Cánones Sagrados de la Iglesia Ortodoxa Rumana;
(g) negociará convenios colectivos y contratos de trabajo con la Archidiócesis y la Ciudad para establecer los derechos y deberes del clero y los laicos;
(h) protegerá a su presidente y representante, tanto mientras dure su mandato como con posterioridad a su finalización;
(i) velará por estar representado en todos los niveles y ante todos los organismos que tomen decisiones, de acuerdo con las normas en vigor en cada momento;
(j) recurrirá a peticiones, manifestaciones y huelgas para defender los intereses de sus miembros y proteger su dignidad y sus derechos fundamentales;
(k) tomará acciones legales contra cualquier individuo o entidad que incumpla la legislación laboral, el derecho sindical, los preceptos de los convenios colectivos firmados con la Ciudad o de los contratos de trabajo, siempre que se haya demostrado imposible resolver los conflictos en cuestión a través de la negociación;
(l) velará por el cumplimiento y la implementación de las normas relativas a la determinación de las condiciones salariales y a las garantías de unas condiciones de vida dignas;
(m) luchará por asegurar que el clero y los laicos tengan los mismos derechos que los otros sectores de la sociedad;
(n) establecerá fondos de asistencia mutua;
(o) creará y lanzará publicaciones para informar a sus miembros y defender sus intereses;
(p) establecerá y dirigirá organizaciones culturales, educativas y de investigación en el ámbito del sindicalismo, así como instituciones sociales y socio-económicas, de acuerdo con las normas correspondientes y los intereses de sus miembros;
(r) obtendrá fondos para ayudar a sus miembros;
(s) organizará y financiará actividades religiosas;
(ş) hará propuestas para la elección de los organismos locales de la Iglesia y propondrá un sacerdote de entre sus miembros para que forme parte del Santo Sínodo de la Iglesia Ortodoxa Rumana;
(t) solicitará a la Archidiócesis que presente un informe sobre sus ingresos y gastos a la Asamblea de Sacerdotes; y
(ţ) solicitará al Consejo de la Archidiócesis que le notifique, de manera trimestral o anual, cualquier decisión relativa a la determinación, modificación y asignación de los recursos presupuestarios».

7. Bibliografía

BAYLOS GRAU, Antonio, Voz «Libertad sindical», en BAYLOS GRAU, A. - FLORENCIO THOMÉ, C. - GARCÍA SCHWARZ, R. (coords.), *Diccionario Internacional de Derecho del trabajo y de la seguridad social*, Valencia, 2014, pp. 1329-1331.

CISMAS, Ioana, *Religious Actors and International Law*, Oxford, 2014, especialmente, pp. 138-144.

CONFERENCIA INTERNACIONAL DEL TRABAJO, *Actas: sesión plenaria, informes de las comisiones, instrumentos adoptados, resoluciones, índice alfabético de oradores, delegaciones*, Ginebra: Oficina Internacional del Trabajo, 2007, 22 Parte II/41.

DORSSEMONT, Filip, «Is a prohibition of a trade union of clergymen promoting democratic values truly necessary in a democratic society?, *Annuaire Droits el Religions,* 7 (2013-2014), Tomo II, pp. 751-757.

GOLDFLUS, Sandra, «La tutela jurídica de la libertad sindical (ámbitos nacional e internacional)», en MONEREO PÉREZ, J. L. (dir.), *Los derechos de libertad sindical y de negociación colectiva en una perspectiva comparada*, Granada, 2011, pp. 173-179.

HERVIEU Nicolas, «Liberté syndicale (art. 11 CEDH): conflit entre le droit de fonder un syndicat et le principe d'autonomie des communautés religieuses», en *Stato, Chiese e pluralismo confessionale*, Rivista telemática, marzo de 2012, pp. 1-9.

LASAGABASTER HERRARTE, Iñaki, «Comentario al artículo 11. Libertad de reunión y asociación», en *Idem* (dir), *Convenio Europeo de Derechos Humanos, Comentario sistemático*, Madrid, Civitas 2009, pp. 567-617.

LÓPEZ AHUMADA, Eduardo, «La libertad religiosa en la relaciones laborales conforme a la reciente jurisprudencia del Tribunal Europeo de Derechos Humanos», en *Anuario de Derecho Eclesiástico del Estado*, 30 (2014), pp. 499-559.

MARTÍN HUERTAS, María Ascensión, «Las sentencias del Tribunal Europeo de Derechos Humanos relativas a partidos políticos y a sindicatos», *Cuestiones constitucionales: revista mexicana de derecho constitucional*, n.º. 23, 2010, pp. 90-102.

MARTUCCI, Laura Sabrina, «Libertà sindacale nelle confessioni religiose. Spunti comparativi», en *Stato, Chiese e pluralismo confessionale*, Rivista telemática 39 (2014), pp. 1-37.

MONEREO PÉREZ, José Luis, «Modelos sindicales: Función del sindicato y mayor representatividad sindical», en *Idem*. (dir.), *Los derechos de libertad sindical y de negociación colectiva en una perspectiva comparada*, Granada, 2011.

RIVAS VALLEJO, Pilar, «Lección 1: Cuestiones generales e introductorias, el sindicato en España», en GARCÍA NINET, J. I. (dir.), *Manual de Derecho Sindical*, 2.ª ed., Barcelona 2007, pp. 27-84.

MONEREO PÉREZ, José Luis - MOLINA NAVARRETE, Cristobal - MORENO VIDA, María Nieves, *Manual de Derecho Sindical*, 8.ª ed., Comares, Granada, 2013.

OJEDA AVILÉS, Antonio, *Derecho Sindical*, 8.ª ed., Madrid 2003.

REY GUANTER, Salvador del - LUQUE PARRA, Manuel, Voz «Libertad sindical», en Ojeda Avilés, A. y Gorelli Hernández, J. (coords.), *Diccionario Jurídico Laboral*, Granada, 1999, pp. 415-419.

RODRIGUEZ-PIÑERO BRAVO-FERRER, Miguel y RODRIGUEZ-PIÑERO ROYO, Miguel, «Libertad sindical, derecho a la negociación colectiva y derecho de huelga en la jurisprudencia reciente del Tribunal Europeo de Derechos Humanos», en *Relaciones Laborales* (2009) II, pp. 727-736.

SCHOUPPE, Jean-Pierre, «L'identité et l'autonomie des groupements religieux ne sont pas des notions indéfiniment flexibles: Sindicatul Pastoral Cel Bun c. Roumanie», en *Droits et Religions*, 7 (2013-2014), Tomo II, pp. 743-750.

TOROLLO GONZÁLEZ, Francisco Javier, Voz «Libertad sindical», en SEMPERE NAVARRO, A. V. - PÉREZ DE LOS COBOS ORIHUEL, F. - AGUILERA IZQUIERDO, R., *Enciclopedia laboral básica «Alfredo Montoya Melgar»*, Thomson Reuters-Aranzadi, Pamplona, 2009.

TILKIN, Gerald, «Les arrêts Sindicatul Pastorul cel Bun c. Roumanie de Chambre et de Grande Chambre», en *Droits et Religions*, 7 (2013-2014), Tomo II, pp. 759-772.

CAPÍTULO IV

CUESTIONES DEL TRABAJO DE LOS MINISTROS DE CULTO PARA LA PROPIA CONFESIÓN

MARCOS GONZÁLEZ SÁNCHEZ

Universidad Autónoma de Madrid

1. INTRODUCCIÓN

La autonomía de las confesiones religiosas conlleva el derecho a que puedan determinar «conforme a su propio criterio que nuevos miembros son admitidos y cuáles excluidos»[1]. Los que adquieren la condición de ministro de culto tienen una especial cualificación en la medida que realizan funciones sacras y de dirección sobre el resto de miembros de las confesiones. En este sentido, la Gran Sala del TEDH ha manifestado en el caso *Hasan y Chaush c. Bulgaria*: «Las comunidades religiosas existen tradicional y universalmente bajo la forma de estructuras organizadas y cumplen unas normas que los adeptos consideran a menudo de origen divino. Las ceremonias religiosas tienen un significado y un valor sagrado para los fieles cuando son celebradas por ministros religiosos habilitados en virtud de estas reglas. La personalidad de estos últimos es muy importante para todo miembro activo de la comunidad y su

[1] Sentencia del Tribunal Europeo de Derechos Humanos [TEDH, o el Tribunal] de 14 de junio de 2007 (Demanda n.º 77703/01), sobre el caso *Svyato-Mykhaylivska Parafiya c. Ucrania*, § 150.

participación en la vida de dicha comunidad es una manifestación de la propia religión protegida por el artículo 9 del Convenio»[2].

Los Estados miembros del Consejo de Europa deben proteger la autonomía confesional. Así, el TEDH ha manifestado que las decisiones judiciales que declaran la competencia de las confesiones en las relaciones con sus ministros de culto no violan el Convenio Europeo de Derechos Humanos [CEDH]. La labor que realiza el ministro de culto en el ámbito de su confesión no puede definirse con carácter general. Cada confesión establece esa relación siendo la más habitual la de naturaleza espiritual regulada por el propio ordenamiento confesional, aunque caben otras posibilidades como la contractual sometida al Derecho laboral[3]. Además, la condición de ministro de culto no es lo trascendente para determinar el tipo de vínculo existente con la confesión sino la propia naturaleza de la relación entre ambos. Por otro lado, no puede obviarse que el término ministro de culto engloba a sujetos con funciones y estatutos diferentes. En el marco del Consejo de Europa hay gran variedad de modelos constitucionales en cuanto a la regulación de las relaciones entre el Estado y las confesiones religiosas lo que supone, por ejemplo, que los ministros de culto de Iglesias nacionales tengan la consideración de empleados públicos. En tal caso, como ha reconocido el TEDH, el régimen de dichas Iglesias es compatible con el CEDH siempre que la adscripción a la iglesia oficial no sea obligatoria[4].

El análisis de las principales decisiones del TEDH y de la antigua Comisión Europea de Derechos Humanos [CmEDH, o la Comisión][5] relativas al trabajo de los

[2] Sentencia de 26 de octubre de 2000 (Demanda n.º 30985/96), § 62. En el mismo sentido *vid.* sentencia de 8 de noviembre de 2007 (Demanda n.º 30273/03), sobre el caso *Perry c. Letonia*, § 55.

[3] En el caso español, el principio general establecido por la jurisprudencia en relación con el trabajo realizado por el ministro de culto en el ámbito de su confesión es el de la naturaleza espiritual de sus actividades y, por tanto, la exclusión de la relación laboral con la institución. La prestación de servicios pastorales por los ministros queda regulada por el propio ordenamiento confesional. Sin embargo, si la confesión adopta en su actuación una estructura empresarial y crea para ello ciertas organizaciones en la que emplea como trabajadores a sus ministros, éstos pueden disfrutar de un contrato sometido al Derecho del Trabajo.

[4] *Vid.*, entre otras, sentencia de 23 de octubre de 1990 (Demanda n.º 11581/85), sobre el caso *Darby c. Suecia*; sentencia de 25 de mayo de 1993 (Demanda n.º 14307/88), sobre el caso *Kokkinakis c. Grecia*; sentencia de 25 de noviembre de 1996 (Demanda n.º 17419/90), sobre el caso *Wingrove c. Reino Unido* y sentencia de 24 de febrero de 1998 (Demanda n.º 23372/94; 26377/94; 26378/94), sobre el caso *Larissis y otros c. Grecia*. Sobre la cuestión *vid.* MARTÍNEZ-TORRÓN, J., «La protección de la Libertad Religiosa en el Sistema del Consejo de Europa», en DE LA HERA, A., MARTÍNEZ DE CODES, R.M. (Coords.), *Proyección nacional e internacional de la libertad religiosa*, Madrid, 2001, pp. 87-88 y GUTIÉRREZ DEL MORAL, M.J., «La neutralidad religiosa de los poderes públicos en el Tribunal Europeo de Derechos Humanos», *Derecho y Religión*, n.º 9, 2014, pp. 145-146.

[5] Originariamente se estableció la CmEDH, actuando el TEDH como instancia ulterior. Con la entrada en vigor en 1988 del Protocolo n.º 11 al CEDH, relativo a la reestructuración del mecanismo de control establecido por el CEDH, se atribuye exclusivamente al TEDH la competencia para conocer

ministros de culto en el ámbito confesional nos permitirá estudiar diferentes aspectos como la posibilidad que tienen de abandonar la entidad religiosa por divergencias internas; cuestiones procesales; permisos de trabajo; seguridad social y su derecho de asociación sindical. Consideramos adecuado, no obstante, comenzar con un examen de la jurisprudencia de Estrasburgo sobre el reconocimiento del derecho de las confesiones a elegir a tales ministros y a su profesorado de religión, como previa manifestación de la autonomía confesional.

2. El derecho de las confesiones a designar a sus ministros de culto y profesores de religión

2.1. Nombramiento de ministros de culto

El TEDH ha declarado en diferentes ocasiones que el nombramiento de los ministros de culto está incluido en el ámbito de protección de la dimensión colectiva de la libertad religiosa. Lo ha hecho en sentencias sobre casos en los que han intervenido las autoridades estatales en su designación, o para intentar forzar a una comunidad a establecerse, en contra de su voluntad, bajo una única autoridad religiosa. Por ello, excepto cuando exista una necesidad social imperiosa, la intromisión estatal constituye una interferencia en los derechos de la comunidad religiosa en virtud del artículo 9 del CEDH. Nos referimos a continuación a seis fallos de la Corte Europea en los que constató la violación del citado artículo del CEDH siendo los Estados condenados: Grecia (2), Bulgaria (3) y Letonia (1).

En la sentencia de 14 de diciembre de 1999, sobre el caso *Serif c. Grecia*[6] el TEDH estimó la violación del artículo 9 del CEDH al procesar y condenar las autoridades estatales a un dirigente religioso que había usurpado las funciones de *mufti*[7] y se

---

asuntos entre Estados y las demandas individuales una vez que se han agotado los recursos internos accesibles del país presuntamente infractor.

[6] Demanda n.º 38178/97. Un comentario a esta sentencia *vid.* Martínez-Torrón, J., «La protección de la Libertad Religiosa en el Sistema del Consejo de Europa», cit., pp. 118-119; Navarro-Valls, R., *Del poder y de la gloria*, Madrid, 2004, p. 306; Rodríguez Blanco, M., «Manifestaciones del derecho fundamental de libertad religiosa», en Álvarez Cortina, A.C., Rodríguez Blanco, M. (Coords.), *La libertad religiosa en España. XXV años de vigencia de la Ley Orgánica 7/1980, de 5 de julio (comentarios a su articulado)*, Granada, 2006, pp. 87-88; Celador Angón, Ó., *Libertad de conciencia y Europa. Un estudio sobre las tradiciones constitucionales comunes y el Convenio Europeo de Derechos Humanos*, Madrid, 2011, pp. 130-131 y Tarodo Soria, S., «Relaciones Iglesia-Estado y derecho de libertad religiosa en Grecia», *Derecho y Religión*, n.º 10, 2015, pp. 277-278.

[7] Según se explica: «El artículo 11 del Tratado de Paz de Atenas entre Grecia y otros, por un lado, y el Imperio Otomano, por otro, que fue firmado el 17 de mayo de 1913 y ratificado por el Parlamento Griego mediante una Ley publicada en el Boletín Oficial el 14 de noviembre de 1913, establece lo siguiente: "La vida, los bienes, el honor, la religión y las costumbres de aquellos habitantes de las localidades cedidas a Grecia que permanezcan bajo administración helénica serán escrupulosamente respetados. Gozarán enteramente de los mismos derechos civiles y políticos que los sujetos helenos de

había vestido como tal. La condición de *muftí* tiene especial relevancia en Grecia pues además de competencias religiosas ejercen funciones en materia de matrimonio, sucesiones y judiciales[8]. Según la Corte Europea, los tribunales internos que condenaron al demandante no mencionaron en sus sentencias que intentara ejercer las funciones propias que establece la legislación sobre *muftis*[9]. Así, «los hechos que subyacen en la condena…se referían al mensaje relativo al significado religioso de una fiesta de guardar, al discurso en una reunión religiosa, otro mensaje con ocasión de una fiesta religiosa y vestir los hábitos de un líder religioso»[10]. Además, el TEDH afirmó que el Estado no necesita tomar medidas para asegurar que las comunidades religiosas permanezcan o sean conducidas por un liderazgo unificado[11]. Por todo ello, consideró que condenar a una persona por el mero hecho de actuar como líder religioso de un grupo que le apoyaba resulta incompatible con la exigencia de pluralismo religioso en una sociedad democrática[12]. Y reconoció, además, que aunque «es posible que se produzca tensión en situaciones en las que una comunidad religiosa o de otro tipo se divida…ésta es una de las consecuencias inevitables del pluralismo»[13].

La segunda sentencia que condenó a Grecia fue la dictada el 13 de julio de 2006, sobre el caso *Agga (4)*[14], con unos argumentos muy similares a los del anterior pronunciamiento. En esta ocasión, el demandante había sido elegido *mufti* de Xanthi por los musulmanes de dicha circunscripción. Para ese distrito ya había sido designado oficialmente un *mufti*, por lo que el demandante fue procesado penalmente al usurpar funciones que no le correspondían. El TEDH señaló que la condena impuesta por los tribunales nacionales se basaba, principalmente, en que el demandante había emitido mensajes de contenido religioso en su condición de *mufti*. Sin embargo, el TEDH estimó que las acciones que había realizado no eran funciones judiciales y

---

origen. Los musulmanes tendrán aseguradas la libertad y la práctica externa del culto… Los Muftis, además de su competencia en los asuntos puramente religiosos y su vigilancia de la administración de los bienes Vacoufs, ejercerán su jurisdicción entre los musulmanes en materia de matrimonio, divorcio, pensiones alimenticias (néfaca), tutela, curatela, emancipación de menores, testamentos islámicos y sucesiones al cargo de Mutévelli (Tevliet). Las sentencias dictadas por los Muftis serán ejecutadas por las autoridades helenas competentes. En cuanto a las sucesiones, las partes musulmanas interesadas podrán, tras un acuerdo previo, recurrir al Mufti en calidad de árbitro. Contra la decisión arbitral así dictada serán admitidas todas las vías de recurso ante los tribunales del país, a menos que una cláusula estipule expresamente lo contrario"» (§ 20).

[8] *Vid.* § 46.

[9] *Vid.* § 52.

[10] § 39.

[11] *Vid.* § 52.

[12] *Vid.* § 51.

[13] § 53.

[14] Demanda n.º 33331/02. Un comentario a esta sentencia *vid.* OTADUY, J., «Crónica de jurisprudencia 2006. Derecho Eclesiástico español», *Ius Canonicum*, vol. 47, 2007, p. 273.

administrativas —propias de los *muftis*—, por lo que la injerencia en el derecho del recurrente a manifestar su religión no se requería para la protección del orden público conforme al artículo 9,2 del CEDH[15].

En cuanto a los tres fallos de la Corte Europea que condenaron a Bulgaria, cronológicamente el primero fue el ya citado sobre el caso *Hasan y Chaush*[16]. La Gran Sala del TEDH estimó la violación del artículo 9 del CEDH por la interferencia del Gobierno búlgaro en asuntos internos de una comunidad musulmana, al apoyar a uno de los dos dirigentes religiosos rivales de dicha entidad religiosa. El TEDH afirmó que el derecho a la libertad religiosa individual va unido al libre y pacífico funcionamiento de la comunidad religiosa, sin intervenciones arbitrarias del Estado. Asimismo, declaró que «la acción estatal para favorecer a un líder de una comunidad religiosa dividida o dirigida a forzar a la comunidad a estar unida bajo un solo liderazgo contra sus propios deseos constituiría, igualmente, una interferencia con la libertad religiosa»[17].

La segunda sentencia fue dictada el 16 de diciembre de 2004, sobre el caso *Supreme Holy Council of the Muslim Community*[18]. En esta ocasión, la interferencia estatal produjo el cambio en la dirección de la Comunidad Musulmana de Bulgaria. El TEDH argumentó, como en anteriores ocasiones, que la interferencia estatal no puede justificarse por el Derecho ni es necesaria en una sociedad democrática. Y afirmó que «las medidas del Estado que favorecen a un líder o grupo en particular dentro de una comunidad religiosa...constituyen una infracción de la libertad religiosa»[19].

La tercera sentencia condenatoria por la injerencia del Estado búlgaro en la organización interna y elección de dirigentes religiosos —en este caso de la Iglesia Ortodoxa de Bulgaria—, fue la de 22 de enero de 2009, sobre el caso *Holy Synod of the Bulgarian Orthodox Church (Metropolitan Inokentiy) y otros*[20]. El TEDH decla-

[15] *Vid.* § 25.

[16] Un comentario a esta sentencia *vid.* MARTÍNEZ-TORRÓN, J., «Los límites a la libertad de religión y de creencia en el Convenio Europeo de Derechos Humanos», *Revista General de Derecho Canónico y Derecho Eclesiástico del Estado*, n.º 2, 2003, pp. 31-32; MORENO BOTELLA, G., «El factor religioso en la Constitución Europea», *Revista Jurídica de la Universidad Autónoma de Madrid*, n.º 13, 2005, pp. 226-227 y MARTÍN SÁNCHEZ, I., «Las confesiones religiosas y su autonomía según el Tribunal Europeo de Derechos Humanos», *Encuentros Multidisciplinares*, 46, 2014, p. 68.

[17] § 78.

[18] Demanda n.º 39023/97. Un comentario a esta sentencia *vid.* OTADUY, J., «Crónica de jurisprudencia 2006. Derecho Eclesiástico español», *Ius Canonicum*, vol. 45, 2005, pp. 310-311 y GUTIÉRREZ DEL MORAL, M.J., «La neutralidad religiosa de los poderes públicos en el Tribunal Europeo de Derechos Humanos», cit., p. 154.

[19] § 76.

[20] Demanda n.º 412/03 y 35677/04. Un comentario a esta sentencia *vid.* PONKIN, I., KOUZNETSOV, M., «Los cismas religiosos y la postura del Tribunal Europeo de Derechos Humanos en el asunto El Santo Sínodo de la Iglesia Ortodoxa Búlgara (metropolita Innokenty) y otros contra Bulgaria», *Revista General de Derecho Canónico y Derecho Eclesiástico del Estado*, n.º 21, 2009; OTADUY, J., «Crónica de jurisprudencia 2009. Derecho Eclesiástico español», *Ius Canonicum*, vol. 50, 2009, pp. 712-713 y

ró que aunque la disputa del liderazgo de la Iglesia Ortodoxa de Bulgaria fuera una cuestión de interés para el Estado, las medidas tomadas para obligar a la comunidad recurrente a unirse al liderazgo apoyado por el Gobierno excedieron de cualquier fin legítimo e interfirieron en los derechos de los demandantes aún teniendo en cuenta el margen de apreciación nacional[21]. Por ello, el TEDH apreció que hubo violación del artículo 9 del CEDH y estimó que la Ley búlgara de Denominaciones Religiosas de 2002 debía modificarse para garantizar que los conflictos internos de liderazgo sean resueltos por las confesiones religiosas[22].

Por último, el TEDH condenó a Letonia en el caso *Miroļubovs y otros*[23]. Los demandantes alegaron ante la Corte Europea que las autoridades nacionales habían intervenido ilegítimamente en una disputa interna que afectaba a su comunidad «ortodoxa-vieja» en Riga —la más grande de las 69 que hay en Letonia[24] y considerada una de las religiones «tradicionales» en el país[25]—. El TEDH constató que la Ley letona de Organizaciones Religiosas, de 7 de septiembre de 1995, no contiene ninguna disposición que indique que el Estado deba intervenir en el caso de una división interna en una confesión religiosa[26]. A su vez, como en otras muchas ocasiones, el TEDH consideró que el Estado debe permanecer neutral en un conflicto interno de una comunidad religiosa y que su interferencia no puede considerarse necesaria en una sociedad democrática[27]. Por ello, condenó al país báltico por violación del artículo 9 del CEDH.

MARTÍN SÁNCHEZ, I., «Las confesiones religiosas y su autonomía según el Tribunal Europeo de Derechos Humanos», cit., pp. 68-69.

21 *Vid.* § 38.

22 *Vid.* § 50. El artículo 7,3 de la Ley de libertad religiosa de 2002 establece: «Los derechos y libertades de las personas que pertenecen a una confesión religiosa no pueden ser limitados por las reglas internas, rituales y ritos de esa confesión o institución».

23 Sentencia de 15 de septiembre de 2009, Demanda n.º 798/05. Un comentario a esta sentencia *vid.* MARTÍN-RETORTILLO BAQUER, L., «La libertad religiosa en la reciente jurisprudencia del Tribunal Europeo de Derechos Humanos», *Anuario de Derecho Eclesiástico del Estado*, 2010, pp. 305-310.

24 La *vieille-orthodoxe Grebenščikova* de Riga es la más grande de Letonia. Sus integrantes son denominados «viejos creyentes» que, según se explica, es una rama del cristianismo ortodoxo que se separaron de la Iglesia Ortodoxa rusa a mediados del siglo XVII (1666) con motivo de algunas reformas litúrgicas (*vid.* §§ 8-16).

25 Según se explica, los «viejos creyentes» son considerados una de las confesiones religiosas tradicionales de Letonia lo que le otorga ciertas ventajas como la designación de profesorado en centros docentes públicos, efectos civiles a su matrimonio religioso y la representación en el Consejo de Asuntos Espirituales (*vid.* § 49). Otras confesiones religiosas tienen Acuerdos con el Estado. Así, la Iglesia Católica tiene su estatuto jurídico establecido en el Acuerdo entre el Estado letón y la Santa Sede de 2000, y durante los años 2007 y 2008 se firmaron Acuerdos con musulmanes, judíos y evangélicos.

26 *Vid.* § 78.

27 *Vid.* § 95.

Estas seis sentencias citadas constatan que corresponde a las confesiones religiosas la designación de sus ministros de culto. Cuando las autoridades estatales interfieren y obligan a una comunidad religiosa a unirse bajo el liderazgo apoyado por el Estado se vulnera la autonomía confesional. Por tanto, el ordenamiento estatal no señala quiénes son los ministros de culto pues tal función corresponde a las confesiones religiosas.

2.2. **Nombramiento de profesores de religión**

Sobre el derecho de las confesiones religiosas a designar su profesorado de religión da cuenta la sentencia de la Gran Sala del TEDH de 12 junio de 2014, sobre el caso *Fernández Martínez c. España*[28]. El asunto se centra en la no renovación del contrato de trabajo de un sacerdote secularizado, profesor de religión católica en un instituto público. Ello se debió al conocerse a través de los medios de comunicación que estaba casado, que pertenecía al movimiento pro celibato opcional de sacerdotes y que, además, mantenía opiniones contrarias a la posición de la Iglesia Católica en distintos temas[29]. La Gran Sala no apreció la violación del artículo 8 del CEDH al no renovarse el contrato de trabajo como profesor de religión, confirmando la sentencia de la Tercera Sección de 15 de mayo de 2012[30]. Esta sentencia de primera instancia

[28] Demanda n.º 56030/07. Un comentario a esta sentencia *vid.* VALERO ESTARELLAS, M.J., «Autonomía institucional de las confesiones religiosas y derecho al respeto de la vida privada y familiar en Estrasburgo: la sentencia de la Gran Sala del TEDH Fernández Martínez c España», *Revista General de Derecho Canónico y Derecho Eclesiástico del Estado*, n.º 36, 2014; GUTIÉRREZ DEL MORAL, M.J., «Libertad de enseñanza, autonomía de las confesiones religiosas y situación jurídica del profesorado de religión», *Revista General de Derecho Canónico y Derecho Eclesiástico del Estado*, n.º 36, 2014, pp. 22-25; LÓPEZ-SIDRO LÓPEZ, A., «Sentencia del Tribunal Europeo de Derechos Humanos (n.º 56030/07), de 12 de junio de 2014, asunto Fernández-Martínez c. España», *Ars Iuris Salmanticensis*, vol. 2, 2014, pp. 262-264 y REDONDO ANDRÉS, M.J., «La peculiaridad del régimen de los profesores de religión examinada por el TEDH», *Actualidad Jurídica Iberoamericana*, n.º 3, 2015, pp. 331-344.

[29] Según se explica, el demandante fue ordenado sacerdote en 1961. En 1984 solicitó al Vaticano la dispensa de los votos del celibato. Sin obtener respuesta del Vaticano, contrajo matrimonio civil al año siguiente con la que actualmente es su esposa y madre de sus cinco hijos. A partir de 1991, trabajó como profesor de religión católica y ética en un instituto público con un contrato de trabajo anual renovable. En 1996 se publicó en prensa su situación y en agosto de 1997 el Papa le concedió la dispensa de celibato. Un mes después, la diócesis informó al Ministerio de Educación sobre la terminación del servicio del demandante como profesor —resolución que surtió efecto a partir de septiembre de 1997— (*vid.* §§ 13-18).

[30] Un comentario a esta sentencia *vid.* VALERO ESTARELLAS, M.J., «El derecho de los profesores de religión católica al respeto de su vida privada y familiar», *Revista General de Derecho Canónico y Derecho Eclesiástico del Estado*, n.º 33, 2013, pp. 24-26; MORENO BOTELLA, G., «Autonomía de las religiones y relaciones laborales ligadas a una ética o religión en la reciente jurisprudencia del TEDH», *Derecho y Religión*, n.º 9, 2014, pp. 238-242; COELLO DE PORTUGAL, J.M., «La jurisprudencia europea sobre profesores de religión», en CANO RUIZ, I. (Ed.), *La enseñanza de la religión en la escuela pública*, Granada, 2014, pp. 187-206; GIL y GIL, J.L., «La no renovación del contrato de trabajo de un sacerdote

diferenció el caso de otros anteriores como *Obst*[31], *Schüth*[32] y *Siebenhaar*[33] por la condición de sacerdote del demandante[34].

La Gran Sala del TEDH puso de manifiesto la relevancia de las confesiones religiosas en el nombramiento de los profesores de religión en los centros escolares, afirmando que «una mayoría significativa de los Estados miembros del Consejo de Europa proporcionan educación religiosa, tanto denominacional como no denomi-

---

secularizado y casado, profesor de religión y moral católica: comentario a la STEDH de 15 de mayo de 2012, caso Fernández Martínez contra España, demanda 56030/07», *Anuario de Derecho Eclesiástico del Estado*, 2014, pp. 227-254 y López Ahumada, J.E., «La libertad religiosa en las relaciones laborales conforme a la reciente jurisprudencia del Tribunal Europeo de Derechos Humanos», *Anuario de Derecho Eclesiástico del Estado*, 2014, pp. 536-539.

31 Sentencia de 23 de septiembre de 2010 (Demanda n.º 425/03), sobre el caso *Obst c. Alemania*. El TEDH estimó que no hubo violación del artículo 8 del CEDH en el despido del demandante, director europeo de relaciones públicas de la iglesia mormona, a causa del incumplimiento de la obligación de fidelidad conyugal —el TEDH afirmó que la autonomía de las confesiones religiosas es parte integrante del derecho de libertad religiosa garantizado en el CEDH, y justificó el despido señalando que con su conducta quebraba el deber de lealtad hacia su iglesia—.

32 Sentencia de 23 de septiembre de 2010 (Demanda n.º 1620/03), sobre el caso *Schüth c. Alemania*. El TEDH estimó la violación del artículo 8 del CEDH en el despido del demandante, un organista y jefe de coro en una parroquia católica, por su futura paternidad con su nueva pareja pasados dos años de su separación —el TEDH afirmó que los tribunales alemanes no tuvieron en cuenta todos los hechos y que tampoco aplicaron debidamente el equilibrio entre los intereses de la iglesia y los del demandante. Además, consideró que la naturaleza de las actividades que desempañaba tenían escasa vinculación con las propiamente religiosas—.

33 Sentencia de 3 de febrero de 2011 (Demanda n.º 18136/02), sobre el caso *Siebenhaar c. Alemania*. El TEDH estimó que no hubo violación del artículo 9 del CEDH en el despido de la demandante, católica alemana, que trabajaba de educadora en una guardería regentada por una iglesia protestante -el TEDH consideró que la demandante había infringido el deber de lealtad dado que sus puntos de vista y sus actividades eran contradictorios con las exigencias profesionales solicitadas por su empleador—.

34 *Vid.* § 83. Como afirma Motilla, sintetizando la doctrina sentada por el TEDH en relación a la rescisión por la Iglesia de los contratos con sus empleados laicos: «La legitimidad, en el marco del Convenio, de la decisión de la Iglesia de rescindir el contrato de trabajo de sus empleados laicos por deslealtad debe equilibrar convenientemente los derechos del trabajador y los de la confesión a su autonomía organizativa y doctrinal. Necesidad que se afirma singularmente cuando un derecho individual entra en colisión con un derecho colectivo. Tal equilibrio debe ser realizado por los tribunales internos del Estado; el control judicial de la decisión confesional requiere ineludiblemente que ésta se encuentre motivada. Entrando ya en la ponderación correcta entre ambos derechos…si la persona ocupa un cargo relevante y representativo de la entidad la violación en el ámbito privado de una norma moral es trascendente y justifica el despido; contrariamente, si el puesto es de perfil bajo en cuanto a su relación con los fines de transmisión del mensaje, o participación en las actividades de culto, prevalece el derecho a la vida privada. Por último, el Tribunal también tiene en cuenta, en la ponderación entre ambos derechos, los efectos subjetivos del despido: la edad del trabajador, el tipo de labor que realiza, sus cargas familiares». Motilla, A., «El derecho a discriminar en las relaciones laborales; excepciones a la prohibición general a discriminar por motivos ideológicos o religiosos en Europa», *Revista Española de Derecho del Trabajo*, n.º 158, 2013, p. 107.

nacional en las escuelas públicas. En un gran número de Estados que componen esta mayoría, las autoridades religiosas tienen un papel de decisión conjunto o un papel exclusivo en el nombramiento y la destitución de los profesores de religión. Asimismo, como regla general, además de la cualificación pedagógica, los profesores deben tener la autorización de la comunidad religiosa en cuestión (la *missio canonica*, el *vokation* de la Iglesia protestante, el mandato canónico ortodoxo, el certificado de la enseñanza judía, el certificado entregado por la comunidad islámica, etc.). La retirada de dicha autorización por la autoridad religiosa competente, por razones relativas a asuntos religiosos, conlleva la pérdida del puesto de trabajo como profesor enseñanza religiosa»[35].

Según los antecedentes del caso, el Obispado tomó la decisión de no autorizar al demandante a que siguiera impartiendo enseñanza religiosa en el instituto con el «fin de proteger la sensibilidad de muchos padres que podrían molestarse al conocer la situación del demandante»[36]. Los tribunales nacionales dieron la razón a la Iglesia, primeramente el Tribunal Superior de Justicia que consideró que la restricción de derechos producida era legítima y proporcionada en relación a evitar el «escándalo». Asimismo, el Tribunal Constitucional en su sentencia 128/2007, de 4 de julio, consideró que las autoridades eclesiásticas habían cumplido con las obligaciones que les incumben, aplicando el principio de autonomía religiosa. Agotada la vía interna, el demandante acudió al TEDH invocando el artículo 8 del CEDH, en relación con el artículo 14, al considerar que la no renovación de su contrato de trabajo constituía una intromisión no justificada de su derecho a la vida privada. Alegó que la publicidad dada sobre su situación familiar y personal fue la causa de la no renovación, siendo ello incompatible con sus derechos a la libertad de pensamiento y de expresión en virtud de los artículos 9 y 10 del CEDH.

Como sostuvo el TEDH, el *quid* de la cuestión recaía en la acción de la autoridad del Estado que, como empleador del demandante y estando directamente involucrado en el proceso de toma de decisiones, ejecutó la decisión del Obispo de no renovarle[37]. A este respecto, el TEDH afirmó que la no renovación del contrato del demandante estaba basada en la legislación española[38] y que tal decisión perseguía el legítimo objetivo de proteger los derechos y libertades de los demás, en particular los de la

35 § 67.

36 § 19.

37 *Vid.* § 115.

38 El TEDH recordó que el Ministerio de Educación actuó conforme a las disposiciones del artículo III del Acuerdo de 1979 entre el Estado español y la Santa Sede, complementado por la Orden Ministerial de 11 de octubre de 1982, que dispone que un contrato no se renovará si el Obispo presenta una opinión contraria. Este Acuerdo es un Tratado Internacional, integrado como tal en la legislación española de conformidad con la Constitución (*vid.* § 118).

Iglesia Católica, y concretamente su autonomía respecto a la elección de las personas capacitadas para enseñar la doctrina religiosa[39].

Por otro lado, el TEDH reconoció que las confesiones religiosas pueden exigir un «mayor» nivel de lealtad de sus empleados, afirmando que «el demandante, a sabiendas y voluntariamente admitía un importante deber de lealtad hacia la Iglesia Católica, que limitaba en cierto grado el alcance de su derecho al respeto de su vida privada y familiar. Tales limitaciones contractuales son permisibles en virtud del Convenio donde son libremente aceptadas. En efecto, desde el punto de vista del interés de la Iglesia en defender la coherencia de sus preceptos, la enseñanza de la religión católica a los adolescentes puede ser considerada una función primordial que requiere especial lealtad»[40].

Así pues, esta sentencia reafirma la autonomía confesional al reconocer que en España —como en la mayoría de los Estados miembros del Consejo de Europa—, las confesiones religiosas tienen un papel exclusivo en el nombramiento y expulsión de su personal docente de educación religiosa con independencia de cuál sea la institución que financie tal enseñanza. Igualmente, se incide en que la confesión religiosa es la que concede la pérdida de la «condición clerical», lo que supone la retirada de los derechos asociados a tal condición y sus funciones eclesiásticas.

3. EL TRABAJO DEL MINISTRO DE CULTO EN LA PROPIA CONFESIÓN RELIGIOSA

3.1. El derecho de los ministros de culto a abandonar la entidad religiosa por divergencias internas

Los órganos judiciales de Estrasburgo han reiterado que el artículo 9 del CEDH no ampara el derecho de un ministro de culto a defender concepciones particulares distintas de las mantenidas por la entidad religiosa para la que trabaja. Los ministros de culto aceptan libremente la sujeción a las normas confesionales y a los tribunales religiosos con jurisdicción sobre ellos, por lo que renuncian a algunos de sus derechos. En caso de divergencias, el derecho de libertad religiosa del ministro se expresa a través del derecho a abandonar la confesión religiosa[41].

[39] *Vid.* § 122. La Conferencia Episcopal Española, como parte interviniente, afirmó que: «Los requisitos para los profesores de poseer un certificado de idoneidad y la posibilidad para la Iglesia de eliminar o revocar dicho certificado en base a motivos religiosos o morales estaba adaptado a la naturaleza del puesto de trabajo, y al derecho de los padres y alumnos de que se imparta con propiedad la doctrina y los valores católicos» (§ 95).

[40] § 135.

[41] En referencia a esta cuestión *vid.* MARTÍNEZ-TORRÓN, J., «La libertad religiosa en los últimos años de la jurisprudencia europea», *Anuario de Derecho Eclesiástico del Estado*, 1993, pp. 75-76; THIELS, Y., «Le droit à l'excommunication sous l'angle de la Convention européenne des droits de l'homme», *Recht, Religie en Samenleving*, 2010/1, pp. 23-24; GAS AIXENDRI, M., *Apostasía y libertad*

La CmEDH lo reconoció en varias decisiones en las que declaró inadmisibles demandas presentadas por ministros de culto. La primera a la que aludimos fue la dictada sobre el asunto *X c. Dinamarca*, de 8 de marzo de 1976[42]. El demandante, pastor de la Iglesia Evangélica Luterana de Dinamarca, había sido expulsado al negarse a cumplir las directivas confesionales sobre la administración del bautismo. Debe tenerse en consideración que la citada Iglesia es la nacional danesa[43], que el parlamento danés es la autoridad legislativa de la Iglesia y que el Ministro de Asuntos Eclesiásticos es la máxima autoridad administrativa. Asimismo, los ministros de culto de la Iglesia nacional son funcionarios conforme a los criterios establecidos por la propia Iglesia[44].

Pues bien, según los antecedentes del citado asunto el demandante puso como condición para bautizar que los padres asistieran a cinco lecciones religiosas. Ante tal situación, el Ministro de Asuntos Eclesiásticos aconsejó al pastor evangélico que abandonara esa práctica. Pasado el tiempo y al continuar el pastor con sus exigencias, se acabó constituyendo un tribunal eclesiástico de carácter consultivo al tratarse de un asunto meramente disciplinario. Sin embargo, el demandante consideró que la controversia debía ser examinada públicamente por un tribunal competente. Finalmente, el demandante acudió a la CmEDH alegando la violación, entre otros, del artículo 9 del CEDH. El tribunal eclesiástico pospuso su resolución al pronunciamiento del órgano judicial de Estrasburgo.

La CmEDH sostuvo que la Iglesia tiene plena libertad de establecer uniformidad en sus cuestiones internas y que el artículo 9 del CEDH no ampara el derecho de un ministro de culto a establecer condiciones para administrar el bautismo cuando son contrarias a las normas confesionales. Por ello, la CmEDH concluyó que si las convicciones son diferentes a la posición de su Iglesia en determinadas materias, era libre de abandonarla.

---

religiosa. Conceptualización jurídica del abandono confesional, Granada, 2012, pp. 106-108; MOTILLA, A., «El derecho a discriminar en las relaciones laborales; excepciones a la prohibición general a discriminar por motivos ideológicos o religiosos en Europa», cit., pp. 100-101; MARTÍN SÁNCHEZ, I., «Margen de apreciación nacional y libertad religiosa en la jurisprudencia del Tribunal Europeo de Derechos Humanos», *Derecho y Religión*, n.º 9, 2014, pp. 22-23 y CISMAS, I., *Religious actors and internacional law*, New York, 2014, pp. 130-133.

42 Demanda n.º 7374/76.

43 *Vid.* artículo 4 de la Constitución de 1953. Por su parte, el artículo 66 establece que la «Ley regulará el estatuto de la Iglesia nacional».

44 Sobre la Iglesia nacional danesa *vid.* RODRÍGUEZ GARCÍA, J.A., «Las Iglesias de Estado de los países nórdicos: Un modelo en vía de extinción», *Derecho y Religión*, n.º 10, 2015, pp. 43-44.

En el asunto *Knudsen c. Noruega*[45], de 8 de marzo de 1985, la CmEDH inadmitió la demanda presentada por un vicario de la Iglesia nacional de Noruega[46] que se había negado a registrar nacimientos y realizar matrimonios por estar en desacuerdo con la regulación estatal en materia de aborto. Al prolongarse en el tiempo dicha negativa, acabó siendo cesado de su cargo de vicario. El demandante acudió a la CmEDH y alegó la violación del artículo 9 del CEDH argumentando que había sido destituido a pesar de tener un punto de vista coincidente con el de su Iglesia sobre el aborto.

La CmEDH señaló que el derecho a ocupar cargos en la Iglesia nacional noruega no está garantizado por el CEDH. Además, afirmó que en un sistema de Iglesia de Estado un ministro de culto no solo está obligado a realizar funciones religiosas sino también a cumplir deberes estatales. Por ello, si los requisitos que le impone el Estado son incompatibles con sus convicciones es libre de renunciar a su cargo, con lo que se garantiza su libertad de conciencia y religiosa reconocida en el CEDH.

En parecidos términos la CmEDH rechazó la demanda presentada por un pastor de la Iglesia nacional sueca[47] en la decisión de 8 de septiembre de 1988, sobre el caso *Karlsson c. Suecia*[48]. El demandante se había postulado junto a otros tres candidatos para el cargo de párroco en la diócesis de Lund (al sur del país). Su posición de rechazo al sacerdocio femenino era incompatible con la visión de la Iglesia sobre la cuestión, por lo que fue retirado como aspirante al puesto. El demandante interpuso un recurso ante el Gobierno sueco y al ser desestimado, alegó ante la CmEDH la violación de su derecho a la libertad de pensamiento, conciencia y religión.

La CmEDH declaró que la libertad religiosa consagrada en el artículo 9 no ampara que los ministros de culto tengan una visión doctrinal distinta que la de su Iglesia. De este modo, «si las opiniones del demandante sobre las clérigas y sus intenciones

[45] Demanda n.º 11045/84.

[46] La reforma constitucional noruega de 21 de mayo de 2012 culminó el debate sobre la supresión de la declaración de oficialidad de la religión evangélica luterana. Una de las consecuencias de esta reforma es que la Iglesia de Noruega tenga más autonomía. Así, la designación de los obispos ya no corresponde al Parlamento sino al sínodo de la Iglesia —no obstante, el Gobierno noruego todavía proporcionará fondos y los ministros de culto siguen siendo empleados públicos—. La nueva Ley reguladora de la Iglesia de Noruega no se aprobará antes de 2017. Sobre la cuestión *vid.* RODRÍGUEZ GARCÍA, J.A., «Las Iglesias de Estado de los países nórdicos: Un modelo en vía de extinción», cit., pp. 41-42.

[47] La disposición transitoria n.º 9 de la Ley constitucional de Instrumento de Gobierno de 1974 regulaba las relaciones con la Iglesia nacional luterana sueca. En 1983, se modificó el Código de la Iglesia nacional y el Parlamento sueco recuperó su soberanía legislativa —en 1991, el Registro civil que estaba en manos de la Iglesia nacional pasó a ser competencia exclusivamente estatal—. En 1998 se aprobó la Ley sobre la Iglesia de Suecia que proclama la separación formal entre el Estado sueco y la Iglesia nacional, reconociéndose la plena autonomía de la Iglesia y su funcionamiento democrático. Sobre la cuestión *vid.* RODRÍGUEZ GARCÍA, J.A., «Las Iglesias de Estado de los países nórdicos: Un modelo en vía de extinción», cit., pp. 38-39.

[48] Demanda n.º 12356/86.

de cooperar con ellas son incompatibles con la visión general de la iglesia en cuestión, ésta última no está obligada a aceptar al demandante como su siervo»[49]. Por otro lado, «si los requisitos impuestos a una persona por su iglesia están en conflicto con sus convicciones debe ser libre de dejarla, lo que se considera una garantía última de su derecho a la libertad de pensamiento, conciencia y religión»[50]. En consecuencia, la CmEDH declaró que no hubo violación del artículo 9 del CEDH. Otro asunto también relacionado con la Iglesia nacional sueca fue resuelto por la CmEDH en su decisión de 11 de abril de 1996, sobre el caso *Finska församlingen i Stockholm and Hautaniemi c. Suecia*[51]. La entidad demandante, una parroquia de la Iglesia nacional sueca, alegaba que ésta había violado su derecho y el de sus ministros de culto al prohibirles el uso de la liturgia de la Iglesia Evangélica Luterana finlandesa. La CmEDH señaló que el Estado no es responsable de la normativa de la Iglesia en relación a su liturgia. Además, la parroquia demandante era parte de la Iglesia sueca por lo que debía cumplir sus decisiones y no había ningún obstáculo para que los ministros abandonaran la Iglesia[52].

En la decisión de 17 de mayo de 1995, sobre el caso *Williamson c. Reino Unido*[53], la CmEDH siguió la misma motivación que en el citado caso *Karlsson* para inadmitir la demanda. El sínodo general de la Iglesia de Inglaterra aprobó la ordenación sacerdotal de las mujeres en noviembre de 1992 y con ello, se abrió un periodo de dudas sobre el futuro de la Iglesia[54]. El demandante, clérigo de la Iglesia Anglicana, alegó la violación del artículo 9 del CEDH al haber sido cesado en sus funciones por creer que la ordenación de mujeres infringía el derecho interno de la Iglesia. Según el ministro de culto, la medida tomada por su Iglesia era contraria a su conciencia, no se le había consultado y obligaba a recaudar dinero para pagar la compensación de los que dejaban la entidad religiosa. Además consideraba que el juramento que pronunció en su ordenación -por el que estaba obligado—, había cambiado su significado y que, en definitiva, se enfrentaba a un despido indirecto por disconformidad con su confesión religiosa.

La CmEDH señaló que el demandante continuaba en su puesto y que no había indicios de despido. En cuanto a la aprobación de la ordenación sacerdotal de las

[49] § 1.
[50] § 1.
[51] Demanda n.º 24019/94.
[52] *Vid.* § 2.
[53] Demanda n.º 27008/95.
[54] Las resoluciones del sínodo deben ser aprobadas por el Parlamento del Reino Unido antes de recibir el consentimiento real y convertirse en parte de la ley nacional. La Iglesia Anglicana es la Iglesia nacional en Inglaterra, goza de un estatuto jurídico especial y el monarca es el gobernador supremo. Sobre la Iglesia de Inglaterra *vid.* GARCÍA OLIVA, J., «The favourable legal view of religion in England in the XXI Century», *Derecho y Religión*, n.º 10, 2015, pp. 163-182.

mujeres por la Iglesia de Inglaterra, la Comisión consideró que afectaba más a su estructura que a las creencias del demandante y recordó que cuando las decisiones de una confesión religiosa entran en conflicto con sus ministros de culto, la posibilidad de abandonarla es la garantía de su libertad de conciencia. Asimismo, afirmó que los cambios que se producen en la naturaleza del empleo, incluso en la Iglesia de Inglaterra, nunca pueden excluirse por completo. Finalmente, señaló que el artículo 14 del CEDH prohíbe la discriminación y que uno de los objetivos de la Iglesia de Inglaterra con la decisión aprobada era conseguir más igualdad entre hombres y mujeres en la jerarquía de la Iglesia. En todo caso, la medida estaba «prevista por la ley», y el deseo del sínodo de tratar a las mujeres por igual podía considerarse necesario para «la protección de los derechos y libertades de los demás»[55].

En el caso *Spetz y otros c. Suecia*[56] los demandantes fueron, entre otros, cuatro pastores de la Iglesia Södermalms —congregación independiente del Movimiento Pentecostal fundada en 1929—. Según los hechos, los demandantes tenían autorización para celebrar matrimonios con efectos civiles hasta que el Movimiento Pentecostal revocó el permiso al considerar que la congregación apoyaba acciones separatistas en su contra. Según los demandantes, la revocación del derecho a celebrar matrimonios era un castigo a la fe cristiana y a su trabajo en la congregación, por lo que alegaron la violación del artículo 9 del CEDH. La CmEDH inadmitió la demanda señalando que una Iglesia es libre de hacer cumplir su doctrina, y que no está obligada a aceptar a un pastor ni a alguna de sus determinadas funciones[57]. Además, afirmó que «el derecho del pastor a la libertad de pensamiento, conciencia y religión…está garantizado por su derecho a abandonar la Iglesia»[58].

De estas decisiones de la CmEDH y la misma conclusión reiterada posteriormente por el TEDH —recientemente en los casos *Holy Synod of the Bulgarian Orthodox Church (Metropolitan Inokentiy)*[59], *Miroļubovs y otros*[60] y *Sindicatul «Păstorul cel Bun»*[61]—, puede afirmarse que el artículo 9 del CEDH no garantiza ningún derecho a disentir dentro de una comunidad religiosa y en el caso de desacuerdo doctrinal u

[55] El sínodo general de la Iglesia de Inglaterra celebrado en julio del 2014 autorizó el acceso de mujeres presbíteras al episcopado. En consecuencia, a comienzos de 2015 fue consagrada episcopalmente la primera mujer en dicha Iglesia —obispo de la diócesis de Stockport, sufragánea de la de Chester—. Sobre la cuestión *vid.* MORÁN, G.M., «La igualdad religiosa y la mujer en las iglesias cristianas: su incorporación jurídica a las órdenes sagradas», *Stato, Chiese e pluralismo confessionale*, 10/2015, pp. 1-15.

[56] Decisión de 12 de octubre de 1994 (Demanda n.º 20402/92).

[57] *Vid.* § 2.

[58] § 2.

[59] *Vid.* § 141.

[60] *Vid.* § 80.

[61] Sentencia de la Gran Sala del TEDH de 9 de julio de 2013 (Demanda n.º 2330/09), § 106.

organizativo, la libertad religiosa de los miembros se ejerce por el derecho a dejar libremente la confesión.

3.2 Aspectos procesales tras el cese del ministro de culto en sus funciones

Los ministros de culto en algunos Estados miembros del Consejo de Europa pueden acudir a la jurisdicción estatal para que analice las decisiones de los tribunales confesionales que resuelven controversias surgidas en el ejercicio de sus funciones en la propia confesión. Esta opción constituye otro ejemplo de la imposibilidad de establecer un régimen jurídico uniforme para todos los ministros de culto en los Estados europeos. Como ha señalado el TEDH, a los Estados miembros del Consejo de Europa les corresponde organizar su sistema judicial de tal manera que sus tribunales puedan garantizar a los ciudadanos el derecho a obtener una decisión final sobre sus derechos y obligaciones civiles dentro de un plazo razonable. En este apartado analizamos la jurisprudencia de Estrasburgo sobre la cuestión, atendiendo a casos en los que se reconoció a la jurisdicción confesional como la única competente para resolver la ruptura del vínculo que une al ministro de culto con su confesión, y otros casos en los que el ministro acudió a los tribunales del Estado para resolver el cese de sus funciones por la confesión religiosa.

3.2.1. *La competencia de la jurisdicción confesional*

Los órganos judiciales de Estrasburgo han declarado inadmisibles diferentes demandas presentadas por ministros de culto en las que alegaban la violación del derecho a un proceso equitativo reconocido en el artículo 6 del CEDH[62]. En todos los casos, los Estados demandados habían reconocido la competencia de la jurisdicción confesional en la resolución del conflicto cuando el ministro de culto realiza sus funciones en el ámbito de la confesión[63]. La relación se constituye conforme a las reglas

[62] Sobre el derecho a un proceso equitativo alegado ante el TEDH por empleados laicos que trabajan para confesiones religiosas, *vid.* MORENO BOTELLA, G., GARCÍA GARCÍA, R., «La garantía europea de un «proceso justo» de las personas que desempeñan actividades en un contexto religioso», en DÍEZ-PICAZO Y PONCE DE LEÓN, L. (Coord.), *Estudios Jurídicos en Homenaje al Profesor José María Miquel*, Vol. 2, Navarra, 2014, pp. 1995-2044.

[63] En referencia a esta cuestión *vid.* MARTÍNEZ-TORRÓN, J., «El derecho de libertad religiosa en la jurisprudencia en torno al Convenio Europeo de Derechos Humanos», *Anuario de Derecho Eclesiástico del Estado*, 1986, pp. 426-427; DUFFAR, J., «Religion et Travail dans la Jurisprudence de la Cour de Justice des Communautés Européennes et des Organes de la Convention Européenne des Droits de L´Homme», en EUROPEAN CONSORTIUM FOR CHURCH AND STATE RESEARCH, *Churches and Labour Law in the EC Countries*, Madrid, 1993, pp. 29-32; TAYLOR, P.M., *Freedom of religion. UN and European Human Rights Law an Practice*, New York, 2005, pp. 138-141; RIVERS, J., *The law of organized religions. Between Establishment and Secularism*, New York, 2010, p. 58 y KIVIORG, M., *Religión and Law in Estonia*, The Netherlands, 2011, p. 89.

internas confesionales que no admiten que el ministro de culto impugne la decisión eclesiástica ante los tribunales civiles, pues sólo las autoridades de la confesión son competentes para resolver las disputas surgidas en su ámbito. Lo contrario supondría una intromisión ilegítima del Estado en la autonomía confesional sobre el modo en que las confesiones regulan el contradictorio.

En el asunto citado anteriormente *X c. Dinamarca*, de 8 de marzo de 1976, en el que un pastor de la Iglesia Evangélica Luterana de Dinamarca había sido expulsado por negarse a cumplir las directivas confesionales sobre la administración del bautismo, la CmEDH inadmitió la demanda en la que alegaba la violación del artículo 6 del CEDH al estimar que las disputas sobre estas cuestiones propiamente religiosas no conllevan ni la determinación de los derechos y obligaciones civiles, ni los de una infracción penal.

Otra demanda declarada inadmisible por la CmEDH fue la resuelta en la decisión de 5 de abril de 1994, sobre el caso *Tyler c. Reino Unido*[64]. El demandante, un pastor de la Iglesia de Inglaterra, fue suspendido de sus funciones por cometer adulterio. Recurrió la decisión del tribunal eclesiástico ante la instancia superior, el tribunal archidiocesano de Canterbury, que acabó desestimando el recurso[65]. Finalmente, el demandante acudió ante la jurisdicción de Estrasburgo aduciendo ser víctima de una violación del artículo 6 del CEDH al considerar que no fue juzgado por un tribunal imparcial. Según el demandante, la Iglesia de Inglaterra había sido fiscalía, juez y jurado en el procedimiento, vulnerándose su derecho a un proceso equitativo. La CmEDH consideró que no cabía alegar la violación del citado artículo del CEDH. Destacó que la ley eclesiástica en Reino Unido prevé los procedimientos relacionados con las conductas inapropiadas de sus pastores, y que la independencia e imparcialidad de los tribunales se presupone mientras no se demuestre lo contrario[66]. Además, se refirió a la naturaleza de la sanción señalando que era disciplinaria, que no es inherente a las que son de naturaleza criminal.

Por su parte, tres han sido las decisiones de inadmisibilidad dictadas por los órganos judiciales de Estrasburgo respecto a demandas presentadas contra Alemania por ministros de culto pertenecientes a iglesias independientes. Cronológicamente, la primera decisión fue dictada por la CmEDH el 7 de diciembre de 1981, sobre el caso *X c. República Federal de Alemania*[67]. El demandante, pastor de la Iglesia Evangélica de Rhineland, había sido obligado a una jubilación forzosa como consecuencia de

[64] Demanda n.º 21283/93.

[65] Según se explica, la Medida de Jurisdicción Eclesiástica de 1963 fue la que estableció el actual sistema de tribunales de la Iglesia de Inglaterra, los cuales son competentes sobre la práctica totalidad de cuestiones de carácter religioso.

[66] *Vid.* § 1.

[67] Demanda n.º 9501/81.

la supresión de su cargo. Debido a que los tribunales administrativos se declararon incompetentes en virtud de la autonomía de las Iglesias prevista en el artículo 137 de la Constitución alemana de 1919, recibido en el artículo 140 de la Ley Fundamental de Bonn de 1949, el pastor se quejó de no poder tener acceso a un tribunal imparcial y alegó la violación del artículo 6 del CEDH. La CmEDH sostuvo que el demandante era un empleado de la Iglesia protestante y su condición de ministro de culto venía regulada por disposiciones de su confesión religiosa, por lo que los procedimientos judiciales administrativos sobre la supresión de su puesto quedaban fuera del ámbito del artículo 6,1 del CEDH.

En los otros dos casos, ambos de 6 de diciembre de 2011, el TEDH inadmitió las demandas presentadas por dos pastores protestantes. Tanto en el caso *Baudler*[68] como en el caso *Reuter*[69], los ministros de culto acudieron a la Corte Europea invocando la violación del artículo 6 del CEDH al considerar que no habían tenido acceso a un tribunal civil que revisará las medidas adoptadas por los respectivos tribunales eclesiásticos —excedencia forzosa en el primer caso y jubilación anticipada en el segundo, por lo que reclamaban además una indemnización—. El TEDH reiteró su doctrina de no cuestionar la resolución de los tribunales nacionales de declararse incompetentes para revisar asuntos internos de las confesiones cuando no se pudiese identificar la concurrencia de un derecho interno de carácter civil invocable a efectos del artículo 6,1 CEDH[70].

Por otro lado, otra decisión de inadmisibilidad del TEDH fue dada en el caso *Dudová y Duda c. República Checa*[71], de 30 de enero de 2001. La demanda fue interpuesta por dos sacerdotes de la Iglesia Husita checoslovaca que habían sido cesados de su relación de servicios con dicha Iglesia. A la invocación de los demandantes de la violación del artículo 6 del CEDH, la Corte Europea confirmó la decisión de los tribunales checos que se habían declarado incompetentes para conocer conflictos resueltos por las confesiones religiosas en virtud de su autonomía organizativa. En la decisión, citó el artículo 7 de la Ley nacional 308/1991, de Libertad Religiosa[72] y el artículo 16 de la Carta checa de los derechos fundamentales y libertades básicas

[68] Demanda n.º 38254/04.

[69] Demanda n.º 39775/04.

[70] Igual decisión de inadmisibilidad adoptó el TEDH en la misma fecha de diciembre de 2011 (Demanda n.º 12986/04), sobre el caso *Müller c. Alemania*. En esta ocasión, los demandantes eran misioneros del Ejército de Salvación que invocaron sin éxito la violación del artículo 6 del CEDH. Un comentario *vid.* VALERO ESTARELLAS, M.J., «El derecho de los profesores de religión católica al respeto de su vida privada y familiar», cit., pp. 23-24.

[71] Demanda n.º 40224/98.

[72] La actual Ley de libertad religiosa checa es la n.º 3/2002, de 7 de enero.

de 1993[73], en los que se reconoce el derecho de las iglesias a administrar sus propios asuntos sin interferencia estatal (particularmente el nombramiento de sus ministros). El TEDH acabó estimando que el artículo 6 del CEDH no era de aplicación[74].

Finalmente, en la sentencia de 1 de diciembre de 2015, sobre el caso *Károly Nagy c. Hungría*[75], el TEDH reitera su doctrina de no cuestionar la decisión de los tribunales nacionales que se habían declarado incompetentes para conocer conflictos resueltos por las confesiones en virtud de su autonomía organizativa. En este caso el demandante, pastor de la citada Iglesia Calvinista Húngara, había sido destituido de su servicio pastoral por declarar en un medio de comunicación que con subvenciones estatales se había pagado ilegalmente un internado calvinista.

3.2.2. *Derecho a un juicio justo en un plazo razonable (artículo 6,1 del Convenio)*

El TEDH ha reconocido la violación del artículo 6,1 del CEDH por el Estado finlandés y griego en dos casos en los que los demandantes eran ministros de culto de la Iglesia Evangélica Luterana y de la Iglesia Ortodoxa griega, respectivamente.

En Finlandia la Iglesia Evangélica Luterana tiene plena competencia en sus asuntos internos aunque se prevé que si hubiera un error procedimental que afecte a la decisión eclesiástica, cabría la posibilidad de una apelación extraordinaria ante la más alta potestad jurisdiccional en asuntos de justicia administrativa: la Suprema Corte Administrativa. La Constitución finlandesa afirma la no confesionalidad del Estado[76], si bien la Iglesia Evangélica Luterana tiene un régimen específico y su or-

[73] *Vid.* Resolución n.º 2/1993. La Carta checa de los derechos fundamentales y libertades básicas es parte del ordenamiento constitucional de la República.

[74] Asimismo, el TEDH en su decisión de 6 de marzo de 2003 (Demanda n.º 67914/01), sobre el caso *Šijakova y otros c. Macedonia* reconoció igualmente la competencia de la jurisdicción eclesiástica para resolver sus propios asuntos. En este caso, los demandantes eran padres de unos chicos que habían ingresado en un monasterio de la Iglesia Ortodoxa macedonia. Los demandantes alegaron que habían perdido el contacto con sus hijos debido a que la normativa de la Iglesia impedía que los monjes tuvieran contacto con sus padres. Por ello, acudieron a la Corte Europea al considerar que se estaba produciendo una situación incompatible con algunos derechos. El TEDH estimó que la demanda estaba manifiestamente infundada y la rechazó sin entrar a analizar algunos de los artículos del CEDH que se alegaban violados —entre ellos el 6 y el 9—. Cabe destacar, no obstante, que el Tribunal Constitucional nacional había rechazado la demanda al declararse incompetente para revisar cuestiones internas de la Iglesia. Por otro lado, en la decisión de 6 de febrero de 2007 (Demanda n.º 72991/01), sobre el caso *Šupa c. Eslovaquia*, el TEDH declaró inadmisible la demanda presentada por un sacerdote católico que alegaba la violación del artículo 6 del CEDH al haber sido cesado en sus funciones por el obispo (decisión que fue confirmada por la Congregación para el clero en Roma).

[75] Demanda n.º 56665/09.

[76] El artículo 11 de la Constitución de 1999 establece: «Todas las personas gozan de libertad de religión y de conciencia. La libertad de religión y de conciencia implica el derecho a profesar y practicar religiones, el derecho a expresar convicciones y el derecho a pertenecer o no a comunidades religiosas. Nadie está obligado a practicar una religión contra su conciencia». Este artículo 11 ha sido desarrollado

ganización se rige por la *Church Act* (Ley Eclesiástica). Según la Sección 491 de la Ley Eclesiástica de 1964 y el capítulo 22, Sección 2, de la Ley Eclesiástica de 1993, el Consejo Eclesiástico Nacional es el brazo administrativo de la Iglesia. Asimismo, conforme a la Sección 494 de la Ley Eclesiástica de 1964 y el Capítulo 24, Sección 6 (2), de la Ley Eclesiástica de 1993, una decisión del Consejo Eclesiástico Nacional puede apelarse ante la Suprema Corte Administrativa.

En la sentencia de 5 de octubre de 2000, sobre el caso *Launikari*[77], el TEDH condenó a Finlandia por violación del artículo 6,1 del CEDH. El demandante, ministro de culto de la Iglesia Evangélica Luterana, ocupaba el cargo de jefe del Centro de Relaciones Exteriores de la Iglesia. En febrero de 1987, el Consejo Eclesiástico Nacional le cesó del cargo tras un procedimiento disciplinario por incumplimiento de sus deberes oficiales. El demandante apeló ante la Suprema Corte Administrativa, que rechazó la demanda en septiembre de 1987. Varios años más tarde, en octubre de 1991, el demandante solicitó a la Suprema Corte que dejara sin efecto la decisión de 1987 y anulara su destitución. En enero de 1993, la Suprema Corte anuló la decisión mencionada y solicitó al Consejo Eclesiástico que reconsiderara la sanción disciplinaria. Finalmente, en junio de 1996, la Suprema Corte confirmó la decisión última del Consejo Eclesiástico por la que el demandante no era readmitido en el puesto ni ocuparía otro equivalente. Con tal decisión se finalizaba el procedimiento sin más posibilidad de alegaciones al demandante. La excesiva duración del proceso y los perjuicios económicos ocasionados llevaron al demandante a alegar ante la Corte Europea la violación del artículo 6,1 del CEDH.

El TEDH tuvo en cuenta que el procedimiento, desde que se inició ante la Suprema Corte Administrativa en 1991 hasta su decisión final, duró casi cinco años. Teniendo en cuenta los criterios por los que debe ser evaluada la «razonabilidad» de la duración de los procedimientos —las circunstancias del caso atendiendo, particularmente, a la complejidad del asunto, el comportamiento del demandante y de las autoridades competentes y al objeto del litigio—, el TEDH estimó que ni la complejidad de la causa ni el comportamiento del demandante justificaban el excesivo tiempo de los procesos[78]. Tras examinar todos los elementos, la Corte Europea atribuyó al Estado el retraso del procedimiento[79].

Por otro lado, el TEDH señaló que el interés personal que tiene un empleado en que se resuelva su situación cuando considera que ha sido suspendido o despedido por

---

en la nueva Ley n.º 453 de Libertad Religiosa, de 6 de junio de 2003. Por su parte, desde finales del año 2000, la Iglesia nacional luterana elige libremente a sus obispos —dicha elección ya no corresponde al Presidente de la República—.

77 Demanda n.º 34120/96.

78 *Vid.* § 34.

79 *Vid.* § 35.

su empleador erróneamente, requiere de una rápida decisión judicial sobre la legalidad de dicha medida. En estos casos, lo que está en juego es el medio de subsistencia de la persona[80]. A la luz de los criterios establecidos en su jurisprudencia y teniendo en cuenta todas las circunstancias del caso, la Corte Europea consideró que la duración del procedimiento fue muy prolongado y no cumplió el requisito de tiempo razonable. En consecuencia, el TEDH apreció la vulneración del artículo 6,1 del CEDH, condenando al Estado finlandés a pagar al ministro de culto 20.000 marcos finlandeses por daños morales y 30.622 marcos por las costas judiciales.

Casi ocho años más tarde, el 23 de septiembre de 2008, el TEDH se pronunció sobre el caso *Ahtinen c. Finlandia*[81] relativo, también, a un pastor de la Iglesia nacional Evangélica Luterana. Según los hechos, por decisión de la Iglesia, el demandante había sido trasladado sin su consentimiento a otra parroquia. El demandante se quejó ante la jurisdicción eclesiástica y llegó a apelar, sin éxito, ante la Suprema Corte Administrativa. En consecuencia, acabó alegando ante el TEDH la violación del artículo 6 del CEDH.

El TEDH reconoció que conforme al Derecho finlandés, la Iglesia Evangélica Luterana tiene plena autonomía para administrar sus propios asuntos y el régimen de su personal. Asimismo, señaló que el demandante aceptó voluntariamente la normativa confesional y sabía de la posibilidad del traslado[82]. Además, el TEDH tuvo en cuenta la decisión de la Suprema Corte Administrativa que no admitió el recurso del demandante al considerar que no había ningún error en el procedimiento que pudiera haber afectado a la decisión[83]. Por ello, el TEDH concluyó que ni en base al Derecho interno ni a la jurisprudencia de Estrasburgo el demandante podía invocar el artículo 6 del CEDH[84].

Por su parte, en Grecia, la religión dominante es la de la Iglesia Ortodoxa[85] y sus ministros de culto tienen un estatuto semejante al de los funcionarios públicos.

[80] *Vid.* § 36.

[81] Demanda n.º 48907/99. Un comentario a esta sentencia *vid.* BOUAZZA ARIÑO, O., «Notas de jurisprudencia del Tribunal Europeo de Derechos Humanos», *Revista de Administración Pública*, núm. 178, 2009, pp. 347-348 y MARTÍN-RETORTILLO BAQUER, L., «La libertad religiosa en la reciente jurisprudencia del Tribunal Europeo de Derechos Humanos», cit., pp. 313-316.

[82] *Vid.* § 41.

[83] *Vid.* § 39.

[84] Con anterioridad, en la sentencia 19 de diciembre de 1997 (Demandan n.º 20772/92), sobre el caso *Helle c. Finlandia*, el TEDH concluyó la no violación del artículo 6 del CEDH. El demandante no era un ministro de culto sino sacristán de la Iglesia Evangélica Luterana. Se quejó ante la Corte Europea de que en los procesos internos por divergencias salariales con la Iglesia no había tenido un tribunal imparcial. Según el TEDH, el procedimiento fue correcto y no encontró ningún motivo para modificar el fallo impugnado de la Suprema Corte Administrativa, por lo que no hubo violación del CEDH.

[85] *Vid.* artículo 3,1 de la Constitución de 1975. Este apartado primero, como sintetiza TARODO, contiene una serie de elementos conformadores de la relación de la Iglesia Ortodoxa: «(1) la Iglesia

La relación entre la Iglesia griega y sus ministros se constituye conforme a las reglas de la confesión religiosa. La Iglesia tiene plena autonomía para resolver los problemas que puedan surgir en su seno si bien, el Consejo de Estado (Tribunal Supremo Administrativo de Grecia) es la última instancia para recurrir las decisiones de los tribunales eclesiásticos en relación con el trabajo de los sacerdotes. Por tanto, las formalidades procedimentales en cuanto al cese del ministro de culto por la confesión son controladas en última instancia por la jurisdicción estatal[86].

En el caso *Seremetis*, de 27 de marzo de 2008[87], el demandante era un sacerdote de la Iglesia Ortodoxa griega que, tras un procedimiento disciplinario ante la instancia eclesiástica de primera instancia, fue retirado de su ministerio (lo que supuso el fin de su servicio como sacerdote). El demandante apeló la decisión sobre su despido ante el tribunal eclesiástico de segunda instancia, que confirmó la decisión de primera instancia. Tras este nuevo fallo el demandante recurrió al Consejo de Estado, el de 1 de agosto de 1991, pero la audiencia se fue posponiendo sucesivamente. Más de trece años después, el 14 de abril de 2005, el Consejo de Estado dictó sentencia desestimando el recurso del demandante y confirmando la decisión del tribunal eclesiástico de apelación. Tras esta sentencia, el demandante acudió al TEDH alegando la violación del artículo 6,1 del CEDH por la dilación indebida del procedimiento.

El TEDH declaró admisible la demanda al tratarse de un despido con consecuencias sobre el salario y los derechos de pensión. El TEDH entendió que la impugnación ante el Consejo de Estado estaba referida a un derecho civil, tratándose de un litigio relativo a la terminación del servicio del sacerdote[88].

La Corte Europea recordó los criterios por los que debe considerarse el carácter razonable de la duración del procedimiento y después de examinar todos los elementos del caso manifestó que ya se había pronunciado anteriormente en otros casos similares, concluyendo la violación del artículo 6,1 del CEDH. Además, constató que el Gobierno heleno no expuso ningún hecho o argumento que condujera a una conclusión diferente[89]. Por ello, el TEDH estimó que la duración del proceso era incompatible con la exigencia del plazo razonable y declaró la violación del Conve-

---

ortodoxa es la religión dominante; (2) la Iglesia ortodoxa de Grecia está indisolublemente unida, en cuanto al dogma, al Patriarcado ecuménico de Constantinopla y a las demás Iglesias ortodoxas; (3) la Iglesia ortodoxa observa, inmutablemente, los santos cánones apostólicos y las tradiciones sagradas; y (4) la Iglesia ortodoxa de Grecia es autocéfala y tiene autonomía administrativa». TARODO SORIA, S., «Relaciones Iglesia-Estado y derecho de libertad religiosa en Grecia», cit., p. 272.

[86] En Reino Unido, la Iglesia de Inglaterra en virtud del *Establishment* está sujeta a la *Judicial Review* por parte de los tribunales estatales. *Vid.* RODRÍGUEZ BLANCO, M., «La relación entre el ministro de culto y su propia confesión: paralelismos y diferencias entre la Jurisprudencia española y la Jurisprudencia inglesa», *Anuario de Derecho Eclesiástico del Estado*, 2003, p. 383.

[87] Demanda n.º 38330/05.

[88] *Vid.* § 20.

[89] *Vid.* § 28.

nio, condenando al Estado griego a pagar al sacerdote ortodoxo 20.000€ por daños morales.

La competencia del Consejo de Estado griego como última instancia para resolver las controversias de los ministros de culto en el seno de la Iglesia Ortodoxa ya se pudo apreciar en el caso *Skordas*[90]. En esta ocasión, el TEDH declaró inadmisible la demanda en la que un sacerdote ortodoxo alegaba la violación de varios artículos del CEDH al haber sido sancionado disciplinariamente por un tribunal eclesiástico. El TEDH consideró que no cabía el examen del articulado alegado ya que el demandante no había impugnado las decisiones eclesiásticas ante el Consejo de Estado. Por ello, al no agotar el ministro de culto todos los recursos internos, la demanda fue desestimada.

3.3. El permiso de trabajo del ministro de culto extranjero

Los Estados miembros del Consejo de Europa tienen el derecho a controlar la entrada, la estancia y la expulsión de los no nacionales[91]. Por tanto, el artículo 9 del CEDH no ampara el derecho de un ministro de culto a un permiso de residencia para conseguir un trabajo, incluso si el empleador es una confesión religiosa. En este apartado examinamos dos casos directamente relacionados con la contratación de ministros culto extranjeros para ejercer sus funciones en entidades religiosas, y un tercer caso en el que se pone de manifiesto la dificultad las minorías religiosas para su expansión en algunos países postsoviéticos.

El primero al que nos referimos fue el caso *Öz c. Alemania*, de 3 de diciembre de 1996[92]. El demandante, de nacionalidad turca, llegó junto a su familia a Alemania para trabajar como imán en una asociación cultural turco-musulmana. En consecuencia, obtuvo un permiso de residencia temporal. Finalizado el contrato de trabajo, las autoridades alemanas avisaron al demandante de su obligación de abandonar el país. Dos meses después, volvió a solicitar otro permiso de residencia declarando que había firmado un nuevo contrato de trabajo para ejercer como imán en una asociación religiosa en otra ciudad alemana.

Sin embargo, el nuevo permiso no le fue concedido ya que su estancia en el país estaba limitada al tiempo comprendido en su primer contrato con la asociación cultural turco-musulmana. El demandante presentó diversos recursos que fueron desestimados y se le pidió que abandonara el país con amenaza de expulsión. El demandante acudió ante la CmEDH y alegó la violación del artículo 9 del CEDH al no poder trabajar en la asociación religiosa.

[90] Decisión de 15 de junio de 2000 (Demanda n.º 48895/99).

[91] *Vid.* sentencia sobre el caso *Perry c. Letonia*, § 51.

[92] Demanda n.º 32168/96.

La CmEDH señaló que una medida de expulsión no supone una interferencia en los derechos contenidos en el artículo 9 del CEDH a no ser que la medida se establezca para reprimir tales derechos[93]. Además, la Comisión consideró que la libertad religiosa del demandante no abarca el derecho a un permiso de residencia para conseguir un empleo, incluso si el empleador es una asociación religiosa. Por tanto, como la decisión de expulsión de las autoridades alemanas se basaba en la normativa vigente sobre extranjería y no había una injerencia en el derecho de libertad religiosa del demandante, la CmEDH no admitió la demanda a trámite.

Otra sentencia relativa a la contratación de un ministro de culto extranjero fue la de la Gran Sala del TEDH de 20 de diciembre de 2007, sobre el caso *El Majjaoui & Stichting Touba Moskee c. Holanda*[94]. Según los hechos, la fundación *Stichting Touba Moskee*, que gestiona una mezquita en Flushing, solicitó un permiso de trabajo para contratar como imán de la mezquita a un ciudadano marroquí (el Sr. *El Majjaoui*) residente en la citada localidad. Sin embargo, la Administración de los servicios de empleo denegó la solicitud al no cumplir algunos de los requisitos establecidos en la Ley de extranjería para contratar: no se había informado del puesto vacante a la Administración con al menos cinco semanas de antelación a la solicitud del permiso de trabajo; no se había acreditado que se hubiera buscado en el mercado laboral si había otros candidatos prioritarios (nacionales de los Estados miembros de la Unión Europea) y tampoco se demostró que el candidato fuera a cobrar el salario mínimo legal[95].

Los demandantes recurrieron sin éxito ante los tribunales nacionales y como consecuencia de una orden de expulsión, el demandante regresó a Marruecos. La Fundación volvió a solicitar el permiso de trabajo para el demandante y al cumplir en esta ocasión con todos los requisitos legales, se le concedió un permiso de residencia temporal de tres años.

Por su parte, la demanda ante la Corte Europea por violación del artículo 9 del CEDH había seguido su curso y la Sala a la que correspondía resolver se inhibió a favor de la Gran Sala. El Gobierno holandés puso en conocimiento de la Corte Europea que se había reconocido un nuevo permiso de residencia al demandante. Por ello,

[93] En el mismo sentido se pronunció la CmEDH en la decisión de inadmisibilidad de 19 de marzo de 1981 (Demanda n.º 8118/77), sobre el caso *Omkarananda and the Divine Light Zentrum c. Suiza*. El demandante, un monje y filósofo indio que había fundado la institución *Divine Light Zentrum* en Suiza, fue expulsado del país por razones de orden público. El demandante alegó la violación, entre otros, del artículo 9 del CEDH. Según la CmEDH, la deportación no constituye una injerencia en los derechos garantizados en el artículo 9 del Convenio, a no ser que la medida fuera diseñada para reprimir el ejercicio de tales derechos y propagar la religión o filosofía de los seguidores (*vid.* § 6).

[94] Demanda n.º 25525/03. Un comentario a esta sentencia *vid.* BOUAZZA ARIÑO, O., «Notas de jurisprudencia del Tribunal Europeo de Derechos Humanos», *Revista de Administración Pública*, núm. 176, 2008, pp. 292-293.

[95] *Vid.* § 10.

a luz de los nuevos acontecimientos, el TEDH consideró que con la concesión de tal permiso, los demandantes ya no podían pretender ser «víctimas»[96]. No obstante, el TEDH afirmó que el hecho de que la Fundación tuviera que cumplir con las exigencias de la Ley de extranjería para contratar no constituía una infracción del artículo 9 del CEDH. Tal disposición, reiteró el Tribunal, no garantiza a los extranjeros el derecho a obtener un permiso de residencia para conseguir un empleo en ningún Estado que ha ratificado el Convenio, incluso si el empleador es una asociación religiosa[97].

Como el demandante había conseguido su permiso de residencia y de trabajo, el TEDH decidió el archivo del caso al considerarlo resuelto aunque obligó al Estado holandés a abonar 5.000€ a los demandantes por las costas judiciales. Hay que reseñar, que los jueces Zupančič, Zagrebelsky y Myjer expresaron una común opinión disidente. Según ellos, el hecho de que al demandante se le concediera un permiso de trabajo no era motivo suficiente para considerar resuelta la queja inicial de la Fundación demandante. Así, consideraron que el Tribunal debería haber dado respuesta clara a algunas preguntas que podrían plantearse cómo ¿es aceptable que a la Fundación y a la comunidad local musulmana se les privara de los servicios del imán desde la negativa administrativa a expedir el permiso del trabajo hasta su concesión?, y en cuanto a los requisitos de la normativa de extranjería en materia de empleo ¿son realmente legítimos pensando en la contratación de un ministro de culto?

Efectivamente, hubiera sido muy interesante que el TEDH entrara en el análisis de la queja inicial de la entidad demandante. En cualquier caso, lo que parece claro, es que los permisos de residencia se conceden con arreglo a las modalidades definidas en las Leyes estatales de extranjería y no se desprende de la sentencia que tales quejas se hubieran planteado ante los órganos holandeses. Además, no parece que ninguna norma holandesa estableciera condiciones o restricciones específicas en cuanto al alcance de los derechos de los beneficiarios de un permiso de residencia en el país, o que impusiera reglas que supusieran una intromisión en la organización interna de la confesión respecto del trabajo del ministro de culto o, en definitiva, que exigiera unos requisitos que crearan un diferencia injustificada basada en la nacionalidad.

Por último, nos referimos a otra sentencia del TEDH relacionada con el permiso de residencia de un ministro de culto en Letonia. Se trata de la ya citada de 8 de noviembre de 2007, sobre el caso *Perry*. En esta ocasión, la Corte Europea estimó la violación del artículo 9 del CEDH por denegarse al demandante, pastor evangélico estadounidense, un permiso de residencia para ejercer sus actividades religiosas en la comunidad local de la Federación *Morning Star Internacional*. Según los hechos, el demandante disponía de un permiso de residencia que le permitía realizar actividades religiosas. Sin embargo, la Dirección de asuntos de la ciudadanía e inmigración re-

[96] *Vid.* § 27.
[97] *Vid.* § 32.

chazó prolongar su residencia porque incumplía con la ley de extranjería, aludiendo a motivos de seguridad del Estado. Poco tiempo después, se le concedió un permiso de otro tipo pero con la expresa prohibición de desarrollar actividades religiosas. El demandante sostuvo que se le había privado su derecho a ejercer las funciones pastorales y, una vez que agotó todos los recursos internos, alegó ante el TEDH la violación del artículo 9 del Convenio.

Según el TEDH, ninguna disposición del derecho letón vigente en la época de los hechos permitía a la Dirección de asuntos de inmigración indicar a un extranjero beneficiario de un permiso de residencia lo que tenía o no tenía derecho a hacer en el país[98]. Concretamente, la Ley de extranjería se refería a la denegación del permiso de residencia en general y no en relación a una actividad concreta. Por su parte, la Ley de Organizaciones Religiosas, de 1995, define las condiciones generales bajo las cuales los misioneros extranjeros pueden ir a predicar a Letonia y dicho texto tampoco podía servir para justificar la injerencia enjuiciada[99]. Por ello, el TEDH concluyó que la injerencia en el derecho del demandante a la libertad de religión no estaba «prevista por la Ley» y que había habido una violación del artículo 9 del CEDH. La constatación de la violación constituyó en sí misma una indemnización suficiente por el daño moral sufrido por el demandante, aunque el Estado letón fue condenado a abonarle 5.000€ por las costas judiciales.

Esta sentencia pone de manifiesto la dificultad de los grupos religiosos minoritarios para su expansión en un país postsoviético. En los últimos años, varios fallos del TEDH han estimado la violación del CEDH por algunos de estos Estados al no permitir el ejercicio del culto[100], o al no admitir la inscripción de confesiones reli-

[98] *Vid.* § 65.

[99] El artículo 14,4 de la Ley letona de Organizaciones Religiosas establece: «Los ministros de culto o los misioneros que supuestamente realizan actividades religiosas en la República de Letonia sólo pueden ser invitados por organizaciones religiosas, haciendo que obtengan permisos de residencia con arreglo a las modalidades que define la Ley».

[100] En la sentencia de 11 de enero de 2007 (Demanda n.º 184/02), sobre el caso *Kuznetsov y otros c. Rusia* el TEDH concluyó que se había violado el artículo 9 del CEDH en la interferencia de las autoridades públicas rusas que obligaron a finalizar una reunión religiosa —el Tribunal consideró que la interrupción de las autoridades rusas quebrantó la neutralidad estatal ya que su actuación careció de base legal al estar la confesión legalmente establecida y no necesitar, por tanto, autorización para celebrar ceremonias religiosas—. Unos meses más tarde, en la sentencia de 26 de julio de 2007 (Demanda n.º 10519/03), sobre el caso *Barankevich c. Rusia* el TEDH concluyó la violación del artículo 11 en relación con el artículo 9 del CEDH por no permitir las autoridades municipales de Chekhov al demandante, pastor evangélico, la celebración de un acto religioso en un parque de la ciudad. El Tribunal afirmó que la condición de confesión minoritaria no justifica la prohibición de sus actos de culto y la interferencia en los derechos de sus fieles. Un supuesto similar y el mismo fallo se produjo en la sentencia del TEDH de 26 de junio de 2014 (Demanda n.º 26587/07), sobre el caso *Krupko y otros c. Rusia*. Por otro lado, la sentencia del TEDH de 28 de febrero de 2008 (Demanda n.º 37878/02), sobre el caso *Tserkva Sela Sosulivka c. Ucrania* pone de manifiesto la poca voluntad del Gobierno ucraniano en resolver una

giosas menos arraigadas para su reconocimiento legal[101]. Tales países vienen de una evolución hacia la democracia y debe destacarse, al menos, que cuentan con leyes específicas de libertad religiosa en el empeño por la protección y garantía de este derecho fundamental[102].

3.4. **La inclusión de los ministros de culto en el sistema de seguridad social**

Los Estados tienen un amplio margen de apreciación para tomar medidas de carácter general en materia económica o social. Si un Estado crea un régimen de prestaciones o pensiones, debe hacerlo de una manera compatible con el artículo 14 del CEDH. La sentencia sobre el caso *Manzanas Martín*[103] muestra la inclusión de los ministros de culto de una confesión religiosa minoritaria en España en el sistema de seguridad social y la vocación del Estado de dar esa cobertura a todos los ciudadanos.

El demandante era un pastor evangélico que había desarrollado su actividad pastoral entre el 1 de noviembre de 1952 y el 30 de junio de 1991 percibiendo una retribución de la comisión permanente de la Iglesia evangélica, pero *sin que se le*

---

cuestión que afecta al ejercicio del culto de la Iglesia Católica en un Estado de mayoría ortodoxa —la Corte Europea concluyó la violación del artículo 6,1 del CEDH—.

[101] En la sentencia de 5 de abril de 2007 (Demanda n.º 18147/02), sobre el caso *Church of Scientology Moscow c. Rusia* el TEDH declaró que se había violado el artículo 11 en relación con el artículo 9 del CEDH por la negativa de las autoridades rusas a que la Iglesia de la Cienciología de Moscú fuera reinscrita como organización religiosa —el TEDH recordó que las restricciones han de interpretarse estrictamente y sólo motivos convincentes pueden justificarlas. El Tribunal afirmó que la entidad llevaba años actuando, que la denegación no estaba suficientemente motivada y que no se había probado ninguna actividad ilegal—. En la sentencia de 1 de octubre de 2009 (Demanda n.º 76836/01 y 32782/03), sobre el caso *Kimlya y otros c. Rusia* el TEDH declaró que se había violado el artículo 9 del CEDH por la denegación de las autoridades rusas de la inscripción registral de una entidad religiosa de la Iglesia de la Cienciología. Por su parte, en la sentencia de 12 de junio de 2014 (Demanda n.º 33203/08), sobre el caso *Biblical Centre of the Chuvash Republic c. Rusia* el TEDH consideró que se había violado el artículo 9 en relación con el artículo 11 del CEDH al no quedar demostrado por las autoridades nacionales que la disolución de la entidad pentecostal demandante fuera la única solución para cumplir con el fin perseguido. Asimismo, el TEDH ha dictado varias sentencias condenatorias por violación del artículo 9 del CEDH al no reconocer las autoridades moldavas la personalidad jurídica de distintas entidades religiosas. Así, *vid.* sentencia de 13 de diciembre de 2001 (Demanda n.º 45701/99), caso *Metropolitan Church of Bessarabia y otros*; sentencia de 27 de febrero de 2007 (Demanda n.º 952/03), caso *Biserica Adevărat Ortodoxă din Moldova y otros*, y sentencia de 17 de julio de 2012 (Demanda n.º 22218/06), caso *Fusu Arcadie y otros*.

[102] Sobre la cuestión *vid.* GONZÁLEZ SÁNCHEZ, M., «Algunas consideraciones sobre las Leyes de libertad religiosa europeas y americanas», *Anuario de Derecho Eclesiástico del Estado*, 2015, pp. 503-545.

[103] Sentencia de 3 de abril de 2012, Demanda n.º 17966/10. Un comentario a esta sentencia *vid.* BOUAZZA ARIÑO, O., «Notas de jurisprudencia del Tribunal Europeo de Derechos Humanos», *Revista de Administración Pública*, núm. 188, 2012, pp. 231-236 y OTADUY, J., «Crónica de jurisprudencia 2012. Derecho Eclesiástico español», *Ius Canonicum*, vol. 53, 2013, pp. 367-368.

permitiese cotizar a la seguridad social. Por este motivo se quejó ante el TEDH ya que «pese a la integración de los pastores protestantes en el Régimen general de la Seguridad Social, no pudo acreditar el periodo de cotización mínima exigido para beneficiarse de tal pensión, mediante el cómputo de sus años de ministerio religioso, mientras que dicha posibilidad ha sido reconocida a los sacerdotes católicos»[104]. Así pues, el pastor consideró que existía una discriminación por razón de religión, contraria al artículo 14 del CEDH en relación con el artículo 1 del Protocolo n.º 1.

Según el TEDH, si bien el retraso en la integración de los pastores evangélicos al régimen general de la seguridad social se incluye en el margen de apreciación del Estado, éste no justificó las razones por las cuales una vez efectuada dicha integración se mantuvo una diferencia de trato en situaciones similares. En consecuencia, el TEDH condenó a España por vulneración del artículo 14 del CEDH en relación con el artículo 1 del Protocolo n.º 1 al CEDH al no reconocer al ministro de culto evangélico el mismo sistema de pensiones que a los ministros de culto católicos, debiendo abonarle 3.000€ en concepto de daño moral y 6.000€ por las costas judiciales.

Como consecuencia del citado fallo, el Consejo de Ministros español aprobó un Real Decreto, el 18 de septiembre de 2015[105], para hacer posible el cómputo de los

[104] § 44. En la exposición de motivos del Real Decreto 2398/1977, de 27 de agosto, por el que se regula la seguridad social del clero, se reconoció el haber llegado el momento de «extender la cobertura de la Seguridad Social a los Ministros de la Iglesia Católica y demás iglesias y Confesiones Religiosas, en los que concurren, básicamente, las condiciones para su efectiva integración en el ámbito de nuestra Seguridad Social, si bien reservando a las normas que hayan de completar y desarrollar cuanto antecede la adecuada regulación e inclusión de cada uno de los colectivos contemplados, en atención a las peculiaridades y características de cada uno de ellos». En desarrollo de lo establecido en la citada norma reglamentaria, se procedió a incluir en el Régimen General de la Seguridad Social, por Orden de 2 de marzo de 1987, y como asimilados a los trabajadores por cuenta ajena, a los ministros de culto de la Unión de Iglesias Cristianas Adventistas del Séptimo Día de España. Posteriormente, y de igual forma, en el Acuerdo de cooperación del Estado español con la Federación de Entidades Religiosas Evangélicas de España, suscrito el 28 de abril de 1992, se previó en su artículo 5 que, de acuerdo con lo dispuesto en el mencionado Real Decreto de 1977, los ministros de culto de las Iglesias pertenecientes a la Federación evangélica quedaran incluidos en el Régimen General de la Seguridad Social, estableciéndose que tal inclusión se llevaría a efecto a través de la asimilación como trabajadores por cuenta ajena. A fin de dar cumplimiento a las previsiones normativas enunciadas, y de conformidad a la disposición final única del citado texto legal por la que se facultaba al Gobierno para que dictara disposiciones de ejecución, fue el Real Decreto 369/1999, de 5 de marzo, con el que se desarrolló las disposiciones generales contenidas en el Acuerdo de 1992.

[105] *Vid.* Real Decreto 839/2015, de 22 de septiembre, por el que se modifica el Real Decreto 369/1999, de 5 de marzo, sobre términos y condiciones de inclusión en el Régimen General de la Seguridad Social de los ministros de culto de las iglesias pertenecientes a la Federación de Entidades Religiosas Evangélicas de España. La citada Federación ha asegurado, tras la aprobación de la norma, que «todos los requisitos exigidos por este Real Decreto impedirán en la práctica, a la mayoría de los Pastores que no pudieron cotizar, que puedan acceder a la mínima pensión de jubilación» y que, por lo tanto, «no da cumplimiento a la Sentencia del Tribunal Europeo de Derechos Humanos»,

períodos de ejercicio de actividad pastoral como ministros de culto anteriores a su integración en el régimen general de la seguridad social y acceder a prestaciones de jubilación, incapacidad permanente, muerte y supervivencia. Con ello se equipara al colectivo evangélico con los ministros de culto católicos.

3.5. Derecho de asociación sindical de los ministros de culto

En la sentencia de 9 de julio de 2013, sobre el caso *Sindicatul «Păstorul cel Bun»*[106] la Gran Sala del TEDH consideró que Rumanía no vulneró el CEDH al denegar la inscripción registral de un sindicato del clero ortodoxo sin la autorización de la Iglesia Ortodoxa rumana. Con esta sentencia se revocó la de 31 de enero de 2012, de la Tercera Sección, que había declarado la violación del artículo 11 del CEDH[107].

---

como el Gobierno ha informado, sino que, por el contrario, «se trata de una norma que consolida la discriminación». Por ello, está estudiando su impugnación. *Vid.* http://www.actualidadevangelica.es/index.php?option=com_content&view=article&id=8485:ferede-estudia-impugnar-el-real-decreto-sobre-la-seguridad-social-de-los-pastores&catid=46:actualidad [Consulta: 26 de septiembre de 2015].

[106] Demanda n.º 2330/09. Un comentario a esta sentencia *vid.* SANTIAGO, A., NAVARRO GAMBOA, J.A., «La autonomía de las organizaciones religiosas en el Estado Constitucional de Derecho en dos recientes fallos jurisprudenciales», *Ars Iuris Salmanticensis*, vol. 1, 2013, pp. 68-81; ARLETTAZ, F., *Religión, libertades y Estado. Un estudio a la luz del Convenio Europeo de Derechos Humanos*, Barcelona, 2014, pp. 100-101; WATTIER, S., «La Corte Europea de Derechos Humanos y la protección de la autonomía de las comunidades religiosas: análisis del caso Sindicatul Păstorul cel Bun con Rumanía», *Anuario de Derechos Humanos*, n.º 10, 2014, pp. 117-123 y CAÑAMARES ARRIBAS, S., «Entidades religiosas y relaciones laborales», *Revista de Derecho de la Universidad de Montevideo*, n.º 25, 2014, pp. 200-201.

[107] La sentencia del TEDH de 31 de enero de 2012 fue objeto de un gran debate. Así, la Conferencia Episcopal Española mostró su preocupación en una Nota en la que declaró: «Si fuera ratificada, afectaría negativamente a la autonomía y a la específica organización y funcionamiento de las Iglesias y Confesiones religiosas y, por tanto, al ejercicio del derecho fundamental de libertad religiosa en toda Europa...la Conferencia Episcopal Española espera que se revise la resolución emitida, por hallarse en franca contradicción con puntos fundamentales y perfectamente consolidados de la jurisprudencia del alto Tribunal europeo y porque, de confirmarse la sentencia, se pondría en cuestión la seguridad jurídica de un derecho fundamental como es el de la libertad religiosa». SECRETARÍA GENERAL DE LA CONFERENCIA EPISCOPAL ESPAÑOLA, *Nota sobre una Resolución del Tribunal Europeo de Derechos*, 13 de abril de 2012. Nueve meses más tarde, la Representación permanente de la Santa Sede ante el Consejo de Europa emitió una Nota en la que sintetizaba en cuatro principios la doctrina de la Iglesia Católica relativa a los aspectos de la libertad religiosa implicados en el caso: 1) la distinción entre Iglesia y comunidad política; 2) la libertad respecto al Estado; 3) la libertad en el seno de la Iglesia, y 4) el respeto del orden público justo. *Vid.* REPRESENTACIÓN PERMANENTE DE LA SANTA SEDE ANTE EL CONSEJO DE EUROPA, *Nota sobre la libertad y la autonomía institucional de la Iglesia católica con ocasión de los casos Sindicatul «Pastorul cel Bun» contra Rumanía (n.º 2330/09) y Fernández-Martínez contra España (n.º 56030/07) por parte del Tribunal europeo de derechos humanos*, 16 de enero de 2013.

Según los hechos, treinta y dos sacerdotes ortodoxos así como tres trabajadores laicos de la Archidiócesis fundaron el sindicato *Păstorul cel Bun* (El Buen Pastor)[108], pero no lo pudieron inscribir en el registro de sindicatos. La Archidiócesis había impugnado la decisión que la autorizaba, alegando que la constitución de un organismo de este tipo dentro de la estructura de la Iglesia pondría en peligro la autonomía organizativa de las confesiones religiosas y socavaría la estructura jerárquica tradicional de la Iglesia.

La Gran Sala del TEDH consideró razonable la decisión de las autoridades rumanas de no permitir el registro del sindicato demandante ya que podría crear un riesgo para la autonomía de la Iglesia Ortodoxa rumana[109]. Entendió que el Estado cumplió con su deber de neutralidad de acuerdo con el artículo 9 del CEDH[110]. Además, el TEDH puso de manifiesto la falta de consenso a nivel europeo en esta materia y reconoció al Estado un amplio margen de apreciación «que incluye el derecho a decidir si reconoce o no a un sindicato en el seno de una comunidad religiosa cuya actividad pueda suponer un peligro para su autonomía»[111]. Por tanto, a los ministros de culto no les asiste el derecho de asociación sindical que tienen el resto de trabajadores si contradice la específica organización y funcionamiento de su Iglesia.

De esta sentencia hay que destacar el razonamiento de la Gran Sala sobre si las funciones de los ministros de culto del sindicato demandante podían ser calificadas como una relación laboral que implicara la aplicabilidad del derecho a fundar un sindicato de acuerdo con el artículo 11 del CEDH. Para ello, el TEDH se refirió a los criterios establecidos en los instrumentos internacionales[112] y señaló que «bajo el liderazgo y la supervisión del obispo, ejercen las funciones que se les asignan que,

[108] Entre las finalidades establecidas en los estatutos del sindicato demandante destacaban las «relativas a promover la iniciativa, la competitividad y la libertad de expresión entre sus miembros, asegurar que uno de sus miembros forme parte del Santo Sínodo, solicitar un informe anual al arzobispo y utilizar huelgas u otras medidas para defender los intereses de sus miembros» (§ 164).

[109] *Vid.* §§ 162-163.

[110] § 166.

[111] § 171. Según se explica, «en relación con la libertad sindical de los miembros del clero, ningún Estado formalmente prohíbe la constitución de sindicatos, y en algunos Estados se reconoce incluso explícitamente este derecho. Debe señalarse, por ejemplo, que en Austria, Bulgaria, Finlandia, Turquía, Francia, el Reino Unido, Irlanda y los Países Bajos, existen sindicatos formados por sacerdotes, o asociaciones que defienden intereses muy similares a los defendidos por los sindicatos de trabajadores» (§ 61).

[112] El TEDH señaló que en la Recomendación n.º 198 sobre relaciones laborales, la Organización Internacional del Trabajo [OIT] considera que la determinación de la existencia de una relación laboral debe basarse principalmente en los hechos relativos al desempeño del trabajo y a la remuneración del trabajador, sin tener en cuenta cómo la relación es caracterizada en cualquier otro acuerdo entre las partes, ya sea contractual o de otra naturaleza. Además, el Convenio de la OIT n.º 87, que es el instrumento internacional principal que garantiza el derecho a la libertad sindical, establece en su artículo 2 que los trabajadores y empleadores, sin ninguna distinción, tienen el derecho a constituir aquellas organizaciones que ellos elijan. Finalmente, aunque la Directiva del Consejo 78/2000/CE reconoce la existencia de un

junto a la realización de ritos litúrgicos y mantener el contacto con los parroquianos, también incluyen la gestión de los activos de la parroquia y la responsabilidad de vender objetos litúrgicos. Además, la legislación nacional prevé la financiación en gran parte del Estado o de las autoridades locales de un número concreto de puestos del clero y del personal laico, cuyos sueldos se calculan sobre la base de los salarios de los empleados del Ministerio de Educación. La Iglesia Ortodoxa Rumana contribuye al pago de los salarios de su clero, mientras que los sacerdotes pagan los tributos, contribuyen al régimen de la seguridad social y tienen derecho a todas las prestaciones sociales disponibles para cualquier trabajador ordinario, como por ejemplo asistencia médica, derecho a recibir la pensión cuando alcancen la edad de jubilación fijada legalmente, o prestación por desempleo»[113].

A pesar de que las funciones presentan muchas características propias de una relación laboral, el TEDH admitió que «el trabajo desempeñado por los miembros del clero atesora características especiales como su propósito espiritual y que se lleva a cabo en el seno de una organización que goza de un cierto grado de autonomía. En consecuencia, los miembros del clero asumen obligaciones de carácter especial en virtud de las cuales están sujetos a un deber de lealtad de mayor entidad basado en un juramento personal e irrevocable que cada uno de ellos realiza. Por tanto, es una tarea delicada llevar a cabo una distinción entre las actividades estrictamente religiosas de los miembros del clero y aquellas otras de naturaleza más financiera o de gestión»[114]. Teniendo en cuenta todos los factores, el TEDH se decantó por la naturaleza «más» financiera de las actividades llevadas a cabo por los miembros del clero y consideró que ejercían sus funciones en el seno de una relación laboral[115].

Sin embargo, al deliberar el TEDH si la restricción a la libertad sindical era legítima, acabó confirmando el principio de autonomía confesional. Así, teniendo en cuenta la gran variedad de modelos constitucionales existentes en Europa que regulan las relaciones de los Estados con las confesiones religiosas, el TEDH consideró que el Estado goza de un amplio margen de apreciación en cuanto a la libertad de asociación de los sacerdotes y aceptó la tesis del Gobierno rumano de excluir del ámbito de aplicación del derecho laboral la relación entre los ministros de culto y la iglesia[116]. De este modo, el TEDH afirmó que «tal y como había indicado el Gobierno,

---

deber de lealtad de mayor entidad hacia el empleador, especifica que no puede ser contrario al derecho a la libertad de asociación, en concreto a la libertad de fundar un sindicato (*vid.* § 142).

[113] § 143.

[114] § 144.

[115] *Vid.* § 148.

[116] Según el Gobierno rumano, la relación de los ministros de culto con la Iglesia «consiste en un "servicio libremente aceptado y una relación pastoral" que se encuentra fuera del ámbito de aplicación del derecho laboral y, por tanto, también del ámbito de aplicación del Código Laboral. El Gobierno señala que los sacerdotes ejercen sus funciones de acuerdo con una decisión del obispo que establece sus

los miembros del clero de la Iglesia Ortodoxa Rumana, y por tanto los sacerdotes que pertenecen al sindicato demandante, ejercen sus funciones en virtud de su ministerio, su compromiso con el obispo y de acuerdo con la decisión que aprobó éste último; la Iglesia Ortodoxa Rumana ha decidido no incorporar en su Estatuto las normas de derecho laboral pertinentes en este caso, una decisión que ha sido aprobada por un decreto del Gobierno en respeto de la autonomía de las comunidades religiosas»[117].

4. Conclusiones

El derecho de las confesiones religiosas a aprobar sus normas internas y a tomar sus decisiones en relación con su funcionamiento y selección de personal se ha puesto de manifiesto en distintas sentencias del TEDH (casos: *Serif*; *Agga (4)*; *Hasan y Chaush*; *Supreme Holy Council of the Muslim Community*; *Holy Synod of the Bulgarian Orthodox Church (Metropolitan Inokentiy)*, y *Miroļubovs y otros*). El Estado, excepto cuando exista una necesidad social imperiosa, no puede intervenir en la designación de los ministros de culto ni actuar como árbitro entre las comunidades religiosas y las facciones disidentes que existan o puedan existir en su seno. De igual modo, corresponde a las confesiones establecer cuando los ministros de culto dejan de ostentar tal condición sin que el Estado pueda intervenir dada su incompetencia en materia religiosa. Esa autonomía, en el caso del personal docente de educación religiosa, conlleva que las Administraciones no puedan obligar a las confesiones religiosas a admitir o excluir a una persona (caso *Fernández Martínez*).

Cuando surgen controversias entre las confesiones religiosas y los ministros de culto, la jurisprudencia de Estrasburgo ha reiterado la afirmación de que el artículo 9 del CEDH no garantiza ningún derecho a discrepar dentro de la comunidad religiosa para la que trabaja. De este modo, en caso de conflicto sobre materias doctrinales o de organización, el derecho individual de libertad religiosa se expresa a través del derecho a abandonar la comunidad. Así lo ha manifestado la CmEDH (casos: *X c. Dinamarca*; *Knudsen*; *Karlsson*; *Finska församlingen i Stockholm and Hautaniemi*; *Williamson*, y *Spetz y otros*), y posteriormente el TEDH (casos: *Holy Synod of the Bulgarian Orthodox Church (Metropolitan Inokentiy)*; *Miroļubovs y otros*, y *Sindicatul «Păstorul cel Bun»*). Por otro lado, el TEDH ha recordado que su función no consiste en resolver la discrepancia entre los ministros de culto y sus confesiones

derechos y obligaciones, así como de conformidad con sus votos de fe y obediencia que juraron en su ordenación...el derecho laboral no era aplicable a las relaciones entre la Iglesia Ortodoxa y su clero. Esta posición fue compartida por el Tribunal Supremo de Casación y Justicia y por el Tribunal Constitucional. Ambos determinaron que, de acuerdo con el principio de autonomía de las confesiones religiosas, los tribunales ordinarios nacionales no tenían jurisdicción sobre las decisiones de los tribunales eclesiásticos en relación con las previsiones del Código Laboral» (§ 96).

[117] § 163.

sobre la naturaleza de las funciones que aquéllos ejercen. Así pues, la obligación de los Estados miembros del Consejo de Europa de proteger la autonomía confesional hace que el TEDH considere razonables las decisiones judiciales sobre la relación de los ministros de culto con su confesión.

Por su parte, corresponde a los Estados miembros del Consejo de Europa organizar su sistema judicial de tal manera que sus tribunales puedan garantizar a los ciudadanos el derecho a obtener una decisión final sobre sus derechos y obligaciones civiles dentro de un plazo razonable. Cuando los ministros de culto han presentado demandas ante los órganos judiciales de Estrasburgo por las decisiones de la jurisdicción confesional relativas a controversias en la prestación de servicios a la confesión religiosa, tanto la CmEDH (casos: *X c. Dinamarca*; *Tyler*; *X c. República Federal Alemana; Baudler; Reuter,* y *Müller*) como el TEDH (casos: *Dudová y Duda*; *Šijakova y otros*; *Šupa* y *Károly Nagy*) han reiterado su doctrina de no cuestionar la resolución de los tribunales nacionales de declararse incompetentes para revisar asuntos internos de las confesiones, al no poderse identificar la concurrencia de un derecho interno de carácter civil invocable a efectos del artículo 6.1 CEDH. Así pues, se favorece la autonomía confesional en orden a la no intervención de los tribunales estatales en las decisiones tomadas por la jurisdicción confesional.

No obstante, en los casos *Launikari* y *Seremetis*, el TEDH concluyó la violación del artículo 6,1 del CEDH por la dilación indebida del procedimiento y obligó a indemnizar a los ministros de culto demandantes. En la legislación de los Estados condenados, Finlandia y Grecia respectivamente, se prevé que los pastores evangélicos luteranos y los sacerdotes de la Iglesia Ortodoxa griega puedan recurrir a la justicia estatal cuando las controversias en relación a su empleo en las parroquias se han resuelto por la Iglesia con fallos en el procedimiento. Así, el TEDH estimó que la actuación del Estado a través de la Suprema Corte Administrativa finlandesa y del Consejo de Estado griego no fue con la diligencia debida y en ambos casos se violó el derecho a un proceso justo con las debidas garantías. Por tanto, estas sentencias son destacables por el hecho que tanto la Iglesia Evangélica Luterana como la Iglesia Ortodoxa griega, que cuentan con un estatuto privilegiado, abren a los tribunales estatales la revisión de sus decisiones sobre los conflictos internos con sus ministros de culto.

En cuanto a los ministros de culto de nacionalidad extranjera tanto la CmEDH (caso *Öz*) como el TEDH (caso *El Majjaoui & Stichting Touba Moskee*) han afirmado que el artículo 9 del CEDH no ampara su derecho a un permiso de residencia para conseguir un trabajo, incluso si el empleador es una confesión religiosa. Los Estados miembros del Consejo de Europa tienen el derecho a controlar la entrada, la estancia y la expulsión de los no nacionales. Una medida de expulsión no supone una interferencia en los derechos contenidos en el artículo 9 del CEDH a no ser que la medida se establezca para reprimir tales derechos. El caso *Perry* es un ejemplo claro de la extralimitación de ese derecho al denegar el Estado letón la entrada en el país a un ministro de culto para desarrollar actividades religiosas. En este caso, la condena por violación del CEDH evidencia los problemas que los grupos religiosos minoritarios siguen teniendo para su expansión en los países postsoviéticos.

En cuanto a la cobertura de la seguridad social a los ministros de culto, si un Estado crea tal régimen debe hacerlo de una manera compatible con el artículo 14 del CEDH (caso *Manzanas Martín*). Finalmente, de la sentencia sobre el caso *Sindicatul «Păstorul cel Bun»* cabe deducir que a los ministros de culto no les asiste el derecho de asociación sindical si contradice la específica organización y funcionamiento de su Iglesia. Se vuelve a favorecer, por tanto, la autonomía confesional sobre la libertad religiosa de sus miembros.

5. ANEXO. JURISPRUDENCIA CITADA

5.1. Tribunal Europeo de Derechos Humanos

Sentencia de 23 de octubre de 1990 (Demanda n.º 11581/85), sobre el caso *Darby c. Suecia.*

Sentencia de 25 de mayo de 1993 (Demanda n.º 14307/88), sobre el caso *Kokkinakis c. Grecia.*

Sentencia de 25 de noviembre de 1996 (Demanda n.º 17419/90), sobre el caso *Wingrove c. Reino Unido.*

Sentencia de 19 de diciembre de 1997 (Demanda n.º 20772/92), sobre el caso *Helle c. Finlandia.*

Sentencia de 24 de febrero de 1998 (Demanda n.º 23372/94; 26377/94; 26378/94), sobre el caso *Larissis y otros c. Grecia.*

Sentencia de 14 de diciembre de 1999 (Demanda n.º 38178/97), sobre el caso *Serif c. Grecia.*

Decisión de 15 de junio de 2000 (Demanda n.º 48895/99), sobre el caso *Skordas c. Grecia.*

Sentencia de 5 de octubre de 2000 (Demanda n.º 34120/96), sobre el caso *Launikari c. Finlandia.*

Sentencia de 26 de octubre de 2000 (Demanda n.º 30985/96), sobre el caso *Hasan y Chaush c. Bulgaria.*

Decisión de 30 de enero de 2001 (Demanda n.º 40224/98), sobre el caso *Dudová y Duda c. República Checa.*

Sentencia de 13 de diciembre de 2001 (Demanda n.º 45701/99), sobre el caso *Metropolitan Church of Bessarabia y otros c. Moldavia.*

Decisión de 6 de marzo de 2003 (Demanda n.º 67914/01), sobre el caso *Šijakova y otros c. Macedonia.*

Sentencia de 16 de diciembre de 2004 (Demanda n.º 39023/97), sobre el caso *Supreme Holy Council of the Muslim Community c. Bulgaria.*

Sentencia de 13 de julio de 2006 (Demanda n.º 33331/02), sobre el caso *Agga (4) c. Grecia.*

Sentencia de 11 de enero de 2007 (Demanda n.º 184/02), sobre el caso *Kuznetsov y otros c. Rusia.*

Decisión de 6 de febrero de 2007 (Demanda n.º 72991/01), sobre el caso *Šupa c. Eslovaquia.*

Sentencia de 27 de febrero de 2007 (Demanda n.º 952/03), sobre el caso *Biserica Adevărat Ortodoxă din Moldova y otros c. Moldavia.*

Sentencia de 5 de abril de 2007 (Demanda n.º 18147/02), sobre el caso *Church of Scientology Moscow c. Rusia.*

Sentencia de 14 de junio de 2007 (Demanda n.º 77703/01), sobre el caso *Svyato-Mykhaylivska Parafiya c. Ucrania.*

Sentencia de 26 de julio de 2007 (Demanda n.º 10519/03), sobre el caso *Barankevich c. Rusia.*

Sentencia de 8 de noviembre de 2007 (Demanda n.º 30273/03), sobre el caso *Perry c. Letonia.*

Sentencia de 20 de diciembre de 2007 (Demanda n.º 25525/03), sobre el caso *El Majjaoui & Stichting Touba Moskee c. Holanda.*

Sentencia de 28 de febrero de 2008 (Demanda n.º 37878/02), sobre el caso *Tserkva Sela Sosulivka c. Ucrania.*

Sentencia de 27 de marzo de 2008 (Demanda n.º 38330/05), sobre el caso *Seremetis c. Grecia.*

Sentencia de 23 de septiembre de 2008 (Demanda n.º 48907/99), sobre el caso *Ahtinen c. Finlandia.*

Sentencia de 22 de enero de 2009 (Demanda n.º 412/03 y 35677/04), sobre el caso *Holy Synod of the Bulgarian Orthodox Church (Metropolitan Inokentiy) y otros c. Bulgaria.*

Sentencia de 15 de septiembre de 2009 (Demanda n.º 798/05), sobre el caso *Miroļubovs y otros c. Letonia.*

Sentencia de 1 de octubre de 2009 (Demanda n.º 76836/01 y 32782/03), sobre el caso *Kimlya y otros c. Rusia.*

Sentencia de 23 de septiembre de 2010 (Demanda n.º 425/03), sobre el caso *Obst c. Alemania.*

Sentencia de 23 de septiembre de 2010 (Demanda n.º 1620/03), sobre el caso *Schüth c. Alemania.*

Sentencia de 3 de febrero de 2011 (Demanda n.º 18136/02), sobre el caso *Siebenhaar c. Alemania.*

Decisión de 6 de diciembre de 2011 (Demanda n.º 38254/04), sobre el caso *Baudler c. Alemania.*

Decisión de 6 de diciembre de 2011 (Demanda n.º 39775/04), sobre el caso *Reuter c. Alemania.*

Decisión de 6 de diciembre de 2011 (Demanda n.º 12986/04), sobre el caso *Müller c. Alemania.*

Sentencia de 3 de abril de 2012 (Demanda n.º 17966/10), sobre el caso *Manzanas Martín c. España.*

Sentencia de 17 de julio de 2012 (Demanda n.º 22218/06), sobre el caso *Fusu Arcadie y otros c. Moldavia.*

Sentencia de 9 de julio de 2013 (Demanda n.º 2330/09), sobre el caso *Sindicatul «Păstorul cel Bun» c. Rumanía.*

Sentencia de 12 junio de 2014 (Demanda n.º 56030/07), sobre el caso *Fernández Martínez c. España.*

Sentencia de 12 de junio de 2014 (Demanda n.º 33203/08), sobre el caso *Biblical Centre of the Chuvash Republic c. Rusia.*

Sentencia de 26 de junio de 2014 (Demanda n.º 26587/07), sobre el caso *Krupko y otros c. Rusia.*

Sentencia de 1 de diciembre de 2015 (Demanda n.º 56665/09), sobre el caso *Károly Nagy c. Hungría.*

5.2. Comisión Europea de Derechos Humanos

Decisión de 8 de marzo de 1976 (Demanda n.º 7374/76), sobre el caso *X c. Dinamarca.*

Decisión de 19 de marzo de 1981 (Demanda n.º 8118/77), sobre el caso *Omkarananda and the Divine Light Zentrum c. Suiza.*

Decisión de 7 de diciembre de 1981 (Demanda n.º 9501/81), sobre el caso *X c. República Federal de Alemania.*

Decisión de 8 de marzo de 1985 (Demanda n.º 11045/84), sobre el caso *Knudsen c. Noruega.*

Decisión de 8 de septiembre de 1988 (Demanda n.º 12356/86), sobre el caso *Karlsson c. Suecia.*

Decisión de 5 de abril de 1994 (Demanda n.º 21283/93), sobre el caso *Tyler c. Reino Unido.*

Decisión de 12 de octubre de 1994 (Demanda n.º 20402/92), sobre el caso *Spetz y otros c. Suecia.*

Decisión de 17 de mayo de 1995 (Demanda n.º 27008/95), sobre el caso *Williamson c. Reino Unido.*

Decisión de 11 de abril de 1996 (Demanda n.º 24019/94), sobre el caso *Finska församlingen i Stockholm and Hautaniemi c. Suecia.*

Decisión de 3 de diciembre de 1996 (Demanda n.º 32168/96), sobre el caso *Öz c. Alemania.*

CAPÍTULO V

DESPIDO DEL TRABAJADOR, POR CONFESIÓN RELIGIOSA O INSTITUCIÓN DEPENDIENTE DE ELLA, DEBIDO A ACTOS O CONDUCTAS DOCTRINALMENTE DIVERGENTES

LOURDES RUANO ESPINA
Universidad de Salamanca

SUMARIO: 1. PLANTEAMIENTO DE LA CUESTIÓN. LA LIBERTAD RELIGIOSA EN EL ÁMBITO DE LAS RELACIONES LABORALES Y LAS LLAMADAS ORGANIZACIONES DE TENDENCIA. 2. LA JURISPRUDENCIA DEL TRIBUNAL EUROPEO DE DERECHOS HUMANOS: 2.1. Despido y otras decisiones adoptadas en el ámbito laboral por confesiones religiosas, basadas en actos doctrinalmente divergentes: 2.1.1. *Supuestos en que el demandante es ministro de culto.* 2.1.2. *Supuestos en que el demandante no es ministro de culto.* 2.2. Despido por entidades dependientes de las confesiones religiosas, motivado por conducta doctrinalmente divergente. 3. CONCLUSIONES.

1. PLANTEAMIENTO DE LA CUESTIÓN. LA LIBERTAD RELIGIOSA EN EL ÁMBITO DE LAS RELACIONES LABORALES Y LAS LLAMADAS ORGANIZACIONES DE TENDENCIA

En la sociedad globalizada y multicultural en que vivimos, el pluralismo religioso, por una parte, y la conciencia cada vez más clara de la necesaria protección de los derechos humanos —y en particular del derecho a la libertad religiosa—, por otra, ha dado lugar a que los ordenamientos jurídicos de los países occidentales tengan que afrontar nuevos desafíos, como consecuencia de la creciente conflictividad que el libre ejercicio de la religión plantea en el ámbito de las relaciones laborales.

El estudio de la proyección de la libertad religiosa en el ámbito laboral se puede abordar desde una doble perspectiva: desde el punto de vista del trabajador, es preciso garantizar el respeto a sus creencias religiosas y la ausencia de discriminación, directa o indirecta, que esté apoyada en motivos religiosos; desde la perspectiva del empleador, sin embargo, cuando éste sea una empresa de tendencia con base religiosa, habrá que analizar hasta qué punto el principio de autonomía derivado del derecho de libertad religiosa en su dimensión colectiva, puede condicionar la aplicación de las normas jurídicas laborales antidiscriminatorias, actuando incluso como normas de orden público.

Desde la perspectiva de los derechos del trabajador, la libertad religiosa individual exige remover los obstáculos que impidan el pleno ejercicio de este derecho por el empleado en el ámbito laboral, mediante la *acomodación razonable* de sus creencias religiosas, siempre que la adopción de las medidas necesarias a tal fin no comporten para el empleador un gravamen indebido[1]. El llamado derecho de acomodo tiene su origen en la legislación norteamericana de derechos civiles, concretamente en una enmienda que se introdujo en 1971 al Título VII del *Civil Rights Act* de 1964, que proscribía la discriminación en el empleo, basada en motivos de raza, edad, nacionalidad y religión. Años más tarde, el concepto fue desarrollado por la jurisprudencia canadiense, a raíz, sobre todo, de la sentencia del Tribunal Supremo en el caso *Ontario Human Rights Commission y O'Malley c. Simpson Sears Ltd.*, de 17 diciembre de 1985[2]. Este derecho de acomodo se traduce, en términos generales, en el deber que tiene el empleador de procurar una acomodación o adaptación de las normas concretas aplicables a sus empleados, a favor de una determinada persona o grupos de personas, en atención a las creencias religiosas de dichos empleados, dado que de otra forma podrían ser objeto de discriminación por motivos religiosos. Y ello con el único límite de lo que suponga un excesivo o indebido gravamen para la propia empresa y para los demás trabajadores. A su vez, la necesidad de acomodo exige, por parte del trabajador, la demostración de la seriedad y sinceridad de sus creencias religiosas y su comunicación al empleador, para que pueda proponer una solución

[1] Sobre el derecho de acomodo de las creencias religiosas *vid.* CAÑAMARES ARRIBAS, Santiago, «El llamado «*derecho de acomodo*» de las creencias religiosas en los países occidentales», en PÉREZ-MADRID, Francisca y GAS AIXENDRI, Montserrat (Directoras), *La gobernanza de la diversidad religiosa. Personalidad y territorialidad en las sociedades multiculturales*, Cizur Menor 2013, pp. 299-322; MESSEGUER VELASCO, Silvia, «La acomodación de las creencias religiosas en el ámbito laboral», ibíd., pp. 323-335; Id., «La integración de la diversidad religiosa en el ámbito de las relaciones laborales: la cuestión de las prácticas religiosas», *Revista General de Derecho Canónico y Derecho Eclesiástico del Estado*, 28 (2012); ELÓSEGUI ITXASO, María, *El concepto jurisprudencial de acomodamiento razonable. El Tribunal Supremo de Canadá y el Tribunal Europeo de Derechos Humanos ante la gestión de la diversidad cultural y religiosa en el espacio público*, Cizur Menor 2013. *Vid.* el trabajo de la misma autora, con el mismo título, en Anuario de Filosofía del Derecho (2014), vol. XXX, pp. 69-96 (el texto puede descargarse en https://www.boe.es/publicaciones/anuarios_derecho/abrir_pdf.php?id=ANU-F-2014-10006900096_ANUARIO_DE_FILOSOF%26%23833%3B_DEL_DERECHO_El_concepto_jurisprudencial_de_acomodamiento_razonable._El_Tribunal_Supremo_de_Canad%E1_y_el_Tribunal_Europeo_de_Derechos_Humanos_ante_la_gesti%F3n_de_la_diversidad_cultural_y_religiosa_en_el_espacio_p%FAblico).

[2] En el presente caso, el Tribunal Supremo de Canadá falló a favor de una trabajadora, miembro de la Iglesia Adventista del Séptimo día, que había sido despedida por negarse a acudir al trabajo los viernes por la tarde y los sábados, en cumplimiento de un precepto religioso. El Tribunal reconoció que el empleador tiene derecho a explotar su empresa el sábado, pero a la vez esta exigencia tiene efectos discriminatorios sobre la empleada, en razón de su práctica religiosa, por lo que, salvo que exista un gravamen excesivo, el empleador no tiene derecho a impedir al trabajador la práctica de su religión, y debe buscar el acomodamiento razonable, modificando los horarios de trabajo de la empleada.

que tenga en cuenta los intereses en juego, a través del *balancing test* o criterio de proporcionalidad.

En segundo lugar, el libre desarrollo de la libertad religiosa de los trabajadores presupone necesariamente la neutralidad empresarial frente a las convicciones religiosas de los empleados, y exige combatir posibles prácticas discriminatorias de la empresa, que estén basadas en las convicciones o creencias del trabajador[3]. La prohibición de la discriminación laboral por motivos religiosos ha sido regulada en el ámbito internacional[4] por el Convenio de la OIT 111/1958, de 25 de junio, relativo a la discriminación en materia de empleo y ocupación[5], a cuyos efectos se entiende por discriminación «*cualquier distinción, exclusión o preferencia basada en motivos de... religión* (entre otros) *que tenga por efecto anular o alterar la igualdad de oportunidades o de trato en el empleo y la ocupación*» (art. 1,1 a). Pero sobre todo habremos de tener en cuenta la Directiva 2000/78/CE, del Consejo de la Unión Europea, de 27 de noviembre de 2000, relativa al establecimiento de un marco general para la igualdad de trato en el empleo y la ocupación, que tiene por objeto combatir la discriminación por motivos de religión o convicciones, entre otros, en el ámbito laboral, con el fin de que en los Estados miembros se aplique el principio de igualdad de trato. La Directiva establece que existirá *discriminación directa* cuando una persona sea, haya sido o pudiera ser tratada de manera menos favorable que otra en situación análoga (art. 2, 2 a); y existirá *discriminación indirecta* cuando una disposición, criterio o práctica aparentemente neutros pueda ocasionar una desventaja particular a una persona con una religión o convicción (entre otras causas) respecto de otras personas (art. 2, 2 b).

Por tanto, durante el desarrollo de la relación laboral, el empresario debe respetar el libre ejercicio de la libertad religiosa de los trabajadores, sin que en principio quepan restricciones ni modulaciones injustificadas por parte de la empresa, pues en caso contrario el acto lesivo podría devenir nulo. Sin embargo, el principio de igualdad y no discriminación por motivos religiosos, en el ámbito laboral, no tiene un contenido absoluto sino que, en determinados casos, el art. 1, 2 del Convenio de la OIT establece que «*las distinciones, exclusiones o preferencias basadas en las calificaciones exigidas para un empleo determinado no serán consideradas como discriminación*». Ello ocurre cuando la empresa es una organización que tiene una base o ideario de

[3] LÓPEZ AHUMADA, José Eduardo, «La libertad religiosa en las relaciones laborales: factores de litigiosidad y supuestos conflictivos en clave contractual», *Anuario de Derecho Eclesiástico del Estado*, vol. XXVIII, 2012, pp. 351 ss.

[4] *Vid.* MOTILLA DE LA CALLE, Agustín, «La protección de la libertad religiosa y la lucha contra la discriminación por razón de religión o convicciones en los organismos internacionales», *Anuario de Derecho Eclesiástico del Estado*, vol. XXX, 2014, pp. 615-673.

[5] Adoptado en la 42.ª reunión de la Conferencia General de la Organización Internacional del Trabajo. Ratificado por España en virtud de instrumento de 18 de noviembre de 1969 (*BOE* núm. 291, de 4 diciembre 1968).

carácter ideológico o religioso, de forma que, el perfil religioso del trabajador, es tenido en cuenta como elemento determinante de su cualificación profesional, para constituir, modificar o extinguir la relación laboral. Nos encontramos, en estos casos, ante las llamadas empresas u organizaciones ideológicas o de tendencia, entre las que se encuentran las confesiones religiosas y las entidades dependientes de ellas.

El concepto y la terminología de *tareas y organizaciones de tendencia* tiene su origen en la categoría jurídica del *Tendenzbetrieb* (portador de tendencia) utilizada por el Derecho alemán, a principios del siglo pasado, para aludir a quien desarrolla tareas directamente encaminadas a la específica finalidad de la organización[6], que terminó por extenderse a la mayoría de los países europeos y ha sido acogida, incluso, por la normativa comunitaria. De hecho, el propio art. 4 de la Directiva 2000/78/CE establece expresamente una excepción a la regla general de prohibición de toda discriminación en el ámbito de las relaciones laborales, y permite discriminar a los trabajadores por razón de religión, en dos supuestos:

1. Cuando el perfil religioso del empleado constituya un requisito esencial y determinante *«debido a la naturaleza de la actividad profesional concreta de que se trate o al contexto en que se lleve a cabo»* la actividad concreta a realizar, siempre y cuando concurran dos presupuestos necesarios: que el objetivo sea legítimo y el requisito profesional esencial y determinante sea proporcionado (art. 4, 1)
2. Cuando se trate de *«actividades profesionales de Iglesias y de otras organizaciones públicas o privadas, cuya ética se base en la religión o las convicciones de una persona»*, siempre que dicha diferencia de trato se ejerza respetando las disposiciones y principios constitucionales de los Estados miembros y los principios generales del Derecho comunitario (art. 4, 2).

El precepto añade que, *«siempre y cuando sus disposiciones sean respetadas, las disposiciones de la presente Directiva se entenderán sin perjuicio del derecho de las Iglesias y de las demás organizaciones públicas o privadas cuya ética se base en la religión o las convicciones, actuando de conformidad con las disposiciones constitucionales y legislativas nacionales, podrán exigir en consecuencia a las per-*

[6] Sobre las empresas u organizaciones de tendencia *vid.* BLAT GIMENO, Francisco R., *Relaciones laborales en empresas ideológicas*, Madrid 1986; OTADUY GUERÍN, Jorge, «Las empresas ideológicas: aproximación al concepto y supuestos a los que se extiende», *Anuario de Derecho Eclesiástico del Estado*, Vol. II, 1986, pp. 311-332; IRURETA URIARTE, Pedro, «Las organizaciones de tendencia ante el Derecho», *Persona y Sociedad,* vol. 17, n.º 2, 2003, pp. 235-248; SORDA, Elena, «Las empresas de tendencia de tipo confesional ante el Tribunal Europeo de Derechos Humanos», VV.AA., *Encrucijadas de la Laicidad*, México 2015, pp. 84-87; ODRIOZOLA IGUAL, Cristina, «Relaciones de trabajo en el contexto de organizaciones ideológicas y religiosas: la Directiva 2000/78/CE, de 27 de diciembre, sobre empleo y trabajo», *Revista General de Derecho Canónico y Derecho Eclesiástico del Estado*, 6 (Septiembre 2004).

sonas que trabajen para ellas una actitud de buena fe y de lealtad hacia la ética de la organización».

Estas organizaciones de tendencia de tipo confesional son expresión del pluralismo religioso de la sociedad, y se caracterizan por ser titulares del derecho de libertad religiosa en su dimensión colectiva, por lo que están dotadas de autonomía frente al Estado y tienen capacidad para establecer sus propias normas de organización y régimen de su personal, pudiendo incorporar al contenido obligacional del contrato de trabajo de sus empleados, la orientación ideológica de la que son institucionalmente expresivas. En virtud de esta autonomía, estas organizaciones pueden exigir a sus trabajadores un deber de asunción, respeto o lealtad hacia el ideario o la ética de la organización, y una actitud congruente con dicho ideario, de forma que las creencias religiosas del trabajador y el comportamiento acorde a las mismas pueda constituir un elemento decisivo de su cualificación profesional, en función de las responsabilidades que asuma en su puesto de trabajo. Consecuentemente, mientras que el comportamiento del trabajador, en el ámbito de su vida privada, sería considerado irrelevante en otro tipo de empresa, en las organizaciones de tendencia adquiere una notoriedad de tal relevancia que la entidad podría poner fin a la relación laboral si la ideología o el comportamiento individual del empleado contradijeran la doctrina en que se apoya la ética de la empresa, pues así lo exige la credibilidad del mensaje de la entidad. Parece evidente que la intensidad de las obligaciones de lealtad y buena fe a las que están sujetos los trabajadores —y que voluntaria y conscientemente han asumido— dependerá del tipo de tareas a realizar, y su vinculación con la realización de los fines de la entidad empleadora, de forma que cuando se trate de actividades o tareas que se encuentren estrechamente vinculadas a la consecución de los fines religiosos de la Iglesia u organización, la autonomía confesional reclamará una mayor protección jurídica que cuando se trate de actividades o tareas de carácter neutro o secular. Sin embargo, la obligada neutralidad de los poderes públicos en materia religiosa, y el respeto a la autonomía de las confesiones religiosas, conducen a la conclusión de que sólo a la entidad confesional empleadora corresponde valorar si existe o no dicha vinculación, entre la tarea a realizar y los fines religiosos de la misma, y la trascendencia que un determinado trabajo puede presentar en relación con el cumplimiento de su propia misión o de dichos fines.

No obstante, tampoco la autonomía de las Iglesias y organizaciones de tendencia tiene carácter absoluto, sino que en cualquier caso, habrá que conciliar el respeto a dicha autonomía con los derechos de los trabajadores y establecer cuáles son sus límites, de acuerdo con las disposiciones y principios constitucionales de los Estados y los principios generales del Derecho comunitario. Corresponderá a los órganos jurisdiccionales del Estado valorar si las decisiones adoptadas por las Iglesias, en el marco de sus relaciones laborales, se enmarcan o no dentro de dichos límites. Como ha señalado el profesor Cañamares, si bien el juego conjunto de la autonomía reconocida a las confesiones religiosas y de la neutralidad religiosa del Estado excluye cualquier apreciación, por parte de éste, sobre la legitimidad de las creencias religiosas y las modalidades de su ejercicio, y veda cualquier injerencia de los poderes públicos en el ámbito puramente religioso, el sometimiento de las entidades religiosas al ordenamiento jurídico justifica que los tribunales puedan constatar si las decisiones adoptadas por éstas en relación con sus trabajadores responden al ejercicio legítimo de la libertad religiosa en su vertiente colectiva[7].

El presente trabajo tiene por objeto el análisis de la jurisprudencia emanada del Tribunal Europeo de Derechos Humanos en que la Corte ha tenido que aplicar el principio de proporcionalidad, cuando entran en conflicto el derecho a la autonomía de las confesiones y organizaciones religiosas, con los derechos individuales del trabajador garantizados por la Convención, en concreto el derecho a la vida privada y familiar (art. 8), a la libertad de pensamiento, conciencia y religión (art. 9), a la libertad de expresión (art. 10), pero también el derecho a un proceso equitativo (art. 6) y a no sufrir discriminación (art. 14). El tema es particularmente interesante, no sólo por la amplitud de su aplicación práctica, sino también porque las legislaciones nacionales han regulado de forma muy limitada el status de las empresas de tendencia y la situación jurídica laboral de sus trabajadores. De ahí que los criterios establecidos por el Tribunal Europeo de Derechos Humanos, en la aplicación del Convenio a las controversias que le han sido sometidas, tengan especial interés[8].

[7] CAÑAMARES ARRIBAS, Santiago, «Autonomía de las confesiones religiosas y discriminación laboral», *Revista Española de Derecho del Trabajo*, Número 155, julio-septiembre 2012, pp. 43 y 67-68. Concluye Cañamares que, para que pueda llevarse a efecto el control jurisdiccional de las decisiones adoptadas por las confesiones empleadoras en materia de relaciones laborales, se exige que la decisión de la entidad religiosa sea motivada. Dicha motivación, que necesariamente debe estar conectada con el ejercicio de la libertad religiosa colectiva, debe permitir al tribunal comprobar la concurrencia de razones de naturaleza religiosa que justifiquen la prevalencia de tal derecho, en su dimensión colectiva, sobre la discriminación de los trabajadores. «*En aquellos casos en que se aprecie una ausencia de la motivación religiosa en la decisión de la entidad empleadora, o cuando no quede acreditada suficientemente la cualificación religiosa que demanda un determinado puesto de trabajo para el desarrollo de sus fines por parte de dichas entidades, nos encontraremos ante un supuesto de discriminación religiosa*».

[8] SORDA, Elena, «Las empresas de tendencia de tipo confesional ante el Tribunal Europeo de Derechos Humanos», cit., pp. 86-87.

CALVO GALLEGO, Francisco Javier, destaca, en esta misma línea, el papel cada vez más relevante de la jurisprudencia del Tribunal Europeo de Derechos Humanos, «*cuya doctrina supone —implícita y en ocasiones explícitamente— una suerte de «revisitación» de la doctrina de los Tribunales Constitucionales nacionales*», hasta poder llegar a provocar un cierto cambio de orientación en la posición de la jurisprudencia laboral en algunos países, como en Alemania, cuyo caso es paradigmático: «Poderes empresariales y tareas de tendencia en la reciente doctrina del Tribunal Europeo de Derechos Humanos», *Jurisdicción Social. Revista on line de la Comisión Social de Jueces para la Democracia*, núm. 127, dic. 2012, pp. 3-4 (http://grupo.us.es/sej322/biblioteca/otros-trabajos/Tareas-tendencia-TEDH.pdf. Texto disponible también en la web: http://www.europeanrights.eu/public/commenti/javier.pdf).

2. La jurisprudencia del Tribunal Europeo de Derechos Humanos

La Corte de Estrasburgo ha abordado esta cuestión en diversas ocasiones. Tanto en la jurisprudencia anterior de la Comisión, como en las más recientes decisiones del Tribunal, parece reafirmarse, en términos generales, la prevalencia de la autonomía de la confesión religiosa, derivada de su propio derecho de libertad religiosa, sobre el respeto a los derechos individuales. Es decir, que como criterio general, la Corte admite que las Iglesias tienen derecho a establecer límites al ejercicio de la libertad religiosa individual de sus fieles, para imponer una determinada doctrina religiosa, sin excluir el ámbito laboral, y también, para imponer determinadas sanciones a quienes la rechacen o desarrollen conductas doctrinalmente divergentes, sin excluir el despido del puesto de trabajo ni la expulsión de la propia confesión. La libertad religiosa individual, en esos casos, no se ve mermada por tales decisiones, pues en cualquier caso queda intacto el derecho de la persona de abandonar la confesión religiosa a la que pertenece. De ahí que, en caso de que exista conflicto entre una iglesia y algunos de sus miembros, compete a las autoridades eclesiásticas resolver sus disputas internas, sin que pueda entenderse que el art. 9 CEDH tutela el derecho de aquéllos a impugnar una decisión eclesiástica ante los tribunales civiles[9]. Esta doctrina, sin embargo, ha sido matizada en algunas decisiones más recientes del Tribunal, en que la Corte ha considerado que el amparo que merece la autonomía de las confesiones religiosas, sufre limitaciones en la ponderación de intereses en juego, cuando colisiona con un derecho fundamental de la persona, reconocido en el Convenio.

A efectos de una mejor sistematización de la jurisprudencia que hemos analizado, distinguiremos los casos en que el empleador es una entidad mayor, es decir, una confesión religiosa, de aquellos en que la entidad es derivada de una confesión.

2.1. Despido y otras decisiones adoptadas en el ámbito laboral por confesiones religiosas, basadas en actos doctrinalmente divergentes

La jurisprudencia de Estrasburgo, con buen criterio, ha distinguido aquellos casos en que el empleado no tiene la condición de ministro de culto, de aquellos otros en que, por tratarse de un ministro de culto, la relación de la confesión o comunidad religiosa con el trabajador no reviste propiamente la característica de laboral[10].

[9] Martínez Torrón, Javier, «Los límites a la libertad de religión y de creencia en el Convenio Europeo de Derechos Humanos», *Revista General de Derecho Canónico y Derecho Eclesiástico del Estado*, 2 (mayo 2003) p. 36.

[10] Explica López Ahumada que la propia declaración de aconfesionalidad reconocida por los Estados constituye el fundamento jurídico que permite calificar como relación no laboral la que vincula a los ministros de culto y religiosos con su Iglesia o congregación, e impide la atracción de la legislación laboral de dichas relaciones, con independencia de la naturaleza jurídica de la Iglesia o su implantación en cada uno de los países. De este modo, afirma, cuando el vínculo se establece entre una determinada

2.1.1. *Supuestos en que el demandante es ministro de culto*

Este último supuesto, en que el demandante es un ministro de culto, al que la confesión religiosa a la que pertenece ha removido de su cargo, ha trasladado a otro puesto de trabajo contra su voluntad, o ha prohibido una determinada práctica, etc., ha sido abordado por varias decisiones tanto de la Comisión cono del Tribunal, desde dos perspectivas distintas. En las decisiones de inadmisión de la Comisión, en los casos *X. contra Dinamarca,* de 8 marzo 1976 y *Karlsson contra Suecia*, de 8 septiembre 1988, y las sentencias *Dudova y Duda contra la República Checa*, de 30 enero 2001, *Ahtinen contra Finlandia,* de 23 septiembre 2008 y *Baudler contra Alemania,* de 6 diciembre 2011, se trata desde la perspectiva del conflicto que se plantea entre la libertad religiosa del sacerdote o ministro de culto y la de la confesión religiosa a la que pertenece, privilegiándose en todos los casos la segunda.

En las decisiones *Serif contra Grecia*, de 14 diciembre 1999, *Hassan y Tchaouch contra Bulgaria* de 26 octubre 2000 y *Mchmet Agga contra. Grecia* de 17 octubre 2002, como en la sentencia del caso *Sindicatul Păstorul cel Bun contra Rumanía*, de 9 julio 2013, sin embargo, la cuestión se aborda desde la perspectiva de la autonomía de las confesiones religiosas frente al Estado.

En el caso *X. contra Dinamarca*[11], la Comisión declaró inadmisible por falta de fundamento jurídico, la pretensión de un ministro de culto perteneciente a la Iglesia nacional danesa. El sacerdote había dispuesto que los padres que quisieran bautizar a sus hijos debían recibir un curso de religión de cinco sesiones, impartidas por él mismo, pero la autoridad eclesiástica desaprobó dicha práctica y le obligó a interrumpirla o, en su defecto, a renunciar a su cargo. El sacerdote se negó a obedecer dicha orden y acudió a la Corte de Estrasburgo alegando violación de los arts. 6, 1 y 9 de la Convención. La argumentación de la decisión de inadmisión emanada por la Comisión se apoya en dos tipos de consideraciones: por una parte, admite que en determinadas circunstancias el despido de un funcionario del Estado por desobediencia podría constituir una violación del art. 9 del Convenio. Sin embargo, la Comisión afirma que una Iglesia es una comunidad religiosa organizada sobre la base de una doctrina uniforme y una concepción de la fe idéntica o sustancialmente similar, y constituye un derecho de la Iglesia, amparado por el propio art. 9, tener libertad para organizarse, llevar a cabo el culto, la enseñanza de la práctica y la observancia de la religión, garantizando esa identidad entre sus miembros. Por otra parte, con respecto

Iglesia o congregación religiosa, que tiene contenido confesional, dicha circunstancia excluye el calificativo como actividades de naturaleza laboral y prevalece la dimensión espiritual de la relación sobre otros aspectos laborales: LÓPEZ AHUMADA, José Eduardo, «La libertad religiosa en las relaciones laborales conforme a la reciente jurisprudencia del Tribunal Europeo de Derechos Humanos», *Anuario de Derecho Eclesiástico del Estado*, vol. XXX, 2014, p. 370.

[11] Decisión de inadmisión 7374/76, de 8 de marzo de 1976.

al ministro de culto, la Comisión entiende que su libertad individual de pensamiento, conciencia y religión queda garantizada y se ejerce en el momento en que acepta o rechaza el ministerio de clérigo, y su derecho de abandonar la Iglesia, en el caso de rechazar sus enseñanzas, permanece intacto. Por ello concluye la Comisión que la libertad religiosa garantizada por el art. 9 no incluye el derecho de un clérigo, en su condición de funcionario público en el sistema de la Iglesia de Estado, para establecer unas condiciones para bautizar que son contrarias a las directivas impuestas por la más alta autoridad de la Iglesia a la que pertenece. Así mismo consideró que el art. 6, 2 no es aplicable al caso.

Lo interesante de esta decisión es que en el presente caso, las dos partes implicadas —la Iglesia nacional danesa y el ministro de culto— esgrimían ser titulares del mismo derecho, garantizado por el art. 9 de la Convención, y la Comisión, después de realizar una adecuada ponderación entre las dos pretensiones optó por privilegiar la exigencia de la confesión religiosa en lugar de amparar la del sacerdote, al considerar que éste ya tenía instrumentos suficientes para hacer valer su derecho a la libertad de opinión, de religión y de autodeterminación[12], argumento que sería aplicado y desarrollado posteriormente por la jurisprudencia sucesiva del Tribunal de Estrasburgo, como tendremos ocasión de ver.

En sentido similar se expresa la Decisión de inadmisión de la Comisión, en el caso *Jan Åke Karlsson contra Suecia*, de 8 septiembre 1988[13]. El solicitante, un ciudadano sueco, es sacerdote de la Iglesia del Estado sueco, que se había postulado como candidato, junto a otros tres, para el puesto de vicario parroquial. Sin embargo, su candidatura fue rechazada por el Cabildo diocesano debido a su posición contraria a la ordenación de mujeres y su consecuente intención contraria a la cooperación con colegas de sexo femenino, decisión que, en opinión del solicitante, constituye una vulneración de los arts. 9 y 10 de la Convención, tanto por separado como en relación con el art. 14, así como una violación de los arts. 11, 13 y 18. La Comisión se apoya en que la libertad de religión no incluye el derecho de un clérigo a mantener una concepción religiosa particular, en el puesto de trabajo que ocupa en el seno de la Iglesia a la que pertenece, pues si los requisitos impuestos por la Iglesia se encuentran en conflicto con sus convicciones personales, queda garantizado su derecho a la libertad religiosa, pensamiento, conciencia y religión, al permanecer intacto el derecho de abandonar su puesto de trabajo en la Iglesia. Por otra parte, no hay nada que demuestre que el solicitante deba temer el despido de su puesto actual, ni ha demostrado encontrarse bajo presión para cambiar su opinión personal, ni se ha visto impedido de manifestar su religión o creencia. Por todo ello, la Comisión consideró

[12] SORDA, Elena, «Las empresas de tendencia de tipo confesional ante el Tribunal Europeo de Derechos Humanos», cit., pp. 97-98.

[13] Decisión de inadmisión 12356/86.

que la decisión impugnada no interfiere en modo alguno en el ejercicio de los derechos dimanantes del art. 9, y este mismo razonamiento se aplica, *mutatis mutandis*, a la pretensión de violación de la libertad de expresión garantizada por el art. 10, que la Comisión considera inexistente. No consideró necesario entrar en el análisis de los demás artículos de la Convención, por entender manifiestamente infundada la reclamación del solicitante.

Diez años más tarde, el Tribunal abordó un supuesto similar en el caso *Ahtinen contra Finlandia*[14]. En esta ocasión se trataba de un sacerdote de la Iglesia Evangélica Luterana finlandesa —Seppo Ahtinen—, que había sido trasladado contra su voluntad, por decisión del Cabildo diocesano, de la parroquia donde llevaba diez años prestando sus servicios, a otra parroquia. El solicitante alegaba violación del art. 6, 1 del Convenio, dado que no había sido oído adecuadamente y el Cabildo había sido parcial, pero según el Cabildo, constituía una antigua tradición que un sacerdote pudiera ser trasladado a otra parroquia con o sin su consentimiento, si el traslado era considerado de interés para la Iglesia, sin que cupiera recurso contra la decisión de traslado.

El tribunal consideró que el traslado de sacerdotes es un asunto sujeto a la discreción del Cabildo diocesano, que puede tener lugar sin su consentimiento y además, no cabe apelación contra la decisión de traslado. En cuanto a los puestos de trabajo de la Iglesia Evangélica Luterana, de conformidad con la ley finlandesa, el tribunal señala que tiene derecho a administrar sus propios asuntos y es independiente en cuestiones como el nombramiento de sacerdotes y su posterior servicio. La legislación aplicable deja a la Iglesia, en calidad de empleador, determinar el período y el lugar de la actividad pastoral. Al aceptar un empleo eclesiástico, los sacerdotes son conscientes de la posibilidad de que pueden ser trasladados a otro puesto. Por tanto, el demandante, al aceptar servir como sacerdote en la Iglesia, se compromete a acatar las reglas de su Iglesia (§ 41). El tribunal coincide con las conclusiones de los tribunales internos en que la resolución judicial de cuestiones como la continuación del servicio de un sacerdote en una Iglesia sería contraria a los principios de autonomía e independencia garantizados por la Carta de Derechos Fundamentales, y estima que el art. 6, 1 no es aplicable al caso (§ 42).

En el asunto *Eva Dudova y Zdeněk Duda contra la República Checa*, de 30 enero 2001[15] los demandantes eran dos sacerdotes pertenecientes a la Iglesia husita checoslovaca que habían solicitado la interrupción de su servicio eclesial, alegando que su relación de trabajo con sus colegas no era satisfactoria, hecho que dio lugar a diferencias irreconciliables con el Consejo diocesano. Los recurrentes alegaban ante el Tribunal de Estrasburgo violación de tres preceptos de la Convención: consideraban violado el art. 6, 1, argumentando que los tribunales nacionales se habían

[14] Sentencia de 23 setiembre 2008. Demanda n.º 48907/1999.

[15] Demanda n.º 40224/98.

negado a entrar en el fondo del asunto y examinar la validez o nulidad de la interrupción de la relación de trabajo; el art. 9, por entender que habían sido privados de su libertad para ejercer su actividad y manifestar su religión colectivamente, por la liturgia, las prácticas religiosas y la educación religiosa; y por último consideraban que habían sido objeto de discriminación respecto de otros empleados cuyas relaciones laborales se rigen por el código de trabajo y sus disputas se dirimen ante los tribunales nacionales, lo que suponía una violación del art. 14 de la Convención. La Corte hizo suya la doctrina sentada por los tribunales nacionales, entendió que la cuestión sobre la validez de la terminación del servicio eclesial es una cuestión interna de la Iglesia y una decisión al respecto, por parte de los tribunales del Estado, constituiría una injerencia inaceptable, contraria a la autonomía de la Iglesia y declaró inadmisible la demanda, sin entrar a analizar la posible violación de los arts. 9 y 14, ya que al no haber sido invocados ante los tribunales nacionales, no se consideró agotada la vía interna.

En la sentencia *Andreas Baudler contra Alemania,* de 6 diciembre 2011[16], se plantea si ha habido violación del Convenio en un caso de excedencia forzosa de un pastor protestante, tras su pérdida de confianza con su consejo parroquial, lo que hacía imposible el adecuado ejercicio de su ministerio. El demandante, al acudir al Tribunal de Estrasburgo, no denunciaba tanto la decisión de excedencia forzosa cuanto la autonomía de la jurisdicción eclesiástica, y se quejaba de no haber tenido acceso a un tribunal, dada la negativa de los tribunales administrativos para realizar una revisión judicial de la decisión de las autoridades eclesiásticas, por lo que invocaba el art. 6, 1 del Convenio, y se quejaba también de la duración del procedimiento. El interés del caso radica en que, lo que se plantea realmente en esta sentencia, es el alcance del principio de autonomía de la Iglesia, en materia disciplinaria. El Tribunal Federal venía considerando, en la jurisprudencia emanada en los últimos años, que el derecho de autonomía de las iglesias no suponía una limitación al deber del Estado de garantizar la revisión judicial en contra una medida eclesiástica, sino que sólo influía en el alcance de este control. Esta jurisprudencia tenía como consecuencia que los tribunales estatales no podían examinar la legalidad de una medida adoptada en virtud de la autonomía de las iglesias, sino solamente su validez; es decir, si la medida impugnada era contraria a los principios fundamentales del orden jurídico, tales como la prohibición general de la arbitrariedad o la moral y el orden público (§ 5). La Corte hace suya esta doctrina, reitera la argumentación de la sentencia *Dudova y Duda contra la República Checa*, a la que remite en varias ocasiones, y afirma que de los documentos obrantes en autos y de las pruebas aportadas por el solicitante no se desprende que la medida impugnada

[16] Demanda n.º 38254/04.

sea contraria a dichos principios, por lo que considera no aplicable al caso el art. 6, 1 de la Convención[17].

En otras decisiones, como hemos señalado, la cuestión se aborda desde la perspectiva de la autonomía de las confesiones religiosas frente al Estado. Tal es el caso de las sentencias *Serif contra Grecia*, de 14 diciembre 1999[18], la de la Gran Sala en el caso *Hassan y Tchaouch contra Bulgaria* de 26 octubre 2000[19] y *Mchmet Agga contra Grecia* de 17 octubre 2002[20], así como también, aunque no se refiere de modo directo al tema que aquí nos ocupa, la sentencia de la Gran Sala en el caso *Sindicatul Pãstorul cel Bun contra Rumanía*, de 9 julio 2013[21].

En los dos primeros casos, sendos ciudadanos griegos, Ibraim Serif y Mehemet Agga, habían sido procesados y condenados por ejercer las funciones de Mufti de las localidades griegas de Rodopi y Xanthi respectivamente, sin haber sido nombrados para el cargo por el Estado, y alegaban violación del art. 9 de la Convención, que fue estimada por el Tribunal en ambas sentencias. En el caso *Hassan y Tchaouch contra Bulgaria* la demanda había sido presentada por la sustitución impuesta por el gobierno de los dirigentes de la comunidad musulmana en Bulgaria (Fikri Sali Hassan era Gran muftí de los musulmanes búlgaros y Ismail Ahmed Tchaouch enseñaba en el Instituto de Estudios Islámicos de Sofía) y los procedimientos administrativos y judiciales seguidos, que se estimaba por los recurrentes habrían violado los arts. 6, 9 y 13 del Convenio y el art. 11, 1 del Protocolo Adicional I. La Gran Sala estimó parcialmente la demanda y consideró que había habido violación de los arts. 9 y 13 de la Convención.

En los tres casos, el Tribunal recuerda que la libertad de pensamiento, de conciencia y de religión representa una de las bases de la sociedad democrática en el sentido del Convenio. El pluralismo, que es inseparable y consustancial a una sociedad democrática, y que ha sido acuñado y conseguido arduamente a lo largo de

[17] «*Par ailleurs, quand bien même on considérerait que cette jurisprudence eût aussi pu être appliquée à des demandes mettant directement en question le statut des ecclésiastiques (Statusklagen), la Cour observe que celle-ci n'aurait ouvert la voie qu'à un contrôle judiciaire restreint puisqu'elle ne permettait pas d'examiner la légalité d'une mesure relevant de l'autonomie d'une Eglise, mais uniquement sa validité. Les tribunaux de l'Etat auraient été limités à l'examen de la question de savoir si les mesures litigieuses avaient enfreint les principes fondamentaux de l'ordre juridique allemand, tels que l'interdiction de l'arbitraire ou les bonnes mœurs et l'ordre public. Or il ne ressort pas des documents présentés à la Cour que le requérant ait allégué devant le juge interne ou devant elle que les mesures litigieuses se heurtaient à l'un ou à plusieurs de ces principes*».

[18] Demanda n.º 38178/1997.

[19] Demanda n.º 30985/1996.

[20] Demanda n.ºs 50776/99 y 52912/99.

[21] Demanda n.º 2330/2009.

los siglos, depende de ello[22]. Recuerda, así mismo, que las comunidades religiosas existen tradicional y universalmente bajo la forma de estructuras organizadas y la participación en la vida de la comunidad constituye una manifestación de la propia religión, que goza de la protección del artículo 9 del Convenio. En el caso *Hassan y Tchaouch contra Bulgaria* la Gran Sala pone en conexión los arts. 9 y 11 del Convenio, y afirma que al cuestionarse la organización de la comunidad religiosa, el artículo 9 debe interpretarse a la luz del artículo 11 del Convenio que protege la vida asociativa contra cualquier injerencia injustificada del Estado[23]. Ello implica que una intervención del Estado en la organización o la vida interna de una comunidad religiosa no concierne exclusivamente a la libertad de asociación sino también a la libertad de religión. Por tanto, la autonomía organizativa de las Iglesias está amparada tanto por el art. 9 como por el 11[24]. Desde este punto de vista, el derecho de los fieles a la libertad de religión comprende la expectativa de que la comunidad pueda funcionar pacíficamente y libre de injerencia arbitraria del Estado. En efecto, la autonomía de las comunidades religiosas es indispensable para preservar el pluralismo inherente a una sociedad democrática y por lo tanto es una cuestión que toca el núcleo mismo de la protección concedida por el artículo 9. Presenta un interés directo no solamente para la organización de la comunidad religiosa como tal sino también para el efectivo ejercicio del derecho a la libertad de religión por parte de sus miembros activos. Si la vida organizativa de la comunidad no estuviera protegida por el artículo 9 del Convenio, todos los demás aspectos de la libertad individual de religión quedarían debilitados. En definitiva, el Tribunal entiende que el derecho a la libertad de religión, tal como está configurado en el Convenio, excluye cualquier apreciación por parte del Estado sobre la legitimidad de las creencias religiosas o sobre las modalidades de expresión de éstas. A menos que exista una necesidad social imperiosa, el Estado no puede interferir legítimamente en una cuestión meramente religiosa que ha sido resuelta por la comunidad religiosa. «El tribunal no considera que, en las sociedades democráticas, el Estado necesite adoptar medidas para asegurarse de que las comunidades religiosas aceptan o permanecen bajo un gobierno unificado»[25]. En los tres casos, por tanto, el Tribunal entendió que no se había demostrado que la injerencia

[22] *Serif contra. Grecia* § 49, *Hassan y Tchaouch contra Bulgaria* § 60, *Agga contra Grecia* § 56. Vid en este mismo sentido *Kokkinakis contra Grecia* de 25 mayo 1993, §§ 31 y 33, *Manoussakis y otros contra Grecia* de 26 septiembre 1996, § 47.

[23] *Hassan y Tchaouch contra Bulgaria* § 62.

[24] *Vid.* MARTÍNEZ-TORRÓN, Javier, «Los límites a la libertad de religión y de creencia en el Convenio Europeo de Derechos Humanos», *Revista General de Derecho Canónico y Derecho Eclesiástico del Estado,* 2 (mayo 2003) pp. 29-32.

[25] *Hassan y Tchaouch contra Bulgaria* § 78, *Serif contra Grecia* § 52, *Agga contra Grecia* § 59.

del Estado estuviera justificada por tal necesidad social imperiosa, por lo que había habido violación del art. 9 del Convenio[26].

Esta doctrina, ya consolidada en la jurisprudencia emanada por la Corte, constituye el fundamento principal de la sentencia de la Gran Sala, en el caso *Sindicatul «Păstorul cel Bun» contra Rumanía*, de 9 julio 2013[27] que, pese a no abordar directamente la cuestión objeto del presente estudio, resulta de gran interés, pues resuelve un tema sumamente importante, que afecta a la disciplina interna de las Iglesias, y se refiere a si los derechos de libertad de asociación y sindicación pueden ser invocados para obligar a éstas a actuar en contra de su propio Estatuto y concepción organizativa[28]. En el caso concreto, se trataba de un conjunto de sacerdotes y empleados laicos de la Iglesia Ortodoxa de Rumanía, que en el año 2008 constituyeron un sindicato cuya finalidad era representar y proteger los derechos e intereses profesionales, económicos, sociales y culturales de sus miembros en sus relaciones con la jerarquía eclesiástica y con el Ministerio de Cultura y Asuntos Religiosos de Rumanía. En la creación del sindicato no se siguió el cauce procedimental establecido, que requería la aprobación del arzobispo —en concreto, de la Archidiócesis de Craiova—, por lo que al remitir a los tribunales civiles su solicitud de inscripción para obtener personalidad jurídica, les fue denegada por ser contraria al derecho de autonomía de la Iglesia Ortodoxa, de acuerdo con lo establecido por la legislación rumana. El sindicato recurrió al Tribunal Europeo de Derechos Humanos, alegando vulneración del derecho de asociación de sus miembros, garantizado por el art. 11 de la Convención. La Sección 3.ª concedió la protección solicitada, en sentencia de 31 de enero de 2012, por entender que la restricción impuesta podía ser considerada como prevista por la ley, y perseguía una finalidad legítima, ya que la protección del orden público comprende tanto la protec-

[26] En el caso *Hassan y Tchaouch contra Bulgaria*, además, la Gran Sala afirmó que la injerencia producida no podía considerarse prevista por la ley, de acuerdo con la interpretación que la Corte venía dando a esta expresión de los arts. 8 al 11 del Convenio. A este respecto, recuerda su jurisprudencia constante según la cual dicha expresión no solamente exige que la medida enjuiciada tenga una base en derecho interno, sino que la ley nacional fuera suficientemente precisa, accesible y predecible, de manera que constituya una protección adecuada contra injerencias arbitrarias de los poderes públicos (§ 84). En el presente caso, sin embargo, el Tribunal consideró que la injerencia en la organización interna de la comunidad musulmana y en la libertad de religión de los demandantes, no estaba prevista por la ley, ya que era arbitraria y se basaba en disposiciones legales que otorgaban al ejecutivo un poder de apreciación ilimitado, y no respondía a las exigencias de precisión y de previsión (§ 86).

[27] *Vid. supra,* nota 21.

[28] LÓPEZ AHUMADA, J. Eduardo, «La libertad religiosa en las relaciones laborales conforme a la reciente jurisprudencia del Tribunal Europeo de Derechos Humanos», *Anuario de Derecho Eclesiástico del Estado*, vol. XXX, 2014, pp. 548-555. *Vid.* también WATTIER, Stéphanie, «La Corte Europea de Derechos Humanos y la protección de la autonomía de las comunidades religiosas: análisis del caso *Sindicatul Păstorul cel Bun contra Rumanía*», *Anuario de Derechos Humanos*, n. 10, 2014, pp. 117-123.

ción de la libertad religiosa como la autonomía de las comunidades religiosas[29]. Sin embargo, el Tribunal observó que las reivindicaciones del sindicato demandante se limitaban a la defensa de los derechos e intereses económicos, sociales y culturales de los empleados asalariados de la Iglesia, y su reconocimiento no habría violado ni la legitimidad de las creencias religiosas ni la forma de expresión de las mismas. Los motivos en que se fundaba la negativa a la inscripción del sindicato, por tanto, no pueden considerarse como de necesidad social imperiosa, por lo que concluyó que la denegación de inscripción del sindicato en el registro constituía una medida desproporcionada en relación con la finalidad perseguida, e innecesaria una sociedad democrática[30].

Impugnada la sentencia ante la Gran Sala, ésta anuló la resolución y decidió que no había existido vulneración del Convenio en el caso, con apoyo en el principio de autonomía de las confesiones religiosas e independencia de las iglesias en la toma de decisiones, desde el respeto al bien común y el orden público[31]. En primer lugar, la Gran Sala se plantea si los miembros del clero deben ser excluidos del ámbito de aplicación del art. 11 del Convenio, como sostenía el Gobierno. Considera que la tarea del Tribunal no consiste en resolver la discrepancia entre los miembros del sindicato y la jerarquía de la Iglesia, sobre la naturaleza precisa de las funciones que aquéllos ejercen, sino que la cuestión a dilucidar es si estas funciones, de características especiales, pueden ser calificadas como una relación laboral que implique la aplicabilidad del derecho a fundar un sindicato, conforme al art. 11. Estima que, en aplicación de los criterios establecidos por los instrumentos internacionales, las funciones ejercidas por los miembros del sindicato demandante presentan las características propias de una relación laboral, aunque su trabajo revista características especiales y estén sujetos a un deber de lealtad de mayor entidad; sin embargo, tales características especiales no son suficientes para excluir del ámbito de aplicación del art. 11 la relación entre los miembros del clero y su Iglesia[32].

[29] TEDH, Sección 3.ª, caso *Sindicatul «Păstorul cel Bun» contra Rumania*, 31 enero 2012, §§ 67 y 68.

[30] §§ 73-76 y 87.

[31] TEDH, Gran Sala, caso *Sindicatul «Păstorul cel Bun» contra Rumania*, 9 julio 2013.

[32] La conclusión del Tribunal, por tanto, es que, en el caso concreto que se somete a examen, a pesar de las características especiales de las tareas que corresponden a los miembros del clero, las funciones de todos los miembros del sindicato se ejercen en el seno de una relación laboral y, por tanto, se encuentran bajo el ámbito de aplicación del art. 11 del Convenio. Parece distanciarse, por consiguiente, en este caso concreto, de la doctrina que había venido sosteniendo la Corte en otros casos, según la cual, cuando se trata de clérigos, su relación con la confesión o comunidad religiosa no puede calificarse, propiamente, de laboral. En las organizaciones ideológicas o de tendencia, el deber de lealtad y adhesión de los empleados laicos es mucho más limitado que el exigible a los sacerdotes, cuya relación especial con la Iglesia puede limitar hasta cierto punto sus derechos laborales. Quizá habría sido deseable distinguir más nítidamente los dos supuestos en la argumentación de la sentencia, omisión que

El tribunal está de acuerdo en que la denegación de la solicitud de registro del sindicato constituyó una injerencia del Estado en el ejercicio de los derechos reconocidos en dicho precepto[33]. Ciertamente, las comunidades religiosas no pueden configurarse jurídicamente como realidades ajenas al imperio de la ley, pero salvando los presupuestos de necesario cumplimiento, los Estados deben respetar el principio de autonomía institucional de las comunidades religiosas, como manifestación de la libertad religiosa colectiva. La Corte estima que la injerencia del Estado, en este caso, tuvo un fundamento legal, se basó en los preceptos del Estatuto de la Iglesia Ortodoxa rumana, que exigen la autorización previa del Arzobispado en la creación de sindicatos de miembros —clérigos o laicos— de la Iglesia. La injerencia provocada por la negativa al registro perseguía, además, una finalidad legítima, de acuerdo con el art. 11, 2 de la Convención, concretamente la protección de los derechos y libertades ajenas, y específicamente los de la Iglesia Ortodoxa rumana[34]. Pero al analizar si la injerencia fue necesaria en una sociedad democrática, la Gran Sala señala que al denegarse al sindicato demandante el registro, por no cumplir con los requisitos del Estatuto de la Iglesia, los tribunales nacionales aplicaron simplemente el principio de autonomía de las confesiones religiosas. El rechazo de la inscripción del sindicato, con base en la no obtención del permiso del arzobispo, fue consecuencia directa del derecho de la comunidad religiosa en cuestión de decidir sobre su propia organización y regirse con los preceptos del Estatuto[35]. Finalmente, el tribunal considera que el Estado goza de un amplio margen de apreciación en esta materia, que incluye el derecho a decidir si reconoce o no a un sindicato en el seno de una comunidad religiosa, cuya actividad pueda suponer un peligro para la autonomía de ésta, y concluye que el rechazo de la inscripción del sindicato demandante no sobrepasó el margen de apreciación de las autoridades nacionales y, por tanto, no fue una medida desproporcionada, por lo que no se aprecia violación del art. 11 del Convenio.

2.1.2. *Supuestos en que el demandante no es ministro de culto*

El 23 de septiembre de 2010 el Tribunal emanó dos sentencias que abordan supuestos similares, relativos al tema que nos ocupa, aunque con resultado diverso: los

ha sido criticada por la doctrina, porque si la iniciativa de creación del sindicato hubiera correspondido exclusivamente a los trabajadores laicos, la Iglesia podría haberse limitado a examinar la compatibilidad del estatuto sindical con los principios y el régimen propio de la Iglesia, pero se habría garantizado una efectiva protección tanto de la libertad religiosa de la Iglesia y de su autonomía organizativa, como de la libertad de asociación y sindicación de los empleados: SORDA, Elena, «Las empresas de tendencia de tipo confesional ante el Tribunal Europeo de Derechos Humanos», VV.AA., *Encrucijadas de la laicidad*, Universidad Nacional Autónoma de México, México 2015, pp. 119-121.

33 §§ 140-149.

34 §§ 157 y 158.

35 § 168.

casos *Obst contra Alemania*[36] y *Shüth contra Alemania*[37]. En ambos, la Corte resuelve sendos recursos interpuestos por dos ciudadanos alemanes, trabajadores contratados por sus respectivas confesiones religiosas, que consideraron que el Estado alemán había vulnerado su derecho a la vida privada garantizado por el art. 8 de la Convención, frente a la decisión de despido por parte de la propia confesión, motivada por no ajustar su vida personal a los postulados doctrinales de su Iglesia. Los demandantes no se quejaban de una acción del Estado, sino del incumplimiento, por parte de éste, del deber de proteger su privacidad contra la injerencia del empleador —la Iglesia Mormona en el caso Obst y la Iglesia Católica en el caso Schüth-[38].

En el primer caso, Michael Obst, miembro de la Iglesia de Jesucristo de los Últimos Días, que trabajaba como Director para Europa del Departamento de relaciones públicas de la Iglesia Mormona, fue despedido sin previo aviso por incumplimiento de la obligación de fidelidad conyugal, que él mismo confesó a su director espiritual y que, siguiendo el consejo de éste, comunicó a su superior[39]. Por su parte, Bernhard Josef Chüth trabajaba como organista y director del coro de la parroquia católica de Sant-Lambert, en la localidad alemana de Essen y fue despedido también por incumplimiento del deber de lealtad, debido a su conducta doctrinalmente divergente. El art. 2 de su contrato de trabajo estipulaba que una falta grave a los principios eclesiásticos constituía un motivo importante de rescisión del contrato sin previo aviso. Después de la ratificación del contrato el demandante había prestado juramento ante el Vicario general, de cumplir sus obligaciones profesionales y respetar y seguir las prescripciones eclesiásticas. Pero en 1994 el recurrente se separó de su esposa y madre de sus dos hijos y desde 1995 se fue a vivir con su pareja, de la que esperaba un hijo. Este hecho motivó que la parroquia acordara su despido por incumplimiento de las obligaciones de lealtad previstas en el art. 5 del Reglamento Fundacional de la Iglesia Católica para el

[36] Demanda n.º 425/03.

[37] Demanda n.º 1620/03.

[38] Un análisis detenido de estas sentencias puede verse en MORENO BOTELLA, Gloria, «Los difusos límites entre el deber de lealtad de los asalariados de entidades confesionales y la autonomía eclesial (dos decisiones del TEDH de 23 de septiembre de 2010, Obst y Schuth contra Alemania)», *Revista General de Derecho Canónico y Derecho Eclesiástico del Estado*, 26 (2011). *Vid.* también CAÑAMARES ARRIBAS, Santiago, «Autonomía de las confesiones religiosas y discriminación laboral», cit., pp. 44-49.

[39] Conforme al párrafo 10 de su contrato de trabajo, el trabajador se comprometía a abstenerse de comunicaciones o conductas que pudieran dañar la reputación de la Iglesia o cuestionar sus principios, y, en particular, asumía el compromiso de observar los estándares éticos más altos. En caso de falta grave, el propio contrato preveía la posibilidad de que el empleador pudiera proceder al despido sin previo aviso, lo que hizo pocos días después de tener conocimiento de los hechos. Posteriormente, el solicitante fue también excomulgado, mediante un procedimiento disciplinario interno.

servicio eclesial[40], según los principios fundamentales de la Iglesia, que consagra la indisolubilidad del matrimonio.

En los dos casos, los demandantes sostenían que el derecho de la Iglesia a regular sus asuntos de forma autónoma, no puede llevar a sus empleados a respetar dichos preceptos más allá del ámbito profesional. El hecho de que un empleado no respete al pie de la letra ciertas prescripciones eclesiásticas, no quiebra la credibilidad de una Iglesia sino que es una manifestación de la propia condición humana. Además, la firma del contrato de trabajo con la propia confesión no supone una renuncia a su privacidad[41]. Así mismo, alegaban los recurrentes que en su condición de simples colaboradores en el servicio prestado a la Iglesia, no asumen ninguna responsabilidad pastoral, por lo que no deberían haber sido sometidos a la máxima obligación de lealtad, que sería exigible a un funcionario eclesial o a un clérigo. El Tribunal Constitucional Federal de Alemania desestimó el recurso en los dos casos, apoyándose en la doctrina sentada en su sentencia de 4 de junio de 1985 sobre los despidos pronunciados por las Iglesias frente a sus empleados, por incumplimiento, por parte de éstos, de sus obligaciones de lealtad[42].

[40] El art. 4 del Reglamento Fundamental de la Iglesia Católica para el servicio eclesial, en el marco de los contratos laborales de la Iglesia, adoptado por la Conferencia Episcopal Alemana el 22 de septiembre de 1993, establece las obligaciones de lealtad de los colaboradores católicos. Y su art. 5 regula las faltas a dichas obligaciones de lealtad, considerándose como tales, «*la violación de las obligaciones previstas en los artículos 3 y 4 del reglamento, en particular retirarse de la Iglesia y defender en público posiciones contrarias a los principios fundamentales de la Iglesia Católica (como el aborto), y faltas morales personales; el hecho de haber contraído un matrimonio nulo a los ojos de la fe y del orden jurídico de la Iglesia según la interpretación de ésta* (...)». El apartado 3 establece que la presencia de uno de estos comportamientos, y que se consideran en general como motivos de despido, «*excluye la posibilidad de mantener al colaborador en su puesto si trabaja en el ámbito de la pastoral o de la catequesis o si ejerce funciones de ejecutivo o si se le ha otorgado una missio canonica. El empresario puede, de manera excepcional, renunciar a pronunciar el despido si las circunstancias del caso hacen aparecer el despido como inadecuado*». Por último, el parágrafo 4 establece que «*a condición de que pertenezca a una de las categorías citadas en el párrafo 3, la posibilidad de mantener un colaborador en su puesto dependerá por otra parte de las circunstancias del caso, en particular del alcance del riesgo de que la credibilidad de la Iglesia o de su institución se vea afectada, de la carga que pesa sobre la comunidad de servicio eclesial, de la naturaleza de la institución y de su función, de la proximidad de la institución con la misión de proclamación de la Iglesia, de la posición del colaborador en el seno de la institución así como de la naturaleza de la gravedad de la falta en cuestión a las obligaciones de lealtad. Se debe igualmente tener en cuenta si un colaborador combate las prescripciones de la Iglesia o si, reconociéndolas, no logró respetarlas en la práctica*».

[41] *Obst contra Alemania* §§ 31 y 32; *Shüth contra Alemania* §§ 46 y 47.

[42] *Vid.* la síntesis de dicha sentencia que hace la Corte de Estrasburgo, en los parágrafos 35 de la sentencia *Shüth contra Alemania* y 26 de la *Obst contra Alemania*. El texto íntegro de la sentencia del Tribunal Constitucional Federal alemán está disponible en la web http://www.servat.unibe.ch/dfr/bv070138.html. La sentencia abordaba conjuntamente dos supuestos de despido: en un caso se trataba de un médico, que ejercía en un hospital católico, y que fue despedido a causa de su posicionamiento

En dicha sentencia se recordaba que el derecho de las comunidades religiosas a resolver sus asuntos de forma autónoma, dentro de los límites establecidos por la ley —art. 137, 3.º de la Constitución de Weimar— se aplica no solo a las Iglesias sino también a cualquier institución afiliada a dichas Iglesias, que participe en el cumplimiento de su misión, con independencia de su concreta personalidad jurídica. Esta garantía constitucional de autonomía (*Selbstbestimmungsrecht*) de las Iglesias, abarca el derecho de las mismas a elegir el personal necesario para cumplir su misión y también el de poner fin a los contratos laborales. Ello no implica que las comunidades religiosas, al ejercer su libertad de contratación, queden al margen de la legislación laboral, a la que también están sujetas, pero su incidencia resulta modulada por las exigencias derivadas de su propia autonomía. Así —afirmaba el Tribunal Constitucional alemán— una Iglesia puede, en interés de su propia credibilidad, basar sus contratos laborales sobre el modelo de una comunidad de servicio cristiano, y por tanto exigir a sus empleados el respeto de los grandes principios de sus enseñanzas dogmáticas y morales y de las obligaciones fundamentales aplicables a todos sus miembros. Una aplicación de la legislación laboral que no tenga en cuenta las obligaciones de los empleados de la Iglesia, de respetar los principios fundamentales de la vida cristiana que ésta tiene derecho a imponer, desconocería el derecho constitucional de autonomía de las confesiones religiosas. Por consiguiente, en caso de litigio, los tribunales laborales deben aplicar los criterios establecidos por las Iglesias en lo relativo a la apreciación de las obligaciones contractuales de lealtad en la medida en que la propia Constitución reconoce a éstas el derecho a decidir de manera autónoma, correspondiendo solo a ellas determinar lo que exige la credibilidad de la propia Iglesia, lo que son tareas eclesiales específicas y principios fundamentales de prescripción religiosa y morales, así como lo que debe ser considerado como falta —grave en su caso— a sus prescripciones. Los tribunales laborales deben respetar estas prescripciones, a no ser que en su aplicación contradigan los principios fundamentales del orden jurídico, como la interdicción de la arbitrariedad, el principio de las buenas costumbres y del orden público, y les corresponde asegurar que las instituciones eclesiásticas no impongan a sus empleados unas exigencias de lealtad inaceptables, susceptibles de ser contrarias, en su caso, a los principios propios de la Iglesia. Si los tribunales llegan a la conclusión de que hubo violación de estas obligaciones de lealtad, deben examinar la cuestión

---

respecto al aborto; en el otro, se trataba de un empleado comercial de un hogar para jóvenes, que estaba a cargo de una orden monástica católica, por haber abandonado la Iglesia. El primero recurrió al Tribunal Europeo de Derechos Humanos pero la Comisión declaró inadmisible el recurso, por Decisión de 6 de septiembre de 1989, en el caso *Rommelfanger contra Alemania*, que tendremos ocasión de analizar más adelante.

para saber si esa violación justifica objetivamente un despido, en virtud del art. 1 de la Ley sobre protección frente a los despidos y del art. 626 del Código civil[43].

Para apreciar si el Estado alemán había vulnerado los derechos garantizados por el art. 8 de la Convención, en sendos casos, el Tribunal aplicó un criterio de proporcionalidad entre el derecho de los recurrentes a la vida privada y familiar que garantiza dicho precepto, y el derecho a la autonomía de las confesiones religiosas. Recuerda la doctrina sentada por la Corte en otros casos[44], según la cual *«las comunidades religiosas tradicionalmente y universalmente existen en forma de estructuras organizadas y que, cuando se refiere a la organización de una comunidad, el art. 9 debe interpretarse a la luz del art. 11 de la Convención, que protege la vida asociativa contra injerencias injustificadas por parte del Estado. De hecho, su autonomía, indispensable para el pluralismo en una sociedad democrática, está en el corazón de la protección conferida por el art. 9»*[45]. Sin embargo, al resolver los dos recursos, la Corte de Estrasburgo llegó a una conclusión distinta. Veamos cuál es la argumentación del Tribunal para fundamentar la diversidad del fallo.

En el caso *Obst contra Alemania*, el TEDH concluyó que el despido del trabajador, por parte de la Iglesia Mormona, no constituyó violación de su derecho a la vida privada, consagrado en el art. 8 de la Convención. Fundamenta su decisión en los siguientes argumentos:

— Hace suya la decisión del Tribunal Federal del Trabajo, que sostuvo que las exigencias de la Iglesia mormona del deber de fidelidad en el matrimonio no están en contradicción con los principios fundamentales del sistema jurídico alemán (§ 47).

— El despido del trabajador constituyó una medida necesaria para preservar la credibilidad de la Iglesia Mormona, habida cuenta de la naturaleza del puesto de trabajo que el recurrente ocupaba en ella, y la importancia que otorga la Iglesia al deber de fidelidad conyugal. Por tanto, la lesión del derecho a la intimidad del trabajador no fue desproporcionada, al no haber estado sujeto a obligaciones de lealtad inaceptables. Habida cuenta de que el demandante creció en la Iglesia morona, dada su antigüedad en el trabajo y los diversos cargos que ocupó en la misma, debería haber sido consciente, al formalizar el contrato de trabajo —y en particular su párrafo 10, que exigía la observancia de *elevados principios morales*—, de la importancia de la fidelidad conyu-

[43] El art. 1 de la Ley sobre protección frente a los despidos dispone que un despido es socialmente injustificado excepto si está motivado por razones relacionadas con el propio trabajador o su comportamiento. Y el art, 626 del Código civil permite a cada una de las partes del contrato poner fin a la relación laboral, sin previo aviso, por motivos importantes.

[44] *Vid. supra,* nota 23.

[45] *Obst contra Alemania* § 44; *Shüth contra Alemania* § 58.

gal para su empleador (véase *mutatis mutandis*, la sentencia *Ahtinen contra Finlandia*, de 23 septiembre 2008, § 41), de la gravedad de sus acciones y la incompatibilidad de la relación extramatrimonial con la obligación de lealtad que había asumido en su concreto puesto de trabajo en la Iglesia, al tener mayores obligaciones de lealtad hacia la Iglesia mormona, en calidad de Director para Europa en el Departamento de Relaciones Públicas.

— Además, el perjuicio resultante del despido del recurrente era limitado, dado que su experiencia profesional y su edad —relativamente joven, pues tenía 34 años—, le permitirían, previsiblemente, acceder a otro puesto de trabajo sin especiales complicaciones (§§ 48 y 50).

— A juicio del Tribunal, se han tenido en cuenta todos los factores necesarios y se ha realizado una cuidadosa aplicación de la regla de proporcionalidad. Los tribunales laborales realizaron un examen exhaustivo de las circunstancias de la causa y ponderaron adecuadamente los intereses divergentes en juego. El hecho de que otorgaran mayor peso a los intereses de la Iglesia Mormona que a los del demandante no plantea en sí, a juicio del Tribunal, un problema respecto al Convenio. Según los criterios establecidos por el Tribunal Constitucional Federal en 1985, el Juez de trabajo no está vinculado ilimitadamente por las prescripciones de las Iglesias y comunidades religiosas, pero debe asegurarse de éstas no impongan a sus trabajadores obligaciones de lealtad inaceptables (§ 49).

— Por tanto, la Corte considera que el hecho de que el despido se basara en un comportamiento adoptado por el demandante en su esfera privada y ajeno al ámbito profesional, que haya carecido de impacto mediático o público significativo, no puede ser determinante en este caso. La particular naturaleza de las exigencias profesionales impuestas al demandante resulta del hecho de que fueron establecidas por una empresa cuya ética se basa en la religión o las creencias, de acuerdo con el apartado 27 del art. 4 de la Directiva 78/2000/CE. Estima que los tribunales de trabajo demostraron suficientemente que las obligaciones de lealtad impuestas al recurrente eran aceptables en tanto en cuanto tenían como finalidad preservar la credibilidad de la Iglesia Mormona (§ 51).

En conclusión, teniendo en cuenta el margen de apreciación en el presente caso, y la ponderación de intereses en juego realizada, no se estima violación del art. 8 por el Estado alemán.

Por el contrario, en el caso *Shüth contra Alemania*, en aplicación de la misma regla de proporcionalidad, el Tribunal llegó a la conclusión de que el despido del trabajador por la Iglesia Católica constituía una medida desproporcionada y entrañaba una violación del art. 8 de la Convención, porque la autonomía de la Iglesia no puede extenderse hasta exigir a sus empleados obligaciones de lealtad inaceptables. El Tribunal admite que la concepción de la Iglesia Católica acerca del deber de fidelidad conyugal no está en contradicción con los principios fundamentales del orden jurídico, dado que el matrimonio reviste una importancia preeminente también en otras religiones y se beneficia de una protección especial mediante el Reglamento Fundamental (§ 62). Admite así mismo que el demandante, al firmar el contrato de trabajo, asumió un deber de lealtad hacia la Iglesia Católica que limitaba hasta cierto punto su derecho al respeto de su vida privada, limitación contractual que está autorizada en el Convenio, si se acepta libremente. El Tribunal, al explicar su opinión, utiliza prácticamente la misma fundamentación que en el caso *Obst*, sin embargo llega a una conclusión opuesta apoyándose en un doble argumento:

— Por una parte, el Tribunal considera que la firma de dicho contrato por el recurrente no puede ser interpretada como un compromiso personal de vivir en abstinencia en caso de separación o divorcio, porque tal interpretación afectaría al corazón mismo del derecho al respeto de la vida privada del interesado, y el demandante, dada la naturaleza del puesto de trabajo ocupado por el demandante, como organista y director de coro, no debería estar sometido a elevadas obligaciones de lealtad[46]. A diferencia de otros casos, el trabajador no ha combatido la doctrina de la Iglesia Católica, sino simplemente ha fallado a la hora de respetarla en la práctica, y el Tribunal entiende que este comportamiento compete más a la vida privada del demandante.

— En segundo lugar, considera que los tribunales alemanes no tuvieron en cuenta la incidencia que el despido tendría sobre el derecho a la vida personal y familiar del trabajador. Para el Tribunal, el hecho de que un empleado despedido por un empresario eclesial tenga posibilidades limitadas para encontrar un nuevo empleo reviste una particular importancia. Y añade que los tribunales laborales no han expuesto suficientemente las razones por las que han hecho prevalecer los intereses de la parroquia sobre los del demandante, porque considera que no se evaluaron los derechos del demandante y los de la Iglesia empresaria conforme al Convenio (§ 73 y 74).

Por ello concluye que el Estado alemán, en este caso, no proporcionó al demandante la protección necesaria y, por tanto, se produjo una violación del art. 8 del Convenio.

Resulta, cuanto menos, llamativo, el razonamiento del Tribunal para fundamentar un fallo diverso al del caso *Obst*[47], porque, en primer lugar, se erige en competente

[46] A este respecto, el demandante expuso que no pudo evitar la separación con su esposa por razones estrictamente personales y que no le era posible vivir en abstinencia hasta su muerte, como lo exige el Derecho canónico de la Iglesia (§ 71).

[47] Como subraya CALVO GALLEGO, Francisco Javier, en el caso *Obst,* basta una lectura de la argumentación de la Corte para detectar la reiterada trascendencia que en la misma se da al relevante puesto de trabajo que, dentro de la organización, ostentaba el recurrente. Fue precisamente esa relevancia la que provocaría el fortalecimiento del los deberes de lealtad, al conectarse con la credibilidad del

para valorar la trascendencia que para la propia confesión religiosa reviste un comportamiento contrario a la doctrina de la Iglesia por parte del trabajador —en el caso concreto del Sr. Schüth—, en relación con la función que éste tenía encomendada como organista y director de coro, cuando en virtud de la autonomía de las confesiones religiosas sólo a éstas compete realizar dicha valoración, decidir qué actividades son más próximas a su misión apostólica y a su actividad litúrgica, qué personas son más aptas para desarrollarla, y definir las obligaciones de lealtad que sus empleados deben respetar con el objetivo de salvaguardar la credibilidad de la propia confesión. De hecho, la propia Diócesis de Essen, que intervino como tercera parte en el procedimiento, insistió en el importante papel de la música en la liturgia católica. La elección de la persona encargada de la música, por su proximidad con la misión de proclamación de la Iglesia, debería ser exclusiva de la propia Iglesia y efectuarse en función de los requisitos establecidos por ésta, incluidas las exigencias morales, como expresión del derecho de libertad religiosa[48]. Pero incluso, de admitirse que la Corte pudiera entrar a realizar tal valoración, aplicó un criterio contrario al sostenido por los tribunales alemanes, ya que como subrayó el Tribunal de Apelación de Trabajo de Dusseldorf, si la función desempeñada por el demandante en el seno de la Iglesia no caía bajo el art. 5, 3 del Reglamento Fundamental, el despido del interesado era posible a pesar de todo, en virtud del art. 5, 4 de dicho Reglamento, teniendo en cuenta la proximidad de su trabajo con la proclamación de la Iglesia[49].

Por otra parte, en segundo lugar, como ha advertido muy acertadamente el profesor Cañamares[50], el Tribunal sustenta la vulneración del derecho a la intimidad personal y familiar en un elemento extraño, cual es la estimación de las consecuencias prácticas que previsiblemente el despido produce al para el trabajador, en función de sus posibilidades —limitadas en este caso, dada su edad y preparación profesional específica— de obtener un nuevo empleo, argumento que no podemos compartir.

De cualquier modo, lo que se deduce de las sentencias que hemos analizado hasta el momento, es que, salvo en los supuestos en que el solicitante es un ministro de culto, en cuyo caso, como hemos visto, el Tribunal considera que no estamos ante

---

mensaje de la Entidad: «Poderes empresariales y tareas de tendencia en la reciente doctrina del Tribunal Europeo de Derechos Humanos», cit., p. 14.

[48] Argumento perfectamente razonable pues, como señala MORENO BOTELLA, Gloria, en caso contrario, estaríamos ante un control jurisdiccional del Estado sobre las cualidades personales necesarias para desempeñar una actividad en una organización religiosa, lo que conculcaría el principio de laicidad del Estado y la autonomía las confesiones religiosas, únicas competentes para decidir qué persona resulta más idónea para transmitir sus creencias o dogmas: «Los difusos límites...», cit., pp. 18 ss.

[49] *Vid. Shüth contra Alemania* § 18.

[50] «Autonomía de las confesiones religiosas y discriminación laboral», cit., p. 49. En el mismo sentido, *vid.*, CAÑAMARES ARRIBAS, Santiago, «Churches, Religious autonomy, and employement Law in Spain, the European Court of Human Rights, and the United States», *Journal of Church and State Advance Access,* 21 septiembre 2014, p. 15.

una auténtica relación laboral, cuando se invoca vulneración de un derecho fundamental de la persona, reconocido en el convenio, *«el control jurisdiccional que se ejerce es mucho más estricto que cuando el conflicto se produce entre la autonomía de las Iglesias y el Estado»*[51], de forma que, el amparo que el Tribunal reconoce a la autonomía de las confesiones religiosas, en su reiterada doctrina, sufre limitaciones cuando en la ponderación de intereses en juego ésta colisiona con los derechos fundamentales individuales.

2.2. Despido por entidades dependientes de las confesiones religiosas, motivado por conducta doctrinalmente divergente

En este apartado vamos a analizar los supuestos en que tanto la Comisión como el propio Tribunal han abordado la posible violación de los derechos amparados por la Convención, en casos en que un trabajador contratado por una empresa de tendencia, u organización dependiente de una confesión religiosa, ha sido despedido, removido o no propuesto para continuar en el puesto de trabajo que desempeñaba, con fundamento en conductas o manifestaciones contrarias al ideario de la entidad u organización. Analizaremos, a modo de ejemplo, las sentencias pronunciadas por la Corte en los casos *Rommelfanger contra Alemania*, de 6 de septiembre de 1989, *Lombardi Vallauri contra Italia*, de 20 de octubre de 2009, *Siebenhaar contra Alemania,* de 3 de febrero de 2011 y haremos una referencia a la sentencia de la Gran Sala de 12 de junio de 2014, en el caso *Fernández Martínez contra España*, por la relación que guarda con el tema que nos ocupa, aunque sea de modo indirecto.

En el caso *Rommelfanger contra Alemania*, la Comisión Europea de Derechos Humanos declaró inadmisible la solicitud de este médico, contratado por un centro hospitalario perteneciente a una entidad católica caritativa, que alegaba violación del art. 10 de la Convención, que garantiza la libertad de expresión[52]. El facultativo había sido despedido no por el incumplimiento de una obligación positiva, cual es la de abstenerse de practicar un aborto, ni tampoco por su opinión favorable al mismo, como por su decisión de expresarla públicamente, al apoyar un manifiesto colectivo, que fue publicado en la prensa nacional, que discrepaba abiertamente sobre la concepción que la entidad empleadora tenía acerca de la interrupción voluntaria del embarazo (opinión que fue ratificada públicamente por él en un programa emitido por la televisión alemana, tras su primer despido). Tal manifestación constituía un incumplimiento de la obligación negativa de no perjudicar a la entidad empleadora —dado que el médico expresó su opinión no sólo en virtud de sus conocimientos científicos, sino valiéndose de su posición profesional—, pero sobre todo del deber de buena fe y

[51] MORENO BOTELLA, Gloria, «Los difusos límites…», cit., p. 10.
[52] Decisión de inadmisión de 6 de septiembre de 1989, Demanda n.º 12242/86.

lealtad hacia la ética de la organización para la que trabajaba —que merece también protección—, libremente aceptado por él en el contrato laboral, aunque tuviera por efecto una limitación de su libertad de expresión. De hecho, el contrato de trabajo incorporaba expresamente una serie de obligaciones, de respeto al ideario cristiano y a las autoridades eclesiásticas, así como de compromiso con los objetivos e ideario del hospital, cuyo incumplimiento permitiría al empleador el despido extraordinario sin notificación, en caso de ofensa grave contra los principios morales de la Iglesia.

El Tribunal Constitucional Federal de Alemania desestimó el recurso del Dr. Rommelfanger por sentencia de 4 de junio de 1985[53], de la que nos hicimos eco en páginas anteriores, en la que afirmó el derecho de las confesiones religiosas a resolver de forma autónoma sus asuntos, dentro de los límites establecidos por la ley, derecho no sólo aplicable a las Iglesias sino también a las entidades que formen parte de ellas y participen en el cumplimiento de su misión o de su labor caritativa. Esta garantía constitucional de autonomía abarca el derecho a elegir el personal necesario para cumplir su misión, a imponer cláusulas contractuales que exijan al trabajador la observancia de los principios dogmáticos y morales de la Iglesia, y también el de poner fin a los contratos laborales en interés de la credibilidad de su mensaje, siempre que tal decisión no fuera arbitraria y se respetara la moral y el orden público.

Recurrida la sentencia ante la Corte de Estrasburgo, la Comisión consideró legítimo el despido y justificado el hecho de que los trabajadores estén vinculados por un deber de lealtad en el contexto de la relación laboral, pese a que ese vínculo sea susceptible de limitar —mediante cláusula contractual libremente aceptada— la libertad de expresión del empleado. Sin embargo, la Comisión señaló también la necesidad de asegurar la libertad de expresión del trabajador, frente a peticiones no razonables del empresario, aunque éstas fueran el resultado de un contrato de trabajo válido. Se reconocía, por consiguiente, que no cualquier tipo de limitación en el ejercicio de los derechos fundamentales del trabajador es legítima por la simple voluntad de las partes contratantes[54].

Diez años después, el 20 de octubre 2009, la Corte dictó una importante sentencia, en el caso *Lombardi Vallauri Contra Italia*[55], que en mi opinión reviste una singular relevancia, por la argumentación de que se sirve el Tribunal para justificar la limitación de la autonomía de las confesiones religiosas para exigir ciertos requi-

[53] *Vid.* nota 42 de este trabajo.

[54] CALVO GALLEGO, Francisco Javier, «Poderes empresariales y tareas de tendencia...», cit., pp. 6-7. Subraya este autor que el apoyo expreso de la Comisión a la decisión del Tribunal Constitucional Alemán en este caso, «*potenció una interpretación tradicional y abiertamente expansiva que centraba aparentemente la atención en la autonomía de la Iglesia, relegando o casi olvidando (...) la necesidad, señalada expresamente en el núcleo del razonamiento de la Comisión, de un adecuado equilibrio de derechos*» (*ibid.*, p. 7).

[55] Demanda n.º 39128/05.

sitos profesionales a quienes trabajan en una organización de carácter religioso o dependiente de una concreta confesión, cuando no se han observado las necesarias garantías procedimentales y de control jurisdiccional, al no motivarse suficientemente la decisión de la confesión religiosa.

El asunto tiene su origen en una demanda presentada por el profesor Luigi Lombardi Vallauri, contra el Estado italiano, por vulneración de los arts. 6,1, 9, 10, 13, 14 y 34 de la Convención. El demandante impartía docencia en la cátedra de Filosofía del Derecho de la Universidad Católica del Sagrado Corazón de Milán, desde 1976, puesto que desempeñaba mediante contrato que se renovaba anualmente. Publicada la convocatoria de plazas docentes para el curso académico de 1998-99, el solicitante presentó su candidatura y realizó la oportuna entrevista con un interlocutor de la Congregación para la Educación Católica de la Santa Sede. Pero el dicasterio pontificio comunicó, mediante una carta, al Rector de la Universidad, que «*algunas posturas del demandante se oponen claramente a la doctrina católica, por lo que, por respeto a la verdad, el bien de los estudiantes y el de la propia Universidad, el profesor Lombardi no debe continuar enseñando*» en dicha Universidad. En consecuencia, el Rector informó al Decano de la Facultad de Derecho y el 4 de noviembre de 1998 se reunió el Consejo de dicha Facultad, que decidió —por una mayoría muy ajustada— no aceptar su candidatura. Contra esta decisión, el demandante interpuso recurso ante el Tribunal administrativo regional de Lombardía, a fin de que se declarara nula la decisión del Consejo de la Facultad y de la autoridad eclesiástica que denegaba el consentimiento para su nombramiento, por entender que tales decisiones violaban sus derechos a la igualdad, a la libertad de enseñanza y a la libertad religiosa. Pero el recurso fue desestimado por considerar que, por una parte, la decisión del Consejo de la Facultad, había sido debidamente motivada y, por otra, el examen de la legitimidad de la decisión de la Santa Sede no entraba en su ámbito de competencia ni en el de la Facultad, dado que se trataba de un acto emanado de un Estado extranjero. Además, estimó no violados los derechos invocados, desde el momento en que quedaba intacto el derecho a la elección de adherirse o no a la doctrina católica.

No conforme con la decisión, del demandante recurrió ante el Consejo de Estado, que inadmitió el recurso por sentencia de 18 de junio de 2005, en base a dos argumentos: por una parte, afirmó que las autoridades administrativas y jurisdiccionales de la República no podían apartarse de la doctrina sentada por la sentencia del Tribunal Constitucional de 14 de diciembre de 1972 —que reconocía a las Universidades católicas la libertad para elegir a sus profesores— en la aplicación del art. 10 del Acuerdo con la Santa Sede y su Protocolo adicional[56]; y, por otra, que ninguna autoridad de

[56] El art. 10, 3 del Acuerdo de Villa Madama entre la Santa Sede y la República italiana, de 18 de febrero de 1984, dispone que los nombramientos de los profesores de la Universidad Católica del Sagrado Corazón están subordinados a la aprobación, en el aspecto religioso, de la autoridad eclesiástica

la República puede juzgar la evaluación que al respecto haga la autoridad eclesial. Añadió que el consentimiento de la Congregación vaticana se sitúa fuera del ámbito de su competencia y el Consejo de la Facultad se había limitado, por tanto, con razón, a hacer constar el hecho de que a falta del consentimiento requerido, no se podía tener en cuenta la candidatura del demandante. El demandante recurrió al Tribunal Europeo de Derechos Humanos, que condenó al Estado italiano, por no haberse realizado en el caso un control judicial estricto, sobre la aplicación de la medida en litigio. La argumentación de la Corte es la siguiente:

El Tribunal estima que la decisión del Consejo de la Facultad, de no considerar la candidatura del demandante, constituyó una injerencia en sus derechos fundamentales, concretamente, su libertad de expresión garantizada por el art. 10 de la Convención. Tal intromisión estaba prevista por la ley (en algunos establecimientos la religión puede constituir una exigencia profesional, habida cuenta de la ética de la organización, en aplicación del art. 24 apartado 23 de la Directiva comunitaria 78/2000/CE) e inspirada en el objetivo legítimo de proteger un derecho ajeno, que se manifiesta en el interés de la Universidad de inspirar sus enseñanzas en la doctrina católica (§ 41). Pero al analizar si dicha injerencia era proporcionada al fin legítimo perseguido y si los motivos invocados por las autoridades nacionales para justificarla son pertinentes y suficientes, el Tribunal considera necesario evaluar si tanto en la fase administrativa ante el Consejo de la Facultad el demandante gozó de las garantías procedimentales adecuadas —concretamente, el conocimiento de las razones de la limitación de su derecho a la libertad de expresión y la posibilidad de cuestionarlas— como en la fase del control jurisdiccional del procedimiento administrativo, y concluye que *«ha habido violación del art. 10 del Convenio en su aspecto procesal, debido a la vaguedad*

---

competente. Y el Protocolo adicional a la Ley 121, de 25 de marzo de 1985 (por la que se incorporó el Acuerdo al Derecho interno italiano, publicada en la *Gazzetta Ufficiale* de 10 abril 1985), establece en su art. 6 que al interpretar el art. 10, 3 del Concordato, la República tendrá en cuenta la sentencia del Tribunal Constitucional núm. 195, de 14 diciembre 1972, en el conocido caso *Cordero*.

En dicha sentencia la Corte Constitucional se manifestaba sobre si la subordinación del nombramiento de los profesores de la Universidad católica a la aprobación de la Santa Sede es o no compatible con la Constitución italiana, y llegó a la conclusión de que ciertamente, dichas facultades llevan aparejada indirectamente una restricción de la libertad personal del profesor, pero no constituyen una violación, puesto que el docente es libre de adherirse a los objetivos concretos de la Universidad y rescindir el contrato de trabajo cuando ya no los comparta. La existencia de universidades libres, caracterizadas por la finalidad de difundir una fe religiosa, constituye indudablemente un instrumento de libertad. Si el sistema jurídico obligara a la Universidad a nombrar unos profesores que profesaran una religión diferente, se vulneraría la libertad religiosa de ésta y la libertad de los católicos se vería muy comprometida si la Universidad católica no pudiera rescindir un contrato de trabajo con un profesor que ya no compartiera los objetivos fundamentales que la caracterizan (puede verse el texto íntegro de la sentencia en http://www.giurcost.org/decisioni/1972/0195s-72.html, y también en http://www.olir.it./documenti/index.php?argomento=71&documento=5093).

de la medida que limitaba la libertad de expresión o la falta de motivación detallada de ésta, unida a una falta de control jurisdiccional adecuado sobre su aplicación» (§ 46). La peculiaridad de esta sentencia radica, por tanto, en que la decisión del Tribunal gravita, no en el aspecto sustantivo del art. 10 de la Convención, sino en la dimensión procesal del derecho que garantiza, y se sustenta en un doble argumento:

— Por una parte, en que el Consejo de la Facultad no comunicó al demandante en qué medida las opiniones pretendidamente heterodoxas que se le reprochaban se reflejaban en su actividad docente, ni el contenido de dichas posturas, ni tampoco el modo en que éstas podían afectar al interés de la Universidad. La decisión del Consejo de la Facultad, por tanto, no está suficientemente motivada (§§ 47-49).

— Por otra, el Tribunal recuerda que debe excluirse la apreciación, por los Estados, de la legitimidad de las convicciones religiosas o de sus modalidades de expresión, y no corresponde a las autoridades internas examinar la decisión de la Congregación. Sin embargo, al analizar la eficacia del control jurisdiccional sobre el procedimiento administrativo, se constata que los tribunales internos limitaron su examen a constatar la decisión del Consejo de la Facultad, pero rehusaron cuestionar la ausencia de comunicación al demandante de las opiniones que se le reprochaban, para que éste hubiera podido conocer y rebatir la relación existente entre sus opiniones y su actividad docente. Aunque los Estatutos de la Universidad no imponen obligación de comunicar las razones del rechazo de una candidatura, el Tribunal considera que la falta de conocimiento, por el demandante, de las razones que fundaban su despido, imposibilitó el ejercicio de un debate contradictorio, aspecto que no fue tenido en cuenta por los tribunales internos (§§ 50-54 y 71).

En consecuencia, el Tribunal concluye que el interés de la Universidad por dispensar una enseñanza inspirada en la doctrina católica no podía vulnerar la esencia de las garantías procedimentales de que goza el demandante, y la injerencia en su derecho a la libertad de expresión no puede considerarse necesaria en una sociedad democrática, por lo que hubo violación del art. 10 del Convenio. Por las mismas razones, y sin que quepa un examen separado de las demás quejas planteadas, estima violación de los arts. 9, 6,1 y 13 del Convenio. Con respecto a la violación alegada del art. 14, el Tribunal se adhiere a la doctrina sentada por la ya citada sentencia del Tribunal Constitucional Italiano, de 14 de diciembre de 1972, y aplica el art. 4 de la Directiva comunitaria 78/2000/CE, por lo que entiende que la pretendida queja del demandante, de haber sufrido discriminación fundada en la religión, carece de fundamento y ha de desestimarse. Sin embargo, insiste nuevamente en que, «*en cuanto al aspecto procedimental de esta queja, referente a la no revelación de los motivos religiosos que habían fundado la no renovación del contrato del demandante, a la tutela del derecho de defensa de éste y al respeto del principio de contradicción, el Tribunal la considera admisible*» (§ 79).

Resulta sumamente interesante el voto disidente del Juez Cabral Barreto, para quien el procedimiento interno fue equitativo, dado que los tribunales examinaron el litigio dentro de los límites admisibles. Señala que la libertad académica, proclamada por la Asamblea parlamentaria del Consejo de Europa, se encuentra limitada por el interés de la Universidad Católica a dispensar una enseñanza inspirada en sus convicciones religiosas. Considera «*totalmente irrealista la postura de la mayoría, que pide a las partes una carga de la prueba imposible, y a los tribunales unas decisiones que constituyen una especie de utopía*»[57], porque aún en el caso de que la denegación de la aprobación de su candidatura se debiera al rechazo de un dogma de fe por el candidato, y la Congregación hubiera motivado su denegación, habría sido difícil celebrar el debate contradictorio de naturaleza jurídica y la decisión judicial, reclamados por la mayoría, en el marco de un procedimiento que pretende ser equitativo. De hecho, recuerda que el Tribunal ha sostenido siempre que la evaluación del conocimiento y experiencia necesarios para ejercer cierta profesión con cierto título se aleja tanto de la tarea normal del Juez que las garantías del art. 6 no se refieren a los litigios sobre dicha materia. Por tanto, concluye que lo que no compete al juez —evaluar las cualidades profesionales necesarias para ejercer cierta profesión con cierto título— no puede analizarse desde la perspectiva del art. 6.

En el caso *Siebenhaar contra Alemania*[58] la demanda fue interpuesta por una ciudadana alemana, de religión católica, que trabajaba como educadora infantil en una guardería gestionada por una parroquia protestante de Pforzheim, y que fue despedida como consecuencia de su conversión y participación activa en la Iglesia Universal. En su contrato de trabajo constaba que el servicio en la Iglesia y la diaconía está determinado por la misión de proclamar el Evangelio, tanto por medio de la palabra como con los propios actos, de modo que los colaboradores y la empresa ponen su competencia profesional al servicio de este objetivo, y es sobre esta base sobre la que se formalizó su contrato de trabajo. El propio contrato aclaraba que la relación laboral con la demandante se regía por las normas de las relaciones de servicio de los colaboradores de la Iglesia Protestante de Bade y su diaconía, y el apartado 9 preveía la posibilidad

[57] En contra de esta opinión, CALVO GALLEGO, Francisco Javier, señala que, aunque la construcción de la sentencia podría parecer artificiosa, en la medida en que su argumentación parece exigir una mínima justificación de la decisión de la confesión, tras haber declarado que el Estado y sus órganos jurisdiccionales no pueden entrar en la valoración de fondo y de la compatibilidad o no con las creencias de la confesión religiosa, sin embargo, si se observa bien, «*esta justificación no es en absoluto innecesaria o utópica ya que, más allá de la a mi juicio inadmisible valoración por un órgano no eclesiástico de la adecuación o no de las mismas a la fe de la Confesión, lo que esta argumentación (...) permite es que al menos se focalice en estos aspectos religiosos el no placet, evitando, por ejemplo, que fueran otros motivos ajenos a lo religioso, pero igualmente posibles —por ejemplo, la actividad sindical del afectado— los que realmente motivaran la decisión*»: «Poderes empresariales y tareas de tendencia...», pp. 9-10.

[58] Demanda n.º 18136/02.

de que la empresa acordara el despido sin previo aviso, por motivo grave. Habiendo sido trasladada a la dirección de un jardín de infancia gestionado por otra parroquia protestante de la ciudad, la Iglesia Protestante recibió información, por medio de un anónimo, de que Astrid Siebenhaar había entrado a formar parte de la llamada *Iglesia Universal/Fraternidad de la Humanidad* y ofrecía cursos de iniciación, por cuenta de ésta. Pocos días después, tras haber sido escuchada y recibir el acuerdo del comité de empresa, la Iglesia Protestante acordó el despido extraordinario de la demandante. La señora Siebenhaar acudió a los tribunales laborales, que desestimaron su pretensión alegando que la demandante, en virtud de su contrato de trabajo, no tenía derecho a pertenecer ni a participar en una organización cuyos principios, objetivos o actividades prácticas estaban en contradicción con la misión de la Iglesia Protestante, la cual tenía perfecto derecho a imponer a sus empleados la obligación de abstenerse de realizar actividades que hicieran dudar de su lealtad respecto a ella, y adoptaran un comportamiento profesional y privado de acuerdo con sus exigencias. Al realizar la ponderación de los intereses concurrentes, los Tribunales tuvieron en cuenta, además, dos cuestiones: por una parte, que la demandante no sólo era un miembro pasivo de la Iglesia Universal, sino que ofrecía cursos de iniciación, figuraba como persona de contacto en el formulario de inscripción en cursos de enseñanza de la Iglesia, y había ocultado su pertenencia a dicha comunidad, a la empleadora, por lo que el incumplimiento de las obligaciones de lealtad era mucho más grave; y, por otra, subrayaban la relativamente corta duración del empleo de la demandante, en la Iglesia Protestante, y su juventud. El Tribunal Federal de Trabajo se remitió a la ya conocida doctrina sentada por el Tribunal Constitucional Federal, de 4 de junio de 1985, y añadió que, para valorar si el despido extraordinario acordado estaba justificado, era necesario reconocer la importancia primordial que para la Iglesia Protestante tenía el interés de conservar su credibilidad, sobre todo y en particular, ante los padres de los niños que acudían al jardín de infancia.

La demandante recurrió al Tribunal Constitucional Federal, alegando que sus actividades a favor de la Iglesia Universal no constituían un incumplimiento grave de sus obligaciones de lealtad hacia la Iglesia empleadora, y que no se había realizado una adecuada ponderación de los intereses concurrentes en el caso, pero el Tribunal inadmitió el recurso, apoyándose en su propia jurisprudencia y estimó que, al ponderar los derechos de la recurrente a la libertad de creencia y de conciencia, y el derecho de autonomía de la Iglesia Protestante los tribunales habían llegado a un resultado que era conforme a los criterios establecidos por el propio Tribunal Constitucional Federal, en materia de control de decisiones judiciales[59]. La sentencia fue recurrida por la Sra. Siebenhaar ante el Tribunal Europeo de Derechos Humanos, alegando vio-

[59] *Vid.* la exposición de los hechos que hace la sentencia, en los §§ 8 al 19.

lación de los arts. 9 y 14 de la Convención, por incumplimiento por parte del Estado de su obligación de proteger su derecho a la libertad de religión contra la injerencia de su empresa. La Iglesia Protestante de Bade y de Alemania se personó como tercero interviniente e invocó la autonomía de las comunidades religiosas, como elemento indispensable para mantener el pluralismo religioso en una sociedad democrática. Alegó que es a las Iglesias a las que corresponde determinar la forma en que se organizan y decidir la importancia que unos determinados preceptos tienen para ellas y sus miembros, y tales preceptos deberían ser respetados por las autoridades seculares, como parte de la identidad de la propia Iglesia. Además, añadía que, mientras una persona que no comparte las convicciones de su Iglesia —en este caso empleadora— puede encontrar otro empleo y conservar sus creencias, «*una Iglesia no puede modificar sus convicciones. Si continuara contratando personas cuyas creencias son incompatibles con las suyas, perdería su identidad*» (§ 34).

El Tribunal centró el objeto de la cuestión litigiosa, en este caso, en la determinación de «*si el Estado debía reconocer a la demandante, en el marco de sus obligaciones positivas derivadas del artículo 9, el derecho a su libertad de religión frente a la medida de despido acordada por la Iglesia Protestante*». Por tanto, al realizar la necesaria ponderación de este derecho de la demandante con el mismo derecho de la Iglesia Protestante, derivado también del art. 9, en relación con el art. 11, «*el Tribunal valorará si la protección ofrecida a la demandante alcanzó o no un grado satisfactorio*» (§ 40). En su valoración, el Tribunal reproduce, de forma prácticamente literal, los argumentos esgrimidos ya en las sentencias Obst y Schüth, y recuerda que el margen de apreciación que se reconoce al Estado es mayor cuando no hay consenso en los Estados miembros del Consejo de Europa y cuando el Estado debe ponderar los intereses públicos y privados concurrentes, como es el caso. Habida cuenta de tal margen de apreciación del Estado, y dado que los tribunales de trabajo tuvieron que ponderar varios intereses privados, el Tribunal concluyó que el art. 9 del Convenio no imponía, al Estado alemán, la obligación de ofrecer a la demandante una protección superior, por lo que no ha habido violación del art. 9[60].

Para decantarse por la conclusión a la que llegó la Corte en el caso Schüth —a diferencia de la dada en el caso Obst, pese a estar apoyadas ambas sentencias en la misma fundamentación jurídica, como ya hemos visto—, el Tribunal tuvo en cuenta los siguientes argumentos, que resultan particularmente interesantes:

— El propio contrato laboral de la demandada dejaba claro que no tenía derecho a pertenecer ni participar en una organización cuyos objetivos estaban en contradicción con la Iglesia Protestante, la cual podía imponer a sus empleados

[60] Con respecto al art. 14, el Tribunal desestimó la queja por no haberse agotado las vías de recurso internas, ya que la demandante no invocó, en ningún momento, ante el Tribunal Constitucional Federal, ninguna queja relativa a la discriminación que ahora alega.

la obligación de abstenerse de realizar actividades que hicieran dudar de su lealtad hacia ella, y de adoptar un comportamiento adecuado a sus exigencias, tanto en el ámbito profesional como en el privado.

— Teniendo en cuenta la incompatibilidad de las enseñanzas de la Iglesia Universal con las de la Iglesia Protestante, la demandante no ofrecía ya garantías de respetar el ideario de su empresa, y la Iglesia empleadora podía temer, razonablemente, que el compromiso asumido por la demandante tuviera repercusiones en su trabajo, pues de hecho en los propios locales del jardín de infancia en que trabajaba, debía tener lugar un seminario de la Iglesia Universal sobre un tema de educación. Dadas estas circunstancias, y tal como había concluido el Tribunal Federal de Trabajo, el interés de la demandante de ser mantenida en su puesto debía ceder ante el de la Iglesia Protestante, de permanecer creíble y evitar cualquier riesgo de influencia que la educadora pudiera ejercer sobre los niños[61], al pertenecer a una confesión que estaba en contradicción con los preceptos de la Iglesia que gestionaba dicho centro educativo (§ 44).

— El Tribunal tuvo en cuenta también, como en el caso Schüth, el período de tiempo que llevaba trabajando la demandante —que en el caso de la Sra. Siebenhaar era relativamente corto—, y su juventud (*ibid.*), de lo que implícitamente se deduce de la sentencia una necesidad menor de protección, o una lesión menos grave de su derecho, al poder acceder más fácilmente al mercado laboral.

— El carácter particular de las exigencias profesionales impuestas a la demandante, fueron impuestas por una empresa cuya ética se basa en la religión o las convicciones[62].

— Como demostraron suficientemente los tribunales de trabajo, las obligaciones de lealtad impuestas a la demandante eran aceptables, en tanto en cuanto tenían como finalidad preservar la credibilidad de la Iglesia Protestante ante el público y, en particular, ante los padres de los niños que acudían al jardín de infancia[63].

Por todo ello, al ponderar los derechos en conflicto, en concreto el derecho a la libertad religiosa garantizado por el art. 9 del Convenio, invocado por las dos partes litigantes, en su dimensión individual y en su ejercicio colectivo, en relación con el

[61] El impacto de la libre decisión del trabajador sobre la credibilidad de la institución confesional empleadora fue ya subrayado por la Corte en *Obst contra Alemania* § 51 y en la decisión de inadmisión *Rommelfanger contra Alemania*. La protección de los derechos de terceros, que acceden a la organización en razón de su ideario y su concreta misión, fue abordado en *Lombardi Vallauri contra Italia* § 41.

[62] *Siebenhaar contra Alemania* § 46. *Vid.* Directiva 78/2000 CE, *Schüth contra Alemania* § 40, *Obst contra Alemania* § 27, *Lombardi Vallauri contra Italia* § 41.

[63] *Siebenhaar contra Alemania* § 46. En el mismo sentido, *Obst contra Alemania* § 51.

art. 11, respectivamente, el Tribunal optó por privilegiar la protección del derecho a la libertad religiosa de la Iglesia Protestante frente al derecho de la empleada.

Por último, haremos referencia a la sentencia de la Gran Sala, en el caso *Fernández Martínez contra España*, de 12 de junio de 2014[64], que aunque no aborda directamente el tema objeto de este trabajo, dado que el Sr. Fernández no estaba contratado por la Iglesia ni por una organización dependiente de la misma, sino que es la Administración educativa la que contrata, ésta lo hace a propuesta de la autoridad eclesiástica, cuya decisión la autoridad pública ejecuta. Por ello nos parece interesante incluir en este estudio una referencia al caso, y analizar, al menos de modo sucinto, las claves de la argumentación de la Gran Sala, que confirmó la sentencia de la Sección Tercera de la Corte, de 15 de mayo de 2012. El caso, sobradamente conocido[65], tiene su origen en la demanda interpuesta por un sacerdote español secularizado, que venía desempeñando la prestación de servicios como profesor de Religión y Moral Católica en un instituto público el 1 de octubre de 1991, a propuesta del Obispo de Cartagena, pero dejó de ser propuesto por el Obispado para tal cargo, a raíz de unas manifestaciones públicas que realizó en noviembre de 1996, en un medio de comunicación (el diario *La Verdad*, de Murcia), que estaban en contradicción con la doctrina de la Iglesia Católica, a la vez que confesaba su pertenencia, como miembro activo, del Movimiento Pro Celibato Opcional (MOCEOP), y hacía pública una fotografía junto con su mujer (con la que se había unido en matrimonio civil, lo que provocó la suspensión de su estado clerical) y sus cinco hijos. Mediante rescripto de 20 de agosto de 1997, que le fue notificado el 15 de septiembre, el Papa le había concedido la dispensa del celibato, solicitada trece años antes, por la que el demandante perdía su estado clerical y señalaba que tenía prohibido enseñar religión católica en centros públicos, salvo que el Ordinario decidiera otra cosa a su prudente juicio, y *sin riesgo alguno de escándalo*[66]. La situación generada por esta publicación fue decisiva para

[64] Demanda n.º 56030/07. Para un estudio más detenido de esta sentencia *vid.* VALERO ESTARELLAS, María José, «Autonomía institucional de las confesiones religiosas y derecho al respeto de la vida privada y familiar en Estrasburgo: la sentencia de la Gran Sala del TEDH Fernández Martínez c. España», *Revista General de Derecho Canónico y Derecho Eclesiástico del Estado,* 36 (2014); LÓPEZ-SIDRO, Ángel, «Sentencia del Tribunal Europeo de Derechos Humanos (n.º 56030/07) de 12 de junio de 2014, asunto Fernández Martínez c. España. Autonomía de las confesiones y derecho a la intimidad personal y familiar», *Ars Iuris Salmanticensis* vol. 2, núm. 20 (2014) pp. 262-64.

[65] Sobre el régimen jurídico del profesorado de religión católica en España y la extensa bibliografía existente sobre el tema, me remito al trabajo RUANO ESPINA, Lourdes, «El modelo español de enseñanza de la religión católica en la escuela pública», en CANO RUIZ, Isabel (Ed.), *La enseñanza de la religión en la escuela pública. Actas del VI Simposio Internacional de Derecho Concordatario. Alcalá de Henares, 16-18 de octubre de 2013*, Granada 2014, pp. 105-114. *Vid.* también COMBALÍA SOLIS, Zoila, *La contratación del profesorado de Religión en la escuela pública*, Valencia 2013.

[66] De acuerdo con el rescripto, «*en los Institutos de estudios de grado inferior dependientes de la autoridad eclesiástica (el sacerdote dispensado) no puede desempeñar cargo directivo ni actividad*

la retirada de la Declaración Episcopal de Idoneidad, que se materializó cuando, el 29 de septiembre de 1997, el Obispo de Cartagena comunicó al Ministerio de Educación su intención de no aprobar la renovación del contrato del demandante para el curso escolar 1997-98, por lo que éste cesó en este cargo en virtud de un oficio de 29 de septiembre de 1997, que dispuso la no renovación de su contrato[67].

El demandante impugnó la decisión de la administración educativa y el caso llegó hasta el Tribunal Constitucional, que desestimó el recurso de amparo interpuesto, por sentencia 128/2007, de 4 de junio. El Tribunal llamó la atención sobre el *status* específico de los profesores de religión en España, que difiere del de otros profesores, y justificó que la elección de los mismos estuviera fundada sobre criterios exclusivos religiosos, ajenos a aquellos contenidos de orden jurídico interno del Estado[68]. Concluyó que «*en este caso la modulación producida en los derechos del demandante... no resultan desproporcionadas ni inconstitucionalmente proscritas, en la medida en que encuentran su justificación en el respeto al lícito ejercicio del derecho fundamental de la Iglesia Católica a la libertad religiosa, en su dimensión colectiva o comunitaria (art. 16, 1 CE), en relación con el derecho de los padres a la educación religiosa de sus hijos (art. 27, 3 CE), dado que han sido razones exclusivamente de índole religiosa, atinentes a las normas de la confesión a la que libremente pertenece el demandante de amparo y la enseñanza de cuyo credo pretendía impartir en un centro docente público*» (FJ 11).

El demandante recurrió al Tribunal Europeo de Derechos Humanos, alegando violación del art. 6, 1 del Convenio (derecho a un proceso equitativo), además del art. 8 (respeto a la vida privada y familiar) en relación con el art. 14 (prohibición de discriminación) y de los derechos a la libertad ideológica (art. 9) y a la libertad de

docente, salvo que el Ordinario, a su prudente juicio y sin riesgo de escándalo, acordara decidir otra cosa en cuanto al cargo docente en cuestión. A esta misma norma se atendrá el sacerdote dispensado al dar religión en institutos del mismo tipo no dependientes de la autoridad eclesiástica».

[67] Por tanto, en el presente caso, debemos tener presente que, por una parte, el demandante no desempeñaba una labor neutra, sino que el docente de religión tiene por función transmitir los principios de la religión y moral de la Iglesia. Por otra, la necesaria declaración de idoneidad que formula la autoridad eclesiástica para que pueda desempeñarse dicha labor, forma parte de la propia autonomía de la Iglesia y permite en cierto modo garantizar que las enseñanzas que imparten los docentes son conformes con la doctrina y la ética de la propia Iglesia.

[68] «*La neutralidad del Estado en relación con las diferentes confesiones religiosas debe operar en similares términos cuando el juicio eclesiástico de idoneidad opera positivamente en el momento de la eventual constitución de una inicial relación laboral que cuando, en sentido contrario, opera negativamente a la hora de constituir una nueva relación laboral en un curso académico posterior. En definitiva la especial idoneidad para la enseñanza de la Religión Católica no es una condición subjetiva, derivada de la hipotética aplicación de una norma jurídica estatal, cuyo no reconocimiento por la autoridad eclesiástica pueda, en su caso, vulnerar tal norma, sino que es una condición que se inserta en un ámbito puramente religioso, y depende de una valoración del mismo signo*» (FJ 4).

expresión (art. 10). La Sección Tercera de la Corte dictó sentencia el 15 de mayo de 2012, que declaró inadmisible el recurso. Fundamentó el fallo, principalmente, en la autonomía de las confesiones religiosas, que está complementada por el principio de neutralidad religiosa del Estado reconocida en el art. 16, 3 CE, y que impide al Estado pronunciarse sobre nociones tales como el escándalo o el celibato de los sacerdotes. En virtud de dicha autonomía, la definición de los criterios religiosos o morales, que se encuentran en el origen de una no-renovación del contrato laboral, pertenece exclusivamente a las autoridades religiosas, si bien la jurisdicción interna puede examinar si otros motivos, no estrictamente religiosos, han intervenido en la decisión de no designar al candidato, ya que solamente estos últimos están protegidos por el principio de la libertad religiosa. Sin embargo, en el presente caso, el Tribunal consideró que, al no renovar el contrato del demandante, las autoridades eclesiásticas no hicieron más que cumplir con las obligaciones que les incumben, aplicando el principio de autonomía religiosa (§ 85).

El demandante solicitó la remisión del caso ante la Gran Sala, alegando que había habido una violación de los derechos ya invocados e insistió que la Sección Tercera no había tenido en cuenta que era el Estado quien pagaba su salario, factor que distinguía claramente su caso de otros anteriores examinados por la Corte, como en los asuntos *Obst, Schüth* o *Siebenhaar,* todos ellos *contra Alemania*, en que la contratación de los demandantes se había realizado directamente por las propias Iglesias u organizaciones de tendencia. El Gobierno, por su parte, alegó que, dado el sistema de nombramiento del profesorado de religión, la autoridad pública no podía ignorar el incumplimiento de uno de los requisitos necesarios para la renovación, que es la Declaración de Idoneidad por parte de la Iglesia Católica. «*Por lo tanto, la decisión de la autoridad pública había sido una mera formalidad*». Señalaba, además, que dicho certificado o declaración no da testimonio exclusivamente de las habilidades técnicas del candidato, sino que, «*de conformidad con el canon 804, 2 del Código de Derecho Canónico, la cualificación profesional de los profesores de educación religiosa recae en su moralidad, ejemplaridad de vida cristiana y su capacidad docente. Esto demostraba la especial naturaleza del vínculo de confianza entre la Iglesia y el profesor, contemplados por el Gobierno como una relación jurídica canónica. En el presente caso ese vínculo de confianza había sido roto por las declaraciones del demandante*»[69]. Ello no excluía la revisión jurisdiccional de la decisión de la Iglesia y la ponderación de los derechos en conflicto, para lo cual el Gobierno solicitó al Tribunal que tuviera en cuenta que la relación de lealtad en el presente caso estaba en un plano más elevado que la existente en los casos Schüth, Obst y Siebenhaar. La Gran Sala consideró que el objeto de la controversia, en este caso, radica en la no

[69] *Vid.* la exposición de los argumentos del Gobierno en la sentencia de la Gran Sala, *Fernández Martínez contra España* §§ 81-94.

renovación del contrato del demandante, como consecuencia directa de la publicidad dada por él a su situación familiar y a su pertenencia al MOCEOP. Por ello, estimó que la demanda debe ser examinada exclusivamente a la luz del art. 8 del Convenio (§ 108). Y concluyó que los tribunales que conocieron del asunto habían realizado una justa ponderación de los intereses en juego.

A diferencia de la Sección, la Gran Sala considera que la cuestión en el presente caso no es si el Estado estaba obligado, en el contexto de sus obligaciones positivas en virtud del artículo 8, a garantizar que el derecho del demandante al respeto de su vida privada prevaleciera sobre derecho de la Iglesia Católica de negarse a renovar su contrato (por contraste, *mutatis mutandis,* las sentencias *Obst* § 43, *Schüth* § 57 y *Siebenhaar* § 38). Para el Tribunal, «*el quid de la cuestión recae en la acción de la autoridad del Estado, que, como empleador del demandante y estando directamente involucrado en el proceso de toma de decisiones, ejecuta la decisión del Obispo de no renovación. Mientras que el Tribunal reconoce que el Estado tenía limitadas sus posibilidades de acción en el presente caso, cabe destacar que si la decisión del Obispo no hubiera sido ejecutada por el Ministerio de Educación, ciertamente, el contrato del demandante habría sido renovado*» (§ 115)[70]. Por ello, el Tribunal considera que la conducta de las autoridades públicas constituye una injerencia en el derecho del demandante al respeto de su vida privada, sin embargo, dicha injerencia es conforme a la ley y señala que «*la decisión de no renovar el contrato en el presente caso, persigue el legítimo objetivo de proteger los derechos y libertades de los demás, en particular los de la Iglesia Católica, y concretamente su autonomía respecto a la elección de las personas capacitadas para enseñar la doctrina religiosa*» (§ 122). Además, el Tribunal reitera que, salvo casos excepcionales, el derecho a la libertad de religión garantizado por el Convenio excluye cualquier potestad, por parte del Estado, de determinar si las creencias religiosas o los medios utilizados para expresar tales creencias, son legítimos[71]. Asimismo, el principio de autonomía religiosa impide

[70] Como ha puesto de manifiesto la profesora Valero Estarellas, mientras que para la sentencia de la Sección Tercera de la Corte la responsabilidad del Estado español deriva del incumplimiento de obligaciones positivas, encaminadas a adoptar medidas razonables y adecuadas, que garanticen al demandante su derecho al respeto de su vida privada y familiar, para la sentencia de la Gran Sala, la condición de empleador del Ministerio de educación, y de ejecutor de la decisión de no renovación contractual del Obispo, convertía la responsabilidad de las autoridades públicas españolas en una interferencia de los derechos del recurrente por incumplimiento de obligaciones negativas. Aunque el Tribunal ha señalado que el modo de abordar el análisis de proporcionalidad de un caso no varía por el hecho de que se plantee bajo la perspectiva de obligaciones positivas o negativas, dado que en ambas instancias deben ponderarse los intereses en conflicto, la autora pone en evidencia, con gran acierto, cómo los efectos de una y otra toma inicial de posición sí pueden ser muy distintos: VALERO ESTARELLAS, María José, «Autonomía institucional de las confesiones religiosas…», cit., pp. 15-18.

[71] *Fernández Martínez contra España* § 129; *Hassan y Tchaouch contra Bulgaria* § 78.

al Estado obligar a las comunidades religiosas a admitir o excluir a un individuo o encomendar a alguien un deber religioso concreto.

Para constatar si dicha injerencia era necesaria en una sociedad democrática, el Tribunal debe ponderar los intereses en juego que, en el presente caso, son el derecho del demandante a la vida privada y familiar y el derecho de las organizaciones religiosas a su autonomía. El Estado está llamado a proteger ambos derechos y, cuando la defensa de uno interfiere con el otro, elegir los medios adecuados para que esa injerencia sea proporcional al objetivo perseguido, para lo cual el Estado goza de un amplio margen de apreciación. Considerando dicho margen de apreciación en el presente caso, la Gran Sala entendió que la injerencia en el derecho del demandante al respeto de su vida privada no había sido desproporcionada. Se apoyó en los siguientes argumentos:

— El solicitante, al firmar sucesivamente sus contratos de trabajo, admitía consciente y voluntariamente un importante deber de lealtad hacia la Iglesia Católica, que limitaba en cierto grado el alcance de su derecho al respeto de su vida privada y familiar. Tales limitaciones contractuales son permisibles en virtud del convenio, donde son libremente aceptadas. Desde el punto de vista del interés de la Iglesia en defender la coherencia de sus preceptos, la enseñanza de la religión católica puede ser considerada como una función primordial que requiere especial lealtad[72].
— No es irrazonable que las confesiones religiosas esperen un cierto grado de lealtad de los profesores de religión, en la medida en que son vistos como sus representantes (con mayor motivo en el presente caso, ya que el demandante era sacerdote secularizado[73]). La existencia de discrepancias entre las ideas que deben enseñarse y las creencias personales del profesor pueden plantear problemas de credibilidad de la Iglesia[74].
— Como en casos anteriores, el Tribunal destaca que al valorar la gravedad de la conducta de una persona contratada por la Iglesia, «*es necesario tener en cuenta la proximidad entre la actividad de la persona y la misión evangelizadora de la Iglesia*», y en el presente caso, esa proximidad es claramente muy estrecha[75]. En consecuencia, el demandante formaba parte, voluntariamente,

[72] *Fernández Martínez contra España* § 135. En el mismo sentido, la Decisión de inadmisión *Rommelfanger contra Alemania.*

[73] Ya hemos señalado cómo en diversos casos, cuando el conflicto se plantea entre los derechos de un ministro de culto frente a los de la Iglesia de pertenencia, el Tribunal ha tendido a tutelar los derechos de la Iglesia frente a los derechos individuales, por entender necesaria la limitación de éstos, en favor de la garantía de la autonomía de la Iglesia.

[74] *Fernández Martínez contra España* § 137; *Siebenhaar contra Alemania* § 46

[75] *Fernández Martínez contra España* § 140, *Schüth contra Alemania* § 69. Obsérvese que nuevamente, como en el caso Schüth, el Tribunal se permite realizar una valoración del tipo de actividad

del círculo de personas que estaban obligadas, por razones de credibilidad, por un deber de lealtad hacia la Iglesia Católica, limitando en cierto grado su derecho al espeto a la vida privada.

— A diferencia de los casos Siebenhaar, Schüth y Obst contra Alemania, en que los demandantes estaban contratados por sus respectivas Iglesias, en el presente caso estaba contratado y remunerado por el Estado. Sin embargo, para la Gran Sala, este aspecto no afecta al deber de lealtad impuesto al demandante hacia la Iglesia Católica o las medidas en que ésta tiene derecho a adoptar, si ese deber es violado (§ 143), de todo lo cual era plenamente consciente el demandante.

En definitiva, el Tribunal concluyó, por una ajustadísima mayoría, que no había habido violación del art. 8 en el presente caso, y estimó que no hay necesidad de examinar de forma separada las quejas relativas al art. 14.

3. CONCLUSIONES

Del análisis de la jurisprudencia emanada por la Corte, en todos aquellos casos que hemos analizado, en los que se plantea un conflicto entre la autonomía de las confesiones y entidades religiosas, para establecer sus propias normas de organización interna, y el derecho de los trabajadores a no ser discriminados por motivos religiosos, en el ámbito de las relaciones laborales, pueden extraerse las siguientes conclusiones:

1. Al determinar el marco normativo de referencia, el Tribunal Europeo de Derechos Humanos tiene en cuenta, prácticamente en todos los casos, el art. 4 de la Directiva 2000/78/CE, que establece expresamente una excepción a la regla general de prohibición de toda discriminación en el ámbito laboral, y permite discriminar a los trabajadores por razón de religión, cuando el perfil religioso del empleado constituya un requisito esencial y determinante, debido a la naturaleza de la actividad profesional concreta a realizar o al contexto en que deba llevarse a cabo, así como cuando se trate de actividades profesionales de Iglesias y entidades cuya ética se base en la religión o las convicciones de una persona, que tienen derecho a exigir a las personas que trabajen para ellas una actitud de buena fe y de lealtad hacia la ética de la organización, siempre que dicha diferencia de trato se ejerza respetando las disposiciones y principios constitucionales de los Estados miembros y los principios generales del Derecho comunitario.

---

que realiza el empleado, y su proximidad con la misión propia de la Iglesia, para valorar el impacto que, el incumplimiento del deber de lealtad del trabajador, produce sobre la misión y la credibilidad de la confesión religiosa. Sin embargo, tal valoración constituye un juicio de valor sobre una cuestión de índole religiosa que no corresponde al Tribunal realizar, sino que compete en exclusiva a la propia Iglesia, en virtud de su autonomía.

2. El Tribunal recuerda que las comunidades religiosas existen tradicional y universalmente bajo la forma de estructuras organizadas y la participación en la vida de la comunidad constituye una manifestación de la propia religión, que goza de la protección del artículo 9 del Convenio. Pone en conexión los arts. 9 y 11 del Convenio, y afirma que al cuestionarse la organización de las comunidades religiosas, el artículo 9 debe interpretarse a la luz del artículo 11, que protege la vida asociativa contra cualquier injerencia injustificada del Estado. Dicha autonomía, de las Iglesias y entidades religiosas, es indispensable para preservar el pluralismo inherente a una sociedad democrática, es una parte integrante de la libertad religiosa garantizada por el art. 9 y, por tanto, es una cuestión que toca el núcleo mismo de la protección conferida por dicho precepto[76]. Presenta un interés directo no solamente para la organización de la comunidad religiosa como tal sino también para el efectivo ejercicio del derecho a la libertad de religión por parte de sus miembros activos. Ello implica que una intervención del Estado, en la organización o la vida interna de las comunidades religiosas, no concierne exclusivamente a la libertad de asociación sino también a la libertad de religión.
3. En todas sus sentencias, el Tribunal insiste en que el Estado es incompetente para hacer juicios de valor acerca de la legitimidad de las creencias religiosas, o no religiosas, de sus ciudadanos, y de los medios utilizados para expresar estas creencias. El juego conjunto de la autonomía reconocida a las confesiones religiosas y de la neutralidad religiosa del Estado excluye cualquier apreciación, por parte de éste, sobre la legitimidad de las creencias religiosas y las modalidades de su ejercicio, y veda cualquier injerencia de los poderes públicos en el ámbito puramente religioso.
4. En virtud del principio de autonomía, las organizaciones cuya ética se base en la religión o las convicciones de una persona, pueden exigir a sus trabajadores un deber de asunción, respeto o lealtad hacia el ideario o la ética de la organización, y una actitud congruente con dicho ideario, de forma que las creencias religiosas del trabajador y el comportamiento acorde a las mismas pueda constituir un elemento decisivo de su cualificación profesional, en función de las responsabilidades que asuma en su puesto de trabajo.

No obstante, la autonomía de las Iglesias y organizaciones de tendencia no tiene carácter absoluto, sino que habrá que conciliar el respeto a dicha autonomía con los derechos de los trabajadores y establecer cuáles son sus límites, de acuerdo con las disposiciones y principios constitucionales de los

[76] *Serif contra Grecia* § 49, *Hassan y Tchaouch contra Bulgaria* §§ 60 y 62, *Agga contra Grecia* § 56, *Obst contra Alemania* § 44, *Shüth contra Alemania* § 58, *Sindicatul «Păstorul cel Bun» contra Rumanía* § 136.

Estados y los principios generales del Derecho comunitario. Las comunidades religiosas no pueden configurarse jurídicamente como realidades ajenas al imperio de la ley, pero salvando los presupuestos de necesario cumplimiento, los Estados deben respetar el principio de autonomía institucional de las comunidades religiosas, como manifestación de la libertad religiosa colectiva. Corresponderá a los órganos jurisdiccionales del Estado valorar si las decisiones adoptadas por las Iglesias, en el marco de sus relaciones laborales, se enmarcan o no dentro de dichos límites.

5. La Corte ha resuelto de forma diversa los casos en que el trabajador es un ministro de culto, de aquellos otros en que carece de tal condición. En el primer supuesto, el Tribunal considera que la relación de los ministros de culto con la propia Iglesia no puede considerarse como una relación propiamente laboral. Al realizar una adecuada ponderación entre la pretensión de la Iglesia y la del trabajador, el TEDH ha optado, generalmente, por privilegiar la exigencia de la confesión religiosa en lugar de amparar la del ministro de culto, pues sostiene que, por una parte, los ministros de culto están sujetos a obligaciones de lealtad acrecentadas hacia su Iglesia y, por otra, su libertad individual de pensamiento, conciencia y religión queda garantizada y se ejerce en el momento en que acepta o rechaza el ministerio, y su derecho de abandonar la Iglesia, en el caso de rechazar sus enseñanzas, permanece intacto[77].

   En los demás casos, en que el trabajador no tiene la condición de ministro de culto, la aceptación de la doctrina de la Iglesia y la adecuación de su propia vida a la misma, puede ser considerada como una exigencia de buena fe y del deber de lealtad, y constituir un requisito esencial o elemento determinante de su cualificación profesional. No obstante, en estos supuestos, cuando se invoca vulneración de derechos fundamentales individuales reconocidos en el Convenio, el control jurisdiccional que se ejerce es mucho más estricto que cuando el conflicto se produce entre la autonomía de las Iglesias y el Estado, de forma que, el amparo que el Tribunal reconoce a la autonomía de las confesiones religiosas, en su reiterada doctrina, sufre limitaciones cuando, en la ponderación de intereses en juego, ésta colisiona con los derechos fundamentales individuales[78].

[77] Decisiones de inadmisión *X contra Dinamarca, Karlsson contra Suecia,* sentencia *Sindicatul «Păstorul cel Bun» contra Rumanía* § 144.

[78] Pese a ello, el Tribunal ha sostenido que, de conformidad con el principio de autonomía, el Estado no puede obligar a una comunidad religiosa a admitir nuevos miembros o a excluir aquellos que ya lo sean. El art. 9 del Convenio no garantiza un derecho a discrepar dentro de una comunidad religiosa, de modo que, en caso de discrepancia sobre materias doctrinales o de organización, entre ésta y alguno de sus miembros, el derecho individual a la libertad religiosa se expresa a través del derecho a abandonar la comunidad: *Sindicatul «Păstorul cel Bun» contra Rumanía* § 137.

6. Por otra parte, la Corte sostiene que la intensidad de las obligaciones de lealtad y buena fe a las que están sujetos los trabajadores —y que voluntaria y conscientemente han asumido— dependerá del tipo de tareas a realizar, y su vinculación con la realización de los fines de la entidad empleadora, de forma que cuando se trate de actividades o tareas que se encuentren estrechamente vinculadas a la consecución de los fines religiosos de la Iglesia u organización, la autonomía confesional reclamará una mayor protección jurídica que cuando se trate de actividades o tareas de carácter neutro o secular. El Tribunal destaca, por tanto, que al valorar la gravedad de la conducta de una persona contratada por la Iglesia, es necesario tener en cuenta la proximidad entre la actividad de la persona y la misión propia de la Iglesia[79]. En virtud del principio de autonomía, y la obligada neutralidad religiosa de los poderes públicos, cabría concluir que sólo a la entidad confesional empleadora corresponde valorar si existe o no dicha vinculación, entre la tarea a realizar y los fines religiosos de la misma, así como la trascendencia que un determinado trabajo puede presentar en relación con el cumplimiento de la misión propia de la organización confesional y definir las obligaciones de lealtad que sus empleados deben respetar, con el objetivo de salvaguardar la credibilidad de la propia confesión. Sin embargo, al aplicar el criterio de proporcionalidad entre los derechos de los trabajadores y el derecho a la autonomía de las confesiones religiosas, en determinados casos[80], el Tribunal se ha erigido en competente para valorar la trascendencia que para la propia confesión religiosa reviste un comportamiento contrario a la doctrina de la Iglesia por parte del trabajador, en relación con la función que éste tenía encomendada.
7. Por tanto, al realizar dicho criterio de proporcionalidad, el tribunal tiene en cuenta impacto de la libre decisión del trabajador sobre la credibilidad de la institución confesional empleadora[81], de ahí que adquiera particular relevancia, en algunos casos, el grado de publicidad que el trabajador ha dado a su disentimiento, o a su conducta doctrinalmente divergente, con el ideario de dicha entidad[82]. En otros casos, se tiene en cuenta la protección de los derechos de terceros que acceden a la organización en razón de su ideario y su concreta misión[83]. Pero además, en algunos supuestos, el Tribunal sustenta la vulneración del derecho a la intimidad personal y familiar en un elemento

[79] *Fernández Martínez contra España* § 140, *Schüth contra Alemania* § 69, *Obst contra Alemania* § 48.

[80] Como en el asunto Schütz.

[81] *Obst contra Alemania* § 51, *Siebenhaar contra Alemania* § 46, Decisión de inadmisión *Rommelfanger contra Alemania, Fernández Martínez contra España* § 137.

[82] *Rommelfanger contra Alemania, Siebenhaar contra Alemania* § 44, *Shüth contra Alemania* § 72, *Fernández Martínez contra España* §§ 108, 119 y 136-142.

[83] *Lombardi Vallauri contra Italia* § 41, *Siebenhaar contra Alemania* §§ 44 y 46.

extraño, cual es la estimación de las consecuencias prácticas que previsiblemente el despido produce al trabajador, en función de sus posibilidades de obtener un nuevo empleo, tanto por razón de su edad como de su preparación profesional específica, y el período de tiempo que llevaba trabajando la parte demandante en la entidad confesional. En consecuencia, se valora la posibilidad mayor o menor de acceder al mercado laboral[84].

8. No obstante, la autonomía de las Iglesias y organizaciones de tendencia no tiene carácter absoluto, sino que habrá que conciliar el respeto a dicha autonomía con los derechos de los trabajadores y establecer cuáles son sus límites, de acuerdo con las disposiciones y principios constitucionales de los Estados y los principios generales del Derecho comunitario. Las comunidades religiosas no pueden configurarse jurídicamente como realidades ajenas al imperio de la ley, pero salvando los presupuestos de necesario cumplimiento, los Estados deben respetar el principio de autonomía institucional de las comunidades religiosas, como manifestación de la libertad religiosa colectiva. Corresponderá a los órganos jurisdiccionales del Estado valorar si las decisiones adoptadas por las Iglesias, en el marco de sus relaciones laborales, se enmarcan o no dentro de dichos límites[85].
9. En algunos supuestos, como en el caso *Lombardi Vallauri contra Italia*, reviste una singular relevancia la argumentación de que se sirve el Tribunal para justificar la limitación de la autonomía de las confesiones religiosas para exigir ciertos requisitos profesionales a quienes trabajan en una organización de carácter religioso o dependiente de una concreta confesión, cuando no se han observado las necesarias garantías procedimentales y de control jurisdiccional, al no motivarse suficientemente la decisión de la confesión religiosa. La decisión del Tribunal se sustenta, por tanto, en este caso, no en el aspecto sustantivo de los derechos individuales que garantiza la Convención (en el caso se trataba del art. 10), sino en la dimensión procesal de esos derechos.

[84] *Vid.* en este sentido, los casos *Obst contra Alemania* § 48, *Shüth contra Alemania* § 69, *Siebenhaar contra Alemania* § 44.

[85] *Obst contra Alemania* § 46, *Shüth contra Alemania* § 69, *Siebenhaar contra Alemania* § 43.

CAPÍTULO VI

DERECHO DE LAS CONFESIONES RELIGIOSAS A LA SELECCIÓN DEL PERSONAL POR LAS CREENCIAS RELIGIOSAS

ANDRÉS-CORSINO ÁLVAREZ CORTINA
Universidad de Oviedo

1. INTRODUCCIÓN

Toda organización, tenga o no carácter empresarial, se ve obligada, a fin de cumplir con las finalidades que le son propias, aquéllas para las que se ha creado, a incorporar los medios personales necesarios para cubrir y desempeñar las distintas tareas que requieren el cumplimiento de aquéllas. Así, en el ámbito empresarial, las empresas han ido creando a tal efecto departamentos que se dedican entre otras cuestiones a seleccionar y reclutar los trabajadores más aptos para el desempeño de la función productiva que les es propia, a través, normalmente, de técnicas de selección de personal como un proceso estructurado y formalizado, previo a la contratación de los trabajadores y centrado, principalmente, no en el contenido jurídico que puedan adquirir esas técnicas, sino en las condiciones que de carácter técnico y sicológico deben de reunir los candidatos que optan a esos puestos de trabajo.

La determinación de la licitud o no de las diferentes pruebas selectivas que componen el proceso de selección precisa, no obstante, de un marco normativo dedicado a reseñar los derechos de los candidatos implicados en ese proceso. Un recorrido por ese marco normativo nos pone de manifiesto que, con carácter general, la doctrina dedica escasas referencias, limitándose a reseñar los derechos de los candidatos a la intimidad y a la no discriminación, proscribiendo, con carácter general, las conductas atentatorias contra los mismos.

La atención a la doctrina jurídica nos pone en la pista de que los procesos de selección de personal se encuadran dentro de los estudios preliminares y el precontrato. No existiendo una normativa específica, concreta sobre la cuestión, esto nos obliga a buscar preceptos legales de aplicación dispersos por toda la normativa, además de localizar jurisprudencia específica, que también es escasa, por no decir prácticamente inexistente, ya que, normalmente, la problemática en torno a las cuestiones que pueden producirse se expresa, especialmente, durante el desarrollo de la relación contractual, de la actividad del servicio prestado.

La doctrina científica ha tratado, sin embargo, esta materia de la selección de personal desde algunas perspectivas que pueden ser de nuestro interés, con la adaptación necesaria al ámbito que ahora pretendemos desarrollar: el propio de las confesiones religiosas como requirentes de servicios.

Por un lado, puede observarse una atención específica en algunos estudios al derecho a la intimidad o a la no discriminación que contienen alguna mención dedicada a la fase precontractual; también, y principalmente, existen obras especialmente dedicadas al estudio concreto de la discriminación en el empleo, aunque normalmente con una escasa referencia a la fase previa de acceso al empleo o de contratación de servicios; hay también, algunos estudios dedicados a la protección de datos de carácter personal en el entorno laboral que incluyen contenidos sobre el derecho a la autodeterminación informativa del candidato a un puesto de trabajo.

2. La libertad de empresa como fundamento de la libertad de seleccionar y contratar trabajadores

En el ámbito de las relaciones laborales, hay un reconocimiento genérico por parte de los ordenamientos jurídicos modernos de nuestro entorno de la llamada libertad empresarial[1]. Se trata de una libertad que comprende, en primer lugar, la de su creación y establecimiento y, como consecuencia de ello, la de organizarla y dirigirla. De esa libertad para organizar y dirigir la empresa nace el que se ha denominado «poder de dirección del empresario», necesario para asegurar el funcionamiento de la misma y la obtención del beneficio económico final, razón última de ser de la estructura empresarial en nuestro actual sistema de libre mercado.

Entrando en el contenido esencial de dicho poder directivo, podemos desgranarlo en diferentes facultades destinadas a satisfacer el interés empresarial. Entre esas facultades, se encuentran la facultad de dictar instrucciones generales sobre la organización y funcionamiento de la empresa o lugar de trabajo y la prestación laboral que se lleva a cabo en ella; la facultad de dictar órdenes e instrucciones a los trabajadores sobre el trabajo a prestar; la facultad de vigilancia y control de las obligaciones y deberes

[1] *Vid.*, por lo que respecta al nuestro, el artículo 38 de la Constitución.

de los trabajadores; y, finalmente, la facultad disciplinaria que permite sancionar al trabajador en caso de incumplimientos laborales. Por lo tanto, puede concluirse que forman parte de su contenido esencial los poderes empresariales de selección, organización y control de los trabajadores subordinados[2].

Para iniciar cualquier empresa es necesario cuantificar la plantilla de trabajadores que formarán parte de la misma, así como proceder a la contratación de los que el empresario considere que estarán capacitados para realizar la prestación de servicios correspondiente, que pactarán en el futuro contrato de trabajo. Esa facultad del empresario, de seleccionar y contratar a los trabajadores que considere más adecuados se reconduce normalmente a ese concepto de libertad de empresa[3].

La libertad de contratación, por lo tanto, debe entenderse como la reserva de proceder o no a contratar y, caso de contratar, de elegir al candidato que se considere más adecuado, lo sea o no realmente para el trabajo que se le va a encomendar[4]. Para poder elegir al más adecuado será preciso, en multitud de ocasiones, realizar un proceso de selección de personal, que podrá constar de diferentes pruebas o técnicas selectivas, cuyo fin no es otro que conocer la efectiva capacitación profesional del futuro trabajador.

Cierto sector de la doctrina entiende esa capacidad de selección como una manifestación del poder de control del empresario. Así, pese a que el ejercicio de vigilancia y control se entiende habitualmente referido a la verificación de la prestación laboral[5], se pueden hallar manifestaciones de ese poder empresarial en las actuaciones precontractuales (en concreto los procesos de selección), destinadas a obtener información sobre la capacidad profesional de los candidatos a los puestos de trabajo que oferta la empresa[6]. Esa actividad de indagación sobre las aptitudes del candidato, constituye en sí misma una expresión típica de control, entendiéndose este como «toda actividad institucionalizada destinada a adquirir información de utilidad para el empleador en el contexto de la organización productiva»[7]. De este modo, la noción del poder de control empresarial resulta más amplia, aunque en el aspecto de la selección de personal deberá tener en cuenta «los límites generales previstos por el ordenamiento jurídico»

[2] *Vid.* DE VICENTE PACHÉS, F.: «Las facultades empresariales de vigilancia y control en las relaciones de trabajo», TS, n.º 157, 2004, p. 22; SALA FRANCO, T.: «El derecho a la intimidad y a la propia imagen y las nuevas tecnologías de control laboral», en AA.VV. (dir. BORRAJO DACRUZ, E.): *Trabajo y libertades públicas*, La Ley-Actualidad, Madrid, 1999, p. 205.

[3] Así lo hace, por ejemplo, nuestro Tribunal Constitucional. Cfr. STC 147/1986, de 26 de noviembre.

[4] AGUILERA IZQUIERDO, R.: «El ingreso en la empresa: técnicas de selección y límites impuestos por la negociación colectiva», ref. BIB 2003\465, Westlaw-Aranzadi, p. 1.

[5] Así, por lo que a nuestra legislación se refiere, art. 20.3 ET.

[6] DE VICENTE PACHÉS, F.: «Las facultades empresariales...», *op. cit.*, p. 23.

[7] Seguimos en este punto a MARTÍNEZ FONS, D.: *El poder de control del empresario en la relación laboral*, CES, Madrid, 2002, p. 43-46.

En efecto, el derecho que posee el empresario de seleccionar y contratar a los trabajadores que precise para el desarrollo de su actividad económica, está sujeto a una serie de límites que vienen indicados por diferentes derechos constitucionales fundamentales, por la legislación ordinaria, por la negociación colectiva y por las reglas de la buena fe.

Sin perjuicio de los límites de carácter legal o convencional que en cada ordenamiento puedan establecerse, interesa ahora referirse a los límites que pueden afectar a los derechos fundamentales. Por lo que a estos se refiere, los límites que afectan al poder empresarial a la hora de contratar trabajadores son el derecho a la igualdad y no discriminación; y respecto a la forma de llevar a cabo el proceso de selección de personal, le limitarán también el derecho a la intimidad personal o familiar y el derecho a la libertad ideológica o religiosa o, en terminología de los tratados internacionales, libertad de pensamiento, conciencia y religión. Partiendo del reconocimiento de la eficacia horizontal de los derechos fundamentales, se ha puesto de manifiesto, con carácter ejemplificador, pero muy gráfico que «es indudable que el derecho a la vida o a la integridad física que todos tenemos reconocido no deja de estarlo por el hecho de trabajar al amparo de una relación de dependencia, y lo mismo ocurre con el resto de derechos fundamentales consagrados constitucionalmente»[8].

No obstante, para compaginar la existencia de derechos contradictorios como los de la libertad de empresa y los del trabajador antes enumerados, se debe seguir un «principio de equilibrio y proporcionalidad» entre ellos, interpretándose y ponderándose cada supuesto y sus circunstancias concurrentes, y exigiendo en todo caso el respeto del contenido esencial del derecho fundamental, es decir, «aquella parte del derecho que es absolutamente necesaria para que los intereses jurídicamente protegidos que dan vida al derecho resulten real, concreta y efectivamente protegidos»[9]. Al propio tiempo, través del que pudiéramos denominar «principio de neutralidad», se ha señalado que los derechos fundamentales no constituyen en sí mismos ilimitadas cláusulas de excepción que justifiquen el incumplimiento por parte del trabajador de sus deberes laborales. Sin embargo, debe matizarse que solamente en la medida en que sea «estrictamente imprescindible para el correcto y ordenado desenvolvimiento

[8] SEMPERE NAVARRO, A.V. y SAN MARTÍN MAZZUCCONI, C.: «Los derechos fundamentales (inespecíficos) en la negociación colectiva», en AA.VV. (dir. SEMPERE NAVARRO, A.V. y coord. MARTÍN JIMÉNEZ, R.): *El modelo social en la Constitución de 1978*, MTAS, Madrid, 2003, p. 276.

[9] *Vid.* en ese sentido, STC 11/1981, de 8 de abril. En el caso de la libertad de empresa, siempre que la entendamos como un derecho fundamental, el contenido esencial sería el mínimo irreductible de libertad de acceso al mercado, de libertad de ejercicio o gestión de la empresa y de libertad de cesación en el mercado. Sobre la consideración de la libertad de empresa como derecho fundamental véase SAGARDOY BENGOECHEA, J.A. y GIL Y GIL, J.L.: «Los derechos constitucionales del empresario», en AA.VV. (dir. SEMPERE NAVARRO, A.V. y coord. MARTÍN JIMÉNEZ, R.): *El modelo social en la Constitución de 1978*, MTAS, Madrid, 2003, p. 362-364.

de la actividad productiva» (y, por supuesto, entendiendo esto posible a su retroacción a la fase de acceso al empleo o de contratación), podrá admitirse la limitación del ejercicio de los derechos fundamentales por parte del trabajador[10].

Por lo tanto, la mejor forma de equilibrar los derechos de las partes de la relación laboral es aplicando dicho principio de proporcionalidad, que indica que «para comprobar si una medida restrictiva de un derecho fundamental supera el juicio de proporcionalidad, es necesario constatar si cumple los tres requisitos o condiciones siguientes: si tal medida es susceptible de conseguir el objetivo propuesto (juicio de idoneidad); si, además, es necesaria, en el sentido de que no exista otra medida más moderada para la consecución de tal propósito con igual eficacia (juicio de necesidad); y, finalmente, si la misma es ponderada o equilibrada, por derivarse de ella más beneficios o ventajas para el interés general que perjuicios sobre otros bienes o valores en conflicto (juicio de proporcionalidad en sentido estricto)». De este modo, puesto que hemos indicado que los procesos de selección de personal cabe entenderlos como un control empresarial fruto del poder de dirección del empresario, a su vez fruto del contenido esencial del derecho a la libertad de empresa, opinamos que resulta posible y necesario aplicar el principio de proporcionalidad en el ámbito precontractual, en orden a preservar el contenido esencial de los derechos fundamentales de los candidatos a un puesto de trabajo.

Por último, como límite a esa libertad de selección y contratación de trabajadores, encontramos la buena fe, que ha sido definida como «un principio general de Derecho que impone un comportamiento ajustado a valoraciones éticas, que condiciona y limita por ello el ejercicio de los derechos subjetivos, con lo que en principio se convierte en un criterio de valoración de conductas, con el que deben cumplirse las obligaciones, y que se traduce en directivas equivalentes de lealtad, honorabilidad, probidad y confianza». Si bien no puede hablarse de la buena fe como un principio de rango fundamental que puede limitar los derechos constitucionales[11], esta conlleva primordialmente el respeto a la persona y a todos los derechos que el ordenamiento jurídico reconoce a los contratantes. Debe respetarse, pues, la personalidad y la dignidad del otro (sobre todo del candidato) y la libertad de empresa[12]. Durante el proceso de selección la buena fe «impone una conducta recta en los métodos de investigación

[10] *Vid.* PURCALLA BONILLA, M.A. y FERNÁNDEZ GARCÍA, A.: «Tratos preliminares y precontrato de trabajo: estado de la cuestión», *REDT*, n.º 142, 2009, p. 395. Y SSTC 90/1999, de 26 de mayo y 98/2000, de 10 de abril.

[11] SAGARDOY BENGOECHEA, J.A. y GIL Y GIL, J.L.: «Los derechos constitucionales...», *op. cit.*, p. 387. Por lo que a nuestra legislación se refiere, el deber de buena fe en el momento de la selección y contratación de trabajadores se deriva, con carácter general, de lo establecido en los arts.. 7.1 y 1258 CC.

[12] CONDE MARÍN, E.: *La buena fe en el contrato de trabajo. Un estudio de la buena fe como elemento de integración del contrato de trabajo*, La Ley, Madrid, 2007, p. 113.

y en el desarrollo de la negociación»[13]. Así, los métodos para comprobar la capacidad profesional del candidato no deben atentar contra sus derechos fundamentales además de que la información que pueda afectar al pacto, y que se transmita entre él y el empresario debe ser pertinente, veraz, clara y exacta[14], debiéndose guardar el secreto y la discreción debida[15].

En definitiva, y por lo que lo hasta ahora venimos diciendo se refiere, es indiscutible que derechos fundamentales de la persona, tales como el derecho a la vida, a la integridad física y síquica, el derecho a la igualdad, el respeto y protección a la vida privada y a la honra de la persona y su familia y el derecho a la libertad del trabajo operan como limitación a los poderes del empleador sobre el trabajador, garantizándole, por ello la prohibición de toda discriminación.

Sin embargo, esta afirmación puede perder fuerza si la situamos en algunos ámbitos en las que las prestaciones de servicio se dirigen a organizaciones y empresas que requieren para su desarrollo una especial posición de dependencia del trabajador o prestador de servicios debida a que su objeto o finalidad se encuentra estrechamente relacionado con la propagación de una ideología, tendencia o profesión de creencias religiosas que modalizará las concretas circunstancias del acceso a esa prestación de servicios. Pueden, en tal sentido, surgir ciertas contraposiciones entre los derechos de los trabajadores o prestadores de servicios y los de estas instituciones que requieren la necesidad de equilibrar tales derechos, coordinándolos en lo posible y aceptando limitaciones sólo cuando sea estrictamente necesario para el respeto de las creencias del ente.

3. Trabajo y servicios prestados en empresas de tendencia

3.1. Empresas de tendencia

Las organizaciones de tendencia constituyen el inevitable producto y consecuencia del pluralismo social, político, religioso y económico que caracteriza a los actuales sistemas societarios mundiales. Son éstas el cauce de ejercicio de una pluralidad de derechos fundamentales de sus propios miembros y las representantes de la forma elemental de participación ciudadana en la vida política, económica, religiosa y social. Cobran entonces gran relevancia en la actualidad estas figuras, si se entiende que a

[13] De Vicente Pachés, F.: «Las facultades empresariales…», *op. cit.*, p. 30. Si bien en la mayoría de procesos de selección el trabajador tiene pocas opciones de renegociar la oferta de trabajo que le propone el empresario, situación bastante habitual en el ámbito laboral. El proceso de selección de personal, pese a desarrollarse en la fase de los tratos preliminares, tiene una función de averiguación de la capacidad profesional del candidato más que una función negociadora.

[14] Conde Marín, E.: *La buena fe…*, *op. cit.*, p. 173.

[15] García Viña, J.: *La buena fe en el contrato de trabajo. Especial referencia a la figura del trabajador*, CES, Madrid, 2001, p.230.

través de ellas se accede a la posibilidad de transmitir y propagar diversos sistemas de valores y creencias presentes en nuestra sociedad. Es así como estas organizaciones pasan a desarrollar una función pública o colectiva de una importancia en la actualidad, que desborda los intereses particulares de sus titulares y trabajadores.

Sólo aquellas empresas destinadas a la difusión, propagación y adoctrinamiento de la ideología que caracteriza a la organización pueden ser consideradas como empresas de tendencia. Se trata de un grupo dotado de una clara autonomía interna que representa institucional y públicamente una determinada ideología y una cierta concepción de la sociedad. Estas empresas gozan de poder para fijar autónomamente su propia orientación ideológica y de difundirla y mantenerla sin ninguna imposición o interferencia exterior, ya provenga de los poderes públicos o de otro privado, siempre que esté actuando conforme a la ley.

Mucho se ha discutido qué es lo que caracteriza a esta nueva organización societaria. Para Alonso Olea, la nota decisiva de las denominadas empresas ideológicas es que tengan como fin institucional «la promoción y defensa de ideas determinadas»[16]. Para Guerini, esta figura representa «la organización de la actividad y de los medios directos para alcanzar el fin institucionalmente declarado y asumido»[17]. Otros autores consideran que, además de los partidos políticos, sindicatos y organizaciones religiosas, el concepto de empresa ideológica comprende también las entidades privadas que proveen bienes y/o servicios de contenido predominantemente ideológico, tales como las escuelas o centros de enseñanza privados y las empresas periodísticas o de información. Se trata de «organizaciones cuya finalidad es realizar programas ideológicos o de creencia; las empresas con fines políticos, religiosos, sindicales o culturales o cuya actividad es indisoluble de un determinado postulado ideológico; empresas o actividades que implican la defensa o, como mínimo, el acatamiento de unos determinados principios ideológicos, las empresas creadoras o sustentadoras de una determinada ideología en función de la cual existen y cuya propia estructura organizativa no es sino una forma de manifestación de aquella y también las empresas privadas que suministran bienes o servicios de componente casi exclusivamente ideológico»[18].

[16] Cit. por OTADUY, J. de, *La extinción del contrato de trabajo por razones ideológicas en los centros privados docentes*, Pamplona, 1985, p. 13.

[17] Citado por APARICIO TOVAR, J., «Relación de trabajo y libertad de pensamiento en las empresas ideológicas», en *Lecciones de Derecho del Trabajo en homenaje a los profesores Bayón y Del Peso*, Madrid, 1980, pp. 288 y ss.

[18] BLAT GIMENO, F., *Relaciones laborales en empresas ideológicas*, Centro de Publicaciones del Ministerio de Trabajo, Madrid, 1986, p. 35. Un buen resumen de la cuestión en A. SELMA, «La trascendencia práctica de la vinculación ideológica en las empresas de tendencia en el ámbito de las relaciones de trabajo», en *Anales de Derecho Universidad de Murcia*, 26 (2008), pp.299-331 y A. DE

El término empresa ideológica o de tendencia se refiere, como es bien sabido, a una categoría jurídica ideada por primera vez en Alemania al inicio del pasado siglo (Tendenzbetrieb) para dar un reconocimiento normativo específico a todos los entes cuyas actividades estaban indisolublemente conectadas a la búsqueda de un ideal determinado, especialmente en actividades de naturaleza política, sindical, artística, militar, científica o confesional[19].Ello supone que por parte de dichas empresas se

VAL TENA, «Las empresas de tendencia ante el Derecho del Trabajo: libertad ideológica y contrato de trabajo», en *Proyecto social: Revista de relaciones laborales*, 2 (1994) pp. 177-198.

[19] Cfr. DÄUBLER, W., *Derecho del Trabajo* (trad. de María Paz ACERO SERNA y Pío ACERO LÓPEZ, Madrid, Centro de Publicaciones Ministerio de Trabajo y Seguridad Social) 1994 p. 427. La legislación alemana, a diferencia del ordenamiento español, ha reconocido expresamente a las organizaciones de tendencia ideológica. Sus primeras normas se remontan a la *Betriebsrätegesetz* del año 1920, cuyo artículo 67 excepcionó a determinadas entidades —como los sindicatos o los partidos políticos— de algunos derechos económicos que se consagraban en dicho instrumento legal. Con posterioridad, el parágrafo 118 de la *Betriebsverfassung*, de 1972, definió a la *Tendenzbetriebe* como aquella que se encuentra directa y principalmente al servicio de actividades políticas, sindicales, confesionales, caritativas, educativas, científicas y artísticas, o bien tiene una finalidad de información y manifestación del pensamiento. En la actualidad, otros ordenamientos europeos, como es el caso de Suecia o Austria, se han encargado de regular este tipo de fi guras. En otros sistemas, por el contrario, no existe una definición legal del concepto de *tendencia*, así como tampoco una determinación exacta de quién debe ser considerado como titular de una empresa ideológica. Un sector de la doctrina (véase, por todos,. BLAT GIMENO, F., *Relaciones laborales en empresas ideológicas*. cit. pp. 68, 69 y 79) aboga por un concepto amplio, que involucre a todas aquellas organizaciones que sean expresión del carácter plural de la sociedad, y entre las cuales se encontrarían las confesiones religiosas, los partidos políticos, los sindicatos, las empresas informativas y los centros de enseñanza. Otro sector, por el contrario, sostiene que, en principio, no existirían empresas con características especiales para limitar el ejercicio de derechos fundamentales por parte del trabajador. En palabras de Fernández López («Libertad ideológica y prestación de servicios», en *RL* T. II. (1985) p. 433, no «hay empresa que sea de tendencia por naturaleza». Más aún: «(...) a un cierto nivel —cargos directivos especialmente— todas las empresas son de tendencia, porque pueden estar interesadas en la adhesión del trabajador a la 'causa' de la empresa, cualquiera que esta sea». Hay que señalar, no obstante, que excepcionalmente algunos autores partidarios de esta corriente admiten que en casos muy específicos es posible plantear que en las organizaciones con un ideario definido se puedan limitar los derechos de aquellos trabajadores que realizan tareas impregnada de un nítido componente de transmisión del ideario. Por último, en una posición más ecléctica, se ha planteado que solo cabe configurar como empresas de tendencia a aquellas que tienen una especial relevancia constitucional y que institucionalmente expresan dicha ideología [cfr., J. APARICIO TOVAR: «Empresas ideológicas y derechos fundamentales del trabajador», en APARICIO, J. , y BAYLOS, A.(directores), *Autoridad y Democracia en la empresa,* Madrid, Tecnos) 1992, p. 83]. En esta última hipótesis se encontrarían las organizaciones religiosas (conjuntamente con los partidos políticos y las organizaciones sindicales). Con todo, es preciso señalar que parte de la doctrina ha criticado la terminología *empresas de tendencia*, «ya que, poniendo excesivamente el acento en la organización, es posible que se consoliden injustificadamente áreas exentas de la aplicación de un precepto constitucional. Resulta más adecuado centrar el análisis en la concreta tarea a realizar por el trabajador dentro de la organización» [RODRÍGUEZ-PIÑERO Y BRAVO-FERRER y FERNÁNDEZ LÓPEZ, «No discriminación en las relaciones laborales», en BORRAJO DACRUZ, Efrén (director), *Comentarios a las Leyes Laborales. El Estatuto de los Trabajadores*, T. IV Madrid, Editorial de Derecho Reunidas). (1986) p. 224].

obligue a que muchas de sus actividades sean desempeñadas única o principalmente por personas coincidentes con el ideario de la organización oferente del empleo. Para el empleador, este factor de *tendencia* representa una mayor ventaja, toda vez que le permite incorporar dentro del contenido obligacional del contrato una actitud congruente, o al menos no confrontada del trabajador, con el ideario de la entidad religiosa. Si no existiera este elemento de modalización, inevitablemente se generarían tensiones que terminarían dificultando el cumplimiento regular de las finalidades ideológicas de la entidad. Esta característica constituye por cierto una excepción a la regla general, ya que conductas que en cualquier otra empresa serían irrelevantes, en el marco de la entidad religiosa adquieren mayor importancia y obligan a confrontarlas con los deberes de respeto o adhesión al ideario y que son propios del contenido obligacional del contrato de trabajo. Dicho de otra manera, en las organizaciones de tendencia (dentro de las cuales se incorpora a las entidades religiosas) existe una relevancia del interés empresarial en razón de su ideario, cuestión que modaliza el ejercicio de los derechos vinculados con la libertad ideológica del trabajador (y que no sería predicable de otras organizaciones que carecen del factor *tendencia*).

En efecto, la mayor parte de los empleadores se desenvuelven bajo la lógica de la neutralidad ideológica. Dicha neutralidad permite separar el ámbito netamente contractual al cual se encuentra obligado el trabajador, de aquel que se refiere al derecho a la libertad religiosa que le corresponde en tanto persona[20]. La neutralidad a la que se hace referencia supone para una empresa sin ideario religioso la obligación de tutelar el derecho a la libertad religiosa de su dependiente sin que se pueda indagar sobre sus creencias o convicciones[21]. En este orden de ideas, el reconocimiento de esta libertad

[20] Cfr., VALDÉS DAL-RE, «Libertad religiosa y contrato de trabajo», en CASAS BAAMONDE, Emilia; DURÁN LÓPEZ, Federico y CRUZ VILLALÓN, Jesús (directores), *Las transformaciones del Derecho del Trabajo en el marco de la Constitución española. Estudios en homenaje al profesor Miguel Rodríguez-Piñero y Bravo-Ferrer* Madrid, Editorial La Ley. 2006 pp. 582 y ss. Véase también Fernández Márquez «Libertad religiosa y trabajo asalariado: condiciones y criterios de articulación», *REDT* n.º 133. 2007 pp. 75 y ss; y CAVAS MARTÍNEZ «Libertad ideológica y contrato de trabajo», en SÁNCHEZ TRIGUEROS, Carmen (directora): *Libertad de empresa y poder de dirección del empresario en las relaciones laborales. Estudios ofrecidos al profesor Alfredo Montoya Melgar* (Pamplona, Editorial Aranzadi-Thomson Reuters, primera edición). (2011) p. 62.

[21] Art. 17.1 del Estatuto de los Trabajadores aprobado por Real Decreto Legislativo 2/2015, de 23 de octubre. en Italia, el artículo 8.º del *Statuto del Lavoratori* prohíbe que los empleadores investiguen, incluso a través de terceros, las opiniones religiosas de sus trabajadores. En igual sentido, el artículo 122.35 del *Code du Travail* francés dispone que el Reglamento Interno de las empresas no puede contener disposiciones que afecten negativamente a los trabajadores en sus puestos de trabajo a causa de sus opiniones y *confesiones*. Este deber de respeto a la libertad religiosa, que se consagra en variados textos laborales europeos, no implica en todo caso que el empleador neutral tenga que *acomodarse* organizativamente a las convicciones religiosas del trabajador. Distinto es el criterio que se ha seguido en el Derecho norteamericano, el cual ha transitado sobre la base de un deber de acomodación razonable entre la actividad del empleador y las prácticas religiosas del trabajador. *Vid.* FERNÁNDEZ MARQUÉZ,

se expresa esencialmente en su ámbito negativo; es decir, en el derecho que tiene el trabajador a mantener en su esfera privada sus respectivas creencias religiosas. Lo anterior encuadra con el reconocimiento legal de la ciudadanía laboral, la cual limita los poderes del empleador.

Ahora bien, cuanto se trata de empresas ideológicas, se ha puesto de manifiesto que entre trabajador y empleador se crea una relación particular, caracterizada por el hecho de que el empleado, cuando lleva a cabo sus tareas, contribuye a la vez a la realización de la finalidad propia y típica de la organización y el ideario conectado a ella, yendo más allá de la normal o clásica relación de confianza por la cual el trabajador se compromete a realizar su cometido para cumplir con los intereses económicos y productivos de la empresa, y exigiéndosele, además, un compromiso con los principios morales que caracterizan y orientan la actividad de la empresa de tendencia. Lo que puede traducirse en la exigencia al empleado de que no solamente se adhiera a la finalidad ideal en su actividad profesional, sino también en su vida privada[22].

Si nos situamos en la perspectiva de los derechos de los trabajadores de estas empresas, observaremos que la relación laboral propia que se nos presenta en las mismas puede generar algunos problemas, principalmente derivados, cuando nos situamos en la etapa de iniciación del contrato de trabajo, de la posible discriminación por razón de religión e incluso, dada la incidencia que puede tener sobre la vida privada, la posible intromisión en su intimidad; lo que nos lleva a determinar cuáles sean los límites que en relación con esos derechos fundamentales del trabajador deben estar presentes. Al propio tiempo, genera igualmente la necesidad de resolver qué se entienda por tendencia y cuál sea su alcance.

3.2. Iglesias y confesiones religiosas como organizaciones dotadas de autonomía y como empresas de tendencia

Resulta evidente que las entidades religiosas pueden desenvolverse en el ámbito de las relaciones ordinarias como empleadoras equiparables a las empresas, sometiéndose al ordenamiento jurídico general, si bien desde la perspectiva de su consideración como organizaciones con un ideario definido y, por ello, consideradas como organizaciones de tendencia. Lo que va a determinar también algunas particularidades específicas ya que la relación que unirá a las partes está mediatizada por el factor de «tendencia» que presenta la entidad religiosa.

O., «Libertad religiosa y trabajo asalariado: condiciones y criterios de articulación», *REDT* n.º 133 (2007), p. 109.

[22] Ello se traduce, por lo que al desarrollo de la relación laboral se refiere, en la posibilidad de aplicar al despido laboral normas distintas del régimen ordinario. *Vid.* en este sentido, PACILLO, V., *Contributo allo studio del diritto di libertà religiosa nel rapporto di lavoro subordinato*, Milan, Giuffrè, 2003, pp. 227 y ss.

Estas organizaciones representan el reconocimiento del pluralismo religioso. A través de estas instituciones, sus afiliados buscan manifestar y propagar un determinado credo religioso. Su reconocimiento internacional es de tal magnitud que muchos ordenamientos jurídicos les atribuyen una autonomía organizativa y normativa que se plasma en un régimen jurídico laboral especial, como ocurre en Alemania y Estados Unidos.

El reconocimiento y protección de las comunidades religiosas y de las instituciones creadas por éstas encaminadas a la consecución de sus fines ha justificado la incorporación de determinadas cláusulas que persiguen defender la autonomía y los valores de dichas entidades frente a terceros, sean éstos particulares o entes públicos. En esta línea, se reconocen cláusulas destinadas a otorgar a las mencionadas instituciones autonomía normativa en materia de organización y personal y proteger a éstas organizaciones de ataques propinados por sus trabajadores o sindicatos que puedan afectar su imagen o atentar contra sus creencias. Es decir, se está otorgando protección no sólo a las confesiones religiosas, sino también a instituciones derivadas de éstas, que actúan con sujeción al derecho del Estado y que a través de grupos religiosos se hacen notar en la sociedad, como asociaciones, fundaciones, universidades y centros educativos o asistenciales, entre otros. Esta cláusula busca garantizar efectivamente dentro del ámbito estatal la identidad religiosa de ciertas organizaciones que se regulan por el derecho del Estado y no por un régimen especial confesional. Pero esta cláusula no pretende proteger la identificación personal de la confesión, sino que busca garantizar la identificación institucional de una confesión, donde el aspecto religioso juega un rol primordial. En esta misma línea de pensamiento, esta cláusula es aplicable al personal contratado en el ámbito del derecho estatal, y no a los miembros de la confesión que se relacionen a ésta por lazos regulados por el derecho confesional. Más aún, la aplicación de esta figura se justifica respecto de aquellas relaciones laborales de contenido religioso, como altos cargos de representación de la entidad, y no aquellas funciones llamadas neutras que no ostentan una carga ideológica marcada.

Este reconocimiento supone, no obstante, que dichas estipulaciones encuentran su límite en el respeto al orden público democrático, esto es, la seguridad, salud y moral pública y a la protección de fines religiosos exclusivamente, ya que de lo contrario, si se intenta aplicar estas normas en empresas comerciales, se estarían limitando los derechos fundamentales[23], legitimando así la limitación de algunos derechos fundamentales constitucionalmente reconocidos de los trabajadores en beneficio de la libertad religiosa de dichas entidades, justificación más o menos válida dependiendo de la visión del intérprete. Desde un punto de vista más crítico, puede sostenerse que estas cláusulas estarían permitiendo tratamientos claramente discriminatorios tanto en

[23] Véase, por todos, artículo 6 de la Ley Orgánica de Libertad Religiosa española.

la selección del personal, la duración del contrato de trabajo y en la extinción de dicha relación. Para moderar dicha situación, la norma señalada incorpora en su texto que su aplicación es «sin perjuicio del respeto de los derechos y libertades reconocidos por la Constitución, y en especial de los de libertad, igualdad y no discriminación».

La manifestación más radical del factor tendencia en las confesiones religiosas como generadoras de servicios profesionales se encuentra en el reconocimiento de su autonomía organizativa y de funcionamiento y la capacidad que desde esa autonomía puedan tener para la regulación del régimen de su personal[24].

Sin poder pretender ahora, ni mucho menos, hacer una consideración extensa sobre el significado de la autonomía de las confesiones, sí, al menos, deben de ponerse de manifiesto algunas de las consecuencias derivadas de ese reconocimiento que repercutirán, a mi modo de ver, de forma directa sobre algunos de los supuestos que hemos de contemplar en relación con el establecimiento de la relación de servicios a las confesiones religiosas. Obsérvese que hablamos de relación de servicios, y no de relación laboral, porque desde este reconocimiento, es doctrina común sostener que quienes desarrollan este tipo de servicios puedan, en algunas ocasiones, quedar excluidos de la relación laboral al estimarse que serán las normas propias de la confesión las que deberán de regir esa relación.

La especial configuración de las confesiones y grupos religiosos en general, nace de la propia normativa constitucional y legal que ha regulado la libertad religiosa en los países de nuestro entorno, especialmente en los que forman parte del Convenio Europeo de Derechos Humanos. La normativa de dichos países ha reconocido en las *Iglesias, confesiones* e *instituciones* religiosas a figuras lo suficientemente amplias para abarcar dentro de sí a todos los sujetos colectivos religiosos susceptibles de mantener relaciones de cooperación con el Estado, y que se encuentren integradas por personas naturales que profesan una determinada fe. A esas mismas figuras, los Estados parte del Convenio les reconocen libertad para manifestar todas las creencias y ejercer libremente todos los cultos, pues se parte de la base que esta libertad se conecta directamente con la dignidad de la persona.

La especial naturaleza de las entidades religiosas, no es un dato trivial a la hora de calificar el vínculo que surge entre éstas sus colaboradores. Sin perjuicio de su indudable característica como organizaciones de tendencia[25], el ordenamiento jurídico les ha otorgado a estas entidades una naturaleza tal que ellas terminan desarrollando

[24] *Vid.* G. ROBBERS, ed. *Church Autonomy. A Comparative Survey*, Frankfurt am Main, Peter Lang, 2001. Aunque interesa el repaso de cada una de las ponencias contenidas en este volumen, interesa especialmente para una visión general, la de S. COLE DURCHAM Jr. «The right to autonomy in religious affairs: a comparative view».

[25] Cfr. MORENO BOTELLA, G., «El carácter propio de las confesiones religiosas y sus consecuencias en el Derecho laboral español», en *Revista española de derecho canónico* 44 (123), p. 543.

su condición empleadora bajo un especial prisma que no es posible encontrar en otro tipo de empleadores. Lo que sucede es que las entidades religiosas no pueden ser configuradas como simples manifestaciones de la libertad de empresa o de la mera iniciativa económica; por el contrario, su base constitucional se encuentra en los derechos fundamentales de los que son titulares, cuestión que hace sustentar su poder de dirección laboral. Lo anterior cobra aun mayor importancia si se toma en cuenta que para la configuración empleadora de una entidad resultan irrelevante en principio sus características jurídicas o económicas: lo distintivo es su capacidad para utilizar la prestación de los servicios, independientemente de si se trata de una organización con o sin ánimo de lucro, o si tiene un fin benéfico, cultural o social.

La entidad religiosa se distingue por la existencia de una organización englobante de los miembros de una creencia religiosa, en que ellos se sienten unidos por unas mismas creencias, trascendentes normalmente, aunque no siempre, ritos y dogmas. Entre sus características básicas es posible advertir una organización que ostenta una creencia religiosa común, y que cuenta con un culto y una implicación moral que obliga a los miembros de la entidad a adecuar su vida a unas reglas de conducta derivadas de su creencia. Asimismo, se distingue una finalidad de propagación doctrinal, cuestión que termina traduciéndose en una multiplicidad de entes de diversa naturaleza que difunden una concepción del mundo inspirada en valores ideales claramente reconocibles. En consecuencia, la entidad religiosa se organiza institucionalmente en base a estos elementos; y sin ellos se desdibuja completamente, perdiendo atributos esenciales de su configuración.

Por otra parte, el funcionamiento de las Iglesias, confesiones y entidades religiosas se verifica en estructuras organizativas en las cuales participan personas bajo distintos regímenes de vinculación. Desde luego, muchas de ellas se encuentran adscritas en razón de figuras de mera colaboración, sin que exista una voluntad especial de estructurar vínculos formales con específicas consecuencias jurídicas. También existen personas cuya identificación con el ideario religioso es tan intenso que, en la práctica, terminan representando a la propia entidad. No obstante, hay numerosos casos en que la vinculación se traduce en un específico acuerdo contractual, que en no pocas ocasiones presupone la adhesión al ideario (o al menos su no confrontación), y que exigen especificar las consecuencias jurídicas que dicha vinculación implica para el ordenamiento legal vigente.

El problema es que no existe claridad suficiente para determinar a priori si muchas de esas colaboraciones se realizan a título de mera benevolencia o altruismo, o por el contrario lo que existe es una prestación propia de una relación cercana o identificada con un contrato de trabajo. También existen dificultades para determinar los límites obligacionales del colaborador, toda vez que la adhesión al ideario religioso va a constituir un elemento relevante para concretar el contenido obligacional. Razones todas ellas que provocan la lógica tensión en la legislación del Estado que deberá determinar, balanceando los factores en presencia, cuál deberá ser el régimen jurídico aplicable a esos casos. Lo que significa que la autonomía jurídicamente reconocida a las Iglesias, confesiones y comunidades religiosos les permite organizar su propia estructura, estableciendo derechos y deberes específicos en relación con sus miembros y, muy especialmente, con aquellos que realizan tareas de especial cualificación.

Esas especiales características que nos presentan las confesiones religiosas, en las que la participación en sus tareas por parte de determinadas personas llamadas a ejercerlas, supone un vínculo de unión de especial intensidad con la propia confesión[26], puede determinar la necesidad de exigir en la fase de selección algunas especialidades que entren en colisión con las exigencias de la legislación en materia laboral, además de la propia exigencia de la formación específica por parte de la propia confesión para el ejercicio de tales funciones, que cualifique las condiciones de ese personal.

Debe tenerse en cuenta, en este sentido, que se trata de una actividad puramente religiosa que consiste en tareas encaminadas a satisfacer necesidades estrictamente religiosas (culto, enseñanza del dogma, cuidado pastoral...) que suponen incluso su inclusión o incardinación en la propia estructura organizativa y jerárquica de la propia confesión. Lo que exigirá, sin duda, la utilización de criterios y formas específicos y propios de la confesión para proceder a su selección y nombramiento[27].

[26] Puede verse, en tal sentido, HERA, A. de la, «La función ministerial de los clérigos», en *Ius Canonicum*, XXXIV (1994), pp. 103-132.

[27] Cfr. en tal sentido Concilio Ecuménico Vaticano II, Decreto sobre la formación sacerdotal *Optatam totius* (28 de octubre de 1965): *AAS* 58 (1966), 713-727. Por su parte, la Congregación para la Educación Católica ha publicado diversos documentos con el fin de promover la adecuada formación integral de los futuros sacerdotes, ofreciendo orientaciones y normas precisas acerca de varios de sus aspectos: Cf. Congregación para la Educación Católica, Ratio *Fundamentalis Institutionis Sacerdotalis* (6 de enero de 1970; edición nueva, 19 de marzo de 1985); Carta Circular sobre la enseñanza de la Filosofía en los Seminarios (20 de enero de 1972); Orientaciones para la educación en el celibato sacerdotal (11 de abril de 1974); Carta Circular sobre la enseñanza del Derecho Canónico para los aspirantes al sacerdocio (2 de abril de 1975); La formación teológica de los futuros sacerdotes (22 de febrero de 1976); *Epistula circularis de formatione vocationarum adultarum* (14 de julio de 1976); Instrucción sobre la formación litúrgica en los Seminarios (3 de junio de 1979); Carta Circular sobre algunos aspectos más urgentes de la formación espiritual en los Seminarios (6 de enero de 1980); Orientaciones educativas sobre el Amor Humano. Pautas de educación sexual (1 de noviembre de 1983); Carta Circular sobre la pastoral de la Movilidad Humana en la formación de los futuros sacerdotes (25 de enero de 1985); Orientaciones para la formación de los futuros sacerdotes para el uso de los instrumentos de la Comunicación Social (19 de marzo de 1986); Carta Circular acerca de los estudios sobre las Iglesias Orientales (6 de enero de 1987); Carta Circular sobre la Virgen María en la formación intelectual y espiritual (25 de marzo de 1988); Orientaciones para el estudio y la enseñanza de la Doctrina Social de la Iglesia en la formación de los sacerdotes (30 de diciembre de 1988); Instrucción sobre el estudio de los Padres de la Iglesia en la formación sacerdotal (10 de noviembre de 1989); Directrices sobre la preparación de los Formadores en los Seminarios (4 de noviembre de 1993); Directrices sobre la formación de los seminaristas acerca de los problemas relativos al matrimonio y a la familia (19 de marzo de 1995); Instrucción a las Conferencias Episcopales sobre la admisión al Seminario de candidatos provenientes de otros Seminarios o Familias religiosas (9 de octubre de 1986 y 8 de marzo de 1996); El período Propedéutico: documento

Un ejemplo que puede ser esclarecedor es el propio de los clérigos de la Iglesia católica; para la persona que va a ser consagrada, como paso previo al ejercicio de su misión ministerial, su pacto, su compromiso, no es con otro o con otros, ni siquiera con la propia jerarquía de la organización eclesiástica, sino con Dios, como evidencian los propios ritos de la ordenación sacerdotal[28]. Se trata de un sacramento cuya recepción requiere unos requisitos previos que la propia ley eclesiástica regula y que va a constituir un nexo entre esa persona consagrada y el resto de la Iglesia[29]. Ese pacto no es contractual, sino sacramental. No hay contrato, porque no hay «causa» contractual[30]. El sacerdote (y en cierto sentido ocurre lo mismo con el religioso por obra de lo dispuesto en el canon 207) se pone a disposición de la comunidad religiosa de forma tan personal e intensa que es absolutamente imposible configurar contractualmente esa relación.

En este supuesto, ciertamente que las organizaciones religiosas no se comportan como un empleador al estilo de lo preceptuado en la legislación laboral. Allí no ha existido intención de celebrar un verdadero contrato de trabajo y la mayor parte de

informativo (1 de mayo de 1998); *Lettere circolari circa le norme canoniche relative alle irregolarità e agli impedimenti sia ad Ordines recipiendos, sia ad Ordines exercendos* (27 de julio de 1992 y 2 de febrero de 199).

28 Cfr. GRÜN, A., *El orden sacerdotal*, trad. de A. BELLILLA, Madrid, San Pablo, 2002, pp. 26 y 27.

29 Mediante el Sacramento del Orden, por institución divina, algunos de entre los fieles quedan constituidos ministros sagrados (canon 1008); de este modo, son consagrados y destinados a apacentar el Pueblo de Dios según el grado de cada uno (episcopado, presbiterado y diaconado), desempeñando en la persona de Cristo Cabeza las funciones de enseñar, santificar y regir (cc.1008-1009). El Sacramento del Orden es, pues, el fundamento del ministerio jerárquico y del principio jerárquico en la Iglesia. A través del Sacramento del Orden los ministros sagrados quedan habilitados también para actuar «in persona Christi Capitis», en nombre y en representación de Cristo, Cabeza de la Iglesia, con el poder de representarlo y de ejercitar su potestad —«sacra potestas»— en relación con las tres funciones propias de Cristo y de la Iglesia (munus docendi, sanctificandi et regendi).

El estatuto jurídico de los clérigos es, por tanto, consecuencia de esa condición jerárquica que los ministros sagrados tienen en la Iglesia, por virtud de la cual queda modalizada canónicamente su condición de fieles que, por lo demás, siguen conservando siempre. Pero, dado que el estado canónico propio de los clérigos afecta a la estructura jerárquica de la Iglesia, es necesario un estatuto jurídico especial. En ese estatuto se contienen las obligaciones y derechos que les corresponden de acuerdo con su condición de ministros sagrados (cc. 273-289).

Puede verse en tal sentido, igualmente, HERVADA, J., Comentario al can. 207 de la edición bilingüe anotada del Código de Derecho Canónico, a cargo del Instituto Martín de Azpilcueta, 8.ª ed. Pamplona, 2015.

30 Sobre la causa, *vid.* CASTRO, F. de, *El negocio jurídico,* ed. facsímil, Madrid, Civitas, 1985, pp. 56, 249, 258 y 464. Aunque en otro contexto, refiriéndose al estado religioso, F. de Castro llega a la conclusión de que la expresión «tomar estado», aplicada tanto a clérigos como a religiosos, que esra utilizada en el artículo 321 del Código Civil, comprendía no sólo el matrimonio, sino también «lo que en el lenguaje general se entiende como tomar estado religioso». *Vid. Derecho civil del España*, Madrid, Civitas, 1984, p. 244.

las actividades que realizan sus miembros deberán entenderse como una manifestación del vínculo religioso que se mantiene con la confesión, en el entendido de que el sujeto obedece órdenes de un superior eclesiástico y no de un empleador; incluso está integrado en la propia organización jerárquica de la organización[31]. Resulta evidente que las organizaciones religiosas se vinculan con las personas que les prestan servicios fundadas principalmente en el ideario que profesan. Tan importante es este ideario que, sin él, la entidad religiosa perdería su propia esencia.

Los argumentos para fundar esta conclusión han transitado, indistintamente, por la tesis de que en este tipo de relaciones se produciría un vínculo asociativo, o bien un trabajo por cuenta propia análogo al familiar, situaciones ambas que se encuentran excluidas del ámbito de la legislación laboral[32].

Al no encontrarse sometida dicha actividad por el imperio de la legislación laboral, entonces el receptor de los servicios no puede ser configurado como un verdadero empleador. Lo que se distingue en este caso, por tanto, no es el tipo de servicio ejecutado, sino la naturaleza extralaboral del vínculo. Este criterio, ampliamente aceptado por la doctrina[33], viene a suponer que en las relaciones existentes entre un miembro de

[31] Cfr., BORRAJO DACRUZ, «Régimen jurídico aplicable al personal eclesiástico que presta servicios docentes en un centro privado dependiente de la entidad a la que pertenece», en *EE,* núm. 246, vol. 63 (1988) p. 330; DEL PESO Y CALVO, «El sacerdote, en función de su sagrado ministerio, no goza del concepto legal de trabajador», en *RISS,* núm. 2 (1966) p. 275. Véase, también, AZNAR GIL, *La retribución económica de los sacerdotes en el ordenamiento canónico español,* en *REDC*, 43 (1986) p. 435: «La relación que liga al sacerdote con la diócesis y con la Iglesia misma no está, no puede estar, basada en una relación contractual o disciplinaria, aunque esta última exista. La relación sacerdote-Iglesia, desde el punto de vista jurídico, está basada en una "afectio" vocacional y espiritual. El sacerdote no es un profesional al servicio de la Iglesia, no es un trabajador por cuenta ajena. El sacerdote es un trabajador al servicio de sus propias creencias y vocación»; y Basdevant-Gaudemet, «Estado e Iglesia en Francia», en ROBBERS, G., *Estado e Iglesia en la Unión Europea*, Baden Baden, Nomos, 1996, p. 136: «No puede hablarse de contrato de trabajo entre un clérigo y su superior jerárquico; (...). Las relaciones son de otro orden».

[32] Cfr., BLAT GIMENO, «Trabajos amistosos», en E. BORRAJO DACRUZ (dir.), *Comentarios a las Leyes Laborales. El Estatuto de los Trabajadores.* T.I, Madrid, Ed. de Derecho Reunidas, 1990, p. 172; y Calvo Gallego, *Contrato de trabajo y libertad ideológica*, Madrid, Consejo Económico y Social, 1995, p. 139.

[33] Véase, entre otros, ALBERCA DE CASTRO, *Régimen jurídico del ministro de culto en España y Francia,* Granada, Comares, 1999 p. 46; BLAT GIMENO, *Relaciones laborales en empresas ideológicas*, cit., pp. 222 y 223; Borrajo Dacruz, «Régimen jurídico...», cit. pp. 330, 336 y 340; Calvo Gallego, *Contrato de trabajo y libertad ideológica*, Madrid, Consejo Económico y Social, 1995 pp. 136 y 137; OTADUY GUERIN, *Régimen jurídico español del trabajo de eclesiásticos y religiosos*, Madrid, Tecnos, 1993, pp. 24 y siguientes; DEL PESO Y CALVO, «El sacerdote...», cit. pp. 275 y 276; Fernández-Coronado González, «Confesión religiosa», en A. MONTOYA MELGAR, *Enciclopedia Jurídica Básica*, Vol. I. Madrid, Civitas, 1995, p. 1411; MORENO BOTELLA, «El carácter propio...», cit. p. 543; VALDÉS DAL-RE, «Libertad religiosa y contrato de trabajo», en CASAS BAAMONDE, E.; DURÁN LÓPEZ, F. y CRUZ VILLALÓN, J. (directores), *Las transformaciones del Derecho del Trabajo en el marco de la Constitución*

la entidad religiosa y su respectiva organización, se verifica un vínculo de naturaleza extralaboral regido por las normas internas de cada confesión, las cuales en todo caso deberán respetar los derechos fundamentales de aquel.

Sin embargo, no toda actividad de servicio realizada en el seno de las confesiones religiosas presenta las características especiales de las que venimos hablando. Tratándose de personas no ligadas a la organización por esos vínculos de especial alcance, debemos de pensar que las organizaciones religiosas deberán comportarse como un empleador laboral más, sin perjuicio de las singularidades propias que se derivan de la naturaleza jurídica de este empleador. Singularidades que se traducen en las denominadas cláusulas de salvaguarda de la identidad o del carácter propio de la respectiva confesión.

En estos casos, la naturaleza de las labores resulta relevante cuando las convicciones son esenciales para el desempeño del cargo o función contratado. De cierta manera la propia misión de la entidad religiosa puede verse afectada si se produce una desafección del ideario, cuestión que obliga a identificar muy rigurosamente el contenido obligacional del vínculo y la adecuada ponderación de los límites al ejercicio del derecho a la libertad religiosa que también ostenta el trabajador. No hay que olvidar que el carácter *tendencial* del empleador religioso lo configura como una entidad orientada a la consecución de valores, que supera el mero interés de empresa, y que de alguna forma realza el deber de sintonización del trabajador con el ideario del empleador. Cabe tener presente, como pone de manifiesto P. IRURETA, que en todo caso, que el contenido obligacional del trabajo desempeñado por el laico se ve de cierta manera teñido por el ideario de la organización religiosa la cual se constituye precisamente para propagar su *ideario*. En este contexto, en el ejercicio de la prestación, el colaborador laico no puede olvidar la identidad y el carácter propio de la entidad religiosa con la cual ha contratado cuestión que se traduce en una conducta que al menos no contradiga el ideario[34].El análisis de esta materia parte de la base que los trabajadores que prestan servicios para una entidad religiosa son, de alguna manera, colaboradores en la realización del ideario de su empleador.

Pero ello no impide la distinción, al menos doctrinariamente, entre trabajadores que prestan servicios completamente irrelevantes para el cumplimiento del ideario (v. gr., funciones meramente administrativas), y aquellos que trabajan directamente conectados con la propagación del *ideario* que pregona la entidad religiosa. En el primer supuesto, se parte de la base que no cualquier actividad desempeñada en la entidad religiosa puede ser considerada como necesaria para el cumplimiento de la finalidad que persigue el empleador. En este orden de ideas, el «*factor religioso*» no

española. Estudios en homenaje al profesor Miguel Rodríguez-Piñero y Bravo-Ferrer , Madrid, Editorial La Ley, 2006, p. 568.

[34] P. IRURETA, «Situación legal de las personas que prestan servicios a una entidad religiosa», en *Revista Chilena de Derecho,* 40.2 (2013), p. 504.

se convierte en una condición objetiva exigible para el normal desarrollo de la tarea; ni tampoco se requiere un posicionamiento ideológico previo del trabajador.

Podemos concluir con el mencionado autor[35] que la Iglesia y las entidades religiosas, en general, se presentan ante el mundo del Derecho como organizaciones destinadas a propagar una determinada *identidad* en este caso de carácter religioso. Desde esta perspectiva, el sistema jurídico les reconoce autonomía para cumplir sus propios fines específicos y tolera la existencia de ordenamientos complementarios a los establecidos por el orden estatal los que son aplicables a sus integrantes. Esta especial configuración afecta a las personas que colaboran con la Iglesia y las entidades religiosas en la propagación del ideario. Este ideario se alza como un requisito esencial de su constitución, y extiende su influencia sobre el contenido obligacional de los colaboradores. De esta manera, conductas que en otro tipo de organizaciones serían completamente irrelevantes, en el marco de la entidad religiosa adquieren un significado singular que modaliza las obligaciones del colaborador.

Dentro del ámbito organizativo de las entidades religiosas, es posible distinguir dos tipos de colaboradores. En primer lugar, destaca aquel que ostenta la calidad de religioso (o bien que presenta un estatus propio dentro de la institucionalidad religiosa). La intención de dicho colaborador es la de propagar el ideario, y difícilmente podría enrostrársele la calidad de trabajador propiamente tal de la organización religiosa. Más que un vínculo laboral, lo que allí existe es una ligazón religiosa (o incluso asociativa) que aleja cualquier posibilidad de construir un contrato laboral o de prestación de servicios civil. Distinto es el caso de los colaboradores laicos que, sin tener la calidad de religiosos, se insertan en el ámbito organizativo de la entidad al objeto de colaborar en la propagación del *ideario*, o simplemente para ejecutar tareas más bien secundarias del ideario que no requieren de una especial adhesión religiosa. En el caso de aquellos colaboradores que desempeñan labores conectadas con el ideario, lo más probable es que se configuren como trabajadores al estilo de la legislación laboral en el entendido de que el contenido obligacional del contrato se modalizado por el «*factor religioso*» de su empleador. Por el contrario, si el colaborador desempeña tareas irrelevantes para el cumplimiento del ideario, su prestación se regirá casi en exclusiva por las normas de la legislación laboral; aun cuando habrá que reconocer que igual pesan sobre dicho colaborador exigencias de no enfrentamiento con el ideario de la entidad religiosa.

4. El Derecho de la Unión Europea

La protección de los derechos fundamentales no constituyó una prioridad para los padres fundadores de las comunidades europeas, lo cual era lógico si pensamos

[35] *Op. cit.* pp. 505-506.

que la finalidad esencial era la consecución de unos objetivos económicos ligados al mercado común, por lo que si se tutelaban los derechos fundamentales, se hacía únicamente como consecuencia de una necesidad económica.

Es en el preámbulo del Acta Única Europea (AUE), firmada en Luxemburgo el 17 de febrero de 1986, donde se proclama por primera vez en el Derecho originario la garantía de los derechos fundamentales. En el mismo los Estados miembros manifiestan, por un lado, su decisión «a promover conjuntamente la democracia, basándose en los derechos fundamentales reconocidos en las Constituciones y Leyes de los Estados miembros, en el Convenio Europeo para la Protección de los Derechos Humanos y de las Libertades Fundamentales, y en la Carta Social Europea, en particular la libertad, la igualdad y la justicia social» y, por el otro, su deseo por «defender muy especialmente los principios de la democracia y el respeto del derecho y de los derechos humanos que reafirman.»

Sin embargo, hasta el Tratado de la Unión Europea, firmado en Maastricht el 7 de febrero de 1992, no se recoge la primera referencia expresa a los derechos humanos como contenido de Derecho comunitario.

El apartado segundo del artículo F TUE (actual art. 6 TUE), en su redacción originaria dispone que: «La Unión respetará los derechos fundamentales tal y como se garantizan en el Convenio Europeo para la Protección de los Derechos Humanos y de las Libertades Fundamentales firmado en Roma el 4 de noviembre de 1950, y tal y como resultan de las tradiciones constitucionales comunes a los Estados miembros como principios generales del Derecho comunitario.»

El Tratado de Amsterdam, de 2 de Octubre de 1997, constituyó sin duda alguna, un salto cualitativo en la materia, pudiendo destacar dos elementos de especial importancia en lo que a la libertad religiosa concierne: la inclusión de un párrafo primero en la versión consolidada del artículo 6 del Tratado de la Unión Europea (ex art. F TUE y art. 6 TUE tras la reforma de Lisboa), dentro de las «Disposiciones comunes» a los Estados miembros, y la Declaración número 11 del Acta Final del Tratado.

La Declaración número 11 del Acta Final del Tratado, se refiere al «Estatuto de las iglesias y de las organizaciones no confesionales» y establece que «La Unión Europea respeta y no prejuzga el estatuto reconocido en virtud del derecho nacional, a las iglesias y las asociaciones o comunidades religiosas en los Estados miembros. La Unión Europea respeta así mismo, el estatuto de las organizaciones filosóficas y no confesionales.» Como dice A. M. Rodríguez Araujo[36], «la Unión, en materia de religión, se aparta del intervencionismo: respeta y no interfiere. Pero también se aparta del indiferentismo al considerar a las iglesias y comunidades religiosas como una parte destacada de la sociedad civil, con una identidad propia y un papel especí-

[36] RODRIGUES ARAUJO A.M., *Iglesias y organizaciones no confesionales en la UE: artículo 17 TFUE*, Eunsa, Madrid, 2012, pág. 226.

fico en el proyecto europeo». En cualquier caso, resulta cuanto menos revelador que la UE se ocupe antes del aspecto institucional del hecho religioso que de la libertad religiosa como derecho individual y subjetivo.

El Tratado por el que se establece una Constitución para Europa (Constitución Europea o TCUE), firmado en Roma el 29 de Octubre de 2004, constituyó un punto de inflexión definitivo en materia de protección de derechos fundamentales, dado que por un lado otorgó valor jurídico a la Carta de los Derechos Fundamentales de la Unión Europea y por otro, al atribuir personalidad jurídica a la Unión, hacía posible la adhesión de la misma al Convenio Europeo de Derecho Humanos (art. 6 TUE, artículo I-9 Constitución Europea, antiguo art. 6 TUE)

El TCUE, con el fin de colmar las carencias que presentaba un sistema de derechos fundamentales basado esencialmente en la casuística jurisprudencial, y de determinar el contenido primario de unos derechos definidos hasta el momento de modo fragmentario, incorporó un elemento central al mismo, una parte II que contenía la Carta de los derechos fundamentales de la Unión. En concreto, el artículo II-70 del Tratado Constitucional europeo, hacía alusión de modo directo y expreso a la libertad de pensamiento, conciencia y religión, garantizando esta libertad en su doble dimensión, la interna y la externa. Pero tal y como nos es conocido, el espejismo de un texto constitucional para Europa, generado con la firma del TCUE, se derrumba la primavera del año siguiente con el rechazo en referéndum de Francia y los Países Bajos.

El artículo 6 del Tratado de la Unión Europea incluido en la rúbrica de «Disposiciones comunes» dice así: «1. La Unión reconoce los derechos, libertades y principios enunciados en la Carta de los Derechos Fundamentales de la Unión Europea de 7 de diciembre de 2000, tal como fue adaptada el 12 de diciembre de 2007 en Estrasburgo, la cual tendrá el mismo valor jurídico que los Tratados. Las disposiciones de la Carta no ampliarán en modo alguno las competencias de la Unión tal como se definen en los Tratados. Los derechos, libertades y principios enunciados en la Carta se interpretarán con arreglo a las disposiciones generales del título VII de la Carta por las que se rige su interpretación y aplicación y teniendo debidamente en cuenta las explicaciones a que se hace referencia en la Carta, que indican las fuentes de dichas disposiciones. 2. La Unión se adherirá al Convenio Europeo para la Protección de los Derechos Humanos y de las Libertades Fundamentales. Esta adhesión no modificará las competencias de la Unión que se definen en los Tratados. 3. Los derechos fundamentales que garantiza el Convenio Europeo para la Protección de los Derechos Humanos y de las Libertades Fundamentales y los que son fruto de las tradiciones constitucionales comunes a los Estados miembros formarán parte del Derecho de la Unión como principios generales».

El artículo 6 TUE, consolida el conocido como sistema de tutela multinivel de los derechos fundamentales. Así, los derechos fundamentales gozan de un triple sistema de protección: el que viene dado por la Carta de Niza, el de la Convención de

Roma y el propio de los ordenamientos internos. Se produce una interacción entre estos tres sistemas, constituyendo el estándar mínimo de protección el fijado por el sistema del Consejo de Europa, al que deberán someterse no sólo los ordenamientos constitucionales, sino que también al ordenamiento de la Unión. En este sentido, el artículo 52.3 de la Carta dispone que «En la medida que la presente Carta contenga derechos que correspondan a derechos garantizados por el Convenio Europeo para la protección de los Derechos Humanos y de las Libertades Fundamentales, su sentido y alcance serán iguales a los que les confiere dicho Convenio. Esta disposición no obstará a que el Derecho de la Unión conceda una protección más extensa».

Es cierto que el artículo 6 TUE no alude expresamente a la libertad religiosa, pero no es menos cierto que recoge todos los presupuestos necesarios para que la misma pueda desarrollarse. A lo que si alude expresamente el Tratado de Lisboa es a la tutela del derecho desde una perspectiva colectiva. Así, el artículo 17 TFUE viene a consolidar la tendencia iniciada con la Declaración número 11 del Acta Final del Tratado de Amsterdam.

Por último, en lo que se refiere a este apartado, señalar que el artículo 19 TFUE tutela de manera indirecta, a través del principio de no discriminación, el derecho a la libertad religiosa.

En materia antidiscriminatoria, de especial interés en el tema que tratamos, además de contar con un ya viejo e importantísimo reconocimiento internacional[37],

[37] Convenio 111 de la OIT relativo a la discriminación en materia de empleo y ocupación. Define la discriminación como: «a) cualquier distinción, exclusión o preferencia basada en motivos de raza, color, sexo, religión, opinión política, ascendencia nacional u origen social, que tenga por efecto anular o alterar la igualdad de oportunidades o de trato en el empleo y la ocupación; b) cualquier otra distinción, exclusión o preferencia que tenga por efecto anular o alterar la igualdad de oportunidades o de trato en el empleo u ocupación, que podrá ser especificada por el miembro interesado previa consulta con las organizaciones representativas de empleadores y de trabajadores, cuando dichas organizaciones existan, y con otros organismos apropiados». Distingue, no obstante, tres categorías de medidas que no se consideran discriminatorias, entre las que «se encuentran aquellas que se fundan en las cualificación exigida por un empleo determinado» (*Vid.* Oficina Internacional de Trabajo, *Derechos fundamentales en el trabajo y normas internacionales del trabajo*, Ginebra, 2004, pp. 69-70). En este punto, la Oficina Internacional del Trabajo ha precisado que «es posible que los criterios enumerados en la convención (raza, color, sexo, religión, opinión política), constituyan cualificaciones exigidas por un empleo determinado». Por ello, se añade al respecto que: «En cuanto a la religión, las restricciones referidas a algunos empleos, vinculadas a una religión determinada se pueden aceptar» (*Ibid.*).

Por su parte, El Comité de Derechos Humanos, en el caso Malcom Ross contra Canadá [Malcom Ross contra Canadá, Vista n.º 736/1997, UN. Doc. CCPR/C/70/D/736/1997 (2000)] juzgó que el cambio de destino de un profesor, que había hecho comentarios antisemitas, era legítimo y necesario, especialmente para proteger los derechos o la reputación de las personas de religión judía, incluido su derecho a la educación». El Comité consideró que «la influencia que ejercen los profesores puede justificar la imposición de restricciones [sobre la libertad de expresión] con el fin de proteger aquello a lo que el sistema escolar no concede legitimidad, a la expresión de opiniones que son discriminatorias»

buena parte del Derecho Social de la Unión Europea está compuesto por normas antidiscriminatorias como la Directiva 75/117/CEE, de 10 de febrero de 1975 sobre aproximación de las legislaciones de los Estados miembros que se refieren a la aplicación del principio de igualdad de retribución entre trabajadores masculinos y femeninos, la Directiva 76/207/CEE, de 9 de febrero de 1976, del Consejo sobre aplicación del principio de igualdad de trato entre hombres y mujeres en lo que se refiere al acceso al empleo, a la formación y promoción profesionales y a las condiciones de trabajo y la Directiva 2000/78/CE del Consejo, relativa al establecimiento de un marco general para la igualdad de trato en el empleo y la ocupación[38].

La Directiva 2000/78/CE, que establece un marco general para la igualdad de trato en el empleo y la ocupación, dispuso un régimen específico, derogatorio, para dos motivos de discriminación: la edad y la religión. El régimen específico relativo a la religión se corresponde con el descrito en el artículo 4.2[39]. Pese a que los requisitos

---

(Véase Evans, M., *The freedom of religion or belief and the freedom of expression, Parlamento europeo*, Dirección General de Política exterior de la Unión —Study, 2009).

Las líneas directrices que atañen al examen de leyes que afecta a la religión o a las convicciones religiosas, adoptadas por la OSCE/OIDDH y la Comisión de Venecia otorgan igualmente indicaciones útiles, especialmente en lo que respecta a las reglas sobre la contratación y el despido de profesores en base a su religión o sus convicciones. Tras haber recordado que los «casos que implican contratación y despido de profesores y de otras categorías de personal en los colegios (públicos o privados), en función de su religión o de sus convicciones, pueden parecer muy complicados y su resolución depende de los hechos en cada caso». Las líneas directrices establecen que «los colegios religiosos, por ejemplo, pueden exigir que su personal sea miembro de la religión en cuestión y despedir a los empleados que hayan abandonado la religión o hayan seguido una conducta que la dirección considera contraria a la ética del centro» (*Líneas directrices que atañen al examen de leyes que afectan a la religión o a las convicciones religiosas*, Comisión de Venecia/OSCE-OIDDH Panel of Experts on Freedom of Religion or Belief, CDL-AD (2004) 028, Dictamen n.º 271/2004, adoptadas por la Comisión de Venecia en el 59.º Pleno, junio de 2004, p. 10).

[38] Montoya Melgar, A., Galiana Moreno, J.M., Sempere Navarro, A. V.: *Derecho Social Europeo*, Madrid, 1994, págs. 49 sigs.

[39] «Los Estados miembros podrán mantener en su legislación nacional vigente el día de adopción de la presente Directiva, o establecer en una legislación futura que incorpore prácticas nacionales existentes el día de adopción de la presente Directiva, disposiciones en virtud de las cuales en el caso de las actividades profesionales de iglesias y de otras organizaciones públicas o privadas cuya ética se base en la religión o las convicciones de una persona, por lo que respecta a las actividades profesionales de estas organizaciones, no constituya discriminación una diferencia de trato basada en la religión o las convicciones de una persona cuando, por la naturaleza de estas actividades o el contexto en el que se desarrollen, dicha característica constituya un requisito profesional esencial, legítimo y justificado respecto de la ética de la organización. Esta diferencia de trato se ejercerá respetando las disposiciones y principios constitucionales de los Estados miembros, así como los principios generales del Derecho comunitario, y no podrá justificar una discriminación basada en otro motivo». *Vid.* Fernández López, M. F. - Calvo Gallego, F. J. «La Directiva 78/2000/CE y la prohibición de discriminación por razones ideologicas: una ampliación del marco material comunitario», en *Temas Laborales*, 59 (2001); pp.125163.

religiosos exigidos en el ejercicio de una actividad profesional ya están incluidos[40] de forma implícita en el régimen general, que justifica la diferencia de trato relativa a la exigencia profesional «esencial y determinante»[41], los Estados miembros de la UE han juzgado útil reforzar y ampliar esta protección en el ámbito religioso. Para este propósito, se han inspirado probablemente en principios, derivados de la Comisión en el caso Rommelfanger contra la RFA[42]. De este modo, el último párrafo del artículo 4 § 2 establece el principio de una obligación general «de buena fe y de lealtad (de los empleados) hacia la ética de la organización».

Dado que atañe no únicamente a la organización en sí, sino también a su ética, la obligación general de buena fe y de lealtad va más allá de lo que exigiría una relación laboral, fundada exclusivamente en un vínculo contractual neutro. Demuestra con creces la consideración de la doble dimensión —contractual y espiritual— de la relación laboral que existe en el seno de iglesias y organizaciones públicas o privadas «cuya ética se funda en la religión o en las convicciones». Dado que esta doble dimensión es difícil de interpretar mediante el derecho, el carácter contractual de la relación reside a menudo en los hechos, subordinado a su dimensión espiritual, y como absorbido por ésta, la relación laboral debe apreciarse en relación a los requisitos de libertad de religión y de conciencia.

Debido al alcance de su campo de aplicación, la Unión Europea ha buscado interpretar con justicia la diversidad de organismos de inspiración religiosa. De este modo, se protegen «todas las estructuras que no tienen forzosamente una finalidad religiosa, sino que se fundan en una ética ideológica o religiosa»[43]. Esto autorizaría, por ejemplo, como lo ha juzgado especialmente el Tribunal supremo americano[44], el reenvío de un miembro de una asociación de movimiento scout que reivindicaba un comportamiento gravemente contrario a la doctrina cristiana.

Los motivos de las derogaciones previstas por la directiva comunitaria tienen igualmente en cuenta la naturaleza específicamente comunitaria de los movimientos religiosos. En efecto, reconoce que el requisito cuestionado puede derivarse no únicamente de la naturaleza de las actividades (régimen general neutro), sino también del contexto en el que se ejercen (régimen específico eclesiástico). De esta manera se incluyen simultáneamente, tanto las actividades confesionales ejercidas en el seno de estructuras no confesionales, como las actividades no confesionales

[40] DUBOUT, E., «Principio de igualdad y derecho a la no discriminación», *JurisClasseur Libertés*, Fasc. 500 § 74.

[41] Dir. 2000/43 y Dir. 2000/78, art. 4 § 1.

[42] Rommelfanger contra la RFA : DR, n.º 62, p. 151. Véase O. de SCHUTTER, «El progreso de la igualdad de trato en la Unión Europea: la lucha contra las discriminaciones al servicio del mercado», en *Año social* 2000, p. 123

[43] DUBOUT, E. «Principio de igualdad y derecho a la no discriminación», cit.

[44] Tribunal Supremo de EE.UU., Boys Scouts of America v. Dale, [2000], 530 US 640.

ejercidas en el seno de estructuras confesionales, respectivamente. El hecho de tener en consideración el contexto en el que se ejercen las actividades, permite no juzgar la doble dimensión de las relaciones laborales internas a los movimientos religiosos con los criterios aplicables en el contexto civil. En efecto, en el contexto religioso, la naturaleza operativa de una función no tiene necesariamente una relación con su alcance espiritual.

La proporcionalidad de una medida litigiosa se aprecia «en relación a la ética de la organización». Como destaca el profesor Dubout, esta «redacción, interpretada ligeramente, podría legitimar un amplio abanico de diferencias de trato»[45]. En hecho como en derecho, teniendo en cuenta el principio de autonomía doctrinal de los movimientos religiosos, según el cual corresponde sólo a la organización religiosa la definición de su ética, esta redacción es susceptible de legitimar cualquier diferencia de trato que no sea contraria a los «principios constitucionales de los Estados miembros así como a los principios generales del derecho comunitario», único límite marcado por la directiva.

La directiva de igualdad en el empleo permite expresamente a las organizaciones basadas en la «religión» o las «convicciones» imponer determinadas condiciones a sus empleados. El artículo 4.2 establece que las disposiciones de la Directiva se entenderán sin perjuicio de «el derecho de las iglesias y de las demás organizaciones públicas o privadas cuya ética se base en la religión o las convicciones [a] exigir en consecuencia a las personas que trabajen para ellas una actitud de buena fe y de lealtad hacia la ética de la organización». Los empleadores relacionados con organizaciones religiosas pueden quedar también incluidos en el ámbito de la causa de justificación del «requisito profesional esencial» que permite un trato diferente por los principios religiosos de la organización en cuestión.

Los artículos 4.1 y 4.2 permiten, por tanto, a organizaciones como las iglesias negarse, por ejemplo, a contratar mujeres como sacerdotes, pastores o ministros, cuando ello contraviene la ética de su religión. Aunque el TJUE no ha tenido aún la oportunidad de fallar sobre su interpretación, esta disposición se ha aplicado ya en el ámbito nacional[46]. En la medida en que esta directiva es una norma de derecho co-

[45] Dubout, E., «Principio de igualdad y derecho a la no discriminación», cit.

[46] Pueden darse estos dos ejemplos que se han producido como consecuencia de la pretendida apreciación de discriminación sexual: en un asunto ante los tribunales finlandeses, la Iglesia Evangélica Luterana de Finlandia denegó el nombramiento como capellán (adjunto al párroco) de una persona que mantenía una relación con otra del mismo sexo. El Tribunal Administrativo de Vaasa anuló la decisión porque la heterosexualidad no podía considerarse como un requisito profesional esencial del puesto. Se tuvo en cuenta la falta de mención de la orientación sexual en las normas internas de la Iglesia sobre la designación de párrocos y capellanes. Tribunal Administrativo de Vaasa (Finlandia), Asunto 04/0253/3, 27 de agosto de 2004. Resumen en inglés disponible en el Portal Informativo de la FRA (InfoPortal), Asunto 187-1.

munitario, ésta no puede imponerse al juez del Tribunal de Estrasburgo. Sin embargo, dicho Tribunal se ha referido en numerosas ocasiones a ella[47]. En efecto, la Directiva 2000/78/CE, constituyendo por consiguiente una norma de referencia importante, ha sido utilizada por el Tribunal para establecer su jurisprudencia relativa al principio de autonomía de los grupos religiosos.

5. La jurisprudencia del Tribunal Europeo de Derechos Humanos

Como pone de manifiesto Moreno Botella, son muchas las decisiones del TEDH en las que la autonomía e independencia de las iglesias y comunidades religiosas se han reconocido ampliamente frente a eventuales injerencias por parte de los Estados[48]. Ciertamente, sigue diciendo la citada autora, es un hecho conocido que en el ámbito del Consejo de Europa, el reconocimiento de la autonomía de las confesiones religiosas para decidir sobre cuestiones que son de su propio orden interno es algo que no plantea problemas, por considerarse una consecuencia de la libertad de religión.

En efecto, si bien en un principio la Comisión Europea de Derechos Humanos, dada la formulación del artículo 9 del Convenio, rechazó que las personas jurídicas pudieran ser titulares de los derechos reconocidos en dicho artículo[49], este criterio se

---

Un segundo ejemplo es el caso Amicus, en el que se planteó ante los tribunales del Reino Unido la compatibilidad con la Directiva de igualdad en el empleo de las normas nacionales de trasposición de la causa de justificación del requisito profesional esencial en el contexto de los empleadores religiosos. Se resaltó que las excepciones al principio de igualdad de trato deben interpretarse restrictivamente. Los términos de la normativa nacional permitían un trato diferente cuando el empleo «es para fines de una religión organizada», subrayándose que esto resultaría mucho más restrictivo que «para los fines de una organización religiosa». El tribunal admitió las alegaciones del gobierno, según las cuales esta excepción se aplicaría a un número muy limitado de puestos relacionados con la promoción o la representación de la religión, como los ministros religiosos, y no se permitiría a las organizaciones religiosas, como los colegios y las residencias confesionales, alegar que el puesto de profesor (cuya finalidad es la educación) o enfermera (cuya finalidad es la asistencia sanitaria) forman parte de «los fines de una religión organizada». Tribunal Superior del Reino Unido, Amicus MSF Section, R (sobre la aplicación de) contra Secretary of State for Trade and Industry [2004] EWHC 860 (Admin), 26 de abril de 2004. Resumen en inglés disponible en el Portal Informativo de la FRA (InfoPortal), Asunto 273-1.

[47] El Tribunal se ha referido en numerosas ocasiones a esta directiva, véase los casos siguientes: TEDH caso D.H. y otros contra la República Checa, n.º 57325/00, de 13 de noviembre 2007; caso Sampanis y otros contra Grecia, n.º 32526/05, de 5 de junio de 2008; caso Natchova y otros contra Bulgaria, n.º 43577/98; caso Bekos y Koutropoulos contra Grecia, n.º 15250/02, de 13 de diciembre de 2005; caso Karner contra Austria, n.º 40016/98, de 24de julio de 2003.

[48] Moreno Botella, G., «Los difusos límites entre el deber de lealtad de los asalariados de entidades confesionales y la autonomía eclesial (dos decisiones del TEDH de 23 de septiembre de 2010, Obst y Schüt c. Alemania), en *Revista General de Derecho Canónico y Eclesiástico del Estado*, 26 (2011), p. 3

[49] *Vid.* Martín, I., «Las confesiones religiosas y su autonomía según el Tribunal Europeo de Derechos Humanos», en «Los derechos humanos en clave disciplinar», *Encuentros multidisciplinares*, 46 (2014, Revista electrónica: https://revistas.uam.es/em/issue/view/52.

vio posteriormente modificado, por la operatividad del artículo 11 (reconocimiento del derecho de asociación), junto al 9, manifestando que una confesión religiosa es capaz de ser titular y de ejercitar dichos derechos en cuanto actúa en representación de sus miembros[50], consolidándose después esta doctrina en el propio Tribunal Europeo de Derechos Humanos, afirmando además que el reconocimiento de la autonomía de las confesiones religiosas es indispensable para la existencia del pluralismo en una sociedad democrática y se encuentra en el núcleo mismo de la protección ofrecida por el artículo 9 del Convenio[51].

El reconocimiento de la autonomía confesional se ha producido en tres niveles. De un lado, supuso que el Estado no puede entrar a apreciar, salvo casos muy especiales[52], la legitimidad de las creencias religiosas de las confesiones ni sus formas de expresión; de otro, que la autonomía conlleva la libertad de las confesiones en materia doctrinal y organizativa[53]. En tercer lugar, la autonomía comporta la libertad de las confesiones para el nombramiento de sus cargos, sin injerencia de las autoridades estatales[54]. Como expresa la autora anteriormente citada, vista la evolución de

[50] Véase Comisión Europea de Derechos Humanos, decisiones 7805/77 sobre el caso X y la Iglesia de la Cienciología contra Suecia, seguida de varias decisiones de la propia Comisión, tales como 11921/86, sobre el caso Kontak-Information-Therapie y Hagen contra Austria; 12587/86, sobre el caso A.R.M. Chappell contra el Reino Unido; 17522/90, sobre el caso Iglesia Bautista «El Salvador» y Ortega Moratilla contra España.

[51] Tribunal Europeo de Derechos Humanos, sentencias sobre los casos Hasan y Chaush contra Bulgaria, de 26 de octubre de 2000; Iglesia Metropolitana de Besarabia y otros contra Moldavia, de 13 de diciembre de 2001; Mirolubous y otros contra Letonia, de 15 de septiembre de 2009Santo Sínodo de la Iglesia Ortodoxa de Bulgaria (Metropolitan Inokentiy) y otros contra Bulgaria, de 22 enero 2009). que cito como las más representativas, entre otras.

[52] Así, por ejemplo, Manoussakis y otros contra Grecia, sentencia de 26 de septiembre de 1996

[53] En tal sentido, las sentencias ya citadas de la Iglesia Metropolitana de Besarabia contra Moldaviay la Metropolitan Inokenty contra Bulgaría. *Vid.* nota 50.

[54] Refiere aquí I. MARTÍN (*op. cit.* pp. 4 y 5) algunos supuestos claramente representativos de esta faceta de la autonomía confesional: En el caso *Serif contra Grecia*, el Tribunal decidió sobre un supuesto de nombramiento de un dirigente religioso islámico (Mufti) elegido por la comunidad musulmana sin la intervención de las autoridades estatales, la cual resultaba obligatoria según la legislación griega (sentencia de 14 de diciembre de 1999). El dirigente fue procesado y condenado. El Gobierno griego justificó la intervención estatal en las elecciones de cargos eclesiásticos aludiendo a las funciones judiciales y administrativas ejercidas por los Muftíes. El Tribunal Europeo de Derechos Humanos afirmó que, salvo la existencia de una «necesidad social imperiosa», el Estado no puede interferir legítimamente en una cuestión meramente eclesiástica, la cual ha sido resuelta por la correspondiente comunidad religiosa, incluso cuando en ésta exista una fuerte división de opiniones sobre aquélla. Como en este caso no se había probado la existencia de dicha «necesidad social imperiosa», el Tribunal declaró la existencia de una violación del artículo 9 del Convenio. El caso *Hasan y Chaush contra Bulgaria* (sentencia de 26 de octubre de 2000) contempló el apoyo por el gobierno búlgaro, sin manifestar ninguna razón, a uno de dos dirigentes religiosos rivales de una comunidad musulmana después de que ambos hubieran demostrado durante largo tiempo su incapacidad para lograr un acuerdo entre ellos. El Tribunal consideró que se había producido una injerencia del Gobierno en la organización interna de la comunidad

su jurisprudencia, puede afirmarse que el Tribunal Europeo de Derechos Humanos reconoce una amplia autonomía a las confesiones religiosas como consecuencia del reconocimiento del derecho de libertad religiosa y de asociación frente a eventuales intervenciones del Estado que se consideran injustificadas o arbitrarias por pertenecer a la órbita interna de las confesiones. No obstante, sigue diciendo, «parece que este reconocimiento se torna más tímido cuando el conflicto, la interferencia, por decirlo de alguna manera, se produce entre la autonomía de las confesiones en orden a la regulación de los asuntos que le son propios y los derechos fundamentales individuales», hecho éste que acontece «fundamentalmente en el ámbito de las relaciones laborales, en la relación jurídica que surge entre un empleador eclesiástico y sus trabajadores»[55] Se observa aquí , al entrar en juego un derecho fundamental del trabajador, un control judicial más estricto sobre el deber de lealtad y buena fe que en este tipo de actividades de contenido ideológico exige una adhesión al ideario por parte del trabajador

islámica y que esta intromisión no era legítima según el artículo 9 del Convenio, porque la legislación búlgara no contenía criterios objetivos que pudieran orientar y limitar la decisión de las autoridades nacionales, ni regulaba protecciones procesales adecuadas. De esta forma, el gobierno disponía de un poder de decisión incontrolado. Por ello, el Tribunal manifestó que se había producido una violación del artículo 9 del Convenio. El supuesto contemplado en *Agga contra Grecia* era el de una persona que había sido elegido Mufti de Xanthi por los musulmanes de este distrito. No obstante, las autoridades griegas nombraron a otra persona (sentencia de 13 de julio de 2006) La persona elegida se negó a renunciar a su cargo, por lo que fue procesada penalmente debido a haber usurpado las funciones de un ministro de culto de una religión reconocida. En el proceso fue condenada a una pena de prisión, conmutable por una multa, por causa de usurpación de funciones. El Tribunal Europeo de Derechos Humanos manifestó que los tribunales griegos procesaron al recurrente, básicamente, por el envío de mensajes de contenido religioso firmados como el Mufti de Xanthi. Por ello, consideró que el procesamiento no se justificaba por ninguna «necesidad social imperiosa». Como consecuencia de esto, para el Tribunal, la injerencia en el derecho del recurrente a manifestar su religión mediante el culto y la enseñanza no era necesaria para la protección del orden público según lo dispuesto en el parágrafo 2 del artículo 9 del Convenio. Por ello, el Tribunal declaró la existencia de una violación de este artículo. En el caso *Sagrado Sínodo de la Iglesia Ortodoxa Búlgara (Metropolitan Inokentiy) y otros contra Bulgaria* el supuesto objeto de examen fue el de unas personas las cuales alegaron que, en 2003 y en los años siguientes, el Gobierno había intervenido de una manera arbitraria en las disputas internas de esta iglesia, con el fin de forzar a los clérigos y fieles a permanecer bajo el liderazgo de la persona favorecida por las autoridades gubernativas (sentencia de 22 de enero de 2009). En su demanda ante el Tribunal Europeo de Derechos Humanos, los recurrentes alegaron la violación del artículo 9 del Convenio. El Tribunal declaró que, aunque la disputa por el liderazgo de la Iglesia ortodoxa búlgara constituía una fuente de legítima preocupación para las autoridades estatales, la intervención de éstas resultó desproporcionada. En particular, las medidas de las autoridades gubernativas, para obligar a la comunidad recurrente a unirse bajo el liderazgo favorecido por el Gobierno, excedieron cualquier fin legítimo. Además, interfirieron en los derechos de los demandantes de una manera que no podía considerarse legítima y necesaria en una sociedad democrática, aun teniendo en cuenta el margen de apreciación de las autoridades nacionales. En virtud de la argumentación mencionada, el Tribunal manifestó en su sentencia que se había producido una violación del artículo 9 del Convenio por parte del Estado búlgaro.

[55] MORENO BOTELLA, G., «Los difusos límites...» cit. pp. 6-7.

en el momento de la contratación o de la iniciación de la relación de servicios para la confesión así como en el caso de un hipotético despido o finalización de la relación de servicios cuando éste se aparte de esa línea ideológica.

La apreciación de la legitimidad de las diferencias de trato en el ámbito del empleo o de las relaciones de servicio con las confesiones a causa del carácter religioso del empleador ha sido abordada por el Tribunal Europeo de Derechos humanos sólo en supuestos de fase de terminación de la relación (despido); por ello, los casos que examinamos nos han de servir de supuesto de hecho para inferir las posibles consecuencias que esa condición, la de empleador de carácter religioso, puede representar a la hora de la contratación laboral o del comienzo de la relación de servicio conforme a los presupuestos que se han descrito. No deja de sorprender, aunque ello no repercuta en las conclusiones que con carácter general hemos de extraer, que la mayor parte de ellos (más de la mitad) provengan de supuestos planteados en Alemania, en donde se parte de un reconocimiento de una mayor autonomía de las instituciones religiosas en relación con la reglamentación de las relaciones laborales de sus propios trabajadores a través de la figura denominada «comunidad de servicio»[56].

Aun cuando susceptibles de agruparse en algunas categorías diferenciadas (supuestos de sanciones por no haber cumplido las tareas laborales orientadas a la realización del ideario del empleador y despidos como consecuencia de conductas que aunque no estaban directamente conectadas con esas tareas, fueron consideradas incompatibles con ella y con la necesaria fidelidad a la tendencia del empleador), he optado, al no considerarlo necesario a los fines de este trabajo, por un análisis individualizado de los casos, del más antiguo al más moderno.

En *X contra Dinamarca*, la Comisión, el 8 de marzo de 1986[57], rechazó preliminarmente la instancia por carecer de fundamento jurídico. Se trataba del caso de un ministro de culto de la Iglesia nacional de Dinamarca (Folkekierchen) que había dispuesto que los padres que querían bautizar a sus hijos tenían que seguir un cursillo de religión de cinco clases que él mismo impartía. La Iglesia se opuso a esa práctica y obligó al sacerdote a suspenderla o a renunciar a su cargo. Tras negarse a cumplir con la orden, recurre a los tribunales, alegando después ante la Comisión la infracción del artículo 9 del Convenio. En la motivación de la Comisión encontramos dos puntos a resaltar. En primer lugar se admite que, a nivel potencial, una institución religiosa puede ser autora de una vulneración de la libertad religiosa de uno de sus

[56] Pude verse en tal sentido el interesante trabajo de Seifert, A., «Travailler por le bien de la "communautè de service". Le droit du travail des communautés religieuses en Allemagne», en *Revue de Droit Canonique*, 66 (2013), pp. 207-239 y G. Robbers, « Church Autonomy in the European Court of Human Rights. Recent Developments in Germany», en *Journal of Law and Religion* 26 (2010), pp 281-320.

[57] Decisión 7374/76. Puede verse en *Decisions and Reports of the European Commision of Human Rigths,* 5, p. 157.

miembros. Sin embargo, se señala que una Iglesia se caracteriza precisamente por ser una estructura en la cual las visiones sobre la fe son homogéneas o, por lo menos, muy parecidas y, por lo tanto, constituye un derecho de la Iglesia (también tutelado por el artículo 9 del Convenio) garantizar dicha homogeneidad y libertad religiosa entre sus miembros.

Respecto a la posición del ministro de culto, la Comisión consideró que su libertad religiosa está garantizada en el momento de elegir si adherirse o no a una comunidad religiosa determinada y también al disponer en cualquier momento de su facultad de abandonarla. De alguna forma, este razonamiento constituye el principio de la *libertad de dimitir* que el Tribunal desarrollará y utilizará en su jurisprudencia sucesiva para justificar la ausencia de una vulneración de la libertad religiosa del trabajador por parte del empleador[58].

El caso *Rommelfanger contra la RFA*[59] hace referencia a la obligación de lealtad del empleado con respecto a un empleador de condición religiosa. El Tribunal consideró como justificado el despido de un médico que trabajaba para un hospital católico, por haber hecho comentarios, públicamente, no conformes con la postura de la Iglesia en materia del aborto. En este caso, la diferencia de trato no estaba directamente relacionada con una obligación religiosa positiva —la de abstenerse a practicar un aborto—, la cual no se cuestionaba; sino que se fundaba y se justificaba en: a) La obligación negativa de no perjudicar y especialmente en el deber de lealtad hacia la Iglesia, libremente aceptado en el contrato laboral; dicha obligación de lealtad, tiene por efecto limitar la expresión del empleado. b) La consideración mediante la que el empleador, cuando se trata de «un organismo establecido en base a algunas convicciones y juicios de valor que considera indispensables para el cumplimiento de sus funciones en la sociedad, actúa conforme a los requisitos de la convención de otorgar también todo lo que esté a su alcance para la libertad de expresión del empleador. Un empleador de este tipo no podría ejercer eficazmente dicha libertad sin imponer algunos deberes de lealtad a sus empleados»[60]. El Dr. Rommelfanger incumplió de este modo su deber de buena fe y de lealtad hacia la ética de la organización para la que trabajaba, la cual merece igualmente protección.

El caso *Vallauri Lombardi contra Italia*[61] tiene su origen en la denegación interpuesta por la Universidad de Milán, tras la oposición de la Santa Sede, de considerar

[58] *Vid.* HERVIEU, N. «Un nouvel equilibre européen dans l'appréhension des convictions religieuses au travail», en *Stato, Chiese e pluralismo confessionale,* enero 2013, *www.statoechiese.it.* Este criterio de la libertad de salida, aunque no conectado con las empresas ideológicas ha sido utilizado en otras ocasiones por el TEDH.

[59] Comisión Europea de Derechos Humanos, 6 de septiembre de 1989, núm. 12242/86

[60] *Rommelfanger contra la RFA*, cit. p. 172.

[61] TEDH, 20 de octubre de 2009, Lombardi Vallauri c. Italia, Req. N.º 39128/05, Actualités droits-libertés 22 de octubre de 2009. Un comentario a esta sentencia puede verse en: MORENO BOTELLA, G.,

la petición del demandante para la renovación de su puesto de trabajo como profesor, a causa de su postura pública anticristiana. Sin ser fijo, el demandante ocupaba este puesto desde hacía veinte años, en base a un contrato renovado año tras año. Su nombramiento estaba sujeto al consentimiento de la Santa Sede, de acuerdo con el Concordato. El Tribunal confirmó la decisión Rommelfanger al juzgar que, por una parte, a) esta intervención estaba «inspirada por el principio legítimo de proteger un derecho ajeno, que se manifiesta en el interés de la Universidad para inspirar su enseñanza en la doctrina católica» (n. 41) y que, por otra, b) no es competencia de las autoridades judiciales de librar «por su cuenta a un juicio sobre la contabilidad entre las posturas del demandante y la doctrina católica» (principio de autonomía). Además, el Tribunal se sumó expresamente a las consideraciones desarrolladas en la sentencia del Tribunal Constitucional n.º 195 del 14 de diciembre de 1972», especialmente debido a que «la libertad de los católicos se vería fuertemente comprometida si la Universidad Católica no pudiera rescindir un contrato laboral a un profesor que no compartiera las finalidades fundamentales que la caracterizan», como lo dispone el artículo 4 de la directiva comunitaria 78/2000/CE5 (n. 78)[62].

En *Obst contra Alemania*[63] se aborda el recurso presentado por un ciudadano alemán, Michael Obst, miembro de la Iglesia de Jesucristo de los Santos de los últimos Días, que fue despedido de s trabajo como Director para Europa del Departamento de relaciones públicas de dicha Iglesia por haber incurrido en adulterio, una de las conductas más reprobables para la doctrina de este grupo religioso. Se observa aquí que conforme a las estipulaciones de su contrato, el trabajador se comprometía a evitar cualquier conducta capaz de dañar la reputación de la Iglesia y a cuestionar sus principios, obligándose además a respetar los estándares éticos más altos, contemplándose en el contrato en caso de incumplimiento o de pérdida de condición de miembro de la Iglesia el despido sin previo aviso. El TEDH, además de afirmar la autonomía de las iglesias recordando la doctrina sustentada en tal sentido en otras sentencias, recuerda que el demandante, teniendo en cuenta que había desempeñado otros puestos de trabajo en el seno de esa iglesia, debía haber sido consciente de la

«Universidad Confesional de Tendencia: Nulla Obsta eclesiástica versus derecho de los profesores a un proceso justo (Breve comentario a la STEDH de 20 de octubre de 2009, Lombardi Vallauri c. Italia)», en *Religión, matrimonio y Derecho ante el siglo XXI. Estudios en homenaje al Profesor Navarro Valls*, Vol. I (Religión y Derecho), pp. 1623-1644.

[62] No obstante los anteriores pronunciamientos de la sentencia, como es conocido, el Tribunal estimó que «el interés de la Universidad por dispensar una enseñanza inspirada en la doctrina católica no puede vulnerar la propia esencia de las garantías procedimentales de las que goza el demandante en el sentido del artículo 10 del Convenio». Declaró también la violación del derecho a un proceso justo (artículo 6 del Convenio) porque «el control jurisdiccional sobre la aplicación de la medida en litigio no fue adecuado en el caso de autos».

[63] TEDH, Sentencia de 23 de septiembre de 2010

gravedad que tenía su comportamiento para la iglesia empleadora; y hace hincapié en el hecho de que el demandante firmó un contrato, cuya cláusula n.º 10, establecía el observar los principios morales superiores de la Iglesia Mormona, y en consecuencia, debía haber sido consciente que la fidelidad matrimonial era uno de esos principios superiores y que su relación extramatrimonial, era incompatible con las obligaciones de lealtad adquiridas y con la Iglesia que le empleó La Corte de Estrasburgo sostiene que el despido del trabajador no entraña una violación de su derecho a la intimidad; los tribunales alemanes —sostiene— llevaron a cabo una cuidadosa aplicación del criterio de proporcionalidad: de una parte, el despido constituyó una medida necesaria para preservar la credibilidad de la Iglesia, habida cuenta del puesto relevante que ocupaba en ella el recurrente, y de otra, «la lesión del derecho a la intimidad del trabajador no resultaba desproporcionada al no haber estado sujeto a obligaciones de lealtad inaceptables»[64]. Razones éstas que, no obstante aplicar la misma regla de proporcionalidad, no tuvo en cuenta el mismo Tribunal en el caso *Schüth contra Alemania*[65], en el que apreció una vulneración del artículo 8 del Convenio.

[64] *Vid.* CAÑAMARES, S., «Sobre el derecho de las confesiones a discriminar a sus empleados por motivos religiosos», en *Annuaire Droit et Religions*, 7 (2013-2014), p. 268.

[65] La sentencia es de la misma fecha, 23 de septiembre de 2010. El TEDH considera que el demandante no ha sido suficientemente protegido por el Estado alemán frente a la injerencia del empleador en la esfera de su vida privada y familiar. A juicio del TEDH, la protección del derecho a la vida privada entraña no sólo obligaciones negativas sino también positivas y en el presente caso, el Estado debería haber realizado un examen de los dos derechos en juego de acuerdo con el principio de proporcionalidad a fin de ver qué interés es mejor proteger. Como pone de manifiesto MORENO BOTELLA, («Los difusos límites...» cit.) «el TEDH en el presente caso ha tenido en cuenta una serie de criterios para valorar el caso, entre los que cabe citar los siguientes:

En primer lugar, el Tribunal considera que los tribunales alemanes en la puesta en juego de los intereses en conflicto, no han tenido en cuenta el juego entre la vida familiar y los intereses de la Iglesia empleadora, sino únicamente los intereses de ésta última y el interés del trabajador a mantener su puesto de trabajo.

En segundo lugar, añade el Tribunal que en virtud del sistema impositivo que se establece en el salario del trabajador, éste no puede ocultar a su empresa determinados eventos como un divorcio o el nacimiento de un hijo.

En tercer lugar, estima el TEDH que los tribunales alemanes no han tenido en cuenta la naturaleza de la actividad desarrollada por el demandante y que tan sólo han tenido en cuenta para su calificación la opinión de la Iglesia, se trataba de dos derechos en juego, individual y colectivo, y los tribunales estatales debían haber hecho más hincapié en el tipo de actividad y el principio de proporcionalidad, pues el que una Iglesia pueda exigir determinadas obligaciones de lealtad a sus empleados no comporta en ellos una especie de «clericalización» y, que la relación de trabajo fundada sobre el derecho civil, se transforme en un estatuto eclesiástico que englobe la entera vida privada del trabajador.

En cuarto lugar, el Tribunal parece dar la razón al trabajador cuando señala que la firma del contrato no le comprometía su entera vida personal y que él no sabía que en el futuro se iba a separar de su esposa, por lo que ello no le obligaba en caso de separación o divorcio a vivir en estado de permanente abstinencia.

Aunque en forma más difusa, un pronunciamiento similar lo encontramos en *Siebenhaar contra Alemania*[66] . Nos encontramos aquí en presencia de una trabajadora educadora infantil de una guardería gestionada por una Iglesia protestante, despedida por no compartir su doctrina religiosa. En efecto, habiéndose estipulado en el contrato de trabajo que, en términos generales, todos los trabajadores debían poder sus competencias al servicio de la proclamación del Evangelio y que, en virtud de las normas aplicables a la Iglesia Protestante, la trabajadora no tenía derecho a pertenecer ni participar en otra organización cuyos principios, objetivos o actividades prácticas estuvieran en contradicción con la Iglesia protestante, ésta comenzó su actividad en una comunidad denominada Iglesia Universal/Hermandad de la Humanidad, de la que incluso era responsable de cursos y tareas de proselitismo. La protección de la credibilidad de la Iglesia protestante frente a la libertad religiosa de la profesora resultó ser uno de los argumentos en los que apoya el Tribunal su decisión para afirmar que el despido de la misma era necesario en tanto ese compromiso de fidelidad a la doctrina de la propia confesión se origina precisamente en el momento de la firma del contrato.

No podemos dejar de hacer una mención final a una reciente Sentencia del Tribunal de Estrasburgo con alguna incidencia en el asunto que tratamos. Me refiero a la Sentencia de la Gran Sala de 9 de julio de 2013[67] en el asunto *Sindicatul Pastorul Cel contra Rumanía.* La Gran Sala examina el caso a la luz de los artículos 9 y 11 del convenio y, al considerar los elementos fácticos del caso, reconoce que en la Iglesia Ortodoxa rumana, las posiciones de sacerdotes y laicos presentan los elementos técnicos de una relación laboral. Sin embargo, señala que el contrato de trabajo se concluye en el contexto de una organización religiosa que pide a sus miembros el compromiso total con el ideal perseguido, el cumplimiento del deber de lealtad, así como el respeto y sumisión total a la jerarquía eclesiástica. Ante estos elementos parece muy complicado, si no imposible, distinguir dónde se encuentra el límite entre la actuación de carácter espiritual y la prestación secular[68]. Termina proclamando la legitimidad de la limitación del derecho de asociación en función de esas razones.

En quinto lugar, el Tribunal se refiere al hecho, puesto de relieve por el trabajador, de que en 14 años de servicio había sido leal a la Iglesia en sus actividades públicas y que únicamente, este hecho aislado (el adulterio) referido a su esfera privada había motivado el despido.

Por último, el TEDH utiliza un criterio de coyuntura laboral que nos parece sumamente discutible y es el hecho de la dificultad de que el trabajador encuentre un nuevo trabajo de similares características, ya que se trata de un sector laboral dominado por las dos Iglesias preponderantes en Alemania, la Católica y la Protestante, añadiendo que aún en el caso de que se le contratara en la Iglesia protestante, ésta le contrataría en un empleo inferior y secundario».

[66] TEDH, Sentencia de 3 de febrero de 2011

[67] Que resuelve el recurso interpuesto contra la anterior sentencia del TEDH (Sala Tercera) de 31 de enero de 2012.

[68] *Vid.* párrafos 129 y ss. Y 136 y ss.

Merece la pena destacar la opinión concurrente del Juez Wojtyczek[69] cuando afirma que aunque los miembros de una Iglesia realicen funciones con elementos típicos de una prestación laboral, su prestación no puede ser asimilada a la de un trabajador subordinado, debido a su específica posición en el interior de la organización, lo que supone un reconocimiento de una integración tan íntima en la organización, participando incluso de decisiones jerárquicas, que parece difícil, por no decir imposible, disgregar esa función de la propia función de la Iglesia[70].

Un análisis de la jurisprudencia seleccionada del TEDH nos permite formular algunas deducciones. En primer lugar, El Tribunal menciona con alguna frecuencia (siempre, claro está, en las sentencias posteriores a su fecha), la Directiva 200/78/CE, a la que con alguna frecuencia ya nos hemos referido, interpretando sistemáticamente su artículo 4 (discriminación por razón de religión). En segundo lugar, se amplía la aplicación en diversas ocasiones del principio de proporcionalidad en su evaluación sobre el nivel de adhesión pedida al trabajador, así como en relación a la injerencia del empleador en la vida privada y en las posibles elecciones de su empleado. En tercer lugar, que uno de los elementos que tiene en cuenta es el respeto a las apreciaciones que competen a las autoridades religiosas (sólo ellas pueden juzgar las conductas de sus propios prestadores de servicios en relación con el ideario confesional) y por ello puede indagar sobre su ideología y relación con la misma en su vida privada (intimidad); lo que indudablemente repercute sobre el reconocimiento de la autonomía confesional. En cuarto lugar, puede apreciarse también la necesidad de distinguir entre tareas de tendencia y tareas neutras, con exigencia de un mayor o menor respeto del ideario religioso en relación con las mismas.

6. UNA APROXIMACIÓN AL DERECHO COMPARADO. LA «MINISTERIAL EXCEPTION» EN LA JURISPRUDENCIA NORTEAMERICANA

Además de la genérica «ecclesiastical abstention», equivalente a una amplio reconocimiento de la autonomía confesional[71], formulada por vez primera en *Watson v. Jones*[72], según la cual los tribunales evitan entrar en controversias que impliquen cuestiones de interpretación teológica o disciplina de las iglesias, por la vulneración

[69] También se ha emitido una opinión en parte disidente con la mantenida en la Sentencia, que considera que se ha vulnerado el artículo 11 del Convenio. Jueces Spielmann, Villiger, López Guerra, Bianku. Mose y Jäderblom.

[70] Párrafo 170.

[71] Aunque sobre el tema de la autonomía de las confesiones religiosas en el derecho norteamericano existe una abundantísima bibliografía, me permito indicar como trabajo de aproximación al tema, por referirse a las relaciones laborales, el de LAYCOCK, D. , «Towards a General Theory of the Religion Clauses: The Case of Church Labor Relations and the Right of Autonomy», en *Columbia Law Review,* 81 (1981), pp. 1373-1417.

[72] 80 U.S. 679 (1871).

que entrañaría de la *establishment clause*, la doctrina de la *ministerial exception* es una regla jurisprudencial con el mismo fin que opera en el campo del trabajo y especialmente en casos de discriminación laboral. Suele presentarse como una cuestión enraizada en las garantías de libertad religiosa de la Primera Enmienda y a ella recurren instituciones religiosas ante demandas laborales de quienes ejercen ciertas funciones en ellas. Por ejemplo, no prosperaría la demanda en la que una congregación religiosa hubiera decidido despedir a un pastor porque sus sermones fueran aburridos o heréticos, pues en tal caso los tribunales se verían obligados a entrar a valorar esa decisión interna. Pero no todo es tan simple. En primer lugar, mientras queda claro que comprende a los ministros de culto de esas entidades (pastores, sacerdotes, rabinos), no lo es tanto si incluye también a otros trabajadores como, por ejemplo, profesores que enseñan materias seculares, aunque también clases diarias de religión dirigiendo a los estudiantes a la oración y al culto, o personal administrativo de esas entidades que también pueda intervenir marginalmente en actividades de carácter religioso. En estos casos habría que determinar si es o no un ministro comisionado, a efectos de la excepción. En segundo lugar, dado que existen normas específicas que incluyen exenciones concretas para organizaciones religiosas, no resulta siempre fácil precisar el alcance de esa exención. Y, finalmente, la naturaleza de esta exención (mantener la independencia de la organización) lleva a permitir cierta discriminación en la contratación, sirviéndose de la religión para evaluar la cualificación del puesto, lo que fue reconocido en el capítulo de las excepciones del título VII de la Civil Rights Act de 1964. Pero también puede haber otro tipo de discriminación no basada en las doctrinas religiosas de la entidad que no se entiende muy bien por qué debiera ser permitida. Ante este conjunto de interrogantes, no es de extrañar que los tribunales hayan vacilado en sus conclusiones, llegando a soluciones diversas.

El noveno circuito entendió que la exención ministerial se aplicaba a un seminarista católico que, sin ser aún ministro de culto, se preparaba para ello en un caso en el que dos seminaristas alegaban violación de la ley estatal de Washington sobre salario mínimo en *Alcazar & Rosas v. Corporation of the Catholic Archbishop of Seattle*[73], el Tribunal no quiso seguir, eso sí, el tripartito test que ese mismo circuito había perfilado en el mes de marzo de ese año en *Alcazar & Rosas v. Corporation of the Catholic Archbishop of Seattle*[74] que indicó que una persona sería ministro cuando, empleada por una organización religiosa, fuera elegido para el puesto o cargo por criterios religiosos y desarrollara algunos deberes y responsabilidades religiosas. Este era el criterio del noveno circuito, pero no del segundo circuito que no parece compartir la tesis de rechazo de toda demanda laboral de un ministro, sino tan solo aquellas que exigieran del tribunal entrar a dirimir el derecho exclusivo de la institución

[73] 627 F.3d 1288 (9th Cir., Dec. 10, 2010).

[74] 598 F.3d 668 (9th Cir., Mar. 16, 2010),

religiosa a decidir los asuntos relativos a su doctrina o disciplina interna como había sido establecido ya en *Rweyemamu v. Cote*[75]. Esta fue la tesis seguida por el Tribunal Supremo de Connecticut en *Dayner v. Archdiocese of Hartford*[76], no admitiendo la demanda de la directora de una escuela católica que había sido despedida y que hubiera supuesto entrar en cuestiones relativas al gobierno interno de la archidiócesis. Por su parte, el tribunal de apelación de Michigan, en *Weishuhn v. Catholic Diocese of Lansing*[77] sostuvo que la profesora de una escuela católica elemental contratada para dar clases de matemáticas, pero también de religión y con implicación en las funciones religiosas del centro, era un ministro a los efectos de la exención.

Del mismo modo, un tribunal federal de Missouri sostuvo, en *McNeil v. Missouri Annual Conference of the United Methodist Church*[78], que una mujer que había sido rechazada para ministro ordenado a causa de su salud física no estaba cubierta por la «Americans With Disabilities Act» porque supondría entrar en la política interna de la «United Methodist Church» algo que no podía hacer bajo la *ministerial exception*. Por su parte, en *Barton v. MikelHayes*[79], el obispo de la iglesia metodista decidió retirar la licencia pastoral a un anterior ministro a causa de su conducta. Este inició un pleito por acoso sexual y discriminación de género bajo el Título VII de la «Civil Rights Act», algo que fue rechazado por el tribunal bajo la excepción ministerial pues la acción disciplinar fue tomada siguiendo las directrices religiosas internas de la iglesia. No obstante, siguiendo con supuestos de acoso sexual y discriminación tras su denuncia, el más alto tribunal estatal de apelación de Maryland, en *Prince of Peace Lutheran Church v. Linklater*[80], no admitió esa clase de excepción en el caso de una directora de música en una iglesia luterana. No había cuestiones doctrinales que dirimir en un caso en el que la iglesia tenía además una rigurosa normativa contra ese tipo de conducta. En otra controversia, un tribunal de Oregón sostuvo el criterio de la excepción ministerial con independencia de las motivaciones o intereses subjetivos del interesado; así, en *Green v. Concordia University*[81], una mujer nacida en 1957 solicitó su admisión en un programa de la universidad de Concordia («Director of Christian Education») que capacitaba para una posición ministerial dentro de la iglesia luterana. No fue admitida y ella lo denunció como una discriminación por razón de su edad, al tiempo que pretendía evitar la exención ministerial por su intento de enseñar en escuelas públicas. También prosperó esa exención frente a la reclamación presentada por dos miembros de la iglesia de la Cienciología que alegaban violacio-

[75] 520 F.3d 198 (2nd Cir. 2008).
[76] 301 Conn. 759, 23 A.3d 1192 (CT Sup. Ct., Aug. 2, 2011)
[77] 287 Mich. App. 211 (Mich. App., Jan. 26, 2010),
[78] 2010 WL 3732191 (WD MO, Sept. 20, 2010)
[79] 2010 WL 3927605 (ND NY, Oct. 7, 2010),
[80] 2011 WL 4374963 (MD Ct. App., Sept. 21, 2011)
[81] 2010 WL 3522346 (D OR, Sept. 8, 2010)

nes de la «Trafficking Victims Protection Act» de 2000. Los denunciantes, marido y mujer, pertenecían a una asociación dentro de esa iglesia, la «Sea Organization», que trabaja para ella y en la que sus integrantes viven en comunidad sujetos a una férrea disciplina. La mujer, en *Claire Headley v. Church of Scientology International*[82], acusó a esa organización de dos abortos bajo la presión a la que fue sometida y su esposo, en *Marc Headley v. Church of Scientology*[83], también refirió otros ejemplos de abuso físico. El tribunal rechazó esas denuncias bajo las tesis de la *ministerial exception* para no entrar en la doctrina y prácticas religiosas de esa organización. Finalmente, en *Hendricks v. Marist Catholic High School*[84], un tribunal federal de distrito de Oregon no quiso acogerse a esa excepción en el caso de discriminación por razones de edad de un profesor de «high school» en una escuela católica al que no se le renovó el contrato. No era un ministro sino un profesor laico, aunque en ocasiones realizara actividades relacionadas con la religión.

Por último, la *ministerial exception* ha servido también para que los tribunales entraran o no, según los casos, en demandas de discriminación racial: sí prosperó la exención, y por tanto no hubo lugar a la discriminación, en el de una profesora afroamericana en *Adams v. Indiana Wesleyan University*[85], pero no en el de una administrativa que, siendo la única afroamericana y tras una crítica a la organización para la que trabajaba, fue despedida por reducción de personal en *McCallum v. Billy Graham Evangelistic Association*[86]. Y el décimo circuito sí acogió la excepción ministerial en otro caso de discriminación de género y edad planteado por el director del departamento de formación religiosa de la diócesis católica de Tucson en *Skrzypczak v. Roman Catholic Diocese of Tulsa*[87].

Un punto discordante en esta doctrina jurisprudencial lo había puesto el sexto circuito, en *EEOC v. HosannaTabor Evangelical Lutheran Church and School*[88], que mantuvo que los profesores de una escuela parroquial cuyas materias de enseñanza son primariamente de naturaleza secular, aunque también realicen alguna actividad religiosa, no son ministros a los efectos de la exención ministerial pudiendo, en este caso, acogerse a la «Americans With Disabilities Act» de 1990. Esta ley es la que permite a las organizaciones religiosas y a sus escuelas dar preferencia en el empleo a personas de una determinada religión, lo que les permite exigir a sus trabajadores la observancia de los preceptos religiosos de la organización. Pues bien, en este caso, Cheryl Perich, profesora de una escuela elemental religiosa, fue despedida tras

[82] 2010 WL 3184389 (CD CA, Aug. 5, 2010)
[83] 2010 WL 3157064 (CD CA, Aug. 5, 2010)
[84] 2011 WL 996757 (D OR, Mar. 17, 2011)
[85] 2010 WL 2803077 (ND Ind., July 15, 2010)
[86] 2011 WL 3438756 (WD NC, Aug. 5, 2011)
[87] 611 F.3d 1238 (10th Cir., July 13, 2010)
[88] 597 F.3d 769 (6th Cir., Mar. 9, 2010)

una enfermedad que la mantuvo alejada de las clases y la cuestión a dilucidar era saber si estaba en juego o no esa *ministerial exception* pues, de estarlo, no podría impugnar el despido. Esta profesora se ocupaba de materias seculares pero también enseñaba clases diarias de religión y llevaba a los alumnos a la oración y culto, por lo que podría parecer un ministro comisionado, título que además recibió así una vez contratada. Aquí es donde el sexto circuito dijo que un trabajador es un «ministro» a los efectos de esa excepción si los deberes principales del empleado consisten en enseñar, difundir la fe, gobernar la iglesia, supervisar una orden religiosa, o vigilar o participar en un ritual religioso o de culto. Y de este modo pudo concluir que la trabajadora no tenía deberes esencialmente religiosos, de ahí que fuera despedida en violación de la «Americans With Disabilities Act» y que no estuviera afectada por la *ministerial exception* porque no era ministro a los efectos de ella.

No ha sido ésta la postura mantenida por el Tribunal Supremo[89], que ha considerado que por encima de normas sobre discriminación laboral está la Primera Enmienda a la Constitución, que garantiza la libertad religiosa. Según el Supremo, «el interés de la sociedad en la ejecución de estatutos contra la discriminación en el empleo es indudablemente importante, pero también lo es el interés de los grupos religiosos en escoger quién predica sus creencias, enseña su fe y lleva a cabo su misión«, lo que puede exigir una capacitación específica regulada por sus propias normas o reglas internas. Igualmente, para el Tribunal Supremo, si se obliga a una iglesia a aceptar o retener a un ministro no deseado, se produce una intromisión que va más allá de una cuestión laboral, alcanzando a la gestión interna de la iglesia, privándola sobre el control de la selección de aquellos que enseñan sus creencias. Mediante la imposición de un ministro no deseado, el Estado estaría violando la Primera Enmienda, que protege la libertad de un grupo religioso de dar forma a su propia fe y su misión, puesto que el poder para determinar qué personas se ministran a los fieles es una cuestión estrictamente eclesiástica e interna de la congregación.

El TS también ha definido que la excepción ministerial «no se limita a la cabeza de una congregación religiosa», puesto que este punto de vista es excesivamente estrecho y señaló que «los jefes de las congregaciones sí tienen a menudo una mezcla

[89] US_2012; 132 S Ct. 694; 181 L 2d 650. Sobre este caso existe una abundantísima bibliografía. Indico, a título de ejemplo, MALA CORBIN, C., «The Irony of Hosanna-Tabor Evangelical Lutheran Church and School v. EEOC, en *Northwestern University Law Review* Vol. 106, No. 2; LAYCOCK, D., «Hosanna Tabor and the ministerial exception», en http://www.harvard-jlpp.com/wp-content/uploads/2013/10/35_3_839_Laycock.pdf; GARNETT, R. W. - ROBINSON, J. M. «Hosanna-Tabor, Religious Freedom, and the Constitutional Structure», en http://object.cato.org/sites/cato.org/files/serials/files/supreme-court-review/2012/9/scr-2012-garnett.pdf; Glickstein, J. «Should the Ministerial Exception Apply to Functions, Not Persons?», en *The Yale Law Journal*, 132 (2013), 1964 y ss.; CHOPKO, M. E. - PARKER, M., «Still a threshold question: refining the ministerial exception post-Hosanna-Tabor», en *First Amendment Law Review, 10 (2012),* pp.233-303.

de funciones, incluidas las seculares, tales como ayudar a administrar las finanzas de la congregación, la supervisión de personal puramente secular, y supervisar el mantenimiento de las instalaciones». En lugar de la adopción de una visión extrema que hubiera restringido severamente la libertad religiosa, la Corte consideró una variedad de factores y la conclusión de que el empleado, en este caso, realizaba las funciones de un ministro religioso[90].

7. REFLEXIÓN FINAL

Lo que fundamentalmente se discute en todos los supuestos examinados es, respecto a las confesiones religiosas, reconocida su autonomía o encuadradas en la categoría de organizaciones de tendencia es, precisamente, si la vida privada o las cualidades personales del trabajador así como el reconocimiento de su derecho a la libertad religiosa e ideológica pueden formar parte del contenido del contrato.

El derecho a la intimidad dentro de la relación laboral presenta ciertas peculiaridades. La inevitable confluencia de intereses distintos y a veces contrapuestos entre el trabajador y el empleador lleva a buscar un equilibrio necesario que muchas veces termina en la moderación de la intimidad del trabajador para adecuarla al poder de dirección del empleador y a los intereses de la entidad contratante. Esto porque, los derechos del trabajador deben ser respetados, pero sin vulnerar el interés empresarial. El empleador puede controlar al trabajador en el ejercicio de sus obligaciones laborales gracias a la facultad que le concede el contrato de trabajo y la libertad empresarial, pero no puede exceder dicha relación e inmiscuirse en la intimidad del empleado. Parece ser un hecho ya casi totalmente aceptado que en la relación de trabajo no resulta posible la conservación intacta del derecho a la intimidad del trabajador, ya que todo contrato de trabajo implica una mínima adecuación por parte del empleado a los principios de la institución a la que se incorpora, lo que no justifica en ningún caso la adopción por parte de la empresa contratante de medidas desmesuradas e incompatibles con la dignidad de las personas. No debe existir entonces un control por parte del empleador de la vida privada del trabajador desvinculada totalmente de los aspectos organizacionales del trabajo y atentatorio contra la libertad e intimidad de las personas.

Ahora bien, los datos relativos a las ideologías, creencias y valores de las personas son en principio irrelevantes en el desarrollo de las relaciones laborales, por lo que parece lógica la tendencia a prohibir su indagación por parte del empleador. Sin embargo, esta realidad no puede aplicarse a aquellas organizaciones con fines

[90] Sobre el tema, pueden verse, entre otras, sobre el nombramiento y desarrollo de la actividad de ministroa de culto: *Kedroff v. Sr. Nicholas Cathedral* [344, US, 94 (1952)]; *Gonzalez v. Archbishop of Manila* [280 U.S. 1 (1929)]; *Serbian Eastern Orthodox Diocese v. Milivojevich* 426 U.S. 696 (1976)]

ideológicos cuya creación se justifica por el solo hecho de la propagación de tales valores. Esta información relativa al trabajador, que no debe siquiera conocerse en la mayoría de las relaciones laborales, pasan a tener un rol predominante en las empresas de tendencia y se levanta entonces en estos casos la prohibición que parece adecuado imponer al empleador de recabar datos personales de sus empleados que desempeñarán cargos destinados a la propagación de dicha ideología que la caracteriza. Pero este último punto, esto es, la circunscripción de la libertad del empleador a indagar respecto de la vida privada de aquellas personas que ocuparán puestos con carga ideológica, es esencial, ya que el empresario únicamente podrá proceder a utilizar estos datos privados del trabajador sólo en aquellos casos en que su omisión podría afectar el fin institucional.

Los actos encerrados en este estadio de la relación contractual laboral (contratación y admisión de trabajadores), son los referidos a la preselección, selección y contratación de los trabajadores, en los que la última palabra la tiene siempre el empleador[91], en la medida en que la propia esencia del esquema empresarial le arroga diversos poderes en orden a conseguir los fines de su organización. El ejercicio de esta facultad de selección y contratación cobra una especial fuerza cuando la empresa de que se trata es portadora de un ideario concreto —religioso en nuestro caso— puesto que, aunque en el Derecho del Trabajo impera, como regla general, el criterio de la no acepción personal en las relaciones productivas, en las relaciones laborales de contenido ideológico, sí que pueden advertirse algunas excepciones a esa norma[92]. No supone la afirmación anterior la implantación de la arbitrariedad en la contratación de personal en estas organizaciones sino que, junto a un adecuado perfil profesional, la *fiducia*, el *intuitu personae*[93] y el comulgar con la ideología de la organización, se presentan como elementos clave para ingresar en la empresa de que se trate[94]. En este sentido, la pregunta sobre si, en la etapa de la selección, el empresario estaría facultado para investigar —mediante preguntas en la entrevista personal,

[91] A salvo quedan, obviamente, aquellos supuestos en que se produzca discriminación sea en la selección, sea en la contratación de los trabajadores. En este sentido A. AGUILERA RULL, «Prohibición de discriminación y libertad de contratación», en *InDret (Revista para el Análisis del Derecho)*, Barcelona, Febrero 1/2009, pp. 21-27.

[92] De hecho, nuestro TC en su sentencia núm. 77/1985, de 27 de junio considera que «si el titular del proyecto fundacional carece de la decisión última de seleccionar y mantener el equipo (docente), en manera alguna puede decirse que se garantiza el núcleo esencial de sus facultades directivas y la consecuente posibilidad de desarrollo del proyecto (educativo)»

[93] En otros casos no relacionados con la libertad religiosa, sino con criterios objetivos de productividad, también se acepta la influencia de estas pautas a la hora de contratar o no. Éste es el criterio que se suele utilizar para elegir al personal de alta dirección o para asumir cargos con una responsabilidad elevada.

[94] J. DE OTADUY, «Libertad religiosa y contratación del profesorado en centros concertados», en *Actualidad Laboral*, n.º 33, semana 9, 15 septiembre de 1991, p. 409.

o mediante la introducción de cláusulas con esta finalidad en el propio contrato[95]—, sobre las convicciones internas del candidato, recibiría una respuesta afirmativa sin considerarse ello vulneración del derecho fundamental a la intimidad, discriminación o transgresión de la prohibición a no declarar sobre su religión[96], así como tampoco discriminación en las relaciones laborales; puesto que al titular de la organización le ampara la garantía del exacto cumplimiento de la obligación y el deber de neutralidad de los poderes públicos respecto al credo religioso de una comunidad o un ciudadano.

La alusión por parte de la jurisprudencia de Estrasburgo en algunos de los casos examinados a la Directiva 2000/78/CE y a la excepción que contempla, confirma las anteriores afirmaciones[97].

Por consiguiente, en esta etapa previa pero necesaria a la propia relación laboral no se exige –ni cabría– la introducción del criterio de la ponderación dado que, el derecho a la libertad de creación de empresa, se funde con el derecho a la libertad de creencia religiosa del trabajador, que busca y quiere —se presume— prestar sus servicios en una entidad con cuya ideología comulga internamente.

Ciertamente, la jurisprudencia del Tribunal Europeo de Derechos Humanos en este campo no llega a un reconocimiento de la amplitud que se observa para la *ministerial exception* en la jurisprudencia norteamericana. Su aproximación exigiría, a mi juicio, partir de una formulación en la que la laicidad o aconfesionalidad, predicada como actitud de los poderes públicos, supusiera un verdadero reconocimiento del principio de ella derivado, el de separación[98], que debería predicarse de la relación de aquéllos con los grupos y confesiones religiosas, una actitud de los poderes públicos cuya consecuencia, la separación, supondría el respeto absoluto, no sólo de la autonomía de los grupos religiosos (desde el punto de vista de su organización, funcionamiento y régimen interno), sino igualmente de las opciones de sus miembros, en cuanto representativas de su libertad religiosa individual, de asumir libremente el cumplimiento de esas normas confesionales que pueden presentársenos como diferentes e incluso incompatibles con las propias normas del Estado. De esta forma, la utilización de la estructura de poder del Estado para modificar situaciones que libre

95 *Ibidem*, p. 410.

96 En este sentido, A. BAYLOS GRAU, «En torno al Estatuto de los Trabajadores: la prohibición de inquirir sobre la ideología, creencias y vida privada del trabajador», en *Lecciones de Derecho del Trabajo en homenaje a los Profs. Bayón y del Peso*, Madrid, 1980, p. 68; J. L. GOÑI SEÍN, *El respeto a la esfera privada del trabajador*, Civitas, Madrid, 1988, p. 101 y A. MARTÍN VALVERDE, «Libertad religiosa...», *op. cit.*, pp. 288-289.

97 Cfr. *supra*, nota 47.

98 Resulta de interés la lectura de las reflexiones que hace sobre la separación entre Iglesia y Estado en materia de empleo R. PONZOLI Jr., en «A Rock Foundation for de Wall of Separation Between Church and State in Employment Decisions Concerning Clergy», en *The Florida Bar Journal*, LXXVIII (2004), pp. 38 y ss., plagado de notas y citas jurisprudenciales.

y voluntariamente fueron asumidas en el ejercicio del derecho de libertad religiosa se han producido al amparo de normas confesionales, equivaldría a quebrar esa necesaria separación de potestades y supondría una ilegítima injerencia , no sólo en el ejercicio autónomo de la libertad religiosa de la confesión, sino en el libre ejercicio de la opción individual en materia religiosa, que siempre podrá acogerse a su derecho de abandono o cambio de creencia.

CAPÍTULO VII
LA PROTECCIÓN SOCIAL DE MINISTROS DE CULTO

MIGUEL RODRÍGUEZ BLANCO
Universidad de Alcalá

1. LA INCLUSIÓN DE LOS MINISTROS DE CULTO EN LOS SISTEMAS PÚBLICOS DE PROTECCIÓN SOCIAL

El término *ministro de culto* se encuentra generalizado en la legislación de los Estados europeos[1]. Con él se designa a aquellas personas que en el seno de una determinada confesión religiosa tienen reconocida una autoridad peculiar y unas con-

[1] *Vid.* CURTIT, Françoise, «Ministre du culte (Droits des États européens)», en MESSNER, Francis (sous la direction de), *Dictionnaire Droit des Religions*, CNRS éditions, Paris, 2010, p. 516.

cretas potestades en los asuntos espirituales[2]. Los ordenamientos estatales regulan la posición jurídica de los ministros de culto y sus actuaciones en la esfera estatal con objeto de encauzar adecuadamente las competencias que les atribuyen las confesiones religiosas a las que pertenecen y garantizar un real reconocimiento del derecho fundamental de libertad religiosa.

La protección jurídica de los ministros de culto como exigencia del derecho fundamental de libertad religiosa aparece resaltada en algunos pronunciamientos del Tribunal Europeo de Derechos Humanos, como es el caso del asunto *Perry contra Letonia*, de 8 noviembre 2007, relativo a la retirada a un ministro de culto extranjero residente en Letonia de la autorización para el desempeño de sus cometidos propios. El Tribunal recuerda que las comunidades religiosas existen tradicional y universalmente en forma de estructuras organizadas, y que cumplen unas normas que los adeptos consideran a menudo de origen divino. Las ceremonias religiosas tienen un significado y un valor sagrado para los fieles cuando son celebradas por ministros de culto habilitados para ello en virtud de esas reglas. Por ello, la personalidad de estos últimos es seguramente importante para todo miembro activo de la comunidad y su participación en la vida de dicha comunidad es, por tanto, una manifestación particular de la religión que goza en sí misma de la protección del artículo 9 del Convenio Europeo de Derechos Humanos[3].

1.1. La competencia de las confesiones religiosas para determinar el régimen jurídico de los ministros de culto

Cuando las normas estatales emplean la expresión *ministro de culto* recurren a la técnica interordinamental del presupuesto, en el sentido de que el Estado no está facultado para determinar qué personas tienen la condición de ministro de culto para una concreta confesión[4]. Esta cuestión forma parte del derecho a la autonomía reconocido a los grupos religiosos, que es expresión a su vez de la dimensión colectiva del derecho fundamental de libertad religiosa[5].

[2] ÁLVAREZ CORTINA, Andrés-Corsino, «Ministros de culto», en AA.VV., *Tratado de Derecho eclesiástico*, EUNSA, Pamplona, 1994, p. 865.

[3] Párrafo 55 de la sentencia. En el mismo sentido puede verse el asunto *Testigos de Jehová en Austria contra Austria*, de 25 septiembre 2012, párrafos 30 y 31.

[4] En palabras de Bettetini, «es opinión común en la doctrina que la cualificación de ministro de culto es un acto presupuesto» (BETTETINI, Andrea, «Alla ricerca del «ministro di culto». Presente e futuro di una qualifica nella società multireligiosa», en *Quaderni di diritto e politicia ecclesiastica*, 1/2000, p. 249).

[5] DOE, Norman, *Law and Religion in Europe. A Comparative Introduction*, Oxford University Press, Oxford, 2011, pp. 126-134.

Así lo reconoce el Derecho internacional al otorgar a las confesiones religiosas la función de capacitar, elegir y nombrar a sus dirigentes religiosos[6]. En el marco del Consejo de Europa el Tribunal Europeo de Derechos Humanos ha tenido ocasión de destacar que la designación de ministros de culto está incluida dentro del ámbito de protección de la dimensión colectiva del derecho a la libertad de pensamiento, de conciencia y de religión. Lo ha hecho en el asunto *Serif contra Grecia*, de 14 de diciembre de 1999, en el que consideró que la condena penal de un dirigente religioso por *usurpación de las funciones de ministro de culto* fue contraria al artículo 9 del Convenio Europeo de Derechos Humanos. Para el Tribunal de Estrasburgo, el Estado no tiene necesidad, en una sociedad democrática, de adoptar medidas destinadas a garantizar que las comunidades religiosas permanezcan bajo una única dirección. Por ello, condenar penalmente a una persona por el único motivo de que actúa como líder religioso de una comunidad de fieles que voluntariamente le sigue y acata su autoridad en materia religiosa, es incompatible con las exigencias del pluralismo religioso presente en toda sociedad democrática[7].

De la argumentación del tribunal se desprende con claridad que el Estado no debe inmiscuirse en la elección de las autoridades o dirigentes religiosos, nociones en las que están incluidos los ministros de culto, cuyo nombramiento, destitución o asignación de destino corresponde a las propias confesiones religiosas[8].

La incompetencia del Estado en la designación de los ministros de culto se traduce en que cuentan con un régimen laboral especial[9], sin perjuicio de la concreta calificación que se otorgue a la relación jurídica que los une a su confesión, con la que pueden tener una relación administrativa (así ocurre, por ejemplo, en los sistemas de Iglesias de Estado u oficiales), un contrato de trabajo o un vínculo ajeno a las prestaciones de servicios previstas en el Derecho estatal.

[6] Cfr. el artículo 6.g) de la Resolución 36/55 de la Asamblea General de las Naciones Unidas, de 25 de noviembre de 1981, por la que se aprueba la Declaración sobre la eliminación de todas las formas de intolerancia y discriminación fundadas en la religión o las convicciones, y el punto 4 de la Observación General n.º 22 adoptada en 1993 por el Comité de Derechos Humanos respecto al alcance del artículo 18 del Pacto Internacional de Derechos Civiles y Políticos.

[7] Párrafos 51 y 52 de la sentencia citada. En el mismo sentido pueden verse los siguientes asuntos: *Hassan y Tchaouch contra Bulgaria*, de 26 de octubre de 2000 (párrafo 78), *Agga contra Grecia*, de 17 de octubre de 2002 (párrafo 59), y *Consejo Supremo de la Comunidad Islámica contra Bulgaria*, de 16 de diciembre de 2004 (párrafos 76 y 93).

[8] El Tribunal Europeo de Derechos Humanos ha reconocido en varios pronunciamientos la relevancia de la autonomía interna de las confesiones religiosas en la toma de decisiones que afectan a la actividad de los ministros de culto. Cfr. los asuntos *Dudova y Duda contra la República Checa*, de 30 de enero de 2001, y *Ahtinen contra Finlandia*, de 23 de septiembre de 2008.

[9] *Vid.* el número monográfico sobre la llamada «excepción ministerial» del *Oxford Journal of Law and Religion*, 4 (2015), pp. 171-302.

1.2. La competencia del Estado para precisar la noción de ministro de culto en cada sector del ordenamiento estatal y la legitimidad de la disparidad de tratamiento

Ahora bien, como hemos tenido ocasión de destacar en otro lugar[10], el hecho de que los poderes públicos carezcan de competencia para determinar qué personas tienen la condición de ministro de culto no significa que la normativa estatal deba asumir sin ningún tipo de precisión o matización lo que decidan las confesiones religiosas conforme a sus ordenamientos propios. Puesto que la legislación estatal otorga funciones en la esfera civil a esas personas y les otorga derechos, el legislador está facultado para precisar qué se entiende por *ministro de culto* en cada concreto sector del ordenamiento jurídico en el que esa noción despliega efectos.

Así, en materia de Seguridad Social, el artículo 2 del Real Decreto 369/1999, de 5 de marzo, sobre términos y condiciones de inclusión en el Régimen General de la Seguridad Social de los ministros de culto de las Iglesias pertenecientes a la Federación de Entidades Religiosas Evangélicas de España (FEREDE), dispone que, a efectos del presente Real Decreto, se entenderá por ministro de culto la persona que esté dedicada, con carácter estable, a las funciones de culto o asistencia religiosa, *siempre que no desempeñe las mismas a título gratuito*. En cambio, en el ámbito de la extranjería, la exoneración de la obligación de obtener permiso de trabajo se aplica a los ministros de culto que se limiten a realizar actividades estrictamente religiosas, por estar relacionadas de forma directa con el culto, ser meramente contemplativas o responder a la misión propia y característica de su confesión. Y no se considerarán incluidos en la excepción *los ministros que pretendan desarrollar actividades retribuidas*, aunque se correspondan con la misión de su iglesia o confesión[11].

Igualmente, puesto que la normativa interna de las confesiones religiosas sobre ministros de culto difiere de unas a otras[12], es lógico que en determinadas ocasiones exista una disparidad de tratamiento en la esfera estatal. Así, la acción protectora de la Seguridad Social no es la misma para todos los ministros incluidos en su ámbito de protección. Por ejemplo, los pastores evangélicos tienen protegida la materni-

[10] RODRÍGUEZ BLANCO, Miguel, «La relación entre el ministro de culto y su propia confesión. Paralelismos y diferencias entre la jurisprudencia española y la jurisprudencia inglesa», *Anuario de Derecho Eclesiástico del Estado*, 19 (2003), pp. 348-351.

[11] Cfr. el artículo 8 de la Orden de 8 de mayo de 1997, por la que se establecen normas generales y de procedimiento para reconocimiento de situaciones de excepción a la obligación de obtener permiso de trabajo, en relación con los artículos 41.1, letra h), de la Ley Orgánica 4/2000, de 11 de enero, sobre derechos y libertades de los extranjeros en España y su integración social, y 117, letra h), de su Reglamento, aprobado por medio del Real Decreto 557/2011, de 20 de abril.

[12] *Vid.* el número monográfico de la revista *Daimon. Annuario di diritto comparato delle religioni*, 3 (2003), pp. 5 y ss.

dad[13], mientras que los clérigos diocesanos de la Iglesia católica no cuentan, por razones obvias, con dicha cobertura[14].

1.3. La protección social de los ministros de culto

En la mayor parte de los países europeos los ministros de culto han sido incluidos en los sistemas públicos de protección social[15]. La forma en que se articula esta protección difiere de unos ordenamientos a otros, pues la configuración de la protección social guarda una estrecha relación con el estatuto jurídico-laboral de estas personas y no hay en este punto un estándar común europeo[16]. Como se expone en el párrafo 61 del asunto *Sindicatul «Pastorul Cel Bun» contra Rumania* (sentencia de la Gran Sala del Tribunal Europeo de Derechos Humanos de 9 de julio de 2013), en la mayoría de los Estados miembros del Consejo de Europa la legislación no precisa la naturaleza de la relación jurídica que une a las confesiones religiosas con sus ministros de culto. La confesión religiosa tiene la posibilidad de establecer un contrato de trabajo con sus respectivos ministros, pero lo más habitual es que no lo haga. No obstante, incluso en los casos en que no existe contrato de trabajo, los ministros de culto tienen, generalmente, acceso a las prestaciones en las mismas condiciones que el resto de personas beneficiarias del sistema público de seguridad social.

Cuando el ministro de culto tiene la consideración de trabajador de la Administración Pública o cuenta con un contrato de trabajo, no ofrece dudas su incardinación en el correspondiente sistema protector. El dato relevante que se debe destacar es que la garantía de protección se ha extendido también a los ministros de culto cuya actividad no encaja en los parámetros de las relaciones administrativas o laborales reguladas por la normativa estatal. Aunque históricamente los Estados habían asumido la obligación de mantener el culto y sus ministros, bien como consecuencia de la existencia de una Iglesia de Estado o de una religión oficial, o bien como compensación por las desamortizaciones, actualmente la protección social del personal con funciones espirituales cualificadas en las confesiones religiosas responde a dos razones jurídicas:

[13] Cfr. el artículo 3 del Real Decreto 369/1999, de 5 de marzo, sobre términos y condiciones de inclusión en el Régimen General de la Seguridad Social de los ministros de culto de las Iglesias pertenecientes a la FEREDE.

[14] Cfr. el artículo 2 del Real Decreto 2398/1977, de 27 de agosto, por el que se regula la Seguridad Social del Clero.

[15] Aunque se trata de una publicación de hace varios años, todavía es útil en este punto la consulta de la siguiente obra, que fue pionera en su momento: DOLE, Georges, *Les ecclésiastiques et la sécurité sociale en droit comparé. Intégration des clercs dans la cité*, Librairie générale de droit et de jurisprudence, Paris, 1976.

[16] DOE, Norman, *Law and Religion in Europe…*, *op. cit.*, pp. 126-134.

la garantía del derecho de libertad religiosa y la vocación expansiva de los sistemas públicos de protección social[17].

Siendo esto así, la inclusión de los ministros de culto en la seguridad social no debería limitarse a los de aquellas confesiones religiosas que cuentan con una posición jurídica preeminente o que han firmado acuerdos de cooperación con el Estado, sino que tendría que extenderse a los de todas las confesiones reconocidas como tales y que soliciten dicha protección para sus ministros. De lo contrario, tendría lugar una vulneración del principio de no discriminación, salvo que el Estado justifique con razones jurídicas válidas por qué se da cobertura social a los ministros de culto de determinadas confesiones religiosas y no a los de otras.

2. LA PROTECCIÓN SOCIAL DE LOS MINISTROS DE CULTO EN EL ORDENAMIENTO JURÍDICO ESPAÑOL

En el caso concreto del ordenamiento jurídico español, la vocación expansiva del sistema de la Seguridad Social ha llevado a incluir en el ámbito de su acción protectora a distintos colectivos que, si bien no reúnen en sentido estricto las condiciones que impone la normativa para estar comprendidos en dicho sistema, presentan aspectos que les asimilan a los sujetos que sí lo están. Este es el caso de los ministros de culto, tal como indica de forma expresa la exposición de motivos del Real Decreto 2398/1977, de 27 de agosto, por el que se regula la Seguridad Social del clero: «La vocación expansiva de la Seguridad Social tiende a recoger en el ámbito de su acción protectora el aseguramiento de todos los riesgos sociales que afectan a los distintos grupos o colectivos de personas; en consonancia, con todo ello, parece llegado el momento de extender la cobertura de la Seguridad Social a los ministros de la Iglesia católica y demás iglesias y confesiones religiosas, en los que concurren, básicamente, las condiciones para su efectiva integración en el ámbito de nuestra Seguridad Social, si bien reservando a las normas que hayan de concretar y desarrollar cuanto antecede la adecuada regulación e inclusión de cada uno de los colectivos contemplados, en atención a las peculiaridades y características de cada uno de ellos, pero iniciándose ya respecto al colectivo formado por los clérigos diocesanos de la Iglesia católica».

El artículo 1 de este Real Decreto dispone que los clérigos de la Iglesia católica y demás ministros de otras iglesias y confesiones religiosas debidamente inscritas en el correspondiente Registro del Ministerio de Justicia (esto es, en el actual Registro de Entidades Religiosas) quedarán incluidos en el ámbito de aplicación del

[17] *Vid.* FIORITA, Nicola, *Remunerazione e previdenza dei ministri di culto*, Dott. A. Giuffrè Editore, Milano, 2003, pp. 17 y ss.

Régimen General de la Seguridad Social en las condiciones que reglamentariamente se determinen[18].

2.1. Clérigos de la Iglesia católica

El artículo 1.º del Real Decreto 2398/1977, de 27 de agosto, señala que los clérigos diocesanos de la Iglesia católica quedan asimilados a trabajadores por cuenta ajena, a efectos de su inclusión en el Régimen General de la Seguridad Social. En concreto, son asimilados a trabajadores por cuenta ajena los clérigos que desarrollen su actividad pastoral al servicio de organismos diocesanos y supradiocesanos por designación del Ordinario competente, y perciban por ello la dotación base para su sustentación (artículo 1 de la Orden Ministerial de 19 de diciembre de 1977, por la que se regulan determinados aspectos relativos a la inclusión del clero diocesano de la Iglesia católica en el Régimen General de la Seguridad Social)[19]. Por tanto, los clérigos que no perciban esa dotación base de los organismos diocesanos o supradiocesanos no se incluyen en el colectivo asimilado. Téngase en cuenta que se ha entendido que este colectivo es susceptible de asimilación porque concurren en su actividad las características necesarias a este respecto, básicamente el desarrollar la actividad pastoral al servicio de la comunidad bajo las órdenes y directrices de los Ordinarios de las distintas diócesis y obtener por ello una especie de «retribución»[20].

En estos casos, a efectos de Seguridad Social, tienen la consideración de empresarios las diócesis y los organismos supradiocesanos, y a tales entidades corresponderán por tanto las obligaciones de afiliación, alta y cotización propias de quienes reciben servicios de personas que deban estar integradas en el Régimen General de la Seguridad Social (artículo 10.4 del Real Decreto 84/1996, de 26 de enero, sobre afiliación, altas y bajas en la Seguridad Social).

Un supuesto particular viene dado por los capellanes que llevan a cabo funciones de asistencia religiosa en las Fuerzas Armadas, en centros hospitalarios o en estable-

[18] En parte de la exposición realizada en este epígrafe se sigue lo indicado en CASTRO ARGÜELLES, María Antonia y RODRÍGUEZ BLANCO, Miguel, «Seguridad Social de ministros de culto y religiosos», en *Ius Canonicum*, 44 (2004), pp. 153 y ss.

[19] Sobre el alcance de la expresión clérigos diocesanos en este contexto normativo, *vid.* RODRÍGUEZ BLANCO, Miguel, «Relevancia de la condición de ministro de culto a efectos de la Seguridad Social», en *Relaciones Laborales*, Tomo I/2002, p. 312, que cita la Resolución de la Dirección General de la Seguridad Social de 28 de septiembre de 1988 según la cual los clérigos que imparten docencia en las Facultades de estudios eclesiásticos de las Universidades de la Iglesia católica, en las materias de Teología, Derecho canónico, Filosofía, Sagradas Escrituras e Historia de la Iglesia, realizan funciones pastorales por las que deben considerarse integrados en el campo de aplicación del artículo 1 de la Orden Ministerial de 19 de diciembre de 1977.

[20] Así se recoge literalmente en la exposición de motivos del Real Decreto 2398/1977, de 27 de agosto.

cimientos penitenciarios. Cuando estos capellanes tienen una relación laboral o administrativa con la institución en la que desempeñan sus funciones, les corresponderá la protección social que derive de esa relación. Distinta, en cambio, es la situación de los capellanes que carecen de un vínculo jurídico directo con la institución en la que prestan asistencia religiosa. El ámbito de aplicación del Real Decreto 2398/1977, de 27 de agosto, comprende los *clérigos diocesanos* «que desarrollen su actividad pastoral al servicio de organismos diocesanos o supradiocesanos por designación del Ordinario competente, y perciban por ello la dotación base para su sustentación». Desde un punto de vista canónico, esta definición plantea problemas porque interpretada literalmente dejaría sin cobertura social a los capellanes de asistencia religiosa que carecen de relación laboral o administrativa con la institución en la que llevan a cabo sus funciones, pues ni están al servicio de un organismo diocesano o supradiocesano (cuestión distinta es que mantengan la incardinación en dicho organismo), ni reciben la dotación base[21]. Esta problemática se ha solucionado con la normativa específica de asistencia religiosa, que ha ampliado el ámbito subjetivo de aplicación del Real Decreto 2398/1977 para incluir en él a estos capellanes.

En el ámbito de las Fuerzas Armadas, quedan incluidos en el Régimen General de la Seguridad Social los sacerdotes del Arzobispado Castrense por el tiempo que tengan encomendado el servicio de asistencia religiosa, de acuerdo con lo dispuesto en el Real Decreto 1145/1990, de 7 de septiembre, que regula el servicio de asistencia religiosa de las Fuerzas Armadas. Según el artículo 13 de este Real Decreto, los sacerdotes del Arzobispado Castrense que se incorporen al servicio, tanto con carácter permanente como no permanente, serán afiliados al Régimen General de la Seguridad Social asumiendo, a estos efectos, el Ministerio de Defensa los derechos y obligaciones propios del empresario. Estas previsiones no se aplican a los sacerdotes colaboradores del Servicio de Asistencia Religiosa a las Fuerzas Armadas contemplados en la Orden Ministerial 376/2000, de 20 de diciembre, que desarrolla lo previsto en el Anexo I del Acuerdo con la Santa Sede de 3 de enero de 1979 sobre asistencia religiosa a las Fuerzas Armadas y servicio militar de clérigos y religiosos.

En cuanto a los capellanes de hospitales, debe tenerse en cuenta la relación jurídica que los une con el centro hospitalario. El artículo 7 del Convenio marco sobre asistencia religiosa católica en centros hospitalarios públicos, suscrito entre los Ministros de Justicia y de Sanidad y Consumo y la Conferencia Episcopal Española el 24 de julio de 1985 (publicado mediante Orden Ministerial de 20 de diciembre de 1985), establece lo siguiente: «para establecer la necesaria relación jurídica con el personal del servicio de asistencia religiosa católica, las distintas Administraciones públicas competentes en la gestión de centros hospitalarios podrán optar, bien por

[21] Sobre este tema *vid.* RODRÍGUEZ BLANCO, Miguel, «Relevancia de la condición de ministro de culto a efectos de la Seguridad Social», *op. cit.*, p. 324.

la celebración de un contrato laboral con dicho personal, bien por la celebración de un oportuno convenio con el Ordinario del lugar, todo ello de conformidad con las condiciones establecidas en el presente Acuerdo. Los capellanes tendrán los derechos y obligaciones que se deduzcan de la relación jurídica existente, en las mismas condiciones que el resto del personal de los respectivos centros hospitalarios. En caso de celebrarse el oportuno convenio con el Ordinario del lugar, el personal religioso será afiliado al Régimen Especial de la Seguridad Social del Clero». En virtud de este precepto, los capellanes que tengan suscrito un contrato laboral con la institución sanitaria serán dados de alta en el Régimen General de la Seguridad Social como trabajadores por cuenta ajena. El resto de capellanes, es decir, aquellos que carecen de relación laboral con el centro hospitalario, serán incluidos en la Seguridad Social según lo dispuesto en el Real Decreto 2398/1977, de 27 de agosto[22]. Este planteamiento general admite algunas excepciones recogidas en convenios suscritos entre diócesis y centros hospitalarios[23].

Por último, por lo que respecta a los capellanes de establecimientos penitenciarios, el artículo 5 del Acuerdo de 20 de mayo de 1993, suscrito entre el Ministerio de Justicia y la Conferencia Episcopal Española, sobre asistencia religiosa católica en los establecimientos penitenciarios (publicado mediante Orden Ministerial de 24 de noviembre de 1993), dispone que los capellanes castrenses deberán estar afiliados a la Seguridad Social en las condiciones establecidas en el Real Decreto 2398/1977, de 27 de agosto.

[22] Así ocurre con los capellanes de centros hospitalarios pertenecientes al INSALUD, tal y como recoge el Convenio de 23 de abril de 1986 suscrito entre el Director General del Instituto Nacional de la Salud y el Presidente de la Comisión Episcopal de Pastoral en representación de la Conferencia Episcopal (no ha sido publicado oficialmente; puede verse en ÁLVAREZ CORTINA, Andrés-Corsino y VILLA ROBLEDO, María José, *Repertorio legislativo y jurisprudencial de Derecho eclesiástico español*, EUNSA, Pamplona, 1998, pp. 442-445). Según el artículo 8 de este Convenio los capellanes o personas idóneas del servicio de asistencia religiosa católica serán afiliados al Régimen de Seguridad Social del Clero, en las condiciones establecidas en el Real Decreto 2398/1977, de 27 de agosto, asumiendo el INSALUD el pago de la cantidad correspondiente a la cuota establecida en dicho régimen a cargo de la diócesis.

[23] *Vid.* RODRÍGUEZ BLANCO, Miguel, «Relevancia de la condición de ministro de culto a efectos de la Seguridad Social», *op. cit.*, pp. 322-324. A partir del Acuerdo de 1985 también se han suscrito acuerdos con las comunidades autónomas y otras entidades públicas sobre asistencia religiosa en los hospitales, que vienen a reproducir lo dispuesto en el Acuerdo de 1985 y en el Convenio de 1986. Por ejemplo, puede traerse a colación el Convenio de 29 de diciembre de 1986, entre la Consejería de Salud y la representación de los obispos de Andalucía para la asistencia religiosa católica en los centros hospitalarios de la red pública integrada en Andalucía. En este caso se mantiene la afiliación de los capellanes al Régimen de la Seguridad Social del Clero en las condiciones establecidas en el Real Decreto 2398/1977, de 27 de agosto, y se atribuye a la Consejería de Salud el pago de la cantidad correspondiente a la cuota establecida en dicho régimen a cargo de la diócesis. Sobre estos convenios *vid.* MORENO ANTÓN, María, «La asistencia religiosa en el ámbito hospitalario», en *Revista Española de Derecho Canónico*, 49 (1992), pp. 661-690.

De acuerdo con el artículo 2 del Real Decreto 2398/1977, la acción protectora a que tienen derecho los clérigos diocesanos de la Iglesia católica, y en su caso sus familiares que tengan la condición de beneficiarios, será la correspondiente al Régimen General de la Seguridad Social descrita en el artículo 42 del Real Decreto Legislativo 8/2015, de 30 de octubre, por el que se aprueba el texto refundido de la Ley General de la Seguridad Social, con exclusión de las siguientes contingencias: incapacidad temporal, maternidad, paternidad, riesgo durante el embarazo, riesgo durante la lactancia natural y desempleo[24].

Evidentemente parece lógica la exclusión de las situaciones de riesgo durante embarazo y maternidad, habida cuenta que, en todo caso, en la Iglesia católica sólo el varón puede recibir válidamente la sagrada ordenación (canon 1024 del Código de Derecho Canónico); como lógica parece también la exclusión de la protección a la paternidad, dado que por los compromisos que adquieren los clérigos no van a tener hijos a cargo[25]. La exclusión de la incapacidad temporal y de la prestación por desempleo, por su parte, pueden tener su sentido sólo si se tiene en cuenta que el clérigo no tiene propiamente la consideración de trabajador, sino de asimilado. Por ello, probablemente también, las contingencias de enfermedad y accidente, cualquiera que sea su origen, se considerarán en todo caso como comunes, no reconociéndose, por tanto, las contingencias profesionales (artículo 2 de la Orden Ministerial de 19 de diciembre de 1977).

Con todo, quizá esta opción seguida en la delimitación de la acción protectora se explique, sin más, por un interés consensuado de las partes interesadas por reducir los

[24] La regulación original del artículo 2 del Real Decreto 2398/1977 excluía la protección a la familia, pero esa previsión fue modificada por el Real Decreto 1613/2007, de 7 de diciembre, cuya exposición de motivos explica las causas de la modificación: «El ámbito de la acción protectora que se estableció fue el mismo del Régimen General, con excepción de aquellas situaciones y contingencias que no resultaban aplicables por las características del propio colectivo, entre las que figura la protección a la familia. Ahora bien, desde el año 1977, la sociedad española ha experimentado una gran evolución que ha tenido su reflejo en la normativa de la Seguridad Social. Concretamente, por lo que se refiere al ámbito de las prestaciones familiares y como consecuencia de una intensificación de las medidas de apoyo tanto a la familia en sentido estricto como a instituciones que vienen a cumplir algunas de sus funciones, como es el caso del acogimiento familiar, se ha producido una extensión de los supuestos en que se tiene acceso al derecho a aquéllas. Igualmente, la multiplicación de los desplazamientos de personas que comportan las sociedades modernas, da origen a que se asienten en España sacerdotes de rito greco-latino que pueden tener obligaciones familiares. Las circunstancias reseñadas desvirtúan las razones por las que las prestaciones familiares fueron inicialmente excluidas del ámbito de aplicación del Real Decreto 2398/1977, de 27 de agosto, por lo que resulta necesario adaptar el contenido de éste a las circunstancias actuales».

[25] La única excepción vendría dada por los diáconos que estén casados; el supuesto es muy poco frecuente en la práctica, pero en estos casos debería flexibilizarse la norma para incluir la protección a la paternidad; para ello puede acudirse analógicamente a lo previsto para los ministros de culto evangélicos, judíos y musulmanes, los cuales, como se expondrá, cuentan con esta protección.

costes sociales ya que las restricciones en la acción protectora tienen su reflejo, como veremos, en la cotización que estos colectivos han de hacer a la Seguridad Social. Habida cuenta, además, de que los poderes públicos tienen, según ha admitido la jurisprudencia, un amplio margen de discrecionalidad, tanto para determinar —salvo que exista una norma de rango legal que obligue a ello— los colectivos que merecen ser asimilados a los trabajadores por cuenta ajena como para establecer el ámbito de la cobertura que se les reconoce[26].

Salvo estas excepciones, la acción protectora es la misma del Régimen General por lo que no hay ningún problema para aceptar que los clérigos generan prestaciones por muerte y supervivencia. Incluso la Orden Ministerial de 19 de diciembre de 1977 incluyó unas disposiciones transitorias a efectos del reconocimiento del derecho a las prestaciones por muerte y supervivencia, así como de las prestaciones de invalidez permanente y jubilación, para los clérigos que el 1 de enero de 1978 quedaran integrados en el Régimen General de la Seguridad Social, de manera que pudieran acceder, o generar, esas prestaciones si reunían unas condiciones concretas e ingresaban la fracción de cuota del Régimen General asignada a las contingencias y situaciones antes citadas, correspondiente a períodos anteriores a la entrada en vigor de la Orden, por el tiempo necesario para completar el mínimo de cotización exigido para dichas contingencias. Las cantidades a ingresar se debían calcular de acuerdo con la cuantía del salario mínimo interprofesional para trabajadores mayores de 18 años y las consiguientes fracciones del tipo de cotización que hubieran estado vigentes en cada uno de los momentos comprendidos en el período de que, en cada caso, se trataba.

Junto a esta regulación general, existen disposiciones específicas relativas a la Seguridad Social de los clérigos secularizados. La disposición adicional décima de la Ley 13/1996, de 30 de diciembre, de Medidas Fiscales, Administrativas y del Orden Social, estableció la obligación del Gobierno de aprobar, en el plazo máximo de seis meses a partir de la entrada en vigor de la ley, las disposiciones normativas necesarias a los efectos de computar, para los sacerdotes secularizados, el tiempo que estuvieron ejerciendo su ministerio y en el que no les fue permitido cotizar por su falta de inclusión en el sistema de la Seguridad Social, con objeto de que se les reconozca el derecho a la percepción de la pensión de jubilación denegada o el derecho a percibir una pensión de una cuantía superior a la que tienen reconocida. El mandato dio lugar al Real Decreto 487/1998, de 27 de marzo, sobre reconocimiento, como cotizados a la Seguridad Social, de períodos de actividad sacerdotal o religiosa de los sacerdotes y religiosos y religiosas de la Iglesia católica secularizados, al Real Decreto 2665/1998, de 11 de diciembre, que completa el anterior; y al Real Decreto 432/2000, de 31 de marzo, por el que se regula el cómputo en el Régimen de Clases Pasivas del Estado

[26] Así se recoge en la sentencia del Tribunal Supremo de 14 de mayo de 2001 (RJ 4253).

de los períodos reconocidos como cotizados a la Seguridad Social, en favor de los sacerdotes y religiosos o religiosas de la Iglesia católica secularizados[27].

Para los capellanes del Arzobispado Castrense, según el artículo 13 del Real Decreto 1145/1990, la acción protectora será la correspondiente al Régimen General con las únicas exclusiones de la protección a la familia y desempleo, pero entendemos que dicho precepto debe interpretarse de conformidad con lo dispuesto por el Real Decreto 1613/2007, de 7 de diciembre, por el que se modifica el Real Decreto 2398/1977 (cfr. *supra* nota a pie número 24). Además, cuando en el ejercicio de sus funciones requieran asistencia sanitaria podrán percibir dicha asistencia en las instalaciones hospitalarias del Ministerio de Defensa en igualdad de condiciones con el personal militar (artículo 13 del Real Decreto 1145/1990).

En cuanto a los capellanes de hospitales, los que tengan suscrito un contrato laboral con la institución sanitaria tendrán la protección social que derive de esa relación laboral al igual que cualquier otro trabajador por cuenta ajena. El resto de capellanes, es decir, aquellos que carecen de relación laboral con el centro hospitalario, puesto que son incluidos en la Seguridad Social según lo dispuesto en el Real Decreto 2398/1977, de 27 de agosto, tendrán la misma acción protectora que los clérigos diocesanos. Asimismo, los capellanes de establecimientos penitenciarios, dado que se les aplica el Real Decreto 2398/1977, de 27 de agosto, tienen cubiertas las mismas contingencias que los clérigos diocesanos.

En la cotización de los clérigos de la Iglesia católica habrá que estar a las reglas del artículo 29 del Real Decreto 2064/1995, de 22 de diciembre, por el que aprueba el Reglamento general sobre cotización y liquidación de otros derechos de la Seguridad Social. Según este precepto la base de cotización será única y mensual para todas las contingencias y situaciones incluidas en el ámbito de protección, lo que se explica si se tiene en cuenta que para estos colectivos no se contempla la contingencia profesional. Esta base única mensual estará constituida por el tope mínimo absoluto de la base de cotización para trabajadores mayores de dieciocho años vigente para cada momento en el Régimen General de la Seguridad Social, sin el incremento correspondiente a pagas extraordinarias (artículo 3 de la Orden Ministerial de 19 de diciembre de 1977)[28]. La aplicación del tipo a la base dará lugar a la cuota íntegra de la que deberán deducirse las fracciones correspondientes a las contingencias y situaciones

[27] *Vid.* DE LA VILLA GIL, Luis Enrique (Director), *La situación y derechos de los sacerdotes y religiosos secularizados*, Ediciones Cinca, Madrid, 2007.

[28] Téngase en cuenta que sin perjuicio de que se hayan derogado por el citado Real Decreto 2064/1995 los artículos 3 y 4 del Real Decreto 2398/1977, la Orden Ministerial de 19 de diciembre de 1977 permanece vigente según precisa la Circular 3-006, 8 de marzo de 2001, sobre cotización y recaudación para el 2001.

excluidas de la acción protectora según el artículo 2 del Real Decreto 2398/1977[29]. De manera que a tales efectos el importe a deducir se determinará multiplicando por los coeficientes o sumas de coeficientes reductores señalados para las contingencias excluidas en cada ejercicio económico la cuota íntegra resultante de aplicar a la base el tipo único a que se refiere el artículo 27 del propio Real Decreto 2064/1995.

Estas mismas consideraciones son extensibles a los capellanes de centros hospitalarios y penitenciarios a los que se aplica el Real Decreto 2398/1977, con la particularidad de que el importe de las cuotas debe ser asumido por la institución sanitaria o penitenciaria. Por lo que se refiere a los sacerdotes del Arzobispado castrense, las bases y tipos de cotización serán, sin más, las previstas para los trabajadores incluidos en el Régimen General, según dispone el artículo 13 del Real Decreto 1145/1990.

2.2. Ministros de culto de las Iglesias pertenecientes a la Federación de Entidades Religiosas Evangélicas de España

El Real Decreto 2398/1977, de 27 de agosto, al mismo tiempo que incluía en el Régimen General de la Seguridad Social a los clérigos de la Iglesia católica, hacía lo propio respecto de los demás ministros de otras Iglesias y confesiones religiosas, siempre que estuvieran debidamente inscritas en el correspondiente Registro, aunque las condiciones y la efectividad de esta inclusión dependían de un posterior desarrollo reglamentario. Y, en concreto, una Orden de 2 de marzo de 1987 incluyó en el Régimen General de la Seguridad Social a los ministros de culto de la Unión de Iglesias Cristianas Adventistas del Séptimo Día de España en las mismas condiciones que los clérigos de la Iglesia católica[30]. Esta Orden exigía, para la efectiva inclusión de los ministros de culto en el Régimen General, que tuvieran una dedicación estable y exclusiva a las funciones de culto, asistencia religiosa o formación religiosa[31].

Con posterioridad, con base en el artículo 5 del Acuerdo de cooperación del Estado Español con la FEREDE, aprobado por la Ley 24/1992, de 10 de noviembre, se han incluido expresamente en el Régimen General de la Seguridad Social, como asimilados a trabajadores por cuenta ajena, los ministros de culto de la totalidad de Iglesias que forman parte de la FEREDE, de acuerdo también con lo previsto en el

[29] No se cotiza por incapacidad temporal ni desempleo. Tampoco se cotiza por Fondo de Garantía Salarial y Formación Profesional.

[30] En efecto, según el artículo 2 de la Orden de 2 de marzo de 1987 la acción protectora para este colectivo y sus familiares que tengan la condición de beneficiarios, era la correspondiente al Régimen General de la Seguridad Social, con las siguientes exclusiones: incapacidad laboral transitoria e invalidez provisional y subsidio por recuperación, y desempleo. Las contingencias de enfermedad o accidente, cualquiera que fuera su origen, se consideraban, en todo caso, como común y no laboral, respectivamente, siéndoles de aplicación el régimen jurídico previsto para éstas en el Régimen General de la Seguridad Social.

[31] Sobre estas exigencias *vid.* la Sentencia del Tribunal Constitucional 128/2001, de 4 de junio.

Real Decreto 2398/1977. El concepto de ministro de culto se precisa en el artículo 3 del Acuerdo, en el que se indica que tendrán dicha consideración las personas físicas dedicadas, con carácter estable, a las funciones de culto o asistencia religiosa y acrediten el cumplimiento de estos requisitos mediante certificación expedida por la Iglesia a la que pertenezcan con la conformidad de la FEREDE. La certificación confesional garantiza el respeto a la autonomía de las confesiones religiosas y, en particular, a lo dispuesto en el artículo 2.2 de la Ley Orgánica 7/1980, de 5 de julio, de Libertad Religiosa, según el cual las confesiones religiosas tienen derecho a designar sus ministros de culto.

No se especificaba en el Acuerdo de 1992 los términos y alcance de esa integración en el Régimen General de la Seguridad Social, entre otras razones porque durante el proceso negociador del mismo se puso de manifiesto que este artículo, entre otros, exigía una negociación con los Departamentos Ministeriales afectados[32].

Estas previsiones han sido desarrolladas por el Real Decreto 369/1999, de 5 de marzo, que derogó la Orden de 2 de marzo de 1987 y que extiende la inclusión en el Régimen General de la Seguridad Social a todos los ministros de culto de las Iglesias pertenecientes a la FEREDE. En este Real Decreto se regulan los términos y condiciones de dicha incorporación definitiva de los ministros de culto de las mencionadas Iglesias al sistema de la Seguridad Social y se determina el alcance de la protección que se les otorga.

El Real Decreto 369/1999 especifica que se entenderá por ministro de culto la persona que esté dedicada, con carácter estable, a las funciones de culto o asistencia religiosa, siempre que no desempeñen las mismas a título gratuito[33]. La acreditación de dicha condición se efectuará mediante certificación expedida por la Iglesia o federación de Iglesias respectiva, debidamente inscrita en el Registro de Entidades Religiosas. Dicha certificación deberá acompañarse de la conformidad de la Comisión Permanente de la FEREDE.

En estos supuestos corresponde a las respectivas Iglesias o federaciones de Iglesias asumir los derechos y obligaciones establecidas para los empresarios en el Régimen General de la Seguridad Social (artículo 5 del Real Decreto 369/1999).

[32] *Vid.* FERNÁNDEZ-CORONADO GONZÁLEZ, Ana, *Estado y Confesiones Religiosas: Un nuevo modelo de relación (Los pactos con las confesiones: Leyes 24, 25 y 26 de 1992)*, Civitas, Madrid, 1995, pp. 51 y ss.

[33] La ausencia de gratuidad no era exigida en el Acuerdo con la FEREDE de 1992, sino que ha sido un requisito de carácter técnico incluido en el Real Decreto 369/1999. Sobre esta cuestión y los problemas que plantea respecto a la definición de ministro de culto recogida en el Acuerdo de 1992 *vid.* RODRÍGUEZ BLANCO, Miguel, «Relevancia de la condición de ministro de culto a efectos de Seguridad Social», *op. cit.*, pp. 327 y 328. También GONZÁLEZ SÁNCHEZ, Marcos y GONZÁLEZ DEL RÍO, José María, «La inclusión de los Ministros de culto de la Federación de Entidades Religiosas Evangélicas de España en el Régimen General de la Seguridad Social», en *Aranzadi Social*, n.º 3, 2003, pp. 103 y ss.

La integración en el Régimen General de estos ministros de culto como asimilados a trabajadores por cuenta ajena tampoco ha estado exenta de controversia. En su momento, los colectivos de la Unión Evangélica Bautista Española y de la Iglesia Evangélica Española interpusieron un recurso contencioso-administrativo contra el Real Decreto 369/1999, de 5 de marzo, en el que se solicitaba la nulidad de sus artículos 3 (acción protectora), 4 (cotización) y 5 (obligaciones empresariales). Alegaban, para fundamentar su pretensión, que la Ley Orgánica 7/1980, de 5 de julio, de Libertad Religiosa, disponía, en su artículo 6.1, que las entidades religiosas podían determinar el régimen de su personal; y que, en desarrollo del citado precepto, la Ley 24/1992, de 10 de noviembre, que aprobó el Acuerdo de cooperación del Estado con la FEREDE, indicó en su artículo 5 que los ministros de culto quedaban incluidos en el Régimen General de la Seguridad Social como asimilados a trabajadores, lo cual orientaba la naturaleza jurídica de la relación entre el ministro y la confesión como laboral. Ante lo cual, entendían que el Real Decreto citado al «asimilar» simplemente el ministro de culto al trabajador, y establecer particularidades relativas a la acción protectora y a la cotización, no respetó el derecho de la Iglesia a determinar el régimen de su personal como laboral, limitando, indebidamente, los derechos de ésta al no permitir que sus ministros de culto tengan, en su caso, una afiliación, cotización y protección de la Seguridad Social equivalente a los trabajadores por cuenta ajena.

El recurso fue desestimado por el Tribunal Supremo en la sentencia de 14 de mayo de 2001 (RJ 4253), en la que se sostiene que la facultad de elegir el régimen jurídico de su personal que la Ley Orgánica de Libertad Religiosa reconoce a las confesiones religiosas no exime a las mismas de sujetarse a los requisitos establecidos en el ordenamiento para acogerse a uno u otro tipo de relación en atención a su naturaleza jurídica. Recuerda en este punto la sentencia que la relación establecida entre los ministros de culto y las distintas confesiones religiosas no puede ser configurada, mientras se limite a la mera labor de asistencia religiosa y de culto y otras inherentes a sus compromisos religiosos, como relación laboral[34].

[34] De esta forma el Tribunal Supremo confirma una doctrina de los Tribunales Superiores de Justicia, entre otras, sentencias del Tribunal Superior de Justicia de Cantabria de 17 de noviembre de 1993 (RJ 4770) y del Tribunal Superior de Justicia de Madrid de 5 de diciembre de 1995 (RJ 4790). Un comentario sobre estas sentencias en GONZÁLEZ SÁNCHEZ, Marcos y GONZÁLEZ DEL RÍO, José María, «La inclusión de los Ministros de culto de la Federación de Entidades Religiosas Evangélicas de España en el Régimen General de la Seguridad Social», *op. cit.*, p. 108. La argumentación seguida por el Tribunal Supremo es criticable por varias razones: en primer lugar, incurre en una constante equiparación entre los ministros de culto y los religiosos, cuando lo cierto es que se trata de nociones distintas sólo asimilables con múltiples salvedades. En segundo lugar, establece una presunción *iuris et de iure* en contra de la existencia de relación laboral entre un ministro de culto y su confesión cuando el ministro se dedica a las funciones ministeriales. Esta presunción no se ajusta a la doctrina anterior del propio Tribunal conforme a la cual es «evidente que ni la condición sacerdotal (...) ni la naturaleza espiritual y religiosa del servicio pueden constituir por sí mismas impedimentos para calificar la relación como

De otro lado, continua argumentando el Tribunal Supremo, la expresión «asimilados a trabajadores por cuenta ajena», que utiliza el Acuerdo de cooperación aprobado por la Ley 24/1992, de 10 de noviembre, no constituye un argumento válido a favor del carácter laboral de la relación entre los ministros de culto y sus Iglesias. Es más, dicha expresión fue utilizada en el Real Decreto 2398/1977 a propósito del clero católico, con el ánimo de incluir en el Régimen General de la Seguridad Social a personas que precisamente no pueden ser consideradas como trabajadores por cuenta ajena por no concurrir los requisitos jurídicos para ello[35].

Podrán estar integrados en el Régimen General como trabajadores por cuenta ajena, y no como asimilados, los miembros de estas confesiones religiosas cuando los trabajos que desempeñen para la Iglesia o confesión correspondiente, sean ajenos a la «dedicación estable y exclusiva a las funciones de culto, asistencia religiosa o formación religiosa», y siempre que reúnan el resto de los requisitos para ello, como percibir una retribución adecuada. Esta es la conclusión a la que indirectamente ha llegado el Tribunal Constitucional, en la sentencia 128/2001, de 4 de junio, al desestimar un recurso de amparo presentado por la Unión de Iglesias Cristianas Adventistas del Séptimo día, en el que se denunciaba vulnerado el derecho fundamental a la libertad religiosa y, particularmente, el derecho de las confesiones a designar sus ministros de culto[36].

El problema, en este caso, se planteó porque la Iglesia recurrente había dado de alta en el Régimen General, como asimilado, a una «profesante-comulgante» de esta Iglesia que realizaba tareas de ayudante de cocina en un colegio que también pertenecía a la referida Iglesia, aplicándole, por ello, el régimen de cotización de los ministros de culto. La Administración, dadas las funciones que realizaba esa persona, consideró incorrecta su calificación como ministro de culto. La cuestión que se discute en el caso está directamente relacionada con el alcance que debe darse a las competencias de la confesión religiosa, con base en su libertad religiosa y en su

laboral pues ello estaría en contradicción con el principio de igualdad reconocido en el artículo 14 de la Constitución» (sentencia del Tribunal Supremo de 4 de abril de 1984, RJ 2032). Para una crítica a la sentencia del Alto Tribunal de 14 de mayo de 2001, *vid.* RODRÍGUEZ BLANCO, Miguel, «La relación entre el ministro de culto y su propia confesión. Paralelismos y diferencias entre la jurisprudencia española y la jurisprudencia inglesa», *op. cit.*, pp. 367-390.

[35] Según el Tribunal Supremo, la norma citada los declara sencillamente «asimilados a trabajadores por cuenta ajena» a efectos de su inclusión en el Régimen General de la Seguridad Social, limitando los efectos de tal inclusión conforme a lo previsto en la Disposición Transitoria Primera de la Ley General de la Seguridad Social entonces vigente.

[36] Un comentario a esta sentencia en SALCEDO HERNÁNDEZ, José Ramón, «La condición de Ministro de culto y su incidencia en el régimen de cotización a la Seguridad Social: criterios para determinar la condición de Ministro de culto», en *Aranzadi Social*, 2 (2001), pp. 3033-3037, y en MORENO BOTELLA, Gloria, «Algunas consideraciones sobre el concepto civil de ministro de culto y la autonomía confesional», en *Derecho y Opinión*, 9 (2001), pp. 429-446.

autonomía, en la delimitación del concepto de ministro de culto[37]. Para el Tribunal Constitucional, el derecho de las confesiones a designar sus ministros de culto no da lugar a que cualquier calificación que la confesión realice deba estar libre de todo cuestionamiento[38], en especial —añadimos nosotros— cuando de esa calificación se siguen efectos jurídicos en la esfera del ordenamiento estatal.

Según el artículo 3 del Real Decreto 369/1999, de 5 de marzo, la acción protectora será la correspondiente al Régimen General con la única excepción de la prestación de desempleo. Las contingencias de enfermedad y accidente, cualquiera que sea su origen, se considerarán, en todo caso, como comunes y no laborales siéndoles de aplicación el régimen jurídico previsto para éstas en el Régimen General de la Seguridad Social. Por lo tanto, de este precepto se deduce que, para este colectivo, a diferencia de los clérigos de la Iglesia católica, la acción protectora incluye las siguientes contingencias: incapacidad temporal, maternidad, paternidad, riesgo durante el embarazo y riesgo durante la lactancia natural. En él sólo se excluye de la acción protectora el desempleo.

Esta situación genera una desigualdad de trato entre los ministros de culto dependiendo de la confesión religiosa a la pertenezcan. Evidentemente esta diferencia de trato es explicable en lo que se refiere a circunstancias como el riesgo durante embarazo y maternidad, habida cuenta que las mujeres pueden acceder a la condición de clérigos en algunas de estas Iglesias, mientras que la situación que da lugar a esta protección no puede concurrir en el clérigo de la Iglesia católica. Igualmente debe tenerse en cuenta la obligación del celibato que han de observar los clérigos católicos. Pero esta desigualdad no se encuentra tan justificada en lo que se refiere a la incapacidad temporal. No obstante, tampoco se puede perder de vista que no hay en el mandato contenido en el artículo 5 del Acuerdo de cooperación con la FEREDE ninguna previsión que imponga la inclusión en el Régimen General en análogas circunstancias que los clérigos de la Iglesia católica, a diferencia de lo que ocurre, como veremos, en el Acuerdo de cooperación suscrito con la Federación de Comunidades Judías de España (FCJE), aprobado por la Ley 25/1992, de 10 de noviembre.

[37] La Iglesia Adventista entendió vulnerada su libertad religiosa en la vertiente colectiva al entender que a ella correspondía determinar quiénes son sus ministros. Incluso en algún momento la Iglesia pretendió apoyar su argumentación equiparando la situación de esta trabajadora a la de los religiosos de la Iglesia católica invocando en apoyo de su pretensión la argumentación de la Sentencia del Tribunal Constitucional 63/1994, de 28 de febrero.

[38] *Vid.* SALCEDO HERNÁNDEZ, José Ramón, «La condición de Ministro de culto y su incidencia en el régimen de cotización a la Seguridad Social: criterios para determinar la condición de Ministro de culto», *op. cit.*, pp. 3036-3037. Con todo este mismo autor advierte sobre las dificultades que puede presentar extrapolar los conceptos de culto o asistencia religiosa propios de las grandes confesiones a movimientos religiosos que muestren unas peculiaridades y estructuras muy alejadas de estos paradigmas generales.

Pese a ello, en el recurso contencioso-administrativo interpuesto por los colectivos de la Unión Evangélica Bautista Española y de la Iglesia Evangélica española contra el Real Decreto 369/1999, de 5 de marzo, también se denunciaba una supuesta vulneración del principio de igualdad así como la conculcación del mandato de protección social contenido en el artículo 41 de la Constitución, todo ello al introducir reglas particulares relativas a la acción protectora.

Por lo que se refiere a esta supuesta vulneración del principio de igualdad y del mandato de protección social, la sentencia del Tribunal Supremo de 14 de mayo de 2001, que, como se ha dicho, desestimó el recurso, se limitó a recordar reiterada doctrina del propio Tribunal según la cual el derecho a la igualdad ante la ley impone al legislador y a quienes la aplican la obligación de dispensar un mismo trato a quienes se encuentran en situaciones jurídicas equiparables con prohibición de toda discriminación o desigualdad de trato que, desde el punto de vista de la finalidad de la norma cuestionada, carezca de justificación objetiva y razonable[39], pero en el supuesto concreto que se plantea existe, desde el punto de vista jurídico, una diferencia relevante entre la situación de los ministros de culto y los trabajadores por cuenta ajena, que ha sido reiteradamente reconocida por los tribunales. Esta diferencia jurídica, a juicio del Tribunal, ha justificado que aquéllos sean objeto de un tratamiento específico para su inclusión en la Seguridad Social como asimilados a trabajadores por cuenta ajena, pero sin todos los deberes y derechos inherentes a los mismos.

Uno de los argumentos esgrimidos por el recurso presentado en su día por los Colectivos de Pastores Evangélicos de la Unión Evangélica Bautista Española y de la Iglesia Evangélica Española hacía referencia a la insuficiencia de la protección otorgada en atención a las características de la actividad. Sin embargo el Tribunal Supremo no admitió el argumento al considerar que el hecho de que las características especiales de la función no hayan podido ser consideradas por la norma reguladora con un grado de acierto suficiente no es bastante para considerar antijurídica la regulación ofrecida. Según el Tribunal, debe reconocerse un amplio margen de discrecionalidad al poder público para determinar los colectivos que merecen la inclusión como asimilados a los trabajadores por cuenta ajena y para establecer el ámbito de la cobertura que se les reconoce.

De otra parte, el Real Decreto 369/1999 no contemplaba una previsión que permitiera a los ministros de culto evangélicos cotizar con efectos retroactivos, y compensar así las cuotas que les podían faltar para acceder a la pensión de jubilación como consecuencia de su inclusión tardía en la Seguridad Social, equivalente a la regulada para los clérigos de la Iglesia católica. Esta diferencia de tratamiento dio lugar a la Sentencia del Tribunal Europeo de Derechos Humanos de 3 de abril de 2012,

[39] Entre otras muchas, sentencias del Tribunal Constitucional 114/1987, de 6 de julio, 109/1988, de 8 de junio y 110/1993, de 25 de marzo.

asunto *Manzanas Martín contra España*, en cuyo fallo se consideró discriminatoria la diferencia de tratamiento en este punto entre los clérigos católicos y los ministros de culto evangélicos, lo que ocasionó la promulgación del Real Decreto 839/2015, de 21 de septiembre, por el que se modificó el Real Decreto 369/1999, de 5 de marzo. Esta cuestión será abordada con detalle *infra*.

En cuanto a la cotización, la regulación inicial del Real Decreto 369/1999 prescindía, para calcular la base de cotización, de la cuantía de la retribución que efectivamente percibiera el ministro de culto, lo cual fue criticado por la doctrina[40]. Esta regulación fue cambiada por el Real Decreto 1138/2007, de 31 de agosto, que posibilitó tener en cuenta la remuneración efectiva recibida por los ministros de culto a efectos de determinar la base de cotización. De acuerdo con lo dispuesto en los artículos 4 del Real Decreto 369/1999 y 29 del Real Decreto 2064/1995, la base de cotización estará constituida por la remuneración total percibida o que tengan derecho a percibir mensualmente los ministros de culto por razón del desempeño de sus funciones. A tal efecto, las bases mensuales de cotización correspondientes a dichos ministros estarán sujetas a los límites máximo y mínimo del grupo 3 de la escala de grupos de cotización vigentes en el Régimen General de la Seguridad Social. La cuota se determinará deduciendo las fracciones correspondientes a las contingencias excluidas de la acción protectora. A tales efectos, el importe a deducir se determinará multiplicando por los coeficientes o sumas de coeficientes reductores señalados para las contingencias excluidas en cada ejercicio económico la cuota íntegra resultante de aplicar a la base el tipo único a que se refiere el artículo 27 del Real Decreto 2064/1995.

2.3. Rabinos de las comunidades religiosas integradas en la Federación de Comunidades Judías de España

Según el artículo 5 de Acuerdo de cooperación del Estado Español con la FCJE (aprobado por la Ley 25/1992, de 10 de noviembre), de acuerdo con lo dispuesto en el artículo 1 del Real Decreto 2398/1977, de 27 de agosto, los ministros de culto de las comunidades pertenecientes a la FCJE quedarán incluidos en el Régimen General de la Seguridad Social. Dicho precepto dispone que serán asimilados a trabajadores por cuenta ajena en las mismas condiciones que la legislación vigente establece para los

[40] Resultaba injustificada para RODRÍGUEZ BLANCO, Miguel, «Relevancia de la condición de ministro de culto a efectos de la Seguridad Social», *op. cit.*, p. 328, «salvo que se considere que las labores pastorales del ministro de culto en su confesión no son retribuidas, o se entienda que la retribución siempre va a ser inferior al tope mínimo absoluto fijado por el legislador». También resultaba criticable para GONZÁLEZ SÁNCHEZ, Marcos y GONZÁLEZ DEL RÍO, José María, «La inclusión de los ministros de culto de la Federación de Entidades Religiosas Evangélicas de España en el Régimen General de la Seguridad Social», *op. cit.*, p. 106, una vez que se introduce la exigencia de la retribución para asimilar al ministro de culto evangélico con el trabajador por cuenta ajena.

clérigos de la Iglesia católica, con extensión de la protección a su familia. Las comunidades respectivas, continúa diciendo el artículo, asumirán los derechos y obligaciones establecidos para los empresarios en el Régimen General de la Seguridad Social.

A todos los efectos legales son ministros de culto de las comunidades pertenecientes a la FCJE las personas físicas que, hallándose en posesión de la titulación de rabino, desempeñen sus funciones religiosas con carácter estable y permanente, y acrediten el cumplimiento de estos requisitos mediante certificación expedida por la comunidad a que pertenezcan, con el visado de la Secretaría General de la FCJE. Esta certificación podrá ser incorporada al Registro de Entidades Religiosas (artículo 3 del Acuerdo con la FCJE).

La acción protectora es la propia del Régimen General de la Seguridad Social con exclusión de la incapacidad temporal y el desempleo. Las contingencias de accidente o enfermedad se considerarán, en todo caso, como comunes y no laborales. La acción protectora coincide, por tanto, con la de los clérigos de la Iglesia católica, salvo en que en este colectivo sí goza de protección la familia[41]. En este caso ha sido el propio Acuerdo de cooperación de 1992 el que imponía esta asimilación e incluía expresamente la protección a la familia. La extensión de esta protección se explica porque los ministros de las comunidades judías, a diferencia de los clérigos de la Iglesia católica (excepción hecha del supuesto particular de los diáconos), pueden casarse y por lo tanto tener hijos.

La cotización se realizará conforme a las reglas específicas que contiene el artículo 29 del Real Decreto 2064/1995, de 22 de diciembre. De manera que la base de cotización, que será única para todas las contingencias y situaciones incluidas en la acción protectora de este colectivo, está constituida por el tope mínimo absoluto de la base de cotización vigente en cada momento en el Régimen General de la Seguridad Social. La cuota a ingresar se determina deduciendo las fracciones correspondientes a las contingencias excluidas de la acción protectora. A tal efecto, el importe a deducir se calcula multiplicando la cuota íntegra, resultante de aplicar a la base el tipo único a que se refiere el artículo 27 del Real Decreto 2064/1995, por los coeficientes o sumas de coeficientes reductores señalados para las contingencias excluidas en cada ejercicio económico.

2.4. Dirigentes religiosos islámicos e Imanes de las comunidades religiosas integradas en la Comisión Islámica de España

Los dirigentes religiosos islámicos e imanes de las comunidades integradas en la Comisión Islámica de España (CIE) están también incluidos en el Régimen General

[41] No obstante esta afirmación, ha de tenerse en cuenta la reforma del Real Decreto 2398/1977 operada por el Real Decreto 1613/2007.

de la Seguridad Social como asimilados a trabajadores por cuenta ajena, según dispone el Acuerdo de cooperación del Estado con la CIE (aprobado por la Ley 26/1992, de 10 de noviembre) cuyo artículo 5, coincidiendo con lo establecido en el artículo 1 del Real Decreto 2398/1977, de 27 de agosto, prescribe que quedarán incluidos en el Régimen General de la Seguridad Social como asimilados a trabajadores por cuenta ajena. Las comunidades islámicas respectivas asumirán los derechos y obligaciones establecidas para los empresarios en el Régimen General de la Seguridad Social. Esta previsión fue desarrollada por el Real Decreto 176/2006, de 10 de febrero.

Se consideran dirigentes religiosos islámicos e imanes de las comunidades islámicas las personas físicas dedicadas, con carácter estable, a la dirección de las comunidades a que se refiere el artículo 1 del Acuerdo de cooperación[42], a la dirección de la oración, formación y asistencia religiosa islámica y acrediten el cumplimiento de estos requisitos mediante certificación expedida por la comunidad a que pertenezcan, debidamente inscrita en el Registro de Entidades Religiosas, con la conformidad del secretario general de la CIE (artículos 3 del Acuerdo y 2 del Real Decreto 176/2006).

La acción protectora será la correspondiente al Régimen General de la Seguridad Social, con la única exclusión de la protección por desempleo. Las contingencias de enfermedad y accidente, cualquiera que sea su origen, se considerarán, en todo caso, como común y no laboral, respectivamente, siéndoles de aplicación el régimen jurídico previsto para éstos en el Régimen General de la Seguridad Social. En la cotización se seguirá lo dispuesto en el artículo 29 del Reglamento general sobre cotización y liquidación de otros derechos de la Seguridad Social, aprobado por el Real Decreto 2064/1995, de 22 de diciembre. No existirá obligación de cotizar con respecto a la contingencia de desempleo, al Fondo de Garantía Salarial ni por formación profesional.

2.5. Clérigos de la Iglesia Ortodoxa Rusa del Patriarcado de Moscú en España

Los clérigos de la Iglesia Ortodoxa Rusa del Patriarcado de Moscú en España han sido incluidos en el Régimen General de la Seguridad Social por medio del Real Decreto 822/2005, de 8 julio, mediante su asimilación a trabajadores por cuenta ajena. A tales efectos, la condición de clérigo se acreditará mediante certificación expedida por el Patriarcado de Moscú en España, en la que habrá de constar el carácter de su dedicación estable, exclusiva y remunerada a las funciones de culto o asistencia

[42] En el apartado 1 de dicho artículo se establece que «los derechos y obligaciones que se deriven de la Ley por la que se apruebe el presente Acuerdo serán de aplicación a las Comunidades Islámicas inscritas en el Registro de Entidades Religiosas, que formen parte o posteriormente se incorporen a la «Comisión Islámica de España» o a alguna de las Federaciones Islámicas inscritas integradas en dicha Comisión, mientras su pertenencia a las mismas figure inscrita en dicho Registro».

religiosa. El Patriarcado de Moscú asumirá los derechos y obligaciones establecidos para los empresarios en el Régimen General de la Seguridad Social.

La acción protectora, de la que se benefician los ministros de culto y sus familiares que tengan la condición de beneficiarios, será la correspondiente al Régimen General de la Seguridad Social, con las siguientes exclusiones: incapacidad temporal, maternidad y riesgo durante el embarazo y desempleo. Las contingencias de enfermedad y accidente, cualquiera que sea su origen, se considerarán, en todo caso, como común y no laboral, respectivamente, y les será de aplicación el régimen jurídico previsto para éstos en el Régimen General de la Seguridad Social.

Respecto a la cotización, se aplicarán las normas específicas establecidas en el artículo 29 del Real Decreto 2064/1995, junto a las normas comunes del Régimen General en la materia que resulten aplicables, y únicamente quedará excluido de la base mensual de cotización el incremento correspondiente a pagas extraordinarias. No existirá obligación de cotizar por las contingencias excluidas de su acción protectora, así como tampoco respecto al Fondo de Garantía Salarial ni por formación profesional.

2.6. Miembros de la Orden Religiosa de los Testigos de Jehová en España

Los miembros de la Orden Religiosa de los Testigos de Jehová han sido incluidos en el Régimen General de la Seguridad, mediante su asimilación a trabajadores por cuenta ajena, por el Real Decreto 1614/2007, de 7 diciembre. A efectos de este Real Decreto, se entenderá por miembros de la Orden religiosa de los Testigos de Jehová las personas que, como ministros ordenados, se dediquen de forma permanente a funciones misionales, pastorales o de formación religiosa, así como también, de forma complementaria, a otras actividades que resulten necesarias para el cumplimiento de los fines de la confesión religiosa en la que están integrados. La acreditación de tales extremos, a efectos de su inclusión y alta en el Régimen General de la Seguridad Social, se realizará mediante certificación expedida por la Junta Directiva de los Testigos Cristianos de Jehová en España. La confesión religiosa de los Testigos Cristianos de Jehová en España, dentro de la que se encuentra integrada la Orden religiosa de los Testigos de Jehová, asumirá los derechos y obligaciones establecidos para los empresarios en el Régimen General de la Seguridad Social.

La acción protectora será la correspondiente al Régimen General de la Seguridad Social, con las siguientes exclusiones: incapacidad temporal, maternidad, paternidad, riesgo durante el embarazo, riesgo durante la lactancia natural y desempleo. Las contingencias de enfermedad y accidente, cualquiera que sea su origen, se considerarán en todo caso como común y no laboral, respectivamente, siéndoles de aplicación el régimen jurídico previsto para éstos en el Régimen General de la Seguridad Social.

La cotización a la Seguridad Social se efectuará con arreglo a las normas específicas establecidas en el artículo 29 del Real Decreto 2064/1995, de 22 de diciembre, así como a las normas comunes del Régimen General sobre la materia que resulten de aplicación. Únicamente quedará excluido de la base mensual de cotización el incremento correspondiente a pagas extraordinarias. Evidentemente, no existirá obligación de cotizar por las contingencias excluidas de su acción protectora, así como tampoco respecto al Fondo de Garantía Salarial ni por formación profesional.

3. El impacto de la jurisprudencia del Tribunal Europeo de Derechos Humanos en el régimen jurídico español de protección social de los ministros de culto

En los últimos años el Tribunal Europeo de Derechos Humanos ha aumentado de forma espectacular el número de pronunciamientos sobre el factor social religioso. En diversos temas, y de forma particular respecto al alcance del derecho a la libertad de pensamiento, de conciencia y de religión, se ha ido confeccionado un cuerpo jurisprudencial que da respuesta a un gran número de las cuestiones que suscita la regulación jurídica de la religión. Sin embargo, en materia de ministros de culto no son muchas las decisiones y sentencias recaídas hasta la fecha, de donde cabe deducir que estamos ante una cuestión de no excesiva conflictividad.

Entre los pocos asuntos que se han ventilado ante el Tribunal de Estrasburgo sobre el régimen jurídico de los ministros de culto está el caso *Manzanas Martín contra España*, resuelto por Sentencia de 3 de abril de 2012, en el que se concluye que determinadas diferencias existentes en la normativa española entre la protección social otorgada a los ministros de culto de las Iglesias pertenecientes a la FEREDE y la establecida para los clérigos de la Iglesia católica resultaban contrarias al artículo 14 del Convenio Europeo de Derechos Humanos al suponer distinciones de tratamiento carentes de la adecuada justificación. Este pronunciamiento obligó a reformar el Real Decreto 369/1999, de 5 de marzo, por el que se regula la integración en el Régimen General de la Seguridad Social de los ministros de culto de las Iglesias pertenecientes a la FEREDE, con la finalidad de introducir en el régimen de Seguridad Social de los ministros evangélicos previsiones contempladas en la tutela social de los clérigos diocesanos.

3.1. El reconocimiento a los ministros de culto evangélicos de periodos como cotizados anteriores a su efectiva inclusión en el Régimen General de la Seguridad Social

El Real Decreto 369/1999 fue modificado por medio del Real Decreto 839/2015, de 21 de septiembre, que se promulga para dar cumplimiento al fallo de la sentencia del Tribunal Europeo de Derechos Humanos de 3 de abril de 2012, asunto *Manzanas Martín contra España*.

Como explica la exposición de motivos del Real Decreto 839/2015, en el momento de incluir en el Régimen General de la Seguridad Social a los ministros de culto de las Iglesias integradas en la FEREDE no se previó cláusula alguna destinada a posibilitar que aquellos ministros de culto que se encontraran en edades cercanas a la edad de jubilación y acreditaran haber ejercido esa actividad en un momento anterior al 1 de mayo de 1999, fecha de entrada en vigor del Real Decreto 369/1999, pudieran ingresar las cuotas correspondientes y reunir así el periodo de carencia necesario para acceder a la pensión de jubilación, así como a las pensiones de incapacidad permanente o muerte y supervivencia, cláusula sí prevista para el clero diocesano de la Iglesia católica en la Orden de 19 de diciembre de 1977, por la que se regulan determinados aspectos relativos a la inclusión del clero diocesano de la Iglesia católica en el Régimen General de la Seguridad Social.

Ante esa falta de previsión, un pastor evangélico interpuso demanda contra el Reino de España ante el Tribunal Europeo de Derechos Humanos en reclamación de pensión de jubilación, que culminó en la sentencia emitida por el citado tribunal en fecha 3 de abril de 2012, a la que venimos haciendo referencia, en la que se reconoce que ante la falta de una regulación que permita el reconocimiento de periodos como cotizados anteriores a la inclusión en el Régimen General de la Seguridad Social de los ministros de culto de las Iglesias pertenecientes a la FEREDE, ha existido una vulneración del artículo 14 del Convenio Europeo de Derechos Humanos, que prohíbe la discriminación por motivos religiosos.

En concreto, el Real Decreto 839/2015, de 21 de septiembre, añade al Real Decreto 369/1999 una nueva disposición adicional segunda sobre reconocimiento inicial de las prestaciones de jubilación, incapacidad permanente y muerte y supervivencia. De acuerdo con su contenido, a los exclusivos efectos del reconocimiento inicial del derecho a las prestaciones de jubilación, incapacidad permanente y muerte y supervivencia, los ministros de culto que el 1 de mayo de 1999 estuvieran comprendidos en el ámbito personal de aplicación establecido en el artículo 2 del Real Decreto y hubieran cumplido en dicha fecha la obligación legal de estar en alta en el Régimen General de la Seguridad Social como consecuencia de lo dispuesto en esta norma, podrán ingresar la fracción de cuota del Régimen General asignada a dichas contingencias correspondiente a períodos de ejercicio en territorio español de su actividad pastoral como ministros de culto anteriores a la entrada en vigor de este Real Decreto, con arreglo a las siguientes condiciones:

— 1.ª A efectos de la pensión de jubilación, si hubieran tenido la edad de 50 años el 1 de mayo de 1999, podrán hacer el ingreso por los períodos comprendidos entre el 1 de mayo de 1999 y el día en que el ministro de culto hubiera cumplido dicha edad, por el período necesario para completar el mínimo de cotización exigido para acceder a dicha pensión.
— 2.ª En el supuesto de que se produzca el hecho causante de las prestaciones de incapacidad permanente o muerte y supervivencia, el ingreso se efectuará, por el importe correspondiente al periodo necesario para completar el mínimo de cotización exigido para dichas contingencias, con independencia de la edad del interesado.

— 3.ª Las cantidades a ingresar se calcularán por la Tesorería General de la Seguridad Social, previa solicitud del interesado, de acuerdo con la cuantía de la base mínima de cotización del Régimen General de la Seguridad Social para trabajadores mayores de 18 años y las consiguientes fracciones del tipo de cotización, que hayan estado vigentes en cada uno de los momentos comprendidos en el período de que, en cada caso, se trate. Estos ingresos se harán efectivos por la Iglesia o Federación de Iglesias en las que haya prestado sus servicios el ministro de culto en la Tesorería General de la Seguridad Social.

— 4.ª La acreditación del ejercicio de la actividad pastoral como ministro de culto en momento anterior a la entrada en vigor de este Real Decreto se efectuará conforme a lo dispuesto en el artículo 2 del mismo.

Por último, la nueva disposición adicional segunda precisa que estas mismas reglas resultarán de aplicación a los ministros de culto pertenecientes a la Unión de Iglesias Cristianas Adventistas del Séptimo Día en España, que tuvieran cumplida la edad de 50 años a fecha 1 de mayo de 1987.

3.2. El asunto *Manzanas Martín contra España* del Tribunal Europeo de Derechos Humanos

Los hechos del caso *Manzanas Martín contra España* son los que se describen a continuación.

Un pastor evangélico ejerció su actividad ministerial entre el 1 de noviembre de 1952 y el 30 de junio de 1991, fecha en la que alcanzó la edad de jubilación. Durante esos años percibió una retribución pagada por la Iglesia evangélica, que no abonó las cotizaciones a la Seguridad Social en nombre del demandante, al no estar prevista esta posibilidad por la legislación en vigor.

El demandante solicitó que se le reconociera una pensión de jubilación ante el Instituto Nacional de la Seguridad Social (INSS). Por decisión de 26 octubre de 2004, el INSS desestimó la pretensión del recurrente, debido a que no reunía el requisito de período mínimo de cotización exigido para que se le reconociera el derecho a una pensión de jubilación. El demandante solicitó la revisión de su expediente por el INSS, el cual, por dos decisiones de 15 marzo y de 23 mayo de 2005, desestimó sus pretensiones y confirmó su decisión inicial.

El demandante acudió a la jurisdicción social, en la que recayó una primera sentencia de 12 de diciembre de 2005 del Juzgado de lo Social número 33 de Barcelona que admitió su petición y condenó al INSS a abonarle una pensión de jubilación. Analizando la evolución de la legislación aplicable en la materia, el juez consideró que el legislador había dado un trato de favor a los sacerdotes católicos frente a los pastores evangélicos, lo que era contrario al carácter aconfesional del Estado establecido por la Constitución de 1978 (artículo 16.3). Asimismo, el juez entendió que el hecho de privar al demandante del acceso a una pensión de jubilación en las mismas condiciones que los sacerdotes católicos vulneraba sus derechos a la igualdad y a la libertad religiosa reconocidos por la Constitución (artículos 14 y 16.1, respectivamente). Con apoyo en el artículo 9.2 de la Constitución, conforme al cual corresponde a los poderes públicos promover las condiciones para que la libertad y la igualdad del individuo y de los grupos en que se integra sean reales y efectivas, remover los obstáculos que impidan o dificulten su plenitud y facilitar la participación de todos los ciudadanos en la vida política, económica, cultural y social, el juez estimó que las disposiciones aplicadas a los sacerdotes católicos podían ser aplicadas al demandante por analogía, permitiéndole así cumplir la duración de cotización mínima con sus años de ministerio pastoral, a condición de ingresar la cantidad correspondiente a los años de cotización así reconocidos.

Contra esta decisión, el INSS interpuso un recurso de súplica. Por sentencia de 26 julio 2007 (AS 2008, 470), el Tribunal Superior de Justicia de Cataluña anuló la sentencia de primera instancia. Para el tribunal, el hecho de que los años anteriores de actividad pastoral del demandante no pudieran ser tomados en consideración no se debía a la inactividad del Estado, sino a la ausencia de legislación debido a la falta de un acuerdo de cooperación entre el Estado y los diferentes cultos evangélicos. Teniendo en cuenta estas consideraciones, el Tribunal juzgó que el demandante no cumplía las condiciones legales para que se le concediera una pensión de jubilación, lo que dependía de la legalidad ordinaria y no constituía una discriminación en relación con la situación de los sacerdotes católicos[43]. Contra este pronunciamiento, el demandante interpuso un recurso de amparo ante el Tribunal Constitucional, que fue declarado inadmisible por carecer de la relevancia constitucional requerida por el artículo 50.1, letra b), de la Ley Orgánica del Tribunal Constitucional.

Presentado recurso ante el Tribunal Europeo de Derechos Humanos, éste declaró la demanda admisible y entendió que se había vulnerado el artículo 14 del Convenio de Roma. Si bien el artículo 1 del Protocolo número 1 no impone ninguna restricción a la libertad de los Estados contratantes para decidir instaurar o no un régimen de protección social o de elegir el tipo o el nivel de las prestaciones que se considera se van a conceder a título de dicho régimen, desde que un Estado contratante pone en marcha una legislación que prevé el abono de una prestación social —cuya concesión depende o no de las cotizaciones previas—, debe considerarse que esta legislación supone un interés patrimonial que entra dentro del ámbito de aplicación del citado precepto. Y aunque este artículo no implica un derecho a percibir prestaciones sociales, del tipo que sean, cuando un Estado decide crear un régimen de prestaciones, debe hacerlo de una manera compatible con el artículo 14 del Convenio Europeo de Derechos Humanos.

[43] En un sentido similar puede verse la Sentencia del Tribunal Superior de Justicia de Cataluña de 31 de enero de 2011 (AS\2011\1023).

El Tribunal de Estrasburgo entendió que el rechazo a reconocer al demandante el derecho a percibir una pensión de jubilación y completar con este fin las anualidades restantes para generar el derecho, constituye una diferencia en relación al trato dado por la ley a situaciones similares en las que se encuentran los sacerdotes católicos. En efecto, la legislación española permite que los sacerdotes católicos que tuvieran una actividad ministerial anterior a su integración en el Régimen General de la Seguridad Social, puedan completar las anualidades restantes para alcanzar los años de cotización mínima requerida para que se les reconozca el derecho a una pensión de jubilación.

Una vez constatado este dispar tratamiento, el Tribunal Europeo de Derechos Humanos estima probado, teniendo en cuenta las circunstancias del caso, que esta diferencia normativa desfavorable constituye una diferencia de trato basada en la confesión religiosa a la que pertenece el ministro de culto, que carece, por tanto, de justificación objetiva y razonable.

3.3. Posibles consecuencias de la jurisprudencia del Tribunal Europeo de Derechos Humanos sobre el régimen jurídico español de protección social de los ministros de culto

El asunto *Manzanas Martín contra España* ha obligado a reformar un aspecto concreto de la regulación de la Seguridad Social de los ministros de culto de las Iglesias integradas en la FEREDE para introducir las mismas garantías que estaban previstas para los clérigos diocesanos católicos. La sentencia del Tribunal de Estrasburgo no efectúa un estudio de conjunto de la normativa española sobre protección social de los ministros de culto, pero realiza afirmaciones que sugieren la conveniencia de replantearse la forma en que el personal religioso cualificado ha sido incluido en el ámbito de cobertura de la Seguridad Social, pues existen diferencias de tratamiento cuya justificación desde la perspectiva propia del principio de no discriminación suscita algunas dudas.

En primer lugar, está la cuestión central de la inclusión de los ministros de culto en el ámbito de protección del sistema de Seguridad Social. El Real Decreto 2398/1977 previó la incorporación a dicho régimen de los ministros de culto de todas las confesiones religiosas inscritas en el Registro de Entidades Religiosas, pero subordinó la efectividad de esta previsión a un posterior desarrollo reglamentario. En el asunto *Manzanas Martín contra España* el Tribunal Europeo de Derechos Humanos estimó que la integración de los ministros de culto al Régimen General de la Seguridad Social en diferentes momentos, en el caso concreto de los ministros de culto evangélicos, respondió a razones objetivas y no discriminatorias, y recordó que el Estado dispone de un amplio margen de valoración para introducir de forma progresiva la plena igualdad de los sujetos en el sistema de pensiones, en función de las implicaciones económicas y sociales de la evolución de los sistemas de Seguridad Social, que debe tener en cuenta las particularidades de cada colectivo. Ahora bien, como hemos indicado, el Tribunal también insistió en que desde que un Estado contratante pone en marcha una legislación que prevé el abono de una prestación social —cuya concesión depende o no de las cotizaciones previas—, debe considerarse que esta legislación supone un interés patrimonial que entra dentro del ámbito de aplicación del artículo 1 del Protocolo número 1 al Convenio Y aunque este artículo no implica un derecho a percibir prestaciones sociales, del tipo que sean, cuando un Estado decide crear un régimen de prestaciones, debe hacerlo de una manera compatible con el artículo 14 de la Convención.

En segundo lugar, si las prestaciones creadas por los Estados contratantes deben respetar las exigencias del artículo 14 del Convenio, el acceso a las mismas, sus condiciones y las cuantías deben responder a parámetros homogéneos sin la existencia de diferencias carentes de justificación. Si bien a raíz del caso *Manzanas Martín* se ha reformado la protección social de los ministros de culto evangélicos para equipararlos a los clérigos diocesanos católicos, no se han adoptado medidas similares para otros ministros de culto como los judíos, musulmanes, ortodoxos o Testigos de Jehová.

En tercer lugar, está el tema de la acción protectora. Ésta difiere de unos casos a otros, lo cual es lógico, pues hay confesiones religiosas que permiten contraer matrimonio a sus ministros y otras que no, pero la forma en que se incluye la protección a la familia no siempre aparece adecuadamente justificada. Por otro lado, solo los ministros de culto evangélicos y musulmanes tienen cubierta la incapacidad temporal, mientras que en los demás casos (clérigos católicos, rabinos y ministros de culto de la Iglesia Ortodoxa Rusa del Patriarcado de Moscú y de la Orden Religiosa de los Testigos de Jehová) esta contingencia no está incluida en la acción protectora. El asunto *Martín Manzanas contra España* sugiere la necesidad de revisar la cobertura otorgada a los ministros de culto para eliminar todas aquellas diferencias que no cuenten con una justificación objetiva y razonable que supere las exigencias que impone el principio de no discriminación para un tratamiento legal diferente.

4. PROTECCIÓN SOCIAL DE LOS MINISTROS DE CULTO Y NATURALEZA RELIGIOSA DE LA ACTIVIDAD DESEMPEÑADA

En la determinación de cuál es el régimen laboral y de seguridad social de los ministros de culto hay dos factores que siempre han desempeñado un papel clave a la hora de precisar la calificación jurídica de su relación con la confesión religiosa a la que pertenecen y la protección asistencial que les debe dispensar el Estado. Se trata, por un lado, de las características del vínculo que los une a la Iglesia o comunidad y, por otro lado, del contenido puramente religioso o espiritual de sus funciones. En otro lugar nos hemos ocupado a fondo del estudio de la jurisprudencia española e inglesa sobre el trabajo de los ministros de culto para su propia confesión y exponíamos que la naturaleza de las funciones que desarrollan los responsables de cometidos espirituales no justifica la exclusión de la aplicación de las normas laborales, pues el carácter religioso de una actividad no la hace inmune a la aplicación del Derecho[44].

En el caso concreto de la protección social de los ministros de culto, esta cuestión fue resuelta hace años por el Tribunal de Justicia de la Unión Europea. Aunque han sido escasas las ocasiones en las que este tribunal se ha pronunciado respecto a la regulación jurídica del factor social religioso, algunas de las pocas sentencias que ha dictado sobre esta materia tienen que ver con la tutela social de ministros de culto o religiosos.

En el caso *Van Roosmalen*, de 23 de octubre de 1986, se plantea si un sacerdote católico de nacionalidad holandesa que ha realizado funciones de misionero en el Zaire, tiene la condición de trabajador por cuenta ajena o por cuenta propia a efectos de la normativa holandesa de seguros y, en caso de ser así, derecho a una pensión por invalidez. Tras analizar la normativa comunitaria, el tribunal concluye que cabe deducir de las disposiciones que, en el marco de un seguro social de carácter voluntario aplicable a los trabajadores por cuenta ajena o por cuenta propia o para todos los residentes, el concepto de «trabajador por cuenta propia» se caracteriza por el tipo de actividad que un trabajador ejerce o ha ejercido y que ésta no puede ser cualquier actividad, sino una actividad profesional. Sin embargo, teniendo en cuenta la interpretación amplia que exige este concepto, no es necesario que el trabajador por cuenta propia perciba una retribución como contrapartida directa de su actividad; basta con que reciba, en el ámbito de su actividad, prestaciones que le permitan, en todo o en parte, cubrir sus necesidades, aun cuando dichas prestaciones provengan, como sucede en este caso, de los terceros que utilicen el servicio de un sacerdote misionero.

Prácticamente un par de años más tarde, el caso *Steymann*, de 5 de octubre de 1988, tuvo por objeto saber en qué medida las actividades realizadas como miembro de una comunidad religiosa pueden calificarse de actividades económicas o de servicios. En concreto, se plantea si un miembro de la comunidad religiosa Bhagwan, que efectúa determinados trabajos de fontanería en el inmueble de esta comunidad, así como trabajos domésticos de carácter general, puede tener la condición de asalariado y, en consecuencia, derecho a obtener un permiso de residencia en otro país de la entonces Comunidad Económica Europea. El interesado, además de las labores indicadas, colaboraba en la actividad comercial de la comunidad. Independientemente

[44] RODRÍGUEZ BLANCO, Miguel, «La relación entre el ministro de culto y su propia confesión. Paralelismos y diferencias entre la jurisprudencia española y la jurisprudencia inglesa», *op. cit.*, pp. 347 y ss.

de la naturaleza y de la extensión de estas actividades, la comunidad atendía, en todo caso, las necesidades materiales del demandante.

Para dar respuesta a la cuestión planteada, el Tribunal de Justicia señala con carácter preliminar que, teniendo en cuenta los objetivos de la entonces Comunidad Económica Europea, la participación en una comunidad basada en la religión o en otra fuente de inspiración espiritual o filosófica sólo está comprendida en el ámbito de aplicación del Derecho comunitario en la medida en que pueda considerarse como una actividad económica en el sentido de las normas de Derecho comunitario. Por lo que respecta a las actividades contempladas en el asunto principal, el Tribunal considera que de los autos se deduce que consisten en trabajos efectuados dentro de y por cuenta de la comunidad Bhagwan, en el marco del ejercicio por ésta de sus actividades comerciales. Parece que tales trabajos ocupan un lugar bastante importante en el modo de vida de la citada comunidad y que los miembros de la misma sólo se sustraen a dichos trabajos en circunstancias especiales. A su vez, la comunidad Bhagwan atiende las necesidades materiales de sus miembros, con independencia de la naturaleza y la extensión de los trabajos que éstos efectúen. Por ello, en la medida en que tales trabajos, cuya finalidad es garantizar la independencia económica a la comunidad Bhagwan, constituyen un elemento esencial de participación en la comunidad de que se trata, las prestaciones otorgadas por ésta a sus miembros pueden considerarse contraprestación indirecta de dichos trabajos.

De acuerdo con estas circunstancias, el Tribunal concluye que constituyen actividades económicas las actividades que realizan los miembros de una comunidad basada en una religión u otra inspiración espiritual o filosófica en el marco de las actividades comerciales de dicha comunidad, en la medida en que las prestaciones realizadas por la comunidad en favor de sus miembros puedan considerarse contraprestación indirecta de actividades reales y efectivas.

5. CONCLUSIONES

Desde la perspectiva propia del Derecho estatal, la relación que une al ministro de culto con la confesión religiosa a la que pertenece recibe un tratamiento jurídico específico, en el sentido de que la protección de la autonomía interna de las confesiones religiosas, manifestación de la dimensión colectiva del derecho fundamental de libertad religiosa, unida a la naturaleza de las funciones que desempeña el ministro de culto, conlleva que las confesiones religiosas tengan reconocidas unas potestades concretas en la formación, designación, atribución de funciones y remoción de las personas que realizan cometidos de naturaleza espiritual.

Ese tratamiento jurídico específico no puede conllevar la creación de espacios inmunes a la aplicación del Derecho estatal, pues el ministro de culto es plenamente titular de los derechos fundamentales que el ordenamiento proclama, sin perjuicio de que su ejercicio se vea modulado por las exigencias inherentes al desempeño de las funciones ministeriales[45].

Entre los derechos que corresponden a todo ministro de culto, sea cual sea la calificación que se otorgue a la relación jurídica que lo une a su confesión, está la protección social. Bien como empleados públicos, bien como trabajadores por cuenta ajena o bien como asimilados a estos últimos, los ministros de culto tienen garantizada una cobertura social que protege las contingencias de necesidad surgidas durante el desarrollo de su actividad o una vez finalizada la misma por razón de edad, enfermedad, renuncia o remoción.

La jurisprudencia del Tribunal Europeo de Derechos Humanos ha sentado el criterio, en el asunto *Manzanas Martín contra España*, que los Estados parte en el Convenio Europeo de Derechos Humanos tienen reconocido un amplio margen de valoración para introducir de forma progresiva la plena igualdad de los sujetos en el sistema de prestaciones públicas, en función de las implicaciones económicas y sociales de la evolución de los sistemas de Seguridad Social, así como de las particularidades de cada colectivo. Ahora bien, cuando un Estado decide crear un régimen de prestaciones, debe hacerlo de una manera compatible con el artículo 14 del Convenio, esto es, con el principio de no discriminación.

Esta jurisprudencia ha obligado al Gobierno español a dictar el Real Decreto 839/2015, de 21 de septiembre, por medio del cual se modificó el Real Decreto 369/1999, de 5 de marzo, sobre términos y condiciones de inclusión en el Régimen General de la Seguridad Social de los ministros de culto de las Iglesias pertenecientes a la FEREDE, con la finalidad de que pudieran complementar sus cotizaciones a la Seguridad Social y fuera posible reconocerles como cotizados periodos anteriores a su inclusión en el Régimen General de la Seguridad Social.

La incidencia de la jurisprudencia europea sobre este punto puede ser aún mayor, pues sus concretos términos sugieren la necesidad de revisar todo el sistema de protección social de los ministros de culto con objeto de que no existan diferencias de tratamiento que no resulten correctamente justificadas conforme a los requerimientos del artículo 14 del Convenio de Roma. Y a este respecto conviene recordar que los acuerdos de cooperación entre el Estado y las confesiones religiosas no pueden legitimar, por sí mismos, la disparidad de regímenes de protección, pues el Tribunal de Estrasburgo, en el asunto *Savez crkava «Riječ života» y otros contra Croacia*, de 9 de diciembre de 2010, relativo a la compatibilidad con los artículos 9 y 14 del Convenio de las diferencias de régimen jurídico entre confesiones religiosas basadas en la existencia de acuerdos de cooperación con el Estado, ha sostenido que la firma de un acuerdo entre el Estado y una concreta

[45] *Vid.* AHDAR, Rex y LEIGH, Ian, *Religious Freedom in the Liberal State*, Oxford University Press, Second edition, Oxford, 2013, pp. 339-345.

confesión religiosa por medio del cual se establece un régimen especial a favor de esta última, no contraviene las exigencias de los artículos 9 y 14 de la Convención, siempre que exista una justificación objetiva y razonable para la diferencia de tratamiento y que acuerdos similares puedan ser suscritos por otras confesiones religiosas que así lo deseen.

CAPÍTULO VIII

EL RECONOCIMIENTO DE LA OBJECIÓN DE CONCIENCIA EN EL ÁMBITO LABORAL: DERECHO DE LIBERTAD IDEOLÓGICA/RELIGIOSA *VERSUS* DERECHO A LA ORGANIZACIÓN DE LA EMPRESA DEL EMPRESARIO

José M.ª Martí Sánchez

Universidad de Castilla-La Mancha

SUMARIO: 1. Ideas preliminares. 2. Libertad religiosa, objeción de conciencia y libertad de empresa. 3. La protección paulatina del ejercicio de la libertad religiosa, en la relación de trabajo. 4. Presupuesto y caracterización del conflicto entre conciencia y ley. 5. Análisis de la jurisprudencia del Tribunal Europeo de Derechos Humanos: 5.1. La jurisprudencia sobre la objeción de conciencia. Evolución hacia su reconocimiento. 5.2. La objeción de conciencia al servicio militar. 5.3. La objeción de conciencia, dentro de las relaciones de trabajo. 6. La objeción de conciencia, según las responsabilidades de los diversos operarios: 6.1. Importancia de este factor en la resolución de los conflictos. La objeción de conciencia en el sector público. 6.2. El supuesto de los funcionarios, militares y jueces. 7. Conclusiones. 8. Anexo: relación de resoluciones del Tribunal Europeo de Derechos Humanos citadas.

1. Ideas preliminares

Confluyen, en la materia, dos asuntos de actualidad y en expansión. La objeción de conciencia y los conflictos ideológicos en el ámbito laboral.

El motivo del auge de la objeción de conciencia puede ser la inmigración, procedente de diversas zonas del planeta, y la diversificación de los patrones culturales existentes en los países de la órbita occidental. Como señaló el profesor Cardia, una de las causas de disputa social se centra hoy en las materias de bioética o en las bases estructurales de la convivencia. «Proprio quando il pluralismo confessionale si dispiega in tutto l'Occidente, risolvendo il contenzioso storico tra Stato e Chiesa, interviene una nuova cesura tra società civile e società religiosa, imprevedibile soltanto un decennio addietro, una cesura etico-antropologica relativa a temi che per sé non riguardano le relazioni ecclesiastiche classiche [...]. Il nuovo conflitto riguarda, invece, la concezione della famiglia, della sessualità, il rapporto tra scienza e tutela della vita, la procreazione e le fasi iniziali e terminali dell'esistenza»[1]. Esto ocasiona lo que detectó Catalá, a saber, que la mayor parte de las objeciones se producen en el ámbito sanitario. Asimismo, aparecen en sectores relacionados de algún modo con las bases antropológicas y la configuración de las instituciones. Nos referimos particularmente a la Administración de justicia y al sistema de enseñanza reglado[2].

La norma, con su carga pedagógica, difícilmente puede considerarse *neutral*, una vez desaparecido el consenso sobre las pilares de la convivencia. Aunque la ley no busque deliberadamente incidir en las convicciones o manifestaciones religiosas[3], no puede negarse la carga moral, verbigracia, de la educación sexual (por acción u omisión)[4] o de una alteración de la definición legal del matrimonio.

Conforme el Ordenamiento refleje el relativismo jurídico, consecuencia del subjetivismo o consensualismo ético, y tome partido por los postulados de la mayoría parlamentaria, como solución pacificadora, la colisión, con los postulados axiológi-

[1] Cardía C., «Prólogo», *Stato, Chiese e pluralismo confessionale*, <www.statoechiese.it>, noviembre 2009, pp. 6-7 y pp. 12-13. «Hasta hace sólo algunas décadas se hacía referencia sustancial y explícita a estructuras antropológicas generalmente reconocidas, al menos en sentido lato, como dimensiones constitutivas de la experiencia religiosa: el nacimiento, el matrimonio, la procreación, la educación, la muerte» (Scola, A., «El Edicto di Milán: Initium Libertatis», 6 diciembre 2012, *Análisis Digital*, 10 enero 2013).

[2] Catalá, S., «Conflictos entre el derecho a la libertad ideológica o religiosa del trabajador y derecho del empresario a la organización de la empresa; el reconocimiento de la objeción de conciencia», pp. 97-108.

[3] Martínez-Torrón, J., «Las objeciones de conciencia en la jurisprudencia de Estrasburgo», *Derecho y Religión,* IX, 2014, pp. 41 y 44.

[4] Tenemos de ello los asuntos Kjeldsen, Busk Madsen et Pedersen c. Dinamarca, 7 diciembre 1976, § 53, que admite la impartición de materias de carácter religioso o filosófico si son difundidas de manera objetiva crítica y pluralista (§ 53), y la Decisión de inadmisibilidad Jiménez Alonso y Jiménez Merino c. España (reclamación n.º 51188/99), 25 mayo 2000, que reproduce estos argumentos. Nos intereresan dos párrafos significativos. El primero, de la idea de neutralidad que tiene el tribunal: «En l'espèce, la Cour constate que le cours d'éducation sexuelle litigieux tendait à procurer aux élèves une information objective et scientifique sur la vie sexuelle de l'être humain, les maladies vénériennes et le sida. Cette brochure essayait de les alerter sur les grossesses non désirées, le risque de grossesse à un âge de plus en plus précoce, les méthodes de contraception et les maladies sexuellement transmissibles. Il s'agit là d'informations de caractère général pouvant être conçues comme d'intérêt général et qui ne constituent point une tentative d'endoctrinement visant à préconiser un comportement sexual déterminé. Par ailleurs, cette information ne touche pas au droit des parents d'éclairer et conseiller leurs enfants, d'exercer envers eux leurs fonctions naturelles d'éducateurs, de les orienter dans une direction conforme à leurs propres convictions religieuses ou philosophiques (*ibidem*, pp. 27-28, § 54)». El segundo párrafo ynos parece expresivo del menor aprecio que se hace de las convicciones de los padres: «Dans la mesure où les parents ont opté pour l'enseignement public, le droit au respect de leurs croyances et idées tel que garanti par l'article 2 du Protocole n° 1 ne saurait être analysé comme leur conférant le droit d'exiger un traitement différencié de l'enseignement» (*Reports of judgments and decisions. Recueil des arrêts et décisions*. 2000-VI, p. 474, en <http://www.echr.coe.int/Documents/Reports_Recueil_2000-VI.pdf>, consulta: 13 diciembre 2015).

cos, será frecuente y dolorosa, para no pocos[5]. La objeción de conciencia puede servir para lubricar el sistema. Un bálsamo para los daños colaterales. El Tribunal Europeo ha introducido un tímido respeto hacia el compromiso ético, por la vía de la condena de la *discriminación indirecta* (art. 9, en conexión con el 14, del Convenio Europeo para la Protección de los Derechos Humanos y de las Libertades Fundamentales, CEDH). Esta la provoca la ley, tenida por neutral, de modo involuntario, pues no busca tal efecto[6].

Ambos fenómenos, inmigración y pluralidad cultural, afectan principalmente a personas en edad laboral. Estas asumen sus rasgos identitarios, como las creencias, y los mantienen vivos en sus puestos de trabajo. Por otra parte, ahí consume la persona la mayor parte de su tiempo y acción social. Tal es el balance final de la conciliación entre vida personal, familiar y laboral, en las sociedades urbanas. La fragilidad de la dimensión privada de la vida (lo íntimo y familiar) ha dado paso a una apuesta por la relación de trabajo solo interrumpida por el ocio, mientras que el hogar queda vacío, como mero lugar de tránsito. Incluso el ocio se programa predominantemente como individual.

No son pocas las reclamaciones de trasfondo ideológico-religioso que se han producido en nuestro Derecho laboral y en otros occidentales. La profusa bibliografía, sobre este tipo de conflictos, avala su creciente importancia. Los poderes empresariales se proyectan en la dirección y organización de la actividad. Modulan la estructura y relaciones internas de la empresa. Consecuencia inevitable es que se constriñe la libre iniciativa del trabajador, también en el ejercicio de su libertad religiosa. En ella se distinguen dos planos, uno negativo y otro positivo[7]. El negativo vela por que la esfera íntima de las convicciones no sea atacada (no declarar sobre las propias creencias, y no participar en actos de significado ideológico o religioso). El positivo comprende la tutela de la práctica religiosa o ideológica, en lo que tenga de devoción institucional o personal, con proyección externa.

Se ha subrayado que suele ser más fácil, para la ley, respetar las convicciones cuando se traducen en una actitud pasiva que cuando exigen desarrollar una acción[8].

[5] REQUERO IBÁÑEZ, J.L., «La objeción de conciencia por los jueces», *Opciones de conciencia. Propuestas para una ley,* M.ª J. ROCA, Coord., Tirant lo Blanch, Valencia, 2009, pp. 162-163.

[6] MARTÍNEZ-TORRÓN, J., «Las objeciones de conciencia en la jurisprudencia de Estrasburgo», p. 44, y CAÑAMARES ARRIBAS, S., «La evolución de la doctrina del Tribunal Europeo de DDHH en materia de objeción de conciencia», *Revista de Derecho público,* 23, n.º 46, Diciembre 2014, p. 41.

[7] LÓPEZ AHUMADA, J.E., «La libertad religiosa en las relaciones laborales conforme a la reciente jurisprudencia del Tribunal Europeo de Derechos Humanos», *Anuario de Derecho Eclesiástico del Estado*, XXX, 2014, pp. 510-511.

[8] MORAL GARCÍA, A. del, «Jueces y objeción de conciencia», Fundación Ciudadanía y Valores. Curso de Verano. Aranjuez, 6 julio 2009, <http://www.funciva.org/uploads/ficheros_documentos/1248864775_antonio_del_moral.pdf> (consulta: 22 noviembre 2015), p. 12.

¿Pero cómo interpretar la ausencia del trabajo, una falta grave cuando es reiterada, o realizar una tarea profesional de modo selectivo o condicionado por la propia moral? La obligación laboral implica de suyo transformar la realidad y en tal sentido, parece que cualquier comportamiento religioso que altere su ordenación, sea frenándola o desviándola, sobre todo si se mantiene en el tiempo, reviste cierta gravedad. No ocurriría así entre los consumidores o, en general, usuarios de un servicio, incluso docente. Aquí no se contraponen, con la misma fuerza, el régimen interno del establecimiento y sus convicciones.

Determinada la defensa del componente negativo de la libertad religiosa, fuero interno, el resto de su contenido es discutible. Entra en el margen de ponderación del empresario y, en última instancia, de los órganos jurisdiccionales. *Mutatis mutandis*, una situación similar se produce con el profesional, o con los empleados públicos. Por estar en juego intereses generales, aquí sobre todo se evitará el automatismo en la interposición y admisión de la objeción de conciencia.

En ocasiones, la postura religiosa se expresa en la pretensión de respetar festividades o asistir a celebraciones, incompatibles, de modo ocasional o permanente, con el régimen laboral. Asimismo es relativamente frecuente que la fricción entre estos dos códigos —moral y laboral— surja a propósito de los símbolos religiosos. Dado que existen capítulos específicos, en esta obra, para estudiar ambas cuestiones, nosotros no reincidiremos en ellas.

Todas estas materias son susceptibles de ser tratadas desde un doble ángulo: como un ejercicio legítimo de la libertad religiosa, hasta donde su límite lo permita (art. 9 del CEDH), y como hipótesis de objeción de conciencia al reglamento interno del centro de trabajo o empresa (art. 10.2 de la Carta de los Derechos Fundamentales de la Unión Europea, CDFUE). Como sabemos, la objeción de conciencia se sumerge en el ancho cauce de la libertad religiosa (sentencias del Tribunal Constitucional, 15/1982, de 23 de abril[9]; 53/1985, de 11 de abril, y 145/2015, de 25 de junio, FJ 3.º y 4.º) y, por tanto, las soluciones adoptadas no deben ser diferentes, se siga un camino u otro. En el Tribunal Europeo tiende a predominar el enfoque de la objeción de conciencia entroncado con los derechos fundamentales. El silencio del convenio ha sido suplido por la actividad de la Asamblea Parlamentaria y sus resoluciones (particularmente la 337, 1967 y la 1518, 2001)[10]. Es relevante, por el consenso alcanzado y por su amplitud, la Resolución 1928 (2013) sobre «Protección de los derechos humanos en relación con la religión y las creencias y la protección de las comunidades religiosas

[9] FJ 6.º: «Y, puesto que la libertad de conciencia es una concreción de la libertad ideológica, que nuestra Constitución reconoce en el art. 16, puede afirmarse que la objeción de conciencia es un derecho reconocido explícita e implícitamente en el ordenamiento constitucional español».

[10] Cañamares Arribas, S., «La evolución de la doctrina del Tribunal Europeo de DDHH en materia de objeción de conciencia», pp. 38-40.

de la violencia». Los Estados parte se obligan a respetar, en cuestiones moralmente sensibles, la libertad de expresión, el derecho a la objeción de conciencia de los individuos y las comunidades, y los derechos educativos de los padres[11].

2. Libertad religiosa, objeción de conciencia y libertad de empresa

Nuestro objeto de estudio se enmarca en dos derechos fundamentales: la libertad religiosa o ideológica y la de empresa. Entre ellas puede nacer un conflicto, cuando las obligaciones laborales son contrarias a las conciencias de los trabajadores. ¿Será posible la dispensa o relajación de aquellas, para amparar el ejercicio de la libertad religiosa?

La libertad de empresa incluye el derecho a la organización del establecimiento, de la unidad productiva, que no puede cercenarse arbitrariamente. Según el artículo 38 de la Constitución, «se reconoce la libertad de empresa en el marco de la economía de mercado. Los poderes públicos garantizan y protegen su ejercicio y la defensa de la productividad, de acuerdo con las exigencias de la economía general y, en su caso, de la planificación»[12]. Precisamente el derecho de organización y dirección, propio del empresario, configura el soporte de la relación laboral. Así se deduce del Real Decreto Legislativo 1/1995, de 24 de marzo, por el que se aprueba el texto refundido de la Ley del Estatuto de los Trabajadores (arts. 1 y 8). La libertad de empresa implica, en cuanto a la dirección y el control de la actividad laboral prevista en el artículo 20 del Estatuto de los Trabajadores, que el trabajador estará obligado a realizar el trabajo convenido bajo la dirección del empresario o persona en quien este delegue (párr. 1)[13]. Pero esta libertad de empresa no solo hay que armonizarla con la legislación laboral. Aquella halla su sustrato y régimen legal en la economía de mercado y la libre competitividad (sentencia del Tribunal Constitucional 1/1982 y 208/1999, de 11 de noviembre, F.J. 6.º).

La gestión empresarial, dotada del poder de dirección y organización del trabajo, se erige en condicionante del ejercicio de la libertad religiosa. Ello sea cual sea el tipo de actividad. La presión es mayor, y sobre todo más profunda, en el supuesto de las empresas de tendencia. Entonces se produce, en el marco jerárquico descrito, el

[11] Los Estados parte deben: «ensure the right to well-defined conscientious objection in relation to morally sensitive matters, such as military service or other services related to health-care and education, in line also with various recommendations already adopted by the Assembly, provided that the rights of others to be free from discrimination are respected and that the access to lawful services is guaranteed...» (art. 9.10). En <http://assembly.coe.int/nw/xml/XRef/Xref-XML2HTML-en.asp?fileid=19695&lang=en> (consulta: 13 diciembre 2015).

[12] «Se reconoce la libertad de empresa de conformidad con el Derecho de la Unión y con las legislaciones y prácticas nacionales» (art. 16 de la CDFUE).

[13] Meseguer Velasco, S., «La diversidad religiosa en el ámbito de las relaciones laborales», *Religión, Matrimonio y Derecho, ante el siglo XXI...*, p. 964. También en: *Revista General de Derecho Canónico y Derecho Eclesiástico del Estado,* 28, 2012, pp. 1-28.

enfrentamiento de dos titularidades de un mismo bien jurídico, el derecho a preservar las propias convicciones[14]. Habría que intentar armonizar el fin de la empresa, como tal, y la autonomía de sus trabajadores. De darse una incompatibilidad absoluta entre ambos extremos, procede sopesar la esencialidad de los contenidos afectados, para priorizarlos, así como buscar el modo de compensar los sacrificios. La «prestación social sustitutoria» de la conducta objetada tiene esta motivación. La jurisprudencia europea deja claro que no se ampara la libertad de conciencia, frente a las confesiones religiosas[15].

El Derecho está armado para tal cometido. Se puede recurrir a la negociación colectiva. El convenio colectivo ha servido para evitar conflictos derivados de la identidad cultural y religiosa. Sobre todo cuando esta contrasta con los ritmos de trabajo españoles. Pueden flexibilizarse o ampliarse las fiestas laborales, dando cabida a las de otras tradiciones religiosas, o el mismo horario, para adaptarlo, verbigracia, al ramadán[16]. El marco laboral puede hacerse más sensible a las nuevas necesidades, a través de las medidas de política social, como los planes de igualdad y de conciliación[17]. Dentro de la empresa, cuando el problema alcanza cierta magnitud, con génesis en la multiculturalidad, es útil la *Responsabilidad Social Corporativa*[18]. Esta no solo crea valor para los accionistas, además concilia su interés con el legítimo de los trabajadores, proveedores y clientes. La importancia de la imagen corporativa, en pro o en contra de la libertad de expresión de los trabajadores se valoró en el asunto Eweida y otros, 15 enero 2013 (§§ 24, 105, Ladele, y 32, 109, McFarlane). La figura de la objeción de conciencia, se reserva para una solución extrema y prioritariamente

[14] El art. 16.1 de la Constitución atribuye la titularidad de la libertad ideológica y religiosa a los individuos y las comunidades.

[15] Gran Sala, asunto Fernández Martínez c. España, 12 junio 2014: «En relación con la autonomía interna de los grupos confesionales en particular, el artículo 9 del Convenio no garantiza ningún derecho a la disidencia en el interior de un organismo religioso; en caso de desacuerdo doctrinal u organizativo entre una comunidad religiosa y uno de sus miembros, la libertad de religión del individuo se ejerce mediante su facultad de abandonar libremente la comunidad» (MiroĜubovs y otros, anteriormente citada, § 80) [...]. El respeto a la autonomía de las comunidades religiosas reconocidas por el Estado implica, en particular, la aceptación por parte de éste, del derecho de estas comunidades a reaccionar conforme a sus propias reglas e intereses frente a los eventuales movimientos disidentes que pudieran surgir en su seno y que podrían representar un peligro para su cohesión, su imagen o su unidad» (§ 128).

[16] COMBALÍA, Z., «La necesidad de flexibilización del Derecho y la objeción de conciencia en una sociedad plural. (Contraste entre el sistema continental y el angloamericano)», *Opciones de conciencia. Propuestas para una ley,* pp. 88-90.

[17] MESEGUER VELASCO, S., «La diversidad religiosa en el ámbito de las relaciones laborales», pp. 956-957 y 959.

[18] La Ley 31/2014, de 3 de diciembre, para la mejora del gobierno corporativo, exige, para las sociedades cotizadas, una política de responsabilidad social corporativa. Esta deberá ser aprobada «de manera específica e indelegable por el consejo de administración» (art. 529.ter.1).

individual, otra cosa sería alterar su naturaleza y utilizarla para encubrir lagunas en el Ordenamiento[19].

Las Naciones Unidas impulsaron en 2011 los «Principios rectores sobre las empresas y los derechos humanos» o *Principios Ruggie,* inspirados en la fórmula de «proteger, respetar y remediar». La Comisión Nacional del Mercado de Valores aprobó el *Código de buen gobierno de las sociedades cotizadas* (febrero 2015). Allí se defiende, en su introducción, que: «la responsabilidad social corporativa de la empresa es una realidad cada vez más asentada, tanto en España como en los países de nuestro entorno, que exige una adecuada atención por parte de los sistemas de gobierno corporativo de las sociedades y, por lo tanto, que no puede quedar al margen de un código de recomendaciones de buen gobierno corporativo». Entre las recomendaciones que sugiere el documento, para estimular las prácticas de buen gobierno, ética y transparencia empresarial, destacamos la n.º 54. En ella se pide que: «la política de responsabilidad social corporativa incluya los principios o compromisos que la empresa asuma voluntariamente en su relación con los distintos grupos de interés e identifique al menos: [...] c) Las prácticas concretas en cuestiones relacionadas con: [...] respeto de los derechos humanos y prevención de conductas ilegales». Así como, los mecanismos de seguimiento de los resultados de las prácticas señaladas. En la medida en que la empresa abrace públicamente un código ético y de buenas prácticas este se hace vinculante para sus trabajadores. Su régimen, a estos efectos, se asemeja al de las empresas de tendencia[20].

La reciente reforma del Código Penal (Ley Orgánica 1/2015, de 30 de marzo) favorece tales previsiones, para contrarrestar las deficiencias de la organización empresarial y evitar que se asocien a ella delitos individuales[21].

La sentencia Eweida y otros c. Reino Unido, 15 enero 2013, incluye, entre los litigantes, dos supuestos que nos interesan. «La señora Ladele trabajaba en el municipio londinense de Islington, desde 1992. Islington tiene una política de igualdad y diversidad «Dignidad para todos» que afirma, *inter alia*: «Islington está orgullosa de su diversidad y el municipio irá en contra de la discriminación en todas sus formas. «Dignidad para todos» debería ser la experiencia del personal de Islington, de sus re-

[19] GONZÁLEZ-VARAS IBÁÑEZ, A., «Objeción de conciencia al tratamiento psicológico de homosexuales», *Revista General de Derecho Canónico y Derecho Eclesiástico del Estado,* 32, 2013, p. 7.

[20] GONZÁLEZ-VARAS IBÁÑEZ, A., «Objeción de conciencia al tratamiento psicológico de homosexuales», pp. 13-16.

[21] Artículo único. Modificación de la Ley Orgánica 10/1995, de 23 de noviembre, del Código Penal. Veinte. Se modifica el artículo 31 bis, sobre responsabilidad penal de las personas jurídicas. Se exime a estas de tal responsabilidad si implantan modelos de organización y gestión eficientes, que incluyen las medidas de vigilancia y control idóneas para prevenir delitos. APARICIO, M., «Las políticas de RSC en las sociedades cotizadas», *El Notario del Siglo XXI,* julio-agosto 2015, p. 26.

sidentes y usuarios del servicio, independientemente de la edad, género, discapacidad, creencias, raza, sexualidad, nacionalidad, estado de ingresos o de salud…» (§ 24).

McFarlane ocupaba el puesto de «counsellor» de la empresa de asesoramiento a parejas «Relate Avon Limited», integrada en «Relate Federation», organización privada inglesa que proporciona una terapia sexual confidencial y un servicio de asesoramiento sobre relaciones humanas. La entidad y sus consejeros eran miembros de la «British Association for Sexual and Relationship Therapy (BASRT)». La asociación tenía su Código Deontológico y Principios de Buenas Prácticas (*Code of Ethics and Principles of Good Practice*), especie de códigos de responsabilidad social corporativa (§§ 31 y ss.). Este fue un elemento sopesado en la sentencia, para no amparar la negativa del trabajador a atender a parejas del mismo sexo. Concretamente fue relevante la cláusula, asumida por el trabajador, «19… debe ser consciente de sus propios prejuicios y evitar la discriminación, por ejemplo por motivos de religión, raza, sexo, edad, creencias, orientación sexual, discapacidad». Así lo afirma el fallo: «para el Tribunal, el factor más importante a tener en cuenta es que la medida del empleador pretendía garantizar la aplicación de su política de brindar un servicio sin discriminación» (§ 109).

La preocupación hacia la responsabilidad social corporativa refleja el carácter expansivo de los derechos humanos. En palabras del tribunal: «si bien el artículo 8 tiene esencialmente por objeto prevenir al individuo contra las injerencias arbitrarias de los poderes públicos, no se contenta de ordenar al Estado de abstenerse de tales injerencias: a este compromiso más bien negativo, pueden añadirse obligaciones positivas inherentes al respeto efectivo de la vida privada. Éstas pueden necesitar de la adopción de medidas tendentes al respeto a la vida privada, hasta en las relaciones de los individuos entre sí» (asunto Fernández Martínez c. España, 12 junio 2014, § 114[22]).

Hay que destacar que la libertad de empresa está en la sección segunda, del capítulo 2.º, del Título I de la Constitución, esto es, fuera de la sección «De los derechos fundamentales y de las libertades públicas»[23]. Por otra parte, el CEDH no se ocupa de la libertad de empresa, mientras que la CDFUE sí la contempla, en el art. 16: «Se reconoce la libertad de empresa de conformidad con el Derecho de la Unión y con

[22] <http://www.mjusticia.gob.es/cs/Satellite/Portal/es/areas-tematicas/area-internacional/tribunal-europeo-derechos/jurisprudencia-tedh/articulo-derecho-vida-privada> (consulta: 11 diciembre 2015).

[23] Observamos una diferencia con la libertad ideológica y religiosa, del capítulo primero, sección primera. Solo para esta es aplicable lo previsto en el artículo 53. 2. «Cualquier ciudadano podrá recabar la tutela de las libertades y derechos reconocidos en el artículo 14 y la Sección primera del Capítulo segundo ante los Tribunales ordinarios por un procedimiento basado en los principios de preferencia y sumariedad y, en su caso, a través del recurso de amparo ante el Tribunal Constitucional…», y artículo 81. 1. «Son leyes orgánicas las relativas al desarrollo de los derechos fundamentales y de las libertades públicas…».

las legislaciones y prácticas nacionales». Esto la deja en un plano secundario que, según los documentos citados, equivale o bien a omitirla o bien a relegarla a un nivel menor de protección.

Antes de entrar en materia es necesario otra precisión. ¿Qué entendemos por «ámbito laboral»? nos parece preferible darle un sentido amplio. Siguiendo a Catalá habría que incluir aquí las relaciones laborales y el ejercicio profesional. «Con frecuencia unas mismas personas o unos mismos servicios son incardinables en uno y otro ámbito de actuación»[24]. Porque hay que referirse no solo a quien trabaja por cuenta ajena, el asalariado de una empresa, sino también a Médicos, Farmacéuticos, Abogados, Arquitectos o Psicólogos, que trabajan por cuenta propia (autónomos o empresarios). A ellos hay que añadir otras figuras de difícil calificación jurídica como, verbigracia, Notarios y Registradores, o encargados del Registro civil. Si bien, estos cuando, como ahora[25], son jueces, se equiparan a los titulares del poder jurisdiccional del Estado[26]. Tales figuras se rigen por normas estatutarias que pueden causarles problemas de conciencia[27]. Asimismo, dando un paso más, habría que ocuparse de los funcionarios *stricto sensu*. Así lo evidencia el asunto, ventilado por el Tribunal de Estrasburgo, de la funcionaria municipal Ladele, c. Gran Bretaña, 15 enero 2013[28].

3. La protección paulatina del ejercicio de la libertad religiosa, en la relación de trabajo

En el ámbito regional europeo, en una primera fase, lo ideológico-religioso apenas tenía relevancia positiva, en el desarrollo del contrato de trabajo. Se prohibía

[24] Catalá, S., «Conflictos entre el derecho a la libertad ideológica o religiosa del trabajador y derecho del empresario a la organización de la empresa; el reconocimiento de la objeción de conciencia», p. 97.

[25] Sobre estos y su hipotética función jurisdiccional, se ha pronunciado el Tribunal Constitucional (Autos 2005/505 y 2005/508). Iglesias Canle, I.C., «El juez ante la obligación de asistir a matrimonios de dos personas del mismo sexo», *Opciones de conciencia. Propuestas para una ley,* M.ª J. Roca, Tirant lo Blanch, Valencia, 2008, pp. 206-213. El Real Decreto-ley 8/2014, de aprobación de medidas urgentes para el crecimiento, la competitividad y la eficiencia, encomendó el Registro Civil a los Registradores de la Propiedad y Mercantiles (Disposición adicional vigesimosegunda), pero la disposición fue impugnada, por sentencia del Tribunal Constitucional 199/2015, de 24 de septiembre.

[26] Tribunal Supremo, Sala 3.ª, sec. 8.ª, sentencia, 11 mayo 2009. Iglesias Canle, I.C., «El juez ante la obligación de asistir a matrimonios de dos personas del mismo sexo», p. 219.

[27] Catalá, S., «Cuestiones preliminares sobre el modelo de Estado, factor religioso y empresa en la Constitución española», p. 34.

[28] En España, la Ley Provisional 2/1870 de 17 de junio de Registro Civil, modificó la anterior competencia municipal sobre el mismo, porque había fracasado, y se la atribuyó a la Administración de Justicia. Auto del Tribunal Constitucional 505/2005, de 13 de diciembre. Voto particular del Magistrado Javier Delgado Barrio, § 3. Se reproduce en el Auto del Tribunal Constitucional, 16 enero 2008. Marginal: JUR\2008\71256.

la discriminación, por estos motivos, de acuerdo al Derecho interno y a la Directiva 2000/78/CE[29]. Ello era debido a que, en la relación de trabajo, predominaba la neutralidad constitucional, el principio de neutralidad, en su acepción pasiva e individual. Esto es, de no discriminación, ni injerencia, por el empleador. No se podían estorbar ni las convicciones del trabajador, ni sus manifestaciones al margen de la actividad productiva o laboral. Con ello, no se amparaba plenamente el derecho de libertad del operario, pero tampoco de la empresa de tendencia. Esta quedaba expuesta a las conductas del trabajador desleales a su ideario o carácter propio[30].

La jurisprudencia de Estrasburgo juega con la ilusión de la neutralidad[31]. Da, por lo menos, dos sentidos al término *neutralidad*. El primero de resultado, referido a crear un espacio sin connotación ideológico-religiosa, en el asunto Dogru c. Francia, 4 diciembre 2008, § 64. En esta acepción neutralidad puede entrar en pugna con pluralismo y, por lo mismo, con libertad[32]. El segundo sentido de neutralidad se fija en la intención y apunta a la iniciativa exenta de carga polémica, aflora, verbigracia, en el asunto Francesco Sessa c. Italia, 3 abril 2012, § 35, entre otros[33]. La neutralidad,

[29] Relativa al establecimiento de un marco general para la igualdad de trato en el empleo y la ocupación. El art. 1 proscribe la discriminación. Se admiten excepciones, en el art. 4. El § 2.1 afecta a la materia objeto de estudio, por la que los Estados miembros podrán mantener o establecer: «disposiciones en virtud de las cuales en el caso de las actividades profesionales de iglesias y de otras organizaciones públicas o privadas cuya ética se base en la religión o las convicciones de una persona, por lo que respecta a las actividades profesionales de estas organizaciones, no constituya discriminación una diferencia de trato basada en la religión o las convicciones de una persona cuando, por la naturaleza de estas actividades o el contexto en el que se desarrollen, dicha característica constituya un requisito profesional esencial, legítimo y justificado respecto de la ética de la organización [...]. Siempre y cuando sus disposiciones sean respetadas, las disposiciones de la presente Directiva se entenderán sin perjuicio del derecho de las iglesias y de las demás organizaciones públicas o privadas cuya ética se base en la religión o las convicciones, actuando de conformidad con las disposiciones constitucionales y legislativas nacionales, podrán exigir en consecuencia a las personas que trabajen para ellas una actitud de buena fe y de lealtad hacia la ética de la organización». Su análisis corresponde a otro capítulo de esta obra. Además, MOTILLA, A., «Excepciones a la prohibición general a discriminar por motivos ideológicos o religiosos en el ámbito laboral», *Una Filosofía del Derecho en acción. Homenaje al profesor Andrés Ollero,* C. HERMIDA/J.A. SANTOS, coords., Congreso de los Diputados/Universidad Rey Juan Carlos, Madrid, 2015, pp. 1975-1996.

[30] RODRÍGUEZ-PIÑERO BRAVO-FERRER, M., «Libertad religiosa y «espacio laboral»», *Una Filosofía del Derecho en acción. Homenaje al profesor Andrés Ollero,* C. HERMIDA/J.A. SANTOS, coords., Congreso de los Diputados/Universidad Rey Juan Carlos, Madrid, 2015, p. 2039.

[31] Se ha hablado de su significado mítico, PALOMINO, R., «Religion and Neutrality: Myth, Principle, and Meaning», *Brigham Young University Law Review,* n.º 3, 2011, pp. 657-689.

[32] MARTÍNEZ-TORRÓN, J., «Las objeciones de conciencia en la jurisprudencia de Estrasburgo», pp. 48-52, en relación a los símbolos religiosos en la escuela.

[33] Asuntos Efstratiou, § 37 y Valsamis c. Grecia, 18 diciembre 1996: «The Commission considered that Article 9 (art. 9) did not confer a right to exemption from disciplinary rules which applied generally and in a neutral manner and that in the instant case there had been no interference with the applicant's right to freedom to manifest her religion or belief» (§ 36), en <http://hudoc.echr.

en este contexto de «mutación de la matriz antropológica heterosexual», de hecho, tutela las «diferencias indiferentes» y se alía con la suspicacia hacia cualquier valor[34].

Como una mejora, afloró entonces la figura de la *discriminación indirecta*. Se produce cuando ciertas medidas, en apariencia neutrales, perjudican a sectores determinados por su religión o convicciones, entre otras razones. El efecto adverso debería de tratar de enmendarse, al dar vigor a la medida, a no ser que produzca un gravamen excesivo al empleador[35].

El asunto Eweida y otros, de 15 de enero de 2013, hace una interpretación exigente del principio de no discriminación[36]. Esta comprensión, más tuitiva y atinada, se aplicó en el caso paradigmático de la Gran Sala, Thlimmenos c. Grecia, 6 abril 2000. Se excluye de nombramiento, para el puesto de auditor contable, a un testigo de Jehová, tras haber sido condenado por negarse a hacer el servicio militar. El error estuvo en equipararlo a los condenados por otro tipo de delitos que implican una deshonestidad que aquí no existe. El Estado incurre en responsabilidad al no haber incluido, en la legislación, las excepciones adecuadas. Se sentencia que la exclusión no estaba justificada y que se había violado el art. 14 del Convenio en relación con el art. 9.

«El Tribunal tiene en cuenta el argumento del Gobierno, según el cual, las personas que se niegan a servir a su país deben ser, en consecuencia, castigadas. Sin embargo, señala igualmente que el demandante ha cumplido una pena de prisión por haberse negado a llevar uniforme. En estas condiciones, el Tribunal señala que imponerle otra sanción era desproporcionado. Sostiene que la exclusión del demandante de la profesión de auditor contable no perseguía ningún objetivo legítimo. Por tanto, el Tribunal considera que el rechazo a tratar al demandante de manera diferente de las otras personas declaradas culpables de un delito no tenía ninguna justificación objetiva y razonable» (§ 47)[37]. «El Tribunal no ha excluido la posibilidad de constatar que un texto legislativo pudiera suponer una violación directa del Convenio (ver,

---

coe.int/eng?item=1&portal=hbkm&action=html&highlight=Valsamis%20%7C%20v.%20%7C%20Greece#{"fulltext":["valsamis"],"itemid":["001-58011"]}> (consulta: 13 diciembre 2015).

34 FUMAGALLI CARULLI, O., «Matrimonio canónico, matrimonio religiosi, proliferazione delle unioni para-matrimoniali», *Il diritto ecclesiastico,* 3-4, 2013, pp. 563-565.

35 CAÑAMARES ARRIBAS, S., «La evolución de la doctrina…», p. 41.

36 «El derecho a no ser discriminado en el goce de los derechos garantizados en el Convenio también se vulnera cuando los Estados, sin una justificación objetiva y razonable, no tratan de forma diferente a las personas cuyas situaciones son significativamente diferentes» (pp. 87). «Esta diferencia de trato entre las personas en situaciones similares o no tratar de forma diferente a las personas en situaciones diferentes —es discriminatoria si no tiene una justificación objetiva y razonable; en otras palabras, si no persigue un objetivo legítimo o si no hay una relación razonable de proporcionalidad entre los medios empleados y el objetivo perseguido» (§ 88).

37 Traducción en <http://documentostics.com/component/option,com_docman/task,doc_view/gid,786/> (consulta: 23 noviembre 2015).

entre otras, Sentencia Chassagnou y otros contra Francia [TEDH 1999\16] [GC], núms. 25088/1994, 28331/1995 y 28443/1995, CEDH 1999-III). En este caso, señala que es el Estado quien, al aprobar la legislación correspondiente sin introducir las excepciones apropiadas a la regla que excluye de la profesión de auditor contable a las personas acusadas de un delito, ha vulnerado el derecho del demandante que prohíbe la discriminación en el goce de su derecho establecido en el artículo 9 del Convenio» (§ 48).

El criterio de la no discriminación, dadas las circunstancias particulares del trabajador, va dando paso al mecanismo de resolución de conflictos de acuerdo a la ponderación de los elementos concurrentes[38]. De la mano de la matización anterior, la legislación ha ido avanzando tímidamente para amparar un cierto *agere licere* en el ámbito laboral[39]. En España, los Acuerdos de cooperación con las confesiones minoritarias, en los respectivos arts. 12, han tratado de facilitar el respeto a las festividades religiosas. Pero todo depende, en última instancia, del acuerdo de las partes[40]. Ante los Poderes públicos, el amparo es mayor[41]. Con la nueva tendencia, se apostaba por un régimen laboral plural y menos uniformista u «opresivo». Dado el sentido institucional y estructurante de los derechos fundamentales y concretamente de la libertad ideológica y religiosa, la dignidad del trabajador y su privacidad ven realzadas su importancia. Son representativas de un reforzamiento tutelar las senten-

[38] López Ahumada, J.E., «La libertad religiosa en las relaciones laborales...», pp. 503-504, y Hervieu, N., «Liberté de religion (Art. 9 et 14 CEDH): Un nouvel équilibre européen dans l'appréhension des convictions religieuses au travail», *La Revue des Droits de l'Homme.* Centre de recherches et d'études sur les droits fondamentaux (CREDOF-Paris Ouest Nanterre-La Défense), en <http://revdh.org/2013/01/24/nouvel-equilibre-europeen-apprehension-convictions-religieuses-au-travail/> (consulta: 29 noviembre 2015), asimismo en: *Stato, Chiese e pluralismo confessionale,* <www.statoechiese.it>, n.º 5/2013, 11 febbraio 2013.

[39] Rodríguez-Piñero Bravo-Ferrer, M., «Libertad religiosa y «espacio laboral»», pp. 2041-2043; 2049-2050, y 2053-2054.

[40] La redacción más sintética es la del artículo 12 del Acuerdo con la Federación de Entidades Evangélicas de España, incorporado en la Ley 24/1992. «1. El descanso laboral semanal, para los fieles de la Unión de Iglesias Adventistas del Séptimo Día y de otras Iglesias evangélicas, pertenecientes a la Federación de Entidades Religiosas Evangélicas de España, cuyo día de precepto sea el sábado, podrá comprender, siempre que medie acuerdo entre las partes, la tarde del viernes y el día completo del sábado, en sustitución del que establece el artículo 37.1 del Estatuto de los Trabajadores como regla general».

[41] Ley 24/1992: «Los exámenes, oposiciones o pruebas selectivas convocadas para el ingreso en las Administraciones Públicas, que hayan de celebrarse dentro del período de tiempo expreso en el número anterior, serán señalados en una fecha alternativa para los fieles de las Iglesias a que se refiere el número 1 de este artículo, cuando no haya causa motivada que lo impida» (art. 12.3). Aplicó el precepto la sentencia del Tribunal Supremo 3533/2015, de 6 de julio. En el proceso selectivo de ingreso en el Cuerpo de Maestros, una candidata adventista solicitó el examen de conocimiento de la lengua gallega en un momento no comprendido entre la puesta de sol del viernes y la puesta de sol del sábado. Por no accederse a ello, el Alto Tribunal constató la infracción del artículo.

cia del Tribunal Europeo de Derechos Humanos Eweida y otros c. Reino Unido, 15 enero 2013, que comentaremos después, y Jakóbski c. Polonia, 7 diciembre 2010. El asunto Jakóbski c. Polonia se refiere a la demanda de un preso de la rama budista Mahayana, para recibir alimentación vegetariana. Aunque planteada en un medio penitenciario y no laboral, puede servir de base a una concepción más garantista de la libertad religiosa y sus implicaciones.

Según la sentencia Jakóbski c. Polonia: «the case is analysed in terms of a positive duty on the State to take reasonable and appropriate measures to secure the applicant's rights» (§ 47). En Derecho interno español, la Ley 26/2011 recoge implícitamente el principio de la «acomodación razonable», respecto a la discapacidad del trabajador[42]. Se sigue, pues la senda de la *Civil Rigth Act* (1964) de EE.UU.[43], siempre condescendiente con, entre otras variables, la conciencia individual o de las minorías[44]. El espíritu conciliador y de compromiso, que exige flexibilidad y la búsqueda de soluciones aceptables, para empleador y empleado, parece asentado en otros países como Canadá[45].

Para el Tribunal Europeo de Derechos Humanos el avance ha sido más costoso. La razón ha sido su tendencia a sacrificar el ejercicio del derecho de libertad religiosa, cuando entra en conflicto con la laicidad, elemento vertebrador del sistema político de alguno de sus miembros (notoriamente Francia[46], Suiza y Turquía). El tribunal

[42] De 1 de agosto, de adaptación normativa a la Convención Internacional sobre los Derechos de las Personas con Discapacidad. Preámbulo: «La modificación normativa objeto de la presente Ley encuentra su fundamento en el artículo 4 de la Convención, en virtud del cual los Estados Partes se comprometen a adoptar todas las medidas legislativas, administrativas y de otra índole que sean pertinentes para asegurar el pleno ejercicio de todos los derechos humanos y las libertades fundamentales de las personas con discapacidad sin discriminación alguna por motivos de discapacidad».

[43] Su virtualidad, respecto al ejercicio del derecho de libertad religiosa, está recogida en el Tit. VII de la *Civil Rights Act* de 1964 (texto revisado en <http://www.eeoc.gov/laws/statutes/titlevii.cfm>, consuta: 22 noviembre 2015). Entre las definiciones se dice que: «(j) The term «religion» includes all aspects of religious observance and practice, as well as belief, unless an employer demonstrates that he is unable to reasonably accommodate to an employee's or prospective employee's religious observance or practice without undue hardship on the conduct of the employer's business» (SEC. 2000e. [Section 701]). MESEGUER VELASCO, S., «La diversidad religiosa en el ámbito de las relaciones laborales», pp. 977-979.

[44] Se pone de manifiesto en muchos casos, verbigracia, United States Court of Appeals for the sixth circuit, sentencia del caso Ward v. Polite and Others, 27 enero 2012. Era una estudiante de Máster en asesoramiento psicológico y se negó a tratar, en la parte práctica, a ciertos pacientes. Se alegó el código ético de la Universidad, contrario a la discriminación, por orientación sexual, para expulsarla. Sin embargo, sí se había permitido la «abstención», en otros supuestos, incluso ideológicos. Se consideró que no se la podría discriminar. GONZÁLEZ-VARAS IBÁÑEZ, A., «Objeción de conciencia al tratamiento psicológico de homosexuales», pp. 9-11.

[45] WOEHRLING, J., «L'obligation d'accommodement raisonnable et l'adaptation de la société à la diversité religieuse», *Revue de droit de McGill/McGill Law Journal*, 43, 1998, pp. 335-401.

[46] El Tribunal europeo es más condescendiente con la restricción de la libertad religiosa, como ha puesto de manifiesto su resolución de inadmisibilidad Aktas c. Francia, 30 junio 2009, que los

interpreta el sacrificio de la libertad religiosa, en tales circunstancias, una medida razonable, en una sociedad democrática (vgr., asunto Dahlan c. Suiza, 15 febrero 2001, sobre neutralidad en la escuela). En un sentido inverso, se pronunció la sentencia de la Gran Sala, Lautsi c. Italia, 18 marzo 2011, respetando la decisión del Estado de mantener, en ciertas escuelas públicas, el crucifijo, como signo religioso no coactivo. A la vista de la jurisprudencia, hay que constatar que el margen de apreciación, otorgado al Estado, es muy amplio. La intervención del tribunal, en estas causas, es menor que en la defensa de otros derechos implicados en la relación de trabajo (derecho a la intimidad, libertad de expresión o libertad sindical)[47].

Hervieu ha explicado los motivos de la jurisprudencia restrictiva del derecho de libertad religiosa[48]. De un lado, en ella se rebaja la importancia de las manifestaciones o expresiones religiosas, como ocurrió en el asunto Francesco Sessa c. Italia, 3 abril 2012, sobre festividades religiosas, y, por otro, le antepone la obligación laboral, como resultado de la libre voluntad de ambas partes. El empresario, cuando sanciona a quien no cumple, por motivos religiosos o de conciencia, no hace más que exigir las cláusulas contractuales. Es una decisión neutral, sin animadversión contra las convicciones[49]. Además, interviene también la doctrina de la libre dimisión u «oportunidad de renunciar y cambiar de trabajo», ante una restricción de la libertad religiosa.

Pero esta postura es criticable. No se valora debidamente el derecho fundamental de libertad religiosa. Por otro lado, se establece a priori una libertad del trabajador, a la hora de firmar un contrato o de conseguir nuevo empleo, que no es real. Necesitan-

órganos jurisdiccionales franceses. Ver Cass., soc., 19 mars 2013, Fatima X. c / Baby Loup (<https://www.courdecassation.fr/jurisprudence_2/chambre_sociale_576/536_19_25762.html>, consulta: 22 noviembre 2015): «le règlement intérieur de l'association Baby Loup prévoit que «le principe de la liberté de conscience et de religion de chacun des membres du personnel ne peut faire obstacle au respect des principes de laïcité et de neutralité qui s'appliquent dans l'exercice de l'ensemble des activités développées par Baby Loup, tant dans les locaux de la crèche ou ses annexes qu'en accompagnement extérieur des enfants confiés à la crèche», ce dont il se déduisait que la clause du règlement intérieur, instaurant une restriction générale et imprécise, ne répondait pas aux exigences de l'article L. 1321-3 du code du travail et que le licenciement, prononcé pour un motif discriminatoire, était nul».

[47] RODRÍGUEZ-PIÑERO BRAVO-FERRER, M., «Libertad religiosa y «espacio laboral»», p. 2047.

[48] HERVIEU, N., «Liberté de religion (Art. 9 et 14 CEDH): Un nouvel équilibre européen…». En otro trabajo, analiza lo que parece un punto de retroceso, en la defensa de la libertad religiosa negativa, frente a la Administración. Esto puede ser debido al deseo de no mermar la libertad religiosa institucional que estaba en juego (Wasmuth c. Alemania, 17 febrero 2011). HERVIEU, N., «Liberté de religion (art. 9 CEDH): droit de ne pas être contraint de révéler ses convictions religieuses et prélèvement à la source de l'impôt cultuel. L'affaire Wasmuth c. Allemagne», *Stato, Chiese e pluralismo confessionale,* <www.statoechiese.it>, marzo 2011.

[49] «En tales casos, la Comisión y el Tribunal consideraron que las medidas adoptadas por las autoridades contra los demandantes no estaban motivadas por sus creencias religiosas sino que estaban justificadas por las obligaciones contractuales específicas que vinculaban a los interesados con sus respectivos empleadores» (§ 35).

do un trabajo para vivir, el solicitante está en una posición de debilidad, para exigir un trabajo adaptado a las propias convicciones, o para renunciar al mismo, cuando no se le asegura otro al menos igual. El asunto Redfearn c. Reino Unido, 6 noviembre 2012, pone de manifiesto la dificultad de encontrar un trabajo no cualificado a la edad de 56 años, lo que da gravedad a un despido en tales condiciones y que haya que estudiar si estuvo o no bien motivado[50].

El Comentarios general n.º 22 del Comité de los Derechos Humanos, sobre el artículo 18 del Pacto Internacional de Derechos civiles y políticos (1993), afirma: «El párrafo 2 del artículo 18 prohíbe las medidas coercitivas que puedan menoscabar el derecho a tener o a adoptar una religión o unas creencias, comprendidos el empleo o la amenaza de empleo de la fuerza o de sanciones penales para obligar a creyentes o no creyentes a aceptar las creencias religiosas de quienes aplican tales medidas o a incorporarse a sus congregaciones, a renunciar a sus propias creencias o a convertirse. Las políticas o prácticas que tengan los mismos propósitos o efectos, como por ejemplo, las que limitan el acceso a la educación, a la asistencia médica, al empleo o a los derechos garantizados por el artículo 25 y otras disposiciones del Pacto son igualmente incompatibles con el párrafo 2 del artículo 18» (párr. 5).

Confirma este enfoque Eweida y otros c. Reino Unido, 15 enero 2013: «Dada la importancia en una sociedad democrática de la libertad de religión, el Tribunal considera que, cuando una persona alega una restricción a la libertad de religión en el lugar de trabajo, en lugar de declarar que la posibilidad de cambiar de trabajo evitaría cualquier injerencia con el derecho, la mejor aproximación sería sopesar la posibilidad de considerar en el balance total si la restricción era proporcionada o no» (§ 83).

El resultado de ambos criterios jurisprudenciales (quitar importancia al comportamiento religioso y dárselo a la libertad de rescindir el contrato) era, en términos generales, simplificar el principio de proporcionalidad y debilitar los intereses personales en juego. Consecuentemente, se devalúa la diversidad cultural y religiosa actual y, en cambio, se facilitan los límites a la libertad religiosa, dentro de la empresa[51]. Se echa de menos un compromiso, por facilitar las expresiones de fe religiosa. No basta, de cara a la integración en nuestras sociedades complejas, con reconocer un derecho a la diferencia. Es preciso extender el respeto a «los valores diferenciales que se van históricamente consolidando como normas, unas veces consuetudinarias, morales o jurídicas, otras»[52]. La objeción de conciencia es un difícil equilibrio entre

[50] §§ 46 y 47. En este se citan precedentes jurisprudenciales.

[51] RODRÍGUEZ-PIÑERO BRAVO-FERRER, M., «Libertad religiosa y «espacio laboral»», p. 2048.

[52] LLAMAZARES FERNÁNDEZ, D., «Conciencia y Derecho. La objeción de conciencia», *Religión, Matrimonio y Derecho, ante el siglo XXI. Estudios en homenaje al Profesor Rafael Navarro-Valls,* Volumen I, *Religión y Derecho,* Iustel, Madrid, 2013, p. 931.

la pluralidad, espíritu democrático y respeto a las minorías[53]. La neutralidad y no interferencia en materia de conciencia[54], no debería significar menospreciar o trivializar los argumentos de esta naturaleza[55].

4. Presupuesto y caracterización del conflicto entre conciencia y ley

El derecho de libertad ideológica y religiosa, como enfrentado al derecho a la organización de la empresa de su propietario, admite dos enfoques. El primero, parte de la organización empresarial, en la que las convicciones y su manifestación, son un elemento que debe considerarse, tanto por las políticas sociales cuanto por los planes de igualdad empresarial. La otra perspectiva, se fija en el tratamiento del factor religioso, «en clave de objeción de conciencia del trabajador en el ámbito de las relaciones laborales»[56]. De ambos, el último es el que seguimos porque nos parece más específico. El núcleo del problema es la libertad religiosa y, profundizando en ella, hay que resolverlo.

Respecto a las objeciones de conciencia, en otra ocasión, ofrecimos esta definición: «Actitud de quien se niega a obedecer o una orden de la autoridad o un mandato legal invocando la existencia, en su fuero interno, de una norma que le impide asumir el comportamiento prescrito»[57]. La doctrina, desde un trabajo de Gascón Abellán[58], ha venido precisando su perfil y singularidad, frente a la desobediencia civil, de índole

[53] Asunto Erçep c. Turquía, 22 noviembre 2011: «La Cour rappelle que pluralisme, tolérance et esprit d'ouverture caractérisent une «société démocratique». Bien qu'il faille parfois subordonner les intérêts d'individus à ceux d'un groupe, la démocratie ne se ramène pas à la suprématie constante de l'opinion d'une majorité mais commande un équilibre qui assure aux individus minoritaires un traitement juste et qui évite tout abus d'une position dominante (Leyla Şahin, précité, § 108). Ainsi, une situation où l'Etat respecte les convictions d'un groupe religieux minoritaire, comme celui auquel appartient le requérant, en donnant à ses membres la possibilité de servir la société conformément aux exigences de leur conscience, est de nature à assurer le pluralisme dans la cohésion et la stabilité et à promouvoir l'harmonie religieuse et la tolérance au sein de la société (Bayatyan, précité, § 126)» (§ 62).

[54] Gran Sala, asunto Fernández Martínez c. España, 12 junio 2014: «El TEDH recuerda además que, salvo en casos muy excepcionales, el derecho a la libertad de religión, tal como lo entiende el Convenio, excluye toda valoración por parte del Estado, sobre la legitimidad de las creencias religiosas o sobre las modalidades de expresión de éstas» (§ 129).

[55] «manifestar sus creencias religiosas. Como se ha señalado anteriormente, este es un derecho fundamental: porque una sociedad democrática sana debe tolerar y sostener el pluralismo y la diversidad; pero también debido al valor que tiene para un individuo que ha hecho de la religión un principio fundamental de su vida, el poder comunicar esa creencia a otros» (Eweida y otros c. Reino Unido, § 94).

[56] Meseguer Velasco, S., «La diversidad religiosa en el ámbito de las relaciones laborales», p. 959.

[57] Martí Sánchez, J.M.ª, *La religión ante la ley. Manual de Derecho Eclesiástico,* Digital Reasons, Madrid, 2015, p. 149.

[58] *Obediencia al Derecho y objeción de conciencia*, Centro de Estudios Constitucionales, Madrid, 1990.

política, o la opción de conciencia, sin carga polémica. La objeción de conciencia supone un deber jurídico que vincula la conciencia personal. El objetor plantea una oposición a obedecer, por razones morales o de conciencia incompatibles con la exigencia legal. Ello le fuerza a asumir el riesgo de la sanción[59]. Pero no hay en él afán de proselitismo o espíritu de militancia. Este sí se encuentra en el asunto Kalaç c. Turquía, 1 julio 1997, sobre retiro forzoso del Ejército, por el motivo de pertenecer a un grupo religioso tenido por extremista[60]. Sin embargo, la realidad es más confusa y matizada. Es frecuente encontrar un comportamiento que mezcla rasgos de distintas figuras, aunque predominen los de la objeción de conciencia[61].

De especial relevancia y medular, en la objeción de conciencia, es la convicción. El Tribunal Europeo de Derechos Humanos, en el asunto Campbell y Cosans c. Reino Unido, 25 febrero 1982, afirma que: «La palabra convicciones [...] no es sinónimo de opiniones e ideas, [...] se aplica a la opinión que alcanza determinado nivel de fuerza, seriedad, coherencia e importancia» (n.º 35). Es una doctrina repetida en múltiples sentencias, como la de la Gran Sala, asunto Folgero y otros c. Noruega, 29 junio 2007 que cita el asunto Valsamis (§§ 36-37).

Respecto a la protección de la objeción de conciencia, en el Derecho de la Unión Europea, es relevante el art. 10.2 de la CDFUE: «Se reconoce el derecho a la objeción de conciencia de acuerdo con las leyes nacionales que regulen su ejercicio»[62]. La supeditación a la ley nacional parece apuntar a una colaboración. Se parte, pues del reconocimiento de un derecho o facultad tutelada, para dejar al legislador de cada

[59] BRAGE CAMAZO, J., «Breves reflexiones sobre una posible regulación global por ley de las «opciones de conciencia»»», *Opciones de conciencia. Propuestas para una ley,* pp. 103-104.

[60] El tribunal no les amparó. «In choosing to pursue a military career Mr Kalaç was accepting of his own accord a system of military discipline that by its very nature implied the possibility of placing on certain of the rights and freedoms of members of the armed forces limitations incapable of being imposed on civilians (see the Engel and Others v. the Netherlands judgment of 8 June 1976, Series A no. 22, p. 24, para. 57). States may adopt for their armies disciplinary regulations forbidding this or that type of conduct, in particular an attitude inimical to an established order reflecting the requirements of military service» (§ 28) (<http://hudoc.echr.coe.int/eng?i=001-58042#{"itemid":["001-58042"]}>, consulta: 8 diciembre 2015). Asimismo, Decisión de inadmisibilidad Sedat Şen y otros c. Turquía, 8 Julio 2003. Un caso parecido en el que sí se valoró la vulneración de la libertad religiosa, que se conectaba con la no discriminación del art. 14 CEDH, es el asunto Ivanova c. Bulgaria, 12 abril 2007, en que se despidió a una trabajadora, que dirigía una piscina, dependiente de una escuela pública, por pertenecer al grupo cristiano evangélico «Palabra de Vida» de carácter clandestino.

[61] NAVARRO-VALLS, R. y MARTÍNEZ-TORRÓN, J., *Conflictos entre conciencia y ley. Las objeciones de conciencia,* Iustel, Madrid, 2011, pp. 28-31.

[62] PRAESIDIUM DE LA CONVENCIÓN, *Explicaciones sobre la Carta de los Derechos Fundamentales* (2007/C 303/02). Explicación relativa al artículo 10 - Libertad de pensamiento, de conciencia y de religión. «El derecho garantizado en el apartado 2 corresponde a las tradiciones constitucionales nacionales y a la evolución de las legislaciones nacionales en esta materia». <http://eur-lex.europa.eu/legal-content/ES/TXT/?uri=CELEX:32007X1214(01)> (consulta: 16 noviembre 2015).

Estado la responsabilidad de facilitarlo y precisarlo, nunca de frenarlo o anularlo[63]. El Derecho comunitario, desde la inclusión de la carta, como Derecho originario, por medio del art. 6 del Tratado de la Unión, está ahora muy cerca del Consejo de Europa y de la CEDH.

Aparte de lo establecido en la propia carta (art. 52.3[64]) y en la Declaración I *relativa a la CDFUE* del Tratado de Lisboa de 2007, la jurisprudencia de Luxemburgo se ha mostrado especialmente atenta a lo establecido por el Tribunal Europeo de Derechos Humanos, como se observa en la sentencia del Tribunal de Justicia de la Unión Europea Bundesrepublik Deutschland c. X e Y de 5 de septiembre de 2012[65]. El caso es particularmente relevante, por afectar al estatuto de refugiado, demandado, en Alemania, por nacionales pakistaníes, perseguidos por su pertenencia a la comunidad Ahmadía, movimiento reformador del islam, y la prohibición de manifestaciones de religiones disidentes en su país. «El derecho a la libertad de religión consagrado en el artículo 10, apartado 1, de la Carta se corresponde con el derecho garantizado por el artículo 9 del CEDH» (§ 56). Idea que se conecta con otra preliminar, a saber, que el considerando 10 de la Directiva sobre los refugiados[66], exige su interpretación «con respeto de los derechos reconocidos por la Carta» (§ 48).

Las conclusiones del Abogado General de la Unión Europea, en su condición de asesor cualificado en el proceso, que mantiene su imparcialidad e independencia, frente a las partes, subrayan la sujeción de la Carta a la doctrina formada, a partir del CEDH. Para el estudio de las limitaciones del ejercicio de la libertad de religión: «sigue la misma línea que la adoptada por el Tribunal Europeo de Derechos Humanos en su resolución de inadmisibilidad dictada en el asunto Z. y T. c. Reino Unido (28 febrero 2006)» (§ 71). Ello se debe a la similitud de los supuestos, pero también a que: «la libertad religiosa se garantiza en los mismos términos en la Carta y el CEDH, por lo que el sentido y el alcance de esa libertad deben determinarse teniendo en cuenta la jurisprudencia establecida por dicho Tribunal» (§ 72)[67].

[63] Martínez-Torrón, J., «Las objeciones de conciencia en la jurisprudencia de Estrasburgo», p. 57.

[64] «En la medida en que la presente Carta contenga derechos que correspondan a derechos garantizados por el Convenio Europeo para la Protección de los Derechos Humanos y de las Libertades Fundamentales, su sentido y alcance serán iguales a los que les confiere dicho Convenio. Esta disposición no obstará a que el Derecho de la Unión conceda una protección más extensa».

[65] <http://curia.europa.eu/juris/document/document.jsf?docid=126364&doclang=ES> (consulta: 21 noviembre 2015).

[66] Directiva 2004/83/CE. Normas mínimas relativas a los requisitos para la concesión del estatuto de refugiado o del estatuto de protección subsidiaria.

[67] <http://curia.europa.eu/juris/document/document.jsf?text=&docid=121723&pageIndex=0&doclang=es&mode=req&dir=&occ=first&part=1&cid=1155727> (consulta: 28 noviembre 2015). Iglesias Vázquez, M.ª A., «La protección del derecho a la libertad de pensamiento, de conciencia y de religión en la jurisprudencia del Tribunal de Justicia de la Unión Europea: análisis comparativo con el Tribunal Europeo de Derechos Humanos», *Identidad religiosa y relaciones de trabajo. Un estudio de*

El Tribunal de Luxemburgo se plantea la acomodación de la Directiva, en relación a la CDFUE y al convenio, en el terreno acotado de sus competencias. La propia carta especifica que: «La presente Carta no amplía el ámbito de aplicación del Derecho de la Unión más allá de las competencias de la Unión, ni crea ninguna competencia o misión nuevas para la Unión, ni modifica las competencias y misiones definidas en los Tratados» (art. 51.2).

En cualquier caso, tanto la legislación comunitaria, como la jurisprudencia del Tribunal Europeo, en cuanto que deja margen a los distintos Estados parte, para regular los derechos fundamentales, tampoco es determinante, pero sí un poderoso factor de convergencia, a medio plazo[68].

5. Análisis de la jurisprudencia del Tribunal Europeo de Derechos Humanos

En este estudio, parece oportuno ir de lo general a los más particular. Esto es, del estadio, en que apenas se defendía la libertad ideológica y religiosa, en sentido negativo, o lo que es igual, la no discriminación por razón de creencias, a una tutela más amplia de estas libertades y de sus expresiones, reconocidas como fuerzas exceptuantes, en el seno de una relación neutral, sea esta laboral o de otro género[69].

Partimos del asunto Redfearn c. Reino Unido, 6 noviembre 2012[70]. Aquí lo afectado es la libertad ideológica y asociativa del trabajador que entró en conflicto con la empresa. Redfearn era conductor de autobús de discapacitados, a cuenta de la institución Serco. Presentó una reclamación por despido, causado por su compromiso político con el partido político *British National Party* (arts. 10, 11 y 14 del CEDH). Este solo admitía miembros nacionales de raza blanca y propugnaba revertir la ola de inmigración extracomunitaria. El empresario lo despidió, entre otras razones, por la tensión que podía generar en los pasajeros, en gran medida inmigrantes de procedencia asiática, sus compañeros y la relación con el Ayuntamiento. El tribunal solo aprecia una vulneración del art. 11, libertad de asociación, del trabajador. Este derecho no se tuteló debidamente por la ley inglesa, que exigía el transcurso de un año de servicio, para admitir este tipo de reclamaciones. Sobre si procedía o no des-

la jurisprudencia del Tribunal Europeo de Derechos Humanos, I. Cano Ruiz, ed., Comares, Granada, 2015, pp. 146-150.

[68] Catalá, S., «Conflictos entre el derecho a la libertad ideológica o religiosa del trabajador y derecho del empresario a la organización de la empresa; el reconocimiento de la objeción de conciencia», p. 100.

[69] Esto faltó en dos casos similares: Efstratiou c. Grecia, y Valsamis c. Grecia, ambas de 18 diciembre 1996. Martínez-Torrón, J., «Las objeciones de conciencia en la jurisprudencia de Estrasburgo», p. 47.

[70] <http://hudoc.echr.coe.int/fre?i=001-114240#{«itemid»:[«001-114240»]}> (consulta: 29 noviembre 2015).

pido, en este supuesto, la decisión corresponde, en primera instancia, a la autoridad estatal[71]. Se rehúye, pues el tema de fondo, o lo que es lo mismo, si procede o no la protección de la libertad de asociación, y su conexión con el art. 9 del CEDH, en la relación laboral.

5.1. La jurisprudencia sobre la objeción de conciencia. Evolución hacía su reconocimiento

En el itinerario somero que seguimos, se observa una paulatina preocupación del Tribunal Europeo de Derechos Humanos por el tema. Ha liderado y completado la evolución la objeción al servicio militar, de las otras se ha ocupado más tangencialmente y les ha restado importancia.

La Comisión Europea de Derechos Humanos, operativa desde julio de 1954 a octubre de 1999, nunca amparó a los objetores. Estimó que estaban excluidos de la protección del art. 9 de la Convención. Esta no se podía interpretar en el sentido de garantizar el derecho a no ser perseguido por la negativa a realizar un servicio militar[72]. Así se deduce de los siguientes informes o resoluciones: Grandrath c. Alemania, 12 diciembre 1966; G.Z. c. Austria (resolución n.º 5591/72), 2 abril 1973; X. c. Alemania (n.º 7705/76), 5 julio 1977; N. c. Suecia (n.º 10410/83), 11 octubre 1984; Peters c. Holanda, 30 noviembre 1994.

La primera resolución del Tribunal Europeo de Derechos Humanos, con incidencia directa, es una decisión de inadmisibilidad, caso Pichon y Sajous c. Francia, 2 octubre 2001[73]. Rechazó la demanda formulada por dos farmacéuticos franceses que se negaron a dispensar a tres mujeres, debidamente provistas de rectas médicas, los productos contraceptivos prescritos, compuestos de estrógenos. Los farmacéuticos argumentaban que ninguna disposición legal les obligaba a vender anticonceptivos o abortivos. El tribunal de primera instancia francés señaló la obligación legal de dispensar el producto y que: «la référence à des principes d'ordre éthique ou religieux ne saurait constituer un motif légitime de refus de vente de produit contraceptif». Las exenciones solo están legalmente previstas, en caso de aborto, para médicos, matronas

[71] «For the Court, what is decisive in such cases is that the domestic courts or tribunals be allowed to pronounce on whether or not, in the circumstances of a particular case, the interests of the employer should prevail over the Article 11 rights asserted by the employee, regardless of the length of the latter's period of employment» (§ 56). «Consequently, the Court considers that it was incumbent on the respondent State to take reasonable and appropriate measures to protect employees, including those with less than one year's service, from dismissal on grounds of political opinion or affiliation» (§ 57).

[72] UNITÉ DE LA PRESSE, *Fiche thématique — Objection de conscience,* septembre 2015, en < www.echr.coe.int/Documents/FS_Conscientious_objection_FRA.pdf> (consulta: 11 diciembre 2015). Las resoluciones citadas se describen en este dossier.

[73] <http://hudoc.echr.coe.int/eng?i=001-22644#{«itemid»:[«001-22644»]}> (consulta: 30 noviembre 2015).

y enfermeros. Se reclamó en apelación y casación, con argumentos parecidos, pero se desestimaron sus pretensiones.

El Tribunal Europeo de Derechos Humanos entendió que el art. 9 del CEDH, relativo a la libertad religiosa, ante todo ampara las convicciones personales y las convicciones religiosas, el fuero interior. Asimismo, protege actos «íntimamente conectados» con estos comportamientos: actos de culto o de devoción «qui sont des aspects de la pratique d'une religion ou d'une conviction sous une forme généralement reconnue». Incluso se enumeran, por el art. 9, manifestaciones típicas de una religión o convicción, a saber, el culto, la enseñanza, las prácticas y realización de ritos, mas la objeción de conciencia no tiene, en principio, cabida: «l'article 9 de la Convention ne garantit pas toujours le droit de se comporter dans le domaine public d'une manière dictée par cette conviction. Le terme «pratiques» au sens de l'article 9 § 1 ne désigne pas n'importe quel acte ou comportement public motivé ou inspiré par une religion ou une conviction». Concretamente, se fija en que los productos solicitados son legales y sujetos a prescripción médica, cuya dispensa no obliga más que a las farmacias, por lo que «les requérants ne sauraient faire prévaloir et imposer à autrui leurs convictions religieuses pour justifier le refus de vente de ce produit». Añade que, estos pueden hacer valer sus convicciones de múltiples formas ajenas a su esfera profesional.

Dos anotaciones. La primera, que no se sopesan ambos sacrificios, el de los farmacéuticos, por contrariar su moral radicalmente, y el de los consumidores de preservativos, obligados a buscarlos en otro lugar. Además, se saca fuera del ámbito profesional, predominante en la vida del hombre contemporáneo de ciudad, el ejercicio de sus convicciones.

La sentencia, asunto P. y S. c. Polonia, 30 octubre 2012 (n.º 57375/08)[74], entiende motivada la restricción de la objeción de conciencia a causa del derecho al aborto. «For the Court, States are obliged to organise their health service system in such a way as to ensure that the effective exercise of freedom of conscience by health professionals in a professional context does not prevent patients from obtaining access to services to which they are entitled under the applicable legislation» (see R.R. v. Poland, cited above, no. 27617/04, § 206)» (§ 106). El Derecho polaco trata de conciliar ambos intereses: la objeción de conciencia del facultativo y la expectativa del paciente a su tratamiento. Aquel debe reconducir al paciente a otro médico que le preste el servicio. Sin embargo, el mecanismo no se ha mostrado eficaz. El personal no se ha implicado y los demandantes no han dispuesto de recursos legales suficientes. En este caso, a una embarazada de 14 años se la sometió a un trato degradante

[74] <http://hudoc.echr.coe.int/eng?i=001-114098#{«itemid»:[«001-114098»]}> (consulta: 2 diciembre 2015).

(art. 3 del CEDH)[75], y el conflicto entre el criterio de la madre y el de su hija menor embarazada, y su autonomía, no se resolvió en virtud de un procedimiento de escucha e incluso de asesoramiento, en vistas del mayor bien del menor. «Court has already held, in the context of the case of Tysiąc v. Poland, cited above, that the provisions of the civil law as applied by the Polish courts did not make available a procedural instrument by which a pregnant woman seeking an abortion could fully vindicate her right to respect for her private life» (§ 110).

5.2. La objeción de conciencia al servicio militar

Poco a poco, se va a revisar la premisa de sacar el ejercicio de las convicciones del ámbito profesional o laboral. Sobre todo va a ser mediante la objeción de conciencia al servicio militar. Es una influencia indirecta, pues no se trata de una relación de trabajo. Los objetores eran soldados de reemplazo. El conflicto de incompatibilidad de los postulados morales lo es con la prestación personal militar y el régimen castrense. Este no es, de entrada, objeto de rechazo por el CEDH. Se excluye de la condena de la esclavitud o los trabajos forzados (art. 4). Ya hemos visto que, en el convenio, no se dice nada a favor de esta objeción de conciencia, mas se ha defendido por diversos órganos del Consejo de Europa. El tribunal le prestó un cierto apoyo, a través del art. 9 CEDH. Lo comentamos, a propósito del asunto Thlimmenos c. Grecia y también se observa en otra sentencia posterior, Ülke c. Turquía, 24 abril 2006, donde se censura al Estado parte, por aplicar repetidas condenas (8 en total) a un objetor pacifista, sin que se le eximiese de la obligación de servir en el Ejército (infracción del art. 3 del CEDH, sobre trato degradante). Más que amparar la objeción, declara desproporcionada la pena que se le aplica y que se desbordan sus fines legítimos.

Por último, la Gran Sala del Tribunal Europeo, en el asunto Bayatyan c. Armenia, 7 julio 2011[76], considera que la oposición al servicio militar, motivada por un serio e insuperable conflicto entre la obligación de servir en el ejército y la conciencia de una persona o sus convicciones profundas y genuinas religiosas o de otro tipo, constituye una convicción o una creencia de suficiente solidez, seriedad e importancia como

[75] Se produjo un voto parcialmente disidente del juez Gaetano. En el § 3 afirma: «While the reluctance, indeed refusal, of some of the doctors to perform the abortion was understandable and was within their right to conscientious objection, the authorities' overall handling of the case was at best shambolic and at worst disgraceful. The violation of Article 3 stems not from the simple fact that some people (including the priest) tried to persuade the first applicant not to have an abortion but because of the way they went about it, coupled with the publicity that was given by the authorities to the case, their disclosure of confidential information and their illegal arrest of the first applicant».

[76] <http://hudoc.echr.coe.int/eng?i=001-105611#{«itemid»:[«001-105611»]}> (consulta: 30 noviembre 2015).

para atraer las garantías del art. 9 CEDH (§ 110[77]). Observamos aquí, de un modo decidido, el deseo de anteponer las convicciones (religiosas) a la obligación personal, exigida por el Ordenamiento. Además, tiene en cuenta la condición de testigo de Jehová del objetor. Es un indicio de la fundamentación religiosa y seriedad de su objeción. Sería distinto el tratamiento, si no quedase probada la seriedad o fuese otro su fundamento[78]. Se han dado otros supuestos de desestimación, por no probarse la seriedad de las convicciones[79] o ser estas de índole pacifista[80]. Expresamente dice el tribunal: «the applicant's situation must be distinguished from a situation that concerns an obligation which has no specific conscientious implications in itself, such as a general tax obligation» (§ 11). El caso afecta al art. 9 del CEDH. Luego, el tribunal se plantea los tres filtros: si el límite está previsto en la ley, si su fin es legítimo y si es adecuado para una sociedad democrática. La injerencia del Estado armenio parece demasiado severa, en el contexto del Consejo de Europa, entre cuyos países es frecuente establecer alternativas al servicio de armas, para casos como el presente. De ahí la condena del tribunal a Armenia (§ 124 y 128).

El asunto Erçep c. Turquía, 22 noviembre 2011, confirma el amparo a la objeción al servicio militar, gracias al art. 9 del CEDH. Aquí se señala que a los objetores de

[77] «The Court notes that Article 9 does not explicitly refer to a right to conscientious objection. However, it considers that opposition to military service, where it is motivated by a serious and insurmountable conflict between the obligation to serve in the army and a person's conscience or his deeply and genuinely held religious or other beliefs, constitutes a conviction or belief of sufficient cogency, seriousness, cohesion and importance to attract the guarantees of Article 9 (see, mutatis mutandis, Campbell and Cosans v. the United Kingdom, 25 February 1982, § 36, Series A no. 48, and, by contrast, Pretty v. the United Kingdom, no. 2346/02, § 82, ECHR 2002-III). Whether and to what extent objection to military service falls within the ambit of that provision must be assessed in the light of the particular circumstances of the case».

[78] El cambio de mentalidad es claro. En el informe de la Comisión (Pleno) Grandrath c. Alemania, 2299/64 Report (31), 12 diciembre 1966, un testigo de Jehová, que, en la jerarquía de su comunidad, era *Bible study conductor*, se sintió discriminado (arts. 14 en relación al 9 del CEDH), pues se le denegó la exención del servicio militar que, en cambio, sí se concedía automáticamente a los ministros de culto católicos y protestantes. Se rechazó la discriminación por 8 votos contra 5. Ver en: <http://hudoc.echr.coe.int/eng?i=001-73650> (consulta: 14 diciembre 2015).

[79] Asunto Kosteski c. Antigua República Yugoslava de Macedonia, 13 abril 2006, en que se reclama por sanciones a ausencias que se justifican en festividades y una fe que no se acredita suficientemente.

[80] Comisión Europea de Derechos Humanos, Decisión de inadmisibilidad, N. c. Suecia (n.º 10410/83), 11 octubre 1984. La comisión no vio fundada la discriminación alegada por este pacifista que exigía se le eximiese del servicio militar, como a los miembros de otros grupos religiosos (<http://hudoc.echr.coe.int/eng?i=001-74738#{«itemid»:[«001-74738»]}>, consulta: 12 diciembre 2015). «Il s'ensuit que l'appartenance aux Témoins de Jéhovah constitue une présomption très forte que les objections au service obligatoire s'appuient sur des convictions religieuses authentiques. Aucune présomption comparable n'existe lorsqu'il s'agit d'individus objectant au service obligatoire sans être membres d'une communauté présentant des caractéristiques analogues».

conciencia, sin que esté previsto un régimen sustitutorio, no les queda otra alternativa, para ser fieles a sus convicciones, que rechazar su incorporación a filas. Ello les expone a una especie de «muerte civil», en cuanto que se les somete a una persecución penal continua y a la acumulación de condenas. El proceso puede atraparlos de por vida (§ 58). «Un tel système ne ménage pas un juste équilibre entre l'intérêt de la société dans son ensemble et celui des objecteurs de conscience. En conséquence, elle juge que les peines qui ont été infligées au requérant alors que rien n'était prévu pour tenir compte des exigences de sa conscience et de ses convictions ne peuvent passer pour une mesure nécessaire dans une société démocratique» (§ 64). Se instaura el mecanismo de la acomodación o armonización de bienes jurídicos implicados. En el supuesto, el Estado turco, no supera el examen, la medida represiva es desproporcionada, en una sociedad democrática.

Siguen la línea anterior, de incluir en el art. 9 CEDH la objeción de conciencia al servicio militar, las sentencias: Feti Demirtaş c. Turquía, 17 enero 2012; Buldu y otros c. Turquía, 3 junio 2014; Savda c. Turquía, 12 junio 2012, y Tarhan c. Turquía, 12 junio 2012. En estas dos se observa una protección más vasta. En el asunto Savda se constata la violación de los arts. 3 (trato degradante)[81] y 9 del CEDH. «La Cour considère donc qu'il pesait sur les autorités une obligation positive d'offrir au requérant une procédure effective et accessible (voir aussi la Recommandation n.º R(87)8, paragraphe 55 ci-dessus) qui lui aurait permis de faire établir s'il avait ou non le droit de bénéficier du statut d'objecteur de conscience, aux fins de préserver les intérêts de l'intéressé protégés par l'article 9 de la Convention» (§ 99). Se añade otra infracción, contra el art. 6 (un proceso justo o equitativo)[82].

5.3. La objeción de conciencia, dentro de las relaciones de trabajo

De especial interés nos parece la sentencia Eweida y otros c. Reino Unido, 15 enero 2013. Completa la doctrina de pronunciamientos anteriores y se plantea nuevos supuestos de objeción. Ello con independencia de la solución alcanzada para los casos concretos. Lamentablemente no fue admitido el reexamen, por la Gran Sala, del asunto Lillian Ladele. Primero, interesa delimitar el radio de protección del art.

[81] «La Cour estime que, pris dans leur ensemble et compte tenu de leur gravité et de leur caractère répétitif, les traitements infligés au requérant ont provoqué des douleurs et souffrances graves, qui dépassaient l'élément habituel d'humiliation inhérent à une condamnation pénale ou à une détention. Dès lors, il y a lieu de considérer l'ensemble de ces actes comme des traitements dégradants au sens de l'article 3 de la Convention» (§ 84). En <http://ebco-beoc.org/files/AFFAIRE_SAVDA_c._TURQUIE.pdf> (consulta: 12 diciembre 2015).

[82] «La Cour estime qu'il est compréhensible que le requérant, ayant à répondre devant un tribunal composé exclusivement de militaires d'infractions purement militaires, ait redouté de comparaître devant des juges appartenant à l'armée, laquelle peut dans un tel cas de figure être assimilée à une partie à la procédure» (§§ 111 y 105).

9 del CEDH. La convicción es más que una opinión. Tiene que estar dotada de especial fuerza. Y no basta con que su inspiración, motivación o influencia sea de origen religioso. «El acto en cuestión debe estar íntimamente relacionado con la religión o la creencia» (§ 82). Para detectar que es así vale el dato sociológico. Puede tratarse de actos de culto, pero también de devoción particular. «Sin embargo, la manifestación de una religión o creencia no se limita a esos actos; debe determinarse sobre los hechos de cada caso la existencia de un nexo suficientemente estrecho y directo entre el acto y la creencia subyacente. En particular, no es necesario que el demandante establezca que él o ella actuó en cumplimiento de un deber establecido por la religión en cuestión» (*ibídem*).

Doctrina que reitera la sentencia citada del Tribunal de Justicia de la Unión Europea Bundesrepublik Deutschland c. X e Y, 5 septiembre 2012. «La circunstancia subjetiva de que la observancia de una determinada práctica religiosa en público —la cual es objeto de limitaciones que se cuestionan— reviste especial importancia para el interesado a efectos de conservar su identidad religiosa constituye un elemento pertinente en la valoración de la magnitud [...], aun cuando la observancia de tal práctica religiosa no constituya un elemento central para la comunidad religiosa afectada» (§ 70). La Directiva comunitaria protege, como persecución hacia la religión, «tanto las formas de conducta personal o comunitaria que la persona considera necesarias para ella misma, a saber, las «basadas en cualquier creencia religiosa», como las prescritas por la doctrina religiosa, a saber, las «ordenadas por ésta»» (§ 71).

Luego está el análisis de los dos supuestos de objeción incluidos en el fallo de15 de enero de 2013, el de Ladele y el de Mcfarlane. En el primero, se parte de lo bien fundado de la reclamación de Ms. Ladele, desde el punto de vista de la libertad religiosa (art. 9 del CEDH) (§§ 103 y 108). El tribunal constata asimismo la incidencia que, sobre esta libertad, pueden tener la opción de las autoridades locales de imponer a la funcionaria del registro la inscripción de uniones homosexuales, incluso hasta poder constituir un supuesto de discriminación indirecta. «Está de acuerdo con la afirmación de la demandante de que el requisito de la autoridad local de que todos los funcionarios registradores de nacimientos, matrimonios y defunciones fueran también designados como funcionarios registradores de uniones civiles del mismo sexo tuvo un impacto particularmente perjudicial en ella debido a sus creencias religiosas» (§ 104). Hay que advertir que la decisión de asignar la formalización de uniones civiles entre personas del mismo sexo, creó «*unilateralmente* nuevas obligaciones para los funcionarios correspondientes, *obligaciones* que no eran exigibles por ley»[83]. Sin embargo, la hipótesis de la discriminación indirecta es de inmediato desterrada,

[83] PÉREZ-MADRID, F., «Objeción de conciencia y uniones civiles entre personas del mismo sexo: comentarios acerca del caso Ladele c. Reino Unido», *Revista General de Derecho Canónico y Derecho Eclesiástico del Estado*, 32, 2013, p. 5.

dada la legitimidad del objetivo buscado, por la citada autoridad. La jurisprudencia de Estrasburgo se muestra muy estricta contra la discriminación hacia la orientación sexual (§ 105)[84]. El medio empleado para la prosecución de la igualdad, entre las diferentes parejas, se considera proporcionado y que, por tanto, no se ha dispuesto arbitrariamente de los derechos de Ladele. Por esta razón y contrariamente a lo que hizo la sentencia del Tribunal Constitucional 19/1985, de 13 de febrero, aquí no se valora la modificación sobrevenida y unilateral de las condiciones de trabajo, a consecuencia del cambio legislativo (§ 106). De haberlo hecho así, se habría respetado la conciencia y el puesto de la funcionaria. El análisis del caso, por parte del tribunal, resulta muy pobre, sobre todo si se considera su complejidad. Es de lamentar que no se aplicase el criterio de acomodación de los derechos en liza y de evitar daños innecesarios. Incluso el tribunal llega a justificar el despido, cuando probablemente este se podía haber evitado[85].

El asunto Mcfarlane se sustancia en una relación laboral privada y en relación al artículo 9 del CEDH aisladamente. «El Estado, en virtud de su obligación positiva derivada del artículo 9 debía garantizar sus derechos» (§ 108). Ahora bien, en el equilibrio que aquel debe buscar, pesa mucho, respecto al caso Ladele, que Mcfarlane sí se había comprometido previamente a atender, como terapeuta, a cualquier pareja. «El demandante se inscribió voluntariamente en el programa de formación de postgrado de Relate en asesoramiento psico-sexual, conociendo la política de igualdad de oportunidades de Relate y que filtrar clientes por motivos de orientación sexual no sería posible» (§ 109)[86]. Se ha apuntado que alegar objeción contra lo que uno mismo ha asumido expresamente, ir contra los propios actos, constituye un fraude de ley. Este sería uno de los límites a la admisibilidad de la objeción de conciencia[87]. El fallo desestimó la pretensión de Mcfarlane, por unanimidad. En el caso de Ladele, se redactó un voto disidente, por dos jueces[88].

[84] Hervieu, N., «Liberté de religion (Art. 9 et 14 CEDH): Un nouvel équilibre européen dans l'appréhension des convictions religieuses au travail».

[85] Pérez-Madrid, F., «Objeción de conciencia y uniones civiles entre personas del mismo sexo...», pp. 13-16.

[86] Sigue el §: «Aunque el Tribunal no considera que la firma de un contrato de trabajo y la asunción de responsabilidades que conlleva tenga un impacto en su libertad a manifestar sus creencias religiosas, sea determinante para saber si hubo o no injerencia con el artículo 9, si es una cuestión a considerar al sopesar si existió un justo equilibrio (véase el apartado 83 *supra*). Sin embargo, para el Tribunal, el factor más importante a tener en cuenta es que la medida del empleador pretendía garantizar la aplicación de su política de brindar un servicio sin discriminación».

[87] Míguez Macho, L., «Límites a la regulación por ley de las opciones de conciencia», pp. 143-144.

[88] En el fallo se recoge: «5.º *Declara* por cinco votos a favor y dos en contra que no ha habido violación del artículo 14 en relación con el artículo 9 respecto a la tercera demandante» (§ 118).

Respecto a estas situaciones, legalización de uniones homosexuales, como también frente a las prácticas abortivas, interesa fijar la doctrina del Tribunal Europeo respecto a las cláusulas de conciencia. Estas son admisibles, pero si el Estado ampara las uniones homosexuales o el aborto, sobre lo que la jurisprudencia no es vinculante, debe quedar garantizado el derecho a beneficiarse de tal protección. Tampoco la objeción de conciencia obliga, a pesar del avance que puede suponer el asunto Bayatyan[89] y el mismo texto de la CDFUE. En el caso citado, el tribunal: «considère toutefois que l'opposition au service militaire, lorsqu'elle est motivée par un conflit grave et insurmontable entre l'obligation de servir dans l'armée et la conscience d'une personne ou ses convictions sincères et profondes, de nature religieuse ou autre, constitue une conviction atteignant un degré suffisant de force, de sérieux, de cohérence et d'importance pour entraîner l'application des garanties de l'article 9...» (§ 110).

6. La objeción de conciencia, según las responsabilidades de los diversos operarios

6.1. Importancia de este factor en la resolución de los conflictos. La objeción de conciencia en el sector público

Los asuntos Dahlan c. Suiza, 15 febrero 2001, referido a una profesora que fue despedida por usar el hijab, en la escuela pública, y el de Chaplin c. Reino Unido, 15 enero 2013, que afectaba a una enfermera de un centro geriátrico cuyo deseo de portar una cruz le costó el puesto, demuestran la importancia que se da a las condiciones que rodean al trabajador. Con anterioridad, un supuesto diferente, de proselitismo, asunto Larissis c. Grecia, 24 febrero 1998, puso ya de manifiesto que el ejercicio de la libertad religiosa podía estar restringido en contexto militar, donde la estructura del mando es especialmente fuerte o constrictiva. En el asunto Kalaç c. Turquía se dice: «in exercising his freedom to manifest his religion, an individual may need to take his specific situation into account» (§ 27 *in fine*). Estos detalles son capitales para sopesar el interés predominante y el reparto de sacrificios, entre las partes implicadas.

Hay que tener en cuenta que los códigos éticos de algunas empresas o su modulación como empresas de tendencia, con un carácter propio o ideario, no cabe en el caso de la Administración pública. Esta responde a su configuración constitucional, como Estado social y democrático de Derecho, cuyos principios superiores son la libertad, la igualdad, el pluralismo político y la justicia (art. 1 de la Constitución). La neutralidad se enfatiza expresamente respecto a las religiones (art. 16.3 de la Constitución), aunque la hace posible un alejamiento de cualquier debate doctrinal. En consecuencia, sus funcionarios deben desenvolverse en este clima, y lo harán con fi-

[89] Hervieu, N., «Liberté de religion (Art. 9 et 14 CEDH): Un nouvel équilibre européen dans l'appréhension des convictions religieuses au travail».

delidad a su marco estatutario y obediencia a los mandatos legítimos de la autoridad[90]. Esto no les impide la objeción de conciencia, como tampoco la libertad religiosa. Solo modula su ejercicio. La Resolución 1928 (2013) de la Asamblea Parlamentaria del Consejo de Europa, sobre «Protección de los derechos humanos en relación con la religión y las creencias y la protección de las comunidades religiosas de la violencia», menciona, entre las obligaciones de los Estados parte, la de: «accommodate religious beliefs in the public sphere by guaranteeing freedom of thought in relation to health care, education and the civil service provided that the rights of others to be free from discrimination are respected and that the access to lawful services is guaranteed» (art. 9.9), con una alusión a la función pública, así como a que en ella no se discrimine. Este inciso aparece en el punto siguiente, sobre objeción de conciencia.

En el aludido caso Ladele, la trabajadora tiene estatuto de funcionaria local. Esto nos enfrenta a cómo el detalle puede afectar a la libertad de conciencia. La evolución de las normas de ciertos Derechos occidentales en materia de familia, salud y sexualidad son fuente de problemas potenciales. Algunos no solo se han suscitados con el personal sanitario, también con jueces u otros operadores del sector público. De hecho no es inusual que los Ordenamientos occidentales incluyan cláusulas de objeción de conciencia para los profesionales afectados, como ocurre en Dinamarca[91].

Es un correctivo a la propensión del Derecho moderno hacia la igualdad o supresión de estatutos particulares y disolución de cualquier vínculo (estamentos, títulos nobiliarios, compromiso gremiales o matrimoniales, y votos monásticos). Lo que es ajeno a la condición de ciudadano, se combate. Tal fue el banderín de enganche de la Revolución francesa (1789) o la «libertad de los modernos» (Benjamín Constant). Se propiciaba así el uniformismo, so capa de unidad. Hoy también se quiere enmendar la sujeción especial a que la «afirmación celosa de la soberanía del Estado» (Fumagalli Carulli) sometió a la sociedad y directamente a sus funcionarios. Las prerrogativas del Estado, su supremacía o poder exorbitante dejaban a aquellos poco margen para el ejercicio de su libertad (de asociación a partidos y sindicatos, de crítica o libertad de expresión, etc.). Se aplicó a los funcionarios un «devoir de réserve», transido de laicidad, que los neutralizaba ideológicamente[92].

[90] La Administración tiene una estructura jerarquizada, en orden a su unidad y eficiencia (art. 103.1 de la Constitución, y arts. 52 a 54 de la ley 7/2007, de 12 de abril, del estatuto básico del empleado público). González-Varas Ibáñez, A., «Objeción de conciencia al tratamiento psicológico de homosexuales», pp. 16-17.

[91] Navarro-Valls, R., «La objeción de conciencia a los matrimonios entre personas del mismo sexo», *Revista General de Derecho Canónico y Derecho Eclesiástico del Estado*, n.º 9, septiembre 2005, pp. 20-21.

[92] Ver la obra clásica de Langeron, P., *Liberté de conscience des agents publics et laïcité,* Presses universitaires de Aix-Marseille, 1986, y Schmidt, E., *La liberté de religion du fonctionnaire en France et en Allemagne*, Mémoire Master en Administration Publique, Strasbourg, Février 2005. En <http://

Ahora aquellas categorías se consideran insostenibles, obsoletas. Son elocuentes las sentencias del Tribunal Constitucional 81/1983 y 234/1991, como favorables a la «"ciudadanización" del funcionariado»[93]. En este contexto, nos planteamos la objeción de conciencia de los jueces. Es un supuesto que, hasta ahora, no se ha planteado en la praxis de los órganos jurisdiccionales supranacionales de Europa. En cambio, sí lo ha hecho en el ámbito interno, en España[94] y en otros países[95]. Es previsible que, por extrapolación, no tarde en estudiarse en el Tribunal de Justicia de la Unión Europea y en el Tribunal Europeo de Derechos Humanos. Conviene dar algunas pautas, por su importancia y complejidad.

6.2. El supuesto de los funcionarios, militares y jueces

«Los funcionarios públicos en general tienen un especial deber de sumisión al ordenamiento jurídico, más intenso que el de un particular. Por tanto, el incumplimiento de una ley, aunque sea acogiéndose a motivaciones de conciencia, tiene en el caso del funcionario público o autoridad unas connotaciones especiales»[96]. Aunque en estos supuestos predomine el ejercicio del derecho de libertad religiosa, sin injerencias indebidas, se citan como objeciones de conciencia de funcionarios las recogidas en las sentencias del Tribunal Constitucional 101/2004, de 2 de junio, a propósito de la negativa a obedecer a sus superiores de un funcionario de policía y la 177/1996, de 11 de noviembre, en cuyo caso el afectado era un sargento del ejército que se negó a participar en un acto protocolario en honor de la Virgen de los Desamparados. Es paradigmático la objeción de conciencia de los médicos a las prácticas abortivas. Muchos de ellos están unidos a la Seguridad Social, por un tipo de relación funcionarial, si bien no se trata de cometidos sustancialmente funcionariales. Tienen una base profesional sujeta a la deontología correspondiente[97].

---

www.ena.fr/index.php?/fr/content/download/916/6043/file/Schmidt.pdf> (consulta: 24 noviembre 2015). El principio es hoy también de aplicación, asunto Redfearn c. Reino Unido: «The Court has recognised that in certain circumstances an employer may lawfully place restrictions on the freedom of association of employees where it is deemed necessary in a democratic society, for example to protect the rights of others or to maintain the political neutrality of civil servants (see, for example, Ahmed and Others v. the United Kingdom, 2 September 1998, § 63, Reports of Judgments and Decisions 1998-VI)» (§ 44).

93 REQUERO IBÁÑEZ, J.L., «La objeción de conciencia por los jueces», p. 169.

94 Sentencia del Tribunal Supremo, Sala 3.ª, de 11 de mayo de 2009, resuelve el recurso interpuesto contra la negativa del Consejo General del Poder Judicial a admitir la abstención de un Juez encargado del Registro Civil, en la tramitación y celebración de matrimonios entre personas del mismo sexo.

95 Sentencia de la Corte Constitucional colombiana T-388 de 2009.

96 MORAL GARCÍA, A. del, «Jueces y objeción de conciencia», p. 14.

97 REQUERO IBÁÑEZ, J.L., «La objeción de conciencia por los jueces», p. 172.

También, en relación al Ejército, existe jurisprudencia del Tribunal europeo. El primer asunto, resuelto por la Gran Sala, supone el respeto indirecto a la objeción de conciencia, dentro de un puesto militar. En el asunto Thlimmenos c. Grecia, 6 abril 2000 decide que no se puede excluir a un testigo de Jehová, condenado como objetor al servicio militar, al puesto de auditor-contable. El tipo de condena requiere un trato particular y unas consecuencias matizadas.

Con la expresión *objeción de conciencia de los jueces* nos referimos no a mandatos y órdenes concretas, que no se producen en el ámbito jurisdiccional, ni a la idea vaga de la *ley injusta* que no siempre afecta a la conciencia, en el nivel en que aquí nos movemos. Tampoco nos referimos a los resultados injustos o inmorales, derivados de la aplicación de las normas, por ejemplo, una subvención a actividad nociva o licencia de apertura de negocio impúdico, o trabas administrativas a un recto, incluso benemérito, ejercicio de la libertad, por educar o constituir una familia. «No cabe confundir un conflicto de conciencia con una simple discrepancia con las consecuencias de una interpretación de una determinada normativa para la solución de determinado caso, sino que parece claro que debe tratarse de un supuesto de colisión ética grave entre el ejercicio de las funciones judiciales y las propias creencias y considerado de tal magnitud que el perjuicio que se siga de aquel ocasione un daño grave al compromiso ético o moral de índole personal»[98]. Nos referimos a resultados injustos causados por una norma que «pugna con su conciencia de forma que el juez se considera responsable de cooperar en la aplicación, luego en la eficacia»[99].

Para los jueces, hay que preguntarse si es viable esta objeción. Un argumento en contra es la especial y exclusiva vinculación del juez a la ley. Dice la Constitución: «La justicia emana del pueblo y se administra en nombre del Rey por Jueces y Magistrados integrantes del poder judicial, independientes, inamovibles, responsables y sometidos únicamente al imperio de la ley» (art. 117.1), lo que repite sustancialmente el art. 1 de la Ley Orgánica 6/1985, del Poder Judicial. «Él es el Derecho, con él actúa la norma, y no puede cortocircuitarla ni interponerse»[100]. El juez ha aceptado voluntariamente sujetarse a un estatuto profesional. No es un deber legal o ciudadano, es el compromiso personal de cara al ejercicio de unas concretas potestades públicas que determina la ley. Por su independencia, que es más que imparcialidad, y sometimiento exclusivamente a la ley se diferencia del funcionario. Este sí depende reglamentariamente de una institución burocrática jerarquizada. El órgano rector

[98] Rouco Rodríguez, V.M., «Constitución española. Principios y valores cristianos. Su vigencia actual. Los juristas católicos ante la vida pública», II Jornadas de Actualización Canónica. Matrimonio, Vicarías Judiciales Albacete, Ciudad Real, Cuenca, Guadalajara y Toledo, 2010, p. 233.

[99] Requero Ibáñez, J.L., «La objeción de conciencia por los jueces», p. 176.

[100] Requero, J.L., *El asalto a la justicia. La última barrera ante el totalitarismo,* Ciudadela, Madrid, 2009, p. 25. Con tal afirmación, parece confundir Derecho con Derecho positivo. Posteriormente el autor completó y matizó su postura.

marca la dirección o línea de actuación y la Administración, subordinada, actúa con vocación instrumental[101].

Aunque el principio de legalidad se enfatice para jueces y fiscales (art. 124 de la Constitución), este rige para todos: «Los ciudadanos y los poderes públicos están sujetos a la Constitución y al resto del ordenamiento jurídico» (art. 9.1 de la Constitución). La imperatividad de la norma se recoge en el art. 6.3 del Código civil: «Los actos contrarios a las normas imperativas y a las prohibitivas son nulos de pleno derecho, salvo que en ellas se establezca un efecto distinto para el caso de contravención». Lo que nos saca de un esquema cerrado es la idea de que los derechos fundamentales, y en un lugar destacado de ellos, la libertad ideológica y religiosa, forman parte del Ordenamiento jurídico. La cláusula de clausura del sistema político es la libertad, como ámbito de desarrollo del individuo (arts. 1.1 y 10.1 de la Constitución)[102].

Mas la objeción de conciencia tiene peculiaridades. Debe mantenerse su carácter excepcional. Por tanto, no amparará lo que implica una elección libre del juez de ocuparse del orden penal, para alegar a continuación que es contrario a cualquier sanción carcelaria; o elegir un puesto en un juzgado de familia y negarse a dictar sentencias de divorcio, por ir en contra de su conciencia. Sería más admisible en otras hipótesis, en que se contradicen postulados esenciales de su conciencia: «imponer una pena de muerte, o de autorizar el aborto a practicar por una menor; o de condenar a una pena de prisión por motivos ideológicos»[103]. Asuntos de esta índole harían entrar en juego los demás requisitos de ponderación. Es decir, la sinceridad de la objeción y que estemos ante auténticas convicciones. Por lo que respecta a que se sacrifique mínimamente el bien subsidiario, hay que atender a la sustituibilidad fácil del objetor, que la objeción no acarree inconvenientes relevantes, en terceros o en la propia organización administrativa, y la disposición de quien la alegue a asumir otros encargos, en compensación.

En Italia, las objeciones de conciencia de los jueces, ante decisiones sobre aborto solicitada por menores, se han tramitado, a través de la abstención. Solución que se ha considerado trasladable a nuestro Ordenamiento, con apoyo en las leyes procesales españolas (art. 219 de la Ley Orgánica del Poder Judicial o, para peritos judiciales, el art. 342.2 de la Ley de Enjuiciamiento Civil). En el régimen orgánico, para el ejercicio de la potestad jurisdiccional, con independencia de quién esté a su frente, cabe plantear la abstención, como una especie de cláusula de conciencia, que dé paso a

[101] REQUERO IBÁÑEZ, J.L., «La objeción de conciencia por los jueces», pp. 164 y 172-173.

[102] PRIETO SANCHÍS, L., «La limitación de los derechos fundamentales y la norma de clausura del sistema de libertades», *Derechos y Libertades*, V (8), 2000.

[103] MORAL GARCÍA, A. del, «Jueces y objeción de conciencia», p. 18.

la sustitución[104]. La recusación es más difícil de aplicar, por el carácter íntimo tanto de la conciencia personal, cuanto del vigor de sus mandatos. La operatividad de los órganos jurisdiccionales puede ganar en eficiencia y transparencia, gracias a la abstención[105]. Es una solución fisiológica a un grave conflicto que ya se ha planteado en el foro español. Este drama se trasparenta en la condena y apartamiento de la carrera judicial, por sentencia del Tribunal Supremo n.º 1.243/2009, 30 octubre 2009[106].

La abstención es útil para cualquier funcionario[107] que así podría acogerse a la objeción de conciencia sin comprometer «la continuidad del servicio público»[108]. Esta abstención, por motivos de conciencia, se desarrollaría como los supuestos ordinarios, en que se sustituye al empleado público o al juez afectado por otro, y aquellos pasan a realizar tareas distintas.

La responsabilidad del juez, ante la integridad del Ordenamiento y su recta aplicación, no lo convierte en autómata, movido por una lógica inhumana, reflejada en *El Mercader de Venecia* de Shakespeare. Al legislador y al buen desarrollo de la práctica jurisdiccional le importan mucho la conciencia del juez, su celo e integridad profesional, para resolver las pretensiones que se le sometan con afán de hacer justicia[109]. Sería contradictorio valorar al juez de conciencia y luego querer despojarle de ella o arrinconar la conciencia, como un estorbo. «Tanto la libertad de conciencia

[104] MORAL GARCÍA, A. del, «Jueces y objeción de conciencia», p. 21, y REQUERO IBÁÑEZ, J.L., «La objeción de conciencia por los jueces», p. 182. Este autor no cree que se pueda encajar ahí la objeción de conciencia, salvo una modificación de la Ley Orgánica del Poder Judicial, que parece luego postular (pp. 197-198 y 201).

[105] «Se ha dicho que cuando la conciencia del juez repele la aplicación de determinada norma no sería en absoluto descabellado acogerse a ese «interés directo o indirecto» como causa de abstención. En efecto, ese Juez va a estar más inclinado a exigir unos requisitos desmesurados o la comprobación desorbitante de las condiciones; o a la interpretación restrictiva de esa ley que contradice su conciencia. No es un juez imparcial en el sentido que a esa categoría se otorga en la jurisprudencia y por tanto hay razones para admitir su abstención. Aunque es claro que la causa de abstención no puede basarse en un mero desacuerdo técnico o político con una ley, sino en una discrepancia radical que sea repelida por su conciencia» (MORAL GARCÍA, A. del, «Jueces y objeción de conciencia», p. 19).

[106] FERRÍN CALAMITA, F., *Yo, víctima de la Cristofobia,* Editorial Libros Libres, Madrid, 2012. En general, PÉREZ DEL VALLE, C., «Prevaricación judicial y objeción de conciencia», *Estudios de derecho judicial.* Objeción de conciencia y función pública, I. SANCHO GARGALLO, dir., n.º 89, 2006, pp. 283-313.

[107] Ley 40/2015, de 1 de octubre, de Régimen Jurídico del Sector Público. Artículo 23. Abstención. 1. Las autoridades y el personal al servicio de las Administraciones en quienes se den algunas de las circunstancias señaladas en el apartado siguiente se abstendrán de intervenir en el procedimiento y lo comunicarán a su superior inmediato, quien resolverá lo procedente. Respecto a los órganos de las Administraciones públicas es de interés el artículo 13, sobre suplencia.

[108] MÍGUEZ MACHO, L., «Límites a la regulación por ley de las opciones de conciencia», *Opciones de conciencia. Propuestas para una ley,* p. 139, y GONZÁLEZ-VARAS IBÁÑEZ, A., «Objeción de conciencia al tratamiento psicológico de homosexuales», p. 18.

[109] REQUERO IBÁÑEZ, J.L., «La objeción de conciencia por los jueces», p. 164.

de los ciudadanos como un orden justo son bienes públicos»[110]. También evitaría los daños colaterales que la objeción se motive y se le dé publicidad. Concluimos con Garzón Vallejo: «si el servicio que el Estado exige del funcionario judicial desconoce derechos fundamentales e inalienables de aquel, deviene un poder autoritario»[111].

7. Conclusiones

Una idea que se va imponiendo es que, en la medida en que el Derecho insista en un positivismo trasnochado, propio del siglo XIX y principios del XX, reduciendo el Derecho a mera legalidad, será más difícil la incorporación plena en la sociedad, para los grupos, y se tomarán decisiones dolorosas e injustas, para personas concretas. La heterogeneidad de las sociedades y Estados que hoy se integran en el Consejo de Europa (47 miembros) y la Unión Europea (28 miembros) han debido pesar para que sus normas y estructuras se vayan haciendo más flexibles, y ellos mismos sean más receptivos a la voz de las minorías.

Lo propio del Derecho es propender no al mero cumplimiento de la norma, sino, en último término, a la justicia, algo que está por encima del decisionismo. Habitualmente Derecho y ley no entran en conflicto, en un sistema político legítimo, pero los reflejos ante la excepción muestran cuándo un Ordenamiento es sensible a la conciencia y está comprometido con los derechos humanos. Una conciencia vigilante, «en forma», actúa de freno al poder, en general, y al político, en concreto. Cuando aquella está bien fundada, contribuye a que el ejercicio de la autoridad recobre su sentido y sirva al bien común[112].

Dentro de las relaciones de trabajo o en el ejercicio de las labores profesionales, se desarrolla buena parte de la vida de las personas. Garantizar en este ámbito sus derechos fundamentales es un salto cualitativo hacia el Estado de Derecho. Son de ayuda las iniciativas de política social, los convenios colectivos y la responsabilidad social corporativa.

La libertad religiosa en sus variadas expresiones, sean manifestaciones típicas o más personales, pero igual de serias, merecen al menos que se les dé la importancia que tienen. Aunque están sometidas a límites, no siempre deben ser sacrificadas. La pretensión de establecer un ambiente neutral, en el lugar de trabajo, o en la Adminis-

[110] Grazón Vallejo, I., «La objeción de conciencia del juez», p. 1382.

[111] «La objeción de conciencia del juez», p. 1383.

[112] Grazón Vallejo, I., «La objeción de conciencia del juez», *Una filosofía del derecho en acción. Homenaje al profesor Andrés Ollero,* pp. 1380-1381. Sobre la flexibilidad y humildad de la ley, dice González-Varas que: «la falta de una identidad en la sociedad y los propios cambios personales [por su coyuntura o el grupo al que pertenezca] conllevan que no sea posible en todo caso ofrecer una misma solución a un mismo problema» («Objeción de conciencia al tratamiento psicológico de homosexuales», p. 6).

tración, no puede ser sino una digna aspiración orientada a que la expansión de los derechos humanos sea factible y más armoniosa. También entonces rige la condición, para las restricciones a la libertad de manifestar su religión o sus convicciones, de que: «constituyan medidas necesarias, en una sociedad democrática» (art. 9.2 del CEDH). El Tribunal Europeo de Derechos Humanos, en la estela de otros Ordenamientos como el estadounidense y el canadiense, así lo entiende, cuando recurre al mecanismo de la ponderación de los bienes jurídicos en juego, para jerarquizarlos y minimizar su impacto.

Este enfoque integral del problema salva el inconveniente de que la objeción de conciencia perjudique, o lo haga inmoderadamente, derechos de terceros. Basta con ponderar los derechos en conflicto y repartir los perjuicios, cuando no se puedan evitar, con equidad. La jurisprudencia del Tribunal europeo de derechos humanos analizada, actúa así, en el caso de los objetores al servicio militar, sometidos a serios impedimentos o sanciones muy rigurosas. También en el terreno educativo se ha avanzado[113], gracias al Protocolo n.º 1 adicional al CEDH de 1952 (art. 2). Pero quedan pendientes otras hipótesis de objeción, en las relaciones de trabajo, que no deben ser discriminadas, superado el filtro de su solidez. El propio tribunal europeo se prohíbe la valoración de las creencias o medios de expresión[114]. Las objeciones se han disparado a causa de la alteración de las bases de convivencia. El problema se produce también dentro de la Administración y afecta a quienes garantizan la función pública. Cuidado especial habría que dispensar al examen de la objeción de los jueces, incluso antes de que el caso se presente ante las instancias europeas. Más que un rechazo inmediato, procedería una reubicación, dentro de la teoría general, que creemos aplicable, de la ponderación o acomodación de los derechos enliza.

La institución del indulto no puede ser la solución a las disfunciones de la ley[115] y la objeción de conciencia debería mantener su condición de recurso excepcional. Tener que recurrir directamente a la objeción de conciencia, para defender un de-

[113] Ver Campbell y Cosans c. Reino Unido, 25 febrero 1982; Folgero c. Noruega, 29 junio 2007, y Zengin c. Turquía, 9 octubre 2007. Moral García, A. del, «Jueces y objeción de conciencia», pp. 4-5. El autor da, como ejemplo de ponderación, la sentencia del Tribunal Constitucional de18 de julio de 2002, pues a los padres «no se les podía imponer una conducta activa que violentaba su conciencia: transmitir al hijo unas ideas en las que no creían y que consideraban perniciosas» (p. 6).

[114] Manoussakis y otros c. Grecia, 26 septiembre 1996, § 47: «The right to freedom of religion as guaranteed under the Convention excludes any discretion on the part of the State to determine whether religious beliefs or the means used to express such beliefs are legitimate» (<http://hudoc.echr.coe.int/eng#{"display":["0"],"languageisocode":["ENG"],"appno":["18748/91"],"itemid":["001-58071"]}>, consulta: 13 diciembre 2015). Martínez-Torrón, J., «Las objeciones de conciencia en la jurisprudencia de Estrasburgo», pp. 57-58.

[115] Ley de 18 de junio de 1870, de Reglas para el ejercicio de la Gracia de indulto. Este actúa después de la adopción de la sanción y para suprimir todos o algunos de sus efectos tenidos por inadecuados.

recho fundamental, como la libertad religiosa, es forzar el sistema y demostrar su deficiencia.

8. Anexo: relación de resoluciones del Tribunal Europeo de Derechos Humanos citadas[116]

Fernández Martínez c. España, 12 junio 2014.
Eweida y otros c. Reino Unido, 15 enero 2013.
Redfearn c. Reino Unido, 6 noviembre 2012.
P. y S. c. Polonia, 30 octubre 2012.
Savda c. Turquía, 12 junio 2012.
Francesco Sessa c. Italia, 3 abril 2012.
Erçep c. Turquía, 22 noviembre 2011.
Bayatyan c. Armenia, 7 julio 2011.
Lautsi c. Italia, 18 marzo 2011.
Wasmuth c. Alemania, 17 febrero 2011.
Jakóbski c. Polonia, 7 diciembre 2010.
Dogru c. Francia, 4 diciembre 2008.
Folgero y otros c. Noruega, 29 junio 2007.
Ülke c. Turquía, 24 abril 2006.
Kosteski c. Antigua República Yugoslava de Macedonia, 13 abril 2006.
Decisión de inadmisibilidad, Pichon y Sajous c. Francia, 2 octubre 2001.
Dahlan c. Suiza, 15 febrero 2001.
Thlimmenos c. Grecia, 6 abril 2000.
Decisión de inadmisibilidad Jiménez Alonso y Jiménez Merino c. España, 25 mayo 2000.
Larissis c. Grecia, 24 febrero 1998.
Kalaç c. Turquía, 1 julio 1997.
Valsamis c. Grecia, 18 diciembre 1996.
Manoussakis y otros c. Grecia, 26 septiembre 1996.
Campbell y Cosans c. Reino Unido, 25 febrero 1982.

116 Se incluyen las de más relevancia para el trabajo. Habría que añadir la sentencia del Tribunal de Justicia de la Unión Europea Bundesrepublik Deutschland c. X e Y de 5 de septiembre de 2012.

CAPÍTULO IX

LIMITACIONES A LA LIBRE CIRCULACIÓN DE TRABAJADORES DE ORGANIZACIONES RELIGIOSAS POR MOTIVOS DE ORDEN PÚBLICO

SANTIAGO CATALÁ

Universidad de Castilla-La Mancha

1. INTRODUCCIÓN

La libertad religiosa, el derecho más transversal de cuantos existen, ha sido estudiada desde diferentes ópticas y perspectivas. A los análisis realizados desde los puntos de vista filosófico, histórico o teológico habría que sumar los que desde la ciencia jurídica se efectúan con gratificante frecuencia; tanto es así que sería imposible materialmente hacer una relación mínimamente detallada de los estudios publicados hasta ahora. Sin embargo y partiendo de este hecho, hay materias que han pasado casi desapercibidas hasta la fecha.

La libertad religiosa[1], en cuanto derecho individual, ha sido objeto de una especie de «desmenuzamiento» técnico, algo parecido a una «disección» que ha permitido abordar materias de tanta importancia como la objeción de conciencia, las libertades

[1] En adelante LR.

inherentes al derecho a la educación, la libertad de expresión, la de enseñanza..., el ámbito matrimonial y así un largo elenco de temas verdaderamente trascendentes.

En cuanto que derecho del que son titulares las Confesiones religiosas, la LR ha merecido igualmente estudios pormenorizados y, así, podemos encontrar buenos tratados y artículos que regulan todo lo relativo a los lugares de culto, el derecho a crear entidades menores dotadas de personalidad jurídica, el de autoorganizarse, autogobernarse y autonormarse, manteniendo un amplio estatuto de autonomía frente al Estado y, en general, frente a los poderes públicos.

Sin embargo, de los temas que han sido escasamente abordados por la doctrina patria, uno de ellos es, sin duda, el relacionado con la libertad de circulación. Esto es así incluso para los constitucionalistas, filósofos y teóricos del Derecho, quienes, al tratar del estudio de los derechos fundamentales, con frecuencia el de la libertad de movimientos haya quedado escaso en cuanto a estudios doctrinales, tal vez porque en los tiempos que vivimos no se plantee tal libertad como un problema[2] (salvo en el caso de los ciudadanos extranjeros). Esta ausencia de estudios es más notoria aún si la vinculamos a la libertad de credo y, particularmente, al movimiento de trabajadores y ministros de culto de los grupos religiosos.

Y es curioso que esto haya sucedido dado que constituye una manifestación del derecho del que somos titulares todos los individuos pero, a la vez -también—, las organizaciones eclesiales. No debemos olvidar que las Iglesias, Confesiones y Comunidades religiosas son entes que normalmente transcienden del ámbito territorial de un país y que, por tanto, operan con cierta libertad y autonomía por todo el orbe; en general, podría afirmarse que no conocen fronteras[3]. Ni qué decir tiene que los medios de comunicación, el creciente desarrollo de teorías de lo más variopinto sobre la naturaleza del ser humano y sus relaciones con el Creador, así como la proliferación de los llamados Nuevos Movimientos Religiosos, muchas veces dotados de importantes estructuras y generosamente financiados por sus propios creyentes, han hecho que proliferen los mismos, así como sus actividades. Ello determina inexorablemente que la libre circulación de ministros de culto, representantes de las Iglesias, misioneros o figuras afines, encargados de llevar a cabo la *propagatio fidei*, trabajadores, etc. se haya convertido en un hecho cotidiano.

[2] Ejemplo de ello es el estudio de LORCA NAVARRETE, José F., *Derechos fundamentales y jurisprudencia*, ed. Pirámide, Madrid, 1994.

[3] Antiguamente las creencias religiosas estaban asociadas a tribus, clanes y pueblos, de modo que la pertenencia a un grupo humano conllevaba de forma prácticamente inexorable la asunción de un credo y de unas prácticas. El Judaísmo que es, probablemente, una de las religiones más antiguas que se conservan, es buena prueba de ello. Desde hace algunos siglos, sin embargo, se ha roto esa ecuación identitaria, además se ha producido un fenómeno expansivo de los credos, tanto en cuanto a su multiplicación como en cuanto a su internacionalización, rompiendo todo localismo.

Resulta que la libertad de movimientos, otrora sujeta a restricciones principalmente vinculadas al ámbito político e ideológico, comienza a entrar en una nueva situación, potencialmente de conflicto. La creación del llamado Estado Islámico y la forma de operar el mismo, captando voluntarios y enviándolos a cualquier rincón del mundo, o estableciendo «células durmientes», capaces de intervenir en cualquier momento y lugar, han hecho saltar las alarmas de los dirigentes de los países occidentales. La emigración generada a raíz del problema sirio y del Daesh, convierte al continente europeo en objetivo de atentados yihadistas, sin que quepa fácilmente impedir las acciones de terror que en, esa lucha infame, una pequeña parte de la cultura islámica lanza contra el primer mundo. Y son precisamente estas circunstancias las que ponen en jaque la construcción de la Unión Europea y su principio básico: la eliminación de fronteras. No es de extrañar, por tanto, que este problema haya generado un importante debate interno en nuestro continente, ello obliga de algún modo a revisar el orden jurídico creado en torno a la libertad de circulación, a los problemas que puede generar al atentar contra la seguridad y el orden público, así como las limitaciones que proceden establecer respecto de este derecho-principio como, de igual modo, al referido a la libertad de credo. Cabría, decir, por tanto, que el tema escogido por el coordinador de esta publicación no puede ser más oportuno.

Las cuestiones jurídicas que este tema plantea son numerosas, pero el objeto del trabajo obliga a circunscribirse a la libre circulación y, más en concreto, a la de los trabajadores, específicamente cuando se trata de limitaciones y cuando éstas se producen en conexión con el fenómeno religioso. Ello me permitirá, no obstante (y aunque pueda hacerse incluso de soslayo) adentrarme en cuestiones jurídicas que considere razonable analizar, dejando otras enunciadas cara a posibles estudios posteriores.

En todo caso creo que el interés que puede proporcionar la materia objeto de estudio trasciende lo jurídico para alcanzar lo político, dos dimensiones en este caso difícilmente disociables; por ello parece oportuno afrontar la exposición de la materia desde una visión amplia, conectada con otras que les son afines, pues sólo desde esta perspectiva —que pretende ser omnicomprensiva—, es posible alcanzar conclusiones mínimamente fundadas.

No es advertencia baladí anotar la existencia de, al menos, tres circunstancias que hacen especialmente difícil el trabajo. Por un lado, la coexistencia de dos órdenes jurídicos europeos que ofrecen numerosa normativa relacionada con los tres derechos en liza, a saber, las libertades de circulación y la religiosa, a las que hay que añadir el derecho al trabajo[4]. Sin duda alguna este presupuesto fáctico —que en realidad es

[4] Además, derechos como el de asociación, las relaciones Estado-Iglesias y Confesiones religiosas, el principio de cooperación con ellas y, a la postre, el propio modelo de Estado, son temas que afectan al desarrollo de la materia. Como es lógico, sólo de forma tangencial será posible realizar ciertas aproximaciones a estas otras cuestiones.

jurídico— convierte en complejo el orden normativo a la hora de buscar una respuesta adecuada a un problema concreto. Además, es constatable que los Tribunales han aplicado criterios diferentes —cuando no dispares— en la resolución de los problemas que se les han planteado; no hay motivo alguno para pensar que esto vaya a dejar de ser así. Así pues, la inseguridad jurídica que provoca la escasa previsibilidad de la suerte final que experimente una futura resolución judicial hará que muchos temas que sean objeto de análisis se conviertan en casos de no fácil pronóstico[5]. Si esto se adivina desde un planteamiento puramente teórico, es decir, antes de adentrarse en el proceloso bosque normativo y jurisprudencial que el tema ofrece, se confirma cuando se analiza la evolución de la doctrina emanada por los tribunales, en numerosas ocasiones matizándose a sí mismos o cambiando diametralmente de criterio.

En segundo término, debemos tener en cuenta que dichas legislaciones internacionales han de acomodarse de algún modo con las legislaciones estatales, de tal manera que la conjunción e interferencia entre ordenamientos transnacionales y nacionales generan una especie de extraño «cocktail» difícil de aprehender y conjugar[6]. En este sentido, del mismo modo que el TEDH no se siente condicionado por la jurisprudencia de los Tribunales Constitucionales de los Estados miembros del Consejo de Europa, tampoco éstos se ven necesariamente enconsertados por los criterios que haya sentado aquél[7]. De este modo partimos de una mala premisa: el Derecho que regula esta materia, lejos de proporcionar un solado firme y seguro por el que poder deambular, constituye un suelo desigual no exento de irregularidades, particularidades, excepciones y sorpresas[8].

Por último, no debemos olvidar que la Unión Europea constituye, en el fondo, una superestructura *in faciendo*; y es *in faciendo* —como, en general, todo el Derecho internacional— en la medida en que se enfrenta a un constante debate sobre su futuro. Hasta que no se haga realidad lo que Ortega denominó en su día «Estados Unidos

[5] Hay que añadir, además, que existen otros elementos normativos que influyen en el resultado final del orden jurídico continental. Me refiero a temas como el de la seguridad (la OSCE es el organismo encargado de la seguridad y la cooperación en Europa y, por ello, dispone y arbitra mecanismos que pueden entrar en colisión con los contenidos en las declaraciones de derechos), o el de extranjería, cuyo orden legal ha de armonizarse con el sistema de reconocimiento de los derechos y libertades.

[6] A pesar de que el artículo 53 del Convenio pretende coordinar las legislaciones nacionales a fin de evitar efectuar restricciones a los derechos individuales en aquellos casos en los que las legislaciones nacionales establezcan ámbitos más amplios de protección. Esto es buena prueba de la desigual regulación en el sistema de garantías, el cual se configura, a la postre, como una sistema de mínimos.

[7] Esta afirmación puede parecer sorprendente pero, a la postre, el panorama queda salpicado por situaciones de «desobediencia» por parte de los poderes públicos nacionales e, incluso, por los tribunales de justicia. A lo largo de este trabajo veremos ejemplos de ello.

[8] La realidad es que ha habido una interferencia constante entre las resoluciones del TEDH y los tribunales constitucionales de la UE, y viceversa. Lo normal ha sido que se haya producido un seguimiento de éstos respecto de la doctrina de aquél, pero las influencias en ocasiones han sido recíprocas.

de Europa»[9], el devenir de nuestra Comunidad de Naciones seguirá constituyendo una especie de selecto club que vive su presente y diseña su futuro siguiendo ritmos heterodoxos no exentos de intermitencias. Precisamente en este punto y por diversos motivos, la libre circulación de personas constituye uno de los ejes fundamentales del proyecto europeo pero —también y al mismo tiempo— algo que proporciona los mayores dolores de cabeza a quienes tienen responsabilidades de gobierno.

La libertad religiosa, no nos engañemos, es un derecho que se proclama y se restringe, que se defiende y domestica, que se protege y constriñe. La jurisprudencia del Tribunal Europeo de Derechos Humanos nos ha dado a lo largo de los últimos decenios buenas pruebas de ello, de tal modo que es difícil establecer una doctrina clara en torno a tan capital derecho; se vuelve al orden público como criterio que justifica restricciones de todo tipo; se toma o se rechaza el Derecho estatal en el que se ventila la causa que se revisa y, en fin, se establecen diferentes mecanismos de análisis, interpretación y aplicación de las normas en liza para resolver de un modo u otro —diametralmente opuesto— el caso en cuestión. En este sentido —cabría decir— el contenido jurídico de este trabajo se puede disociar con relativa facilidad de las respuestas contenidas en las sentencias que se han pronunciado hasta la fecha. Unos principios programáticos no exentos de matices, la confluencia de ordenamientos nacionales, una legislación «motorizada», una jurisprudencia de contraste y unas reglas del juego que muchas veces no consiguen armonizar todo ello, dan como resultado unas más que dudosas conclusiones pero, sobre todo, el sentimiento de que la situación jurídica que se describa quedará parcialmente obsoleta en muy poco espacio de tiempo.

Creo que es suficiente, para demostrar mi aserto, traer a colación el complejo problema de la laicidad, todavía insuficientemente resuelto. Qué sea ésta, qué el laicismo, qué la laicidad positiva, qué la neutralidad y, sobre todo, qué alcance y consecuencias tiene esta cuestión, que —nada más, y nada menos, define al Estado—, son cuestiones que interfieren en la resolución de los problemas y convierten el espacio europeo en un inmenso mosaico que hunde sus raíces en una de las cosas más relevantes que existen: la historia[10]. Lo mismo podríamos decir del régimen jurídico interno de cada Estado. Al final ambos elementos se convierten en presupuestos jurídicos para el análisis y la resolución de cualquier conflicto que se plantee, máxime porque el orden público queda severamente comprometido por estas dos variables. Desde esta premisa, que afecta al punto de partida en el que se desarrollará posteriormente el análisis jurídico, es razonable afirmar que nos enfrentaremos ante situaciones de lo

[9] *La rebelión de las masas,* 18.ª ed., Revista de Occidente en Alianza Editorial, Madrid, 2003, p. 18.

[10] Sobre esta materia puede verse el trabajo de COMBALÍA, Zoila, «Relación entre laicidad del Estado y libertad religiosa en la jurisprudencia del Tribunal Europeo de los Derechos Humanos», en *Revista General de Derecho Canónico y Derecho Eclesiástico del Estado* n. 24 (2010), pp. 10-12.

más variopinto, y ello es anticipo de esa sensación de inseguridad jurídica que podríamos predicar de la materia objeto de estudio.

Al hilo de esta afirmación conviene recordar una sentencia que se refiere a la Iglesia del Reverendo Moon y que tiene como escenario Austria. Un seguidor de esta Iglesia fundó en Viena en el año 1973 una asociación denominada «Sociedad para la Unión del Mundo Cristiano». Dicha sociedad fue disuelta por las autoridades austriacas un año después por el simple hecho de que se la acusaba de desarrollar actividades que excedían de los fines contemplados en sus estatutos. Tras la disolución, dicho ciudadano creó la llamada «Sociedad para la Promoción de la Iglesia de la Unión», con unos estatutos casi idénticos a los de la anterior, motivo por el cual fue prohibida de plano. Las autoridades civiles consideraban que la ilicitud (civil) del nuevo ente se basaba en actuar más allá de los contornos establecidos por su propio régimen interno y alegó para ello la infracción de los artículos 9 y 11 del Convenio. La Comisión consideró que se había producido una violación del derecho de asociación, no así del de libertad religiosa, dado que el ordenamiento austriaco posibilitaba toda actuación religiosa al margen de la utilización del modelo asociativo, es decir, al margen por completo de un posible registro público de la entidad.

El problema de esta decisión[11] no es, tal vez, el resultado final de la misma sino lo que se viene a decir como consecuencia del criterio establecido: que el derecho de LR no comporta el derecho a adquirir personalidad jurídica bajo la forma de ente asociativo o de cualquier otro tipo cuando la libertad de actuación no esté comprometida por el otorgamiento de dicha personalidad jurídica al ente corporativo. Esta solución, cuanto menos chocante para el Derecho español, bien puede servir de ejemplo de todo cuanto antes se ha expuesto: si los presupuestos teóricos son dispares o fallan, si no partimos de los mismos principios operativos, si no usamos igual técnica jurídica, necesariamente las resoluciones judiciales estarán al albur de los jueces.

Nos encontramos, en suma, ante un Derecho repleto de irregularidades, que no para de deambular, que no llega a consolidarse del todo, que juega con criterios «móviles», que resulta en numerosas ocasiones bastante dependiente de los ordenamientos patrios… de modo que, por todo ello, tal vez lo más interesante del trabajo encomendado sea el intento de establecer algunos criterios más o menos estables, es decir, sentar algunas pautas que puedan servir al jurista o al investigador. Intentar «capturar» el estado jurídico de la cuestión para poder ofrecer al lector una foto fija de la materia, me parece, sinceramente, una quimera.

[11] Dec. Adm. 8652/79 (D. & R. 26, pp. 89-96).

2. Normativa aplicable

2.1. Del Consejo de Europa

Esta organización internacional, creada el 5 de mayo de 1949, ha dado lugar a dos principales normas, a saber, el Convenio para la Protección de los Derechos del Hombre y las Libertades Fundamentales[12] —dedicado fundamentalmente a la defensa de los derechos civiles y políticos—[13] y la Carta Social Europea[14], que se centra más en los derechos de ámbito social y económico[15].

El Convenio de Roma entró en vigor en septiembre de 1953 y un año después un órgano creado *ad hoc*, la Comisión Europea de los Derechos Humanos, comenzó a ejercer las competencias que tenía asignadas en aquél. El Tribunal Europeo de Derechos Humanos no fue creado hasta 1959[16] y desde entonces ejerce la *iurisdictio* sobre la materia en el amplio espacio territorial europeo[17].

Su importancia no es baladí ya que establece precedentes con frecuencia tenidos en cuenta por los Tribunales de los Estados miembros. En el caso español, el art. 10.2 de la Constitución alude al criterio hermenéutico del TEDH a la hora de perfilar los límites y contenidos de los derechos fundamentales aunque, como decimos, esto no genera forzosamente una ecuación que derive en una necesaria y concreta respuesta jurídica para un juzgado o tribunal patrio.

Además, hay que señalar, siguiendo al Profesor Díaz Revorio, que «la actual división en Salas puede dificultar la coherencia y necesaria uniformidad de la jurisprudencia» y —sigue diciendo— «la dispar procedencia de los jueces, y sus culturas jurídicas, a veces bien diferentes, también son un obstáculo a la creación de una jurisprudencia común europea»[18]; por tanto, si no es fácil a un único órgano jurisdiccional ser mínimamente estable a la hora de pergeñar criterios jurídicos sólidos —si no fijos—, no nos debe extrañar que la conjunción de esa labor jurisdiccional con la de otros órganos judiciales y otros marcos normativos genere esa situación de indefinición a la que he aludido unos pocos párrafos más arriba.

Sucedió al Consejo de Europa un mal que posteriormente se reprodujo en el funcionamiento de la Unión Europea, que no existe una clara definición de los ámbitos competenciales de cada órgano. Así pues, si de las garantías de los derechos y

[12] Firmado en Roma el 4 de noviembre de 1950, si bien entró en vigor el 3 de septiembre de 1953.

[13] Ratificado por España el 4 de octubre de 1979.

[14] Firmada en Turín el 18 de octubre de 1961. Entró en vigor el 26 de febrero de 1965.

[15] Pero ésta no establece ningún mecanismo de garantía jurisdiccional, de modo que no es predicable —en cierto sentido— su coercibilidad.

[16] Éste, con sede en Estrasburgo, asumió todo el protagonismo en perjuicio del Comité de Ministros del Consejo de Europa a partir de la aprobación del Protocolo número 11.

[17] En la actualidad, un total de cuarenta y siete Estados están integrados en el Consejo.

[18] *Jurisprudencia del Tribunal Europeo de Derechos Humanos*, 1.ª ed., Palestra, Lima, 2004, p. 21.

libertades se ocupaban tres órganos colegiados distintos, a saber, la Comisión Europea de Derechos Humanos, el TEDH y el Comité de Ministros, sólo el segundo —podría decirse— tenía jurisdicción propiamente dicha; pero las demandas que los ciudadanos planteaban podían ser atendidas por los otros dos, de modo que la tutela judicial de los quejosos quedaba seriamente en entredicho[19].

A partir del Protocolo número 11[20], como ha quedado apuntado, el único órgano con competencia en la materia es el TEDH y a él llegan directamente los recursos.

Pero la tutela de los derechos en liza no constituye el objeto de este epígrafe sino la regulación jurídica de aquéllos, de modo que a continuación me centraré en el Derecho sustantivo aplicable.

2.1.1. *Sobre la libertad de circulación*

Sin adentrarme en los orígenes de este derecho, el primer documento elaborado por el Consejo de Europa que se refiere expresamente a la materia es el cuarto protocolo adicional[21]. La complejidad de la materia se deja ver a primera vista por la pluralidad de preceptos que la conforman. El artículo 2 reconoce el derecho a la libre circulación en el país de residencia siempre y cuando se haya entrado legalmente en él, y el de abandonar cualquier país, incluido el propio; el art. 3 prohíbe la expulsión de un ciudadano nacional y la no admisión en su propio país y, por último, el cuarto de los preceptos proscribe las expulsiones colectivas de extranjeros.

Pero lo que nos interesa a los efectos que se estudian son las excepciones a estas prescripciones generales.

Respecto de los derechos contenidos en el art. 2.3 del Protocolo 4[22], se establecen como restricciones legales aquellas previamente contempladas por la ley nacional que, siendo necesarias en una sociedad democrática para la seguridad nacional, afecten:

1. A la seguridad pública.
2. Al mantenimiento del orden público.
3. A la prevención de la comisión de delitos.
4. A la protección de la salud y la moral.
5. A la protección de los derechos y libertades de terceros.

Como vemos, son bastante importantes —y se prestan fácilmente a interpretaciones extensivas— las cláusulas que posibilitan actuaciones públicas encaminadas a inaplicar el derecho-principio de libertad de circulación.

[19] De hecho, la Comisión tenía principalmente funciones informativas, buscaba una conciliación o elaboraba informes que, a su vez, eran no vinculantes.

[20] Adoptado en 1994 pero que no entró en vigor hasta el 1 de noviembre de 1998.

[21] El 16 de septiembre de 1963, entró en vigor el 2 de mayo de 1968.

[22] Aprobado el 16 de septiembre de 1963.

Hay otras normas que de forma más o menos tangencial regulan la materia. Ejemplo de ello es el séptimo protocolo[23], que —entre otras— establece garantías procesales en caso de expulsión de extranjeros o, de forma más indirecta, el protocolo duodécimo[24], que veta toda discriminación y, entre otros motivos, incluye la religión como factor que no puede justificar un trato desigual.

2.1.2. *En torno a la libertad religiosa*

Uno de los derechos dignos de protección en la Convención de 1950 fue, sin lugar a dudas, el derecho a la libertad de pensamiento, conciencia y religión, contenido en el artículo noveno.

Lo primero que llama la atención es la corrección de la fórmula escogida porque, si bien es cierto que los términos «pensamiento», «conciencia» y «religión» son diversos, precisamente porque lo son era preferible regular dichas libertades amparando los citados ámbitos, aunque fuera bajo un mismo «paraguas normativo».

Sucede con frecuencia que, en el interior del alma humana, lo que mueve a una persona a tomar una determinada decisión es un conjunto de ideas y creencias difícilmente deslindables y disociables. En ellas hay componentes culturales, normalmente religiosos, pero muchas veces educacionales, filosóficos, ideológicos o de otro tipo; a veces abundan los elementos personalísimos que, si bien no apuntan a una concepción propia y original de la vida, sí al menos hacen del individuo un ser específico, extraordinariamente particular, podríamos decir, incluso, que irrepetible. Y precisamente lo que le hace único e irrepetible es ese conjunto de ideas y creencias que conforman su propia conciencia.

2.1.3. *El derecho al trabajo*

La Carta Social Europea pretendía proteger los derechos económicos y sociales y en ella es donde encuentra mejor encaje todo lo relacionado con las relaciones laborales y, en particular, el derecho al trabajo[25].

Este derecho, como de todos es sabido, incluye una serie de prescripciones que pretenden proteger al trabajador y proporcionarle unas condiciones mínimas de trabajo que abarcan desde la seguridad e higiene al descanso semanal o diario. En lo que a nosotros nos afecta, se reconocen expresamente los derechos, además, de ejercer

[23] Aprobado el 22 de noviembre de 1984. Su entrada en vigor tuvo lugar el 1 de noviembre de 1988.

[24] Aprobado el 4 de noviembre del año 2000. Entró en vigor el 1 de abril de 2005.

[25] Art. 1.

una actividad lucrativa en el territorio de los Estados parte[26] y los derechos de los trabajadores emigrantes y sus familias[27].

Sin embargo, el sistema de protección de los derechos contenidos en la Carta Social Europea distaba mucho del sistema de garantías que tiene la Convención (dado que no permitía la acción judicial individual ni existían órganos dotados de *iurisdictio* que pudieran pronunciar sentencias vinculantes). El Consejo de Europa, sin embargo, en el afán de resolver este problema, revisó el texto el 3 de mayo de 1996 a los efectos de otorgarle Carta de naturaleza y avanzar en la efectividad de los derechos en ella reconocidos; pese a ello siguen sin tener el mismo grado de protección que los derechos civiles y políticos.

2.2. De la Unión Europea

2.2.1. *Normativa aplicable*

La gran novedad en la materia ha sido el Tratado de Lisboa[28]. Éste es una versión de la nonata Constitución Europea que, *mutatis mutandis*, deja en el camino toda apariencia de constitución con el fin de salvar el «no» francés, pero, al mismo tiempo, retoma el plan europeo de avanzar en la progresiva consolidación del proyecto comunitario, de hecho, muchos autores han manifestado que el Tratado de Lisboa conserva de forma sustancial el contenido del proyecto constitucional[29]. Uno de los aspectos destacables es que otorga a la Carta de los Derechos Fundamentales el mismo valor jurídico que a los Tratados.

Veamos a continuación los aspectos que más conciernen al objeto de este trabajo.

2.2.2. *Los derechos fundamentales en la Unión Europea*

La Carta de Derechos Fundamentales de la Unión Europea, solemnemente proclamada en Niza en el año 2000, ha sufrido diversos avatares; el principal fue, sin duda, la oposición británica a que se incorporara al Tratado. Así las cosas, el texto quedó reducido a una declaración de tipo político carente de *vis coercitiva*, que es, precisamente, uno de los elementos esenciales para que se pueda hablar, propiamente, de Derecho.

Dicho lo cual, sin embargo, la doctrina siempre defendió que, tal vez por razones de inercia histórica, las declaraciones de derechos siempre terminan enraizando,

[26] Art. 18.

[27] Art. 19.

[28] Firmado en Lisboa el 13 de diciembre de 2007. Por L.O. 1/2008, de 30 de julio, se autoriza la ratificación en España (*BOE* n. 184, de 31 de julio de 2008).

[29] Ejemplo de ello es MARTÍN Y PÉREZ DE NANCLARES, J., «Estudio preliminar», en MARTÍN Y PÉREZ DE NANCLARES, J. y URREA CORRES (eds.), *Tratado de Lisboa*, 1.ª ed., Marcial Pons y Real Instituto Elcano, Madrid, 2008, p. 23.

adquiriendo carta de naturaleza, aplicándose, aunque sea con vaivenes, matices y excepciones de todo tipo.

Por razones que no vienen al caso, entre otras cosas porque están en la mente de todos, la Constitución Europea de 2004[30] terminó en fiasco. Fue una pena porque, además de dotar de personalidad jurídica internacional —como sujeto de derecho— a la Unión Europea[31] y de representar un esfuerzo codificador del ordenamiento, estableciendo un claro sistema de fuentes[32], contenía una carta de derechos y libertades que hubiera resuelto uno de los temas que más preocupa a los operadores jurídicos.

Esta oportunidad perdida, precisamente por razones políticas coyunturales que afectaron a los plebiscitos francés y holandés de 2005, hubiera cambiado sin duda el devenir de los acontecimientos que ha vivido en el último decenio el viejo continente y —también— los de los años próximos. Al margen de cuestiones políticas o económicas, el «no» francés hizo que la revisión del Derecho originario de la Unión siga recayendo en los Estados, únicos legitimados para impugnarlo.

Este revés ha sido salvado en parte por el Tratado de Lisboa del año 2007[33]. Para empezar hay que decir que, aunque se abandona el modelo constitucional para seguir con el criterio de reforma de los Tratados, desaparece la Comunidad Europea a favor del nuevo ente, la Unión Europea, ésta sí dotada de personalidad jurídica internacional (sin embargo, mantiene el viejo sistema de fuentes normativas[34]). Y una cosa al mismo tiempo a favor y en contra del proyecto europeo: su vigencia es por tiempo ilimitado; ello quiere decir que es posible que se prolongue en el tiempo más de lo necesario y los actores de la Unión se terminen acomodando a las reglas de funcionamiento existentes.

La Carta no se aplica a Irlanda ni al Reino Unido en lo referente a inmigración, ni tampoco al Reino Unido ni a Polonia[35] en la medida en que no estén contemplados los derechos reconocidos en aquélla en sus respectivas legislaciones nacionales[36].

2.2.3. *La libertad de circulación*

En junio de 1985 y con independencia del ordenamiento de las Comunidades Europeas, Francia, Alemania, Bélgica, Países Bajos y Luxemburgo —curiosamente

[30] Aprobada el 18 de junio de 2003.

[31] Algo que no hacía el Tratado de Maastrich.

[32] De hecho, reordenaba el sistema normativo distinguiendo entre fuentes legales (ley europea y ley marco europea) y reglamentarias (reglamento europeo y decisión europea).

[33] Concretamente de 13 de diciembre. En vigor desde el 1 de diciembre de 2009.

[34] Reglamentos, directivas, decisiones, recomendaciones y dictámenes.

[35] Protocolo n. 30 de la Carta.

[36] Un comentario a esta negativa puede verse en la obra de POLO SABAU, José Ramón, *El estatuto de las Confesiones religiosas en el Derecho de la Unión Europea. Entre el universalismo y la peculiaridad nacional*, 1.ª ed., Dykinson, Madrid, 2014, pp. 71 y ss.

cinco países miembro de la CE— firmaron en Schengen un Tratado de supresión gradual de fronteras interiores[37], al que su unieron países como Islandia, Liechtenstein, Noruega y Suiza.

Ello pone en evidencia la importancia que ha tenido en todo momento para el proyecto europeo la libre circulación dentro del espacio compartido. Pues bien, este derecho, antes de referirse a las personas, bienes y capitales, curiosamente ha tenido por objeto los trabajadores. No nos debe extrañar, por tanto, que a la libre circulación el ordenamiento jurídico de la UE haga constantes referencias. Una de ellas podemos encontrarla en el art. 20.2 a) del TFUE[38], que tiene su razón de ser en el principio básico que inspiró desde el origen el proyecto comunitario[39].

Pero, pese a lo expuesto, nada de lo referido al Derecho comunitario ha sido fácil ni resulta del todo pacífico. Las condiciones y restricciones a las que se enfrenta dicha libertad ha sido piedra de choque a lo largo de decenios y, de este modo, se ha encontrado con obstáculos procedentes tanto del llamado «Derecho originario», relativas, sobre todo, al ámbito del orden público[40], como del denominado «Derecho derivado», relativas al propio Derecho comunitario[41].

Como digo, curiosamente este derecho a la libre circulación se concibió de inicio como algo referido a la movilidad de los trabajadores, entendiendo por tales el factor productivo humano, es decir, trabajadores propiamente dichos, pero también

[37] Cinco años después, es decir, el 19 de junio de 1990, los citados Estados firmaron el Convenio de Aplicación del mismo, que entró en vigor el 26 de marzo de 1995, a fin de concretar las condiciones del cruce de fronteras y las garantías a la libre circulación. En 1996, a través del Protocolo 19, se incorporó la UE con algunas excepciones. Posteriormente se aprobó el Código de Fronteras Schengen (Reglamento 562/2006/CE del Parlamento Europeo y del Consejo, de 15 de marzo de 2006 (*DO* L 105, de 13 de abril de 2006), modificado por los Reglamentos 296/2008/CE del PE y del Consejo, de 11 de marzo de 2008 (*DO* L 97, de 9 de abril de 2008) y 265/2010/UE del PE y del Consejo, de 25 de marzo de 2010 (*DO* L 85, de 31 de marzo de 2010).

[38] Los ciudadanos de la Unión tienen derecho «de circular y residir libremente en el territorio de los Estados miembros».

[39] Existen numerosas Directivas específicas en desarrollo de este derecho, una tendente a facilitar la integración a los residentes de larga duración (2003/109/CE del Consejo, de 25 de noviembre de 2003, *DO* L 16, de 23 de enero de 2004); otra que regula la admisión de sectores profesionales concretos a efectos de estudios, intercambio de alumnos, voluntariado… (2004/114/CE del Consejo, de 13 de diciembre de 2004, *DO* L 375, de 23 de diciembre de 2004); otra a efectos de investigación científica (2005/71/CE del Consejo, de 12 de octubre de 2005 (*DO* L289, de 3 de noviembre de 2005); otras relativas al reconocimiento mutuo de decisiones en materia de expulsión de nacionales de terceros países (2001/40/CE del Consejo, de 28 de mayo de 2001 (*DO* L 149, de 2 de junio de 2001) o la Decisión marco 2002/946/JAI, de 28 de noviembre de 2002, destinada a reforzar el marco penal para la represión de la ayuda a la entrada, a la circulación y a las estancias irregulares (*DO* L 328, de 5 de diciembre de 2002), entre otras.

[40] Que abarca los conceptos de orden, salud y seguridad pública.

[41] Art. 21 TFUE.

empresarios, autónomos y profesionales; es más, dicha libertad se refería asimismo a quienes desearan obtener prestaciones de servicios.

Ciertamente, el Tratado de Schengen superaba con creces el derecho a la libre circulación, de modo que determinadas directivas fueron ampliando la cobertura que tenía la ciudadanía europea[42]. Sin embargo, se distinguían tres situaciones jurídicamente diferenciadas, a saber, la residencia y circulación por un tiempo inferior a tres meses, la residencia-circulación por tiempo superior a dicho período y el derecho de residencia permanente. Además, aquellos ciudadanos que no acreditaran recursos económicos suficientes debían demostrar su solvencia económica y una cobertura bastante a fin de no convertirse en una carga para el Estado de acogida. Como se ve, la reglamentación del derecho tenía importantes limitaciones y, además, estaba inspirada en el principio de desconfianza. Por otro lado, la cada vez mayor sensibilidad acerca de la necesidad de combatir el crimen organizado, el terrorismo y demás formas ilegales de actuación, aprovechándose precisamente de la supresión de fronteras, ha motivado que en el artículo 87 del TFUE se prevean mecanismos de control que procuran combatir la delincuencia.

De este modo, algo básico y nuclear en la concepción de la UE, ha sido visto desde el principio como un riesgo para los Estados, especialmente aquéllos que ofrecen mayores posibilidades de trabajo y negocio, como han sido tradicionalmente Reino Unido y Alemania. Los países más desarrollados deseaban beneficiarse de esta medida pero, al mismo tiempo, querían evitar los riesgos que genera, y esto es algo que todavía hoy constituye una parte importante del problema europeo, máxime porque, a la postre, la libertad de circulación aboca indefectiblemente en la libertad de residencia y, a la postre igualmente, ésta genera derechos sociales de todo tipo (sanidad, asistencia social...) así como otros estrechamente ligados a la persona física como son, por ejemplo, los derechos electorales en los comicios municipales[43].

Ha de tenerse en cuenta que, junto con el trabajador y el autónomo, al final termina apareciendo la familia y algo que acaba condicionando todo el sistema de garantías: la prohibición al Estado miembro de proporcionar un trato diferenciado por razón de la nacionalidad[44] a quienes tienen la condición de operarios. Se comprenderá que esta materia haya sido, sea y será motivo permanentemente de conflictos.

Es cierto que el TFUE establece la posibilidad de que el Parlamento Europeo y el Consejo adopten disposiciones legales de desarrollo; asimismo este último, mediante

[42] Directivas 90/364/CEE, 90/365/CEE y 90/366/CEE, relativas, respectivamente, a estudiantes, trabajadores por cuenta ajena y autónomos jubilados. Años más tarde fueron sustituidas por la Directiva 2004/38/CE, del PE y del Consejo, de 29 de abril de 2004, relativa a la libertad de los ciudadanos de la Unión y de sus familias a circular y residir libremente en el territorio de los Estados miembros (*DO* L 158, de 30 de abril de 2004).

[43] Art. 40 de la Carta y 22 del TFUE.

[44] Art. 18 TFEU.

procedimiento legislativo especial, puede aplicar medidas en temas de seguridad social o de protección en el ámbito social, pero se requiere la unanimidad además de la consulta previa al Parlamento de la Unión[45].

La cuestión está provisionalmente resuelta con la inclusión en el TFUE de varios preceptos tendentes a la regulación de este derecho[46]. Además de un sustrato igualitario y no discriminador en materia de condiciones salariales y de trabajo, dichos preceptos abordan de forma especial el problema de la cobertura social, previendo la conflictividad que entre los Estados miembros la materia genera, dada su importancia económica. España, un país en donde viven de forma habitual casi medio millón de británicos y cantidades no desdeñables de ciudadanos alemanes, franceses o de países nórdicos (cifras que van en aumento), tiene a su favor en esta materia la generación de riqueza que esta situación produce, pero los problemas de asistencia médico-farmacéutica y social que, de igual modo, proporciona el estatuto de ciudadano comunitario.

Podría pensarse que el tema de la libre circulación de trabajadores queda resuelto —por subsumido— en la libertad de circulación de los ciudadanos pero, sin embargo, esto no es así. Una vez más los matices y las excepciones hacen que el análisis jurídico se complique, en este caso, por las limitaciones, condiciones y restricciones existentes pero —también— por el diferente contenido del derecho cuando afecta al ámbito laboral y profesional. En este último caso, lo que se regula es la prohibición de discriminación por razón de la nacionalidad en materias tales como las retribuciones, las condiciones de trabajo o el propio empleo[47].

El presupuesto fáctico para la aplicación de la norma lo constituye la nacionalidad. El trabajador ha de ser nacional de un Estado miembro, pero tal condición queda establecida por el ordenamiento propio del Estado, de modo que actúa como presupuesto de hecho (en realidad, de derecho) para la aplicación de las reglas comunitarias.

Hay otros problemas que distinguen el régimen jurídico del trabajador y el del ciudadano en cuanto a la libertad de circulación y establecimiento. Uno de ellos es la existencia de limitaciones en las Actas de Adhesión de nuevos Estados ya que, en algunas de ellas, se establecen restricciones temporales o períodos transitorios en los cuales sus trabajadores no disponen de este derecho[48].

Otro, el derecho que asiste a terceros países ajenos a la UE que tienen acuerdos de cooperación o asociación (en especial, los integrantes del Espacio Económico Europeo).

[45] Art. 21 TFUE.

[46] Concretamente los artículos 45 a 48, ambos inclusive.

[47] Art. 45.2 TFUE.

[48] Sin embargo, curiosamente tienen todo el derecho a circular libremente por el espacio europeo, pero no para desempeñar puestos de trabajo.

La propia condición de trabajador y su reducción a los que lo sean por cuenta ajena ha derivado en un problema resuelto a través de la jurisprudencia europea, la cual ha negado que ésta sea cuestión a definir por los Estados miembros[49]. Los dos elementos que dicha jurisprudencia ha dejado sentados para el reconocimiento de la condición de trabajador es que sea por cuenta ajena y, además, que reciba remuneración por ello.

Pero el problema no queda resuelto con tan sencillo esquema porque existen elementos que lo complican, uno de ellos es el de la condición de trabajador que comprende, asimismo, la de quien se desplaza a otro Estado para buscar trabajo, la de los que buscan o prestan servicios..., lo que al final alcanza también a sus familias en un proceso progresivo de avance legislativo[50] y jurisprudencial[51].

Así pues, hoy por hoy alcanza a los cónyuges o parejas de hecho inscritas o reconocidas como tales en los ordenamientos jurídicos de algún país de la UE, los descendientes menores de veintiún años y los ascendientes a su cargo, pero posibilita al Estado receptor a exigir del emigrante disponer de un alojamiento adecuado para su familia.

Cuestión distinta la constituye el ámbito territorial en el que poder desarrollar el derecho a la libre circulación de los trabajadores. Sobre este tema, la *vis expansiva* de los derechos fundamentales ha llegado al punto de hacer extensivo la citada libertad a territorios de ultramar. Estados miembros del EEE, otros Estados asociados, etc., con arreglo al Derecho aplicable y a las posibles limitaciones que puedan quedar establecidas[52], llegando incluso a afectar a terceros países[53].

En suma, aplicando el ordenamiento vigente, el derecho a la libre circulación de trabajadores proporciona la posibilidad, sin restricciones ni discriminaciones por razón de nacionalidad, a:

— Entrar en el territorio de un Estado miembro para responder a ofertas de empleo así como a permanecer en él una vez se consiga el trabajo.
— A desplazarse a un territorio de un Estado miembro y permanecer en él un plazo de tres meses, sin más requisitos que cumplimentar ciertas formalidades administrativas exigibles por dicho Estado.

[49] C. M.K.H. Unger, épouse R. Hoeskstra c. Bestuur der Bedrifsvereniging voor Detailhandel en Ambachten à Utrecht, Sentencia de 19 de marzo de 1964, as. 75/63. Rec. 1964, p. 29.

[50] Ejemplo de ello fue el Reglamento 1612/68, de 15 de octubre de 1968 (*DO* L 257, de 19 de octubre de 1968) que ampliaba los derechos a los familiares del emigrante, aunque no fueran ciudadanos comunitarios.

[51] Por esta vía se han incluido a los deportistas profesionales en cuanto que ejercen actividades provistas de dotaciones económicas (S. del TJCE de 15 de abril de 1995, as. C-415/93, Union royale belge des sociétés de football association ASBL c. Jean-Marc Bosman ; Royal club liégeois SA c. Jean-Marc Bosman y otros; y Union des associations européennes de football (UEFA) c. Jean Marc Bosman).

[52] Art. 202 TFUE.

[53] S. del TJCE de 12 de julio de 1984 (as. 237/83, SARL Prodest *v*. Caisse primaire d´assurance maladie de Paris, Rec. 1984, p. 3153).

— Residir en el Estado miembro en el que se desarrolle la actividad laboral.
— Dicha residencia incluye a la familia del trabajador, aunque no sea comunitaria, pudiéndole exigir exclusivamente el Estado la tarjeta de residencia correspondiente[54].
— Queda prohibido el establecimiento de cuotas nacionales de empleo así como la discriminación en el ámbito de las prestaciones sociales (alojamiento, becas, subsidios, derechos sindicales, formación..., tanto para el trabajador como para sus familiares).

Además, como se apuntó más arriba, existen excepciones a la libertad de circulación lo que implica, como es lógico, la prohibición de entrar en el país de destino. Esta excepción a un derecho-principio fundamental sólo puede estar justificada por razones de orden público, seguridad y salud públicas[55]. Ahora bien, cuál sea su alcance y en qué medida el Estado receptor puede utilizar criterios propios para imponer su particular concepción del orden, la seguridad y la salud públicas son cuestiones fundamentales para el jurista.

Podemos afirmar, como punto de partida, que —como toda excepción— sólo cabe interpretar de forma restrictiva las causas que la justifiquen[56], además, los Estados quedan obligados a respetar los derechos humanos y las garantías procedimentales y procesales de las personas afectadas por la prohibición.

En este sentido, las causas que justifican las restricciones de entrada o permanencia tienen que estar referidas a la actuación directa del trabajador o de sus familiares, no pudiendo hacerse extensivas a otros nacionales de su país; dicho de otro modo, no cabe la discriminación hacia ningún nacional por motivos imputables a una persona diferente.

En lo que se refiere a la salud, parece claro que el legislador está pensando en las enfermedades infectocontagiosas graves y, en este sentido, la medida queda justificada por el riesgo epidemiológico que pueda existir, para ello se tienen en cuenta las recomendaciones de la Organización Mundial de la Salud.

Sin embargo, cuando se trata de orden público y seguridad, los criterios son exclusivamente propios del país en cuestión de modo que, en principio, la UE

[54] Art. 45.3 del TFUE y Directiva 2004/38.

[55] Art. 45.3 TFUE.

[56] Directiva 64/221/CEE del Consejo, de 25 de febrero de 1964, para la coordinación de las medidas especiales para los extranjeros en materia de desplazamiento y de residencia, justificadas por razones de seguridad, salud u orden públicos (*DO* L 56, de 4 de abril de 1964), modificado por las Directivas 72/194/CEE del Consejo, de 18 de mayo de 1972, y 75/35/CEE del Consejo, de 17 de diciembre de 1974, derogada por la Directiva 2004/38/CE del Parlamento Europeo y del Consejo, de 29 de abril de 2004, relativa al derecho de los ciudadanos de la Unión y de los miembros de sus familias a circular y residir libremente en el territorio de cualquier Estado miembro por la que se modifica el Reglamento de la CEE 1612/68 y se derogan las Directivas 64/221/CEE, 68/360/CEE, 73/148/CEE, 75/34/CEE, 90/364/CEE, 90/365/CEE y 93/96/CEE, entre otras.

carece de competencia para imponer una decisión distinta de la que el Estado en cuestión adopte.

De forma tangencial, pero provista de enorme interés, debo tratar el tema del derecho de establecimiento y el de libre prestación de servicios, regulados en los arts. 49 a 62 del TFUE. Los beneficiarios de dichos derechos son los siguientes:

— Las personas físicas, incluyendo trabajadores por cuenta propia y profesionales autónomos que sean nacionales de los Estados miembros o de terceros países con arreglo a acuerdos internacionales.
— Las empresas constituidas con arreglo a la normativa de un Estado miembro.
— Las sociedades constituidas igualmente conforme a la normativa de un Estado de la Unión, sean éstas civiles, mercantiles o cooperativas.
— Las demás personas jurídicas de Derecho público o de Derecho privado[57].

Se exceptúan, sin embargo, las que no posean ánimo de lucro[58]. Llama la atención esta excepción pues puede afectar a las ONGs y, por supuesto a las Iglesias y Comunidades religiosas, limitando de forma sustantiva su capacidad de acción y, por tanto, los derechos fundamentales en liza (libertad religiosa, libertad de circulación, libertad de establecimiento, autonomía de las Confesiones...).

El derecho de establecimiento[59], de igual manera, queda amparado por la nueva regulación, lo que permite a las empresas de cualquier Estado miembro establecerse en otro país comunitario, eso sí, respetando las normas internas del mismo; por ello les asiste el derecho de crear agencias, sucursales o filiales, con el único requisito de que sea de forma permanente[60].

Algo parecido sucede con la libre prestación de servicios. Es posible gozar de la libertad de circulación a los profesionales que quieran desarrollar su actividad más allá de sus fronteras pero a condición de que sea por cuenta propia y con fines lucrativos; en tal caso basta con cumplir los requisitos que el Estado receptor exija a sus nacionales.

Parece claro que el precepto se aplica de forma extensiva a actividades industriales, mercantiles y artesanales así como que a dicha libertad hay que exceptuar la misma cláusula de orden público que hemos visto anteriormente[61] (sobre el tema ya

[57] Esta materia debe ser desarrollada mediante Directivas (arts. 50.1 y 59.1 TFUE) y esto ha hecho que se esté ralentizando su aplicación. Debe tenerse en cuenta, sin embargo, que la Sentencia del TJCE, de 21 de junio de 1974 (as. 2/74, Reyners, Rec. 1974, p. 293) establece la prohibición de discriminación con independencia de la ausencia de regulación reglamentaria.

[58] Art. 54 TFUE, *in fine*.

[59] Art. 49 TFUE.

[60] Sobre esta tema, la Sentencia del TJCE de 25 de junio de 1991 (as. C-221/89, The Queen *v*. Secretary of State for Transport, ex parte Factortame Ltd y otros, Rec. 1991, p. I-3905).

[61] Arts. 52 y 65.2 del TFUE.

se había pronunciado en época temprana la Directiva 64/221/CEE del Consejo, de 25 de febrero de 1964[62]).

En este caso hay que tener en cuenta que, si bien el orden público estatal del país receptor puede no coincidir con el del país emisor del ciudadano comunitario, ello no obsta al derecho que tienen las autoridades públicas de impedir el desarrollo de dicha prestación, exactamente del mismo modo como podría hacerlo respecto de los ciudadanos nacionales. En esta materia, el ejercicio de la prostitución, por ejemplo, puede estar comprendido en esta excepción y, también, actividades relativas a comportamientos propios de las sectas. Es aquí donde, por ejemplo, cabe la creación de conflictos jurídicos en materia religiosa pues determinadas conductas pueden estar perseguidas en diferentes Estados, aunque no lo estén en otros. Éste ha sido, curiosamente, el proselitismo, prohibido en Grecia.

Entiendo, en este caso, que habrá de ser un precepto penal el que tipifique la conducta punible a los efectos de legitimar una restricción de este tipo[63], ahora bien, la pena impuesta en sentencia no firme —o extranjera— o el juicio abierto no fallado todavía, ¿puede justificar restricciones a la libertad de circulación y/o establecimiento? Más adelante abordaremos el problema.

Como puede entenderse fácilmente, este esquema —si bien es claro respecto a las relaciones laborales que se consideran típicas—, cuando se trasladan al ámbito de las Confesiones religiosas pierde parte de dicha claridad. Efectivamente, éstas pueden operar como centros empresariales o, al menos, como entes empleadores y, en este sentido, pueden cumplir perfectamente el requisito de ajeneidad y de la retribución, pero sucede con cierta frecuencia que dichos empleados son, además, ministros de culto, misioneros, personas encargadas de difundir y alimentar la fe de las comunidades existentes o de otras que pretenden crearse. La posibilidad de excluir de forma sistemática una relación laboral en todos los casos no está exenta de problemas.

Es obvio que los legisladores comunitarios, cuando legislan, no lo hacen normalmente teniendo en cuenta las especiales circunstancias que genera el factor religioso en materia de empleo, de ahí que surjan normalmente conflictos difíciles de resolver cuando un credo aparece en escena. Dicho de otro modo, si confluyen el derecho a la libre circulación con los derechos al trabajo y a la libertad religiosa, la respuesta jurídica que se aplique al conflicto jurídico puede ser perjudicial para los intereses del trabajador y del empleador (Confesión religiosa) pese a que coinciden en el caso

[62] «Para la coordinación de las medidas especiales para los extranjeros en materia de desplazamiento y de residencia, justificadas por razones de seguridad, salud u orden públicos (*DO* L 56, de 4 de abril de 1964), modificada por las Directivas 72/194/CEE del Consejo, de 18 de mayo de 1972 y 75/35/CEE del Consejo, de 17 de diciembre de 1974, derogada por la de 2004.

[63] Es el supuesto contemplado en la sentencia de 11 de julio de 1974 (as. 8/1974, Dassonville, Rec. 1974, p. 383).

tres libertades fundamentales, todas ellas reconocidas por el Derecho de la Unión, extraña paradoja.

Atención aparte merece el principio de libre circulación cuando se trate de extranjeros que entran o circulan en la Unión Europea. El régimen de movilidad en estos casos ha sido estudiado ampliamente por la doctrina, de ahí que me remita en aras a la brevedad a cualquiera de ellos[64].

2.2.4. *La libertad religiosa*

La Carta de los Derechos Fundamentales de la Unión Europea recoge en su apartado primero la libertad de pensamiento, conciencia y religión en términos idénticos a como lo hace el Convenio. Sin embargo, mientras que la primera añade un segundo apartado que contempla la objeción de conciencia, el segundo omite ese extremo y dedica el párrafo segundo a establecer los posibles límites de dicha libertad.

Hay una Explicación del artículo 10 de la Carta que se remite precisamente al art. 9 del Convenio para identificarse —tal vez de forma innecesaria— con aquél e, invocando el art. 52, apartado 3.º de la Carta, confirmar que tiene el mismo sentido y alcance, incluyendo las limitaciones a las que ya hemos hecho referencia. Por tanto, se produce una especie de bucle normativo, al menos aparente, que remite a lo anterior.

Se añade, sin embargo en dicha Explicación una referencia a las «tradiciones constitucionales nacionales y a la evolución de las legislaciones nacionales en esta materia», lo cual es tanto como convertir el ámbito de protección de las libertades inherentes al credo en un conjunto de compartimentos estancos en los que la excepción será la declaración de violación de esos derechos, habida cuenta la cobertura apriorística que tienen los ordenamientos nacionales.

A lo largo de las páginas que siguen tendremos ocasión de volver a reencontrarnos con esta materia dado que constituye uno de los ejes del tema objeto de análisis.

3. Las organizaciones confesionales

3.1. Las organizaciones confesionales desde la perspectiva comunitaria

Curiosamente, ni el CEDH ni la Carta de los Derechos Fundamentales —a diferencia de lo que estipula el TFUE— tratan el tema de las Iglesias como sujetos de derechos. Sin embargo, de todos es sabido que las Confesiones y Comunidades religiosas, las Iglesias y demás organizaciones confesionales disponen de un estatuto

[64] A título de ejemplo puede verse el trabajo de Iglesias Sánchez, Sara, *La libre circulación de los extranjeros en la Unión Europea: El régimen de movilidad en las Directivas de la UE en materia de inmigración*, 1.ª ed., Reus, Zaragoza, 2010. En dicho estudio el lector encontrará una detallada relación de fuentes normativas (pp. 419-430) así como un completo dossier jurisprudencial (pp. 407-417).

jurídico diferenciado en los distintos países del mundo. El tratamiento que dichos ordenamientos les proporcionen afecta de forma directa a los derechos inherentes a la libertad religiosa, bien de carácter colectivo, bien individual.

Las Iglesias son realidades raramente nacionales o locales, por el contrario, desarrollan sus actividades de forma normalmente transfronteriza, tienen vocación expansiva y llegan a donde llega uno solo de sus feligreses, aplicando allí en donde se encuentre sus creencias, ritos, liturgias y, por supuesto, sus ordenamientos jurídicos.

La autonomía de los entes confesionales constituye, probablemente, uno de los grandes temas pendientes de resolver por parte de los Derechos de los Estados y, también, de las organizaciones internacionales.

La Unión Europea ha optado en esta materia por eludir el régimen jurídico de las mismas y en un lacónico artículo 17 del TFUE[65] se remite a lo que dispongan los ordenamientos estatales[66]. Aunque parezca que existe una concepción positiva del hecho religioso organizado y estructurado (dado que el apartado tercero del citado precepto ordena a los representantes de la UE a «mantener un diálogo abierto, transparente y regular con dichas iglesias y organizaciones»), este tipo de normas son propicias a quedarse reducidas a una mera declaración de intenciones o, todo lo más, a una regla que da cobertura a ciertas políticas para que según cuándo y con quién los poderes públicos europeos conversen con determinadas Confesiones.

La experiencia comunitaria ciertamente ha demostrado a lo largo de los años que las creencias religiosas y las organizaciones que las sostienen y propagan han tenido relaciones fluidas con los diferentes órganos de la actual UE, sin embargo, cabría preguntarse si eso es suficiente o, por el contrario, sería positivo una cooperación más estrecha, sea ésta en ambas direcciones.

Con frecuencia, la actitud de los poderes públicos frente al fenómeno confesional institucionalizado resulta ser de desprecio o de desconfianza; casi siempre se ve en las Iglesias elementos ajenos a los intereses generales porque, con harta frecuencia, encarnan posiciones contrarias a las políticas estatales y comunitarias. Para los poderes públicos, cada Iglesia constituye un conjunto de creencias, una «oferta de fe» que, realizada a los cuatro vientos, determinadas personas o individuos acogen en su seno; sin embargo y de forma extraordinariamente errónea, no se ve en ellas ni la encarnación de ciertos valores y principios que pueden enriquecer el acervo de la sociedad política ni —tampoco— agentes que tienen una gran capacidad de colaboración con las administraciones públicas en la defensa del bien común.

En ningún caso, y sea como fuere, pretendo defender la existencia de un estatuto privilegiado para las Confesiones religiosas, sin embargo constato el hecho de que

[65] Cuyo antecedente está constituido por el Documento 11218/2007, Mandato de la Conferencia Intergubernamental, de 26 de junio de 2007.

[66] Apartado primero.

existe cierta desafección hacia el fenómeno religioso como existe hacia la filosofía, la poesía, la antropología o la moral. Partiendo de que el credo es cuestión personal e íntima de cada individuo (lo que a mi juicio constituye un gravísimo error de base, utilizado precisamente para marginar el fenómeno confesional) en el fondo lo que se hace por parte de las autoridades civiles es expulsar del espacio público un agente que proporciona criterios de actuación, un pensamiento crítico, o, si se me permite la expresión, «una ética de contraste», so pretexto de que lo que la confesión proporciona es una especie de «oferta» ética que cada individuo es libre de rechazar o abrazar, algo, por tanto, ajeno a la política y a las cuestiones temporales, en todo caso algo social y políticamente irrelevante.

Es más, cuando hablamos de infracción del orden público, existe en la conciencia colectiva la idea que son las sectas, los movimientos fundamentalistas o los Nuevos Movimientos Religiosos, es decir, los grupos, los que encarnan el elemento potencial capaz de contravenir el orden jurídico estatal. Desde este punto de partida, los individuos a ellos pertenecientes son, simplemente, elementos personales que ejecutan, trasladan o exportan ese peligro que, en realidad, encarnan las entidades confesionales o pseudoconfesionales; así pues y como tendremos ocasión de comprobar por la casuística jurisprudencial, el conflicto libertad religiosa-libertad de circulación-orden público estará prácticamente monopolizado por el fenómeno institucional, no nos debe extrañar, por tanto, que las normas jurídicas resuden cierto principio de desconfianza hacia los fenómenos asociativos y grupales.

De cualquier forma y al margen de este debate[67], hay otro que sí ha merecido la atención de la doctrina y la jurisprudencia, y ese debate no es otro que el de la necesidad de armonizar la autonomía de los Estados en materia de relaciones con las Confesiones religiosas (lo cual incluye el estatuto jurídico que se les aplique) y el Derecho de la Unión. ¿Puede este Derecho afectar al ámbito interno de un Estado y al de las Confesiones religiosas radicadas en él?

Conviene, antes de responder a esta pregunta, sentar las bases o principios en los que descansa el sistema de reconocimiento de las Confesiones en la UE. Dichos principios son básicamente tres:

— Respeto a la identidad nacional de los Estados miembros[68].
— Respeto por el estatuto jurídico que las Iglesias tienen en cada Estado[69].
— Respeto a la diversidad religiosa[70].

[67] Un análisis pormenorizado de la problemática que genera la posición jurídica de las Confesiones religiosas en el Derecho comunitario puede verse en la obra de RODRÍGUES ARAÚJO, Alexandra María, *Iglesias y organizaciones no confesionales en la Unión Europea. El artículo 17 del TFUE*, 1.ª ed., Instituto Martín de Azpilcueta, Pamplona, 2012, pp. 51-72.

[68] Art. 4.2 del TUE.

[69] Art. 17.1 del TFUE.

[70] Art. 22 de la Carta de los Derechos Fundamentales.

Estos tres principios, especialmente los dos primeros, conforman —como a lo largo de este estudio veremos— el sustrato que permitirá respuestas desiguales a unos mismos problemas en función del Estado que sea parte en el procedimiento.

Una de las cuestiones jurídicas que plantea el sistema es la de la aplicación del principio de primacía del Derecho de la Unión sobre el Derecho de los Estados en materias reguladas por aquél[71].

En torno a dicho principio se han sentado desde posiciones jurisprudenciales algunas matizaciones. Me referiré a las que tres que considero más importantes:

— La UE debe respetar los derechos fundamentales tal como están configurados en el ordenamiento de cada Estado.
— La UE no debe extralimitarse de las competencias que le han sido conferidas.
— Los Tribunales Constitucionales nacionales pueden no aplicar el Derecho de la Unión cuando éste entre en conflicto con sus cartas magnas.

Como vemos, se trata de principios programáticos que, aunque sirvan de criterio para la resolución de conflictos, dejan en todo caso amplios márgenes de apreciación en la actividad jurisdiccional y, por ende, también y como consecuencia de ello, en la actividad administrativa y judicial de cada Estado-miembro.

3.2. El problema de las Confesiones en los modelos marcadamente laicos

Precisamente en esta dirección se ha manifestado el Consejo Constitucional francés al anteponer el principio de laicidad, en tanto que principio fundamental consagrado en su Ley de Leyes, a las normas comunitarias que puedan entrar en conflicto. La razón, además, es que la laicidad —en el caso francés— forma parte de la identidad nacional[72].

También en torno a la reforzada laicidad del Estado se han producido otros conflictos en el ámbito europeo. Concretamente, Turquía ha protagonizado diferentes procesos que ha tenido este tema como cuestión de fondo.

En la disolución del Partido político llamado «de la Prosperidad»[73], se plantea un interesante problema que, al menos, tenía dos vertientes, por un lado, la posibilidad de que jugara en democracia una formación política que negaba la democracia, por otro, que entrara en el arco parlamentario un partido islamista, por tanto, de sustrato religioso, en un país profundamente laico desde las reformas de Mustafá Kamal (Ataturk). Este partido defendía, entre otras cosas, crear regímenes jurídicos y judiciales

[71] Dicho principio está contenido en la Declaración 17 aneja al Tratado de Lisboa. El texto del dictamen jurídico del Consejo puede verse en la obra de RODRIGUES ARAÚJO,... *op. cit.*, p. 107.

[72] En este sentido, las decisiones del Consejo Constitucional n. 2004-496 (*DC* de 10 de junio de 2004) y n. 2004-498 (*DC* del 29 de julio de 2004).

[73] STEDH 31.VII.2001, posteriormente la misma fue ratificada por la Gran Sala en S. de 13.II.2003.

diferenciados para cada grupo religioso (islámico, judío o cristiano), del mismo modo que se hizo a lo largo de la Edad Media, tanto en el mundo ismaelita como en el cristiano; pero, sobre todo, reclamaba un modelo de Estado que aplicara la ley islámica o *Sharía*, algo diametralmente opuesto a los postulados democráticos del Estado turco.

El TEDH, interpretando el Convenio, considera incompatibles tales propuestas con los sistemas democráticos y, por ello, da la razón a Turquía al disolver dicha formación política[74].

Existe otro precedente similar desarrollado en territorio turco y en relación a una formación político-religiosa, pero el hecho de gravitar de forma especial en cuestiones relativas al orden público aconseja diferir el comentario de la misma al epígrafe correspondiente[75].

Desde una óptica en parte diferente, el Tribunal Constitucional Federal de Alemania ha llegado a la misma conclusión. Según su doctrina, el poder de la UE emana del poder de los Estados que la componen y ello no puede convertirse en la pérdida de las potestades nacionales: es aquélla la que se sostiene en ésta, si ésta quiebra, aquélla con más razón dejaría de existir. Pues bien, entre los elementos sustanciales que identifican el Derecho de la federación germana se incluyen, entre otros, el Derecho de familia, el sistema escolar, la educación y, curiosamente, las relaciones con las Comunidades religiosas[76] en tanto que constituyen partes irrenunciables de un acervo cultural propio. Dicho en términos jurídicos, la «cláusula de identidad nacional» proporciona a los tribunales razón bastante como para eludir la aplicación del Derecho comunitario[77].

Otras de las cuestiones que han suscitado las Confesiones religiosas han sido las relativas al derecho de autonomía, a la igualdad de trato, al pluralismo y a la titularidad de los derechos colectivos, amén de su ubicación en el ordenamiento jurídico del Estado en los modelos confesionales o en los que existe Iglesia de Estado.

3.3. Modelos estatales en los que determinadas Iglesias gozan de un estatuto diferenciado

Existen interesantes precedentes del reconocimiento de un *statu quo* de determinadas Iglesias, como sucede en el caso griego y, más en particular, respecto del

[74] Comentarios a ambas sentencias pueden verse en las obras de MARTÍN-RETORTILLO, Lorenzo, «El problema de las aspiraciones religiosas incompatibles con el sistema democrático. ¿Se justifica la disolución de un partido que las auspicia?», en *Revista de Estudios de Derecho Europeo*, n. 2 (2002) pp. 337 y ss.; y *La afirmación de la libertad religiosa en Europa: de guerras de religión a meras cuestiones administrativas*, 1.ª ed., Thomson-Civitas, Madrid, 2007, pp. 97-100.

[75] Me refiero al c. Müslüm Gündüz v. Turquía (STEDH de 12.VII.2005).

[76] C. Lisbon, de 30 de junio de 2009, parágrafos 252-260.

[77] En este sentido, DÍEZ-PICAZO, Luis M.ª, «Observaciones sobre la cláusula de identidad nacional», en CARTABIA, B. y PÉREZ TREMPS, P. (Dirs.), *Constitución europea y constituciones nacionales*, 1.ª ed., Tirant lo Blanch, Valencia, 2005, p. 439.

Monte Athos. Esta Declaración, anexada al Tratado de adhesión de la república helena a las Comunidades Europeas, constituye un interesante precedente, aunque pueda ser simbólico[78]. El hecho de que su Constitución invoque a la Santísima Trinidad[79] es buena prueba de que estamos ante un Estado claramente marcado por una preferencia confesional o, si se quiere, en el que la huella de una Iglesia particular transciende lo religioso para instalarse en lo político y en lo institucional. Tanto es así que, pese a no asimilarse técnicamente a un modelo de Iglesia de Estado o confesional, sin embargo, el Estado financia y sostiene al clero con partidas procedentes de los presupuestos generales. Otra manifestación clara de dicho *statu quo* es que la Iglesia ortodoxa griega goza de la condición de entidad de Derecho público.

El de la Iglesia de Inglaterra es un extraño supuesto de jerarquía monárquica, pese a la cual no dispone de financiación directa por parte del Estado.

Caso particular lo constituye Dinamarca, que profesa la Iglesia evangélica luterana[80], la cual goza de la condición de corporación de Derecho público y forma parte de la estructura administrativa del Estado.

Aunque sin declaración expresa, en Finlandia, asimismo, la Iglesia Evangélica luterana goza, junto con la Iglesia ortodoxa, de un estatuto privilegiado asimilable a las confesiones estatales.

En estos modelos puede claramente adivinarse que la óptica desde la cual los poderes públicos y los tribunales apliquen el Derecho interno y los ordenamientos comunitario y europeo, tanto a las Iglesias con las que están íntimamente vinculadas desde hace siglos como a las que no lo están, será, por supuesto, de una forma desigual. Pero lo peor probablemente no sea esto sino que el status de cada ente en cada Estado conforma un sistema (normativo) proclive a la aplicación de diferentes criterios y nociones de orden público que han de servir para permitir -o prohibir— tal o cual conducta. Si al hacerlo actúan dentro de los márgenes de libertad que el orden europeo regula es obvio que nos enfrentaremos ante un problema técnicamente irresoluble, y esto nos lleva de la mano al siguiente epígrafe.

3.4. **El problema de la igualdad de trato**

Si desde la perspectiva orgánica, los modelos confesionales, con Iglesia de Estado o con regímenes jurídicos que establecen claras preferencias y privilegios hacia ciertas Iglesias, rompen radicalmente con la igualdad sustancial (no prejuz-

[78] *DO* L 291, de 19 de noviembre de 1979.

[79] Por cierto, lo mismo que sucede con la Constitución irlandesa.

[80] Art. 4 de su Constitución.

go si esas diferencias están justificadas jurídicamente o no), lo que, en virtud del principio de respeto a la identidad nacional, genera una importante variable a tener en cuenta en situaciones de conflicto jurídico es la desigualdad que potencialmente produce.

Las Directivas 2000/43/CE, de 29 de junio y 2000/78/CE, de 27 de noviembre, afectan a la materia que trato. Es preciso hacer constar que en dichas Directivas lo que se instaura, más que un derecho subjetivo, es un principio rector que ha de regir la actuación de las instituciones comunitarias, pero ello no es óbice a la existencia del derecho a la igualdad, consagrado en los arts. 20 y 21 de la Carta de los Derechos Fundamentales de la UE, el cual viene a confirmar el precedente existente en el art. 14 del CEDH, en el que se menciona el aspecto religioso como circunstancia vetada a efectos de generar discriminación de ningún tipo.

Pero cuando se desciende a lo particular, a veces sucede que esa igualdad de trato ante la ley se convierte —o pervierte— en una especie de principio de actuación en el que caben constantes excepciones. Concebida así la igualdad, más que un derecho claramente eficaz, se convierte en un principio de carácter «virtual» aplicado con criterios casi de excepcionalidad. En el caso de las Iglesias se ha producido algún ejemplo interesante. Veamos algunos de ellos.

Uno que afectó a España fue el del IVA, impuesto del que está exenta la Iglesia católica en virtud del Acuerdo suscrito en 1979 sobre Asuntos Económicos. Dicha exención chocaba con principios comunitarios que establecían criterios de armonización fiscal. En este caso, ante la negativa de las autoridades nacionales españolas a aplicar el citado impuesto a la Iglesia católica, nuestro país fue objeto de un procedimiento de infracción que terminó con avenencia del Estado en el año 2006.

Como vemos, en este caso, la excepcionalidad la planteaba —y defendía— el Estado español contra la voluntad de las instituciones comunitarias. Lo de menos es la solución final (que —no debemos perder de vista— afectaba a materia impositiva, algo demasiado importante, como se sabe), lo trascendente es la diferenciación de criterios de actuación por parte de los Estados y la UE.

La curiosidad del caso es que el eurodiputado Maurizio Turco, durante el procedimiento incoado, planteó que la exención del IVA en España generaba un problema de desigualdad de trato respecto de otras Confesiones religiosas, solicitando de la Comisión una declaración en tal sentido, pero la respuesta fue justo la contraria, es decir, la Comisión declaró que «la financiación de los cultos religiosos es competencia exclusiva de los Estados miembros», en otras palabras, que no entra ni quiere entrar en posibles discriminaciones surgidas como consecuencia de la aplicación de la normativa interna o en virtud de Acuerdos suscritos, y es ello lo que permite que cada país actúe con amplísimos márgenes de libertad.

Por tanto, se reproduce a nivel europeo la vieja tensión entre el libre albedrío que tienen los poderes públicos a la hora de regular diferentes materias propias de su competencia y las exigencias derivadas de unos estándares mínimos de igualdad[81] y, lo que es más importante, deja al descubierto el más profundo problema de la armonización del orden comunitario frente a los particularismos nacionales[82]. El artículo 17 del TFUE apunta en esta dirección pero, como señala el Profesor Iván, que se diga expresamente que la UE respetará el estatuto que cada Estado proporcione a las Iglesias, hay que entenderlo en sentido temporal, es decir, sólo por el momento[83].

3.5. La titularidad colectiva de los derechos inherentes a la libertad religiosa

Uno de los temas de más difícil resolución es el del conflicto individuo-comunidad en el ámbito confesional. Cuando la persona ejercita sus derechos, interpone acciones judiciales, etc., apenas hay margen para discutir su legitimación y su legitimidad; sin embargo, cuando las acciones las ejercitan grupos de personas, entes confesionales, dotados de personalidad jurídica —o no—, o cuando surgen conflictos entre éstos y aquéllos, los ordenamientos seculares no saben muy bien a qué atenerse.

El principio por el cual la persona humana es la verdadera titular del derecho de libertad religiosa y, en este sentido, depositaria de un derecho originario, frente al derivado que tendría la Confesión a la que pertenece, nunca me llegó a convencer. Ciertamente aplicar dicho principio al ámbito asociativo tiene bastante sentido, pero cuando nos enfrentamos ante organizaciones milenarias, preexistentes a todos los sujetos que las conforman, mantener inalterable dicho esquema operativo me parece arriesgado, cuando no incorrecto.

La jurisprudencia del TEDH ha tenido ocasión de pronunciarse sobre estos temas si bien, como es lógico, no lo ha hecho de forma sistemática sino sólo al hilo de los casos enjuiciados.

Desde un planteamiento formalmente correcto, el art. 9 del Convenio, pese a no referirse a las Iglesias, reconoce un conjunto de facultades dimanantes del derecho individual a la libertad de credo, y entre ellas incluye la actuación en grupo, es decir, dentro de la colectividad. Al hilo de esto ha tenido ocasión de pronunciarse a favor de la autonomía de las Confesiones religiosas como garantía del pluralismo y, en este sentido, el deber del Estado de evitar toda injerencia hacia el fenómeno asociativo. Si la organización no fuera objeto de protección —dice— los derechos del individuo

[81] Sobre esta materia puede verse la STEDH de 31.VII.2008, c. Religionsgemeinschaft der Zeugen Jehovas y otros v. Austria, así como el trabajo de MOTILLA, Agustín, «La protección de la libertad religiosa y la lucha contra la discriminación por razón de religión o convicciones en los Organismos internacionales», en *Anuario de Derecho Eclesiástico del Estado*, vol. XXX (2014), pp. 615-673.

[82] En este sentido FERRARI, Silvio, «Church and State in Europe. Common Pattern and Challenges», en *European Journal for Church and State Research*, n. 2 (1995), p. 153.

[83] IBÁN, Iván C., «Fuentes», en IBÁN, PRIETO y MOTILLA, *Manual de Derecho Eclesiástico*, 1.ª ed., Trotta, Madrid, 2004, p. 111.

estarían debilitados[84]. Nada cabe objetar a estas afirmaciones pero, con ser muy importantes, no resuelven del todo la problemática, ni la de los conflictos internos —por un lado— ni la de la legitimación del ente confesional —por otro—, aspectos muy importantes para el caso que nos ocupa y para otros muchos en los que queda, como digo, parcialmente sin resolver esta materia.

Se dice —y con razón— que la libertad de asociación impide indebidas injerencias del Estado[85], para concluir que este principio se extiende y aplica a las organizaciones religiosas[86], ahora bien, que el derecho de libertad religiosa de éstas sea derivado del derecho de los individuos que la integran es algo en lo que no estoy muy de acuerdo. Es cierto que en el asociacionismo típico se produce ese fenómeno de aglutinar las voluntades de una serie de miembros fundadores —a las que se pueden sumar otras personas— para crear un nuevo ente que depende a partir de ahora de una voluntad colectiva y que tiene personalidad jurídica propia por deseo expreso de los promotores; pero de igual modo que en este ejemplo puede formularse la ecuación que directamente une la libertad individual con la colectiva, en el caso de las Iglesias, en cuanto que instituciones, la solución puede ser justamente la contraria. ¿Podrían todos los bautizados católicos de una diócesis —o la mayoría absoluta de los mismos— disolver el obispado al que pertenecen? Ni disolver el obispado ni remover al obispo, ni cambiar al vicario ni modificar la sede, ni alterar una sola coma de su régimen jurídico, ni nada de nada.

El caso de la Iglesia católica que, por su antigüedad, cercanía pero —también— por ser sujeto de Derecho internacional, puede servir de ejemplo: la voluntad de los miembros que la componen (los católicos) no tiene capacidad para intervenir en la vida ni en la actividad de aquélla en cuanto que institución; en todo caso podrían participar en la medida en que la propia Iglesia convoca, anima o invita, pero siempre de forma plenamente sometida al Derecho por el que se rige a sí misma, sin que quepa actuar de forma determinante en ningún aspecto, menos aún con trascendencia jurídica. Discrepo, por tanto, de Polo Sabau, al decir que la titularidad de los derechos de los grupos religiosos tiene carácter estrictamente instrumental[87] y también, aunque en menor medida, de Martínez-Torrón, quien parte de la misma premisa —aunque la suaviza— al decir que, una vez creada la iglesia, «la persona jurídica se independiza de los individuos singulares que la componen para adquirir vida propia en el mundo de las relaciones jurídicas»[88], para concluir defendiendo su legitimación procesal pero

[84] STEDH de 26.X.2000, c. Hassan y Tchaouch *v*. Bulgaria, ap. 62.

[85] STEDH de 16.XII.2004, c. Santo Consejo Supremo de la Comunidad Musulmana *v*. Bulgaria, ap. 73.

[86] STEDH de 5.X.2006, c. Delegación de Moscú del Ejército de salvación *v*. Rusia, ap. 58.

[87] *Ibidem*, pp. 112 y ss., concretamente en la página 116.

[88] «El derecho de libertad religiosa en la jurisprudencia en torno al Convenio Europeo de Derechos Humanos», en *Anuario de Derecho Eclesiástico del Estado*, vol. II (1986), p. 418.

sólo de forma restrictiva, es decir, en cuanto que entes religiosos y sólo para aspectos derivados de la LR, citando a tales efectos la Decisión de Admisión 7865/77[89] (que afectaba a una imprenta suiza, sociedad anónima, que se negaba a pagar el impuesto eclesiástico, obligatorio en el cantón de Zurich, y a la que la Comisión denegó la protección implorada en base al artículo 9 del Convenio).

Desconocer los derechos de las entidades confesionales, pero también de las sociedades mercantiles que, al negarse en este caso al pago de un impuesto con destino confesional, ejerce su libertad de credo a los efectos de oponerse a ello, es privar de elementos sustanciales a las personas jurídicas en lo que se refiere a su patrimonio legal sustantivo y procesal.

Cosa distinta, que no es óbice a lo afirmado, es que el TEDH haya reconocido legitimación a las Iglesias para ejercitar acciones en beneficio de sus fieles, como sucedió en el caso Bessarabie y otros *v.* Moldavia[90], es más, en el fondo esta doctrina contiene en su interior una grave perversión: el no reconocimiento de las Iglesias como titulares de los derechos derivados de la libertad religiosa (sólo en la medida en que ejercitan acciones en beneficio de sus miembros); pero ello es justamente todo lo contrario a la realidad jurídica imperante en los Estados miembros y a la realidad que debería existir en el espacio europeo.

Al principio la Comisión denegó la legitimación activa de los entes confesionales, pues consideraba que sólo las personas físicas eran titulares del derecho de LR[91]; posteriormente se admitió esta posibilidad, como le sucedió a la Iglesia de la Cienciología[92], aceptando la presunción de que las personas físicas actuaban en beneficio o defensa de los derechos de sus Comunidades, lo que es tanto como llegar al absurdo de aceptar sólo demandas interpuestas por éstas cuando sus representantes dicen actuar en beneficio de una Iglesia o Confesión[93]. A partir, sin embargo, del caso citado se presume, cuando actúan, que lo hacen también en defensa de sus miembros y, por tanto, nada obsta a reconocerles capacidad procesal[94]. Finalmente se ha llegado al extremo de anteponer, en virtud del derecho a la autonomía, los derechos del ente a los del feligrés o ministro de culto cuando se producen conflictos internos[95].

A mi juicio, esta anómala situación ha venido a subsanarse con el art. 17 del TFUE porque, de una parte, deja intactos los estatutos jurídicos que los Estados

89 D. & R. 16, p. 86.

90 STEDH de 13.XII.2001, ap. 101.

91 Dec. Adm. 3798/68, YB 12, p. 314) y Dec. Adm. 4733/71 (YB 14, pp. 674 y ss.).

92 Dec. Adm. 7805/77, D. & R. 16, p. 70. Posteriormente se confirmó esta doctrina en la Dec. Adm. 8118/77, D. & R. 25, p. 117.

93 Dec. Adm. 4733/71, YB 14, pp. 674-676 y Dec. Adm. 4734/76, D. & R. 5, p. 158.

94 Asociación de culto israelita Cha're Shalom ve Tsedek v. Francia, de 27.VI.2000; Santo Consejo Supremo de la Comunidad Musulmana v. Bulgaria, de 16.XII.2004 (p. 74).

95 Dec. Adm. 8118/77 (DR 25, p. 117), entre otras.

miembros concedan a las Iglesias, Confesiones y Comunidades religiosas, lo que es tanto como reconocer su personalidad jurídica cuando aquéllos se la tengan reconocida; por otro, el hecho de programar un diálogo con ellas implica el reconocimiento de las mismas, es más, en el fondo, hay una aceptación de su condición transnacional lo cual, por otra parte, es un hecho notorio.

La doctrina eclesiasticista española, de forma unánime, reconoce la personalidad jurídica y la capacidad de obrar de las entidades religiosas inscritas en el Registro estatal creado *ad hoc*. De igual modo, se reconoce igualmente que las personas jurídicas —especialmente las confesionales— son titulares de derechos y, en particular, los que se derivan de la libertad religiosa; es más, muchos de ellos no pueden ser ejercidos por particulares, sólo les compete en exclusiva a dichas Iglesias, Confesiones y Comunidades, por consiguiente, dudar de la capacidad procesal de los entes religiosos no tiene cabida dentro de nuestra doctrina. Sería deseable que este principio se extendiera por todo el continente. Más adelante desarrollaremos estos aspectos capitales.

4. La libertad religiosa

4.1. Aspectos generales

Como a nadie extraña, el estado actual del régimen jurídico del derecho a la LR en el ámbito europeo no puede ser otro que —como hemos visto— el resultado del juego de las normas (de distinto origen) que tratan de forma, más genérica o más específica, de la protección de la conciencia individual pero, además, del régimen jurídico y del reconocimiento de las Iglesias y Confesiones religiosas.

A ese acervo que proviene del Derecho internacional hay que añadir como elemento normativo clave el de los ordenamientos de los Estados miembros, el de la UE y el del Consejo de Europa.

Pero el edificio no estaría completamente construido —ni amueblado— sin tener en cuenta la jurisprudencia emanada de los Tribunales, tanto del TEDH como del TJUE, a lo que hay que añadir la doctrina sentada por los Tribunales Constitucionales de los países miembros y, en el fondo, también de los Tribunales Supremos.

De todo esto derivan variadas consecuencias. Por un lado, que lejos de tener como objeto de estudio un ámbito material fijo o, al menos, estable, nos encontramos ante una materia en constante cambio y evolución.

Por otro, que hay una parte que depende del Estado en el que se haya generado el problema en cuestión; en este sentido, del mismo modo que los ordenamientos comunitario o europeo pueden influir en los órdenes estatales, éstos también pueden resultar determinantes a la hora de resolver los conflictos que se sustancien ante los Tribunales europeos.

A esto hay que añadir otro elemento que, por definición, no resultará pacífico: las respuestas jurídicas que se den en determinados casos pueden estar afectadas severamente por otras dos variables, a saber: el modelo de Estado, de un lado y, el régimen jurídico de las Confesiones religiosas que exista en esa nación, por otro.

Además, tampoco conviene desconocer los ordenamientos confesionales pues, especialmente en el aspecto colectivo de la LR, lo que ellas dispongan constituye un elemento esencial a tener en cuenta por los sistemas jurídicos estatales e interestatales.

Respecto del modelo de Estado, porque la realidad europea es extraordinariamente variada y va de Estados confesionales (Dinamarca) o pseudoconfesionales (Suecia) a Estados laicistas (Francia), pasando por Estados laicos, que son la mayoría; y de Estados separatistas (Turquía) a Estados con Iglesia propia (Reino Unido y, en cierto modo, Grecia), pasando por los concordatarios (Alemania, España, Italia, Portugal…).

Teniendo en cuenta que los Estados concordatarios ofrecen un estatuto singular a una Confesión religiosa, diferenciando al resto, cuando existen otros regímenes diferentes en atención al sistema de acuerdos (el caso español y el italiano son buenos ejemplos de ello), la respuesta final del tema que genere el conflicto jurídico queda sometida, como se ve, a innumerables variables.

Ello se ve agravado por las diferencias existentes; de un lado, las generadas por la propia tradición jurídica de los ordenamientos estatales[96] y, de otro, por la doctrina emanada por los Tribunales; además, el tiempo también va «jugando» en beneficio de una evolución que no siempre es lineal, al contrario, zigzaguea. Veamos a continuación los preceptos que resultan más determinantes:

— La libertad de pensamiento, conciencia y religión[97].
— Libertad de reunión y asociación[98].
— El derecho de los padres a garantizar la educación y la enseñanza de sus hijos conforme a sus convicciones religiosas, filosóficas y pedagógicas[99].
— El derecho a la no discriminación[100].
— El reconocimiento de la diversidad cultural, religiosa y lingüística[101].

Debo destacar que por religión o creencias el TEDH ha llegado a incluir manifestaciones atípicas como son el pacifismo[102] o la oposición a la caza por motivos éticos[103]. Esto evidencia la pluralidad de situaciones potencialmente objeto de estudio

[96] Piénsese, por ejemplo, que en materias como la familia, el aborto, el tratamiento penal de la blasfemia o las relaciones Estado-religiones, la regulación jurídica es diametralmente distinta dependiendo de qué Estado se trate.
[97] Art. 10 de la Carta.
[98] Art. 12 de la Carta.
[99] Art. 14.3 de la Carta.
[100] Art. 21 de la Carta.
[101] Art. 22 de la Carta
[102] Arrowsmith *v*. Reino Unido, Dec. Adm. De la Comisión de 12.X.1978.
[103] Chassognon otros *v*. Francia, Sentencia de 29.IV.y 1999, doc. 46, p. 114.

y las marcadas diferencias que pueden existir a la hora de responder a los problemas que generen aquéllas.

4.2. La objeción de conciencia

La principal novedad que aporta la Carta respecto del CEDH es el párrafo segundo del artículo 10 en cuanto que «se reconoce el derecho a la objeción de conciencia de acuerdo con las leyes nacionales que regulen su ejercicio».

Dos advertencias sobre tal inciso, las dos de carácter conceptual. La primera se refiere a la noción misma de la objeción de conciencia; ésta constituye siempre el incumplimiento de un deber jurídico por razones de conciencia; así pues, si la norma establece una opción alternativa a quienes profesen determinado credo, previendo la oposición al cumplimiento del deber y dando una alternativa al mismo, ya no se puede hablar propiamente de objeción de conciencia.

La segunda tiene mayor calado. Raramente las objeciones de conciencia están reguladas por ley, remitirse por tanto a ella es como reducir su aplicación a la nada casi absoluta. Han sido, son y serán las respuestas que dan los tribunales las que acepten —o no— las excepciones que por razones de conciencia los individuos plantean frente a determinadas obligaciones, pero esto es construcción jurisprudencial, por tanto, remitirse a las leyes nacionales no sirve de nada o —peor aún— apunta al desconocimiento o negación de toda objeción de conciencia que no esté regulada por ley. Hubiera sido mejor referirse a los «ordenamientos» o al «Derecho nacional», en cuya definición sí que hay que incluir —porque juegan un papel importante— a los tribunales de justicia con competencia en la materia.

4.3. Derechos de los entes confesionales

Por lo demás y en lo que al caso nos afecta, el artículo que regula la libertad religiosa incluye el derecho a manifestar sus convicciones, de forma individual y colectiva, en público o en privado, a través del culto, la enseñanza, las prácticas y la observancia de los ritos. Aunque el precepto no incluye el proselitismo, es evidente que éste no es otra cosa que una forma de manifestación de las propias creencias, en este caso destinado a la *propaganda fidei*, es decir, con el fin principal de hacer adeptos. Así pues, aunque falte una clara inclusión del mismo en el tenor literal del precepto, entiendo que una interpretación excluyente de dicha facultad no sería correcta.

Actualmente, el art. 17 del TFUE aborda de forma específica el tema del estatuto jurídico de los entes religiosos. Las referencias a los «estatutos» jurídicos que les dispensen los ordenamientos estatales es una buena forma de respetar los derechos adquiridos, pero tiene el inconveniente de no incardinar adecuadamente a estos grupos en el orden comunitario. El reconocimiento de su identidad, por otro lado, es un buen principio de actuación, pero resulta claramente insuficiente. Lo mismo cabe decir del compromiso de diálogo con las Iglesias y Confesiones, no se puede decir que se trate de una medida negativa, pero sí que parece en cierto modo ornamental. El compromiso de diálogo no deja de ser una declaración de intenciones y, las más de las veces, resulta estéril aun cuando se produce. La propia concepción de diálogo refiere la ajenidad del ente, se dialoga «con el otro» y, desde esta concepción, se establece una distancia insalvable, se remarca su diferente naturaleza, ubica a cada tipo de entidades en universos y ámbitos diferentes, aun cuando existan numerosos elementos comunes[104].

Como he comentado en otros apartados de este trabajo, echo de menos la presencia de eclesiasticistas en los órganos asesores o deliberadores de las instituciones europeas. Para abordar estas materias es preciso tener conocimientos específicos sobre autonomía de los entes religiosos, su estatuto jurídico en cada Estado miembro, las líneas maestras de sus ordenamientos jurídicos, los contenidos del derecho de LR cuando los titulares son las organizaciones eclesiales y las comunidades religiosas… Con frecuencia disponen de organigramas e instituciones que obedecen a modelos completamente desconocidos por los Estado[105], y estas peculiaridades deben ser tenidas en cuenta.

Cabría hacer un elenco de esos derechos de que son titulares les entes confesionales y, entre ellos, diferenciar aquéllos que son exclusivamente patrimonio de los mismos, entre otras cosas porque no pueden ser ejercitados por los ciudadanos, y los que pueden ser ejercidos por personas físicas y jurídicas[106]. Esta relación nos proporcionará, sin duda, una mejor perspectiva para entender las relaciones (laborales, etc.) de determinadas personas con los grupos religiosos, su actividad interna y externa, nacional e internacional…, de modo que nos ofrezca una buena plataforma para entender con mayor profundidad el problema que constituye el objeto de este trabajo.

En este apartado merece destacar los primeros y, a tal fin, cabría enumerar, sin criterio limitativo, los siguientes:

— Diseñar su propio nombre, domicilio, símbolos, liturgias, etc.
— Regirse por sus propias normas.
— Autoorganizarse.
— Crear asociaciones, fundaciones y otras instituciones para la consecución de sus fines.
— Crear otro tipo de entes y sociedades, incluso de carácter económico o empresarial.

[104] Iglesias y Confesiones religiosas actúan en el mismo territorio que el Estado y las organizaciones *supra*nacionales, sobre las mismas personas y sobre temas comunes. Esta triple coincidencia obliga a tener en cuenta la existencia de las realidades institucionales diferentes.

[105] Cofradías, fundaciones pías, prelaturas personales, institutos de vida consagrada…, en lo concerniente a la Iglesia católica. El Islam tradicional ofrece asimismo numerosas instituciones distintas de enorme interés jurídico y que tienen mal encaje en los rígidos esquemas de los ordenamientos seculares.

[106] Crear una asociación, hacer proselitismo, etc.

— Ofrecer e impartir enseñanza religiosa.
— Relacionarse con otros entes confesionales, compartan el mismo credo o no.
— Mantener relaciones con los Estados, las Administraciones Públicas y los organismos internacionales.
— Derecho a inscribirse en un registro público y a obtener personalidad jurídica y capacidad de obrar con arreglo a las normas del Estado en que deseen intervenir.
— Derecho a que sus normas se apliquen en los Estados en los que actúa de forma supletoria o estatutaria cuando se realicen actos con consecuencias jurídicas.
— Obtener el reconocimiento público de su propia autonomía, hasta el punto de no someterse a injerencias del Estado, salvo que infrinjan las leyes penales, sanitarias, de policía o cualesquiera otras que atenten contra el orden público interno.
— Extenderse por el territorio de un país o de cualquier nación, sin perjuicio de las prohibiciones, limitaciones, condiciones o reglas que los ordenamientos estatales puedan establecer con arreglo a su legislación.
— Abrir, poseer y administrar templos, lugares sagrados, cementerios propios y otros bienes, muebles o inmuebles, con respeto al ordenamiento jurídico de la nación en cuestión.
— Ordenar, suspender y remover a sus ministros y a quienes formen parte de su estructura orgánica e institucional con arreglo a sus propias normas.
— Intervenir, suspender e, incluso, disolver las entidades que haya creado para la realización de sus fines.
— Además, aquello que derive de las anteriores manifestaciones de la LR, teniendo en cuenta que todo derecho conlleva de forma inherente una o más acciones judiciales.

Por tanto, la consecuencia de esta construcción es que las entidades religiosas son titulares de un amplísimo elenco de derechos y libertades, al margen incluso de la voluntad de sus miembros, basta la de sus representantes de conformidad al régimen jurídico propio que cada Estado reconoce.

De todo ello se deriva una conclusión muy importante: la capacidad procesal para intervenir en todo tipo de acciones y procedimientos, presupuesto jurídico que las organizaciones europeas y comunitarias deben tener en cuenta en todo momento, también cara a la praxis forense y, por supuesto, en los casos en los que el conflicto surja entre una persona física y su propia Iglesia o Confesión[107].

[107] Fue el caso resuelto en la Dec. Adm. 7374/76, D. & R. 5, p. 158, en el que la Iglesia nacional danesa apartó a un pastor que se negaba a bautizar de la forma indicada por la entidad. Para la Comi-

Conviene traer a colación, para terminar este subepígrafe, que el TEDH ha tenido ocasión de pronunciarse en materia de inscripción de los entes confesionales y ha declarado que la actuación de los poderes públicos está sometida plenamente a la ley y al Derecho, de modo que no puede haber un espacio ilimitado de libre apreciación o de discrecionalidad administrativa[108]. De ello se deduce de forma al menos implícita que se reconoce el derecho de las Iglesias y Comunidades religiosas a la obtención de la personalidad jurídica, lo que es tanto como decir derecho al reconocimiento por parte del Estado de tal condición y —también y como consecuencia de ello— a la adquisición de la personalidad jurídica y de la capacidad de obrar, convirtiéndolas en sujetos de derechos y obligaciones a todos los efectos[109], téngase en cuenta que con frecuencia los entes confesionales conforman estructuras jurídicas mucho más antiguas que los propios Estados en los que operan.

4.4. **Límites a la libertad religiosa**

Entre lo que más preocupa —y con razón— mayoritariamente a los juristas, son las limitaciones de los derechos y, en este sentido, el alcance de las facultades que le son inherentes al derecho de LR.

Conviene recordar, para empezar, que la inexistencia de derechos absolutos anticipa una realidad incontestable: todo derecho tiene un alcance limitado y, en este sentido, siempre es posible dibujar los contornos máximos de su eficacia. Ciertamente, el paso del tiempo ha demostrado que los derechos se van ampliando progresivamente, planteando nuevas formas de ejercicio. Por tanto, estamos nuevamente ante una materia mutante, en constante evolución.

La UE, por su parte, configura su condición de superestructura basándose en unos principios irrenunciables. Éstos se encuentran en el respeto a la dignidad humana, la libertad, la democracia, la igualdad, el Estado de Derecho, y el respeto a los derechos humanos, incluidos los derechos de las minorías[110], patrimonio compartido de los ordenamientos jurídicos de los Estados miembro.

Este conjunto de valores constituye el patrimonio irrenunciable de la Unión hasta el punto de arbitrar mecanismos de protección frente a las infracciones que puedan

---

sión, en estos casos, la persona es libre de apartarse de la entidad a la que pertenece, lo que confirma el derecho del ente a imponer una forma de actuación a sus ministros y fieles.

108 Asunto Hassan y Tchauch v. Bulgaria, sentencia de 26.X.2000, pp. 85 y 86.

109 En este mismo sentido ya me he manifestado en anteriores trabajos, sirva de ejemplo *El derecho a la personalidad jurídica de las entidades religiosas*, 1.ª ed., Universidad de Castilla-La Mancha y Alderabán, Cuenca, 2004, pp. 271 y ss.

110 Art. 2 TUE.

cometer los Estados[111], incluso en el ámbito de actuación que le es propio[112]. Sin embargo, es preciso hacer notar que los mecanismos de control en estos casos no corresponde al Tribunal, sino a las propias instituciones de la UE. Esto hace que su valor sea más bien político, aunque puede servirnos de referencia para comprender que a las Confesiones religiosas se les pretenda aplicar la misma horma.

Partiendo de estos presupuestos, hay que señalar, en primer lugar, que a las entidades religiosas les afecta de alguna manera esos mismos criterios limitativos en cuanto a su libertad de acción y autonomía o, dicho de otro modo, en tanto que operadores jurídicos. Las Confesiones, Iglesias y Comunidades confesionales están sometidas al control jurisdiccional, también de la UE, en lo que afecte al cumplimiento de la normativa emanada por ésta.

Así pues tenemos que, pese al reconocimiento de un amplio margen de actuación vinculada a la identidad y ordenamiento de cada Estado —lo que lleva a aceptar de forma implícita diferencias sustanciales, como de hecho existen, en torno a cuestiones vitales como objeción de conciencia, aborto, blasfemia, matrimonio entre personas del mismo sexo, etc.—, el Derecho de la UE opera como un sistema de mínimos, sin perjuicio de lo cual cabe constatar que, por vía jurisprudencial, muchas veces se han creado nuevos derechos a partir de los ya existentes o se les ha aplicado una interpretación maximalista.

Uno de los temas que más preocuparon a los convencionales fue el de delimitar la protección a los grupos religiosos[113] cuando éstos violen, por ejemplo, derechos humanos. Como es sabido, la actuación de las sectas en Europa ha sido motivo de preocupación, como lo es ahora —todavía más— el yihadismo violento. Dispensar protección jurídica a grupos que atentan contra la dignidad del hombre o que atacan el modelo social, democrático y de Derecho, además de un contrasentido, sería algo que se puede volver contra el sistema de protección en el que precisamente encuentran su amparo legal.

Para calificar de secta a un grupo religioso —o pseudorreligioso— habría que acudir, probablemente, a la decisión de los tribunales. Las administraciones públicas, tras las cuales se encuentran funcionarios, políticos o asesores, todo lo más expertos consultados por aquéllos, no pueden —ni deben— definir lo que es una secta salvo que el legislador quiera abordar dicha cuestión. En el ordenamiento patrio se ha optado por no entrar en definiciones sino, más bien, perfilar el comportamiento jurídicamente aceptable, pero se hecho de forma negativa, es decir, tipificando el comportamiento que haga ilícito el grupo en atención a sus actividades.

[111] Art. 7 TUE.

[112] Explicaciones dadas por el *Praesidium* de la Convención sobre el borrador del art. 2 del TUE (CONV 528/03, de 2 de febrero de 2003, 11).

[113] Y no confesionales, que también son dignos de protección.

De este modo no se juzgan los grupos más extraños, cuestionables o estrambóticos; sus ideas o creencias quedan fuera de control jurídico, sino que el único enjuiciamiento que cabe hacer de ellos desde la plataforma que genera un Estado de Derecho versa sobre sus actos. A esto habría que añadir los propios fines pues, pongamos por caso, si una célula terrorista prepara un crimen o está dispuesta a ejecutar una orden, aun cuando no haya cometido un hecho ilícito, es decir, no haya consumado una acción, la sola pertenencia a banda armada, la sola finalidad de sembrar el terror constituye un hecho punible.

En otro orden de cosas y referido a las sectas, los grupos satánicos, por ejemplo, sólo son ilegales en la medida en que profanen sepulturas, vulneren los derechos de otras personas o grupos, cometan delitos tales como amputación de órganos, etc.

Ciertamente esto constituye una propuesta estatal, concretamente española, que en ocasiones no es fácilmente traspolable al ámbito comunitario. Los redactores del texto comentado lo que hicieron fue proponer como criterio de protección de los grupos el hecho de que no atenten contra la integridad física y psíquica de la persona humana[114], pero es evidente que en los grupos de trabajo brillaron —por su ausencia— los expertos en Derecho Eclesiástico. La realidad es que la actividad potencialmente ilícita de los grupos religiosos o pseudoreligiosos puede ir mucho más allá del mero atentado contra la persona humana.

En estos casos, la actuación de los poderes públicos debe estar sometida plenamente a la ley y al Derecho, de modo que sólo en aplicación de la norma cabe actuar con rigor jurídico. Ello se deriva de la existencia de derechos en liza, de carácter individual, que sólo pueden ceder ante normas de *ius cogens* que afecten a aspectos derivados del orden público.

Lo primero que hay que hacer notar es que esas limitaciones a los derechos de libertad religiosa y de circulación deben fundarse en el ordenamiento del Estado y en el Europeo o Comunitario, es decir, deben estar amparadas por ley, no cabiendo, como dice Martínez-Torrón «que surjan *ex nihilo*»[115].

En segundo lugar cabe señalar que han de tratarse de medidas necesarias en una sociedad democrática. «Necesarias» no significa que sean absolutamente indispensables, pero excluye que sean sencillamente razonables u oportunas[116].

Para valorar estos criterios es preciso analizar las circunstancias concurrentes al caso, especialmente el interés público en juego[117], de modo que en caso de terrorismo,

[114] Éste fue el sentido de la enmienda al apartado 2 del artículo 37 planteada por Lequiller. Un estudio sobre la materia puede verse en la obra de RODRIGUES ARAÚJO, Alexandra María, *Iglesias y organizaciones…*, *op. cit.* pp. 166 y siguiente.

[115] *Ibidem*, p. 460.

[116] SSTEDH Handyside, de 7.XII.1976, n. 48; The Sunday Times, de 26.IV.1979, n. 59 y Dudgeon de 22.X.1981, n. 51.

[117] Dec. Adm. 7805/77 (D. & R. 16, p. 73).

creemos que no hay nada que nos haga dudar de la pertinencia en la suspensión de los derechos de libre circulación y estancia, especialmente cuando se trate de ciudadanos extracomunitarios y extranjeros.

Volviendo al tema de las sectas, que en las últimas décadas ha preocupado a los poderes públicos[118] y ha dado lugar a una serie de resoluciones judiciales, conviene recordar la Sentencia de nuestro Tribunal Supremo que, en relación a los llamados «Niños de Dios», declaró que los jueces no podían entrar en el santuario de las creencias personales salvo cuando los comportamientos externos que tienen su origen en aquéllas incidan negativamente sobre bienes jurídicamente protegidos[119].

España no modificó su legislación en esta materia en tanto en cuanto códigos como el penal y el civil ya describían comportamientos sectarios como ilícitos —penales o civiles—, amén de cuestiones que afectan a menores, obligaciones tributarias, etc.; de hecho, las conductas presuntamente sectarias[120] fueron objeto de revisión por parte de los tribunales patrios, del mismo modo que se analizaron los elementos jurídicos que limitan la LR por razones de orden público[121].

En la actualidad, el terrorismo yihadista se ha convertido en serio motivo de preocupación por parte de las autoridades políticas y policiales. La entrada en el espacio europeo, su libertad de circulación, el derecho a expulsarlos... constituyen claros ejemplos de cómo una organización en principio religiosa no puede ser objeto de protección sino, justo lo contrario, de control y persecución.

Numerosas cuestiones de orden público afectan, de forma especial, al derecho a la libre circulación, pero considero oportuno abordarlas de forma conjunta más adelante; no quiero —sin embargo— terminar, sin referirme a dos sentencias del TEDH que han abordado el problema de los límites al ejercicio de la LR y la capacidad que tienen los Estados de adoptar decisiones sobre la materia.

[118] En este sentido la Resolución del Parlamento Europeo de 22 de mayo de 1984, al invitar a los Estados miembros a promulgar una legislación anti-sectas *ad hoc*. La Asamblea Parlamentaria del Consejo de Europa, sin embargo, consideró que ello podrá ser peligroso para la salvaguarda de la LR, por lo que consideraba que la legislación ordinaria que protegiera los bienes jurídicos relacionados con el fenómeno sectario era suficiente (Recomendaciones 1178, de 5 de febrero de 1992 y 1412, de 22 de junio de 1999). Se recomienda, sin embargo, ofrecer información sobre los grupos religiosos que tengan instituciones de enseñanza, trabajen con menores, hijos de miembros de sectas y exadeptos... que puedan constituir un peligro potencial.

[119] 30 de octubre de 1994.

[120] Escándalo público, abusos deshonestos, corrupción de menores, prostitución ilegal, etc, en el ámbito penal; delitos fiscales, evasión de capitales, blanqueo de dinero..., en el ámbito tributario; abandono de familia, desarraigo social..., en el civil y administrativo, cuando se trata de menores o incapaces....

[121] En este sentido sirvan de ejemplo las SSTC 122/1983, de 16 de diciembre; 19/1985, de 13 de febrero; 65/1986, de 17 de junio; 206/1990, de 17 de diciembre; 321/1994, de 28 de noviembre; 55/1996, de 28 de marzo, entre otras.

La primera de ellas se refiere a un militar turco apartado de la disciplina por haber participado en movilizaciones islamistas. El TEDH respeta el criterio estatal que impone un orden laico a efectos de limitar el ejercicio de sus derechos religiosos, de forma que entiende que no se produce violación[122]. La segunda justifica el despido de un hombre que se ausentó del trabajo para cumplir sus preceptos religiosos en días consagrados a Dios según su credo, igualmente el TEDH justifica la causa de despido[123].

Estos dos ejemplos nos dan pistas acerca del modo de operar el citado tribunal, a la hora de realizar la argumentación jurídica que ha de servir para resolver el caso que se plantea. Con harta frecuencia asistimos a negativas al reconocimiento de los derechos, normalmente individuales, a veces también colectivos, de LR. Los Estados siguen ocupando una posición de preeminencia en la escena judicial europea y comunitaria, son contados los casos en los que triunfan los derechos subjetivos frente a los planteamientos estatales, sin que hasta la fecha ni el TEDH ni el TJUE hayan dado demasiada cobertura a aquéllos. Veamos a continuación el estado de situación de otro de los derechos en liza, la libertad de circulación, sobre la cual se cierne un panorama nada halagüeño.

5. La libertad de circulación

Como ha quedado indicado más arriba, la Directiva que regula la materia es la 2004/38/CE, del Parlamento Europeo y del Consejo, de 29 de abril de 2004[124/125]. La norma española que se promulgó en desarrollo de la misma es el RD 240/2007, de 16 de febrero[126].

[122] Asunto Kalaç *v*. Turquía, S. de 1.VII.1997, p. 27.

[123] Asunto Kosteski *v*. Macedonia, S. de 13.IV.2006, p. 37.

[124] Deroga la Directiva 64/221, de 25 de febrero de 1964.

[125] Otras normas de interés son el Reglamento (UE) n. 492/2011, relativo a la libre circulación de los trabajadores dentro de la UE, el Reglamento (CE) n. 883/2004, sobre la coordinación de los sistemas de Seguridad Social y su Reglamento de aplicación (CE) n.987/2009, o la Directiva 2014/54/UE sobre medidas para facilitar el ejercicio de los derechos conferidos a los trabajadores en el contexto de la libre circulación, proporcionándoles nuevas vías de resolución (mediación, conciliación..) cuando sufran discriminación. Además, el Parlamento aprobó una Resolución el 15 de diciembre de 2011 para evitar que se impusieran límites a la libre circulación de trabajadores so pretexto de constituir una amenaza para el mercado laboral de un país. A esta relación cabe añadir las Opiniones del Comité Económico y Social Europeo de 26.IX.1991 sobre el estatuto de los trabajadores inmigrantes en terceros países (punto 2.6.10); el de 12.VII.2001, sobre la comunicación del Parlamento Europeo, del Consejo y de la Comisión en torno a la política de inmigración comunitaria (punto 4.2.2) y de 30.IV.2004, sobre la Convención Internacional de Migración (punto 2).

[126] Parte de la misma, especialmente la que se refiere a la primacía del Derecho comunitario, ha quedado anulada por Sentencias del Tribunal Supremo de 1 de junio de 2010 (*BOE* n. 266, de 3.XI.2010).

Resultado de la misma, en conjunción con otras normas aplicables y algunas sentencias contestes que han tratado la materia, podríamos establecer las siguientes consecuencias:

1.ª Que el derecho a la libre circulación se configura como un derecho inherente a la ciudadanía europea.
2.ª Que la condición de nacional de un Estado miembro la establece cada Estado [127].
3.ª Es un derecho que entraña una obligación de resultado [128].
4.ª Por tanto, es de eficacia directa e inmediata, dando lugar a acciones judiciales.
5.ª No depende del ejercicio de actividad económica, laboral o profesional alguna [129].
6.ª A partir de una residencia ininterrumpida de cinco años, el ciudadano europeo y su familia tienen derecho a obtener la residencia permanente, que perderían por una ausencia del país de más de dos años de duración.
7.ª Que de este régimen jurídico se benefician, además de los ciudadanos comunitarios, tres grupos de personas, a saber:
   — Los parientes de ciudadanos europeos, especialmente los que lo sean en primer grado [130].
   — Los extracomunitarios que tengan residencia legal en cualquier país de la UE.
   — Los que puedan beneficiarse, en aplicación del principio de reciprocidad, como son los nacionales del Espacio Económico Europeo [131].
8.ª Que existen limitaciones, por otro lado, establecidas por Irlanda y Reino Unido, contempladas en los Protocolos 20 y 21 anexos al TFUE.
9.ª Igualmente, existen limitaciones territoriales en suelo comunitario, como sucede con las Islas del Canal y la Isla de Man, bajo soberanía del Reino Unido, o las Islas Feroe, en este caso danesas.

En la Directiva 2004/38/CE [132], además, se sienta el criterio de que las medidas de seguridad pública deben fundamentarse de forma exclusiva en el comportamiento del

[127] SSTJCE 7.VII.1992 (A. Michelleti, C-369/90) ; 20.II.2001 (A. Kaur, C-192/99) y 19.X.2004 (A. Chen, C-200/02), que tienen su precedente en la Sentencia de la Corte Internacional de Justicia de 6 de abril de 1955 (A. Nottebohm).

[128] MARTÍN MARTÍNEZ, Magdalena, «Artículo 45», en MONEREO ATIENZA..., *op. cit.*, p. 1205.

[129] STJCE de 12.V.1998 (A. Martínez Sala, C-85/96).

[130] STJCE de 8.III.2011 (A. Ruiz Zambrano, C-34/09).

[131] Por ejemplo, los naturales de Islandia, Liechtenstein, Noruega y, por analogía, los suizos.

[132] Aunque no sea posible recoger en las dimensiones que ha de tener forzosamente este trabajo toda la normativa existente sobre la materia, sí quiero citar, al menos, las Directivas 2003/109/CE, de 25 de noviembre, sobre estatuto de nacionales de terceros países residentes de larga duración y la Directiva 2011/98, de 13 de diciembre, por la que se establece un procedimiento único de solicitud de permiso y unos derechos para los extranjeros con residencia legal en Europa.

individuo al que se aplican y, además, que la mera condena penal no constituye por sí solo un motivo bastante para la adopción de las medidas restrictivas a la libertad de circulación.

El primer problema al que nos enfrentamos, pues, radica en el concepto de orden público, que es el de cada Estado, mientras que las limitaciones materiales y procesales quedan establecidas por la legislación comunitaria.

El segundo es que, si la actuación de los poderes públicos va siempre detrás de los hechos consumados y condenados de los individuos, la persecución del crimen organizado o la del terrorismo de origen yihadista, por ejemplo, puede dejar impunes a personas carentes de antecedentes penales sobre los que sólo pesa una sospecha de integración en movimientos integristas —por poner un ejemplo—.

La Directiva citada establece los siguientes principios de actuación:

1. Cuando razones de orden público, seguridad y/o salud pública lo justifiquen podrá impedirse la entrada, denegar la expedición o renovación de la tarjeta de residente e, incluso, ordenar la expulsión del territorio.
2. Para adoptar esta última medida, será preciso tener en cuenta el tiempo de estancia en el país, el nivel de integración social y cultural así como los vínculos con el país de origen[133].
3. Las medidas adoptadas podrían ser revocadas de oficio —también a instancia de parte— cuando desaparezcan las razones que motivaron su adopción.
4. Sólo puede servir de base el comportamiento personal del afectado que, «en todo caso, deberá constituir una amenaza real, actual y suficientemente grave que afecte a un interés fundamental de la sociedad»[134].
5. Se prevén, además, todo tipo de garantías procedimentales y procesales para hacer legítimo el trámite.
6. Se mantiene el criterio de que no es posible establecer mayores limitaciones que las existentes para los propios nacionales.
7. En caso de que se ejecute la expulsión más de dos años después de haberse dictado, deberá comprobarse la actualidad y realidad de la amenaza para la seguridad o el orden públicos que se pretende evitar[135].
8. Para evaluar el alcance de la seguridad pública, en definitiva, del riesgo, cada Estado será soberano.
9. Debe aplicarse por las autoridades locales el principio de proporcionalidad de la medida y la conducta personal del interesado[136].

[133] Art. 15.1.

[134] Art. 15.5.

[135] Art. 33.2 de la Directiva 2004/38.

[136] Dec. Adm. Hristov *v*. Bulgaria, de 3.IV.2006.

10. Por último, han de tenerse en cuenta los criterios empleados por la STJ de 17 de septiembre de 2002[137] de conformidad con la Explicación relativa al artículo 45 de la Carta y las competencias que tiene la UE a resultas de lo que disponen los arts. 77 a 79 del TFUE[138].

Conviene traer aquí a colación una importante sentencia del TJUE que, en el caso Tsakourdis[139] señala que por «seguridad pública» sólo hay que incluir la seguridad interior y la exterior del Estado miembro, es decir, constituye un concepto más restringido que el del orden público, pues éste sólo incluye «el orden penal interno».

Uno de los problemas que se añaden a los que genera, *per se*, tan garantista legislación es el nuevo concepto de «ciudadanía europea»[140]. Este nuevo título jurídico constituye una auténtica libertad política que supera la concepción laboral y mercantilista de otros tiempos y que convierte al ciudadano comunitario, efectivamente, en ciudadano comunitario[141].

Los recientes atentados de París han puesto en evidencia que gran parte del potencial criminal de ciertas organizaciones terroristas se encuentra viviendo en los Estados que conforman el espacio europeo y, además, que muchos de ellos tienen nacionalidad de sus países de residencia incluso. Esto dificulta la aplicación de una norma garantista pensada al margen de la amenaza yihadista. En ésta hay una componente eminentemente religiosa, pero no puede ensombrecer la condición criminal del sujeto que actúa generando el terror. El problema radica en la aplicación del Derecho cuando se enfrenta ante personas sospechosas de constituir células durmientes, por ejemplo. Atendiendo a los hechos, es posible que, aplicando rigurosamente la normativa, no cupiera limitar los derechos de residencia ni decretar la expulsión de un ciudadano en tanto en cuanto no haya cometido ningún crimen; el sólo hecho de tener una concepción extremista de su religión ¿puede generar el suficiente margen de apreciación como para imponer una medida drástica a aplicar por el ordenamiento de un Estado? Si no se prueba que pertenece a una organización criminal es difícil dar una respuesta eficaz que sea adecuada desde el punto de vista jurídico.

En fin, los márgenes materiales en los que ha de desenvolverse este trabajo me impiden ampliar esta materia, remitiendo al lector a estudios más que autorizados

[137] Asunto Baumbast, C-413/99, Rec. 2002, p. 709.

[138] Lógicamente, han de tenerse en cuenta, además, otras normas comunitarias, como el art. 3 del TUE, los arts. 20; 49 y 67.1 del TFUE, el artículo 2 del Convenio de Ampliación del Acuerdo de Schengen y el artículo 2 del Protocolo 4 del CEDH.

[139] S. de 23.XI.2010.

[140] Art. 21 TFUE y 45 de la Carta.

[141] MANGAS MARTÍN, Araceli, *Carta de los Derechos Fundamentales de la Unión Europea, Comentario artículo por artículo*, 1.ª ed., BBVA, Bilbao, 2008, p. 720.

que realizan un análisis sistemático de la libertad de circulación, la expulsión, etc.[142]. Sirva de colofón, antes de terminar este apartado, un caso que nos resultará, sin duda, cercano. Me refiero a la prohibición de establecimiento de centros de enseñanza de la Compañía de Jesús. Curiosamente, la Constitución noruega de 1814 establecía dicho veto, veto que con posterioridad se volvió incompatible con lo estipulado en el art. 9 del CEDH, motivo por el cual las autoridades noruegas establecieron una reserva al Convenio. La situación se normalizó en 1956 a través de una reforma constitucional que eliminó tal medida.

Algo parecido sucedió con Suiza, la cual se vio «obligada» a cambiar su ordenamiento para posibilitar el establecimiento en suelo helvético de la Compañía de Jesús —entre otras instituciones religiosas— antes de ratificar el CEDH.

6. ANÁLISIS JURISPRUDENCIAL

6.1. Aspectos generales

En los precedentes jurisprudenciales de los Tribunales vinculados con lo que ahora es la UE, podemos encontrar un primer asunto, el c. Stauder[143], en el que se declara que, entre los principios generales del Derecho comunitario susceptibles de protección por los órganos jurisdiccionales hay que incluir los derechos fundamentales. De este modo, una materia que, en principio, escapaba de las competencias de las Comunidades, por esta vía sí podía ser objeto de estudio, cobertura y resolución.

El segundo paso lo dio, un año más tarde, el mismo Tribunal, en el asunto Internationale Handelsgesellschaft, al afirmar que las tradiciones constitucionales comunes en los Estados miembros son «fuente de inspiración» para la protección de los derechos y libertades fundamentales en el marco del Derecho comunitario[144].

Más adelante, en el asunto Nold, Kohlen – und Baustoffgrobhandlung *v.* Comisión de las Comunidades Europeas[145], se declara la falta de obligatoriedad del Derecho comunitario si atenta contra el sistema de derechos fundamentales de los Estados miembros.

Progresivamente, ciertos Tribunales constitucionales fueron declarando que, en ausencia de un catálogo de derechos humanos y de un sistema comunitario de protección de los mismos, debían fiscalizar los actos de las CCEE a efectos de garantizar

[142] Sin perjuicio de numerosos trabajos citados en el presente trabajo, un análisis artículo por artículo de la Carta puede consultarse en la obra de MONEREO ATIENZA, Cristina y MONEREO PÉREZ, José Luis (Directores), *La Europa de los derechos. Estudio sistemático de la Carta de los Derechos Fundamentales de la Unión Europea*, 1.ª ed., Comares, Granada, 2012.

[143] STSJCE de 12 de noviembre de 1969 (Erich Stauder v. City of Ulm, C-29/69).

[144] STSJCE de 17 de diciembre de 1970 (Internationale Handelsgesellschaft mbH v. Einfhur und Vorratsstelle für Getreide und Futtermittel, C-11/70).

[145] STJCE de 14 de mayo de 1974 (C-4/73).

las libertades y derechos fundamentales consagrados en la Constitución alemana[146], salvo que el TJ garantice un nivel de protección suficiente[147]; en este mismo sentido se pronunció el TC italiano[148] siguiendo la estela del TC germano.

Por tanto, como se ve, el primer problema al que nos enfrentamos es el de la falta de una total primacía del Derecho comunitario sobre los ordenamientos de los Estados miembros cuando un derecho fundamental está en liza, ello pese a que, como se ha podido comprobar, su jurisprudencia ha tenido enorme peso en la actividad jurisdiccional de los Tribunales constitucionales y, más en particular, en el español[149].

El papel que desempeña el Convenio de Derechos del Consejo de Europa y el TEDH es, en este sentido, de referencia. Por un lado no es Derecho comunitario, por otro, parece absurdo desconocer los criterios jurídicos que sienta aquél, máxime teniendo en cuenta la doble participación de todos los Estados comunitarios en el CE. Al final, la respuesta dada es que el TEDH y la normativa que aplica es de mínimos, pero nada impide al TJ incrementar, «alargar» o reforzar el nivel de protección.

No es esta sede en la que poder profundizar en el proceso de consolidación de un sistema de protección que, pese a todo lo dicho anteriormente, avanza y lo hace de forma inexorable, como movido por un necesario destino. Baste citar, a título de ejemplo, el papel que han tenido el *EU Network of Independent Experts on Fundamental Rigths*[150] o la Agencia Europea de Derechos Humanos[151], iniciativas que no hicieron otra cosa que avanzar lo que ya se acordó en el Consejo Europeo de Colonia de 3 y 4 de junio de 1999: redactar una Carta de los Derechos Fundamentales para la Unión Europea y, aunque ésta no adquirió fuerza de ley, sin embargo, a partir de su aprobación sirvió para realizar controles de compatibilidad con la misma de todo acto legislativo o reglamento que emanara de las instituciones comunitarias.

Además, la Carta fue citada por los órganos jurisdiccionales de los Estados miembros; incluso el propio el TJ[152] y el TEDH lo han tenido en cuenta como criterio hermenéutico; pero lo más trascendente de la misma tal vez sea el conjunto de principios que se sientan en el extenso artículo 52 de la Carta, dado que en él trata del alcance e interpretación de los derechos y principios.

[146] STC alemán de 29 de mayo de 1974 (Solange I, 37 BverfGe 271).

[147] STC alemán de 22 de octubre de 1986 (Solange II, 73 BverfGe 339).

[148] STC italiano de 8 de junio de 1984 (Gratinel).

[149] Sobre este tema puede consultarse la obra de MARTÍN SÁNCHEZ, Isidoro, *La recepción por el Tribunal constitucional español de la jurisprudencia sobre el Convenio Europeo de Derechos Humanos respecto de las libertades de conciencia, religiosa y de enseñanza*, 1.ª ed., Comares, Granada, 2002.

[150] Creado en el año 2002 por la Comisión.

[151] Creada en el 15 de febrero de 2007 (Reglamento CE n. 168/2007).

[152] La primera de las Resoluciones en las que hace mención a él es la STJCE de 27 de junio de 2007, Parlamento Europeo *v.* Consejo de la Unión Europea, C-504/03.

Lo mismo sucede con las «explicaciones» a la misma establecidas por los redactores de la Convención I, actualizadas en los años 2004 y 2007. Se trata de un documento oficial que refiere el origen de cada derecho, libertad y principio de los recogidos, y señala el alcance, los límites y las excepciones[153].

Además, es preciso armonizar el contenido jurídico de la Carta con el contenido en los Tratados y a tal efecto la propia Carta dispone como criterios de armonización, los siguientes[154]:

1.º Compatibilidad entre los derechos reconocidos en la Carta que a su vez estén reflejados en disposiciones de los Tratados. En tal caso, la disposición recogida en un Tratado no queda alterada.
2.º Compatibilidad de los derechos de la Carta y los recogidos en el Convenio Europeo de Derechos Humanos. En este sentido, todo derecho recogido en el CEDH debe ser interpretado conforme al mismo, incluyendo sus protocolos y la jurisprudencia del TEDH. Ello, sin embargo, no impide, *a priori*, la posibilidad de avanzar en materia de reconocimiento de las libertades fundamentales, pues tiene la consideración de mínimos y, por tanto, cabe una ampliación de todos los derechos reconocidos.
3.º En caso de contradicción entre las disposiciones de la Carta y las Constituciones de los países miembros o los Convenios Internacionales de derechos humanos, no se podrá aplicar la Carta en cuanto limite, restrinja o condicione algún derecho reconocido en una Constitución o en un Tratado internacional.

Esta última prescripción es muy importante, tanto pensando en la posibilidad de reformas futuras y documentos y declaraciones posteriores que puedan existir, como atendiendo a los textos preexistentes.

Uno de los aspectos que más interés ofrece a los juristas es el de las restricciones al ejercicio de los derechos, pues esto, sin duda, servirá, *mutatis mutandis*, de corolario al alcance de la libertad religiosa.

La técnica empleada es, además, interesante *per se*, de modo que a continuación extracto su contenido. Sólo cabe restringir los derechos si se dan las siguientes tres circunstancias de forma acumulativa, a saber[155]:

1.ª Que estén establecidas por Ley.
2.ª Que respeten el contenido esencial de los derechos y libertades.
3.ª Que respeten el principio de proporcionalidad.

[153] Dichas «explicaciones» con sus respectivas actualizaciones constituyeron el contenido de la Declaración número 12 al Tratado Constitucional, posteriormente se transpolaron a la Declaración número 1 aneja al Tratado de Lisboa y a ellas se refiere el art. 6.1 del Tratado de la Unión Europea.

[154] Art. 53.

[155] Art. 52.1.

Queda, sin embargo, meridianamente claro que los principios no dan lugar a derechos subjetivos y que, por tanto, en caso de violación, no hay acción en manos del particular. Esto es especialmente grave por dos circunstancias: en primer lugar porque, a veces, no queda claro si se sienta un principio o se establece un derecho y, en segundo, porque éste es, precisamente, el criterio que ha mantenido el Tribunal Constitucional español desde sus inicios, y ello ha dado lugar, a mi modesto juicio, a una situación jurídicamente esperpéntica. Principio es el de jerarquía normativa, principio es el de irrectroactividad de las disposiciones sancionadoras, perjudiciales..., principio es el de seguridad jurídica...; pues bien, con relativa frecuencia las violaciones de estos principios lo que hacen es lesionar gravemente el patrimonio jurídico de la persona, con más clara o más oscura vinculación a un derecho fundamental; y es precisamente el estamento público el que en su acción legislativa o ejecutiva infringe esos principios; dejar al margen de la tutela constitucional e internacional la protección que debe el sistema judicial proporcionar a los particulares constituye una *aberratio iuris* que, como digo, ahora la UE reproduce, consolidando la que comete el sistema español.

Un ejemplo del peligro que se advierte en el párrafo anterior lo constituye el artículo 22 de la Carta. Al decir que la UE se compromete a respetar la diversidad cultural, religiosa y lingüística de la Unión[156], tratándose de un principio, queda desprovisto de la correspondiente tutela jurídica, es decir, reducido a una declaración de intenciones que sólo puede tener valor interpretativo —siempre relativo—; si ese respeto no se traduce en acciones judiciales en realidad no se traduce en nada concreto y útil.

6.2. Jurisprudencia en materia de libertad de circulación, establecimiento y expulsión

Como puede comprenderse, las resoluciones judiciales que se han pronunciado sobre la materia alcanzan una cifra colosal[157]. En numerosas ocasiones estos juicios han tenido como parte a los trabajadores, raramente ha habido una confluencia entre relación laboral y organización confesional o el ejercicio de algún derecho inherente a la libertad religiosa.

Me referiré a continuación a una serie de materias que pueden servir como precedentes jurisprudenciales a los efectos de tenerlos en consideración en el tema que nos

[156] La propia UE pone este ejemplo. Véase http://ec.europea.eu/jistice_home/unit/chate/en/about-impact.html.

[157] Una relación detallada de dicha jurisprudencia, solo que referida a los inmigrantes, puede verse en la obra de IGLESIAS SÁNCHEZ, Sara, *La libre circulación de los extranjeros en la Unión Europea: El régimen de movilidad en las Directivas de la UE en materia de inmigración*, 1.ª ed., Reus, Madrid, 2010, pp. 407-417.

ocupa evitando en lo posible generar reiteraciones respecto de sentencias ya citadas en páginas precedentes.

Una de ellas es la STEDH de 4 de junio de 2002, que no considera desproporcionada la medida adoptada de prohibir el acceso a una zona céntrica de la ciudad a un ciudadano sospecho de consumo y posesión de drogas[158].

En sentido opuesto, es decir, declarando la improcedencia de la actuación del Estado, en Chipre, cuento el objeto de la litis fue la obligación del Gobierno, impuesta a los habitantes, de comunicar con preaviso a la policía cualquier proyecto de desplazamiento hacia el norte de la isla[159]; o en Italia, por prohibir a un ciudadano declarado en quiebra alejarse de su lugar de residencia salvo que obtuviera autorización judicial. En este caso el problema es que dicha prohibición duró catorce años[160]. [161]

Del mismo modo, la incautación del documento de identidad o del pasaporte, se trate de un nacional o de un extranjero, se considera una medida extralimitada[162].

Por el contrario, considera justificadas las prohibiciones de circulación dentro del propio Estado al encausado en un proceso penal[163].

Caso curioso fue el protagonizado por Víctor Manuel de Saboya, heredero a la monarquía italiana que vivía exiliado. Al prohibírsele la entrada a su propio país, tanto a él como a su familia, interpuso recurso ante el TEDH, sin embargo, éste no tuvo ocasión de pronunciarse sobre el fondo habida cuenta que una modificación de la Constitución eliminó el veto que recaía sobre los actores. La sentencia, por tanto, decretó el archivo al desaparecer la *causa litis*[164], aunque probablemente hubiera tenido el respaldo del Tribunal.

Entrando en materias relacionadas con el orden público, el TJUE justifica las medidas de expulsión de un ciudadano de la UE integrado en una banda organizada y condenado por tráfico de estupefacientes[165], no así por la comisión de otros delitos.

En términos generales, la aplicación del orden público a los extranjeros ha atendido a criterios similares a los utilizados cuando se trataba de ciudadanos comunitarios[166], este orden público no puede sustentarse en meras especulaciones, ni tan siquiera en informes policiales, sino sólo en pruebas fehacientes.

158 C. Olivieira c. Holanda, pp. 64 y 65.

159 STEDH Denizci y otros *v*. Chipre, de 23 de mayo de 2001, pp. 403 y 404.

160 STEDH Luordo *v*. Italia, 17.VII.2003, p. 96.

161 Aplica también el criterio de duración de la medida al objeto de considerarlo un abuso o una intromisión ilegítima la STEDH Hristov v. Bulgaria, de 3.IV.2006.

162 STEDH Baumann *v*. Francia, de 22.V.2001, pp. 66 y 67.

163 STEDH Federov Federova *v*. Rusia, 13.X.2005, pp. 41-43.

164 STEDH Victor Emmanuel de Saboya *v*. Italia, 24.IV.2003.

165 De 23.XI.2019 (C. Tsakourdis).

166 ELVIRA, Ascensión, «Libertad de circulación y orden público en España», en *InDret*, n. 2 (2008), p. 15.

Problema aparte —y no menor— es cuando el orden público nacional se vincula a una opción rigorista del Estado en el caso, por ejemplo, de los modelos laicos de corte laicista. Fue el caso de una estudiante de quinto curso de medicina que decide ir a clase provista del pañuelo islámico, motivo por el cual es expulsada, lo que la obligó a continuar sus estudios en el extranjero[167]. La causa que justificó la medida adoptada por las autoridades académicas no fue otra que la de violar el principio de laicidad[168]. Sorprende que el TEDH declare que no hubo violación del derecho a la libertad religiosa basándose en que la materia puede ser objeto de regulación del Estado al configurar su orden público interno.

Algo parecido le sucedió a una profesora que daba clase en Suiza. Convertida al Islam, a partir de ese momento comenzó a asistir al aula provista del *hiyab*. La dirección del centro le prohibió el uso del pañuelo, pese a que no hubo queja alguna por parte de los padres de los alumnos, al entender que se trataba de un gesto proselitista contrario a la neutralidad que inspiraba a la entidad docente. Además, se consideraba que tal conducta atentaba o podía atentar contra los sentimientos religiosos de los estudiantes y afectar al principio de tolerancia[169].

6.3. Respecto de la libertad de credo y el derecho al trabajo

Numerosas han sido, igualmente, las causas que en los diferentes tribunales han versado sobre la libertad de credo. Como se anunció más arriba, son más raras las que conjugan LR y derecho a la libre circulación y, más escasas aún las que suman a esos dos derechos las relaciones laborales.

Comentaré a continuación de forma concisa algunas de las resoluciones[170].

Vinculado en cierto modo a la libertad de circulación (sólo que dentro del propio país) se produjo en Inglaterra un pintoresco asunto relacionado con el conjunto monumental de Stonehenge. En el solsticio de verano, tradicionalmente, un grupo de personas entre las que se encontraban quienes decían ser druidas, acudían al lugar y pasaban el día realizando unos ritos no exentos de espíritu festivo; con el tiempo aquello derivó en lo que terminó denominándose el *Stonehenge Free Festival* que, de alguna forma, era una especie de degeneración de las ceremonias druídicas que

[167] Lo mismo podría haber acontecido a un varón pues la circular emitida por el Rector de la Universidad de Estambul afectaba también a la barba.

[168] STEDH Leyla Sahin *v*. Turquía, de 29.VI.2004, confirmada por otra de la Gran Sala de 10.XI.2005. En el mismo sentido la STEDH Refah Partisi o Partido de la Prosperidad *v*. Turquía, de 13.II.2003.

[169] STEDH Dahlab *v*. Suiza, Dec. Adm. 42393/98, de 15.II.2001.

[170] Entre los muchos artículos y monografías dedicas al tema destaco la de GUTIÉRREZ DEL MORAL, María Jesús y CAÑIVANO SALVADOR, Miguel Ángel, *El Estado frente a la libertad de religión: jurisprudencia constitucional española y del Tribunal Europeo de Derechos Humanos*, 1.ª ed., Atelier, Barcelona, 2003, dado que en las páginas 179-180 recoge un amplio repertorio jurisprudencial del TEDH.

se llevaban haciendo desde hacía años. Las autoridades locales inglesas, con el fin de impedir que se produjeran disturbios, decidieron prohibir la celebración de dichas ceremonias, a lo que la Orden Secular de los Druidas se opuso invocando el art. 9 del Convenio[171]. La Comisión denegó la solicitud en virtud de lo dispuesto en el apartado 1 del art. 9, de modo que no pudieron celebrarse.

En ese caso, estoy de acuerdo con Martínez-Torrón al considerar que la medida fue demasiado expeditiva y que existían otras formas de conciliación de la LR con el orden público, como limitar el acceso (en vez de prohibirlo) o permitir, al menos, que un druida acudiera al conjunto monumental «a la salida del sol para recitar las fórmulas mágicas prescritas por su tradición»[172] (que eran, justamente, las propuestas alternativas que planteaba la Orden).

También relacionado con la libertad religiosa merece la pena destacar el caso protagonizado por un seguidor de la Iglesia Moon[173].La cuestión estribó en un principio en la negativa de las autoridades austriacas a inscribir el grupo religioso por considerarlo una secta; a juicio del actor, ello le privaba del derecho a ejercer proselitismo, como manifestación inherente a la LR, pero la Comisión entendió, al inadmitir su demanda, que el hecho de la denegación de inscripción no le privaba de realizar las actividades dimanantes del derecho a la libertad de credo pues, la legislación del país no condicionaba la práctica del proselitismo a su inscripción como grupo asociativo.

El tema es de cierta complejidad pues la disolución de la «Sociedad para la Unificación del Cristianismo» —que así se llamaba— se basaba, asimismo, en considerar que sus actividades no se correspondían con los fines que recogían los estatutos de la misma (típicas de una organización confesional); por este motivo la sociedad cambió de estatutos y volvió a solicitar la inscripción, que es nuevamente denegada. En este caso, el rechazo se basó en que las leyes austriacas prohíben la creación de entidades que tengan fines perseguidos por organizaciones previamente disueltas por la competente autoridad.

A mi juicio, la Comisión actuó de forma incorrecta porque, al margen de otras libertades inherentes a toda persona física, la dotación de personalidad jurídica, fruto de la voluntad del grupo, para empezar, es consecuencia de la LR de sus miembros fundadores y, para terminar, siempre supone el otorgamiento de un estatuto especial en tanto en cuanto le otorga personalidad jurídica, y es innegable, por ello, que su decisión tuvo evidentes efectos perjudiciales para la entidad y todos sus miembros[174].

[171] Dec. Adm. 12587/86 (DR, pp. 241 y ss.).

[172] «La libertad religiosa en los últimos años de la jurisprudencia europea», en *Anuario de Derecho Eclesiástico del Estado*, vol. IX (1993), p. 80.

[173] Dec. Adm. 8652/79 (D. & R. 26, pp. 89-96).

[174] Discrepo, por ello, de la opinión de Martínez-Torrón para el que la resolución estuvo ajustada a Derecho (MARTÍNEZ-TORRON, «El derecho de libertad..., *op. cit.*, p. 443.

Un caso interesante que surgió precisamente de la legislación antiterrorista lo protagonizó Turquía[175]. El actor fundó en 1993 una comunidad religiosa islámica, sospechosa de ser sectaria, denominada «Aczmendi», la cual fue disuelta en aplicación de una ley nacional sobre disolución de entidades y grupos sectarios dado que las autoridades locales la culpaban de querer destruir el régimen republicano laico, de hecho el actor fue procesado y condenado penalmente. Lo curioso es que el proceso penal se ventila ante un Tribunal especial denominado «Tribunal de Seguridad del Estado» del que formaba parte un magistrado militar, y lo que el condenado invoca en defensa de sus derechos es el art. 6.1 del Convenio, es decir, el derecho a un proceso equitativo, dando por hecho que el suyo no lo fue. EL TEDH le da la razón y condena a Turquía precisamente porque entiende que no se garantizaban los derechos procesales con dicho órgano jurisdiccional.

Más interés despierta, por su especificidad, el caso protagonizado por El Majjaoui[176], un marroquí que solicitó permiso de trabajo en Holanda para servir como imam en una mezquita holandesa y al que las autoridades nacionales le denegaron el mismo. La razón esgrimida en el expediente es, según consta, que había otras personas de la UE que podían aspirar a la plaza, de modo que El Majjaoui fue expulsado a su país de origen. Los tribunales patrios consideraban que el art. 9 del Convenio no alcanza a amparar situaciones de este tipo pero, curiosamente, la plaza quedó vacante, de modo que el imam volvió a solicitarla. Comprobado por las autoridades holandesas que la plaza no había sido ocupada por ningún comunitario, concedieron el permiso de trabajo al marroquí, por esta razón ya no tuvo motivo de resolver sobre el fondo del asunto. Aunque el tema estaba tramitándose ante la Gran Sala conviene señalar que tres de los jueces disintieron del derecho del imam a ocupar la plaza vacante.

También vinculado a la libertad de circulación y, particularmente de trabajadores, es el conocido caso de la Iglesia de la Cienciología contra el Reino Unido[177].

Según la propia Comisión, que inadmite el recurso, esta Iglesia decide abrir un colegio en Inglaterra en el año 1966 y, con ello, una sede que le sirva de apoyo para la propaganda de su doctrina. Dos años más tarde, el ministro británico de salud pública emitió un informe al Parlamento advirtiendo que dicha institución podía ejercer una influencia dañina para sus miembros, porque lo consideraba un culto pseudofilosófico[178], sin embargo, como era imposible prohibir legalmente las prácticas de este credo, abogó por obstaculizar su desarrollo. En esta dirección proponía una serie de

[175] STEDH Müslüm Gündüz *v*. Turquía, de 12.VII.2005.

[176] El Majjaoui y Fundación Mezquita Touba *v*. Holanda, de 20.XII.2007, aunque el proceso termina en aplicación del art. 37, del Convenio, es decir, cancelando la causa.

[177] C. Church of Scientology de California *v*. Reino Unido, Dec. Adm. 3.798/68 (YB 12, pp. 306-325).

[178] YB 12, p. 308.

medidas a adoptar como, por ejemplo, prohibir la entrada a extranjeros con el fin de evitar que los colegios siguieran creciendo, para lo cual proponía no reconocer a sus centros de enseñanza tal condición (de este modo, se eliminaba el estatus de estudiante a los ciudadanos no nacionales); además, defendía el rechazo de las prórrogas de los permisos de residencia a sus colegiales por motivos de estudios y hacer lo mismo con los trabajadores de la institución. De hecho, denegaron la entrada, según la demandante, a más de ochocientos delegados que pretendían participar en un congreso internacional programado y que se celebraría en 1968.

La Comisión fundamentó su negativa alegando que no estaba impidiendo el ejercicio de ningún culto, simplemente estaba restringiendo la entrada en Gran Bretaña a determinadas personas, algo que no constituía ningún derecho contemplado expresamente en el Convenio, como tampoco el derecho a la permanencia en el país; nada impedía, por tanto, las expulsiones de ciudadanos no nacionales. Además, mantenía que tampoco el Convenio obligaba a reconocer establecimientos presuntamente docentes y que el Estado podía exigir para tal reconocimiento unos estándares mínimos.

Como se ve en este caso, la libertad religiosa está más vinculada a la libertad de enseñanza que a la libertad de asociación: no se disuelven las instituciones existentes pero se dificulta su instalación negándoles tal carácter; por otro lado, las restricciones a la libertad de circulación se manifiestan en todas direcciones: prohibiendo la entrada, negando las prórrogas por estudios e, incluso, expulsando a los no nacionales.

Es preciso hacer notar que la Comisión ya se había manifestado en numerosas ocasiones en este sentido: el Convenio no impide el derecho de los Estados a expulsar de su territorio a extranjeros, salvo que haya motivos serios para creer que el repatriado vaya a ser víctima de penas o tratos inhumanos y degradantes[179].

Sin embargo, esta materia ha protagonizado más conflictos. El TJCE tuvo que resolver la cuestión planteada por una ciudadana holandesa, Ivonne van Duyn, miembro de la Iglesia de la Cienciología, que aceptó una oferta de empleo en el Colegio de East Grinsted que, a la sazón, era la única escuela que dicha Iglesia tenía en Inglaterra. En 1974 quiso entrar por este motivo en el país, pero las autoridades fronterizas le denegaron el permiso precisamente porque era para trabajar en dicho colegio. Por esta razón, La High Court eleva al Tribunal de las Comunidades una cuestión prejudicial a fin de que interprete algunos preceptos del Derecho comunitario en materia de libre circulación de trabajadores dentro de los Estados miembros.

La sentencia, acogiéndose a lo dispuesto en el artículo 3, párrafo primero, de la Directiva 64/221, en virtud del cual toda medida restrictiva ha de ampararse forzosamente en el comportamiento personal del solicitante con el fin de limitar todo lo

[179] Dec. Adm. 214/56, YB 2, p. 224; 850/60, YB 4, p. 237; 1611/62, YB 8, p. 168; 2143/64, YB 7, p. 328; 3040/67, YB 10, pp. 522-524; 3.325/67, Coll. 25, p. 121; 7465/76, D. & R. 7, p. 154.

posible los poderes discrecionales, asocia la pertenencia a tal religión el peligro potencial contra el orden público interno y justifica la prohibición de entrada en el país[180].

Como señala Motilla, lo peor de la resolución fue dar carta de naturaleza a la libre apreciación de la cláusula de orden público a las autoridades nacionales de cada país porque ello «reduce los controles internacionales sobre la aplicación de los límites de los derechos fundamentales en cada Estado»[181].

La verdad es que esta Iglesia ha sido objeto de determinadas persecuciones estatales y siempre ha encontrado denegación a sus reclamaciones cada vez que ha acudido en defensa de sus derechos a los organismos europeos[182].

Otro caso vinculado, asimismo, con la libertad de circulación lo constituye el generado por Swami Omkarananda, un ciudadano indio que fundó en Suiza en 1966 una institución religiosa y filosófica denominada *Divine Ligth Zentrum*. La verdad es que sus miembros tuvieron diversos problemas con el vecindario, llegando a generarse igualmente un conflicto con la policía. Las autoridades suizas deciden, llegado a ese extremo, no renovar el permiso de residencia al fundador. La tensión fue a más porque durante la tramitación del expediente de no renovación se produjo una deflagración en las cercanías de la vivienda del director de la policía de Zurich y se localizaron bombas que no llegaron a explotar próximas al domicilio del abogado de los vecinos contrarios al centro en cuestión. Fruto de estos actos fue condenado a catorce años de cárcel pero, en 1977, dos años antes de que se produjera la sentencia penal, se presenta la queja ante la Comisión por el decreto de expulsión. En ella se afirma que se ha violado el artículo 9 del Convenio porque lo que se pretende, sacando al fundador del país, es provocar la desaparición del *Divine Light Zentrum*.

Como vemos, se mantiene la doctrina de que el CEDH no garantiza la permanencia en un país extranjero pero, sin embargo, si se demuestra que la medida se realiza con fines limitadores de la libertad religiosa, sí cabría dispensar la protección[183]. En este caso, no obstante, se desestimó la reclamación porque al final no hubo deportación (estuvo cumpliendo condena en el país) y, además, porque la expulsión hubiera

[180] Fallo de la Corte de 4.XII.1974 (Ivonne van Duyn v. Home Offce, asunto 41-74).

[181] *Sectas y Derecho en España*, 1.ª ed., Editoriales de Derecho Reunidas, Madrid, 1990, p. 87.

[182] Entre otras quiero destacar la que tuvo como partes el Pastor X y la Iglesia de la Cienciología contra Suecia (7805/77, *ACEDH* (1979), pp. 245-257). Se enfrentaron ante la prohibición de comercialización de un extraño aparato (el E-meter) presuntamente capaz de medir el grado de purificación de las personas. Dicho artilugio se publicitaba en las revistas internas y destinadas a los fieles de dicha Iglesia, sin embargo, para las autoridades suecas contenía dicha publicidad frases engañosas, lo cual justificó la prohibición de la propaganda. Aunque tenía fines religiosos, el hecho de venderse lo convertía, según la Comisión, en un producto comercial al que no debía aplicarse la legislación protectora de la LR puesto que nada impedía el ejercicio de la libertad de credo.

[183] Dec. Adm. 8188/77 (D. &. R. 25, pp. 105-141).

estado justificada por motivos de orden público, no era una medida que tuviera relación directa con la negación de los derechos inherentes a la libertad de credo.

Relacionada de forma tangencial con el derecho al trabajo y a la libre circulación, se planteó un caso precisamente contra el Consejo de las Comunidades Europeas. Una ciudadana británica de religión judía no pudo acudir a un examen organizado por aquél dado que la fecha elegida coincidía con una festividad de su credo que le impedía desplazarse. Aunque deja abierta la puerta a que en un futuro se anuncie con antelación este tipo de incidencias y se prevean fechas alternativas o se cambien las señaladas, la sentencia desestima la demanda[184].

Interesa —ya para terminar— traer a colación el caso de un alemán que trabajaba en Holanda para la Comunidad Bhagwan. Sus tareas era de fontanería y mantenimiento, y el cobro era en especie (sustento, vestido, habitación..). Cuando solicitó el pertinente permiso de residencia le fue denegado por las autoridades holandesas por entender que no se trataba de actividades asalariadas. El TUE consideró lo contrario, que la retribución, aunque no fuera dineraria, existía como tal, de modo que dio cobertura a su reclamación y pudo seguir en el país realizando dichas tareas[185].

7. El orden público como norma de clausura del ejercicio de los derechos

Por razones difícilmente evitables, al menos para mi, a lo largo de este estudio he realizado diferentes referencias al orden público, algunas de ellas derivadas de las normas vigentes, otras de precedentes jurisprudenciales, casi siempre teniendo como telón de fondo los derechos inherentes a la libertad religiosa y a la libertad de circulación, raramente referidas al derecho al trabajo.

La sensación que genera esta materia es que, con frecuencia, al mismo tiempo se avanza y retrocede o, tal vez, lo que suceda es que al final se avance aunque en el proceso se produzcan frecuentes retrocesos. La Directiva 2014/54/UE[186] y las Resoluciones de 15 de diciembre de 2011 y 16 de enero de 2014, del Parlamento Europeo, sobre la libre circulación de los trabajadores en la UE son buenas pruebas de ello.

Conviene, sin embargo, y aun a riesgo de reiterar algunos datos recogidos en anteriores cuartillas, sistematizar y concretar los aspectos derivados de las exigencias de adecuación al orden público interno, con el fin de completar el objeto de este estudio.

184 STUE Prais *v.* Conseil del Communantés Européennes, de 27.X.1976.

185 STUE Steymann v. Staatssecretaris van Justitie, de 5.X.1988, fundamento jurídico 14.º.

186 De 16 de abril de 2014, que desarrolla los arts. 1 a 10 del Reglamento (UE) 494/2011, sobre libre circulación de los trabajadores.

A tal fin podemos concluir lo siguiente:

1.º Que toda limitación de los derechos fundamentales ha de ser sometida a criterios restrictivos. Esto vale, por tanto, para la LR, pero también para la libertad de circulación y el derecho al trabajo[187].

2.º Que las medidas restrictivas tienen que estar legalmente previstas, sin que quepan establecerlas *ex nihilo*. Dicho lo anterior, no son infrecuentes las resoluciones judiciales en las que se concede a los Estados suficientes dosis de discrecionalidad como para permitir conductas represivas de los derechos humanos comentados[188].

3.º Han de tratarse de medidas necesarias en una sociedad democrática. Dicho esto, la interpretación que ha realizado hasta la fecha la doctrina jurisprudencial para indicar el alcance esta expresión, así como el libre margen de apreciación de los Estados deja muy abierta la materia.

4.º En general, cuando se trata de manifestaciones individuales o personales de la libertad, dicho margen disminuye. Sin embargo, de tratarse de instituciones públicas en las que el Estado ejerce cierto *imperium*, tales como prisiones o establecimientos militares, el orden público interno de esos centros se entiende afecta también al del propio orden público y social[189].

5.º La salud es, claramente, un motivo que justifica el establecimiento de restricciones a la libertad, de hecho, incluso las epidemias animales han justificado medidas restrictivas[190].

6.º Lo mismo cabe decir de la seguridad. Cuantas veces se han producido acciones que han puesto en peligro la misma y las autoridades de un Estado han intervenido, el TEDH ha dado cobertura a los poderes públicos del país[191].

[187] Aunque en el caso se ventilaban la legalidad de escuchas telefónicas clandestinas, el motivo por el que el Estado las realizó fue para combatir presuntas actividades terroristas. En el caso Klass y otros *v.* la República Federal de Alemania, la STEDH de 6 de septiembre de 1978, aboga por esa interpretación extensiva de los derechos y libertades.

[188] Además de los ejemplos traídos a colación a lo largo de este trabajo, puede verse la decisión de admisión 8010/77 (D. & R. 16, pp. 101-104) respecto del profesor inglés de escuela pública que lleva distintivos religiosos en sus enseres y ropas, y utiliza ciertos espacios del colegio en el que trabaja para hacer proselitismo de sus creencias, motivo por el cual fue despedido.

[189] Dec. Adm. 6084/73 (D. & R. 3, pp. 62-76) y 8231/78 (D. % R. 28, pp. 5-76). En el caso de un recluso que practicaba el yoga, se le prohibió dejarse la barba por prohibirlo el reglamento. En este caso, la falta de cobertura del TEDH da verdaderas alas a los Estados (Dec. Adm. 1753/63 (YB 8, pp. 174-191).

[190] Ejemplo de ello es la Dec. Adm. 1068/61 (YB 5, p. 284), referida a la obligatoria inscripción de un registro nacional tendente a prevenir la tuberculosis bovina.

[191] Ha sido el caso de la propaganda repartida por un miembro del I.R.A. a ingleses destacados en Irlanda del Norte (Dec. Adm. 6084/73, YB p. 65); el de promotores del neonazismo (Dec. Adm. 1747/62, YB 6, pp. 442-444; o el de los propagandistas del neofascismo (Dec. Adm. 6741/74, D. & R. 5, p. 85).pacifista, entre los soldados

7.º Los derechos y libertades de los demás también conforman un límite a la capacidad de acción de los individuos y los grupos[192].

8.º Pero también los derechos fundamentales de los que somos titulares las personas pueden actuar como límites en el sentido de constituir una segunda especie de orden público que restringe la capacidad de acción de los poderes públicos[193].

9.º Juega en estos casos el principio de proporcionalidad que, curiosamente, no figura ni en el Convenio ni en los Protocolos que lo complementan. Por tanto y partiendo de su construcción jurisprudencial, dicho principio actúa en casos en los que exista una necesidad social imperiosa o haya que dar respuesta a conflictos en los que estén en juego el interés general y los derechos individuales[194].

10.º El test de proporcionalidad debe realizarse en conjunción con el principio de libre margen de apreciación. Este criterio, tampoco legal, fue utilizado primero por la Comisión y posteriormente por el propio TEDH. Según su doctrina, varía según las circunstancias de tiempo y lugar, la naturaleza del derecho ejercitado y el contexto del caso concreto[195]. La realidad es que un repaso por la jurisprudencia del citado tribunal arroja un resultado muy desigual que da cobertura desde un «amplio margen de apreciación» a un «pequeño» margen de apreciación, pasando por un «restringido» margen, según los casos.

11.º En general, considera que es amplio cuando están en riesgo el orden moral, ético e, incluso, cultural de cada Estado y, por supuesto, cuando están en tela de juicio la seguridad nacional o el orden público. El caso Lautsi contra Italia es buena prueba de ello[196].

12.º Se afirma que las autoridades nacionales, por su conocimiento directo, disponen de mayores elementos para valorar el interés general, ello incrementa la capacidad de actuación de los poderes públicos[197].

13.º La desigualdad de trato exige una concepción más restringida del margen de libre apreciación pues toda discriminación debe estar fundamentada en motivos objetivos y justificados[198].

[192] Por ejemplo, se inadmite la demanda que pugna contra la obligatoriedad del seguro de automóviles que cubre los daños a terceros (Dec. Adm.2988/66, YB 10, pp. 476-478).

[193] El tema enjuiciado por el TEDH en la causa Jabari *v*. Turquía, de 11 de julio de 2000, es buena prueba de ello. En este caso se valoraba un decreto de expulsión de una iraní. El hecho de que la misma pudiera ser condenada a muerte por lapidación a causa de una acusación de adulterio le sirvió para que el TEDH consideraba amparable su derecho de establecimiento frente a la actuación del Estado turco.

[194] STEDH Olsson *v*. Suecia, de 24.III.1988, p. 67.

[195] STEDH Rasmussen *v*. Dinamarca, de 28.XI.1984, p. 40.

[196] Sentencia de la Gran Sala de 18.III.2011, p. 68 a 76.

[197] STEDH James y otros *v*. Reino Unido, de 21.II.1986, p. 46.

[198] STEDH Unal Tekeli *v*. Turquía, 16.II2005, p. 58.

14.º En todo caso, siempre que por alegadas razones de orden público se limiten derechos fundamentales, cabrá necesariamente la posibilidad de someter a juicio de los tribunales competentes si dichas razones son, o no, suficientes; si las medidas adoptadas por los poderes públicos son adecuadas y si los derechos invocados, en atención a criterios de ponderación, han sido correctamente respetados (lo que no quiere decir que prevalezcan siempre).

15.º En el ámbito comunitario, el orden público como circunstancia limitadora del derecho de residencia, afecta exclusivamente al derecho a entrar en un país miembro y al derecho a residir en él. Cuando no se poseen ambas facultades ello permite la expulsión a su país de origen[199], pero también impone la jurisprudencia una interpretación restrictiva de las causas que lo justifican[200].

16.º En cuanto al concepto «motivos imperiosos de seguridad pública», del art. 28, apartado 3, de la Directiva 2004/38/CE, el TJUE ha tenido ocasión de pronunciarse señalando al respecto que por tales hay que entender «sólo los riesgos para la seguridad interior y exterior del Estado, entendida como la permanencia del Estado con sus instituciones y sus servicios públicos fundamentales, la supervivencia de la población, las relaciones exteriores y la convivencia pacífica de los pueblos»[201].

17.º En este sentido se considera que es aplicable el término cuando se trata de combatir la criminalidad de bandas organizadas dedicadas, por ejemplo, al tráfico de estupefacientes; pero no sería el caso si el comportamiento delictivo fuera cometido por un sujeto aislado.

18.º La mera tenencia de antecedentes penales no es causa suficiente para considerar que se cumplen las razones de orden público para denegar la entrada o la residencia[202].

19.º Sólo existiendo dicho motivos imperiosos es posible proceder a la expulsión de residentes de más de diez años de antigüedad[203]. Además, según la STJUE de 23 de noviembre de 2010[204], este concepto sólo cabe fundarse en

[199] Los artículos 27; 28; 29 y 33 de la Directiva 200/38/CE, ya citada, regulan la materia.

[200] Véanse las SS. del TJCE de 28.X.1975; 29.IV.2004; 27.IV2006 y 4.X.2007 a título meramente ejemplificativo.

[201] Se trata de un pronunciamiento en la decisión prejudicial planteada por el Oberverwaltungsgerischt für das Land Nordrhein-Westfalen (Alemania). En el caso, un ciudadano italiano (sr. Infusino), que vivía en Alemania desde 1987, según queda acreditado, estuvo obligando a la hija de su pareja a mantener relaciones sexuales bajo amenaza de matar a la madre o a un hermano de la menor. Condenado por el tribunal de Colonia (S. 16.V.2006). Cumplida la condena el Oberbürgermeisterin der Stadt Remschid, en resolución de 6 de mayo de 2008, declaró la pérdida del derecho a la residencia y ordenó la expulsión a su país de origen.

[202] Art. 27.2 de la Directiva 2004/38/CE.

[203] Arte. 28.3 de la Directiva 2004/38.

[204] C. Taskouridis.

circunstancias excepcionales, por tanto, se trata de una situación mucho más limitada que la de los «motivos graves».

20.º EL TJUE aplica el mismo criterio que el TEDH según el cual que cada Estado es independiente y libre para definir y concretar el alcance de la «seguridad pública», pero el primero ha definido claramente que, mientras que la «seguridad pública» hace referencia a la seguridad interior y exterior de un Estado, el orden público se refiere exclusivamente al orden penal interno[205].

21.º Las garantías que establezca cada Estado en el proceso de expulsión deberán respetarse y cumplirse escrupulosamente en cuanto a requisitos, necesidad de motivación de la resolución, informes, excepciones, recursos, plazos, etc., aplicándose con carácter supletorio para todo aquello no regulado por la normativa comunitaria.

22.º En esta materia está excluida toda discrecionalidad de la Administración; por tanto, la actuación es reglada en todo el proceso[206].

23.º Los derechos y las excepciones a estos derechos, son aplicables de igual modo a los familiares del residente, incluso a las personas que conviven *more uxorio*, aun cuando sean extracomunitarias[207].

Aunque no está directamente relacionado con el orden público, conviene, sin embargo, antes de concluir este epígrafe, hacer mención a un elemento a mi modo de ver fundamental para entender mejor el estado de la cuestión, me refiero a la naturaleza de las obligaciones jurídicas que conciernen a los Estados.

Toda norma interna, todo Tratado, incluso aquéllos que establecen obligaciones subjetivas y limitaciones referidas a las libertades de los individuos, tienen un efecto delimitador del *agere licere* del propio Estado generador del precepto. Así pues, aun cuando el CEDH se planteara en su momento desde una vertiente negativa, es decir, con la idea de impedir a los países firmantes determinadas actuaciones que fueran contra los derechos reconocidos, al final este inicial propósito ha ido evolucionando con el paso del tiempo.

Refiere Casadevall, al tratar la materia[208] que, «si bien ciertas obligaciones *de hacer* se pueden deducir de la redacción del propio texto, la idea de las obligaciones positivas derivadas del Tratado es una concepción de los órganos de Estrasburgo» y, al hilo de ello, pone diferentes ejemplos que demuestran esta tendencia, como las obli-

[205] C. Taskouridis.

[206] Aunque la sentencia que cito sea de nuestro Tribunal Constitucional (de 24 de abril de 1999), debo mencionarla por el interés de la misma ya que aplica el mismo criterio, por asimilación, que a la concesión de la nacionalidad. Se trata de actos reglados que no permiten margen alguno de discrecionalidad.

[207] STJCE 12.X.2004, asunto Chen.

[208] CASADEVALL, Joseph, *El Convenio Europeo de Derechos Humanos*, 1.ª ed., Tirant lo Blanch, Valencia, 2012, pp. 149.

gaciones derivadas de la acción por omisión, que derivan de injerencias por inacción. Refiere, asimismo, el citado autor, cómo en el caso Airey *v*. Irlanda[209], en el cual una mujer que quería separarse no podía hacerlo por carecer de recursos suficientes para instar el proceso, el TEDH recordó que «el Convenio no tiene por objeto la protección de derechos teóricos o ilusorios, sino de derechos concretos y efectivos», recordando que el cumplimiento del Tratado podía comportar en determinados supuestos la adopción de medidas positivas.

Las obligaciones positivas de los Estados parte han sido declaradas por el TEDH en numerosas cuestiones que afectan de algún modo al Derecho Eclesiástico del Estado, como el derecho de los menores a conocer quiénes han sido sus progenitores[210], el respeto al domicilio[211], el derecho a la información sobre determinadas pruebas médicas y biológicas[212], efectividad del derecho de guardia y custodia de hijos menores[213], el respeto a la vida privada y familiar en el país de residencia[214] o las responsabilidades generadas por errores de diagnóstico médico a favor de los menores víctimas de discapacidades[215].

A esta relación hay que sumar otras en las que el TEDH ha ido extendiendo el criterio de las obligaciones positivas, añadiendo al elenco derechos como el de la vida[216], la libertad de expresión[217], a que una asociación o un partido político puedan funcionar sin ingerencias de los poderes públicos[218] e, incluso, el derecho de propiedad[219], pese a que el ordenamiento español no le reconoce el carácter de «fundamental».

El estadio final, al que se ha llegado —no sin numerosas excepciones y resoluciones en contra—, es que los Estados, en determinados derechos, no están comprometidos exclusivamente a asumir obligaciones de medios, sino de resultados, como acontece con el derecho a un proceso equitativo[220].

De todo ello se deriva la necesidad de analizar pormenorizadamente cada caso con el fin de administrar una justicia de calidad, teniendo en cuenta que la frecuente confluencia de varios derechos en liza debe obligar a los tribunales europeos a analizar el supuesto fáctico y el tratamiento jurídico que merezca el caso *cum grano salis*.

209 De 9 de octubre de 1979, p. 25.
210 C. Mikulic *v*. Croacia, 7.II.2002, p. 57 y 58.
211 C. Novoseletskiy *v*. Ucrania, 22.II.2005, pp. 68 y 69.
212 C. Roche *v*. Reino Unido, 19.X.2005, p. 157.
213 C. Karadzic *v*. Croacia, 15.XII.2005, pp. 51 y 52.
214 C. Sisojeva y otros *v*. Letonia, 16.VI.2005, pp. 101-104.
215 C. Draon *v*. Francia, 6.X.2005, pp. 105 y 106.
216 C. L.C.B. *v*. Reino Unido, 9.VI.98, p. 36.
217 C. Fuentes Bobo *v*. España, 29.II.2000, p. 38.
218 C. Ouranio Toxo *v*. Grecia, 20.X.2005, p. 37.
219 C. Oneryildiz *v*. Turquía, 30.XI.2004, p. 134.
220 STEDH Plattform Arzte... *v*. Austria, de 21.VI.1988, pp. 31-34.

Por lo demás, el orden público, como ha señalado Motilla al estudiar la praxis administrativa en el procedimiento de inmatriculación de las entidades religiosas, a veces se aplica de una manera preventiva[221], lo que supone un mayor riesgo para la efectividad de los derechos estudiados, puesto que se parte a veces de meras sospechas. Parece claro que toda limitación de derechos, en lo relativo a las organizaciones confesionales, debería partir de elementos reales y contrastables, pues ello se deriva necesariamente y de ello depende la efectividad de los mismos; además, nada impide a los poderes públicos realizar investigaciones posteriores que procuren confirmar las sospechas sobre actividades ilícitas. Una vez confirmadas, el Estado dispone de mecanismos suficientes para disolver los entes, perseguir penalmente las conductas criminales, etc.; cabría decir, incluso, que le será más fácil a los poderes públicos ejercer el control de legalidad sobre un ente real, que opera en el ámbito del Derecho, que sobre un ente nonato, que se encuentra al margen de la legalidad[222].

8. CONSIDERACIONES FINALES

Existen numerosos problemas jurídicos en torno a la coexistencia de ordenamientos. Algunos de ellos se han puesto sobre la mesa en las décadas precedentes y, aunque en el presente carezcan de tanta virtualidad, no debemos olvidar los términos en que se han planteado y la deficiente manera —en numerosas ocasiones— de afrontar los conflictos que surgen de la LR, la libertad de circulación y el derecho al trabajo.

Aunque es imposible abordarlos de forma exhaustiva, sí merece la pena detenerse en algunos de ellos, sobre todo si nos sirve para describir una perspectiva que, partiendo del pasado, pueda proyectarse también sobre el futuro.

El primero de los temas que quiero traer a colación es el del papel de la jurisprudencia patria. Cuando un tribunal, constitucional o supremo, pongamos por caso, ha de resolver un asunto referido a un derecho fundamental en el que sea aplicable el Derecho comunitario, puede encontrarse con que las normas de protección sean menos generosas que las que contiene el ordenamiento interno. Restringir los derechos en

[221] MOTILLA, Agustín, *El concepto de confesión religiosa en el Derecho español. Práctica administrativa y doctrina jurisprudencial*, 1.ª ed., Centro de Estudios Políticos y Constitucionales, Madrid, p. 138. En las páginas 127 a 154 el lector podrá encontrar un interesantísimo análisis del orden público referido especialmente al tema de la inscripción registral —concretamente a la praxis administrativa— en el que se analiza asimismo la jurisprudencia española. Indudablemente muchas de sus consideraciones podrían ser traídas aquí por cuanto son extrapolables al ámbito europeo.

[222] Dejo a un lado la noción de orden público en España por quedar fuera del objeto de estudio, si bien, como es lógico, existen numerosos elementos coincidentes con el orden público europeo, tanto comunitario como del Consejo de Europa. Sobre la materia hay numerosos estudios, a título de ejemplo puede verse la obra de BARTOLOMÉ CENZANO, José Carlos, *El orden público como límite al ejercicio de los derechos y libertades*, 1.ª ed., Centro de Estudios Políticos y Constitucionales, Madrid, 2002.

función de esa menor cobertura tiene efectos perversos, de ahí que algunos tribunales hayan optado por oponerse al régimen jurídico supranacional prefiriendo las normas estatales. Éste fue el caso, históricamente el primero, del Tribunal Constitucional italiano[223]. El tema proporcionaba un dilema muy interesante: o se aplicaba el Derecho comunitario, en cuyo caso se desprotegía a la parte, o se aplicaba el Derecho interno, que establecía garantías mayores, en cuyo caso quebraba el principio de supremacía del Derecho comunitario. La obligación de aplicar el orden internacional suponía, en el fondo, una cesión de competencias a una organización supranacional, pero ello podía atentar contra las normas de *ius cogens* del ordenamiento interno. El TC amenazó con anular, si fuera necesario, la norma comunitaria para evitar lo aberrante de una solución distinta.

No tardó demasiado el TC federal alemán de hacer lo mismo[224] y a estas resoluciones fueron siguiendo otras[225]. Planteado, sin embargo, el problema en términos de ampliación de la cobertura jurídica en virtud del Derecho generado por el Consejo de Europa, la cuestión debatida dejaba intacta la legitimidad del TEDH en tanto en cuanto reconociera los derechos que asisten a los particulares; en tal caso ningún conflicto generaba ni con los ordenamientos internos ni con los órganos jurisdiccionales de dichos países. El propio TC federal alemán aceptó esta forma de resolución del conflicto en dos de sus resoluciones judiciales: el de norma más favorable[226].

Sin embargo, el problema de acceso a la justicia, la posibilidad de resoluciones divergentes, algunos déficits relativos a la seguridad jurídica, etc., aconsejaban racionalizar los mecanismos de acceso a los medios de defensa europea e intracomunitaria y esto es lo que ha perseguido el artículo 6.3 del Tratado de la Unión Europea[227]. Un nuevo problema generaba esta novedosa situación (dado que el Convenio estaba pensado para ser suscrito por Estados, no por organizaciones interestatales), pero fue resuelto mediante la aprobación del Protocolo adicional 14, al introducir un párrafo al artículo 59 del Convenio.

[223] C. Frontini (sentencia de 27 de diciembre de 1973, *Rivista di Diritto Internazionale*, LVII, 1974, pp. 130-139).

[224] C. Solange I (sentencia de 29 de mayo de 1974, *Boletín de Jurisprudencia Constitucional*, n. 58, 1986, pp. 247-260) y c. Fragd (sentencia de 22 de mayo de 1989, *Rivista di Diritto Internazionale*, LXXII, 1989, pp. 104-109.

[225] C. Granital (sentencia de 8 de junio de 1984, *Rivista di Diritto Internazionale*, LXVII, 1984, pp. 360-373.

[226] Concretamente en el c. Solange II (s. de 22 de octubre de 1986). Una versión traducida al castellano puede leerse en la *Revista de Instituciones Europeas*, n. 14, 1987, pp. 881-889; y otra sobre la constitucionalidad del Tratado de Maastricht, de 12 de octubre de 1993 (también traducida al castellano en *Revista de Instituciones Europeas*, n. 20, 1993, pp. 975-1030).

[227] «Los derechos fundamentales que garantiza el Convenio Europeo para la Protección de los Derechos Humanos y de las Libertades Fundamentales y los que son fruto de las tradiciones constitucionales comunes a los Estados miembros formarán parte del Derecho de la Unión como principios generales».

Con todo, el problema de la coexistencia de dos jurisdicciones distintas (el TEDH y el TJUE) con competencia sobre unas mismas materias no ha quedado resuelto todavía y generará, sin duda, más de un quebradero de cabeza, pues la duplicidad de normas, de órganos jurisdiccionales y de procedimientos no deja de constituir una situación *de iure* y *de facto*, algo surrealista.

Además, la justicia comunitaria se enfrenta a diferentes problemas como es el de la convivencia con los mecanismos de defensa existentes en los países miembros. Para entender mejor el funcionamiento del sistema conviene establecer algunos caracteres propios del nuevo TJUE. Éstos son:

- Su jurisdicción es obligatoria, es decir, no depende su capacidad para conocer un asunto de la aceptación voluntaria de las partes en litigio.
- Ello afecta no sólo a los Estados miembros y sus instituciones sino, además, a los particulares.
- Puede conocer de las controversias que se produzcan en el seno de la Unión.
- Opera casi como un «Tribunal Constitucional» de la UE ya que puede interpretar las disposiciones de su ordenamiento jurídico.
- Su jurisdicción es única[228].

Con todo, como indica Polo Sabau[229], ha estado presente en todo el proceso «la preocupación existente entre los Estados parte en el sentido de que, a partir de lo establecido en el CDFUE, se pudiera de algún modo inadvertidamente estar atribuyendo mayores poderes y competencias a la Unión de los estrictamente aceptados por sus miembros en los Tratados constitutivos».

Por otro lado, el avance en materia de derechos y libertades ha llevado a los actores del proyecto europeo a progresar en este campo. Ejemplo proverbial de ello fue la iniciativa de Jacques Delors que terminó con la aprobación de una Carta de Derechos Fundamentales del Trabajador pero que, sin embargo, al carecer de fuerza vinculante, dejaba evidenciado el problema de la efectividad de los derechos humanos en el espacio europeo. Tras diferentes escaramuzas, al final se aprobó la Carta de Derechos Fundamentales de la Unión Europea[230] que satisfacía, por un lado, la ambición de tener una parte dogmática propia (lo que sin ser estrictamente «constitución», sí al menos conforma un elemento sustancial de ella, dado que tiene consideración de verdadero Derecho) y, además, se reforzaba esta idea con la personalidad jurídica internacional de la Unión Europea, cuya denominación por sí misma apunta al deseo de evolucionar hacia una unidad de Estados soberanos.

[228] Aunque su composición sea compleja, ello no obsta a esa afirmación. Existe un sistema de triple instancia en el que la instancia inferior se resuelve ante los Tribunales Especializados, la instancia intermedia ante el Tribunal General y la superior ante el Tribunal de Justicia.

[229] *El estatuto*, *op. cit.*, p. 71.

[230] Aprobada el 12 de diciembre de 2007 por los poderes comunitarios (Parlamento Europeo, Consejo y Comisión de Estrasburgo).

Hay que añadir a todo lo expuesto más arriba la creación en ese mismo año de la Agencia de Derechos Fundamentales de la Unión Europea[231]. Esta nueva institución pretendía reforzar el elemento de protección que sobre esta materia habría de proporcionar la UE, pero esto es algo que chocaba frontalmente con el papel que desempeña el Consejo de Europa[232].

En materia de libertad religiosa, el primer fallo en el que se plantean los mecanismos operativos que generan la confluencia entre ordenamientos es el conocido Vivien Prais[233] que más adelante será objeto de comentario.

Otro de los temas que el objeto de estudio plantea es el problema de la colisión entre las normas existentes y el principio de soberanía estatal.

En nuestro caso se vuelve a reproducir lo que históricamente ha sido una lucha entre los derechos del ser humano y los poderes de los Estados. La aplicación de criterios acerca de cuáles pueden ser considerados *ius cogens* a los efectos de prevalencia nos llevaría mucho más allá de los contornos materiales de este estudio; lo que está claro es que el respeto a los ordenamientos nacionales, a sus tradiciones y a sus elementos identitarios van —justamente— en la dirección opuesta a la creación de un auténtico *ius commune*.

Hay, sin embargo, criterios de aplicación de las normas que más o menos han quedado solidificados como son, por ejemplo, la «atribución de un margen de apreciación a las jurisdicciones y otras autoridades nacionales»[234], el establecimiento de «obligaciones positivas de los Estados», la «efectividad de los derechos» —a los efectos de que no terminen vacíos de contenido—, la «interpretación evolutiva de la Convención» o el «principio de proporcionalidad», el cual obliga a justificar las limitaciones impuestas a ciertos derechos, es decir, debe haber una relación justificada entre el medio empleado y el fin perseguido, especialmente en determinadas materias entre las que se incluye la libertad religiosa[235].

Otra de las cuestiones de interés que generan, sin duda, estos temas —y que afecta de forma especial al ámbito de la libertad religiosa— es el de los sujetos titulares (y beneficiarios) de los derechos fundamentales.

[231] Reglamento (CE) n. 168/2007, del Consejo, de 15 de febrero de 2007 (*DO* L 53, de 22 de febrero de 2007).

[232] Sobre las fricciones generadas y la fórmula establecida para resolverlas, al menos de forma momentánea, puede verse la obra de ALCAIDE FERNÁNDEZ, Joaquín y CASADO RAIGÓN, Rafael (Coords.), *Curso de Derecho de la Unión Europea*, 1.ª ed., Tecnos, Madrid, 2011, pp. 102-103. Asimismo, un análisis de las conflictivas relaciones entre el CEDH y el el TEDH, por un lado, y la CDFUE y el TJUE, por otro, puede verse en la obra de SARMIENTO, Daniel y otros, *Las sentencias básicas... op. cit.*, pp. 152-155.

[233] Sentencia del TJCE, de 27 de octubre de 1976, as. 130/75, Vivien Prais c. Consejo, Rec. 1976, p. 1589.

[234] Es el caso de Mamatkutlov y Abdurasulovic v. Turquía (S. de la Gran Sala de 4.II.2005).

[235] PASTOR RIDRUEJO, José A., *Curso de Derecho Internacional Público y Organizaciones Internacionales*, 15.ª ed., Tecnos, Madrid, 2011, p. 218.

En teoría, la idea de universalidad de los derechos y libertades apunta a que los titulares sean todas las personas físicas y jurídicas, comunitarias o no, independientemente de su nacionalidad o residencia; sin embargo, es falso que se universalicen todos los derechos. Cuando el documento se refiere a «toda persona» lo que está haciendo es reconociendo esa no discriminación por razón de nacionalidad o residencia. Ello afecta a los menores de edad[236], discapacitados[237], consumidores[238], etc., pero en ocasiones la literalidad del precepto queda claramente referenciada a los ciudadanos de la Unión Europea[239].

Cuestión de interés, sin duda, queda constituida por el sentido que tiene la protección comunitaria de los derechos fundamentales y de las libertades públicas pues, en el fondo, esto no es competencia *strictu sensu*, de la UE. El art. 51.2 de la Carta insiste en ello: no crea nuevas competencias, ni modifica las existentes en los Tratados ni amplía el ámbito de actuación de la UE. Sin embargo y aunque ello sea así, no será nunca del todo cierto. Decimos esto porque al tratar, por ejemplo, de la política agraria común que regula el sacrificio de animales hay que tener en cuenta que es algo que está afectado severamente por determinadas tradiciones confesionales que la UE no debe ignorar.

Del mismo modo, en la convocatoria de oposiciones y concursos, la existencia de días de descanso o de festividades que impiden a los integrantes de diferentes credos acudir a las pruebas no puede constituir elementos desconocidos por las autoridades comunitarias[240].

Otra de las cuestiones que el tema genera es el de la posible colisión de la normativa europea e, incluso, la nacional, con el Derecho de extranjería. La aceptación de entrada de extranjeros en el territorio de un país comunitario sigue siendo principalmente competencia del Estado afectado y, en este sentido, existe cierta dosis de discrecionalidad. Cosa distinta sería si se produjeran tratos discriminatorios en los criterios de admisión. Si no existen relaciones diplomáticas con el país de origen del extranjero parece que el Estado receptor puede, con arreglo a Derecho, denegarle la

236 Arts. 14 y 32 de la Carta.

237 Art. 26 de la Carta.

238 Art. 38 de la Carta.

239 Arts. 39; 40 y 46 de la Carta, por poner tres ejemplos.

240 En el asunto Vivien Prais *v*. Consejo (STJCE de 27 de octubre de 1976, C-130/75), que es precisamente el primero en el que se pronuncia dicho Tribunal sobre una materia relacionada con la libertad religiosa, la actora, de religión judía, reclamaba protección ante la imposibilidad de realizar una prueba escrita en un proceso de oposiciones dado que la fecha establecida era un día festivo para su religión. La sentencia fue desestimatoria al tiempo que recomendaba a las instituciones de la UE evitar organizar este tipo de pruebas en fechas que fueran festivas para los diferentes grupos religiosos. Ello da muestra de la timidez en el nivel de protección, tal vez como deseo de impedir que se multipliquen los casos judiciales porque se prevea que un mayor grado de cobertura puede dar lugar a una multiplicación exponencial de las causas.

entrada; lo mismo sucede si manifiesta que no puede garantizarle la seguridad, pero si la decisión es arbitraria —o no queda suficientemente justificada— se trataría de una violación del Derecho internacional[241].

No hay normas que prohíban a los Estados expulsar a los extranjeros o les obligue a dejarlos entrar —salvo estipulaciones específicas—, lo que genera, en términos generales, unos límites potencialmente amplios a la libertad de circulación en dichos casos. Únicamente se establecen prohibiciones concretas, por ejemplo, respecto a la generación de daños, vejaciones o sufrimientos innecesarios o, todo lo más, a la necesidad de justificar por motivos concretos los decretos de expulsión[242], ofrecer garantías procedimentales[243] o un estándar mínimo internacional, evitar la arbitrariedad o el abuso de poder, etc.

Hasta 1993 la jurisprudencia del TEDH en defensa de la libertad religiosa fue muy débil y tímida, con frecuencia denegaba los recursos que se planteaban, quedando el derecho referido bastante desprotegido. Peor aún fue el tratamiento que se dispensaba al artículo 9 del CEDH porque normalmente las causas que se planteaban eran inadmitidas de plano, de modo que no llegaban a ser resueltas. En los primeros decenios la Comisión rechazó numerosas reclamaciones que hubieran dado lugar a una jugosa jurisprudencia. Ello no fue así ante el temor, pienso, de que se multiplicaran los recursos; la libertad religiosa, en este sentido, ha sido víctima de una visión repleta de desconfianza —cuando no de ignorancia— en torno a las numerosas y complejas cuestiones jurídicas que la conciencia individual —y colectiva— generan.

Afortunadamente el panorama ha mejorado y hoy en día se presta atención a la abundante y compleja problemática que la libertad religiosa y de conciencia provoca en el ámbito de las relaciones privadas y públicas, demostrando cómo un derecho al que se pretende constreñir a la esfera interna del individuo, constantemente se sale del fuero interno y acaba generando conflictos de naturaleza jurídica. Todo derecho, individual o colectivo, termina exigiendo respuestas normativas eficaces provistas de coherencia con los principios y valores de los ordenamientos estatal, europeo y comunitario. Además, la libertad de credo está íntimamente ligada al pluralismo, que es un valor implícito desde el punto de vista histórico que ha caracterizado la cultura y civilización europeas[244].

La protección de los grupos tampoco gozó de buena salud en los primeros decenios de experiencia judicial europea. Desde un planteamiento miope y en un escenario

[241] Éste es el criterio de DÍEZ DE VELASCO, M., Instituciones de Derecho Internacional Público, 1.ª ed., Tecnos, Madrid, 1980, p. 368.

[242] Art. 13 del Pacto de Naciones Unidas sobre Derechos Civiles y Políticos.

[243] STS español de 14 de julio de 1982. Nuestro más alto Tribunal, en aplicación del artículo 13 del PDCP, anuló la orden de expulsión de un súbdito británico por no haberse otorgado audiencia previa en el expediente de expulsión.

[244] STEDH de 25 de mayo de 1993 (Kokkinakis v. Grecia).

evidentemente carente de eclesiasticistas, se consideró que los derechos de las Iglesias estaban correctamente protegidos por las acciones que correspondían ejercitar a las personas físicas, craso error.

Cuando la Comisión cambió de parecer y entendió que las acciones ejercitadas por los entes confesionales debían ser atendidas a efectos de legitimación, en función de la protección indirecta que con ello realizaban sobre sus miembros, aunque representó un importante avance objetivo, el argumento tampoco fue acertado. Esto sólo es verdad en unos casos, en otros no. Las Confesiones son titulares de derechos y, como toda persona jurídica, es digna de protección cuando se producen vulneraciones de los mismos; sin embargo, considero que son, asimismo, titulares originarios, al margen, por tanto, del patrimonio jurídico de las personas que las integran. En cierto modo confirma esta afirmación el hecho de que, en caso de conflicto entre la Iglesia y un miembro que pertenece a ella, las resoluciones siempre han terminado dando la razón al ente confesional.

Llama la atención esa cicatería inicial con la que se ha abordado el problema de la libertad religiosa, tanto en su dimensión individual como colectiva, cuando, por ejemplo, en la Declaración sobre eliminación de todas las formas de intolerancia y discriminación basadas en la religión o en las creencias[245], el capítulo de facultades inherentes al derecho a la libertad de credo es mucho más amplio y generoso.

Ha sido con el tiempo cómo las Iglesias han obtenido el reconocimiento por parte de las Instituciones Europeas de dos importantes derechos; por un lado, el respeto a su autonomía, pieza clave en el sistema de protección de la libertad de conciencia porque supone el reconocimiento a decidir sobre sus propios asuntos. Por otro, el derecho a adquirir personalidad jurídica con arreglo a las normas del Derecho estatal, lo que implica la efectividad real del derecho en su dimensión colectiva. Esto sí que redunda en la protección del derecho a nivel individual, porque permite a los grupos y a las personas integradas en ellos la capacidad de actuación en la esfera del Derecho, tanto público como privado, el ejercicio de acciones legales, etc.

Esto ha llevado al TEDH a establecer, incluso, que los Estados tienen obligaciones que podríamos denominar «positivas» frente a los grupos religiosos, pues sólo de ese modo se hace eficaz un sistema de reconocimiento y protección del fenómeno confesional[246].

A la Unión Europea le está pasando lo mismo que a la Iglesia católica en el siglo XIX, que necesita urgentemente codificar su Derecho.

[245] Proclamada por la Asamblea General de Naciones Unidas el 25 de noviembre de 1981 (Resolución 36/55).

[246] SSTEDH de 10 de julio de 2003 (Murphy *v*. Ireland), 20 de septiembre de 2004 (Otto-Preminger-Institute *v*. Austria) y 3 de mayo de 2007 (Members of the Gldani Congregation of Jehovah´s Witnesses and 4 others *v*. Georgia).

La dispersión normativa, tanto en cuanto fuentes como en lo relativo al número de disposiciones dotadas de fuerza vinculante, aconsejan barrer, ordenar, reducir y sistematizar el Derecho vigente, dejando fuera de él las fuentes que ya no lo son y esto es, en suma, el trabajo típico que realiza la codificación.

Si cabe criticar de España, por razón del modelo autonómico, el caos normativo que ha generado en pocas décadas la coexistencia de un parlamento nacional con casi una veintena de parlamentos regionales, esto mismo se reproduce, sólo que elevado a la enésima potencia, en el ámbito comunitario.

Lo que otrora fueron frutos importantes de un esfuerzo por crear una superestructura que cerrara definitivamente las heridas generadas por las dos guerras mundiales y diera lugar a un nuevo escenario capaz de hermanar pueblos históricamente hermanos —pero enfrentados—, hoy en día está mostrando sus carencias. Éstas tienen que ver con la falta de una clara organización institucional, de un claro liderazgo, de unas competencias correctamente definidas y bien delimitadas y, probablemente, con un sistema de fuentes del Derecho un tanto irracional.

Además, le está sucediendo a la UE lo que a muchos de sus Estados miembros —sino a todos—, que la política ha tomado preeminencia sobre el Derecho y éste ha quedado reducido a ser no más que un instrumento en manos de aquélla. Sólo creando un modelo bien articulado, en el que los órganos, los poderes, las competencias, etc., queden adecuadamente definidas, será posible avanzar no sólo en la defensa de los derechos fundamentales sino, además, en la consolidación del proyecto más valiente y pionero que ha dado a la luz el mundo: la Unión Europea.

Sería casi anecdótico citar las excepciones planteadas por Reino Unido y por Polonia en la aplicación de los derechos fundamentales reconocidos por la UE si no fuera porque, en materia de libertad religiosa, la transnacionalidad de los conflictos es algo inherente a dicha libertad. En principio, este tipo de situaciones excepcionales ponen una vez más en evidencia el que, lejos de crearse un ámbito común para todo el espacio comunitario y para todas las personas que actúan en la UE, comunitarias o no, lo que el conjunto de normas —y de excepciones— ha creado ha sido, en realidad, un ingente tablero en donde hay tantas situaciones particulares susceptibles de respuestas jurídicas diferentes como hipótesis fácticas sean imaginables. Dependiendo de quién sea el actor, el demandado, la legislación del país, la cuestión que se suscite, los derechos en liza, el Tribunal sentenciador o —incluso— el enfoque de la demanda, dependerá el resultado o suerte final del conflicto. Las revocaciones de sentencias producidas en sonados casos en los que la Gran Sala ha intervenido en la segunda instancia evidencia el alto grado de incertidumbre que genera la justicia europea; y es preciso recordar que es, precisamente, la incertidumbre una de las mayores enemigas del Derecho.